Arbitragem em evolução

Arbitragem em evolução:
aspectos relevantes após a reforma da Lei Arbitral

Coordenadores:
Tarcisio Teixeira
Doutor e Mestre em Direito Empresarial pela Faculdade de Direito do Largo São Francisco da Universidade de São Paulo (USP). Pós-graduado em Direito Empresarial pela Escola Paulista da Magistratura (EPM). Professor Universitário. Coordenador de cursos jurídicos na Escola Superior de Advocacia (ESA) da OAB/SP e na Escola Paulista de Direito (EPD). Autor, entre outros, de: *Direito empresarial sistematizado*, 5. ed.; *Curso de direito e processo eletrônico*, 3. ed.; *Comércio eletrônico*; *Marco Civil da Internet comentado*. Palestrante, parecerista, advogado e consultor de empresas. E-mail: tarcisioteixeira@tarcisioteixeira.com.br.

Patricia Ayub da Costa Ligmanovski
Mestre em Direito Negocial pela Universidade Estadual de Londrina. Especialista em Direito Empresarial pela BB&G/CESUSC. Coordenadora da Comissão de Mediação e Arbitragem da Subseção da Ordem dos Advogados do Paraná (OAB-PR). Professora de Processo Civil e Direito Internacional na Universidade Estadual de Londrina e em cursos de pós-graduação. Membro da Comissão de Relações Internacionais e de Processo Civil da Subseção da OAB-Londrina. Autora de diversos artigos e capítulos de livros jurídicos. Palestrante e advogada.

Manole

CAPA Daniel Justi
EDITORAÇÃO ELETRÔNICA Rafael Zemantauskas
PROJETO GRÁFICO Departamento Editorial da Editora Manole
EDITORA GESTORA Sônia Midori Fujiyoshi

Dados Internacionais de Catalogação na Publicação (CIP)
(Câmara Brasileira do Livro, SP, Brasil)

Arbitragem em evolução: aspectos relevantes após a reforma da Lei Arbitral / coordenadores Tarcisio Teixeira, Patricia Ayub da Costa Ligmanovski. – Barueri, SP: Manole, 2018.

Bibliografia

ISBN: 978-85-204-5299-8

1. Arbitragem (Direito) – Brasil 2. Arbitragem (Direito) – Leis e legislação – Brasil 3. Arbitragem (Direito internacional) I. Teixeira, Tarcisio. II. Ligmanovski, Patricia Ayub da Costa.

17-06251 CDU-347.918

Índices para catálogo sistemático:
1. Arbitragem : Direito civil 347.918

Edição – 2018

Editora Manole Ltda.
Av. Ceci, 672 – Tamboré
06460-120 – Barueri – SP – Brasil
Fone: (11) 4196-6000
www.manole.com.br
info@manole.com.br

Impresso no Brasil
Printed in Brazil

SOBRE OS AUTORES

Ana Carolina Beneti
Graduada em Direito pela Pontifícia Universidade Católica de São Paulo, Master of Law in Procedural Law (LL.M) pela London School of Economics and Political Science, Universidade de Londres, e Doutoranda em Direito Internacional pela Universidade de São Paulo. Autora de vários artigos publicados em revistas nacionais e internacionais e foi pesquisadora no Max-Planck-Institut für ausländisches und internationales Privatrecht, em Hamburgo, Alemanha. Atua como advogada e árbitra em arbitragens internacionais e nacionais, casos *Alternative dispute resolution* (ADR) e contencioso relacionado à arbitragem em diversas áreas de Direito Civil e Comercial.

Ana Cláudia de Oliveira Rennó
Graduada em Direito pela Universidade de São Paulo. Especialista em Direito Tributário pelo Cogeae-PUC/SP. Master of Laws (LL.M) por Queen Mary, Universidade de Londres, com ênfase em Direito Comercial e Societário. Advogada em São Paulo.

Anderson de Azevedo
Mestre em Direito Negocial e Especialista em Filosofia Política e Jurídica pela Universidade Estadual de Londrina. Graduado na Universidade Estadual de Londrina e pós-graduado pela Escola da Magistratura do Paraná. Docente em cursos de pós-graduação na Fundação Escola do Ministério Público do Paraná (FEMPAR/Londrina), Instituto de Direito Constitucional e Cidadania – IDCC, em cursos de MBA em Gestão Empresarial no Paraná e em São Paulo (INBRAPE) e na graduação da UEL e UNIFIL. Advogado.

Caio César Carvalho Lima
Professor e Advogado. Mestre em Direito Processual Civil pela Pontifícia Universidade Católica de São Paulo. Bacharel em Direito pela Universidade Federal do Ceará. Leciona disciplinas de Direito Digital e Proteção de Dados em cursos de pós-graduação. Autor de capítulos de livro e artigos sobre Direito Digital e Proteção de Dados. Certificado pela EXIN em Privacy and Data Protection Foundation. Sócio do escritório Opice Blum, Bruno, Abrusio e Vainzof Advogados Associados.

Carlos Picchi Neto
Mestrando em Direito Negocial da Universidade Estadual de Londrina.

Cláudio Finkelstein
Graduado em Direito pela Pontifícia Universidade Católica de São Paulo (PUC/SP), Mestre em Direito Internacional – University of Miami, Doutor em Direito pela PUC/SP e Livre-docente pela PUC/SP. Atualmente é professor da PUC/SP, no nível de graduação e pós-graduação. Diretor do Instituto Nacional do Contencioso Econômico e do Instituto Brasileiro de Direito Constitucional e vice-presidente da Sociedade Brasileira de Direito Internacional, ex-coordenador de curso de Contratos Internacionais do Cogeae e da Fundação Getulio Vargas (FGV/SP) e coordenador do curso de Contratos Internacionais do Instituto Internacional de Ciências Sociais (IICS), em São Paulo. Orientador de trabalho de conclusão de curso, iniciação científica, Mestrado e Doutorado da PUC/SP, onde coordena a subárea de Direito Internacional na Pós-Graduação. Professor convidado do Summer Course da Southwestern University, em Buenos Aires, e da University of Miami, nos EUA. Tem experiência na área de Direito, com ênfase em Direito Internacional Privado, atuando principalmente em Direito Internacional.

Diego Franzoni
Mestre e Doutorando em Direito Comercial pela Universidade de São Paulo. Especialista em Direito Empresarial Tributário pela Fundação Getulio Vargas. Autor do livro *Arbitragem societária*, 2015. Bacharel em Direito pela Universidade Federal do Paraná. Advogado.

Eduardo Biacchi Gomes
Graduado em Direito pela Pontifícia Universidade Católica do Paraná (PUC/PR), Mestre em Direito pela Universidade Federal do Paraná (UFPR), Especialista em Direito Internacional pela Universidade Federal de Santa Catarina (UFSC) e Doutor em Direito pela UFPR. Pós-doutor em Estudos Culturais na Universidade Federal do Rio de Janeiro (UFRJ), com estudos realizados na Universidade de Barcelona. Desenvolveu pesquisa na Universidade de Los Andes, Chile. Atualmente é professor adjunto integrante do quadro da UniBrasil, professor titular da graduação e Mestre em Direito da PUC/PR, professor colaborador do PPGD do Uninter, dos cursos de graduação de Direito e Relações Internacionais da mesma instituição. Foi consultor jurídico do Mercosul em 2005 e 2006. Foi editor chefe da *Revista de Direitos Fundamentais e Democracia*, vinculado ao Programa de Mestrado em Direto do UniBrasil, desde a sua fundação e, atualmente, exerce as funções de editor adjunto. Atualmente, é vice-coordenador do Programa de Mestrado em Direito da UniBrasil.

Eduardo Talamini
Livre-docente pela Universidade de São Paulo, Doutor e Mestre pela mesma universidade. Professor de Direito Processual Civil, Processo Constitucional e Arbitragem na Universidade Federal do Paraná. Advogado em Curitiba, São Paulo e Brasília.

Fernando Almeida Struecker
Advogado. Graduado pela Universidade Federal do Paraná (UFPR), pós-graduando em Finanças Empresariais pela Estação Business School. Membro da Associação Brasileira de Estudantes de Arbitragem (ABEArb) e membro do Grupo de Estudos de Direito Autoral e Industrial (Gedai/UFPR).

Fernando Medici Jr.
Advogado, sócio do escritório Muriel Medici Franco Advogados, com atuação em arbitragem e contencioso complexo, com ênfase em litígios contratuais, direito da construção, infraestrutura, energia e disputas societárias. Graduado em Direito pela Pontifícia Universidade Católica de São Paulo, com especialização em direito empresarial. Master of Law (LL.M) em Direito Contratual pelo Insper/IBMEC. Membro do Comitê Brasileiro da ICC – International Chamer of Commerce e do Latin American Chapter da YAF – Young Arbitrators Forum da ICC. Membro do Comitê Brasileiro de Arbitragem, tendo participado do grupo de pesquisa destinado a investigar a relação entre a arbitragem e o Poder Judiciário no Brasil, em conjunto com a Escola de Direito de São Paulo da Fundação Getulio Vargas. Ex-Secretário e atual membro do Comitê de Arbitragem da OAB/SP. Membro permanente do Comitê de Mediação e Arbitragem do Centro de Mediação e Arbitragem da Sociedade Rural Brasileira (CARB). Membro do Corpo de Árbitros da CAMITAL – Centro de Mediação e Arbitragem da Câmara Ítalo-Brasileira de Comércio, Indústria e Agricultura. Autor de artigos e publicações em revistas nacionais especializadas em arbitragem, direito empresarial e infraestrutura.

Flávio Luiz Yarshell
Advogado e Professor Titular do Departamento Processual da Faculdade de Direito da Universidade de São Paulo.

Frederico José Straube
Advogado arbitralista. Presidente do Capítulo Brasileiro do Clube Espanhol de Arbitragem. Diretor do SindusCon – SP. Presidente do Centro de Arbitragem e Mediação/Câmara de Comércio Brasil-Canadá (CAM/CCBC) em 2008 a 2015.

Gabriel Herscovici Junqueira
Advogado e membro da equipe de disputas internacionais do Debevoise & Plimpton, LLP. Bacharel e Mestre em Direito Processual pela Universidade de São Paulo. Mestre em Direito Internacional e Arbitragem pela New York University (NYU). Autor de, entre outras obras, *Arbitragem brasileira na era da informática*: um estudo das principais questões processuais. Atua como árbitro e conselheiro na ArbitraNet.

Giovani dos Santos Ravagnani
Graduado em Direito pela Universidade Presbiteriana Mackenzie. Mestrando em Direito Processual Civil pela Universidade de São Paulo. Professor da Rede LFG de Ensino. Membro do Centro de Estudos Avançados de Processo (Ceapro). Atua como advogado em arbitragem.

Giovani Ribeiro Rodrigues Alves
Advogado. Professor de Direito Empresarial do Centro Universitário Autônomo do Brasil. Coordenador do Master of Law (LL.M) em Direito Empresarial Aplicado das Faculdades da Indústria.

Haroldo Malheiros Duclerc Verçosa
Mestre, Doutor e Livre-docente em Direito Comercial pela Universidade de São Paulo (USP). Professor Sênior do Departamento de Direito Comercial da Faculdade de Direito da USP. Membro do Centro de Mediação e Arbitragem da Câmara do Comércio Brasil-Canadá (CAM-CCBC). Árbitro, Consultor e Advogado. Autor, entre outras obras, de *Segredos da arbitragem – para o empresário que não sabe nada e o advogado que sabe pouco* do Curso de Direito Comercial. *E-mail*: vercosah@usp.br.

Heitor Vitor Mendonça Sica
Professor Doutor de Direito Processual Civil da Universidade de São Paulo. Mestre e Doutor em Direito Processual Civil pela mesma instituição. Advogado.

Isabela Cristina Sabo
Mestre em Direito Negocial pela Universidade Estadual de Londrina. Especialista em Direito do Consumidor pela Faculdade de Direito Damásio de Jesus. Graduada em Direito pela Universidade Estadual de Maringá. Advogada.

Ivo Waisberg
Professor de Direito Comercial da Pontifícia Universidade Católica de São Paulo (PUC/SP), nos cursos de graduação e pós-graduação. Livre-docente, Doutor e Mestre em Direito pela PUC/SP. Master of Laws (LL.M) pela Escola de Direito da Universidade de Nova Iorque, com ênfase em Regulação Econômica e Concorrencial. Advogado em São Paulo.

Jéssica Gonçalves
Mestre em Direito pela Universidade Federal de Santa Catarina (UFSC) e Doutoranda em Direito pela mesma universidade. Bolsista Doutorado CNPq.

José Augusto Fontoura Costa
Professor de Direito Internacional da Faculdade de Direito da Universidade de São Paulo. Bolsista Produtividade do CNPq. Advogado.

Juliana Ferreira Montenegro
Mestre em Direito e Sustentabilidade pela Pontifícia Universidade Católica do Paraná (PUC/PR). Especialista em Direito e Negociação Internacional pela Universidade Federal de Santa Catarina. Doutoranda em Gestão Urbana pela PUC/PR. Professora adjunta da disciplina de Direito Internacional Público e Privado, Direitos Humanos e Mediação do Departamento de Direito da PUC/PR , da Unicuritiba e da Dom Bosco. Coordenadora da pós-gradua-

ção em Direito Constitucional e Direitos Humanos Fundamentais. Membro da Comissão de Direito Internacional da Ordem dos Advogados do Paraná (OAB/PR).

Luciano Benetti Timm
Advogado, pesquisador de Pós-Doutor na Universidade da Califórnia, Berkeley, Master of Laws (LL.M) pela Universidade de Warwick, Mestre e Doutor em Direito pela Universidade Federal do Rio Grande do Sul. Professor coordenador da Escola de Direito da Unisinos/POA e Professor da Escola de Direito do CEU/IICS-SP.

Luis Alexandre Carta Winter
Graduado em Direito pela Universidade Federal do Paraná (UFPR), especialista em Filosofia da Educação pela Pontifícia Universidade Católica do Paraná (PUC/PR), Mestre em Integração Latino-Americana pela Universidade Federal de Santa Maria (UFSM) e Doutor em Integração da América Latina pelo Prolam/USP. Atualmente é Professor Titular da PUC/PR na graduação (onde foi coordenador entre 1987 e 1989), nas pós-graduações *lato sensu*, em que coordena a especialização em Direito, Logística e Negócios Internacionais, e nas pós-graduações *stricto sensu*, nos programas de mestrado e doutorado. Professor Titular no Centro Universitário Curitiba e da Faculdade da Indústria. Ex-professor titular e ex-coordenador (2005-2010) do curso de Direito da Faculdade Internacional de Curitiba. Advogado militante, desde 1984, e consultor jurídico, atuando, principalmente, nos seguintes temas e áreas: contratos, integração regional, Mercosul, relações internacionais, direito marítimo, direitos humanos, direito humanitário, legislação aduaneira, direito internacional econômico e direito internacional. Coordenador do Núcleo de Estudos Avançados de Direito Internacional (Neadi). Membro do Centro de Letras do Paraná e do Instituto de Advogados do Paraná.

Marcia Carla Pereira Ribeiro
Professora Titular de Direito Societário na Pontifícia Universidade Católica do Paraná (PUC/PR). Professora-associada de Direito Empresarial na Universidade Federal do Paraná (UFPR). Procuradora do Estado do Paraná. Estágio de Pós-doutorado pela Fundação Getulio Vargas e pela Universidade de Lisboa. Pesquisadora de produtividade da Fundação Araucária de Apoio ao Desenvolvimento Científico e Tecnológico do Paraná com o projeto "Regulação de Riscos Empresariais no âmbito da atividade de Pesquisa & Desenvolvimento para a Inovação" (Chamada Pública n. 21/2012). Pesquisa associada ao projeto "Eficiência do acesso à justiça como fator de desenvolvimento: a instabilidade das decisões judiciais" (Chamada MCTI/CNPQ/MEC/CAPES n. 43/13).

Mariana Campinho
Advogada e sócia do Escritório Campinho Advogados. Graduada em Direito pela Universidade do Estado do Rio de Janeiro (UERJ). Membro do Conselho Executivo da *Revista Semestral de Direito Empresarial* – RSDE. *Coach* da equipe de arbitragem da Faculdade de Direito UERJ para o *The Annual Willem C. Vis International Commercial Arbitration Moot* e para a Competição Brasileira de Arbitragem.

Patricia Ayub da Costa Ligmanovski
Mestre em Direito Negocial pela Universidade Estadual de Londrina. Especialista em Direito Empresarial pela BB&G/CESUSC. Coordenadora da Comissão de Mediação e Arbitragem da Subseção da Ordem dos Advogados do Paraná (OAB-PR). Professora de Processo Civil e Direito Internacional na Universidade Estadual de Londrina e em cursos de pós-graduação. Membro da Comissão de Relações Internacionais e de Processo Civil da Subseção da OAB-Londrina. Autora de diversos artigos e capítulos de livros jurídicos. Palestrante e advogada.

Paulo Osternack Amaral
Doutor e Mestre em Direito Processual pela Universidade de São Paulo. Professor do Instituto de Direito Romeu Felipe Bacellar (Curitiba). Membro do Instituto Brasileiro de Direito Processual (IBDP), do Instituto Paranaense de Direito Processual (IPDP) e do Comitê Brasileiro de Arbitragem (CBAr). Autor das obras *Arbitragem e administração pública* (2012) e *Provas:* atipicidade, liberdade e instrumentalidade (2015). Advogado em Curitiba.

Renato Opice Blum
Mestre pela Florida Christian University, advogado e economista. Professor coordenador do curso de Direito Digital do Insper. Professor da Universidade de São Paulo (USP). Membro do Conselho Executivo do Estudo Técnico da Internet das Coisas – IoT. Foi Vice-*Chair* do Comitê de Privacidade, Comércio Eletrônico e Segurança de dados da American Bar Association e da Comissão de Associados da América do Sul da International Technology Law Association. Membro Convidado do Grupo de Cybercrimes do Conselho da Europa. Membro da Associação Europeia de Privacidade – EPA'S; Presidente da Comissão Permanente de Estudos de Tecnologia e Informação do Instituto dos Advogados de São Paulo (Iasp). Coordenador da Comissão de Estudos de Direito Digital do Conselho Superior de Direito – FECOMERCIO/SP.

Ricardo Soares Stersi dos Santos
Mestre e Doutor em Direito pela Universidade Federal de Santa Catarina (UFSC). Professor dos cursos de graduação e de pós-graduação em Direito da UFSC. Pós-doutorado na Universidade Federal de Pernambuco (2011) e pós-doutorando na Pontifícia Universidade Católica do Paraná (2016).

Sérgio Campinho
Advogado. Sócio do Escritório Campinho Advogados. Professor de Direito Comercial da Faculdade de Direito da Universidade do Estado do Rio de Janeiro (UERJ).

Tânia Lobo Muniz
Doutora em Direito pela Pontifícia Universidade Católica de São Paulo. Professora-associada da Universidade Estadual de Londrina.

Tarcisio Teixeira
Mestre e Doutor em Direito Comercial pela Universidade de São Paulo. Especialista em Direito Empresarial pela Escola Paulista da Magistratura. Professor Adjunto de graduação e mestrado da Universidade Estadual de Londrina. Autor, entre outras obras, de: *Comércio eletrônico*, *Curso de direito e processo eletrônico* e *Direito empresarial sistematizado*. E-mail: contato@tarcisioteixeira.com.br.

Thaís Amoroso Paschoal Lunardi
Doutoranda e Mestre em Direito pela Universidade Federal do Paraná (UFPR), com ênfase em Processo Civil. Pós-graduada em Direito Civil e Processo Civil pela Universidade Estadual de Londrina (UEL). Graduada em Direito pela UEL. Professora de Direito Processual Civil na Universidade Positivo, em Curitiba/PR, e Coordenadora do Núcleo de Prática Jurídica dessa Instituição. Professora em cursos de pós-graduação. Membro do Instituto Brasileiro de Direito Processual. Integrante dos Núcleos de Pesquisa Constitucionalismo e Democracia: filosofia e dogmática constitucional contemporâneas, e Processo Civil Comparado do PPGD-UFPR. Advogada.

Thiago Marinho Nunes
Doutor em Direito Internacional e Comparado pela Faculdade de Direito da Universidade de São Paulo. Pós-graduado em Direito Civil e Mestre em Contencioso, Arbitragem e Modos Alternativos de Resolução de Conflitos, ambos pela Universidade de Paris II – Panthéon-Assas. Advogado e sócio de Muriel Medici Franco Advogados.

Vivian Daniele Rocha Gabriel
Advogada e Pesquisadora no Centro de Estudos do Comércio Global e Investimentos (CCGI), da Escola de Economia da Fundação Getulio Vargas (EESP/FGV). Doutoranda em Direito Internacional pela Faculdade de Direito da Universidade de São Paulo (USP) e mestre pela mesma instituição. Advogada-estagiária na Coordenação-Geral de Contencioso (CGC) do Ministério das Relações Exteriores (MRE) em 2014. Bolsista do Summer Program for Peace and Law da Hiroshima University em 2017. Membro da Society of International Economic Law (SIEL). Membro do Grupo de Estudos de Negociação da Universidade de São Paulo (GNUSP). *Coach* da equipe Direito GV no Foreign Direct Investment International Arbitration Moot 2016 e, em 2017, *Coach* da equipe da Faculdade de Direito da USP na mesma competição. Atua como monitora nas disciplinas de Direito Internacional Público, Direito do Comércio Internacional e Direito Internacional Privado na Faculdade de Direito da USP desde 2013. Representante Discente da Pós-Graduação na Comissão de Pós-Graduação da Faculdade de Direito da USP.

Yuri Pedroza Leite
Graduado em Direito pela Pontifícia Universidade Católica de São Paulo (PUC/SP). Pós-graduando em Direito Internacional pela PUC/SP. Master 2 – Arbitrage et Commerce International, Université de Versailles – Paris Saclay. Advogado na Finkelstein Advogados,

atuando principalmente nas áreas de Arbitragem Comercial Doméstica e Internacional, Direito Empresarial e Direito Contratual. Participante das edições XXI e XII do Willem C. Vis MootCourt, assistente do Professor Cláudio Finkelstein nas aulas de *International Arbitration*, da PUC/SP.

SUMÁRIO

APRESENTAÇÃO

O livro vem atender ao anseio de advogados, árbitros, juízes, graduandos e pós-graduandos de Direito, professores, bem como de empresários, administradores de empresas e economistas.

É uma obra inédita, inovadora e surpreendente, que analisa a evolução da arbitragem sob o ponto de vista jurídico, legislativo e procedimental, empresarial, internacional e econômico.

Trata-se de uma coletânea de 24 capítulos dos mais renomados estudiosos, advogados arbitralistas e árbitros com experiência nacional e internacional, reunindo as relevantes alterações legislativas ocorridas em 2015, seja em razão da Lei n. 13.129/2015, que alterou a Lei de Arbitragem (Lei n. 9.307/96), seja em relação à Lei n. 13.105/2015, que instituiu o atual Código de Processo Civil.

Não há no mercado livros com essa abordagem, pois esta coletânea reúne as várias facetas da arbitragem: seu desenvolvimento, sua inserção em um contexto de globalização socioeconômica, seus custos, seus procedimentos, seus atores, sua relação com o direito societário e com os investimentos internacionais. A obra é interdisciplinar, contemplando o estudo de diversas áreas do Direito (empresarial, civil, processual e internacional), bem como sua relação com a Economia.

O presente livro alcança temas processuais e procedimentais, como tutela provisória, Fazenda Pública, negócios jurídicos processuais, cumprimento da sentença arbitral, deveres de imparcialidade e de independência do árbitro, cláusula compromissória cheia, princípio da colaboração e sentenças arbitrais parciais não intencionais. A coletânea também aborda aspectos empresariais específicos, como arbitragem societária, litígios do comércio eletrônico e arbitragem eletrônica, nomes de domínios da Internet e os custos da arbitragem e sua adequação à solução de determinados conflitos.

Em razão da inegável predominância da arbitragem como meio de solução de controvérsias do comércio internacional, são abordados temas de extrema relevância, como a lei aplicável aos contratos internacionais, o papel dos árbitros após a sentença na arbitragem internacional e os Acordos de Cooperação e Facilitação de Investimentos (ACFIs) firmados pelo Brasil.

É um livro bem organizado, com índice detalhado e esquematizado, cumprindo seu fim didático. A obra transpira a teoria e a prática da arbitragem, o que torna sua leitura agradável sem perder profundidade intelectual.

Esta obra pode tanto servir de primeira leitura sobre a arbitragem para alguém que nunca estudou o tema como atende aos anseios dos mais exigentes leitores, advogados, árbitros e acadêmicos acerca de temas específicos e atuais sobre a arbitragem, demonstrando a evolução do instituto, em especial, com as principais alterações legislativas ocorridas em 2015.

PARTE I – EVOLUÇÃO DA ARBITRAGEM

1

Jurisdição, arbitragem e globalização: uma análise histórica e política sobre a evolução e concretização dos principais mecanismos de soluções de conflitos

Anderson de Azevedo

1. CONSIDERAÇÕES INTRODUTÓRIAS E FUNDAMENTAIS

O surgimento do Direito e sua evolução estão diretamente relacionados ao desenvolvimento das civilizações e suas transformações sociais, políticas e econômicas. Em cada tempo, em cada cultura, conforme a complexidade ou diversidade das relações sociais e os costumes dos povos, as sociedades foram formulando e reformulando as indispensáveis normas referenciais de comportamento social, fundamentando-as em novos padrões éticos e axiológicos. Assim, uma ampla variedade de modelos jurídicos foi constituída em diferentes lugares e comunidades.

Os conflitos sociais, por outra via, são imanentes à convivência social. Nesse passo, a jurisdição estatal e a arbitragem constituíram-se, ao longo da história, como os principais mecanismos de acesso à justiça, que acompanharam essa longínqua e gradativa evolução da experiência humana no Ocidente.

Entretanto, a partir do século XX, um novo modelo de organização social consolidou-se. O fortalecimento do capitalismo, no plano econômico; o desenvolvimento tecnológico, na dimensão científica; o intercâmbio cultural, na esfera linguística; a prevalência do Estado Constitucional Democrático de Direito, no ambiente político-jurídico ocidental; o surgimento de uma rede comunicacional, instantânea e global, entre outros fatores, propiciaram a formação das sociedades de massas, promovendo, consequentemente, uma profunda modificação na forma de se pensar e se realizar o Direito.

Essa sociedade, estimulada contínua e incessantemente pela ação midiática, é conhecida como a sociedade globalizada de consumo, caracterizada pela potencialização da produção e comercialização de bens e serviços, pela instantaneidade da informação e comunicação, pela virtualização das relações humanas em face do desenvolvimento tecnológico, entre outras marcas. Esse novo padrão social também promoveu a ruptura do conceito de acesso à justiça até então construído pela humanidade. Foi (e continua sendo) necessário o desenvolvimento de "novos Direitos" para a consecução da paz social.

A evolução histórica e política dos principais instrumentos de pacificação social, e mais especificamente da arbitragem, e suas aplicações no âmbito de uma sociedade globalizada constituem o cerne deste estudo.

Em primeiro lugar, buscando-se a essência histórica da jurisdição, termo adotado em sua acepção lata, tornar-se-á como referência a perspectiva luhmanniana, que segmenta a história do Direito em estágios, iniciando pelas sociedades arcaicas ou primitivas e culminando na sociedade moderna e contemporânea.

A arbitragem já era referenciada como um mecanismo de solução de conflitos nas civilizações hebraica, grega e romana, consectário do desenvolvimento econômico e comercial desses povos e de caráter eminentemente jurisdicional. A arbitragem destacou-se desde a primitividade, com o florescimento do sistema mercantilista, e a partir da Renascença ganhou força na solução de conflitos, assumindo um notável papel na Europa medieval, com a formação de tribunais mercantis especializados para a composição de lides entre comerciantes.

Contudo, o instituto sofreu forte abalo com a constituição de um novo modelo de Estado Moderno, com a concentração da solução de conflitos nas instituições políticas estatais da Modernidade, especialmente com a força interventiva decorrente do Estado Social.

Atualmente, e mais uma vez em decorrência das mutações sociais das últimas décadas, as bases fundamentais da jurisdição estatal como instrumento de acesso à justiça estão sofrendo reformulações. A transposição dos limites territoriais pelas relações interpessoais (fenômeno nítido do mundo globalizado, que se intensifica no âmbito das relações de consumo) impôs a adaptação do modelo estatal jurisdicional a uma realidade transnacional e comunitária.

Não obstante, o processo de globalização e os conflitos dele decorrentes, tanto na esfera internacional como no ambiente interno, passaram a exigir formas rápidas e especializadas de composição de lides, tal como propõe a arbitragem. A busca de instrumentos efetivos de acesso à justiça, quando se trata desses "novos Direitos" decorrentes do processo de transformação social dos séculos XX e XXI, remete, novamente, à solução de conflitos à arbitragem.

Em um momento de amplas reformas legislativas no Brasil, tanto na seara material como processual, na qual se privilegia a resolução dos conflitos (em detrimento do atuar repressivo e cominatório do Poder Judiciário), a proposição de novos mecanismos que busquem aumentar a efetividade dos direitos dos jurisdicionados é indispensável. Essa postura inovadora amolda-se à dinâmica econômica e social, globalizada e urgente, como mecanismo mais atento à realidade e às necessidades da sociedade.

2. A CONSTRUÇÃO HISTÓRICA DA JURISDIÇÃO E DA ARBITRAGEM COMO MECANISMOS DE PACIFICAÇÃO SOCIAL

A noção de jurisdição[1] vem sofrendo mutações desde as suas primeiras formulações teóricas, por meio da evolução da sociedade e da ciência. Contudo, muito antes da construção dogmática de uma teoria ou de propostas de elaboração de um conceito ou de uma definição de jurisdição, deve-se referenciar que o fenômeno jurisdicional como mecanismo de composição de conflitos sempre esteve associado ao exercício do poder[2], visando assegurar a pacificação social.

---

1 O substantivo "jurisdição" deriva da expressão latina *jurisdictio*, significando o poder de dizer o direito, ditar a regra de conduta em face de um conflito posto em julgamento.

2 Bellinetti (1997), quando discorre sobre as diversas concepções de poder no âmbito da ciência política, descreve, didaticamente, diferentes e importantes noções de poder. Inicia a partir de Max Weber, que define o

É impossível conhecer com profundidade um fenômeno ou um instituto jurídico como a jurisdição e desenvolver a análise de seu conceito sem associá-lo a um determinado contexto histórico e político. Daí porque se explica as variações da própria noção de jurisdição, considerando as diferentes organizações sociais, políticas e econômicas em que o fenômeno foi aplicado e estudado. Com efeito, o fenômeno jurídico é sempre contingente, local, e está, necessariamente, vinculado a um determinado ambiente histórico-cultural[3].

Tendo como referência a história da humanidade, Luhmann[4] atribuiu ao Direito uma classificação que divide sua evolução em três estilos ou fases, valendo-se de um critério cultural e sistêmico, e não puramente cronológico: trata-se do Direito arcaico, do Direito antigo e do Direito moderno[5]. O primeiro diz respeito aos povos que, ainda sem o domínio da escrita, tinham os costumes e tradições como fontes do Direito; o segundo passou a utilizar as primeiras organizações políticas estatais como ambiente para o exercício do poder, valendo-se da escrita como forma de comunicar a ordem jurídica; e o terceiro, baseado no modelo positivista do ordenamento jurídico, a exemplo dos códigos e constituições.

É relevante ressaltar que um modelo não exclui, necessariamente, o outro. O critério utilizado pelo sociólogo alemão não foi puramente cronológico, mas cultural e sistêmico, ou seja, as categorias por ele construídas levam em consideração a cultura dos povos e os sistemas de organização e de solução de conflitos adotados em diferentes modelos políticos e sociais. Nas palavras de Luhmann[6]:

---

poder como a possibilidade de impor a própria vontade ao comportamento alheio. Em seguida, lembra a ressalva de Hannah Arendt, para quem o poder deve ser concebido no contexto da comunicação livre de violência. Adita também a observação de Talcott Parsons, que vislumbra o poder como a capacidade que um sistema tem de mobilizar recursos para atingir objetivos. Chega então a Foucault, que revelou aos estudiosos de ciência política que o poder se encontra pulverizado por todo o corpo social, e que o seu exercício implica saber aglutinar as suas várias partículas. Por fim, menciona Jean Baudrillard, que fez a insólita afirmação de ser o poder algo ontologicamente vazio, um espaço perspectivo de simulação, que deveria ser preenchido por aqueles que pretendem exercê-lo.

3 Nesse sentido, a história do Direito propicia ao analista os referenciais indispensáveis para a análise de qualquer instituto jurídico, instituindo paradigmas espaço-temporais, linguísticos e culturais para uma adequada hermenêutica. De acordo com o ensino de Hespanha (1998, p. 15): "[...] a História do Direito é, de facto, um saber formativo, mas de uma maneira que é diferente daquela em que o são a maioria das disciplinas dogmáticas que constituem os cursos jurídicos. [...] Enquanto que as últimas visam criar certezas acerca do direito vigente, a missão da História do Direito é antes a de problematizar o pressuposto implícito e acrítico das disciplinas dogmáticas, ou seja, o de que o direito dos nossos dias é *o racional, o necessário, o definitivo.* [...] A História do Direito realiza esta missão sublinhando que o direito existe sempre em sociedade e que, seja qual for o modelo usado para descrever as suas relações com os contextos sociais (simbólicos, econômicos, etc.), as soluções jurídicas são sempre contingentes em relação a um dado envolvimento (ou ambiente). São, neste sentido, sempre *locais*".

4 LUHMANN, *Sociologia do direito I*, 1983, p. 184-5.

5 Segundo Luhmann (1983, p. 184-5), o primeiro estilo, o Direito primitivo ou arcaico, definiu-se com o surgimento das primeiras formas comunitárias, e foi marcado pelo Direito consuetudinário, antes mesmo do surgimento da escrita. O segundo, o Direito antigo, surgiu com as primeiras civilizações urbanas e se expandiu por toda a sociedade antiga, principalmente as sociedades mesopotâmica, hebraica, egípcia, grega e romana. É caracterizado pela introdução da escrita e sistematização de um sistema jurídico próprio, além da ética, da política e da religião. E o último, o Direito moderno, emergiu com as Revoluções Liberais e se estende até a atualidade, referenciado pela introdução do modelo positivista e constitucionalista, a partir do século XVII até o Estado Democrático de Direito, reformulado pelas consideráveis mutações sociais dos séculos XX e XXI.

6 LUHMANN, *Sociologia do direito I*, 1983, p. 184-5.

> A perspectiva histórica e a da comparação cultural se deparam com a ampla variedade e multiplicidade de forma que o direito assume. A diversidade da origem e das etapas da formação do direito que alcançam o impenetrável desconhecido histórico exclui a hipótese de uma única causa ou constelação de causas do direito. Todas as sociedades humanas, ao longo da história conhecida, atuaram de forma "equifinal" por sempre gerarem direito, se bem que com diferentes concepções normativas, instituições, interesses divergentes, procedimentos, e ainda entrelaçamentos muito distintos com as estruturas sociais extrajurídicas. [...] Podemos satisfazer-nos com uma divisão grosseira, distinguindo apenas se já existe uma diferenciação de processos decisórios de cunho jurídico e se eles se referem apenas à aplicação do Direito ou também à legislação. Essas diferenças marcantes caracterizam conquistas evolutivamente improváveis, cuja estabilização praticamente altera toda a problemática do Direito. Nesse sentido distinguimos o Direito arcaico, o Direito das altas culturas antigas e o Direito positivo da sociedade moderna. O decisivo nessa distinção é o grau relativo de desenvolvimento, e não a ocorrência cronológica objetiva, de tal forma que mesmo sistemas sociais contemporâneos podem ser considerados arcaicos ou cultivados se apresentarem as características correspondentes.

Os pontos comuns dos momentos históricos mencionados, em cada um dos estilos ou modelos de Direito, são a existência de mecanismos de solução de conflitos intersubjetivos[7] imanentes ao próprio agrupamento social e a constante preocupação das dessemelhantes comunidades no desenvolvimento de propostas pacificadoras, ao que se associam as noções de jurisdição e de arbitragem.

Há um determinado referencial para a ideia de jurisdição nas sociedades primitivas ou arcaicas; outro paradigma do fenômeno jurisdicional é elaborado nas sociedades antigas; e um novo modelo estabeleceu-se na Modernidade, quando se passou a associar a ideia de jurisdição ao exercício do poder, da função e da atividade estatal. Mas em todas essas experiências, o referencial do conceito de jurisdição sempre esteve associado à ideia de mecanismo ou um instrumento de solução de conflitos.

Nas sociedades arcaicas, em face da inexistência de organizações institucionais, a atribuição da pacificação de conflitos tornou-se incumbência dos chefes familiares, que reuniam os atributos de governante, juiz e sacerdote. Nesse modelo, os chefes das tribos exerciam a responsabilidade pela solução dos litígios sociais[8]. E foi nesse contexto de inseguranças e

---

7 Della Torre (1973, p. 81) ensina que "a competição é processo social inconsciente, impessoal e contínuo, visando à conquista de coisas concretas. O conflito é também uma luta, só que consciente, pessoal, intermitente, emocional, implicando violência ou ameaça de violência. Visa à manutenção ou mudança do *status* social vigente. Os adversários em conflito estão conscientes de suas divergências, havendo entre eles rivalidade, antipatias, ódios e críticas de forte tonalidade emotiva. [...] Podemos generalizar dizendo que sempre almejamos *status* superiores àqueles que ocupamos, nunca inferiores. Quando, nessas conquistas, os indivíduos ou grupos encontram obstáculos dificultando-lhes a ascensão, pode surgir o conflito. [...] Para Simmel é praticamente impossível existirem grupos livres de conflitos, grupos que seriam inteiramente harmoniosos. A sociedade exige para a sua formação e desenvolvimento tanto processos associativos como dissociativos".

8 Não há, nessa fase de solução de conflitos, uma especificação da atividade jurisdicional a justificar a adoção de um modelo ou razões para distinções entre jurisdição pública e privada. Conforme discorre Cretella Neto (2009, p. 5): "para entender a evolução do conceito de *arbitragem* através da História é preciso relembrar que nos primórdios da História humana inexistia o conceito de 'Estado', sendo o poder concentrado nas mãos do monarca e de classes de nobres, sacerdotes e funcionários encarregados da administração do reino. Tampouco existia uma autoridade julgadora independente e leis gerais, abstratas e impessoais, aplicáveis a todos

incertezas que as sociedades primitivas elegeram pessoas mais experientes e hábeis no trato comunitário, para promover a solução das demandas sociais. Nesse momento da história, jurisdição e arbitragem confundem-se, como um natural mecanismo de solução de conflitos.

Aos poucos o poder de "dizer o direito", isto é, o poder jurisdicional (em sentido lato) foi se especializando, institucionalizando-se e sendo transferido para organismos políticos específicos de resolução de conflitos. A institucionalização das soluções de conflitos foi se consolidando com a outorga aos órgãos políticos do poder de "dizer o direito". A atuação do Estado como sujeito interventor nesse processo de pacificação social foi um consectário do próprio desenvolvimento social das civilizações antigas.

Contudo, mesmo diante da crescente consolidação da jurisdição estatal, percebe-se que a arbitragem nunca sucumbiu completamente. Ao contrário, fortaleceu-se. A arbitragem também pode ser contemplada na mitologia grega[9], mas foi pela atuação legislativa de Sólon, no século VI, que o instituto se notabilizou, juntamente a uma ampla constituição de órgãos jurisdicionais, com a finalidade precípua de promoção de julgamentos especializados para as mais diferentes espécies de controvérsias sociais[10].

Os romanos, enquanto organizados em uma pequena cidade-estado monárquica, confiavam as decisões das divergências sociais ao julgamento e manifestação experiente de homens prudentes e bons pais de família – *bonus pater familiae*. No entanto, influenciados pela experiência política grega, os romanos assumiram uma formatação política republicana, que propiciou o desenvolvimento social de sua comunidade; não tardou para que desenvolvessem engenhosos mecanismos de pacificação social.

Destaca-se, especialmente, durante o período clássico, a atuação do pretor romano, sujeito que, efetivamente, titularizava o exercício da *jurisdictio*, por meio de um processo constituído de duas fases. A primeira fase, denominada *in iure*, consistia, especificamente, na atuação pretoriana, em duas etapas: a *litis contestatio* e o *edictum*. Pela *litis contestatio*, as partes, autor e réu, apresentavam-se em juízo perante o pretor e instituíam a jurisdição ao magistrado, mediante um pacto de atribuição do julgamento da causa.

O pretor, tendo como referência os fatos apresentados por autor e réu, bem como as provas eventualmente apresentadas ou produzidas, elaborava a fórmula de julgamento, ou

---

os súditos. [...] Os litígios eram resolvidos com o recurso à força física, prevalecendo o regime de vingança privada não regulamentada e da autotutela. Não havia juiz, distinto das partes, nem ocorria a declaração de existência ou inexistência do Direito".

9 Atribui-se à mitologia grega um dos mais famosos arbitramentos da história da civilização helênica. Segundo consta dos escritos mitológicos, inconformada por não ter sido convidada para uma cerimônia matrimonial no Monte Ida, a deusa da discórdia, de nome Eres, lançou uma maçã de ouro no seio da festa, com a inscrição "para a mais bela", colocando-a sobre a mesa principal. Tendo lido a inscrição da maçã, as deusas Atena e Afrodite, ambas entendendo serem as mais belas, invocaram o direito sobre o fruto. Então, estabelecido o conflito, Zeus foi chamado para posicionar-se sobre a titularidade da maçã. Para não se comprometer, Zeus abdicou do direito de decidir a disputa, imputando ao mortal mais belo da terra, o príncipe Paris, o dever de julgar o caso. Então, Hermes, o deus mensageiro, levou ao príncipe a incumbência, que acabou decidindo em favor de Afrodite, a deusa do amor. Isso porque Afrodite teria prometido ao Príncipe Paris o amor de Helena. Essa situação surgida a partir do arbitramento foi um dos fatores para o desencadeamento da Guerra de Troia, segundo Cretella Neto (2009, p. 6).

10 Segundo Cretella Neto (2009, p. 7): "Péricles transformou o sistema judiciário, transferindo o poder de julgar do Areópago [...] para os arcontes, membros da '*heliae*', tribunais populares. Para que o sistema judiciário acolhesse a ação, era necessário que já tivesse sido apreciada por um árbitro".

seja, o parâmetro para que o árbitro, na fase seguinte, prolatasse a sentença. Na segunda e derradeira fase processual (denominada *in iudicium*), a atividade arbitral consistia simplesmente na prolação de sentença pelo *arbiter* ou *iudex*, observando as diversas fórmulas apresentadas pelo pretor[11].

No Império Romano, a arbitragem era o principal mecanismo de soluções de conflitos comerciais nas grandes cidades. Mercadores em demanda atribuíam a outros comerciantes a responsabilidade de emitir um juízo arbitral, sob a condição da imparcialidade, mas fulcrados na experiência e conhecimento da matéria em discussão.

Após a queda do Império Romano e com o advento da alta Idade Média, a figura principal do sistema político e econômico é o senhor feudal, sendo os julgamentos privados, de acordo com os ensinos de Gomes[12], "realizados por conselhos que funcionavam nos baronatos e condados, em consonância com as características do regime feudal, no qual ocorre um marcante esfacelamento do poder estatal". Como se observa dos escritos de César Fiuza[13]:

> A arbitragem [...] passou do Direito Romano para o Direito medieval. Teve que se adaptar, o que ocorreu facilmente, aos costumes judiciários da Idade Média e foi, no direito antigo, cópia quase que fiel da arbitragem no Direito Romano. [...] Os julgamentos eram encabeçados, em sua maioria, pelos senhores feudais – *probi homines* – e a arbitragem não diferia dessa justiça a não ser pelo fato de que as partes escolhiam livremente os juízes de suas contendas.

A desorganização do sistema jurídico romano na Europa ocidental e, portanto, das instituições que administravam as soluções de conflitos, aliada à miscigenação de culturas decorrente da consolidação do sistema feudal e mercantilista naquela região, durante o período medievo, também promoveram a arbitragem como o principal modelo de pacificação social, principalmente nos núcleos urbanos mercantis ao entorno do Mediterrâneo, ante a ausência de um poder estatal unitário e centralizador.

Com efeito, na baixa Idade Média, o florescimento de grandes núcleos urbanos ao entorno dos mares Mediterrâneo, do Norte e Báltico e de grandes rios como o Reno e o Danúbio consagrou cidades prósperas e, consequentemente, aumentou sobremaneira os conflitos sociais.

Cláudio Vianna de Lima[14], analisando essa importante dinâmica mercantil, discorre:

> É muito compreensível que a esta vitoriosa prática mercantil repugnasse a morosa Justiça Pública, formal, formalista, complicada, alheia ao pragmatismo e à celeridade do comércio, da

11 Margarida Maria Lacombe Camargo, analisando a tópica em Theodor Viehweg, destaca a importância da participação dos pretores e árbitros para a construção da jurisprudência romana, a ciência do direito de então. Segundo a autora (2001, p. 159-60): "pesquisando o *ius civile* romano, Viehweg retira exemplos do uso da tópica no direito. Ao jurisconsulto romano era apresentado um problema para o qual solicitava-se-lhe um parecer. Sua tarefa era, sob um senso da equidade, encontrar argumentos que lhe parecessem mais prudentes para a sua solução. Viehweg reconhece na jurisprudência dos romanos o desenvolvimento de uma *techne* bastante avançada, que pressupõe, irrefletidamente, um nexo que não se pretende demonstrar, mas, dentro do qual o raciocínio se move".

12 GOMES, *Os poderes do juiz na direção e instrução do processo civil*, 1995, p. 15.

13 FIUZA, *Teoria geral da arbitragem*, 1995, p. 75.

14 LIMA, "A arbitragem no tempo. O tempo na arbitragem", 1999, p. 8.

> indústria e da empresa. Os tribunais consulares eram, em razão disso, objetivos, práticos, rápidos, fortes no emprego de questões nascidas nas fórmulas não contenciosas de solução de conflitos, no emprego da arbitragem. As questões nascidas nas feiras deviam estar solvidas no tempo de sua duração, três semanas, um mês, seis meses, não mais. [...] Consolidou-se a arbitragem, prática já antiga, de eficiência exemplar.

O advento do Estado absolutista, entretanto, foi o passo inicial para o enfraquecimento desse sistema de solução de conflitos e para a desconstrução da noção da natureza jurisdicional da arbitragem. As monarquias que foram sendo constituídas em toda a Europa, principalmente a partir do século XIV, invocaram, de forma centralizadora, o poder de "dizer o direito" e resolver os conflitos, em todas as esferas políticas e sociais. As sentenças arbitrais passaram a ser revistas pelos tribunais constituídos no âmbito dos reinos recém-formados. Nesse ponto, a história marca, em definitivo, a distinção entre os mecanismos de soluções de conflitos jurisdicional e arbitral.

O florescimento do Estado absoluto, associado a outros fatores de ordem econômica, epistemológica, religiosa e filosófica, promoveu uma intensa movimentação na Europa nos séculos que seguiram, culminando com a mais revolucionária confrontação teórica política da Era Cristã: a luta pela defesa da liberdade do indivíduo em resistência ao poder político absoluto. Foi o passo decisivo para o surgimento da constituição como instrumento de limitação do exercício do poder político, as declarações de direitos individuais fundamentais como o principal referencial desse sistema e a organização das funções estatais, incluindo a jurisdicional[15].

3. A SEPARAÇÃO ENTRE JURISDIÇÃO E ARBITRAGEM NA MODERNIDADE

Os reflexos do agudo processo de transformação social da Modernidade são percebidos em todas as áreas das ciências sociais e humanas a partir dos séculos XVII e XVIII, e assim também no Direito, a ponto de Luhmann identificar, nesse cenário, um novo paradigma da história do Direito, denominando-o direito positivado moderno, distinto do direito antigo e do direito arcaico ou primitivo.

---

15 Nesse sentido, Marés (2003, p. 232-3) afirma que: "o sonho que inspirou o Estado contemporâneo nasceu na Europa e foi sendo disseminado por todo o mundo não sem guerras, revoluções e imposições, tornando-se em alguns lugares e para alguns povos em longo pesadelo. Foram trezentos anos de elaboração teórica e luta prática que marcaram os séculos XVI, XVII e XVIII na Europa e que mudaram os conceitos de ciência, religião e política. Copérnico, Lutero e Hobbes são apenas três nomes que apresentaram e demonstraram teorias e propostas de inovação ao mundo a que se convencionou chamar de civilizado. Outros nomes foram se agregando, Locke, Morus, Rosseau, Bodin, Calvino, Galileu, Montesquieu, Bartolomé de Las Casas e uma interminável lista complementando um pensamento que teria como resultado a criação do Estado contemporâneo assentado num sistema jurídico que pretendia ter regras claras de execução. No final do século XVIII, a Revolução Francesa inaugurou formalmente este Estado, fundado na Constituição que o organiza e descreve, garantindo os direitos dos cidadãos. Chamar este ato formal de 'Constituição' revela a ideia de que antes dele, Estado não havia. Constituir quer dizer fazer, organizar, dar nascimento. Um Estado que tem constituição é o que foi feito, organizado, nasceu. Os pensadores deste novo Estado imaginavam que ele não poderia existir se o povo não lhe outorgasse livremente suas prerrogativas e poderes, isto quer dizer que todos os poderes e todas as prerrogativas pertenciam ao povo, como direito natural".

O sociólogo alemão registra que, apesar de o Direito ateniense e romano se basear, assim como o Direito moderno, na escrita e, portanto, na codificação, a vigência desses modelos é vista como invariante ou normas invariantes. Didaticamente, Luhmann[16] registra: "a instauração de processos legislativos como componente institucional da vida político-estatal é uma condição imprescindível para a reorientação global do Direito em termos de positivação, no sentido de uma premissa para decisões".

Forma-se a noção de Estado de Direito, ou seja, de que o Estado é governado sob a égide da vontade da lei, originária de um processo legislativo de bases representativas, e não mais, simplesmente, da vontade do rei. A lei é produzida dentro da própria ambiência estatal, com a participação popular, ainda que indireta, e o processo de sua criação é regulado por uma norma suprema, a Constituição, que institui o próprio Estado e, portanto, o direito vigente, modificável a partir de sua própria autorização.

Em um dos capítulos mais referenciados do clássico *Segundo tratado sobre o governo civil e outros escritos*: ensaio sobre a origem, os limites e os fins verdadeiros do governo civil, publicado em 1690, John Locke exalta a sociedade política derivada desse pacto associativo-constitutivo do Estado como a legítima detentora do poder de pacificação de conflitos sociais, e estabelece como critério de reconhecimento da sociedade política a organização de um organismo judiciário, responsável pela pacificação dos conflitos[17].

Rousseau[18], partidário do contratualismo, na obra *Discurso sobre a origem e os fundamentos da desigualdade entre os homens*, apresenta o pacto de formação da sociedade civil e de atribuição da jurisdição a essa mesma sociedade, assinalando:

> Unamo-nos para defender os fracos da opressão, conter os ambiciosos e assegurar a cada um a posse daquilo que lhe pertence, instituamos regulamentos de justiça e de paz, aos quais todos sejam obrigados a conformar-se, que não abram exceção para ninguém e que, submetendo igualmente a deveres mútuos o poderoso e o fraco, reparem de certo modo os caprichos da fortuna. Numa palavra, em lugar de voltar nossas forças contra nós mesmos, reunamo-nos num poder supremo que nos governe segundo sábias leis, que protejam e defendam todos os membros da associação, expulsem os inimigos comuns e nos mantenham em concórdia eterna.

16 LUHMANN, *Sociologia do Direito I*, 1983, p. 235.

17 O raciocínio de Locke (1994, p. 132-3) é lógico-dedutivo e pontual: "[...] Mas como nenhuma sociedade política pode existir ou subsistir sem ter em si o poder de preservar a propriedade, e, para isso, punir as ofensas de todos os membros daquela sociedade, só existe uma sociedade política onde cada um dos membros renunciou ao seu poder natural e o depositou nas mãos da comunidade em todos os casos que o excluam de apelar por proteção à lei por ela estabelecida; e assim, excluído todo julgamento particular de cada membro particular, a comunidade se torna um árbitro; e, compreendendo regras imparciais e homens autorizados pela comunidade para fazê-las cumprir, ela decide todas as diferenças que podem ocorrer entre quaisquer membros daquela sociedade com respeito a qualquer questão de direito e pune aquelas ofensas que qualquer membro tenha cometido contra a sociedade com aquelas penalidades estabelecidas pela lei; deste modo, é fácil discernir aqueles que vivem daqueles que não vivem em uma sociedade política. Aqueles que estão reunidos de modo a formar um único corpo, com um sistema jurídico e judiciário com autoridade para decidir controvérsias entre eles e punir os ofensores, estão em sociedade civil uns com os outros; mas aqueles que não têm em comum nenhum direito de recurso, ou seja, sobre a terra, estão ainda no estado de natureza, onde cada um serve a si mesmo de juiz e de executor, o que é, como mostrei antes, o perfeito estado de natureza".

18 ROUSSEAU, *Discurso sobre a origem e os fundamentos da desigualdade entre os homens*, 2000, p. 195.

Immanuel Kant, quando discorre sobre o poder do Estado (que o filósofo chama de cidade) e sua relação com o Direito, cita a tripartição funcional, descrevendo a titularidade do exercício dos poderes e sua origem[19]. Na primeira parte da *Metafísica dos costumes*, que veio a lume com o nome de *Doutrina do Direito*, Kant[20] disserta que:

> Cada cidade encerra em si três poderes, isto é, a vontade universalmente conjunta numa pessoa tripla (*trias política*): *o poder soberano (soberania)* na pessoa do legislador, o poder *executivo* (segundo a lei) na pessoa do governo e o poder *judicial* (como reconhecimento do Meu de cada qual segundo a lei) na pessoa do juiz (*potestas legislatoria, rectoria et judiciaria*). Isto corresponde às três proposições de um raciocínio prático: à maior, ou princípios, que contém a Lei de uma vontade; à menor, que contém o *preceito* de conduta em consequência da lei, isto é, o princípio da subordinação à lei; e, enfim, à conclusão, que contém a sentença, ou o que é de direito nos diferentes casos.

Hegel reforça a ideia de que para se dirimir um conflito jurídico é indispensável a existência de um controle do Estado. Segundo Julián Marías[21]:

> O Estado é a forma plena do espírito objetivo. Hegel talvez tenha sido o primeiro a elaborar uma ontologia do Estado. O Estado é uma criação da razão, e é a forma suprema em que se desenvolve a ideia da moralidade. Hegel não o considera do modo um tanto vazio como o considera Rousseau. É uma realidade objetiva; é uma construção e tem uma hierarquia ontológica superior. No entanto, nenhum Estado concreto realiza plenamente a ideia do Estado. Esta só se realiza no desenvolvimento total da história universal. A *história universal* é o desdobramento da dialética interna da ideia do Estado.

Para Hegel, a justiça está politicamente relacionada ao atuar estatal, atrelada à constituição. A administração da justiça no pensamento de Hegel tem uma dimensão estatal, primordial e ética. O ato de julgar, enfim, passou a ser entendido como um ato de poder, titularizado pelo Estado.

Essa perspectiva histórica e dialética hegeliana fundamenta o desenvolvimento das ideias socialistas da segunda metade do século XIX e da primeira metade do século XX, agigantando a participação do Estado e o seu intervencionismo no processo de solução de litígios. Nesse sentido, Bistra Stefanova Apostolova[22], na obra *Poder Judiciário*: do moderno ao contemporâneo, anota que:

> O surgimento do Estado moderno teve a sua expressão jurídica na transformação do direito em uma instituição exclusivamente estatal, garantido o seu funcionamento pela organiza-

---

19 Mais adiante, Kant (1993, p. 156) dá o tom das características principais desses poderes: "É preciso dizer desses três poderes, considerados em sua dignidade, que a vontade do legislador (*legitoris*) com respeito ao que concerne ao Meu e ao Teu exterior é irrepreensível; que o Poder Executivo (*summi rectoris*) é *irresistível* e que sentença do *juiz* supremo (*supremi judicis*) é *sem apelação*".

20 KANT, *Doutrina do Direito*, 1993, p. 152.

21 MARÍAS, *História da filosofia*, 2004, p. 358.

22 APOSTOLOVA, *Poder Judiciário*: do moderno ao contemporâneo, 1998, p. 111.

ção da coação centralizada nos órgãos estatais. A existência da garantia jurídica, expressão das qualidades formais do direito moderno, que oferecia segurança para quem dispunha de poder legal no campo do direito pessoal ou real, criou condições propícias para o desenvolvimento do mercado, devido à possibilidade do cumprimento das promessas, seja de modo espontâneo, seja pela intervenção da sanção estatal.

Tanto a filosofia (no plano teórico) como a política (no plano pragmático), portanto, acabaram por influenciar o pensamento jurídico, e, consequentemente, a ciência do direito. As teorias que começam a explicar o direito de ação, por exemplo, pressupõem a indispensável presença do Estado como sujeito imparcial pronto a promover a pacificação social, por intermédio de seus organismos institucionais, tendo como paradigma a lei.

A partir desses filósofos e de outros que trilharam semelhantes jornadas acerca da concepção moderna de Estado e de Direito, a noção do poder de pacificação dos conflitos sociais e, portanto, a ideia de jurisdição passou a estar diretamente associada ao exercício do poder estatal, afastando-se a concepção da natureza jurisdicional da arbitragem, relegando-a ao privatismo das relações comerciais, em que prevalece a disposição da própria vontade.

De fato, todas as definições de jurisdição, no âmbito do direito processual, a partir dos teóricos processualistas italianos, têm como elementos básicos a existência de um conflito de interesses, a intervenção do Estado para solucioná-lo, a aplicação da lei e o restabelecimento da ordem jurídica[23]. Conclusivamente, Baptista[24] considera:

> [...] cremos que as notas essenciais capazes de determinar a jurisdicionalidade de um ato ou de uma atividade realizada pelo Juiz devem atender a dois pressupostos básicos: a) o ato jurisdicional é praticado pela autoridade estatal, no caso pelo Juiz, que o realiza por dever de função, ou seja, o Juiz, ao aplicar a lei ao caso concreto, pratica essa atividade como finalidade específica de seu agir [...]; b) o outro componente essencial do ato jurisdicional é a condição de terceiro imparcial em que se encontra o Juiz com relação ao interesse sobre o qual recai a sua atividade.

Com efeito, com a estabilização dessas concepções, todas fulcradas nos fundamentos do monopólio do exercício do poder político pelo Estado, a fixação do poder estatal jurisdicional erigiu-se como o único mecanismo integrante da estrutura institucional que pudesse, em caráter substitutivo (ou imparcial, como prefere Ovídio Baptista[25]), garantir a aplicação do Direito para principalmente solução de conflitos específicos.

---

23 No mesmo sentido, mas sob um diferente ângulo, escreve Cândido Rangel Dinamarco (2008, p. 188) sobre jurisdição: "assim, a jurisdição é expressão do poder político. Saindo da extrema abstração consistente em afirmar que ela visa à realização da justiça em cada caso, e, mediante a prática reiterada, à implantação do clima social de justiça, chega o momento de com mais precisão indicar os resultados que, mediante o exercício da jurisdição, o Estado se propõe a produzir na vida da sociedade".

24 BAPTISTA; GOMES, *Teoria geral do processo civil*, 2000, p. 73-4.

25 Baptista (2000, p. 74) assim apresenta a discussão sobre a substitutividade ou imparcialidade do juiz no momento da realização da jurisdição: "Ao realizar o ato jurisdicional, o Juiz mantém-se numa posição de independência e estraneidade relativamente ao interesse tutelado. Como observa Micheli ('Per una revisione della nozione di giurisdizione volontaria', *Revista di Diritto Processuali*, v. 4, p. 18), não é tanto o caráter de substitutividade, como afirmava Chiovenda, que define jurisdição, mas seu caráter de imparcialidade. 'A norma a aplicar é, pois, para a administração pública, a regra que deve ser seguida para que uma certa finalidade seja

Aqui reside a ideia central de que jurisdição é, ao mesmo tempo, poder, função e atividade do Estado. Como asseveram Cintra, Grinover e Dinamarco[26]:

> É uma das funções do Estado mediante a qual este se substitui aos titulares dos interesses em conflito para, imparcialmente, buscar a pacificação do conflito que os envolve, com justiça. Essa pacificação é feita mediante a atuação da vontade do direito objetivo que refere o caso apresentado em concreto para ser solucionado; e o Estado desempenha essa função sempre mediante processo, seja expressando imperativamente o preceito (através de uma sentença de mérito), seja realizando no mundo das coisas o que o preceito estabelece (através da execução forçada).

No entanto, se a Modernidade consolidou o fenômeno jurisdicional como poder, função e atividade do Estado, a contemporaneidade passou a exigir novas propostas solucionadoras dos conflitos sociais. De acordo com Carneiro[27]:

> A partir da segunda metade do século XIX, e já no início do século XX, principalmente com a influência da filosofia marxista, de fundamental importância para uma série de conquistas sociais que se seguiram, justamente pelas mazelas do capitalismo, da concentração de riqueza, da exploração dos trabalhadores, o grande empobrecimento da maioria do povo, tivemos uma nova disputa – burguesia *versus* proletariado – entre a classe abastada e a classe obreira. [...] A nova ordem resgata a dimensão social do Estado, com mais intensidade no que concerne à ordem jurídica. O Estado administrador assume feição cada vez mais intensa, notadamente protetiva. O modelo racionalista, a que basta a igualdade meramente formal e que se utiliza de conceitos quase casuísticos, como se observa com facilidade nas grandes codificações, não mais satisfaz e é substituído por um novo modelo que vai buscar a igualdade material, e utilizar-se-á cada vez mais de conceitos jurídicos imprecisos (também chamados conceitos jurídicos indeterminados), o que exige uma atuação mais efetiva do controle do poder, que será efetuado pelos juízes, os quais deixam de simular a mera declaração do conteúdo da lei para se utilizar de instrumentos técnicos e dogmáticos para interpretar e aplicar a lei.

Nesse momento, fazendo um contraponto da ideia comum que se apresenta, parece oportuno o posicionamento de Ricardo Ranzolin, para quem arbitragem e jurisdição, em que pese serem espécies do gênero mecanismo de solução de conflitos, não se confundem nem se hierarquizam. Construídos esses sistemas sob os mesmos moldes arquetípicos[28], a

---

alcançada; a mesma norma é, para o órgão jurisdicional, o objeto de sua atividade institucional, no sentido de que a função jurisdicional se exercita com o único fim de assegurar o respeito ao direito subjetivo. O Juiz, por conseguinte, é portador de um interesse público na observância da lei' (Micheli, *Curso de derecho procesal civil,* v. 1, p. 7), enquanto o administrador, quando cumpre e realiza o direito objetivo, tem posição similar à de qualquer particular".

26 CINTRA; GRINOVER; DINAMARCO, *Teoria geral do processo*, 1996, p. 129.

27 CARNEIRO, *Acesso à justiça*: juizados especiais cíveis e ação civil pública. Uma nova sistematização da teoria geral do processo, 2003, p. 20-1.

28 Para Ranzolin (2008, p. 14): "A arbitragem se estabelece mediante escolha expressa das partes e segue o mesmo modelo arquetípico do processo judicial: atuação de um terceiro imparcial, que profere julgamento racionalmente fundamentado, dentro dos princípios de igualdade de tratamento das partes e oportunidade para defesa e produção de provas, configurando um microssistema próprio de solução de controvérsias".

partir da Modernidade, suas premissas de aplicação passaram a ser distintas, seus elementos de composição, igualmente dessemelhantes, e os princípios que os orientam, da mesma forma, não são idênticos. Para Ranzolin[29]:

> A natureza jurídica da arbitragem, à luz da perquirição de sua eventual jurisdicionalidade, deve ser averiguada a partir da análise de cada sistema jurídico em particular, tendo em conta que tanto arbitragem como jurisdição são designações polissêmicas, bastante relativizadas pelas circunstâncias de cada ordem jurídica localizada no tempo e no espaço.
>
> O conceito clássico de jurisdição não foi suficientemente influenciado pelo atual estágio de desenvolvimento dos direitos fundamentais constitucionais, pelos quais a jurisdição só pode ser concebida a partir das garantias ao devido processo legal e da forma pela qual cada ordem constitucional em particular estrutura o direito fundamental à obtenção da prestação jurisdicional.
>
> A Constituição brasileira contém traço peculiar, pois, além de expressamente atribuir ao Poder Judiciário a exclusividade da prerrogativa da prestação jurisdicional através do processo judicial, ainda define restritivamente os seus órgãos, depreendendo-se concepção de jurisdição vinculada diretamente ao caráter estrutural da investidura *numerus clausus* dos órgãos do Poder Judiciário.

Reconhece-se, também, que as distinções entre a jurisdição estatal e a arbitragem, entre outros aspectos, também estão na seara procedimental. O mesmo autor exalta que, no campo da jurisdição estatal, visualiza-se a relação jurídica processual, que elimina um vínculo direto formado entre as partes e institui um liame entre o Estado e as parte processuais. Ranzolin, nesse sentido, escreve[30]:

> Diferentemente do processo judicial, em que normas de ordem pública fundamentam integralmente as relações jurídicas processuais, a ponto de não haver relação jurídica processual entre as partes, mas apenas delas para com o Estado (Poder Judiciário) e deste para com elas, na arbitragem as relações jurídicas obrigacionais derivadas da convenção arbitral se estabelecem inclusive entre as partes.

O posicionamento de Ranzolin, no sentido de separar categoricamente a jurisdição (estatal) da arbitragem, escora-se na perspectiva de uma visão microssistêmica, considerando as particularidades de cada instituto. A informalidade e a liberdade com que os órgãos arbitrais podem ser constituídos e organizados não se amoldam de forma nenhuma à rigidez constitucional (necessária e indispensável) para o exercício da atividade estatal jurisdicional[31].

---

29 RANZOLIN, "Coexistência do juízo estatal e do juízo arbitral: enfoque constitucional", 2008. Disponível em: <http://tede.pucrs.br/tde_busca/arquivo.php?codArquivo=1631>. Acesso em: 04 abr. 2016.

30 Ibidem, p. 15.

31 Tecendo severas críticas à visão publicista da arbitragem, que ganhou grande adesão com a promulgação da Lei n. 9.307/96, Marinoni (2008, p. 150) adverte: "afirmou-se, logo após a publicação da referida lei, que não é possível excluir da jurisdição (entendida como Poder Judiciário) o julgamento de um conflito e, portanto, que tal lei era inconstitucional. Em resposta, foi dito que a atividade do árbitro também é jurisdicional e, assim, que as dimensões da jurisdição teriam sido ampliadas, o que daria legitimidade constitucional ao julgamento do árbitro. Ocorre que a outorga do julgamento de um conflito a um árbitro e o afastamento do Poder

Essa análise obviamente não encerra a discussão sobre a natureza jurisdicional da atividade arbitral, mas enaltece o que é mais importante no debate: a harmonização da jurisdição e da arbitragem como mecanismos de solução de conflitos e acesso à justiça, respeitando-se as particularidades de cada sistema. Conforme Ranzolin[32]:

> Em face dessa rigidez do texto constitucional, descabe leitura da legislação ordinária no sentido de que o processo arbitral pudesse ser confundido com espécie do gênero processo judicial ou de que a atividade do árbitro pudesse ser compreendida como jurisdicional. A escolha pela arbitragem configura a escolha por outra via de solução de controvérsias, que não se confunde com a via judicial estatal.
>
> Isto não quer dizer que somente atividades dos órgãos do Poder Judiciário são juridicamente aptas à finalidade de solucionar conflitos. A atuação do árbitro também pode fazê-lo, mas sua eficácia não advém de fracionamento do poder jurisdicional. De fato, a arbitragem faz as vezes do processo judicial, mas sob a órbita jurídica de um microssistema privado de solução de controvérsias.

E conclui o referido autor[33]:

> Não obstante suas distinções, a via do processo judicial e a via da arbitragem se inserem em um sistema jurídico uno, que garante tanto o direito à opção pela convenção arbitral, quando couber, como também o direito à não opção por ela. Há, assim, uma imposição teleológica de harmonia entre ambas as formas de obtenção de justiça, sem que isto implique hibridização das suas naturezas.

De fato, há uma sintomática harmonia entre arbitragem e jurisdição no Estado Democrático de Direito. Portanto, à vista desse parecer, são despropositadas construções comparativas entre arbitragem e jurisdição, no sentido de tentar enquadrar a primeira como espécie ou subespécie da segunda. Categoricamente, ambas podem ser identificadas como microssistemas de soluções de conflitos, de pacificação social e de acesso à justiça, com as suas peculiaridades e diferenças, segundo as reservas que o próprio ordenamento jurídico lhes impõe.

A dinâmica histórico-evolutiva da jurisdição, construída a partir da experiência humana, de suas inquietações na busca de promover a solução de seus próprios conflitos, revela, como visto, a incessante busca pela adequação dos instrumentos de composição de lides às contingências históricas, econômicas e políticas.

É nesse contexto que se abrem, novamente, as portas para a arbitragem, mecanismo de solução de conflitos que até a Modernidade foi concebido como natural, capaz de pro-

---

Judiciário em relação a ele não obrigam a que se aceite a atividade de um órgão privado – como o tribunal arbitral – como jurisdicional. Contudo, em razão de uma primária falta de percepção da essência da jurisdição e do fundamento da arbitragem, a doutrina, após a publicação da mencionada lei, *passou a imaginar que a legitimidade da exclusão do Judiciário em relação aos conflitos dirimidos pelo árbitro fosse a atribuição de natureza jurisdicional à sua atividade*" [grifo nosso].

32 RANZOLIN, "Coexistência do juízo estatal e do juízo arbitral: enfoque constitutucional", 2008. Disponível em: <http://tede.pucrs.br/tde_busca/arquivo.php?codArquivo=1631>. Acesso em: 04 abr. 2016, p. 14.

33 Ibidem. Acesso em: 04 abr. 2016, p. 16.

mover a pacificação social, mas que, com o monopólio da solução de conflitos pelo Estado, deixou de ter a relevância e o merecido reconhecimento como tal.

Agora, quando se percebe que o Estado tem dificuldades de, monopolisticamente, promover efetivo acesso à justiça a partir da utilização exclusiva de seu aparato jurisdicional, retoma-se a proposta de composição arbitral de lides. Essa percepção é bastante nítida no âmbito da pacificação de conflitos de consumo, dado o caráter massificador dessa categoria de relação jurídica.

Jurisdição e arbitragem, em tempos hodiernos (e dada a nova ordem econômica, social, política e jurídica global), devem ser, portanto, analisadas como mecanismos harmônicos, não concorrentes, para a promoção de acesso à justiça, respeitando-se as suas variantes sistêmicas e sempre, obviamente, os limites impostos pelas constituições.

4. A ARBITRAGEM COMO MECANISMO ADEQUADO DE SOLUÇÃO DE CONFLITOS DE UMA SOCIEDADE GLOBALIZADA

Globalização é um termo polissêmico. O seu real significado dependerá do contexto no qual está inserido. O conceito explicativo de globalização tem um sentido específico para cada dimensão da vida humana: social, econômica, política, cultural, tecnológica, linguística e, também, jurídica[34]. Com efeito, não há um referencial teórico bem definido acerca da globalização, em razão dessa imprecisão epistemológica[35].

Marcada pelo aprofundamento do processo de integração entre os sujeitos, nas múltiplas dimensões do ser, a globalização pode ser entendida como um fenômeno que se constituiu pela necessidade dinâmica do capitalismo de formar uma aldeia global para superar as suas próprias antinomias e dificuldades.

A transnacionalização das relações econômicas, sociais, políticas, culturais e também do Direito colocou em cheque a concepção de unidade e soberania estatal, bem como de intangibilidade de economias internas. Nesse sentido, Habermas[36]:

> A globalização do comércio e da comunicação, da produção econômica e das finanças, da expansão da tecnologia e dos armamentos e acima de tudo dos riscos ecológicos e militares co-

---

34 As mutações pelas quais a sociedade está passando, em todas as suas esferas, derivam desse processo de interconexão mundial. A vida, acelerada pela instantaneidade da comunicação tecnológica, tem levado os filósofos, economistas, sociólogos, psicólogos e também os juristas a debaterem sobre novas bases teóricas nas diversas áreas do conhecimento científico, redimensionadas pelo novo cenário global. Arnaldo Sampaio de Moraes Godoy, em *Globalização, neoliberalismo e direito no Brasil* (2004, p. 18-9), registra que "[...] o imaginário ligado à globalização remete-nos a várias nuances também metafóricas. [...] Percebe-se uma globalização em termos tecnológicos, na medida em que a cibernética delineia fluxo de informações que altera regimes de produção e de consumo. Do ponto de vista político a globalização recontextualiza a soberania, acenando com modelos democráticos que prenunciam novo equilíbrio de forças e que é marcantemente muito sutil. Culturalmente, intercâmbios modelam o paradoxo de uma destruição criativa, prenhe de sonhos, pesadelos e ceticismo, identificando um imperialismo de instrução que é característico do nicho cultural capitalista".

35 À globalização associam-se outros termos, como mundialização e internacionalização. O termo mundialização é empregado pelos franceses e diz respeito ao movimento de padronização de processos econômicos, culturais e sociais. Já a expressão internacionalização está relacionada às relações transnacionais e à relativização do conceito de soberania estatal.

36 Apud FARIAS, *A globalização e o estado cosmopolita*: as antinomias de Jürgen Habermas, 2001, p. 62.

loca problemas que não podem mais ser resolvidos no seio da estrutura de Estado-nações ou através do método tradicional de acordos entre Estados soberanos. Se as tendências atuais persistem, a progressiva deterioração da soberania nacional necessitará da fundação e da expansão de instituições políticas no nível supranacional [...].

Analisando o atual estágio de organização social, Luiz Fernando Coelho[37] traz elucidativos argumentos quanto às perspectivas atuais e futuras dessa integração que já está à frente de fenômenos como a internacionalização e a transnacionalização, uma vez que:

> O processo de globalização que marca a atualidade transcende em muito esses fenômenos. Não se trata mais do simples intercâmbio internacional, nem se limita à transnacionalização dos sistemas de produção e nem se exaure nas imensas possibilidades abertas à economia mundial. A globalização impulsiona tudo isso, mas o faz mediante um poderoso processo de criação e difusão de ideias, valores, preferências, tecnologia, formas de produção e de organização, comportamentos públicos e privados e, principalmente, conhecimentos e informação.

Apesar de constituir um mercado internacional, criando relacionamentos comerciais cada vez mais intensos entre as nações, a globalização, segundo Habermas[38], "questiona certas condições essenciais do direito internacional clássico, sobretudo a soberania dos Estados e a separação tradicional entre a política interna e a política externa".

De fato, o que se tem percebido, pragmaticamente, são os efeitos que a globalização tem provocado nas sociedades contemporâneas. A conexão entre aspectos macro e microeconômicos, os reflexos políticos para a formação de novas propostas governamentais, a padronização cultural e, consequentemente, um novo desafio ao Direito. Ora, regulamentar essa nova forma de viver é o desafio dos sistemas jurídicos hodiernos, tanto no plano internacional, a partir de uma rediscussão sobre o conceito de soberania, como no plano interno, confrontando conceitos já estabelecidos pela Modernidade, como o de jurisdição estatal e o monopólio do poder, função e da atividade jurisdicional.

E como se apresenta o Estado, como ente pacificador, nesse cenário complexo? Eleito pelos pensadores da Modernidade dos séculos XVII, XVIII e XIX como o titular exclusivo do poder, da função e da atividade jurisdicional, pode-se dizer que existe, na atualidade, eficiência por parte do Estado no cumprimento desse papel? O Estado, por meio da jurisdição, tem conseguido a promoção do acesso à justiça dos indivíduos no mundo globalizado?

Ao mesmo tempo em que o Estado Democrático de Direito declara direitos e garantias fundamentais em favor de seus cidadãos, buscando, ao menos em tese ou juridicamente, a concepção de bem-estar social do século XX, por meio de suas instituições, a concretização desse ideal não se opera, fenomenicamente, no âmbito das soluções de conflitos. O Poder Judiciário, sendo o único referencial de seguridade do indivíduo para a solução de confli-

37 COELHO, *Saudade do futuro*, 2001, p. 19.
38 Apud FARIAS, 2001, p. 62.

tos[39], tornou-se, praticamente, a única instância de solução de conflitos, mas com uma reconhecida incapacidade de promover efetivo acesso à justiça[40].

A litigiosidade decorrente da própria mutação social, natural em sociedades em que o fornecimento de bens e serviços é massificado, promoveu a canalização da solução de conflitos ao Poder Judiciário e o esgotamento de medidas eficazes para soluções de lides, provocando o estrangulamento do próprio instrumento de acesso à justiça.

O Judiciário, órgão que deveria ser a seara garantista dos indivíduos, conforme delineado pelo projeto do Estado Democrático de Direito, passou a sofrer o descrédito de não conseguir atingir a finalidade para a qual foi constituído, em decorrência da insuficiência de suas estruturas materiais e humanas e da impossibilidade de suprir a necessidade de prestação jurisdicional ante as necessidades de uma sociedade globalizada.

É nesse contexto crítico da efetividade da prestação jurisdicional, em razão das consequências, naturalmente, decorrentes das transformações mobilizadas pelo processo de globalização, que ressurge a arbitragem como mecanismo adequado de solução de conflitos.

As relações jurídicas intersubjetivas, nesses diversos países, estão alicerçadas em semelhantes princípios de ordem econômica, social e política.

Ora, não há porquê, sob essa ótica, nessa dinâmica de organização social global, insistir-se em mecanismos de solução de conflitos ineficientes, ainda que em nome de uma suposta segurança jurídica.

Elaboradas, originariamente, para a tutela de situações unicamente individuais, as regras de solução de conflitos em seara estatal, concebidas na dimensão individualista e personalizadora da Modernidade positivista, não propiciaram tratamento eficaz e proteção adequada dos novos interesses, individuais e coletivos, que se apresentam em face da globalização.

Se a tutela dos interesses individuais deve atender a todas as situações concretas de litígios em uma sociedade, sob uma concepção instrumentalista e como garantia de acesso à ordem jurídica justa, é inadmissível que o sistema processual não forneça adequada tutela efetiva aos jurisdicionados, sob pena de comprometimento da própria essência do Estado Democrático de Direito.

---

39 Aliás, diga-se, elevado a esse patamar pelo próprio cientificismo processual, o Judiciário passou a ser a única instância de decisão no âmbito constitucional, para a solução de todas as dissensões sociais, desde as causas mais simples e suas microlesões econômicas e sociais às mais complexas, as relações jurídicas.

40 A esse respeito, escreveu Marés (2003, p. 239-40): "os Estados nacionais ao se constituírem, porém, arrebataram para si a soberania do povo e esqueceram a teoria formadora, assim como esqueceram os próprios povos. O argumento lógico, racional e de aparente coerência para o esquecimento é que o Estado, ao traçar seus limites na Constituição escrita por todos, de legitimidade reconhecida por todos, amada por todos, certamente não seria usurpador, mas legítimo depositário da soberania popular. Se o povo, em contrato social firmado com liberdade e consciência, entregara ao Estado a soberania, nada mais justo que, fundado no direito, a exercesse com dignidade, garantindo internamente os direitos individuais e externamente a autodeterminação sobre todo o território. [...] Assim se constituíram os Estados nacionais contemporâneos, distanciando-se dos povos e criando um governo teoricamente independente, tendo a Constituição acima de tudo e a lei por argumento de legitimidade. [...] O Estado constitucional, ou contemporâneo, inventado para satisfazer os interesses econômicos da burguesia, vive em crise desde seu nascimento porque não consegue suportar a contradição que ele mesmo engendrou: prometeu liberdade e entregou livre aquisição dos frutos do trabalho alheio, prometeu igualdade e entregou meios contratuais que legitimam a vontade soberana individual, prometeu fraternidade e entregou formas viciadas de representação política".

Nesse esteio, justifica-se a preocupação com o desenvolvimento de instituições, mecanismos e procedimentos que possam superar as barreiras em torno da efetividade dos direitos. Destinados à realização dessas finalidades, vários estatutos foram, recentemente, constituídos sob a égide da acessibilidade, da desburocratização, do informalismo e da celeridade[41].

A exemplo, nas décadas de 1980 e 1990, tem-se as Leis ns. 7.347/85 e 8.078/90, que organizaram, em conjunto, a tutela processual de interesses difusos, coletivos e individuais homogêneos, a Lei n. 9.099/95, que instituiu os Juizados Especiais Cíveis e Criminais, e a Lei n. 9.307/96, que instituiu e definiu o modelo interno de arbitragem no Brasil. Nos anos 2000, ocorreram outras diversas modificações no sistema processual, denominadas minirreformas do Código de Processo Civil, e agora se projeta uma nova realidade com o novo Código de Processo Civil.

Todos esses são importantes referenciais normativos na tentativa de criação de novos mecanismos de promoção do acesso à justiça[42]. Mas não há de se duvidar, por outro lado, que a arbitragem, na esteira desse processo de universalização ou uniformização comportamental, é o instrumento de solução de litígios que mais se amolda a essa novel perspectiva de mundo.

Pela mesma razão, deveria ser, também, um importante instrumento de composição de lides no ambiente doméstico. Para Cachapuz[43]:

> A Arbitragem estabelece-se em nossa sociedade transmitindo a certeza de que trilhamos caminhos que nos levarão a encontrar mecanismos mais flexíveis e menos ortodoxos, seguros e informais, destinados à melhor satisfação das pretensões dos jurisdicionados, na busca e no encontro da justa composição de seus conflitos, em sede nacional ou internacional, e, portanto, voltados à tão decantada pacificação social.

Realmente, a perspectiva de exclusividade do exercício do poder jurisdicional para a solução de conflitos sociais, com a injustificada segregação da arbitragem em nome da preservação de unidades legislativas de caráter meramente formal, caminha de encontro ao novo cenário e, notadamente, à nova realidade globalizada.

---

41 A ampliação do acesso ao Poder Judiciário, especialmente nos últimos 25 anos, é também uma decorrência desses eventos globais. O desenvolvimento de um microssistema de ações coletivas; a promulgação do Código de Defesa do Consumidor, com a previsão de diversas prerrogativas garantistas (como a relativização do *pacta sunt servanda* na seara contratual e a inversão do ônus da prova no âmbito processual); a constituição dos Juizados Especiais Cíveis e Criminais e a previsão de um novo procedimento menos complexo são tentativas de diminuir os danosos impactos dessa "crise do Judiciário". Esse fenômeno jurídico-social é estudado por Cândido Rangel Dinamarco e por ele denominado "universalização da jurisdição".

42 Evidentemente, meras tentativas de promoção de reformas dos estatutos processuais, no afã de se tentar equalizar o desequilíbrio entre as demandas incontidas de litígios, têm se mostrado insuficientes para promoção de efetivo acesso à justiça. Pelo contrário, fragmenta-se cada vez mais o Estatuto Processual, deformando-o em sua unidade sistêmica em nome da celeridade e efetividade. Minirreformas e criação de microssistemas processuais paralelos, em verdade, apenas atestam a crise da unidade processual formalista constituída sob os alicerces da Modernidade dos séculos XIX e XX.

43 CACHAPUZ, "Uma visão geral da arbitragem de acordo com a Lei n. 9.307/96", 2006, p. 3. Disponível em <http://www.ambito-juridico.com.br/site/index.php?n_link=revista_artigos_leitura&artigo_id=1432>. Acesso em: 13 jan. 2010.

Cambi[44], nesse sentido, atesta:

> Alguns reflexos da globalização também são sentidos em países como o Brasil, apesar da inexistência de um direito comunitário efetivo. A arbitragem, por exemplo, há algum tempo permite que decisões tomadas por árbitros, em âmbito internacional, imponham-se sobre as decisões de juízes nacionais, fragmentando o direito nacional, como forma de responder às exigências da globalização dos mercados, uma vez que os custos, a morosidade e o surgimento de litígios altamente complexos tornaram a via judicial menos atrativa.

Evidentemente, não há efetividade ou dinamismo processual globalizado que justifique a ofensa a direitos e garantias fundamentais. Tratar da possibilidade de universalizar ou padronizar medidas processuais objetivando a concretização de direitos homogeneamente declarados e o acesso à justiça não significa superar as premissas humanitárias conquistadas e esculpidas em textos constitucionais.

A adequação de uma nova ordem jurídica de caráter globalizado deve respeitar, em qualquer tempo, os direitos e garantias fundamentais tutelados pelo Estado Democrático de Direito. Aqui está o limite para a concepção neoliberal de processo, sob o viés dessa nova ordem jurídica decorrente da globalização.

A convergência de padrões e modelos de organizações sociais, principalmente após a Segunda Guerra, especialmente em face de relações jurídicas uniformizadas, tem exigido alternativas além-fronteiras de soluções de conflitos, mais adequadas, funcionais e cada vez mais especializadas.

A universalização da arbitragem é uma realidade efetiva. Já a sua efetiva concretização, no plano interno, é medida que, certamente, contribuiria para mitigar o grave sufocamento imposto pela própria sociedade ao aparelhamento judiciário estatal.

5. CONSIDERAÇÕES FINAIS

O Direito, como um produto cultural, acompanha o desenvolvimento da sociedade. Ao longo do século XX e, agora, no século XXI, o surgimento das sociedades de massas nas megalópoles, a padronização dos comportamentos, a virtualização das relações humanas com o advento da internet, o agigantamento das desigualdades econômicas e sociais, decorrentes da consolidação do capitalismo, entre outros fatores fizeram com que os Estados adaptassem, aos poucos, os seus ordenamentos jurídicos para o atendimento de novas necessidades individuais e coletivas.

Essa realidade também exigiu da ciência do Direito a busca de novas soluções, com a revisão de teorias clássicas, construídas sob as premissas da modernidade e do positivismo, especialmente em decorrência do natural aumento dos conflitos sociais intersubjetivos.

Este estudo revela como a sociedade foi adaptando seus mecanismos de solução de conflitos às variabilidades políticas, econômicas e sociais, desde a primitividade até a era da

---

44 CAMBI, *Neoconstitucionalismo e neoprocessualismo*: direitos fundamentais, políticas públicas e protagonismo judiciário, 2009, p. 60-1.

globalização, passando pela Antiguidade, Medievalidade e Modernidade, demonstrando, também, que, hodiernamente, vive-se um tempo de novas possibilidades, com a necessária superação de alguns paradigmas, como o monopólio estatal da pacificação dos conflitos.

A análise da construção histórica e política da jurisdição e da arbitragem, como os principais mecanismos de pacificação social, sob a perspectiva da decidibilidade, e assim sendo, como instrumentos de promoção do acesso à justiça, permite demonstrar, claramente, o dinamismo com que o Direito precisa se modificar para que atinja a finalidade de bem organizar o corpo social. Trata-se de uma justificativa plausível para que outras novas incursões sejam feitas para a consecução de seu próprio fim.

Quando o costume e a tradição tornaram-se insuficientes para a composição dos conflitos, na era primitiva, diante de cidades que cresciam, vertiginosamente, na Europa e no Oriente Médio, os povos antigos valeram-se da tecnologia da escrita e da filosofia para criar diferentes sistemas de pacificação. Surgiram os tribunais na Grécia, a magistratura em Roma, o processo em fases e uma ciência do Direito, a jurisprudência.

A fragmentação do Império Romano e a diversificação das unidades territoriais europeias, com o consequente desaparecimento de uma unidade de poder, possibilitaram a consolidação do modelo eclesiástico de solução de conflitos, que forjou um novo sistema jurisdicional, baseado não mais no poder propriamente político, mas, sobretudo, em uma ideologia medieval.

Tempos depois, esse mesmo sistema cedeu lugar a um Estado forte, primeiramente, lastreado na vontade de reis e, finalmente, na vontade da lei. O Estado nacional nasceu absolutista, soberano, centralizador e se transformou, após séculos, no Estado organizado pela ordem jurídica, fruto de um pacto constituído pela própria sociedade, tendo como estandarte a vida, a liberdade e a propriedade.

A Modernidade elegeu o Estado de Direito como o paradigma da ordem social justa, instituindo um poder e diversas funções em textos constitucionais. Entre elas, a de dizer o direito com autoridade. A jurisdição assumiu a feição de poder e de função exclusivamente estatal e fincou as suas raízes institucionais no sólido terreno das Constituições, com o monopólio da pacificação social.

O advento do Estado social, já nas primeiras luzes do século XX, passou a exigir desse mesmo ente forças redobradas para promover efetivo acesso à justiça. O Poder Judiciário passou a ser a tábua da salvação de indivíduos considerados vulneráveis em determinadas espécies de relações jurídicas. Ao Estado foi imposta a responsabilidade pela restauração de direitos violados, pela promoção do reequilíbrio de forças nas relações desiguais, pela tutela da dignidade da pessoa humana, pela garantia da ordem pública e do bem comum.

Entretanto, as dificuldades que o Poder Judiciário passou a enfrentar para responder a essa demanda de conflitos desencadeou uma inquietação por novos canais de acesso à justiça. Em que pese os esforços dos organismos estatais, as estruturas dos órgãos jurisdicionais não suportaram o abrupto crescimento de conflitos sociais, fruto do processo de transformação política, econômica, social e cultural que a humanidade tem vivenciado nessas últimas décadas.

Novas ou outras formas de garantir ao indivíduo a concretização dos direitos constitucionalmente declarados têm sido imaginadas, transformadas, reinventadas, modificando-se as noções mais elementares e os institutos mais tradicionais do Direito.

"Dizer o direito" é relevante e significante quando o que se diz é compreendido e respeitado pelo interessado, o jurisdicionado, garantindo-se a concretização de valores abstratamente previstos em textos constitucionais e códigos, principalmente na seara do Estado Democrático de Direito. A ordem jurídica justa não é uma ordem abstrata, mas uma realidade, e deve ser compreendida como uma garantia para o jurisdicionado.

Neste momento de crise da jurisdição no mundo globalizado, os olhos volvem-se aos mecanismos alternativos de solução de conflitos, em especial à arbitragem. Diz-se alternativo esse mecanismo desde a Modernidade, quando o Estado chamou para si a responsabilidade de compor os conflitos sociais com exclusividade e monopólio. A arbitragem, com efeito, e conforme restou demonstrado, sempre foi um importante instrumento de composição, de ajuste, de promoção de acesso à justiça, nos mais diferentes modelos de sociedades ao longo da história, em que pese sua índole eminentemente econômica.

Constata-se, a toda evidência, histórica e política, que tanto a jurisdição estatal como a arbitragem (agora incentivada pelo próprio Estado), sendo os principais mecanismos de pacificação social, amoldam-se às diferentes formatações políticas e econômicas da sociedade, estabilizando relações jurídicas, compondo conflitos, decidindo controvérsias, "dizendo o direito".

REFERÊNCIAS BIBLIOGRÁFICAS

APOSTOLOVA, Bistra Stefanova. *Poder Judiciário*: do moderno ao contemporâneo. Porto Alegre, Sergio Antonio Fabris, 1998.

BAPTISTA, Ovídio; GOMES, Fábio. *Teoria geral do processo civil*. 2. ed. rev. e atual. São Paulo, Revista dos Tribunais, 2000.

BELLINETTI, Luiz Fernando. "Ação e condições de ação". *Revista de processo*. n. 96. São Paulo, Revista dos Tribunais, 2001.

______. Mandado de segurança coletivo: perspectiva conceitual e pressupostos de admissibilidade no direito positivo brasileiro. 1997. Tese (Doutorado em Direito). Pontifícia Universidade Católica de São Paulo, São Paulo, 1997.

CACHAPUZ, Rozane da Rosa. *Arbitragem*: alguns aspectos do processo e do procedimento na Lei n. 9.307/96. Leme, Led Editora de Direito, 2000.

______. "Uma visão geral da arbitragem de acordo com a Lei n. 9.307/96". In: Âmbito Jurídico, Rio Grande, 35, 01.12.2006 [Internet]. Disponível em: <http://www.ambito-juridico.com.br/site/index.php?n_link=revista _artigos_leitura&artigo_id =1432>. Acesso em: 13 jan. 2010.

CAMARGO, Margarida Maria Lacombe. *Hermenêutica e argumentação*: uma contribuição ao estudo do Direito. 2. ed. Rio de Janeiro, Renovar, 2001.

CAMBI, Eduardo. *Neoconstitucionalismo e neoprocessualismo*: direitos fundamentais, políticas públicas e protagonismo judiciário. São Paulo, Revista dos Tribunais, 2009.

CARNEIRO, Paulo Cezar Pinheiro. *Acesso à justiça*: juizados especiais cíveis e ação civil pública. Uma nova sistematização da teoria geral do processo. 2. ed. Rio de Janeiro, Forense. 2003.

CINTRA; GRINOVER; DINAMARCO. *Teoria geral do processo*. 12. ed. São Paulo, Malheiros, 1996.

COELHO, Luiz Fernando. *Saudade do futuro*. Florianópolis, Fundação Boiteux, 2001.

CRETELLA NETO, José. *Curso de arbitragem*. 2. ed. Campinas, Millennium, 2009.

DELGADO, José Augusto. "A arbitragem: direito processual da cidadania". *Revista Jurídica*. São Paulo, ano 49, n. 282, p. 5-18, abr. 2001. Disponível em: <http://www.egov.ufsc.br/portal/sites/default/files/anexos/29760-29776-1-PB.pdf>. Acesso em: 13 ago. 2011.

______. "A arbitragem no Brasil: evolução histórica e conceitual". Disponível em: <http://www.tex.pro.br/tex/listagem-de-artigos/318-artigos-mar-2011/7915-a-arbitragem-no-brasil-evolucao-historica-e-conceitual>. Acesso em: 13 ago. 2011.

DELLA TORRE, M. B. L. *O homem e a sociedade*: uma introdução à sociologia. 2. ed. revista. São Paulo, Companhia Editora Nacional, 1973.

DINAMARCO, Candido Rangel. *A instrumentalidade do processo*. 13. ed. rev. e atual. São Paulo, Malheiros, 2008.

______. *Nova era do processo civil*. 3. ed. São Paulo, Malheiros, 2009.

FARIAS, Flávio Bezerra. *A globalização e o estado cosmopolita*: as antinomias de Jürgen Habermas. São Paulo, Cortez, 2001.

FIUZA, César. *Teoria geral da arbitragem*. Belo Horizonte, Del Rey, 1995.

GILISSEN, John. *Introdução histórica ao direito*. 3. ed. Lisboa, Fundação Calouste Gulbenkian, 2001.

GODOY, Arnaldo Sampaio de Moraes. *Globalização, neoliberalismo e direito no Brasil*. Londrina, Edições Humanidades, 2004.

GOMES, Sérgio Alves. *Hermenêutica constitucional*: um contributo à construção do Estado Democrático de Direito. Curitiba, Juruá, 2008.

______. *Os poderes do juiz na direção e instrução do processo civil*. Rio de Janeiro, Forense, 1995.

KANT, Immanuel. *Doutrina do Direito*. Trad. Edson Bini (Coleção Fundamentos do Direito). São Paulo, Ícone, 1993.

LIMA, Cláudio Vianna de. "A arbitragem no tempo. O tempo na arbitragem". In: GARCEZ, José Maria Rossani (coord.). *A arbitragem na era da globalização*. 2. ed. Rio de Janeiro, Forense, 1999.

LOCKE, John. *Segundo tratado sobre o governo civil*: ensaio sobre a origem, os limites e os fins verdadeiros do governo civil. Trad. Magda Lopes e Marisa Lobo da Costa. 2. ed. Petrópolis, Vozes, 1994.

LUHMANN, Niklas. *Sociologia do direito I*. Trad. Gustavo Bayer. Rio de Janeiro, Edições Tempo Universitário, 1983.

______. *Sociologia do direito II*. Trad. Gustavo Bayer. Rio de Janeiro, Edições Tempo Universitário, 1985.

MARÉS, Carlos Frederico. "Soberania do povo, poder do Estado". In: NOVAES, Adauto (org.). *A crise do Estado-nação*. Rio de Janeiro, Civilização Brasileira, 2003.

MARÍAS, Julián. *História da filosofia*. Trad. Cláudia Berliner. São Paulo, Martins Fontes, 2004.

MARINONI, Luiz Guilherme; ARENHART, Sérgio Cruz. "A tutela específica do consumidor". In: MARQUES, Cláudia Lima; MIRAGEM, Bruno (orgs.). *Direito do consumidor*: tutela das relações de consumo. Coleção doutrinas essenciais. v. 6. São Paulo, Revista dos Tribunais, 2011.

______. *Curso de processo civil*: processo de conhecimento. 7. ed. rev. e atual. São Paulo, Revista dos Tribunais, 2008.

RANZOLIN, Ricardo. Coexistência do juízo estatal e do juízo arbitral: enfoque constitucional. 2008. Dissertação (Mestrado em Direito). Pontifícia Universidade Católica do Rio Grande do Sul, Porto Alegre, 2008. Disponível em: <http://tede.pucrs.br/tde_busca/arquivo.php?codArquivo=1631>. Acesso em: 04 abr. 2016.

ROUSSEAU, Jean-Jacques. *Discurso sobre a origem e os fundamentos da desigualdade entre os homens.* In: WEFFORT, Francisco. *Os clássicos da política*: Maquiavel, Hobbes, Locke, Montesquieu, Rousseau, O Federalista. 1. v. 13. ed. São Paulo, Ática, 2000.

WEFFORT, Francisco. *Os clássicos da política*: Maquiavel, Hobbes, Locke, Montesquieu, Rousseau, O Federalista. 1. v. 13. ed. São Paulo, Ática.

2

Histórico legislativo da arbitragem no Brasil

Diego Franzoni

1. INTRODUÇÃO

A recente reforma da Lei de Arbitragem (Lei n. 9.307/96) pela Lei n. 13.129/2015 reacendeu o debate a respeito do marco regulatório da arbitragem no Brasil. Ao longo da tramitação do Projeto de Lei de reforma[1], e mesmo depois da sua aprovação, houve profusa discussão, especialmente na comunidade arbitral, a respeito da efetiva oportunidade e conveniência de produzir alterações na Lei de Arbitragem naquele momento. Apesar de a maioria das novidades propostas ser resultado de entendimentos já consolidados a respeito da aplicação da arbitragem, alguns pontos representam efetivos avanços produzidos pela reforma, que vêm sendo ressaltados em diversos artigos e livros atuais.

É interessante notar que, ao longo da história, a regulação da arbitragem esteve presente ora em diplomas legais de caráter eminentemente processual (como é o caso da Lei "Geral" de Arbitragem), ora em diplomas que tratavam, prevalentemente, do direito material. Neste último caso, tem-se, atualmente, o art. 136-A da Lei das S.A. (Lei n. 6.404/76), que trata da inserção de cláusula arbitral em estatuto de sociedade anônima. A análise histórica que se pretende fazer demonstrará que há outros diplomas, eminentemente "substantivos" que, ao longo da história, regularam a arbitragem no ordenamento jurídico brasileiro.

O presente capítulo, ao revisitar o histórico da regulação legal da arbitragem no Brasil, tem, ao menos, três finalidades: (i) ressaltar que a arbitragem não é nenhuma novidade no nosso ordenamento (mesmo a arbitragem envolvendo o Estado), embora a sua utilização, provavelmente, nunca tenha sido tão frequente como nos dias atuais; (ii) ressaltar o caráter dúplice da arbitragem, no sentido de que ela está situada entre o direito material e o processo[2]; (iii) servir como um guia básico de consulta para trabalhos futuros sobre o tema.

---

1 PL n. 7.108/2014, originário do PL n. 406/2013 do Senado Federal.

2 *Vide* YARSHELL; PEREIRA (coords.), *Processo societário*, 2012, p. 21-4.

2. AS "ORDENAÇÕES DO REINO"

É sabido que, antes das codificações propriamente nacionais (especialmente o Código Civil de 1916), vigeram, no Brasil, as Ordenações do Reino de Portugal: (i) Ordenações Afonsinas, vigentes até 1514; (ii) Ordenações Manoelinas, vigentes de 1514 a 1603; e (iii) Ordenações Filipinas, vigentes de 1603 a 1916.

Havia, nesses diplomas, algumas disposições bastante inusitadas sobre a arbitragem, as quais serão resumidas nos subtópicos seguintes.

2.1. Ordenações Afonsinas

No Livro III das Ordenações Afonsinas, que trata de matéria processual, há, no Título CXIII, menção sobre "Os Juízes Árbitros" (*Alvidros*). Cabe ressaltar que as Ordenações não conhecem o conceito de cláusula compromissória, mas apenas de compromisso arbitral. São estas as disposições que mais chamam a atenção nesse diploma:

▪ ns. 1 e 2 – estabeleciam a possibilidade de apelação contra a sentença condenatória dos árbitros, dirigida aos sobre-juízes (juízes estatais de segundo grau), sem a necessidade de cumprimento da sentença pela parte condenada, independentemente do que dissesse o compromisso sobre a firmeza e valor da sentença. Esses dispositivos contrariavam o entendimento geral atual (inclusive no âmbito internacional[3]), no sentido de que a sentença arbitral é irrecorrível, ou seja, de que é incabível a reanálise do seu mérito pelo juiz estatal, sendo cabível, no máximo, a sua anulação em hipóteses restritas, mediante ações autônomas (Lei de Arbitragem, arts. 31 a 33). Em síntese, estabelecia-se a possibilidade de reanálise do mérito da sentença, a pedido de uma das partes, independentemente do que estivesse disposto no acordo entre elas;

▪ n. 3 – estabelecia que, em caso de desprovimento da apelação, a parte apelante pagaria ao apelado a condenação decorrente do "compromisso". Trata-se de preceito cujo conteúdo nos parece, hoje, bastante óbvio, mas que servia para reforçar a eficácia vinculante da sentença arbitral para as partes, desde que fosse confirmada pelos sobre-juízes;

▪ n. 4 – estabelecia que as partes poderiam afastar, no compromisso, a aplicação da própria lei (Ordenações), estipulando que, apesar das suas disposições (ns. 1 e 2), a parte condenada não poderia apelar contra a sentença dos árbitros, uma vez que, qualquer um poderia renunciar a qualquer direito que por si tenha sido introduzido. A disposição definia o caráter dispositivo das regras contidas nos números 1 e 2, afirmando a autonomia da vontade das partes para dispor em sentido contrário. A interpretação conjunta dos dispositivos

3 HEARSOLTE-VAN HOF, Jacomijn J. van. "UNCITRAL Arbitration Rules, Section IV, Form and Effect of the Award". *In:* MISTELIS, Loukas A. *Concise International Arbitration.* Kluwer Law International, 2010, p. 216-8; LEW, Julian D. M.; MISTELIS, Loukas A.; KRÖLL, Stefan Michael, et al. *Comparative International Commercial Arbitration.* Kluwer Law International, 2003, p. 2; REDFERN, Alan; HUNTER, Martin; BLACKABY, Nigel; PARTASIDES, Constantine, et al. *Redfern and Hunter on International Arbitration.*Oxford University, 2009, p. 2.

indica que era necessário que tal estipulação se desse de forma expressa pelas partes, sob pena de ser sempre cabível o recurso;

- n. 5 – dispunha que, sendo recebida a apelação, as partes atestariam a veracidade de todas as provas produzidas na arbitragem, perante os sobre-juízes. Caso uma delas alegasse algum defeito na oitiva de testemunha perante os árbitros, deveria haver nova inquirição. Em síntese, o poder do juízo estatal era bastante amplo na reanálise do litígio, uma vez que até mesmo novas provas poderiam ser produzidas, o que é impensável no sistema atual;
- n. 6 – dispunha que, na impossibilidade de julgamento por qualquer um dos árbitros dispostos no compromisso, os demais árbitros somente poderiam julgar o litígio caso o compromisso, expressamente, atribuísse-lhes poder isolado para tal. No entanto, caso a arbitragem fosse iniciada com dois ou três árbitros, desse momento em diante, não seria possível o julgamento por apenas parte ou um deles, ainda que houvesse autorização expressa de julgamento isolado no compromisso. O dispositivo atenta contra a diretriz, atualmente vigente, de que a vontade das partes na escolha da arbitragem deve ser preservada o máximo possível[4], havendo meios legais e regulamentares de substituição dos árbitros (Lei de Arbitragem, arts. 13, § 1º, e 16). Além disso, no sistema atual, não há possibilidade de se atribuir poder isolado de julgamento para cada um dos árbitros. Ou a convenção de arbitragem estipula julgamento por árbitro único ou o julgamento deverá ser realizado, conjuntamente, por todos os membros que compõem o tribunal arbitral;
- n. 7 – estabelecia a possibilidade de julgamento por maioria em caso de painel formado por três árbitros, mesmo que o compromisso afirmasse a possibilidade de julgamento isolado pelos árbitros. Reafirmava a invalidade da sentença proferida em infração ao n. 6. Note-se que não havia nenhuma regra dispondo sobre a necessidade de o número de árbitros ser ímpar, como dispõe o § 1º do art. 13 da atual Lei de Arbitragem;
- n. 8 – estabelecia a possibilidade de escolha, pelas partes, de árbitro que tivesse sido seu juiz ou delegado, ainda que o uso comum antigo vedasse tal prática. Atualmente, nenhuma regra proíbe ou deixa de recomendar que seja escolhido como árbitro alguém que já tenha atuado como juiz em causa de uma das partes, aplicando-se as regras gerais de impedimento e suspeição dos árbitros previstas no CPC (Lei de Arbitragem, art. 14);
- n. 9 – dispunha sobre a invalidade do compromisso que estipulasse a possibilidade de dois árbitros que discordassem em seu julgamento escolherem um terceiro árbitro para desempate. Dispunha, ainda, que, caso os árbitros assim o fizessem, as partes não seriam obrigadas a aceitar o árbitro escolhido. Por outro lado, as partes poderiam escolher o terceiro árbitro de forma consensual. A regra decorre da inexistência de obrigatoriedade de número ímpar de árbitros e contraria o postulado atual no sentido de que aos árbitros escolhidos pelas partes é atribuído o poder e a confiança para escolha do terceiro árbitro (geralmente presidente do tribunal arbitral – Lei de Arbitragem, art. 13, § 2º);
- n. 10 – dispunha que o compromisso seria considerado nulo caso fosse estabelecido julgamento por árbitro único e este falecesse antes da prolação da sentença. Dispunha, ainda, que os herdeiros das partes não seriam obrigados pelo compromisso em caso de ausên-

4 É o que Carmona chama de "princípio da salvação da convenção arbitral" (CARMONA, *Arbitragem e processo:* um comentário à Lei n. 9.307/96, 2009, p. 21).

cia prolongada do árbitro único. Tal dispositivo igualmente contraria a diretriz de preservação da opção das partes pela arbitragem, ao não estabelecer nenhum mecanismo para a substituição do árbitro único. Além disso, no sistema atual, os herdeiros estão obrigados em relação ao foro contratual eleito (CPC, art. 111, § 2º);

- ns. 11 e 12 – Reafirmavam as regras do n. 6, tratando do falecimento ou da ausência de árbitros.

2.2. Ordenações Manuelinas

As previsões relativas à arbitragem, nas Ordenações Manuelinas, encontram-se no Livro III, Título LXXXI (*Dos Juizes Alvidros*). A maioria das disposições é semelhante àquelas contidas nas Ordenações Afonsinas, devendo-se destacar aquelas que inovam em relação à compilação anterior:

- n. 2 – estabelecia que, se as partes não apelassem, a sentença dos árbitros deveria ser executada pelo juízo estatal, do mesmo modo que ocorreria se a sentença tivesse sido proferida por este último. Nesse ponto, o regime estabelecido pelas Ordenações é semelhante ao atual, em vista do poder de império do juiz estatal, não concedido ao árbitro (Lei de Arbitragem, arts. 22-C e 31);
- n. 4 – dispunha que o compromisso seria nulo caso uma das partes falecesse antes da prolação da sentença, não sendo seus herdeiros obrigados a se sujeitar aos seus efeitos. A sanção de nulidade atribuída pela norma é, evidentemente, grave e despropositada em face do sistema atual, em que a arbitragem deve ter continuidade com a substituição da parte pelo espólio ou por seus sucessores (novo CPC, arts. 63, § 2º, e 110; CPC/73, arts. 43 e 111, § 2º)[5].

2.3. Ordenações Filipinas

Nas Ordenações Filipinas, as disposições sobre arbitragem encontram-se no Livro III, Título XVI, sendo, em tudo, semelhantes às previsões das Ordenações Manuelinas.

3. CONSTITUIÇÃO IMPERIAL DE 1824

A primeira Constituição brasileira continha um dispositivo específico a respeito da arbitragem. Trata-se do art. 160, que estabelecia que "nas cíveis, e nas penais civilmente intentadas, poderão as Partes nomear Juízes Árbitros. Suas Sentenças serão executadas sem recurso, se assim o convencionarem as mesmas Partes".

Nota-se que, mantendo a tradição das Ordenações, a Constituição de 1824 preservou o sistema recursal na arbitragem, salvo se as partes, expressamente, convencionassem em sentido contrário.

5 É a interpretação que se pode retirar da obra de Leonardo de Faria Beraldo, que, embora admita que o CPC [de 1973] não se aplicaria, automaticamente, à arbitragem, defende a aplicação do art. 265, I, do CPC [equivalente ao art. 313, I do novo CPC] (suspensão do processo em caso de morte de alguma das partes) também no caso do processo arbitral (BERALDO, *Curso de arbitragem nos termos da Lei n. 9.307/96*, 2014, p. 403).

4. LEGISLAÇÃO EXTRAVAGANTE DO IMPÉRIO

Na vigência da Constituição Imperial, ao menos duas leis específicas trataram sobre arbitragem. A primeira delas foi a Lei de 26 de julho de 1831, que tratava de seguros. O art. 3º estabelecia que as questões relativas aos contratos de seguro, enquanto não se estabelecesse o juízo por jurados, deveriam ser decididas por árbitros nomeados pelas partes. A nomeação dos árbitros deveria ser feita perante qualquer juiz estatal de foro comum.

Seguindo a sistemática adotada na Constituição então vigente, o art. 4º estabelecia a possibilidade de apelação contra a sentença arbitral para as relações dos respectivos distritos, salvo se as partes convencionassem pela impossibilidade de recurso.

Por sua vez, o art. 5º dispunha que competia às Justiças ordinárias e de paz a execução das sentenças arbitrais, aplicando-se ao processo de execução o disposto no Livro III das Ordenações Filipinas, então vigentes. A sistemática de execução da sentença somente pelo juízo estatal é a mesma que se mantém até hoje, diante da ausência de poder de império do árbitro.

O segundo diploma que tratou da arbitragem, no período, foi a Lei n. 108/1837, que dispunha sobre a locação de serviços. O art. 14 dispunha que, a princípio, as ações derivadas de contratos de locação de serviços seriam decididas pelos juízes de paz do foro do locatário, sumariamente, em audiência. No entanto, permitia-se a solução arbitral perante os mesmos juízes, quando uma das partes a requeresse ou se reputasse necessária por não serem "líquidas" as provas.

Nesse ponto, verifica-se o reconhecimento da arbitragem como via adequada para julgamento de questões de maior complexidade, que não pudessem ser provadas ou decididas sumariamente, traço que, em grande medida, mantém-se até hoje na prática da arbitragem brasileira.

Como é possível constatar, trata-se de duas hipóteses de arbitragem obrigatória, em que se poderia prescindir da vontade das partes para sua instituição, o que de todo modo não lhes retirava a qualidade de arbitragem nem as qualificava como inconstitucionais[6].

5. CÓDIGO COMERCIAL

O Código Comercial (Lei n. 556/1850) seguiu essa mesma tendência, instituindo diversas hipóteses de arbitragem compulsória.

A disposição mais notória contida no Código Comercial referente à arbitragem é o art. 20 do Título Único, que estabelecia que seriam, necessariamente, decididas por arbitragem "as questões e controvérsias a que o Código Comercial dá esta forma de decisão". O art. 21 desse mesmo Título estabelecia ser a legislação comercial, invariavelmente, aplicável aos litígios decorrentes dos negócios e causas do comércio, do que se podia aduzir não ser cabível juízo por equidade.

---

6 MARTINS, "Arbitragem através dos tempos. Obstáculos e preconceitos à sua implementação no Brasil". In: GARCEZ, José Maria Rossani (coord.). *A arbitragem na era da globalização*, 1999. p. 43.

O Código Comercial continha diversas disposições relativas à arbitragem e ao arbitramento. O diploma faz uma distinção entre essas figuras, nem sempre precisa, ora referindo-se à arbitragem ora ao arbitramento. Em geral, o arbitramento refere-se à atribuição ou liquidação de valores monetários, enquanto a arbitragem refere-se ao julgamento de litígios propriamente dito.

O art. 139 dispunha de questões relativas à existência de fraude, dolo, simulação ou omissão culpável na formação dos contratos comerciais ou na sua execução; essas deveriam ser julgadas por arbitradores. A rigor, trata-se de arbitragem, e não de arbitramento.

O art. 245 estabelecia a arbitragem obrigatória nos contratos de locação mercantil.

O art. 294 tratava, pela primeira vez, do que hoje conhecemos por arbitragem societária. Estabelecia a arbitragem obrigatória para todas as questões sociais suscitadas entre os sócios ao longo da existência da sociedade ou companhia, sua liquidação ou partilha. Em razão disso, o art. 302 estabelecia que a escritura constitutiva da sociedade deveria conter "a forma da nomeação dos árbitros para juízes das dúvidas sociais" (n. 5).

O art. 348 tratava da arbitragem aplicada à liquidação da sociedade, trazendo outra hipótese de arbitragem compulsória.

O art. 667, n. 11, dispunha sobre a arbitragem nas apólices de seguros marítimos, instituindo a obrigatoriedade de que tais apólices contivessem declaração de sujeição das partes à decisão arbitral, se elas assim o acordassem. Trata-se de hipótese em que a arbitragem poderia ser acordada pela vontade das partes, não sendo compulsória.

Os arts. 739, 749, 750 e 783 (os três últimos ainda em vigor) tratam da arbitragem aplicada ao transporte marítimo de cargas, trazendo hipóteses de arbitragem compulsória.

Os arts. 846 e 854 tratavam da aplicação da arbitragem no âmbito de falências e concordatas, sendo que apenas este último dispositivo tratava de arbitragem voluntária.

6. REGULAMENTO N. 737

O Decreto n. 737/1850, conhecido como Regulamento n. 737, foi o primeiro diploma eminentemente processual editado no Brasil com o objetivo de regular o julgamento dos litígios em matéria comercial, tal como disposto no Código Comercial.

O Regulamento n. 737 possuía Seção específica tratando do arbitramento (arts. 189 a 205); e seu Título VII dispunha, detalhadamente, sobre o juízo arbitral (arts. 411 a 475), que poderia ser voluntário ou necessário, quando previsto, compulsoriamente, na lei – em especial, por força dos dispositivos do CCom anteriormente mencionados.

São estes os dispositivos que mais chamam a atenção no Regulamento n. 737:

- art. 412, que previa que o juízo arbitral voluntário poderia ser instituído antes ou na pendência de demanda, em qualquer instância, ou até depois do seu julgamento. Como se nota, trata-se de dispositivo bastante favorável à escolha das partes pela arbitragem;
- art. 418, que estabelecia que o terceiro árbitro serviria apenas para desempate, em caso de julgamento divergente pelos árbitros escolhidos pelas partes. O art. 419 estabelecia um interessante procedimento de escolha do terceiro árbitro, no caso de discordância entre as partes, presidido pelo juiz estatal, pelo qual cada uma das partes deveria apontar três nomes, que fariam parte de um sorteio;

- art. 430, § 3º, que estabelecia a possibilidade de o compromisso arbitral prever a aplicação de uma pena convencional para o caso de uma parte recorrer contra a decisão dos árbitros ou, dolosamente, provocar a sua protelação;
- art. 457, que estabelecia que "os árbitros julgarão de fato e de direito, conforme a legislação comercial [...] e cláusulas do compromisso". Trata-se de disposição semelhante ao art. 18 da Lei vigente, equiparando o julgamento do árbitro ao do juiz estatal. Além disso, o dispositivo segue a diretriz do Código Comercial, no sentido de que era vedado o juízo de equidade, sendo sempre aplicável à legislação comercial;
- art. 465, que, em certa medida, contrariando o art. 457, instituiu a necessidade de homologação da sentença arbitral pelo Juízo de Direito do Comércio para que pudesse ser executada, salvo quando a sentença tivesse sido proferida pelo tribunal do comércio, por qualquer um de seus membros, ou por qualquer juiz de primeira ou segunda instâncias, caso em que a sentença poderia ser executada independentemente de homologação (art. 471);
- art. 470, que estabelecia que poderiam ser nomeados como árbitros os juízes de paz, quaisquer juízes de primeira ou segunda instâncias, os tribunais do comércio ou "em geral todas as pessoas habilitadas pelo Código Comercial para serem comerciantes".

7. LEI N. 1.350/1866

A Lei n. 1.350/1866 modificou profundamente o sistema de resolução de conflitos comerciais estabelecido pelo Código Comercial, conjuntamente ao Regulamento n. 737.

Seu art. 1º derrogou o art. 20 do Título Único do Código Comercial, para afastar o juízo arbitral necessário, estabelecendo seu § 1º que "o Juízo Arbitral será sempre voluntário mediante o compromisso das partes". O § 2º, por sua vez, estabeleceu a possibilidade de julgamento por equidade, desde que autorizado pelas partes, o que também não era permitido na vigência original do Código Comercial e do Regulamento n. 737.

Apesar de ter como pontos positivos a valorização da vontade das partes na escolha da arbitragem e a permissão do juízo de equidade, essa mudança de posição do legislador nacional teve por efeito o paulatino abandono da arbitragem na prática comercial brasileira.

8. CONSTITUIÇÃO REPUBLICANA DE 1891

A primeira Constituição republicana brasileira, de índole federativa, nada dispôs a respeito da arbitragem entre particulares. Trazia apenas um dispositivo (art. 34, n. 11) tratando da arbitragem do Brasil com outros países, com o objetivo de evitar declaração de guerra, a que, erroneamente, referiu-se como "arbitramento".

Segundo noticia Pedro Batista Martins, a descentralização federativa buscada por essa Constituição teve por efeito a produção de Códigos de Processo Civil pelos estados brasileiros, muitos dos quais tratando da arbitragem já no seu início, "como que n'uma indução à utilização desse instituto para fugir ao processo judicial"[7].

---

7 MARTINS, "Arbitragem através dos tempos. Obstáculos e preconceitos à sua implementação no Brasil". In: GARCEZ, José Maria Rossani (coord.). *A arbitragem na era da globalização*, 1999, p. 44.

9. CÓDIGO CIVIL DE 1916

O Código Civil de 1916 (Lei n. 3.071/1916) trazia apenas um capítulo tratando do compromisso arbitral (arts. 1.037 a 1.048). Nada dispunha sobre a cláusula compromissória, o que implicou uma deficiência do sistema de arbitragem brasileiro, que se propagou até a entrada em vigor da Lei de Arbitragem, de 1996. Com isso, contribuiu para o desuso do instituto ao longo do século XX, embora importantes questões tenham sido objeto de julgamento por arbitragem no período, inclusive em matéria de direito público[8].

Desse diploma, cabe destacar duas disposições que destoam do regime da arbitragem que conhecemos atualmente:

- art. 1.046 estabelecia que mesmo que o compromisso previsse a impossibilidade de recurso contra a sentença arbitral, ainda assim, a parte poderia recorrer ao tribunal superior;
- art. 1.048 estabelecia a aplicação, ao compromisso arbitral, das regras atinentes ao instituto da transação (arts. 1.025 a 1.036), disposição que causava confusão ao aplicar regras atinentes à solução autônoma de litígios (transação) a meio heterônomo[9] de resolução de controvérsias (arbitragem).

10. CONSTITUIÇÃO DE 1934

A Constituição de 1934 estabelecia a competência privativa da União para legislar sobre arbitragem comercial (art. 5º, XIX, *c*), sem prejuízo de legislação supletiva ou complementar pelos estados federados (art. 5º, § 3º).

Manteve-se a disposição da Constituição anterior a respeito do arbitramento de controvérsias entre o Brasil e outros Estados Nacionais, com o objetivo de evitar o conflito armado (arts. 4º e 40, *b*).

Além disso, de forma inédita, dispôs-se sobre o arbitramento de indenizações devidas pela União a estados federados (Disposições Transitórias, art. 5º) e sobre a arbitragem envolvendo discussões entre estados a respeito de limites territoriais (Disposições Transitórias, art. 13).

11. CONSTITUIÇÃO DE 1937

Conforme aponta Pedro Batista Martins, a Constituição de 1937 representou um retrocesso na área da arbitragem, sobre a qual nada dispôs, chegando até mesmo a extinguir os juízos arbitrais constituídos na vigência da Constituição anterior para a solução de confli-

---

8 Um dos casos mais célebres é o do arrendamento da estância hidromineral de Lambari, em Minas Gerais, no qual Rui Barbosa atuou como advogado do Estado de Minas Gerais. O Estado sagrou-se perdedor da causa no Poder Judiciário por se considerar vinculante à convenção de arbitragem, que estabelecia a impossibilidade de recurso em face da sentença arbitral. Esse caso demonstra que até importantes juristas da época ignoravam as previsões normativas relativas à arbitragem, dado o desuso e o descrédito em que caiu o instituto.

9 SALLES, Marcos Paulo de Almeida. "Efeitos da judicialização da arbitragem". In: *Revista de Arbitragem e Mediação*, 2007, p. 31.

tos territoriais entre os estados, ainda que as arbitragens já estivessem instituídas e pendente a prolação da sentença (art. 184, § 1º)[10].

Apesar disso, o art. 18, curiosamente, estabeleceu que os estados federados poderiam legislar sobre "organizações públicas, com o fim de conciliação extrajudiciária dos litígios ou sua decisão arbitral" (letra *d*). Nesse dispositivo, encontramos uma inédita disposição a respeito do uso da arbitragem pelo Poder Público brasileiro, ainda que a utilização prática da arbitragem, à época, tenha sido incipiente.

12. CÓDIGO DE PROCESSO CIVIL DE 1939

O CPC de 1939 (Decreto-lei n. 1.608/39), primeiro Código de Processo Civil brasileiro com vigência em todo o território nacional, trouxe um livro específico a respeito do juízo arbitral, seguindo os passos do Regulamento n. 737, até então vigente (Livro IX, arts. 1.031 a 1.046).

Além de nada dispor a respeito da cláusula arbitral, o CPC/1939 também trouxe uma série de disposições tratando da ineficácia da convenção de arbitragem em hipóteses não compatíveis com o nosso sistema atual (art. 1.039). Assim, por exemplo, a recusa de qualquer um dos árbitros, ou de seu substituto, antes de aceita a nomeação, gerava a ineficácia da convenção de arbitragem, restando às partes recorrer ao Poder Judiciário. Não havia um princípio geral de preservação, ao máximo possível, da vontade das partes de se submeter à arbitragem.

Não bastasse isso, manteve-se o sistema já previsto no Regulamento n. 737, segundo o qual a sentença arbitral era sujeita, em qualquer caso, à homologação pelo juiz estatal competente, para que pudesse ser executada (arts. 1.041 a 1.046).

13. CONSTITUIÇÕES DE 1946 E 1967

As Constituições de 1946 e 1967 nada dispuseram sobre a arbitragem entre particulares, limitando-se a mencionar o dispositivo já contido nas Constituições anteriores, relativo ao uso da arbitragem para resolução de conflitos entre o Brasil e outros Estados soberanos.

Na Constituição de 1946, pela primeira vez, no entanto, foi estabelecido que "a lei não poderá excluir da apreciação do Poder Judiciário qualquer lesão de direito individual" (art. 141, § 4º). Esse preceito foi repetido na Constituição de 1967 (art. 150, § 4º) e, posteriormente, afastado pelo Ato Institucional n. 5/68 (art. 5º, §§ 2º e 11). Como se sabe, tal disposição é relevante porque, já na vigência da atual Constituição, embasou a discussão sobre a possível inconstitucionalidade da Lei de Arbitragem.

14. CÓDIGO DE PROCESSO CIVIL DE 1973

O CPC/73, na esteira do CPC anterior, também trazia um capítulo específico (Capítulo XIV) sobre o juízo arbitral. Suas disposições eram bastante semelhantes àquelas do CPC anterior, sujeitando-se o laudo arbitral à homologação prévia para que pudesse ser execu-

10 MARTINS, "Arbitragem através dos tempos. Obstáculos e preconceitos à sua implementação no Brasil". In: GARCEZ, José Maria Rossani (coord.). *A arbitragem na era da globalização*, 1999, p. 44.

tado. Embora o CPC/73 tenha vigorado até março de 2016, suas disposições sobre arbitragem foram revogadas pela Lei Geral de Arbitragem de 1996.

15. CONSTITUIÇÃO FEDERAL DE 1988

A Constituição Federal, atualmente em vigor, não trouxe nenhuma disposição geral a respeito da arbitragem, salvo em matéria de negociação coletiva de direitos trabalhistas (art. 114, §§ 1º e 2º). Estabeleceu-se a competência privativa da União para legislar sobre matéria processual (art. 22, I), no que se inclui a regulação da arbitragem – embora, como anteriormente mencionado, o instituto tenha sido, por vezes, regulado em diplomas de cunho eminentemente material, como os Códigos Civil e Comercial.

A CF/88 retomou (e ampliou) a garantia presente nas Constituições de 1946 e 1967, no sentido de que a lei não pode excluir da apreciação do Poder Judiciário lesão ou ameaça a direito (art. 5º, XXXV). Como já apontado, esse dispositivo foi utilizado para arguição de inconstitucionalidade da Lei de Arbitragem de 1996, argumento que foi afastado pelo Supremo Tribunal Federal no julgamento da SE n. 5.206, em 2001.

16. LEI GERAL DE ARBITRAGEM

Em 1996, entrou em vigor a Lei Geral de Arbitragem (Lei n. 9.307/96), primeira lei brasileira a tratar, especificamente, sobre a arbitragem.

A modernidade do marco regulatório da arbitragem instituído por tal lei, em linha com as diretrizes internacionais mais avançadas sobre o tema, trouxe grande avanço na utilização do instituto no Brasil, abrindo caminho para seu uso em diversos campos jurídicos, além da matéria comercial.

Foram estes os principais avanços produzidos pela Lei Geral de Arbitragem:

- definição de critérios para a arbitrabilidade dos litígios (art. 1º);
- expressa admissão do julgamento por equidade, ao lado do julgamento de direito (art. 2º, *caput*), além da possibilidade de escolha do direito aplicável (art. 2º, § 1º);
- estabelecimento da convenção de arbitragem como gênero, de que são espécies o compromisso arbitral e a cláusula compromissória (art. 3º), sendo que a cláusula compromissória tem força vinculante suficiente para obrigar as partes a se sujeitarem à arbitragem, independentemente da assinatura de compromisso posterior (art. 7º);
- reconhecimento e incentivo à arbitragem institucional (art. 5º);
- mecanismos para conferir eficácia à cláusula compromissória vazia (art. 6º);
- mecanismo judicial para conferir eficácia à cláusula compromissória em caso de recusa de alguma das partes (art. 7º);
- reconhecimento da autonomia da cláusula compromissória, sendo os árbitros competentes para analisar questões que envolvam a validade do contrato e da própria convenção de arbitragem (princípio da competência-competência – art. 8º);
- equiparação dos árbitros aos funcionários públicos, quando no exercício de suas funções, para efeitos da legislação penal (art. 17);

- reconhecimento do árbitro como juiz, de fato e de direito, da causa, livrando a sentença arbitral (nacional) da necessidade de qualquer homologação para que seja executada (arts. 18 e 31);
- estabelecimento de um capítulo (VI) a respeito do reconhecimento e da execução das sentenças arbitrais estrangeiras, em linha com as legislações, convenções e tratados internacionais modernos a respeito do tema.

17. LEGISLAÇÃO EXTRAVAGANTE SOBRE OS SETORES REGULADOS

Com a reforma administrativa ocorrida na década de 1990, o uso da arbitragem alastrou-se para o âmbito da atuação regulatória do Estado brasileiro.

Assim, a utilização da arbitragem passou a ser referida em diversas leis que tratam da regulação de setores específicos da economia. Como exemplo, pode-se citar a Lei Geral do Setor de Petróleo (Lei n. 9.478/97), que estabeleceu a possibilidade de arbitramento de conflitos entre agentes econômicos e entre estes e usuários e consumidores (art. 20), além de incentivar a inserção de cláusula arbitral nos contratos de concessão do setor (art. 43, X). O mesmo ocorreu com as leis de regência de outros setores, como o de telecomunicações[11].

18. LEI DAS S.A.

A Lei n. 10.303/2001 incluiu na Lei das S.A. o § 3º do art. 109, para estabelecer que: "O estatuto da sociedade pode estabelecer que as divergências entre os acionistas e a companhia, ou entre os acionistas controladores e os acionistas minoritários, poderão ser solucionadas mediante arbitragem, nos termos em que especificar".

Esse dispositivo legal foi fruto de uma tentativa de incentivar o uso da arbitragem no âmbito societário, visto que já era de todo modo autorizado pela legislação até então existente. Tinha como pano de fundo, também, o desenvolvimento de segmentos de governança corporativa mais avançados no mercado acionário brasileiro, em que se exigia o uso da arbitragem (Bovespa). No entanto, a falta de precisão do texto legal conduziu a diversas dúvidas práticas a respeito da aplicação da arbitragem nas sociedades anônimas, especialmente quanto à possibilidade de aprovação da cláusula arbitral estatutária por maioria e à sujeição dos acionistas dissidentes, ausentes e futuros[12].

A questão somente veio a ser definitivamente resolvida com a reforma da Lei de Arbitragem em 2015.

19. CÓDIGO CIVIL DE 2002

O Código Civil de 2002 (Lei n. 10.406/2002) possui apenas três dispositivos legais tratando de arbitragem, a que, equivocadamente, referiu-se como compromisso, ignorando a possibilidade de instituição de cláusula compromissória (arts. 851 a 853). A obsolescência do

---

11 A respeito do assunto, consulte o capítulo IV de: AMARAL, *Arbitragem e administração pública:* aspectos processuais, medidas de urgência e instrumentos de controle, 2012.

12 Para uma análise detalhada do tema, veja: FRANZONI, *Arbitragem societária*, 2015.

CC/2002 em relação ao desenvolvimento da arbitragem no Brasil ao tempo de sua aprovação, deve-se ao longo processo de tramitação do Código, desde a década de 1970.

Apesar dessas circunstâncias e da singeleza dos dispositivos que tratam de arbitragem, o art. 852 pode ser identificado com a evolução do sistema arbitral brasileiro, no sentido de admitir a adoção da patrimonialidade como critério para arbitrabilidade dos litígios, salvo quando envolva temas de interesse estatal, de direito de família e de outros que não tenham finalidade patrimonial. Com isso, o dispositivo aponta para uma evolução do sistema arbitral brasileiro em relação ao disposto no art. 1º da Lei de Arbitragem, de modo que se possa prescindir da disponibilidade do direito como critério para aferição da sua arbitrabilidade[13].

20. LEIS SOBRE INFRAESTRUTURA

A partir da necessidade de o Estado brasileiro firmar parcerias com particulares (nacionais e internacionais) para o desenvolvimento de projetos, especialmente na área de infraestrutura, surgiu a necessidade de instituir o uso da arbitragem em contratos celebrados pela Administração Pública.

O primeiro diploma legal a tratar da questão foi a Lei de PPP (Lei n. 11.079/2004), que previu a possibilidade do uso da arbitragem (desde que no Brasil e em língua portuguesa) nos contratos de parcerias público-privadas (art. 11, III).

Em seguida, pela Lei n. 11.196/2005, foi incluído na Lei Geral das Concessões (Lei n. 8.987/95) o art. 23-A, com disposição semelhante.

Além disso, diversas outras leis estaduais passaram a prever o uso da arbitragem em contratos celebrados pela Administração Pública Direta e Indireta, sendo pioneira a Lei Mineira de Arbitragem (Lei estadual n. 19.477/2011). Com isso, houve o desenvolvimento da arbitragem envolvendo a Administração, seja no dia a dia dos entes estatais, seja no âmbito da doutrina e da jurisprudência (especialmente do Superior Tribunal de Justiça), sendo, hoje, admitido amplamente o uso da arbitragem pelo Poder Público brasileiro.

21. REFORMA DA LEI DE ARBITRAGEM

Por fim, chegamos à recente reforma da Lei de Arbitragem, promovida pela Lei n. 13.129/2015, a qual incluiu e revogou diversos dispositivos da Lei n. 9.307/96, bem como acrescentou o art. 136-A na Lei das S.A. Embora convencione-se denominar esse movimento de reforma, em sua maior extensão, trata-se da consolidação, no nível legal, de entendimentos doutrinários e jurisprudenciais praticamente pacificados anteriormente. Apenas alguns poucos pontos (em especial, a questão da arbitragem societária) representaram efetiva inovação da Lei de reforma.

Estes são os principais pontos tratados pela Lei n. 13.129/2015, em vigor desde julho de 2015:

---

13 RICCI, Edoardo. "Desnecessária conexão entre disponibilidade do objeto da lide e admissibilidade da arbitragem: reflexões evolutivas". In: LEMES, Selma Ferreira; CARMONA, Carlos Alberto; MARTINS, Pedro Batista (coords.). *Arbitragem:* estudos em homenagem ao Prof. Guido Fernando Silva Soares, *in memoriam*, 2007, p. 411.

- arbitragem envolvendo a Administração Pública: expressa admissão (apesar de, a rigor, desnecessária), sendo vedada, nesse caso, a arbitragem por equidade (arts. 1º, §§ 1º e 2º, e 2º, § 3º);
- "listas fechadas": vedação às chamadas "listas fechadas" de árbitros das instituições de arbitragem, cuja aplicação restrita pode ser afastada pelas partes na convenção de arbitragem (art. 13, § 4º);
- prescrição: expresso comando no sentido de que a instituição da arbitragem interrompe a prescrição, retroagindo à data do requerimento de instauração da arbitragem (art. 19, § 2º);
- sentenças parciais: admissão expressa das sentenças arbitrais parciais (art. 23, § 2º);
- prazos do pedido de esclarecimentos: possibilidade de alteração, pelas partes, dos prazos para o pedido de esclarecimentos e para a sua decisão pelos árbitros (art. 30);
- nulidades: correção de imprecisões quanto à hipótese de nulidade da sentença em razão da nulidade da convenção de arbitragem (art. 32, I) e modificação de aspectos do procedimento para a ação de nulidade da sentença arbitral (art. 33);
- sentença complementar: possibilidade de pedido de prolação de sentença arbitral complementar (art. 33, § 4º);
- homologação de sentenças estrangeiras: adequação da competência do STJ para homologação de sentenças arbitrais estrangeiras, conforme a Emenda Constitucional n. 45/2004 (art. 39);
- medidas cautelares e de urgência: sistematização das medidas cautelares e de urgência, nos termos do entendimento já consolidado na doutrina e na jurisprudência (arts. 22-A e 22-B);
- carta arbitral: instituição da carta arbitral expedida pelos árbitros ao juiz estatal, com a finalidade de dar cumprimento a decisões proferidas na arbitragem (art. 22-C);
- arbitragem societária: na esteira da legislação italiana, estabelecimento de quórum qualificado e direito de recesso ao acionista dissidente para inclusão de cláusula compromissória no estatuto de sociedade anônima (novo art. 136-A da Lei das S.A.);
- suspensão por prejudicialidade: revogação do art. 25, que tratava da suspensão da arbitragem para resolução de questão prejudicial acerca de direitos indisponíveis. Tal revogação pode ser interpretada como mais um passo do legislador brasileiro no sentido de admitir a patrimonialidade como critério suficiente para a determinação da arbitrabilidade dos litígios, como se dá em legislações mais avançadas, a exemplo da alemã.

22. CÓDIGO DE PROCESSO CIVIL DE 2015

Também em 2015, foi aprovado o novo CPC (Lei n. 13.105/2015), que entrou em vigor somente em março de 2016.

O CPC/2015 é amplamente favorável à adoção de métodos extrajudiciais de resolução de controvérsias, em especial a mediação[14] e a arbitragem. Também está em linha com a concessão de maior flexibilidade às partes e ao juiz na condução do procedimento, por meio

14 A mediação também foi objeto de regulação específica pela Lei n. 13.140/2015, cuja tramitação foi paralela à do Lei de reforma da arbitragem.

dos negócios jurídicos processuais (art. 190). Nessa esteira, trouxe uma série de dispositivos alinhados com a prática da arbitragem.

Apesar disso, há alguns equívocos de coordenação entre o novo CPC e a Lei de Arbitragem reformada, decorrentes da tramitação paralela dos projetos de lei que originaram os novos diplomas. Um exemplo é a referência, pelo art. 33, § 3º, da Lei de Arbitragem, ao art. 475-L do CPC/73, que trata da impugnação ao cumprimento de sentença – ora previsto no art. 525 do CPC/2015.

Outra questão que suscita dúvidas diz respeito à compatibilização entre a regra que determina a estabilização da tutela antecipada (CPC/2015, art. 304) e a que determina que a eficácia da medida cautelar ou de urgência termina caso a parte não requeira a instituição da arbitragem no prazo de 30 dias, contados a partir da efetivação da decisão judicial (parágrafo único do novo art. 22-A da Lei de Arbitragem).

Por outro lado, é evidente que o próprio sistema fornece subsídios suficientes para a interpretação conjunta de tais dispositivos, condizente com a evolução da arbitragem no Brasil. Será necessário um esforço de interpretação dos operadores com razoabilidade e atenção ao histórico evolutivo do instituto, que, brevemente, buscamos demonstrar nestas linhas.

REFERÊNCIAS BIBLIOGRÁFICAS

AMARAL, Paulo Osternack. *Arbitragem e administração pública:* aspectos processuais, medidas de urgência e instrumentos de controle. Belo Horizonte, Fórum, 2012.

BERALDO, Leonardo de Faria. *Curso de arbitragem nos termos da Lei n. 9.307/96*. São Paulo, Atlas, 2014.

CARMONA, Carlos Alberto. *Arbitragem e processo:* um comentário à Lei n. 9.307/96. 3. ed. São Paulo, Atlas, 2009.

HEARSOLTE-VAN HOF, Jacomijn J. van. UNCITRAL Arbitration Rules, Section IV, Form and Effect of the Award. In: MISTELIS, Loukas A. *Concise International Arbitration*. Kluwer Law International, 2010.

LEW, Julian D. M.; MISTELIS, Loukas A.; KRÖLL, Stefan Michael, et al. *Comparative International Commercial Arbitration*. Kluwer Law International, 2003.

MARTINS, Pedro A. Batista. "Arbitragem através dos tempos. Obstáculos e preconceitos à sua implementação no Brasil". In: GARCEZ, José Maria Rossani (coord.). *A arbitragem na era da globalização*. 2. ed. Rio de Janeiro, Forense, 1999.

REDFERN, Alan; HUNTER, Martin; BLACKABY, Nigel; PARTASIDES, Constantine, et al. *Redfern and Hunter on International Arbitration*. Oxford University, 2009.

RICCI, Edoardo. "Desnecessária conexão entre disponibilidade do objeto da lide e admissibilidade da arbitragem: reflexões evolutivas". In: LEMES, Selma Ferreira; CARMONA, Carlos Alberto; MARTINS, Pedro Batista (coords.). *Arbitragem:* estudos em homenagem ao Prof. Guido Fernando Silva Soares, *in memoriam*. São Paulo, Atlas, 2007.

SALLES, Marcos Paulo de Almeida. "Efeitos da judicialização da arbitragem". In: *Revista de Arbitragem e Mediação*, ano 4, n. 13, São Paulo, Revista dos Tribunais, 2007.

YARSHELL, Flávio Luiz; PEREIRA, Guilherme Setoguti J. (coords.). *Processo societário*. São Paulo, Quartier Latin, 2012.

A arbitragem e as reformas legislativas de 2015: o que esperar?

3

Patricia Ayub da Costa Ligmanovski

1. INTRODUÇÃO

A prestação jurisdicional estatal é lenta, e essa realidade não é de hoje. Ruy Barbosa[1] já dizia: "a justiça atrasada não é justiça, senão injustiça qualificada e manifesta". A diferença é que o acesso à Justiça foi, de certa forma, democratizado e facilitado no Estado Democrático de Direito, especialmente, em razão do acesso à informação sobre direitos por meio das novas tecnologias de comunicação, pela disponibilidade de um número crescente de profissionais do Direito, pelo incremento da economia de massa e das transações comerciais, bem como da assistência judiciária gratuita etc. Esse cenário faz com que o número de processos, a cada ano, cresça em proporção muito superior ao número de casos julgados, o que leva a uma morosidade processual e, consequentemente, insatisfação[2] socioeconômica.

O Conselho Nacional de Justiça (CNJ) relacionou que, em 2014[3], existiam 70,8 milhões de processos em andamento e que a taxa de congestionamento na Justiça Estadual é de 74% e na Justiça Federal, de 70%, em razão de os casos novos superarem os casos baixados. Assim, mesmo se o Poder Judiciário parasse de receber novos casos e mantivesse a estrutura e produtividade daquele momento, demoraria quase 2,5 anos para zerar o estoque de processos.

Esse cenário em nada é atraente aos olhos da sociedade e quanto menos ao setor empresarial, que tem empreendido cada vez mais em resolver seus conflitos pela arbitragem. Contudo, a arbitragem ainda é pouco acessível financeiramente, seu grau de especialidade impõe altos honorários e acaba restrita a causas complexas e que envolvem vultosos valores em discussão. Desse modo, fica claro que a arbitragem não é propriamente uma alter-

---

1 Ruy Barbosa, *Oração aos moços*.

2 "O Poder Judiciário Nacional está enfrentando uma intensa conflituosidade, com sobrecarga excessiva de processos, o que vem gerando a crise de desempenho e a consequente perda de credibilidade" (WATANABE, Kazuo. "Política pública do Poder Judiciário Nacional para tratamento adequado dos conflitos de interesses". Disponível em: <http://www.tjsp.jus.br/download/conciliacao/nucleo/parecerdeskazuowatanabe.pdf>. Acesso em: 10 mar. 2016).

3 Disponível em: <http://www.cnj.jus.br/programas-e-acoes/pj-justica-em-numeros>. Acesso em: 04 abr. 2015.

nativa[4] aos problemas do Judiciário, ou seja, não é ela que desafogará o Poder Judiciário do mar da morosidade.

Esse é um primeiro e importante ponto de vista, pois relegar à arbitragem ou aos meios consensuais de solução de conflitos a salvação do Judiciário não é uma boa forma de se defender a utilização desses meios de solução de conflitos. Eles devem ser vistos e aplicados conforme a adequação ao caso concreto e, em especial, à voluntariedade das partes de se submeterem a ele.

E aqui se chega a outro ponto relevante, que é modificar a cultura jurídica no país, desde as universidades até o Poder Judiciário, possibilitando estrutura para o desenvolvimento das técnicas apropriadas a cada uma das formas de solução de conflitos, capacitando os juristas e educando a sociedade.

Bem, é da praxe nacional que se iniciem as mudanças pelas leis, e o ano de 2015 foi marcante em relação às alterações legislativas para solução de conflitos, seja pela sanção da Lei de Mediação (Lei n. 13.140/2015), pelo novo Código de Processo Civil (NCPC – Lei n. 13.105/2015) e pela Lei n. 13.129/2015, que alterou a Lei n. 9.307/96 (Lei de Arbitragem – LA).

Este capítulo visa analisar quais foram as principais alterações legislativas, seu alcance e perspectivas.

2. ASPECTOS GERAIS SOBRE A ARBITRAGEM COMO MEIO ADEQUADO DE SOLUÇÃO DE CONFLITOS

Em razão das reformas legislativas, em especial do Código de Processo Civil, que incorporou em suas normas fundamentais o art. 3º, os meios consensuais de solução de conflitos e admitiu a arbitragem, passou-se a falar e escrever mais sobre os meios adequados de solução de conflitos. Tem-se evitado a utilização de "meios alternativos de solução de conflitos", uma vez que acabou ocorrendo uma falsa impressão de que devem servir para o desafogamento do Judiciário, enquanto essa não é a realidade nem a vontade, mas sim uma consequência. Nesse sentido, Carlos Alberto Carmona[5] disserta:

> A arbitragem não tem o condão de aliviar o acúmulo de trabalho de nosso Poder Judiciário. Não é verdade que a arbitragem seja um meio rápido, secreto e barato de resolver qualquer controvérsia: a arbitragem pode ser bastante demorada em causas complexas e que exijam produção de prova pericial; deixa de garantir segredo em todos os países que exigem a homologação do laudo arbitral ou em todas as hipóteses em que o laudo, condenatório, não é voluntariamente cumprido e tem de ser levado ao juiz togado para execução forçada; e por fim, o custo deste meio de solução de controvérsias pode ser igual ou superior ao do processo estatal (consulte-se, por exemplo, a tabela de tarifas da Chambre de Commerce International).
>
> A arbitragem tende a uma finalidade bastante específica: resolver problemas decorrentes do comércio, especialmente do comércio internacional, onde há necessidade de conhecimen-

4 Cândido Rangel Dinamarco ensina que o adjetivo "alternativo" deve ser lido como "*desvio* autorizado às partes, com renúncia ao caminho ordinário representado pelo recurso à jurisdição estatal" (DINAMARCO, *A arbitragem na teoria geral do processo*, 2013, p. 31).

5 CARMONA, *Arbitragem e jurisdição*, 1990, p. 33-40.

tos específicos tanto de direito internacional e comercial como de costumes e praxes do comércio. O custo, nestas hipóteses, é bem mais suportável, e as vantagens decorrentes da solução arbitral são mais visíveis.

Fredie Didier Jr. noticia que foi instituída uma política pública[6] de tratamento adequado dos conflitos pelo estímulo à autocomposição, em especial, a partir da Resolução n. 125/2010 do Conselho Nacional de Justiça[7].

> Compreende-se que a solução negocial não é apenas um meio eficaz e econômico de resolução dos litígios: trata-se de importante instrumento de desenvolvimento da cidadania, em que os interessados passam a ser protagonistas da construção da decisão jurídica que regula as suas relações. Neste sentido, o estímulo à autocomposição pode ser entendido como um reforço da participação popular no exercício do poder – no caso, o poder de solução dos litígios. Tem, também por isso, forte caráter democrático.[8]

Essa política se mostra clara ao se tentar fortalecer a conciliação e a mediação endoprocessual e a ampliação de atuação da arbitragem.

Nesse sentido, faz-se importante conceituar esses meios adequados de solução de conflitos, em especial, a arbitragem, foco desta pesquisa.

A mediação é um método de solução de conflitos autocompositivo, pois as próprias partes são levadas – pelo mediador – a retomarem o diálogo e identificarem os pontos de convergência a fim de resolverem o conflito. Acredita-se que as decisões mediadas são mais duradouras[9] em razão do alto empoderamento das partes para resolverem o conflito e manterem o relacionamento, seja familiar ou empresarial.

A conciliação é um acordo de vontade entre as partes (autocompositivo), mas com maior intervenção do terceiro – conciliador –, que propõe a solução considerando os argumentos de ambas as partes, ainda que não seja obrigatória como na arbitragem. O NCPC

---

6 Kazuo Watanabe, op. cit., em parecer ao TJSP, defende a necessidade de uma política pública judiciária de solução adequada dos conflitos: "Por meio dessa política pública judiciária, que proporciona aos jurisdicionados uma solução mais adequada dos conflitos, o Judiciário Nacional estará adotando um importante filtro da litigiosidade, que ao contrário de barrar o acesso à Justiça, assegurará aos jurisdicionados o acesso à ordem jurídica justa, e além disso atuará de modo importante na redução da quantidade de conflitos a serem ajuizados e também, em relação aos conflitos judicializados ou que venham a ser judicializados, a sua solução pelos mecanismos de solução consensual dos conflitos, o que certamente determinará a redução substancial da quantidade de sentenças, de recursos e de execuções judiciais".

7 "A perspectiva sob a qual foi traçada a Resolução leva em conta o fato de ser atribuída ao Poder Judiciário a função de garantir o acesso à Justiça, como prestador de serviço público essencial à sociedade, indispensável à cidadania, necessário à solidificação da democracia e imprescindível ao Estado de Direito" (CAHALI, *Curso de arbitragem*, 2015, p. 61).

8 DIDIER JR., *Curso de direito processual civil*: introdução ao direito processual civil, parte geral e processo de conhecimento, 2016, p. 271.

9 Ricardo Stersi dos Santos chama a atenção para o fato de que, dependendo da condução da conciliação, podem persistir animosidades entre os envolvidos, uma vez que, na busca de convencê-los a conciliar, o conciliador acaba se concentrando no objeto da disputa e não nos motivos que geraram a controvérsia, podendo, dessa forma, possibilitar eventuais tensões futuras, o que diferencia esse método da mediação, que busca uma solução duradoura (SANTOS, *Noções gerais da arbitragem*, 2004, p. 20).

chega a diferenciar a conciliação da mediação em razão do vínculo anterior entre as partes, sugerindo que a conciliação seja utilizada quando não há vínculo.

Carlos Alberto Carmona[10] ensina que:

> Embora não se confundam arbitragem, conciliação e mediação – o objetivo da primeira é a obtenção de uma solução imposta por um terceiro imparcial, enquanto as duas últimas visam à celebração de um acordo –, convém lembrar que existem hoje, graças à popularidade que vêm alcançando os meios alternativos de solução de controvérsias, variações que devem ser levadas em consideração no momento de escolher o mecanismo que mais convenha aos litigantes para a solução de seus conflitos. Assim, especificamente quanto à arbitragem, três variações vêm sendo empregadas com sucesso: a primeira, denominada *med/arb,* leva os litigantes a estabelecer as premissas para uma mediação que, não produzindo resultados, autoriza o mediador a agir como árbitro e proferir uma decisão vinculante; a segunda, conhecida como *high-low arbitration*, procura reduzir os riscos de um laudo inaceitável, estabelecendo as partes, previamente, limites mínimo e máximo para a autoridade do árbitro, a terceira variação leva as partes a optarem por uma *arbitragem não vinculante*, ou seja, se a decisão é aceitável para os litigantes, eles a cumprirão; em caso contrário, poderão utilizar o laudo em suas negociações futuras.

Arbitragem, nas palavras de J. Cretella Junior[11], é:

> O sistema especial de julgamento, com procedimento, técnica e princípios informativos próprios e com força executória reconhecido pelo Direito Comum, mas a este subtraído, mediante o qual duas ou mais pessoas físicas, ou jurídicas, de Direito Privado ou de Direito Público, em conflito de interesses, escolhem de comum acordo, contratualmente, uma terceira pessoa, o árbitro, a quem confiam o papel de resolver-lhes a pendência, anuindo os litigantes em aceitar a decisão proferida.

Para Carlos Alberto Carmona[12]:

> A arbitragem é técnica para a solução de controvérsias através da intervenção de uma ou mais pessoas que recebem seus poderes de uma convenção privada, decidindo com base nesta convenção sem intervenção do Estado, sendo a decisão destinada a assumir eficácia de sentença judicial.

Desse modo, arbitragem é um método de solução de conflitos heterocompositivo, com extrema influência dos princípios da autonomia da vontade e da boa-fé objetiva, uma vez que são as partes capazes civilmente, seja pessoa natural ou jurídica, de direito público ou privado, que escolhem um ou mais árbitros ou uma instituição arbitral para decidir a controvérsia futura ou existente, conforme regras, procedimentos, lei aplicável, sede de arbitra-

---

10 CARMONA, *Arbitragem e processo:* um comentário à Lei n. 9.307/96, 1998, p. 45.
11 CRETELLA JÚNIOR, J. "Da arbitragem e seu conceito categorial", 1989, p. 12-3.
12 CARMONA, op. cit., p. 27.

gem e língua, de interesse delas, retirando a competência da jurisdição estatal e concedendo poderes para que a decisão desse terceiro seja obrigatória e irrecorrível.

Ou seja, enquanto na mediação e na conciliação as partes resolvem o conflito apenas com o auxílio do terceiro, na arbitragem, as partes submetem-se ao árbitro para que ele o resolva, admitindo que este terceiro resolva o conflito de forma definitiva e obrigatória.

A Lei de Arbitragem, em seu art. 1º, restringe a atuação desse método de solução de conflitos a direitos patrimoniais disponíveis. Tânia Lobo Muniz[13] explica que a expressão direito patrimonial disponível "alcança todos os direitos ou bens que compõem o patrimônio das partes, os quais eles têm a possibilidade de dispor livremente, de acordo com suas vontades", uma vez que "disponíveis" refere-se à livre disposição em negócio jurídico. Assim, são arbitráveis as causas que tratem de matérias a que o Estado não crie reserva específica para resguardar os interesses da coletividade e que possam ser, livremente, dispostas pelas partes[14].

Eduardo Talamini defende que a convenção arbitral não afasta o direito à plena e adequada tutela:

> Ao se reconhecer a liberdade das partes no emprego da arbitragem, está admitindo-se que elas possam optar pelo mecanismo de solução do conflito que lhes pareça mais compatível com as necessidades concretas da situação litigiosa. Características como a celeridade, a aptidão de o procedimento ser moldado em conformidade com as peculiaridades que a instrução exigirá, a informalidade etc. tendem a fazer do processo arbitral um meio mais eficiente de tutela, em determinados casos. Nesse sentido, o instituto da arbitragem é consentâneo com a diretriz constitucional de busca de tutela efetiva e adequada[15].

O árbitro pode ser qualquer[16] pessoa capaz, civilmente, desde que seja da confiança das partes para desenvolver sua função com imparcialidade[17], independência, competência, diligência e discrição[18], velando pela igualdade das partes e reprimindo os atos contrários à lealdade e à dignidade da justiça, bem como proferindo um laudo arbitral, nacional ou estrangeiro, fundamentado, garantindo-se sua homologação (se for estrangeiro) e execução judicial, quando necessárias.

A Lei n. 9.307/96 traz, em seu art. 2º, a previsão de que a arbitragem pode ser tanto de direito como de equidade, e nos §§ 1º e 2º, a previsão de que as partes podem escolher, livremente, as regras de direito que serão aplicadas na arbitragem, podendo convencionar

---

13 MUNIZ, *Arbitragem no Brasil e a Lei n. 9.307/96*, 2005, p. 117.

14 CARMONA, *Arbitragem e processo:* um comentário à Lei n. 9.307/96, 1998, p. 48.

15 TALAMINI, "Arbitragem e estabilização da tutela antecipada", 2015, p. 458.

16 "As pessoas jurídicas não poderão ser árbitros ante as mutações que podem sofrer seus órgãos direcionais, incompatíveis com a confiança pessoal que as partes neles depositam" (DINIZ, 2005, p. 603).

17 Tânia Lobo Muniz (2005, p. 80) defende que o princípio da imparcialidade do árbitro é um princípio ético e técnico. "Como princípio ético pauta a atuação do julgado em relação à sua independência, competência, diligência e discrição, trazendo os casos de suspeição e impedimento do julgador" e "como princípio técnico vai dar ao procedimento arbitral a possibilidade de, através do devido processo, chegar à tutela jurídica, conseguindo propiciar um julgamento justo, dando a cada um o que é de direito."

18 "Os árbitros, enquanto exercem suas funções ou atuarem em razão delas, equiparam-se aos funcionários públicos, no tocante aos efeitos da legislação penal (art. 17), devendo proceder com imparcialidade, independência, competência, diligência e discrição (§ 6º do art. 13)" (AZEVEDO, 1998, p. 19).

que se realize, com base nos princípios gerais do Direito, nos usos e costumes e nas regras internacionais do comércio. A restrição fica por conta do § 3º em relação às arbitragens envolvendo a Administração, em que restou vedada a arbitragem por equidade, como se debaterá mais adiante.

Nesse aspecto, discute-se se tal autonomia refere-se às normas materiais e processuais ou se será restrita a alguma delas. Carmona posiciona-se favorável à ampla liberdade de escolha do direito material e processual a ser aplicado na arbitragem.

> Em sede de arbitragem, porém, muitos problemas são resolvidos com a expressa escolha da lei aplicável pelas próprias partes, de tal sorte que o árbitro não terá que recorrer às regras de conflitos de leis para estabelecer a norma que regerá o caso concreto. Faz-se mister frisar que as "regras de direito" a que se refere o art. 2º, § 1º, são tanto de direito material quanto processual: nada impede que as partes criem regras processuais específicas para solucionar o litígio, reportem-se às regras de um órgão arbitral institucional ou ainda adotem as regras procedimentais de um código de processo civil estrangeiro[19].

Muito se discute sobre a natureza jurisdicional da arbitragem. A doutrina processualista divide-se nesse sentido. Luiz Guilherme Marinoni, Sérgio Cruz Arenhart e Daniel Mitidiero[20] não lhe reconhecem natureza jurisdicional, defendendo que "a outorga do julgamento de um conflito a um árbitro e o afastamento do Poder Judiciário em relação a ele não obrigam[21] a que se aceite a atividade de um órgão privado – como o tribunal arbitral – como jurisdicional".

Fredie Didier Junior[22], por outro lado, defende que a arbitragem é jurisdição, uma vez que, ao escolher a arbitragem, o jurisdicionado renuncia à jurisdição exercida pelo Estado e não à jurisdição em si, no sentido de que a jurisdição é monopólio do Estado, mas seu exercício não, já que é o próprio Estado que autoriza a arbitragem por meio da Lei n. 9.307/96 e também pela previsão constitucional no art. 114, §§ 1º e 2º. Em contraponto, Marinoni assevera que não há lesão ao princípio do juiz natural, que assegura independência e imparcialidade, pois o árbitro deve ser imparcial (art. 21, § 2º, da Lei n. 9.307/96). Outro argumento rebatido é o de que não é jurisdição porque o árbitro não pode executar[23] suas decisões. Para Didier, trata-se de incompetência[24], e não de ausência de jurisdição.

---

19 CARMONA, *Arbitragem e processo:* um comentário à Lei n. 9.307/96, 1998, p. 28.

20 MARINONI, *Novo curso de processo civil*: teoria do processo civil, 2015, p. 174.

21 "[...] não é porque a escolha do árbitro não viola a Constituição que a sua atividade possui natureza jurisdicional. Aliás, é até risível argumentar que, ao se excluir o Judiciário, não se afasta a jurisdição porque a arbitragem também configura jurisdição, uma vez que uma das razões da própria arbitragem advém da desqualificação do Judiciário para resolver determinados conflitos" (ibidem, p. 175).

22 DIDIER JR., *Curso de direito processual civil*: introdução ao direito processual civil, parte geral e processo de conhecimento, 2016, p. 174-5.

23 O Superior Tribunal de Justiça já reconheceu a natureza jurisdicional da arbitragem (STJ, CC n. 111.230/DF, 2ª S., rel. Min. Nancy Andrighi, j. 08.05.2013), bem como que o Estado é o detentor do poder de *imperium* para cumprimento das medidas coercitivas, caso haja resistência da parte em acolher a determinação do árbitro (STJ, REsp n. 1.297.974/RJ, 3ª T., rel. Min. Nancy Andrighi, j. 12.06.2012).

24 "Ainda assim, sendo inegável o caráter jurisdicional da execução quando encarada do ponto de vista da substitutividade, não se afasta a jurisdicionalidade encontrável na arbitragem: vê-se apenas que o árbitro não tem,

Arrematando a nova visão de jurisdição, Cândido Rangel Dinamarco[25] ensina:

> Assumindo enfaticamente que a jurisdição tem por escopo magno a pacificação de sujeitos conflitantes, dissipando os conflitos que os envolvem, e sendo essa a razão última pela qual o próprio Estado a exerce, não há dificuldade alguma para afirmar que também os árbitros exercem jurisdição, uma vez que sua atividade consiste precisamente em *pacificar com justiça, eliminando conflitos.*

Para pôr fim à questão, o *caput* do art. 3º do CPC/2015 dispõe sobre a inafastabilidade da jurisdição e no § 1º, expressamente, reconhece a arbitragem, na forma da lei, já que existe legislação específica sobre o tema. Nesse sentido, Fredie Didier Jr.[26] defende que esse parágrafo tem dois propósitos, um ostensivo e outro simbólico. O ostensivo é no sentido de deixar claro que o processo arbitral possui um microssistema jurídico, servindo o CPC como diploma de aplicação subsidiária, e o simbólico que concretiza o princípio de que a jurisdição é inafastável e universal e que há a jurisdição civil estatal e a jurisdição civil arbitral.

Nesse contexto, partindo do pressuposto de que arbitragem é manifestação de jurisdição, é importante analisar os impactos das alterações trazidas pelas Leis ns. 13.105 e 13.140, ambas de 2015.

3. SISTEMA MULTIPORTAS DO CÓDIGO DE PROCESSO CIVIL DE 2015 E A LEI DE MEDIAÇÃO

Segundo Francisco José Cahali[27], o legislador de 2015 confirmou o sucesso da mediação e da conciliação judicial ao incorporá-las ao CPC/2015 e à Lei da Mediação – Lei n. 13.140/2015. Sendo assim, pode-se dizer que o Código de Processo Civil de 2015 privilegia os meios autocompositivos[28] de resolução de conflitos em seu art. 3º, em especial a conciliação e a mediação, ao implantar a audiência do art. 334 e ao trazer, em suas normas fundamentais, os §§ 2º e 3º do art. 3º[29], que incorporam o sistema multiportas.

O incentivo ao sistema multiportas já havia sido introduzido pela Res. n. 125/2010 do CNJ, e consiste em um sistema pelo qual o Estado coloca à disposição da sociedade alternativas variadas para se buscar a solução mais adequada de controvérsias, valorizando os mecanismos autocompositivos. Cada uma das opções (mediação, conciliação, a própria ação judicial contenciosa etc.) representa uma porta que pode ser utilizada conforme a conve-

---

à diferença do juiz togado, competência funcional para executar suas próprias decisões" (CARMONA, "Arbitragem e jurisdição", 1990, p. 33-40).

25 DINAMARCO, *A arbitragem na teoria geral do processo*, 2013, p. 39.

26 DIDIER JR., "A arbitragem no Novo Código de Processo Civil (versão da Câmara dos Deputados – Dep. Paulo Teixeira)", 2013, p. 73-4.

27 CAHALI, *Curso de arbitragem*, 2015, p. 70.

28 Soluções autocompositivas "são aquelas em que as próprias partes interessadas, com ou sem a colaboração de um terceiro, encontram, através de um consenso, uma maneira de resolver o problema" (SANTOS, *Noções gerais da arbitragem*, 2004, p. 14).

29 "§ 2º O Estado promoverá, sempre que possível, a solução consensual dos conflitos. § 3º A conciliação, a mediação e outros métodos de solução consensual de conflitos deverão ser estimulados por juízes, advogados, defensores públicos e membros do Ministério Público, inclusive no curso do processo judicial."

niência do interessado e a particularidade do caso, revelando-se como uma forma apropriada de administração e resolução do conflito[30].

Juntamente ao sistema multiportas, o Código de Processo Civil de 2015, no art. 8º, determina que o juiz, ao aplicar o ordenamento jurídico, atenderá aos fins sociais e às exigências do bem comum, observando a eficiência. Eficiência, "aplicada ao *processo jurisdicional*, impõe a condução eficiente de um determinado processo pelo órgão jurisdicional"[31]. E isso consiste em identificar, incentivar e aplicar ao caso concreto a forma mais adequada de solução do conflito.

> Parece bastante óbvio que a solução consensual dos litígios é, de longe, a melhor forma de pacificação social, ao tempo em que assegura uma rápida solução do conflito, com o menor custo e a satisfação para ambas as partes. Por que não empregar os melhores esforços e investimentos nesta área? Qualquer administrador, minimamente competente, que tivesse a responsabilidade, inclusive financeira, de administrar a justiça, elegeria o conciliador ou o mediador como um dos mais importantes de seus colaboradores ou funcionários[32].

Infelizmente, o que se vê, na prática, muitas vezes é uma política distorcida de utilizar os meios consensuais de solução de conflitos para fins de julgamento em mutirão, como mera estatística em busca de atender a metas de redução da taxa de congestionamento judiciário. Interessante a reflexão de Flávio Yarshell[33], na *Folha de S.Paulo*, em 2009, sobre a Semana Nacional da Conciliação, escrevendo que a conciliação não deve ser vista como forma de desafogar o Poder Judiciário, e ali ele já previa um problema instaurado com o Código de Processo Civil, em 2015, ao tornar a audiência de conciliação, do art. 334, obrigatória[34].

> Quando a superação do conflito resulta da vontade das partes – que fazem concessões recíprocas –, o ganho social é realmente mais expressivo. No entanto é preciso chamar a atenção para outros pontos que não podem ser desconsiderados pelo cidadão comum.
>
> Primeiro, a conciliação não pode e não deve ser prioritariamente vista como forma de desafogar o Poder Judiciário. Ela é desejável essencialmente porque é mais construtiva. O desafogo vem como consequência, e não como a meta principal.
>
> Essa constatação é importante: um enfoque distorcido do problema pode levar a resultados indesejados. Vista como instrumento de administração da máquina judiciária, a conciliação passa a ser uma preocupação com estatísticas.

30 CAHALI, *Curso de arbitragem*, 2015, p. 62.

31 DIDIER JR., "Apontamentos para a concretização do princípio da eficiência do processo". Disponível em: <http://www.lexeditora.com.br/doutrina_24598622_APONTAMENTOS_PARA_A_CONCRETIZACAO_DO_PRINCIPIO_DA_EFICIENCIA_DO_PROCESSO.aspx>. Acesso em: 18 abr. 2016.

32 CARNEIRO, "Solução consensual dos conflitos. Conciliação e mediação", 2015, p. 65-6.

33 YARSHELL, "Para pensar a Semana Nacional da Conciliação", 2009. Disponível em: <http://www1.folha.uol.com.br/fsp/opiniao/fz0812200909.htm>. Acesso em: 15 abr. 2016.

34 *Vide* § 8º do art. 334, que determina multa de até 2% da vantagem econômica pretendida ou do valor da causa, revertida em favor da União ou do Estado, se qualquer das partes faltar, injustificadamente, à audiência, considerando-se ato atentatório à dignidade da justiça.

> Sua recusa pelas partes – direito mais do que legítimo – passa a ser vista como uma espécie de descumprimento de um dever cívico e, no processo, pode fazer com que se tome como inimigo do Estado aquele que não está disposto a abrir mão de parte do que entende ser seu direito. Daí a reputar a parte intransigente como litigante de má-fé vai um passo curto.
>
> Isso é a negação da garantia constitucional da ação e configura quebra do compromisso assumido pelo Estado de prestar justiça. Esse mesmo Estado proíbe que o cidadão, salvo raras exceções, faça justiça pelas próprias mãos.

No mesmo sentido, Dierle Nunes e Ludmila Teixeira[35],

> A ocorrência de uma conciliação endoprocessual deve resultar de um fluxo discursivo que respeite a autonomia privada das partes, e não de uma imposição que gerará um possível resultado: acordos inexequíveis e antissociais que busquem tão somente a obtenção de um dado no plano estatístico de casos "resolvidos" ou que ofereçam uma falsa sensação apaziguadora e de adequação constitucional.
>
> Todas essas situações não guardam nenhuma vinculação com uma efetiva socialização e nem mesmo com a defendida democratização processual. Somente se adequam a uma lógica funcionalista e perversa, que certamente deve ser problematizada discursiva e incessantemente.

Pela leitura do CPC/2015, em diversas passagens está claro o estímulo às formas autocompositivas de solução de conflitos.

> O Código de Processo Civil de 2015 estimula formas autocompositivas de resolução de conflitos seja prevendo que, como regra, a citação do demandado no procedimento comum é para o comparecimento em audiência (e não mais para defender-se em juízo, com o que desestimula a formalização do litígio no processo logo em seu início, art. 334), seja pelo destaque que outorgou à categoria dos conciliadores e mediadores, prevendo-os expressamente como auxiliares do juízo (arts. 165-175) e prevendo espaços apropriados para o desempenho de suas funções ao longo do procedimento (por exemplo, art. 334)[36].

Entre as novidades do CPC/2015 está a audiência de conciliação ou de mediação do art. 334, que antecede a apresentação de defesa do réu com o intuito de diminuir a animosidade entre as partes. Pela leitura dos §§ 4º e 5º do referido artigo, essa audiência só poderá ser dispensada se ambas as partes, expressamente, manifestarem-se pelo desinteresse na composição e o Direito não admitir transação. Porém, essa opção legislativa de tornar a audiência praticamente obrigatória traz diversos problemas, como bem elucida Fernando da Fonseca Gajardoni[37].

---

35 NUNES; TEIXEIRA, "Conciliação deve se preocupar com a qualidade dos acordos", 2012. Disponível em: <http://www.conjur.com.br/2012-ago-31/movimento-pro-conciliacao-preocupar-qualidade-acordos?imprimir=1>. Acesso em: 18 abr. 2016.

36 MARINONI; ARENHART; MITIDIERO, *Novo curso de processo civil*: teoria geral do processo civil, 2015, p. 180.

37 GAJARDONI, "Novo CPC: vale apostar na conciliação/mediação?", 2015. Disponível em: <http://jota.uol.com.br/novo-cpc-vale-apostar-na-conciliacaomediacao>. Acesso em: 31 mar. 2016.

> A opção traz problemas práticos concretos: a) quebra-se aquilo que de mais caro há nos métodos consensuais de solução de conflito, a autonomia da vontade, lançada pelo próprio legislador como princípio da mediação (art. 166, CPC/2015); b) burocratiza-se a mediação/conciliação, obrigando todas as partes, mesmo não querendo, a se submeter a ela, simplesmente porque uma delas deseja; c) dá azo a manobras processuais protelatórias, com um dos demandados aceitando a audiência, apenas, para ganhar mais alguns meses de tramitação processual, sem possibilidade de intervenção judicial para obstar a manobra; e d) torna maior o custo do processo, pois além do pagamento pelos serviços do mediador/conciliador, o demandado domiciliado em outra localidade, praticamente em todas as ações, deverá se deslocar para a audiência de mediação/conciliação no foro da propositura.

No que tange à Lei n. 13.140/2015, o art. 1º define que dispõe sobre a mediação como meio de solução de controvérsias entre particulares e sobre a autocomposição de conflitos no âmbito da administração pública. No seu parágrafo único, conceitua a mediação como atividade técnica exercida por terceiro imparcial sem poder decisório, que, escolhido ou aceito pelas partes, auxilia-as e as estimula a identificar ou desenvolver soluções consensuais para a controvérsia. A lei prevê tanto a modalidade judicial como a extrajudicial de mediação.

Francisco Cahali[38] chama a atenção para a duplicidade legislativa em relação à mediação com a entrada em vigor do CPC/2015 e da Lei de Mediação, mas defende a convivência harmônica entre as inovações. Ele destaca que o mediador, quando no exercício da função, é equiparado a servidor público para os efeitos da lei penal (art. 8º); que é expresso o dever de revelação do mediador quanto a qualquer fato ou circunstância que suscite dúvida quanto a sua imparcialidade (art. 5º, parágrafo único) e que as partes poderão submeter-se à mediação quando houver processo arbitral ou judicial em curso, devendo requerer a suspensão do processo (art. 16).

No que tange à arbitragem, objeto de estudo, o CPC/2015 importou-se em dizer que permite o instituto na forma da lei, em sua norma fundamental, art. 3º, § 1º, o que, como mencionado anteriormente, caracteriza sua natureza jurisdicional. Essa regra também serve para reconhecer que a arbitragem possui um microssistema próprio e que deve prevalecer em relação às normas processuais. Por essa razão, não há tantos dispositivos sobre arbitragem no CPC/2015, mas serão abordadas as principais matérias.

De grande relevância é a disciplina da comunicação e cooperação jurisdicional entre o Poder Judiciário e o juízo arbitral, por meio da carta arbitral[39], prevista no art. 237, IV[40]. Para Cahali[41], a carta arbitral significa uma estrutura formal para a comunicação entre ambas jurisdições, na medida em que uma saberá como solicitar e a outra, como receber as solicitações, evitando desencontros de posições e entraves burocráticos, tão nocivos à efetividade pretendida na tutela dos interesses da parte.

---

38 CAHALI, *Curso de arbitragem*, 2015, p. 81.

39 Também prevista no art. 22-C da Lei de Arbitragem por meio da reforma ocorrida em 2015.

40 "Art. 237. Será expedida carta: [...] IV – arbitral, para que o órgão do Poder Judiciário pratique ou determine o cumprimento, na área de sua competência territorial, de ato objeto de pedido de cooperação judiciária formulado por juízo arbitral, inclusive os que importem efetivação de tutela provisória."

41 CAHALI, *Curso de arbitragem*, 2015, p. 315.

O § 3º do art. 260 do CPC/2015 determina que a carta arbitral deve ser instruída com a convenção de arbitragem e com as provas da nomeação do árbitro e de que aceitou sua função, tudo isso a fim de conferir segurança ao juiz para empregar atos de força ao cumprimento da decisão arbitral. Importante atentar que o Poder Judiciário não ingressará no mérito da demanda arbitral, ou seja, verificada a regularidade formal, haverá o seu cumprimento pelo Judiciário[42].

No que se refere à legitimidade para expedir a carta arbitral, Didier Jr. entende que o termo "juízo arbitral" permite uma interpretação ampla, compreendendo "árbitro, tribunal arbitral, presidente do tribunal arbitral e instituição administradora da arbitragem, há quem admita que até mesmo a parte interessada possa encaminhar a carta arbitral, desde que em cumprimento de decisão arbitral"[43].

O art. 189, IV, possibilita o segredo de justiça nos processos "que versem sobre arbitragem, inclusive sobre cumprimento de carta arbitral, desde que a confidencialidade estipulada na arbitragem seja comprovada perante o juízo", o que é louvável para se assegurar uma das características diferenciais[44] da arbitragem em relação ao processo estatal, que é, em regra, público.

Outra novidade é a impossibilidade de o órgão jurisdicional conhecer de ofício da existência de convenção de arbitragem. Nesse sentido, o art. 337, X, do CPC/2015 determina que cabe ao réu, antes de discutir o mérito, alegar a convenção de arbitragem. O § 5º estabelece que o juiz não conhece da convenção de arbitragem de ofício e aqui há a alteração da palavra "compromisso" (art. 301, § 4º, do CPC/73) por "convenção", o que inclui tanto o compromisso como a cláusula compromissória, colocando fim à discussão doutrinária a respeito do assunto. A grande novidade fica por conta do § 6º, que determina que a ausência de alegação da convenção de arbitragem implica na aceitação da jurisdição estatal e renúncia do juízo arbitral, ou seja, o réu deve alegar a convenção de arbitragem no primeiro momento em que falar nos autos, sob pena de preclusão, atribuindo "ao silêncio do réu caráter negocial"[45].

No que tange à extinção do processo sem resolução do mérito, o art. 485, VII, do CPC/2015 aprimorou o texto anterior e determinou que o juiz não resolverá o mérito quando "acolher a alegação de existência de convenção de arbitragem ou quando o juízo arbitral reconhecer sua competência". Ou seja, a existência de convenção de arbitragem pode ser reconhecida pelo juízo arbitral (se for anterior ao processo estatal) ou pelo órgão jurisdicional estatal, se não houver processo arbitral pendente[46]. Interessante notar que a decisão do

---

42 AMARAL, "Carta arbitral no Novo CPC", 2015. Disponível em: <http://www.justen.com.br//informativo.php?&informativo=97&artigo=1208&l=pt>. Acesso em: 22 abr. 2016.

43 DIDIER JR., "A arbitragem no Novo Código de Processo Civil (versão da Câmara dos Deputados – Dep. Paulo Teixeira)", p. 74.

44 Donaldo Armelin, ao comentar o Anteprojeto do Código de Processo Civil, assinalou sobre a garantia da confidencialidade: "Essa sugestão é pertinente e adimple uma das características básicas da arbitragem, que é a de manter o sigilo a respeito da matéria objeto de sua atuação, o que seria esgarçado se escancarado na carta arbitral o objeto da arbitragem. Aliás, a confidencialidade é uma característica da arbitragem que garante à tutela arbitral vantagens consideráveis, nesse particular, em face daquela jurisdicional" (ARMELIN, "Arbitragem e o Novo Código de Processo Civil", 2011, p. 4).

45 DIDIER JR., "A arbitragem no Novo Código de Processo Civil (versão da Câmara dos Deputados – Dep. Paulo Teixeira)", p. 76.

46 Ibidem, p. 80.

juízo arbitral sobre a sua própria competência é causa de extinção do processo, o que significa o reconhecimento do princípio da *Kompetenz-Kompetenz*[47] do árbitro pelo CPC/2015.

Quanto à homologação de sentença arbitral estrangeira, o art. 960, § 3º, do CPC/2015[48] determina que, primeiro, obedecerá ao que estiver disposto em tratado[49], depois, em lei[50], e, subsidiariamente, no CPC/2015, respeitando as peculiaridades da arbitragem.

Sobre anulação de sentença arbitral, o art. 1.061[51] altera a redação do art. 33, § 3º, da Lei de Arbitragem (Lei n. 9.307/96) a fim de atualizá-lo ao sistema de impugnação ao cumprimento de sentença existente desde 2005, harmonizando o sistema legislativo.

Desse modo, são positivas as alterações ocorridas no Código processual no que se refere à arbitragem, reconhecendo e respeitando o espaço da arbitragem como método extrajudicial, mas jurisdicional de solução de conflitos.

4. REFORMA NA LEI DE ARBITRAGEM E PERSPECTIVAS

A reforma promovida na Lei de Arbitragem de 1996, pela Lei n. 13.129/2015, corrobora a etapa de modernização legislativa em termos de solução de conflitos, no Brasil. Em que pesem os vetos atinentes à matéria trabalhista, consumerista e de contratos de adesão, pontos de grande relevância foram trazidos nessa reforma.

Entre as principais alterações estão: a) a autorização expressa de utilização da arbitragem pela Administração Pública; b) a instituição da carta arbitral regulamentada pelo CPC/2015[52]; c) a regulamentação da cláusula compromissória estatutária[53]; d) a disposição das partes para afastar o regulamento do órgão arbitral quanto à escolha do árbitro único, coárbitro ou presidente do tribunal; e) a interrupção da prescrição[54]; f) regulamentação das

47 "O árbitro possui a competência para julgar sua própria competência em apreciar o litígio que lhe é submetido" (SANTOS, *Noções gerais da arbitragem*, 2004, p. 46).

48 "§ 3º A homologação de decisão arbitral estrangeira obedecerá ao disposto em tratado e em lei, aplicando-se, subsidiariamente, as disposições deste Capítulo."

49 Neste ponto, observar a Convenção de Nova Iorque sobre o Reconhecimento e a Execução de Sentenças Arbitrais Estrangeiras, vigente no país desde 2002 (Decreto n. 4.311/2002).

50 Menção ao microssistema da Lei n. 9.307/96.

51 "Art. 1.061. O § 3º do art. 33 da Lei n. 9.307, de 23 de setembro de 1996 (Lei de Arbitragem), passa a vigorar com a seguinte redação: 'Art. 33. [...] § 3º A decretação da nulidade da sentença arbitral também poderá ser requerida na impugnação ao cumprimento da sentença, nos termos dos arts. 525 e seguintes do Código de Processo Civil, se houver execução judicial.'"

52 Já estudada no tópico 3, no entanto, vale citar a inclusão deste instituto na Lei de Arbitragem, no art. 22-C: "O árbitro ou o tribunal arbitral poderá expedir carta arbitral para que o órgão jurisdicional nacional pratique ou determine o cumprimento, na área de sua competência territorial, de ato solicitado pelo árbitro. Parágrafo único. No cumprimento da carta arbitral será observado o segredo de justiça, desde que comprovada a confidencialidade estipulada na arbitragem".

53 *Vide* os capítulos específicos sobre o assunto: "A Reforma Legislativa e a Convenção de Arbitragem nas Sociedades Anônimas: reflexos e expectativas", de Giovani Ribeiro Rodrigues Alves e "Arbitragem societária – A inserção do art. 136-A na Lei n. 6.404/76 e algumas questões ainda pendentes de solução", de Ivo Waisberg e Ana Cláudia de Oliveira Rennó.

54 Art. 19, § 2º: "A instituição da arbitragem interrompe a prescrição, retroagindo à data do requerimento de sua instauração, ainda que extinta a arbitragem por ausência de jurisdição".

tutelas cautelares e de urgência[55]; g) possibilidade de os árbitros proferirem sentenças parciais[56] e da prorrogação do prazo para a prolação da sentença final.

A reforma legislativa de 2015 trouxe dispositivo expresso (art. 1º, § 1º, da LA), que autoriza a utilização da arbitragem como meio de solução de conflitos envolvendo a Administração Pública direta e indireta, restringindo, no entanto, que seja arbitragem de direito e respeite o princípio da publicidade (art. 2º, § 3º).

Em que pese o novo texto legislativo, a arbitragem já era utilizada para dirimir conflitos envolvendo a Administração Pública, em questões pertinentes a direitos patrimoniais disponíveis, com reconhecimento pela jurisprudência, sendo admitida até mesmo a arbitragem quando não prevista em edital de licitação[57].

Nesse sentido, o julgado da lavra da Ministra Nancy Andrighi:

> [...] 5. Tanto a doutrina como a jurisprudência já sinalizaram no sentido de que não existe óbice legal na estipulação da arbitragem pelo poder público, notadamente pelas sociedades de economia mista, admitindo como válidas as cláusulas compromissórias previstas em editais convocatórios de licitação e contratos.
>
> 6. O fato de não haver previsão da arbitragem no edital de licitação ou no contrato celebrado entre as partes não invalida o compromisso arbitral firmado posteriormente.
>
> 7. A previsão do juízo arbitral, em vez do foro da sede da administração (jurisdição estatal), para a solução de determinada controvérsia, não vulnera o conteúdo ou as regras do certame.
>
> 8. A cláusula de eleição de foro não é incompatível com o juízo arbitral, pois o âmbito de abrangência pode ser distinto, havendo necessidade de atuação do Poder Judiciário, por exemplo, para a concessão de medidas de urgência; execução da sentença arbitral; instituição da arbitragem quando uma das partes não a aceita de forma amigável.
>
> 9. A controvérsia estabelecida entre as partes – manutenção do equilíbrio econômico financeiro do contrato – é de caráter eminentemente patrimonial e disponível, tanto assim que as partes poderiam tê-la solucionado diretamente, sem intervenção tanto da jurisdição estatal, como do juízo arbitral.
>
> 10. A submissão da controvérsia ao juízo arbitral foi um ato voluntário da concessionária. Nesse contexto, sua atitude posterior, visando à impugnação desse ato, beira às raias da má-fé, além de ser prejudicial ao próprio interesse público de ver resolvido o litígio de maneira mais célere.
>
> 11. Firmado o compromisso, é o Tribunal arbitral que deve solucionar a controvérsia.
>
> 12. Recurso especial não provido. (STJ, REsp n. 904.813/PR, 3ª T., rel. Min. Nancy Andrighi, j. 20.10.2011, *DJe* 28.02.2012)

---

55 *Vide* capítulo específico: "Arbitragem e a tutela provisória no CPC/2015", de Eduardo Talamini.

56 *Vide* capítulo específico: "A revogação do inciso V do art. 32 da Lei de Arbitragem e as sentenças arbitrais equivocadamente parciais", de Ana Carolina Beneti e Giovani dos Santos Ravagnani.

57 "Não se vislumbra nenhuma regra que exija que o edital contenha tal previsão. Ao contrário, a Lei de Arbitragem (lei geral acerca do assunto) impõe apenas o preenchimento dos três requisitos para a admissão da arbitragem: capacidade civil para contratar e que os litígios versem sobre direitos patrimoniais e disponíveis (art. 1º)" (AMARAL, *Arbitragem e administração pública:* aspectos processuais, medidas de urgência e instrumentos do comércio, 2012, p. 77).

A reforma preocupou-se em vedar o julgamento por equidade, "sob pena de afronta ao princípio constitucional da observância da estrita legalidade pela Administração Pública (CF, art. 37, *caput*)"[58]. No entanto, segundo Arnoldo Wald, não inviabilizou o julgamento segundo os usos e costumes e regras internacionais do comércio, visto que a arbitragem com esses fundamentos seria de direito (art. 4º da LINDB).

> Incide, pois na arbitragem com a Administração Pública o mencionado art. 4º, que se concilia com o novo § 3º do art. 4º da Lei de Arbitragem, não se confundindo a equidade com as normas costumeiras e ou internacionais que, em nosso entender, também constituem tradicionalmente fonte do direito, especialmente no direito comercial[59].

Desse modo, é importante a expressa autorização para que a Administração Pública se utilize da arbitragem para resolver seus litígios, uma vez que, muitas vezes, atua como particular e é um grande litigante do Poder Judiciário, onde as decisões, geralmente, são mais demoradas e desgastantes.

Interessante notar que o art. 13, § 4º, da Lei de Arbitragem[60] passou a vigorar com nova regra para escolha do presidente do tribunal arbitral, ou seja, as partes escolhem diretamente ou acolhem o que o regulamento estipular, reafirmando, assim, "a centralidade da ideia de liberdade das partes na arbitragem ao se permitir que as partes consensualmente afastem a limitação, constante em regulamento de arbitragem, da escolha do árbitro a nomes que integram listas institucionais"[61].

Sobre esse assunto, Wald[62] ressalta que, desde 2012, com o processo de atualização das Regras de Arbitragem da C-CI, várias câmaras de arbitragem brasileiras já vinham seguindo essa tendência e que a lei apenas a explicitou, evitando qualquer dúvida.

> A lei permitiu que as partes afastassem a aplicação de tais normas regulamentares, sem prejuízo do controle da escolha pelos órgãos competentes, inclusive para evitar fraudes ou decisões dadas por pessoas totalmente incompetentes para o exercício da função. Em relação aos casos de interesse de mais de duas partes, ou seja, às chamadas "arbitragens multipartes", hipótese não prevista pela legislação anterior, decidiu-se que deve prevalecer o regulamento aplicá-

---

58 Ibidem, p. 41.

59 WALD, "A reforma da Lei de Arbitragem". *Revista dos Tribunais*, 2015. Disponível em *Revista dos Tribunais on-line*, p. 6.

60 Art. 13, § 4º, da LA: "As partes, de comum acordo, poderão afastar a aplicação de dispositivo do regulamento do órgão arbitral institucional ou entidade especializada que limite a escolha do árbitro único, coárbitro ou presidente do tribunal à respectiva lista de árbitros, autorizado o controle da escolha pelos órgãos competentes da instituição, sendo que, nos casos de impasse e arbitragem multiparte, deverá ser observado o que dispuser o regulamento aplicável".

61 TIBURCIO; ALBUQUERQUE, "Reforma da Lei de Arbitragem: otimismo renovado", 2015. Disponível em: <http://jota.uol.com.br/reforma-da-lei-de-arbitragem-otimismo-renovado>. Acesso em: 23 abr. 2016.

62 WALD, "A reforma da Lei de Arbitragem", 2015. Disponível em *Revista dos Tribunais on-line*, p. 7-8. "As regras de arbitragem da Câmara de Arbitragem no Mercado (CAM BM&F/Bovespa) já adotavam essa solução em 2011. Foi igualmente o caso, por exemplo, das novas regras do Centro de Arbitragem e Mediação da Câmara Brasil-Canadá (CAM/CCBC) em 2012, como também da Câmara de Conciliação, Mediação de Arbitragem CIESP/FIESP, que alterou seu regulamento em agosto de 2013" (p. 8).

vel, cuja importância fica assim reconhecida, sem, que, todavia, possa dar ao Presidente e demais órgãos da Câmara poderes arbitrários. É uma solução que faz prevalecer a ordem e a eficiência, sem prejuízo de reconhecer amplamente a autonomia da vontade das partes e a autoridade das Câmaras que é essencial na arbitragem[63].

No que se refere às tutelas cautelares e de urgência, foram acrescidos os arts. 22-A e 22-B. Em boa hora, o texto legal admitiu que as partes se socorram do Poder Judiciário antes da instituição da arbitragem (art. 22-A, *caput*) para assegurar o resultado útil[64] da arbitragem, e, ao mesmo tempo, reconheceu a competência dos árbitros para manter, modificar ou revogar a medida concedida pelo Judiciário (art. 22-B, *caput*), o que confirma que não há renúncia à arbitragem por serem propostas as ações cautelares pré-arbitrais. Pelo contrário, reafirmaram-se o poder e a jurisdição dos árbitros[65].

> Diante da impossibilidade absoluta de recorrer-se ao árbitro, nesse momento, fica franqueada – sob pena de inviabilização do acesso à Justiça – a possibilidade de demanda urgente na jurisdição estatal. A competência para a medida urgente, em princípio, recairá sobre o órgão judiciário que seria competente para o julgamento da própria causa, se não houvesse convenção de arbitragem[66].

O texto legal assegurou a competência do árbitro de resolver sobre tais medidas cautelares ou de urgência no curso da arbitragem (parágrafo único do art. 22-B). Conforme Talamini[67], "se o árbitro está investido de poder para solucionar determinada lide, está igualmente autorizado a adotar providências que preservem a utilidade prática de sua decisão final ou que protejam provisoriamente os possíveis direitos ali envolvidos".

O parágrafo único do art. 22-A reza que cessa a eficácia da medida cautelar ou de urgência se a parte interessada não requerer a instituição da arbitragem no prazo de trinta dias, contado da data de efetivação da respectiva decisão[68].

O § 1º do art. 23 combinado à revogação do inciso V do art. 32 da LA permite que os árbitros profiram sentenças parciais, "abrangendo parte dos pedidos em relação aos quais se jul-

---

63 Ibidem, p. 7.

64 "A medida de urgência concedida em caráter preparatório protege a parte e seu possível direito. Mas também impede, ao debelar danos irreparáveis ou de difícil reparação, que a futura sentença arbitral caia no vazio" (TALAMINI, "Arbitragem e estabilização da tutela antecipada", 2015, p. 463).

65 WALD, "A reforma da Lei de Arbitragem". *Revista dos Tribunais*, 2015. Disponível em *Revista dos Tribunais on-line*, p. 11.

66 TALAMINI, "Arbitragem e estabilização da tutela antecipada", 2015, p. 462.

67 Ibidem, p. 459.

68 Surgem algumas dúvidas sobre a estabilização da tutela em relação à atuação do juiz antes de instaurada a arbitragem. No entanto, Eduardo Talamini esclarece que o instituto da estabilização não se deve aplicar em razão do art. 22-A da LA. "A regra em questão prevalece sobre aquela do art. 304 do CPC/15 (que prevê a estabilização da tutela antecipada) – seja pelo critério da temporalidade (a Lei n. 13.129 é posterior ao CPC/15), seja pelo critério da especialidade (é regra especial para a arbitragem)." E continua: "Em suma, a tutela judicial antecipada pré-arbitral não estabiliza, mesmo não havendo recurso do réu no processo judicial urgente. Nesse momento, o Judiciário colabora com a arbitragem, propiciando apenas a tutela urgente – e não a tutela monitória inerente à estabilização" (ibidem, p. 481).

gam habilitados a julgar, prosseguindo a demanda em relação aos demais"[69]. O § 4º do art. 33 possibilita que a parte interessada ingresse em juízo para requerer a prolação de sentença arbitral complementar, se o árbitro não decidir todos os pedidos submetidos à arbitragem.

Por sua vez, o § 1º do art. 33 prevê a nulidade da sentença arbitral[70], parcial[71] ou final, segundo as regras do procedimento comum do CPC no prazo de noventa dias após o recebimento da notificação da respectiva sentença, parcial ou final, ou da decisão do pedido de esclarecimentos.

Com isso, observa-se que o pedido de esclarecimentos também foi regulamentado no art. 30, no prazo de cinco dias, a contar do recebimento da notificação ou da ciência pessoal da sentença arbitral, salvo se outro prazo for acordado entre as partes, o que revela, novamente, a importância do princípio da autonomia da vontade. O parágrafo único determina que os árbitros devem fazer os esclarecimentos no prazo de dez dias ou outro acordado entre as partes.

O art. 35 atualizou a competência para homologação e reconhecimento de sentença arbitral estrangeira para o STJ para adequar-se à Emenda Constitucional n. 45/2004.

Outra questão é a inserção do art. 136-A na Lei n. 6.404/76 (Lei das Sociedades Anônimas) a fim de regulamentar a inserção da convenção de arbitragem no estatuto social, observado o *quorum* do art. 136, ou seja, de metade, no mínimo, das ações com direito a voto, obrigando a todos os acionistas. Assegurou-se ao acionista dissidente o direito de retirar-se da companhia mediante o reembolso do valor de suas ações, nos termos do art. 45. A convenção somente terá eficácia após o decurso do prazo de trinta dias, contado a partir da publicação da ata da assembleia geral que a aprovou (§ 1º), e o direito de retirada não se aplica aos casos previstos no § 2º.

Diante desse quadro, Wald[72] considera que a reforma na arbitragem por meio da Lei n. 13.129/2015, que ampliou o âmbito de aplicação da arbitragem, foi bem recebida e que a arbitragem vem crescendo, exponencialmente, no país, o que o coloca em destaque internacionalmente. Conclui, ainda, que as alterações fortalecem a arbitragem, desfazendo incertezas e permitindo soluções rápidas e eficientes para os litígios, o que torna o processo arbitral indutor de acordos, reduzindo a excessiva litigiosidade da qual o país padece[73].

---

69 WALD, "A reforma da Lei de Arbitragem". *Revistas dos Tribunais*, 2015. Disponível em: *Revista dos Tribunais on-line*, p. 8.

70 "A nulidade pode ser arguida em impugnação ao cumprimento de sentença se houver execução judicial" (art. 33, § 3º, da LA).

71 "Havia divergência na matéria entre o STF e o STJ no tocante a coisa julgada na sentença parcial, que foi objeto de várias decisões e amplo debate doutrinário, de modo que foi da maior utilidade à explicitação do legislador, admitindo a sentença parcial sempre que possível e considerando que transita em julgado independentemente da sentença final, dando assim maior eficiência à arbitragem" (WALD, "A reforma da Lei de Arbitragem". *Revistas dos Tribunais*, 2015. Disponível em *Revista dos Tribunais on-line*, p. 8).

72 Ibidem, p. 2: "Até a presente data, o número de arbitragens iniciadas nas dez principais instituições brasileiras, em 2013, cresceu mais de 10% em relação a 2012, chegando a mais de 200 procedimentos iniciados. Em relação a 2013 e 2014, houve um aumento de quase 12% (11,60%) por ano. Ilustrativamente, os números do CAM/CCBC, a instituição com o maior número de casos no país, quase triplicaram de 2008 (27 casos), até 2014 (95 novos processos)".

73 Ibidem, p. 15.

Importante considerar a opinião de Tiburcio e Albuquerque, para quem não é tempo de reformas radicais no campo da arbitragem, mas de aperfeiçoamento e mudanças pontuais para alcançar estabilidade institucional, segurança jurídica e avanços consistentes. E para eles "todas essas novas necessidades foram atendidas pela reforma que foi resultado da responsável e competente atuação dos membros da Comissão para Reforma da Lei de Arbitragem. Há razões, portanto, para manter o otimismo"[74].

Como se pôde observar, diversas e pontuais foram as alterações na Lei de Arbitragem. Muitas já reconhecidas pela doutrina e pela jurisprudência do Superior Tribunal de Justiça, mas todas com o intuito de assegurar maior segurança e previsibilidade às partes, aos árbitros, ao Poder Judiciário e à sociedade de modo geral.

5. CONCLUSÃO

O resultado legislativo do ano de 2015 foi intenso e importante para o estudo das soluções de controvérsias, seja pela forma autocompositiva, no papel da conciliação e da mediação, seja heterocompositiva, pela via judicial e arbitral.

São muitos os fatores que influenciaram essa produção legislativa; a morosidade do Poder Judiciário para solução dos conflitos, a exigência socioeconômica, o entendimento de que há formas mais adequadas de se solucionar determinados conflitos, a adoção de uma política pública voltada para a conciliação e mediação etc.

Desse modo, o cenário legislativo é favorável à aplicação das leis, à conscientização dos juristas, dos empresários e da sociedade de um modo geral, existindo, ao mesmo tempo, certa euforia pelos otimistas e, como sempre, grande dose de desconfiança dos céticos.

O momento pede parcimônia, o Código de Processo Civil traz inovações audaciosas no que tange aos métodos autocompositivos, mas, por outro lado, quase nenhum movimento prático e estrutural se vê por parte do Judiciário ou do CNJ, o que pode colocar em risco os avanços legislativos.

As Leis de Mediação e de Arbitragem possibilitam a sua utilização pelo poder público, o grande litigante do Estado brasileiro. É evidente que não irão resolver todos os problemas, mesmo porque sua aplicação restringe-se aos direitos patrimoniais disponíveis.

De todo modo, as perspectivas de crescimento da arbitragem são positivas, aos poucos deixa de ser um instituto desconhecido e pouco aplicado para se aproximar das rodas de conversas jurídicas, cada vez com menor preconceito, para, em breve, alcançar o papel de respeito que merece como meio adequado de solução de conflitos, envolvendo pessoas capazes e direitos patrimoniais disponíveis e não como o salvador dos problemas do Judiciário, já que esta não é sua missão e nunca foi.

---

74 TIBURCIO; ALBUQUERQUE, "Reforma da Lei de Arbitragem: otimismo renovado", 2015. Disponível em: <http://jota.uol.com.br/reforma-da-lei-de-arbitragem-otimismo-renovado>. Acesso em: 23 abr. 2016.

REFERÊNCIAS BIBLIOGRÁFICAS

AMARAL, Paulo Osternack. *Arbitragem e administração pública*: aspectos processuais, medidas de urgência e instrumentos do comércio. Belo Horizonte, Fórum, 2012.

______. "Carta arbitral no Novo CPC". *Informativo Justen, Pereira, Oliveira e Talamini*. Curitiba, n. 97. Mar. 2015. Disponível em: <http://www.justen.com.br//informativo.php?&informativo=97&artigo=1208&l=pt>. Acesso em: 22 abr. 2016.

ARMELIN, Donaldo. "Arbitragem e o Novo Código de Processo Civil". *Revista de Arbitragem e Mediação*. v. 28, p. 131-7, jan.-mar. 2011. Acesso *on-line*.

CAHALI, Francisco José. *Curso de arbitragem*. 5. ed. São Paulo, Revista dos Tribunais, 2015.

CARMONA, Carlos Alberto. "Arbitragem e jurisdição". *Revista de Processo*. v. 58, p. 33-40, abr.- jun. 1990. Acesso *on-line*.

______. *Arbitragem e processo:* um comentário à Lei n. 9.307/96. São Paulo, Malheiros, 1998.

CARNEIRO, Paulo Cezar Pinheiro. "Solução consensual dos conflitos. Conciliação e mediação". WAMBIER, Teresa Arruda Alvim et al. (coords.). *Breves comentários ao Novo Código de Processo Civil*. São Paulo, RT, 2015, p. 65-6.

CRETELLA JÚNIOR, J. "Da arbitragem e seu conceito categorial". *Revista dos Tribunais,* São Paulo, v. 643, ano 78, p. 7-13, mai. 1989, p. 12-3.

DIDIER JR., Fredie. "A arbitragem no Novo Código de Processo Civil (versão da Câmara dos Deputados – Dep. Paulo Teixeira)". *Revista TST*, Brasília, v. 79, n. 4, p. 73-81, out.-dez. 2013.

______. "Apontamentos para a concretização do princípio da eficiência do processo". Disponível em: <http://www.lexeditora.com.br/doutrina_24598622_APONTAMENTOS_PARA_A_CONCRETIZACAO_DO_PRINCIPIO_DA_EFICIENCIA_DO_PROCESSO.aspx>. Acesso em: 18 abr. 2016.

______. *Curso de direito processual civil*: introdução ao direito processual civil, parte geral e processo de conhecimento. 18. ed. Salvador, JusPodivm, 2016.

DINAMARCO, Cândido Rangel. *A arbitragem na teoria geral do processo*. São Paulo, Malheiros, 2013.

GAJARDONI, Fernando da Fonseca. "Novo CPC: vale apostar na conciliação/mediação?". *Jota*. 26 jan. 2015. Disponível em: <http://jota.uol.com.br/novo-cpc-vale-apostar-na-conciliacaomediacao>. Acesso em: 31 mar. 2016.

MARINONI, Luiz Guilherme; ARENHART, Sérgio Cruz; MITIDIERO, Daniel. *Novo curso de processo civil*: teoria do processo civil. v. 1. São Paulo, Revista dos Tribunais, 2015.

MUNIZ, Tânia Lobo. *Arbitragem no Brasil e a Lei n. 9.307/96*. Curitiba, Juruá, 2005.

NUNES, Dierle; TEIXEIRA, Ludmila. "Conciliação deve se preocupar com a qualidade dos acordos". *Revista Consultor Jurídico*, 31 ago. 2012. Disponível em: <http://www.conjur.com.br/2012-ago-31/movimento-pro-conciliacao-preocupar-qualidade-acordos?imprimir=1>. Acesso em: 18 abr. 2016.

SANTOS, Ricardo Soares Stersi dos. *Noções gerais da arbitragem*. Florianópolis, Fundação Boiteux, 2004.

TALAMINI, Eduardo. "Arbitragem e estabilização da tutela antecipada". *Revista de Processo*. v. 246, p. 455-82, São Paulo, RT, ago. 2015.

______. "Tutela antecipada antecedente a arbitragem e a regra da estabilização". *Migalhas*. 31 mar. 2016. Disponível em: <http://www.migalhas.com.br/dePeso/16,MI236803,91041-Tutela+antecipada+antecedente+a+arbitragem+e+a+regra+da+estabilizacao>. Acesso em: 01 abr. 2016.

TIBURCIO, Carmem; ALBUQUERQUE, Felipe. "Reforma da Lei de Arbitragem: otimismo renovado". *Jota*. 02.06.2015. Disponível em: <http://jota.uol.com.br/reforma-da-lei-de-arbitragem-otimismo-renovado>. Acesso em: 23 abr. 2016.

WALD, Arnoldo. "A reforma da Lei de Arbitragem". *Revista dos Tribunais*. v. 962, p. 195-216, dez. 2015. Disponível em: <http://www.lexml.gov.br/urn/urn:lex:br:rede.virtual.bibliotecas:artigo.revista:2015;1001055110 >. Acesso em: 15 abr. 2016.

WATANABE, Kazuo. "Política pública do Poder Judiciário nacional para tratamento adequado dos conflitos de interesses". Disponível em: <http://www.tjsp.jus.br/download/conciliacao/nucleo/parecerdeskazuowatanabe.pdf.> Acesso em: 10 mar. 2016.

YARSHELL, Flávio. "Para pensar a Semana Nacional da Conciliação". *Folha de S.Paulo*, São Paulo, 08 dez. 2009. Disponível em: <http://www1.folha.uol.com.br/fsp/opiniao/fz0812200909.htm>. Acesso em: 15 abr. 2016.

PARTE II – ARBITRAGEM INTERNACIONAL

4 Contratos internacionais e arbitragem: o direito fundamental à liberdade das partes na escolha da lei

Eduardo Biacchi Gomes
Luis Alexandre Carta Winter
Juliana Ferreira Montenegro

1. INTRODUÇÃO

O presente capítulo é uma atualização de outro trabalho já realizado. Assim, tem por objetivo analisar os elementos do direito internacional privado, de forma a trazer ao leitor o importante ponto de conexão entre a arbitragem e o direito internacional privado, bem como destacar a devida relevância da temática da arbitragem enquanto meio de dirimir conflitos nas relações de caráter privado que tenham conexão internacional, especialmente no que diz respeito aos contratos internacionais.

Em uma economia globalizada como a em que estamos inseridos e com a grande intensificação de investimentos internacionais, é sentida pelos investidores a falta de segurança jurídica, na medida em que as empresas têm efetivado seus investimentos no âmbito interno dos Estados.

Pode-se destacar que a insegurança identificada por investidores está, intimamente relacionada às incertezas no que tange à lei aplicável aos contratos internacionais ou, em uma esfera maior, existe uma insegurança jurídica no tocante à falta de regras e procedimentos claros sobre essa temática. Nesse sentido, há o receio de uma eventual submissão de alguma controvérsia dentro do Poder Judiciário nacional, vez que o detentor do capital (investimento) estrangeiro não conhece a lei a ser aplicada ou o idioma local, bem como desconhece as regras processuais vigentes, questões que podem, inquestionavelmente, dificultar e até impossibilitar a concretização de contratos internacionais.

No que tange às obrigações, o ordenamento jurídico brasileiro estabelece, por meio da Lei de Introdução às normas do Direito Brasileiro, art. 9º, *caput*, que o Direito brasileiro veda a possibilidade de as partes escolherem a lei a ser aplicada em uma relação contratual, devendo elas se submeterem à lei do local da constituição da obrigação (*locus regit actum*). Sendo assim, quanto à lei que irá nortear as relações contratuais assumidas no contrato, o artigo mencionado, enquanto norma cogente, não permite às partes alterá-lo.

Esse caso trata da impossibilidade da aplicação do princípio da autonomia da vontade, sendo, portanto, uma clara afronta ao princípio da liberdade fundamental das partes em uma relação contratual de escolherem a lei a ser aplicada. Observa-se que, nesse aspecto, a opção do legislador foi pela adoção de um critério territorial, qual seja, o local da celebração do ato.

Com o intuito claro de buscar o equilíbrio, a referida questão foi corrigida em parte com o advento da Lei n. 9.307/96, a Lei de Arbitragem, que abre a possibilidade de as partes escolherem a lei que regerá o contrato. Isso está expresso no art. 2º da referida lei, possibilitando, assim, a autonomia das partes, enquanto direito fundamental nas relações contratuais. Esse é o mote de estudo deste capítulo.

2. O DIREITO INTERNACIONAL PRIVADO E A LEI A SER APLICADA

O direito internacional privado é um ramo do direito privado que, na sua essência, tem por objeto de estudo primordial o chamado conflito de leis no espaço, ou seja, trabalha com questões que tenham conexões internacionais. Essa conceituação encontra embasamento teórico, de acordo com os ensinamentos de Jacob Dolinger, na doutrina francesa, que considera objetos de estudo: a nacionalidade, os conflito de jurisdições, o conflito de leis no espaço e a condição jurídica do estrangeiro[1].

Nessa mesma esteira, leciona Nádia de Araújo, ao discorrer sobre o direito internacional privado:

> Cada Estado possui, inserido em seu ordenamento jurídico, um conjunto de regras para resolver as questões atinentes a essas situações multiconectadas. A aplicação de leis estrangeiras, por força dessas regras especiais, é hoje um princípio de direito comum às nações. Todos os países permitem que nas relações privadas internacionais seja aplicado o direito estrangeiro no caso concreto, quando determinado pelo sistema de DIPr, excluindo-se, nesse momento, as normas internas sobre a matéria. Pretende-se atingir a harmonia jurídica internacional, assegurando a continuidade e a uniformidade de valoração das situações plurilocalizadas, além do interesse da boa administração da justiça. Cada vez mais está subjacente ao conflito de leis a questão do conflito de civilizações. A diferença do DIPr em relação ao direito interno é, tão somente, a existência de um elemento de estraneidade na relação, quando há um elo com o direito material de um (pg.30) Estado estrangeiro, além daquele no qual a questão está sendo julgada. Diante dessa pluralidade de sistemas jurídicos, ocorre o conflito de leis no qual a situação jurídica poderá ser regulada por mais de um ordenamento. As situações multiconectadas possuem características próprias e distintas das situações internas, necessitando de regulamentação específica. A determinação dos sujeitos do DIPr serve para distinguir o objeto desta disciplina da do Direito Internacional Público, o qual, na sua forma clássica, se dedica às relações entre os Estados. Disciplina jurídica autônoma, sua denominação, apesar de imperfeita, está consagrada[2].

Relativamente à sua natureza jurídica, afirma-se que o direito internacional privado não é um ramo do direito internacional, porque não estuda temas que transcendem as fronteiras dos Estados, como é o caso do direito internacional público. Pelo contrário, o direi-

---

1 DOLINGER, *Direito internacional privado*, 2001, p. 1. Comenta o mesmo autor que Antoine Pillet insere, como objeto de estudo da disciplina, a teoria dos direitos adquiridos.

2 ARAÚJO, *Direito internacional privado*: teoria e prática brasileira, 2006, p. 460.

to internacional privado, a partir do seu objeto de estudo, anteriormente verificado, estuda temas que ocorrem dentro da jurisdição do Estado. Por outro lado, importante destacar que o direito público também está presente dentro do direito internacional privado, quando se estuda, por exemplo, temas sobre a nacionalidade e a condição jurídica do estrangeiro.

O direito internacional privado é, em essência, eminentemente conflitual. Em face dessa constatação, verifica-se que o objetivo principal dessa disciplina é a resolução de conflitos de leis no espaço. Tal fato faz-se presente sempre que um determinado caso concreto guarda relação com dois ou mais ordenamentos jurídicos e, diante de tal situação, caso apareça alguma dúvida, por parte do operador do direito, no sentido de identificar qual a lei aplicável (a lei nacional, de sua jurisdição, ou a lei estrangeira, a do outro ordenamento jurídico que guarde relação direta com o fato).

Assim, o direito internacional privado é entendido, pelos doutrinadores, como uma regra de sobredireito, ou seja, é uma norma que indica o direito aplicável sem solucionar o caso concreto de forma direta. Logo, para resolver uma questão que envolva o conflito de leis no espaço, torna-se necessária a incidência de duas normas jurídicas: i) uma de natureza conflitual, a qual indicará a regra de direito material a ser aplicada, e ii) a própria regra de direito material.

Vale destacar que as regras ou elementos de conexão, consoante verificado, são critérios, fixados pelo legislador, a fim de resolver os conflitos de leis no espaço.

A matéria está assim sistematizada na Lei de Introdução às normas do Direito Brasileiro:

a. LINDB, art. 7º: estatuto pessoal (nome, capacidade, personalidade e direitos de família). No *caput* do art. 7º da LINDB, a regra de conexão é o domicílio da pessoa (*lex domicili*). No que diz respeito aos temas de direito de família, especialmente em relação à nulidade do casamento, o critério adotado é o da lei do local da celebração do casamento (*lex loci celebrationis*), assim descrito na LINDB, art. 7º, § 1º. No que diz respeito ao regime de bens (LINDB, art. 7º, § 4º), o critério de conexão é o da lei do domicílio dos nubentes, e, se este for diverso, aplica-se a lei do último domicílio conjugal.

b. LINDB, art. 8º: estatuto pessoal (direitos reais mobiliários ou imobiliários). Relativamente aos bens imóveis, aplica-se a lei do país em que se situar a coisa, critério (*lex rei sitae*) descrito na LINDB, art. 8º, *caput*. Navios e aeronaves, por uma ficção jurídica, são considerados bens imóveis, pois estão sujeitos à hipoteca e ao registro na jurisdição de algum Estado. Nesses casos, aplicar-se-á a lei do local de registro deles. Relativamente aos bens móveis e ao penhor, art. 8º, §§ 1º e 2º, da LINDB, aplica-se, como regra de conexão, sendo adotada a lei do local do domicílio do proprietário ou do detentor da coisa que esteja em seu poder (no caso do penhor). Especificamente, no caso do § 1º do art. 8º da LINDB o critério da lei a ser aplicada é o *mobilia sequuntur personam*.

c. LINDB, art. 9º: ato jurídico. A regra geral, relativamente à lei a ser aplicada nas relações jurídicas em comento, é o da lei do local da realização do ato jurídico, critério *locus regit actum*. Nas hipóteses de contratos celebrados entre ausentes, de acordo com o que dispõe o § 2º do art. 9º da LINDB, a obrigação reputa-se constituída no domicílio do proponente. Relativamente à regra do art. 9º, § 1º, da LINDB, há de se fazer uma distinção em relação aos requisitos de validade dos atos jurídicos: requisitos formais e requisitos substanciais do ato jurídico. Relativamente aos requisitos formais, aplica-se a lei do local da constituição (*locus regit actum* ou *lex loci contractus*) da obrigação e, relativamente aos requisitos substanciais, aplicar-se-á a lei do local da execução da obrigação (*lex loci executionis*).

d. LINDB, art. 10: direito sucessório e capacidade para suceder. Referentemente a esse tema, aplicar-se-á a lei do domicílio do falecido ou do desaparecido. Se a sucessão versar sobre bens de estrangeiros, situados no Brasil, aplicar-se-á a lei brasileira, em benefício do cônjuge brasileiro, de seus filhos ou de quem os represente, salvo se a lei pessoal do *de cujus* for mais favorável (§ 1º do art. 10 da LINDB). Já a lei do domicílio do herdeiro ou do legatário regula a capacidade para suceder (art. 10, § 2º, da LINDB).

Dentro do direito internacional privado, há outras regras de conexão, como: *lex patriae* (lei da nacionalidade da pessoa, para o estatuto pessoal), *lex loci solucionis* (lei do local onde a obrigação principal do contrato deve ser cumprida), *lex voluntatis* (possibilita que as partes escolham a lei a ser aplicada, relativamente às obrigações contratuais), *lex loci delicti* (lei do local em que o ilícito foi cometido), *lex loci celebracionis* (lei do local da celebração do contrato), entre outras.

Do exposto, verifica-se que, pela sistemática de nosso direito internacional privado, não é admitida a aplicação do princípio da vontade das partes, vez que o legislador do ano de 1942 adotou um critério territorial, com o intuito de determinar a lei a ser aplicável para as relações obrigacionais e, indiretamente, as contratuais.

Portanto, nesse aspecto, a LINDB não acompanhou a tendência universal da maioria das legislações contemporâneas, as quais, com o intuito de facilitar o intercâmbio comercial, a instalação de empresas, a negociação e a celebração de contratos internacionais, admite às partes a possibilidade da escolha da lei a ser aplicável, dando a primazia ao princípio da autonomia da vontade, como direito fundamental nas relações privadas.

A questão torna-se ainda mais relevante se analisadas as relações jurídicas presentes em um mundo globalizado dentro das relações privadas, especialmente no que diz respeito aos contratos internacionais, vez que, pela sistemática legal vigente (LINDB), inexiste a aplicação do princípio da autonomia da vontade das partes.

3. CONTRATOS E INVESTIMENTOS INTERNACIONAIS

Em um mundo globalizado, no qual cada vez mais se vivencia um cenário que favorece os investimentos internacionais, o instrumento jurídico por meio do qual as referidas relações são concretizadas é o contrato internacional.

Leciona Strenger que os contratos internacionais decorrem de um conjunto de "uma multiplicidade de fatores que envolvem métodos e sistemas interdisciplinares, inspirados na economia, na política, no comércio exterior, nas ciências sociais e, além disso, muitos frutos colhidos nas relações internacionais de toda índole"[3].

3 STRENGER, *Direito internacional privado*: parte geral, direito civil internacional, direito comercial internacional, 2003, p. 217.

Para Dolinger, há vários critérios para se definir o elemento de internacionalização dos contratos, quer sejam econômicos, quer sejam jurídicos ou, ainda, decorrentes de convenções internacionais, como a Convenção de Viena sobre Compra e Venda de Mercadorias, de 1980, que em seu art. 1º assim define: "A presente Convenção determina a lei aplicável aos contratos de venda de mercadorias: *a)* quando as partes têm seu estabelecimento em Estados diferentes, *b)* em todos os casos em que a situação enseja um conflito entre leis entre diferentes Estados"[4].

Entende o mesmo autor que o melhor critério para se definir a questão da internacionalidade dos contratos está definido no Preâmbulo dos Princípios Unidroit (Instituto Internacional para a Unificação do Direito Privado), 2004[5]:

> O caráter internacional de um contrato pode ser definido de várias maneiras. As soluções adotadas pelas legislações nacional e internacional vão, de uma referência ao lugar dos negócios ou da residência habitual das partes em países diferentes, para a adoção de um critério mais genérico, como o de que o contrato tem "conexões significativas com mais de um Estado", ou envolvendo a escolha entre leis de diferentes estados "ou" afetando os interesses do comércio internacional.
>
> Os Princípios propriamente ditos não expressam nenhum destes critérios. A presunção, no entanto, é de que o conceito de contrato de natureza internacional deve ser o mais amplo possível, a fim de que, em última análise, só exclua as situações que não contenham elemento internacional algum, ou seja, em que todos os elementos relevantes do contrato estejam conectados com apenas um país.

No tocante à aplicação das regras de conexão, de forma clássica, consoante ensina Araújo e, relativamente aos contratos internacionais, os critérios mais utilizados, na maioria dos ordenamentos jurídicos dos Estados, são: a) *lex loci celebracionis* (lei do local da celebração do contrato) e b) *lex loci executionis* (lei do local da execução do contrato), sendo que a norma conflitual aplicada apenas indicará a lei de direito material que deverá regulamentar o contrato[6].

Importa, ainda, considerar que a Lei de Arbitragem brasileira não conceituou o que é arbitragem internacional, mas, conforme o disposto do art. 34[7], há o critério seguido para diferenciar a arbitragem nacional da internacional, qual seja: o critério com base geográfica. Dessa forma, quando a sentença for proferida fora do território nacional, será entendida como internacional.

---

4 DOLINGER, *Contratos e obrigações no direito internacional privado*, 2007, p. 11.

5 Instituto Internacional para a Unificação do Direito Privado (Unidroit) é uma organização intergovernamental independente, com sede em Roma, cujo objetivo consiste em estudar os meios de harmonizar o direito privado entre os Estados.

6 ARAÚJO, *Direito internacional privado*: teoria e prática brasileira, 2006, p. 460.

7 "Art. 34. A sentença arbitral estrangeira será reconhecida ou executada no Brasil de conformidade com os tratados internacionais com eficácia no ordenamento interno e, na sua ausência, estritamente de acordo com os termos desta Lei. Parágrafo único. Considera-se sentença arbitral estrangeira a que tenha sido proferida fora do território nacional."

Frente a isso, é admissível entender que a arbitragem internacional possui assento na autonomia da vontade das partes, uma vez que estas são possuidoras de ampla liberdade para determinar as regras para dirimir eventual conflito que venha a ocorrer.

O princípio da autonomia das partes permite aos contratantes escolher a lei a ser aplicada em uma relação contratual, garantindo-lhes maior liberdade e autonomia nas trocas comerciais.

Em nosso ordenamento jurídico, a Lei de Introdução ao Código Civil de 1916 (Lei n. 3.071, de 1º de janeiro de 1916) admitia a aplicação do referido princípio, tendo em vista a redação do art. 13 "regulará, salvo disposição em contrário, quanto à substância e aos efeitos das obrigações, a lei do lugar onde forem contraídas".

Com o advento da Lei de Introdução ao Código Civil de 1942 (atual Lei de Introdução às normas do Direito Brasileiro – Decreto-lei n. 4.657, de 4 de setembro de 1942), retirou-se, da nova redação (art. 9º), a expressão "salvo disposição em contrário", concluindo-se que não seria mais admitida a aplicação do princípio da autonomia da vontade das partes nas relações contratuais, o que, conforme mencionado anteriormente, representou um retrocesso na sistemática contratual vigente, por não permitir às partes a liberdade na escolha da lei a ser aplicada.

Como forma de equilibrar essa relação, normalmente, os contratos internacionais possuem determinadas cláusulas comuns, a saber:

a. Eleição de foro: permite às partes a escolha do foro competente para dirimir eventuais controvérsias, o que não se confunde com a possibilidade de as partes escolherem a lei a ser aplicada ao contrato. A referida cláusula somente é admitida nas hipóteses de competência relativa da autoridade judiciária brasileira (conforme o art. 21 do atual Código de Processo Civil – Lei n. 13.105, de 16 de março de 2015). Importante ressaltar que a eleição de foro não pode afrontar a ordem pública.

b. Lei a ser aplicável: como já exposto, nosso ordenamento jurídico não admite a possibilidade de as partes escolherem a lei a ser aplicável, existindo uma exceção, consoante visto anteriormente, que é a possibilidade de inserção de uma cláusula arbitral no contrato em que as partes pactuam ao surgir determinada controvérsia; desde que essas sejam maiores e capazes e que a matéria controversa diga respeito a direitos patrimoniais disponíveis, elas podem submeter o caso a um terceiro (árbitro). Referido procedimento, regulamentado pela Lei n. 9.307/96, em seu art. 2º, admite a possibilidade de as partes escolherem a lei a ser aplicada, salvo nos casos em que houver ofensa aos bons costumes e à ordem pública.

c. Cláusula de força maior: busca eximir a responsabilidade das partes na hipótese de ocorrer situações imprevistas e inevitáveis, tornando impossível a execução do contrato, funcionando, assim, como uma cláusula de excludente de responsabilidade.

d. Cláusula de *hardship*: trata-se de uma cláusula, estabelecida nos contratos internacionais, que tem por finalidade manter o equilíbrio econômico e financeiro de um contrato. Não se trata de uma cláusula de exclusão de responsabilidade, ao contrário, com a adoção da referida cláusula, permite-se que as partes negociem, visando a própria continuidade da relação contratual, na hipótese da ocorrência de algum evento que, fundamentalmente, altere a situação anteriormente pactuada entre as partes. Trata-se de reequilibrar a relação contratual, após um evento imprevisível, ocorrido posteriormente à celebração do contrato.

e. Cláusula de confidencialidade: tem por finalidade manter o caráter sigiloso das relações contratuais, inclusive as que antecedem a celebração dos contratos e podem se estender após o término do contrato. Muitas vezes são estabelecidas cláusulas penais para a parte que desrespeitar referida cláusula.

f. Cláusulas de preços, prazos e garantias: referida cláusula estabelece e regulamenta o preço a ser pago pela mercadoria, a moeda e o câmbio. Normalmente, são estabelecidas temas como o prazo da entrega da mercadoria e do pagamento e as garantias contratuais (normalmente, de natureza bancária). O pagamento também poderá ocorrer por meio de documentos ou mediante carta de crédito.

Assim, com o intuito de buscar a compatibilização da arbitragem dentro do direito internacional privado, têm-se os contratos internacionais e todo o regramento necessário, de forma a possibilitar maior segurança jurídica às partes e, especialmente, a liberdade na escolha da lei a ser aplicável. Sendo assim, o instituto da arbitragem funciona como elemento para garantir maior autonomia das partes dentro das relações privadas.

4. UTILIZAÇÃO DA ARBITRAGEM NOS CONTRATOS INTERNACIONAIS: DIREITO FUNDAMENTAL NA ESCOLHA DA LEI A SER APLICADA

A arbitragem, regulamentada pela Lei n. 9.307/96, é entendida como um método alternativo de solução de controvérsias. Essa solução alternativa estabelece que as partes, desde que sejam maiores e capazes e a matéria em questão verse sobre direitos patrimoniais disponíveis, podem submeter, por força da convenção de arbitragem, a controvérsia a um terceiro (árbitro) e, assim, afastem a competência do Poder Judiciário para analisar o ponto controvertido[8].

Para clarear os direitos envolvidos, Belizário Antônio de Lacerda traz a seguinte definição para o termo:

> Direito patrimonial disponível é todo aquele direito que, advindo do capital ou do trabalho, ou da conjugação de ambos, bem como ainda dos proventos de qualquer natureza, como tais entendidos os acréscimos patrimoniais não oriundos do capital ou do trabalho ou da conjugação de ambos, pode ser livremente negociado pela parte, eis que não sofre qualquer impedimento de alienação, quer por força da lei, quer por força de ato de vontade (LACERDA, 1998, p. 40).

De acordo com Nádia de Araújo: "O compromisso, como modo de extinção das obrigações, foi disciplinado pelo Código Civil de 1916. Já o juízo arbitral foi previsto em todo o Brasil, no Código de Processo Civil de 1939 e, posteriormente, sem grandes mudanças, no de 1973"[9].

---

8 Arts. 1º e 3º da Lei n. 9.307/96.

9 ARAÚJO, *Direito internacional privado*: teoria e prática brasileira, 2006, p. 462.

Anteriormente à Lei n. 9.307/96, a sentença arbitral carecia de executoriedade, notadamente, porque era necessária a homologação da sentença arbitral, por parte do juiz nacional. No plano internacional, era necessária a homologação prévia da sentença estrangeira pelo juiz de origem, para posterior homologação da sentença pelo Supremo Tribunal Federal[10].

Com o advento da Lei n. 9.307/96, a situação alterou-se, sensivelmente, e passou-se a reconhecer a obrigatoriedade e força executiva da sentença arbitral, como título executivo judicial. Com essas medidas, o instituto ganhou maior credibilidade.

A Lei n. 9.307/96 assim define a Convenção de Arbitragem:

> Da Convenção de Arbitragem e seus Efeitos
>
> Art. 3º As partes interessadas podem submeter a solução de seus litígios ao juízo arbitral mediante convenção de arbitragem, assim entendida a cláusula compromissória e o compromisso arbitral.
>
> Art. 4º A cláusula compromissória é a convenção através da qual as partes em um contrato comprometem-se a submeter à arbitragem os litígios que possam vir a surgir, relativamente a tal contrato.
>
> [...]
>
> Art. 8º A cláusula compromissória é autônoma em relação ao contrato em que estiver inserta, de tal sorte que a nulidade deste não implica, necessariamente, a nulidade da cláusula compromissória.
>
> Parágrafo único. Caberá ao árbitro decidir de ofício, ou por provocação das partes, as questões acerca da existência, validade e eficácia da convenção de arbitragem e do contrato que contenha a cláusula compromissória.
>
> Art. 9º O compromisso arbitral é a convenção através da qual as partes submetem um litígio à arbitragem de uma ou mais pessoas, podendo ser judicial ou extrajudicial.
>
> § 1º O compromisso arbitral judicial celebrar-se-á por termo nos autos, perante o juízo ou tribunal, onde tem curso a demanda.
>
> § 2º O compromisso arbitral extrajudicial será celebrado por escrito particular, assinado por duas testemunhas, ou por instrumento público.
>
> Art. 10. Constará, obrigatoriamente, do compromisso arbitral:
>
> I – o nome, profissão, estado civil e domicílio das partes;
>
> II – o nome, profissão e domicílio do árbitro, ou dos árbitros, ou, se for o caso, a identificação da entidade à qual as partes delegaram a indicação de árbitros;
>
> III – a matéria que será objeto da arbitragem; e
>
> IV – o lugar em que será proferida a sentença arbitral.
>
> Art. 11. Poderá, ainda, o compromisso arbitral conter:
>
> I – local, ou locais, onde se desenvolverá a arbitragem;
>
> II – a autorização para que o árbitro ou os árbitros julguem por equidade, se assim for convencionado pelas partes;
>
> III – o prazo para apresentação da sentença arbitral;

10 Ibidem, p. 462.

> IV – a indicação da lei nacional ou das regras corporativas aplicáveis à arbitragem, quando assim convencionarem as partes;
> V – a declaração da responsabilidade pelo pagamento dos honorários e das despesas com a arbitragem; e
> VI – a fixação dos honorários do árbitro, ou dos árbitros.

Na hipótese de a parte recusar-se a iniciar a arbitragem, quer por força da inexistência de cláusula compromissória quer de compromisso arbitral, dita omissão poderá ser suprida pelo Poder Judiciário, consoante estabelecido no art. 6º da Lei de Arbitragem:

> Art. 6º Não havendo acordo prévio sobre a forma de instituir a arbitragem, a parte interessada manifestará à outra parte sua intenção de dar início à arbitragem, por via postal ou por outro meio qualquer de comunicação, mediante comprovação de recebimento, convocando-a para, em dia, hora e local certos, firmar o compromisso arbitral.
> Parágrafo único. Não comparecendo a parte convocada ou, comparecendo, recusar-se a firmar o compromisso arbitral, poderá a outra parte propor a demanda de que trata o art. 7º desta Lei, perante o órgão do Poder Judiciário a que, originariamente, tocaria o julgamento da causa.

Ainda, de acordo com o art. 2º da Lei de Arbitragem, a seguir transcrito, outra vantagem do instituto da arbitragem é a possibilidade de as partes utilizarem-se do princípio da autonomia da vontade das partes, salvo se houver violação à ordem pública ou aos bons costumes:

> Art. 2º A arbitragem poderá ser de direito ou de equidade, a critério das partes.
> § 1º Poderão as partes escolher, livremente, as regras de direito que serão aplicadas na arbitragem, desde que não haja violação aos bons costumes e à ordem pública.
> § 2º Poderão, também, as partes convencionar que a arbitragem se realize com base nos princípios gerais de direito, nos usos e costumes e nas regras internacionais de comércio.

Certo é que, dentro da arbitragem, o árbitro carece de poder jurisdicional, assim, caso necessite adotar alguma medida de natureza coercitiva, torna-se necessário o auxílio do Poder Judiciário[11].

Normalmente, a sentença arbitral é irrecorrível. Para tanto, tal decisão deverá conter determinados requisitos, podendo ser anulada pelo Poder Judiciário, nas seguintes hipóteses:

> Art. 24. A decisão do árbitro ou dos árbitros será expressa em documento escrito.
> § 1º Quando forem vários os árbitros, a decisão será tomada por maioria. Se não houver acordo majoritário, prevalecerá o voto do presidente do tribunal arbitral.
> § 2º O árbitro que divergir da maioria poderá, querendo, declarar seu voto em separado.
> Art. 25. (*Revogado pela Lei n. 13.129/2015.*)
> Parágrafo único. (*Revogado pela Lei n. 13.129/2015.*)

---

11 "Art. 22. Poderá o árbitro ou o tribunal arbitral tomar o depoimento das partes, ouvir testemunhas e determinar a realização de perícias ou outras provas que julgar necessárias, mediante requerimento das partes ou de ofício."

Art. 26. São requisitos obrigatórios da sentença arbitral:

I – o relatório, que conterá os nomes das partes e um resumo do litígio;

II – os fundamentos da decisão, onde serão analisadas as questões de fato e de direito, mencionando-se, expressamente, se os árbitros julgaram por equidade;

III – o dispositivo, em que os árbitros resolverão as questões que lhes forem submetidas e estabelecerão o prazo para o cumprimento da decisão, se for o caso; e

IV – a data e o lugar em que foi proferida.

Parágrafo único. A sentença arbitral será assinada pelo árbitro ou por todos os árbitros. Caberá ao presidente do tribunal arbitral, na hipótese de um ou alguns dos árbitros não poder ou não querer assinar a sentença, certificar tal fato.

Art. 27. A sentença arbitral decidirá sobre a responsabilidade das partes acerca das custas e despesas com a arbitragem, bem como sobre verba decorrente de litigância de má-fé, se for o caso, respeitadas as disposições da convenção de arbitragem, se houver.

Art. 28. Se, no decurso da arbitragem, as partes chegarem a acordo quanto ao litígio, o árbitro ou o tribunal arbitral poderá, a pedido das partes, declarar tal fato mediante sentença arbitral, que conterá os requisitos do art. 26 desta Lei.

Art. 29. Proferida a sentença arbitral, dá-se por finda a arbitragem, devendo o árbitro, ou o presidente do tribunal arbitral, enviar cópia da decisão às partes, por via postal ou por outro meio qualquer de comunicação, mediante comprovação de recebimento, ou, ainda, entregando-a diretamente às partes, mediante recibo.

Art. 30. No prazo de 5 (cinco) dias, a contar do recebimento da notificação ou da ciência pessoal da sentença arbitral, salvo se outro prazo for acordado entre as partes, a parte interessada, mediante comunicação à outra parte, poderá solicitar ao árbitro ou ao tribunal arbitral que:

I – corrija qualquer erro material da sentença arbitral;

II – esclareça alguma obscuridade, dúvida ou contradição da sentença arbitral, ou se pronuncie sobre ponto omitido a respeito do qual devia manifestar-se a decisão.

Parágrafo único. O árbitro ou o tribunal arbitral decidirá no prazo de 10 (dez) dias ou em prazo acordado com as partes, aditará a sentença arbitral e notificará as partes na forma do art. 29.

Art. 31. A sentença arbitral produz, entre as partes e seus sucessores, os mesmos efeitos da sentença proferida pelos órgãos do Poder Judiciário e, sendo condenatória, constitui título executivo.

Art. 32. É nula a sentença arbitral se:

I – for nula a convenção de arbitragem;

II – emanou de quem não podia ser árbitro;

III – não contiver os requisitos do art. 26 desta Lei;

IV – for proferida fora dos limites da convenção de arbitragem;

V – (*Revogado pela Lei n. 13.129/2015.*)

VI – comprovado que foi proferida por prevaricação, concussão ou corrupção passiva;

VII – proferida fora do prazo, respeitado o disposto no art. 12, inciso III, desta Lei; e

VIII – forem desrespeitados os princípios de que trata o art. 21, § 2º, desta Lei.

Art. 33. A parte interessada poderá pleitear ao órgão do Poder Judiciário competente a declaração de nulidade da sentença arbitral, nos casos previstos nesta Lei.

§ 1º A demanda para a declaração de nulidade da sentença arbitral, parcial ou final, seguirá as regras do procedimento comum, previstas na Lei n. 5.869, de 11 de janeiro de 1973 (Código de

Processo Civil), e deverá ser proposta no prazo de até 90 (noventa) dias após o recebimento da notificação da respectiva sentença, parcial ou final, ou da decisão do pedido de esclarecimentos.

§ 2º A sentença que julgar procedente o pedido declarará a nulidade da sentença arbitral, nos casos do art. 32, e determinará, se for o caso, que o árbitro ou o tribunal profira nova sentença arbitral.

§ 3º A decretação da nulidade da sentença arbitral também poderá ser requerida na impugnação ao cumprimento da sentença, nos termos dos arts. 525 e seguintes do Código de Processo Civil, se houver execução judicial.

§ 4º A parte interessada poderá ingressar em juízo para requerer a prolação de sentença arbitral complementar, se o árbitro não decidir todos os pedidos submetidos à arbitragem.

A Lei de Arbitragem, em seu art. 34, parágrafo único, considera sentença arbitral estrangeira aquela proferida fora do território nacional, sendo necessário, nessas hipóteses, a homologação por parte do Poder Judiciário (Superior Tribunal de Justiça)[12].

Entre os tratados referentes à homologação da sentença arbitral estrangeira, ratificados pelo Brasil, podem ser citados:

a. Convenção da ONU sobre o Reconhecimento e Execução de Sentenças Arbitrais Estrangeiras, 1958;

b. Protocolo de Genebra sobre Cláusulas Arbitrais, 1923;

c. Convenção do Panamá, de 1996 (Convenção Interamericana sobre Arbitragem Comercial Internacional);

d. Protocolo de Las Leñas, 1992, sobre o Acordo de Cooperação e Assistência Jurisdicional em matéria civil, comercial, administrativa e trabalhista, celebrado no Mercosul;

---

12 "Art. 37. A homologação de sentença arbitral estrangeira será requerida pela parte interessada, devendo a petição inicial conter as indicações da lei processual, conforme o art. 282 do Código de Processo Civil, e ser instruída, necessariamente, com: I – o original da sentença arbitral ou uma cópia devidamente certificada, autenticada pelo consulado brasileiro e acompanhada de tradução oficial; II – o original da convenção de arbitragem ou cópia devidamente certificada, acompanhada de tradução oficial. Art. 38. Somente poderá ser negada a homologação para o reconhecimento ou execução de sentença arbitral estrangeira, quando o réu demonstrar que: I – as partes na convenção de arbitragem eram incapazes; II – a convenção de arbitragem não era válida segundo a lei à qual as partes a submeteram, ou, na falta de indicação, em virtude da lei do país onde a sentença arbitral foi proferida; III – não foi notificado da designação do árbitro ou do procedimento de arbitragem, ou tenha sido violado o princípio do contraditório, impossibilitando a ampla defesa; IV – a sentença arbitral foi proferida fora dos limites da convenção de arbitragem, e não foi possível separar a parte excedente daquela submetida à arbitragem; V – a instituição da arbitragem não está de acordo com o compromisso arbitral ou cláusula compromissória; VI – a sentença arbitral não se tenha, ainda, tornado obrigatória para as partes, tenha sido anulada, ou, ainda, tenha sido suspensa por órgão judicial do país onde a sentença arbitral for prolatada. Art. 39. A homologação para o reconhecimento ou a execução da sentença arbitral estrangeira também será denegada se o Superior Tribunal de Justiça constatar que: I – segundo a lei brasileira, o objeto do litígio não é suscetível de ser resolvido por arbitragem; II – a decisão ofende a ordem pública nacional. Parágrafo único. Não será considerada ofensa à ordem pública nacional a efetivação da citação da parte residente ou domiciliada no Brasil, nos moldes da convenção de arbitragem ou da lei processual do país onde se realizou a arbitragem, admitindo-se, inclusive, a citação postal com prova inequívoca de recebimento, desde que assegure à parte brasileira tempo hábil para o exercício do direito de defesa. Art. 40. A denegação da homologação para reconhecimento ou execução de sentença arbitral estrangeira por vícios formais, não obsta que a parte interessada renove o pedido, uma vez sanados os vícios apresentados."

e. Acordo sobre Arbitragem Comercial Internacional do Mercosul, de 1998.

A arbitragem, enquanto mecanismo alternativo de solução de controvérsias, surge como importante e útil instrumento jurídico a ser aplicado dentro das relações privadas. Especialmente, no que diz respeito à aplicação do princípio da autonomia da vontade das partes e em relação à escolha da lei a ser aplicada em uma relação contratual. Nunca é demais salientar que a economia brasileira, cada vez mais globalizada, deve, de forma crescente, adotar mecanismos jurídicos aptos para garantir a segurança jurídica e celeridade nas relações privadas, decorrentes dos contratos e negociações internacionais.

5. LEI MODELO DA UNCITRAL E A ARBITRAGEM

É importante destacar que a atual Lei de Arbitragem (Lei n. 9.307/96) teve sua gênese e sua inspiração baseadas na Lei Modelo da Uncitral[13] sobre Arbitragem Comercial Internacional. Isso posto, fica evidente que a legislação pátria anterior a 1996, sobre arbitragem, era excessivamente burocrática e pouco confiável. Muito embora o Brasil tenha iniciado o tema da arbitragem internacional tardiamente, não se esquivou de regulamentar esse importante tema para o comércio em um mundo globalizado.

Outro ponto importante e que merece destaque diz respeito tão somente à arbitragem internacional, pois esta tende a ser mais complexa que a arbitragem interna. Esse fato deve-se à possibilidade de as partes pertencerem a sistemas jurídicos diferentes, o que resulta em um maior cuidado na construção da sentença arbitral, que deve contemplar as leis do território em que será executada, evitando, assim, casos de inaplicabilidade e ineficácia.

Conforme debatido ao longo do texto, a lei brasileira de arbitragem faz algumas exigências formais que são essenciais para a validade da sentença arbitral interna, matéria esta da qual a Lei Modelo prescinde. Como forma de ilustrar tal afirmação, destaca-se, aqui, a existência de um compromisso arbitral, e, dentro deste, a identificação do lugar em que será proferida a sentença.

Porém, no caso de a sentença arbitral ser prolatada no exterior, segundo, portanto, a Lei Modelo da Uncitral, é fato que não existirá qualquer óbice à sua execução no Brasil, uma vez que não venha a violar a ordem pública nacional.

Feitas essas considerações, no que concerne a contratos internacionais, é de grande valia a existência da possibilidade de escolha da lei nos contratos privados, uma vez que o reconhecimento desse princípio impulsiona o do desenvolvimento do comércio internacional.

6. CONSIDERAÇÕES FINAIS

O princípio da autonomia da vontade das partes deve ser entendido como um elemento basilar dentro das relações jurídicas privadas, por meio do qual os contratantes podem

13 Uncitral (Comissão das Nações Unidas para o Direito Comercial Internacional) é um órgão subsidiário da Assembleia Geral das Nações Unidas que desempenha importante função no desenvolvimento de um marco jurídico para o comércio internacional, por meio de textos legislativos que visam a modernização do direito do comércio internacional.

eleger, livremente, as normas e a legislação a serem aplicadas para regulamentar uma relação contratual.

O direito internacional privado, por ser eminentemente conflitual, buscará, por meio dos critérios ou elementos de conexão, estabelecer os modos para resolver eventuais conflitos de leis, no espaço em que possam surgir em virtude da elaboração dos contratos internacionais.

Entretanto, muitas vezes, a solução a ser encontrada dentro do ordenamento jurídico de um Estado, no que diz respeito ao elemento de conexão, poderá não atender aos interesses das partes contratantes, o que poderá gerar maiores controvérsias e insegurança jurídica ou, até mesmo, inviabilizar a celebração de um negócio jurídico.

Exemplo claro é o disposto no art. 9º da Lei de Introdução às normas do Direito brasileiro, que, expressamente, veda a aplicação do princípio da autonomia da vontade das partes em nosso ordenamento jurídico, de forma a violar a liberdade fundamental dos contratantes nas relações jurídicas privadas, no sentido de escolher a lei a ser aplicada.

No caso em questão, não se trata de mero tecnicismo jurídico, no sentido de encontrar o melhor critério de conexão a ser aplicado e de indicar a lei a ser aplicada para as relações contratuais. Não se trata, pura e simplesmente, de se buscar a melhor lei a ser aplicada para resolver os conflitos de leis no espaço, decorrentes de relações jurídicas que envolvam os contratos internacionais.

Em um mundo globalizado, no qual as relações jurídicas privadas são cada vez mais complexas, nada mais natural do que permitir às partes a escolha da lei a ser aplicada para regulamentar referidas relações contratuais, uma vez que se trata de um direito fundamental dos próprios contratantes, em buscar a melhor solução para resolver o seu negócio jurídico (desde que, obviamente, não exista violação à ordem pública, aos bons costumes ou não se constate a fraude à lei).

De acordo com o jurista italiano Pasquale Mancini, para as relações jurídicas contratuais, dever-se-ia aplicar o princípio da liberdade, de forma a respeitar a vontade das partes e, consequentemente, a aplicação do princípio *pacta sunt servanda*.

A Lei de Arbitragem veio a corrigir, portanto, a lamentável falha cometida pelo legislador de 1942, ao retirar de nosso ordenamento jurídico a possibilidade de as partes escolherem a lei a ser aplicada em uma relação contratual, resgatando o basilar princípio de direito civil, por se tratar de um direito fundamental aplicado às relações jurídicas privadas.

REFERÊNCIAS BIBLIOGRÁFICAS

ALMEIDA, Ricardo Ramalho. *Arbitragem comercial internacional e ordem* pública. Rio de Janeiro, Renovar, 2005.

ARAÚJO, Nádia de. *Direito internacional privado*: teoria e prática brasileira. 3. ed. Rio de Janeiro, Renovar, 2006.

BAPTISTA, Luiz Olavo. *Arbitragem comercial e internacional*. São Paulo, Lex, 2011.

CRETELLA NETO, José. *Curso de arbitragem*. Rio de Janeiro, Forense, 2004.

DOLINGER, Jacob. *Contratos e obrigações no direito internacional privado*. Rio de Janeiro, Renovar, 2007.

______. *Direito internacional privado*. 8. ed. Rio de Janeiro, Renovar, 2001.

______; TIBURCIO, Carmen. *Direito internacional privado*: arbitragem comercial internacional. Rio de Janeiro, Renovar, 2003.

FERREIRA, Carolina Iwancow. *Arbitragem internacional e sua aplicação no direito brasileiro*. Campinas, Reverbo, 2011.

LACERDA BELIZÁRIO, Antônio de. *Comentários à Lei de Arbitragem*. Belo Horizonte, Del Rey, 1998.

MARCO, Carla Fernanda de. *Arbitragem internacional no Brasil*. São Paulo, RCS, 2005.

NOHMI, Antônio Marcos. *Arbitragem internacional*: mecanismos de solução de conflitos entre Estados. Belo Horizonte, Del Rey, 2006.

RECHSTEINER, Beat Walter. *Arbitragem privada internacional no Brasil*: teoria e prática. 2. ed. São Paulo, RT, 2001.

STRENGER, Irineu. *Direito internacional privado*: parte geral, direito civil internacional, direito comercial internacional. 5. ed. São Paulo, LTr, 2003.

5 O papel dos árbitros na arbitragem internacional após a sentença arbitral

Gabriel Herscovici Junqueira

1. INTRODUÇÃO

"Proferida a sentença arbitral, dá-se por finda a arbitragem"[1]. Essa afirmação, presente no art. 29 da Lei de Arbitragem (desde antes da reforma introduzida pela Lei n. 13.129/2015), pode causar ao leitor a impressão de que a sentença arbitral é o verdadeiro ponto final da controvérsia. Questiona-se, entretanto, em qual medida é correto associar a sentença arbitral à resolução do litígio.

Do ponto de vista das partes, de seus advogados e dos tribunais estatais, é provável que o proferimento da sentença arbitral não represente, de fato, o fim da arbitragem. Não obstante a respeitável tendência internacional de cumprimento voluntário das sentenças arbitrais[2], a verdade é que, em muitos casos, a sentença arbitral, simplesmente, sinalizará uma nova fase litigiosa, com o campo de batalha sendo transferido aos tribunais estatais, conforme as partes tentem declarar a nulidade, homologar ou executar a sentença arbitral[3].

Adotando a perspectiva dos árbitros, todavia, a sentença arbitral, desde que devidamente notificada às partes, tende a representar a conclusão dos trabalhos desses julgadores. Dito de outra forma, em regra, com o proferimento da sentença arbitral, os árbitros exau-

1 Lei n. 9.307/96, art. 29, dispõe: "Proferida a sentença arbitral, dá-se por finda a arbitragem, devendo o árbitro, ou o presidente do tribunal arbitral, enviar cópia da decisão às partes, por via postal ou por outro meio qualquer de comunicação, mediante comprovação de recebimento, ou, ainda, entregando-a diretamente às partes, mediante recibo".

2 BLACKABY, Nigel et al. *Redfern & Hunter on International Arbitration*, 2009, p. 29; BORN, Gary B. *International Commercial Arbitration*, 2014, p. 3.163; Queen Mary University of London School of Arbitration and PricewaterhouseCoopers. *International Arbitration*: Corporate Attitudes and Practices, 2008, p. 6. Disponível em: <http://www.arbitration.qmul.ac.uk/research/2008/index.html>. Acesso em: 17 jan. 2016.

3 Nesse sentido: MOURRE, Alexis; DI BROZOLO, Luca G. Radicatti. "Towards finality of arbitral awards: Two steps forward and one step back". In: *Journal of International Arbitration*, v. 23, n. 2, 2006, p. 171-88; KIRBY, Jennifer. "Finality and arbitral rules: saying an award is final does not necessarily make it so". In: *Journal of International Arbitration*, v. 29, n. 1, 2012, p. 125-8; TERCIER, Pierre (coord.). *Post Award Issues*. Juris, 2011, p. 93.

rem os seus mandatos jurisdicionais. Analisada sob a ótica do papel dos árbitros, a redação do art. 29 da Lei n. 9.307/96 soa, portanto, mais defensável[4].

Afinal, de certa forma, é coerente conceber a sentença arbitral como o último ato dos árbitros. É consenso que os árbitros têm como função primária produzir uma sentença arbitral julgando a controvérsia submetida a eles[5]. Assim como o pintor, cujo serviço considera-se encerrado quando este entrega a tela pronta ao seu mecenas, imagina-se que os árbitros tenham suas funções encerradas ao entregarem a sentença arbitral. Ademais, convém tanto aos árbitros como às partes que o poder jurisdicional termine.

Por um lado, as partes precisam que os árbitros finalizem seus trabalhos, eis que é comum franquear seguro acesso às vias executórias tão somente às sentenças arbitrais finais[6]. Por outro lado, sabe-se que um dos grandes atrativos da arbitragem (em comparação a outros mecanismos de solução de controvérsias) traduz-se na sua peremptoriedade, exemplificada, principalmente, na ausência de recursos sistêmicos[7]. Para preservar esse traço da arbitragem, é necessário, todavia, que, antes, os árbitros percam seus poderes decisórios; se a sentença arbitral permanecesse, eternamente, suscetível a ser rejulgada, perder-se-ia a confiança na arbitragem como um método certo e seguro para a resolução de conflitos[8].

Similarmente, interessa também aos árbitros que suas sentenças sejam finais. A credibilidade de qualquer julgador sofre na hipótese de sua decisão permanecer com *status* incerto.

Aliás, há razões mais pragmáticas e concretas incentivando tanto as partes como os árbitros a buscarem um fim para seu relacionamento de julgadores/julgados. Um desses motivos é o financeiro, pois a remuneração dos árbitros é, geralmente, atrelada ao número de horas trabalhadas, mas o efetivo pagamento do saldo dessas horas só pode ser calculado e cobrado junto à sentença arbitral[9], de modo que tanto as partes como os árbitros, respectivamente, têm interesse no término da função dos árbitros. No que tange aos interesses dos árbitros, vale lembrar, outrossim, que a participação do árbitro em um painel, provavelmente, cria (nesse nicho jurídico) uma série de impedimentos para outras oportunidades de trabalho[10].

---

4 Vale notar, todavia, que outras leis adotam uma redação mais conservadora nesse assunto. A Lei Modelo da Uncitral (2006), por exemplo, dita que a sentença arbitral encerra o procedimento arbitral e não a arbitragem como um todo (art. 32.1) e esclarece que o mandato dos árbitros se encerra apenas após a oportunidade para correções, esclarecimentos e devolução para correções (art. 32.3). Esse texto foi parcialmente reproduzido em outras leis (ex. ZPO, § 1.056.3 e o CPC Francês, art. 1.485). Registra-se, porém, que mesmo essa redação mais cuidadosa não basta, dado que são citadas infra outras exceções além dessas.

5 FOUCHARD, Philippe; GAILLARD, Emmanuel; GOLDMAN, Berthold. *Fouchard Gaillard Goldman on International Commercial Arbitration.* Kluwer, 1999, p. 12; WAINCYMER, Jeff. "International arbitration and the duty to know the law". In: *Journal of International Arbitration*, v. 28, n. 3, 2011, p. 201; TERCIER, op. cit., 2011, n. 3, p. ix e 1.

6 Convenção de Nova Iorque (1958), art. V.1.e; Lei Modelo Uncitral (2006), art. 36.1.v.

7 Lei Modelo Uncitral (2006), Nota de Explicação, p. 27; KIRBY, Jennifer. "What is an award, anyway?". In: *Journal of International Arbitration*, v. 31, n. 4, 2014, p. 480; KIRBY, op. cit., 2012, n. 3, p. 120; MOURRE, op. cit., 2006, n. 3, p. 171; TERCIER, op. cit., 2011, n. 3, p. 114. *Vide* também: School of International Arbitration, Queen Mary, University of London & White&Case. *2015 International Arbitration Survey: Improvements and Innovations in International Arbitration*, p. 2.

8 ICSID Case No. ARB (AF)/09/1 (decision on Claimant's and Respondent's requests for correction), ICSID Case No. ARB (AF)/09/1, § 36.

9 Reg. CCI, art. 37.4; Reg. LCIA, art. 28.2; Reg. SCC, art. 43.2; Reg. Uncitral (2010), art. 40.1; Reg. ICSID, art. 28.1.

10 Ex. *IBA Guidelines on conflict of interest in international arbitration 2014*, Parte II, art. 3.1.5. *Vide* também: TERCIER, op. cit., 2011, n. 3, p. 4.

Por esses motivos (e outros) que a arbitragem, assim como o processo estatal, atende a dois conceitos fundamentais: *functus officio*[11] e *res judicata*.

Res judicata é um princípio comum à maioria dos ordenamentos[12]. Na arbitragem internacional, reconhece-se que esse princípio gera dois efeitos: conclusivo e preclusivo, os quais são comparáveis, respectivamente, aos efeitos positivos e negativos da coisa julgada[13]. O efeito preclusivo interessa mais a este estudo, por, em síntese, impedir o rejulgamento de questões já resolvidas por outra decisão (desde que certos critérios estejam presentes, como identidade de partes, causa de pedir e pedido, além de a decisão possuir a natureza de uma decisão final e vinculante, capaz de reconhecimento na jurisdição em que a *res judicata* seria invocada[14]). Em outras palavras, diante de uma sentença sem possibilidade de recursos e vinculante, esperar-se-ia um fim ao litígio.

Functus officio, por outro lado, é um conceito que não visa a sentença, mas sim seu autor. O termo, de origem latina, significa "ofício cumprido" e é também conhecido alhures como *dessaisissement*[15]. Resumidamente, *functus officio* significa que quando um juiz, togado ou arbitral, decidir todas as questões submetidas à sua jurisdição, ele torna-se *functus officio* e está impedido de revisar sua própria decisão – *lata sententia, judex desinit esse judex*[16,17]. Assim, a doutrina de *functus officio*, comum à maioria dos ordenamentos, age como uma trava, prevenindo o árbitro de continuar a desempenhar seu papel jurisdicional, por meio da remoção de seus poderes para julgar[18].

Ocorre que em, no mínimo[19], sete hipóteses, os árbitros podem, ainda, ter um grande papel a desempenhar – inclusive proferindo outras decisões – mesmo após o proferimento da sentença arbitral. Este capítulo analisará, sucintamente, esses sete casos excepcionais, no contexto da arbitragem internacional.

---

11 ICSID Case No. ARB (AF)/09/1 (decision on Claimant's and Respondent's requests for correction), ICSID Case No. ARB (AF)/09/1 § 36.

12 TERCIER, op. cit., 2011, n. 3, p. 129.

13 *Vide*: ILA, Toronto Conference Report (2006), p. 29.

14 Idem, p. 32.

15 TERCIER, op. cit., 2011, n. 3, p. 1.

16 Ibidem, n. 3, p. 1; KIRBY, Jennifer. "T.Co Metals, LLC v. Dempsey Pipe & Supply, Inc.: Are there really no limits on what an arbitrator can do in correcting an award?". In *Journal of International Arbitration*, v. 27, n. 5, 2010, p. 522.

17 NB: A sentença arbitral não é o único fator que pode desencadear o *functus officio*, o árbitro pode perder seus poderes por outros motivos. É possível listar como exemplos casos de remoção ou renúncia do árbitro, bem como acordo das partes encerrando a arbitragem sem sentença (*vide*: TERCIER, op. cit., 2011, n. 3, p. 2).

18 ICSID Case No. ARB (AF)/09/1 (decision on Claimant's and Respondent's requests for correction), ICSID Case No. ARB (AF)/09/1 § 35. *Vide* também: TERCIER, op. cit., 2011, n. 3, p.ix.

19 Há outros exemplos que se enquadram dentro dos parâmetros propostos neste capítulo, mas que, por serem menos recorrentes, não justificam estudo detalhado. Algumas câmaras (notadamente a CCI – Reg. CCI, art. 33 –, mas também a CIETAC – Reg. CIETAC, art. 49), preveem, em suas regras, que, após elaborarem a sentença arbitral, os árbitros devem submetê-la para revisão, sendo possível a devolução pela instituição para adequações. Outro exemplo, presente em restritos ordenamentos (ex., França e Suíça), diz respeito à possibilidade de o tribunal arbitral ser instado a reexaminar ou revisar a sentença arbitral caso seja apresentada prova de que houve fraude, falsificação ou ocultação maliciosa de provas (*vide*: TERCIER, op. cit., 2011, n. 3, p. 17, 44-74; BLACKABY, op. cit., 2009, n. 2, p. 591; FOUCHARD, op. cit., 1999, n. 5, p. 779).

2. REPENSANDO O CONCEITO DE "SENTENÇA ARBITRAL"

Preliminarmente, contudo, é preciso definir o que se entende, na arbitragem internacional, por sentença arbitral, eis que este será, na cronologia, o ponto relevante para detectar quando começa a "hora extra" dos árbitros.

Infelizmente, não existe nenhuma definição universalmente aceita de sentença arbitral[20]. Ao contrário, um dos poucos pontos de consenso é que nenhuma das principais fontes legais – seja a Convenção de Nova Iorque, a Lei Modelo da Uncitral ou, aparentemente, qualquer lei de arbitragem – ousa conceituar sentença arbitral[21]. Isso não significa que a legislação arbitral ignora o assunto por completo. De fato, tendo em mente a relevância da sentença arbitral, há muitos artigos de lei dedicados a tratar (ou, às vezes, até esmiuçar) certos aspectos dessa espécie essencial de decisão[22]. Tais aspectos vão desde formais (preceituando uma forma recomendada ou até obrigatória) até questões cruciais relativas ao conteúdo das sentenças arbitrais[23]. A despeito disso, não há uma definição clara para identificar as sentenças arbitrais.

Ironicamente, em vez de definir a sentença arbitral, algumas fontes[24] adotam uma postura distinta, mencionando a sentença arbitral em conjunto a outros documentos similares, que podem ser sinônimos, derivações da sentença arbitral (diferentes tipos de sentenças arbitrais) ou decisões que, a bem da verdade, deveriam ser distinguidas das sentenças arbitrais. Tais documentos incluem decisões parciais, decisões interlocutórias, medidas cautelares, sentenças definitivas e ordens procedimentais, entre outras. Curiosamente, essas fontes fazem referência a essa pluralidade de tipos de decisões, não para definir esses conceitos, mas para, simplesmente, assegurar que todas essas ferramentas estão à disposição do árbitro. Parece, portanto, que essa listagem conceitual é uma defesa contra a falta de precisão terminológica nesta seara, garantindo assim que, independentemente da classificação dada à decisão do árbitro, é fato que este tinha poderes para produzir tal espécie de decisão. E, assim como a sentença arbitral desafia definição, existe igual dificuldade em precisar os demais conceitos aqui listados.

Seria possível argumentar que a arbitragem internacional não se adequa, por usar própria natureza, a tal preciosismo acadêmico. Afinal, a arbitragem internacional é um campo dinâmico e poliglota, dificultando qualquer fixação no tempo ou no espaço de um conceito – o que entendemos por sentença arbitral, no Brasil, pode ser visto como *arbitral award* em outra jurisdição ou *laudo de arbitraje* em terceiro ordenamento, sem querer dizer a exata mesma coisa em qualquer um desses lugares e sujeito a novo entendimento quando, por

---

20 BLACKABY, op. cit., 2009, n. 2, p. 515; FOUCHARD, op. cit., 1999, n. 5, p. 735; KIRBY, cit. *supra* n. 7, p. 476.

21 FOUCHARD, op. cit., 1999, n. 5, p. 736; KIRBY, cit. *supra* n. 7, p. 476; KIRBY, cit. *supra* n. 3, p. 121; BORN, op. cit., 2014, n. 2, p. 2.919; GILL, Judith. "The definition of award under the New York Convention". In: *Dispute Resolution International,* v. 2, n. 1, 2008, p. 114.

22 Ex.: Convenção de Nova Iorque (1958), art. I.2; Lei Modelo Uncitral (2006), art. 31; Lei n. 9.307/96, art. 26; CPC Francês, art. 1.481; ZPO, § 1.054; CPC Italiano, art. 823; Lei de Arb. Chinesa, art. 54; UK Arb. Act, § 52; Reg. LCIA, art. 26.2; Reg. ICDR, art. 30.2; Reg. SCC, art. 36; Reg. CIETAC, arts. 47.3 e 47.4; Reg. ICSID, art. 47.

23 Idem.

24 Lei de Arb. Sul-Africana, § 1; Reg. CCI, art. 2.v; Reg. ICDR, art. 29.1. *Vide* também: KIRBY, cit. *supra* n. 3, p. 120; VOLLMER, Andrew N.; BEDFORD, Angela J. "Post-award arbitral proceedings". In: *Journal of International Arbitration,* v. 15, n. 1, 1998, p. 45.

exemplo, alguma câmara influente revisa suas regras ou uma nova decisão é proferida com *obter dicta*, nesse sentido.

Não é por menos que alguns doutrinadores chegam, inclusive, a adotar uma postura derrotista, argumentando pela inutilidade dessa discussão, especialmente tendo em vista que, em última análise, será o entendimento dos juízes togados que valerá. Isso porque o juiz pode decidir até ao arrepio do entendimento dos árbitros, enxergando uma sentença em documento intitulado "despacho" e vice-versa[25].

No entanto, e conforme já aludido anteriormente, a classificação de uma decisão como sentença pode ter importantes consequências práticas, de modo que este debate deixa de ser, puramente, teórico. O juiz togado, por exemplo, enfrentará essa celeuma jurídica por obrigação profissional. Exemplifique-se com o fato de que certas leis autorizam a homologação e execução de sentenças arbitrais, sem nada afirmar sobre outros tipos de decisão[26]. Compreensível, portanto, o interesse de outros doutrinadores em navegar esse labirinto jurídico.

Almejando distinguir a sentença arbitral das ordens procedimentais, alguns arbitralistas buscam identificar, no conteúdo decisório da decisão, se há resolução (mesmo que parcial) do mérito[27]. Presente tal elemento, está-se, em tese, lidando com uma sentença[28]. Por outro lado, se a decisão lida com algum aspecto relativo à forma como o procedimento arbitral deve ser conduzido, então merece ser classificada como "ordem procedimental"[29]. Obviamente, caso a decisão contenha elementos de ambos os campos, pode ser considerada uma decisão mista.

Outra estratégia é focar na peremptoriedade da decisão. As Regras Modelo da Uncitral (2010), por exemplo, determinam que as sentenças *shall be final*[30]. Ou seja, se a decisão põe fim a uma das questões[31] da arbitragem. Na afirmativa, deve ser classificada como sentença arbitral[32]. Deflui desse entendimento que uma decisão que põe fim à arbitragem por razões puramente procedimentais (ou de jurisdição) pode, mesmo assim, ser considerada uma sentença arbitral, sob essa ótica[33].

---

25 KIRBY, cit. *supra* n. 7, p. 476; BLACKABY, op. cit., 2009, n. 2, p. 518; FOUCHARD, op. cit., 1999, n. 5, p. 737; BORN, op. cit., 2014, n. 2, p. 2.922; GILL, op. cit., 2008, n. 21, p. 120.

26 Convenção de Nova Iorque (1958), art. I.1; Lei Modelo Uncitral (2006), art. 34.1; Lei n. 9.307/96, art. 32; CPC Francês, art. 1.520; ZPO, § 1.059; FAA, § 10; Lei de Arb. Chinesa, art. 62; FOUCHARD, op. cit., 1999, n. 5, p. 737; BORN, op. cit., 2014, n. 2, p. 2.917.

27 BLACKABY, op. cit., 2009, n. 2, p. 516; GILL, op. cit., 2008, n. 21, p. 118.

28 Idem.

29 Idem.

30 Reg. Uncitral (2010), art. 34.2.

31 Utiliza-se aqui a expressão genérica ("questões") tendo em vista que não existe consenso sobre qual elemento deve ser resolvido pela decisão para que esta seja classificada como uma sentença arbitral. De um lado, existem jurisdições (ex., França) que adotam um conceito mais amplo, considerando sentença a decisão que põe fim à arbitragem, independentemente de ser o conteúdo da decisão, eminentemente, ligado ao mérito ou procedimento/jurisdição. Em sentido contrário, há ordenamentos (ex., Suíça) que são mais restritivos, exigindo que a decisão resolva parte do mérito para ser rotulada de sentença arbitral (*vide*: KIRBY, cit. *supra* n. 3, p. 121).

32 Ex. ZPO, § 1.055; Lei de Direito Privado da Suíça, art. 190.1; Reg. SCC, art. 40. *Vide* também: GILL, op. cit., 2008, n. 21, p. 115; KIRBY, cit. *supra* n. 3, p. 122; KIRBY, cit. *supra* n. 7, p. 476.

33 Lei Modelo Uncitral (2006), art. 32.2.c; Reg. Uncitral (2010), art. 36; Reg. ICSID, arts. 41.6 e 43.2. *Vide* também: KIRBY, cit. *supra* n. 7, p. 476.

Esse critério de peremptoriedade, todavia, precisa ser detalhado com cuidado. Obviamente, toda decisão proferida por um tribunal arbitral corre o risco de não ser, verdadeiramente, final – conforme explicado na introdução, afinal, o risco de um juiz anular a sentença arbitral sempre existirá. O correto é pensar que a decisão é final, ou a última, no que diz respeito ao papel dos árbitros[34]. Ou, pelo menos, essa é a doutrina tradicional que será desafiada neste capítulo, pois se a última decisão é o que vale, então, a partir das hipóteses a seguir descritas, será forçoso concluir que muitas decisões têm sido rotuladas, indevidamente, de sentenças arbitrais.

Não convém, todavia, mexer em titulação já consumada. Isto é, se, na prática, inúmeras decisões que não são, necessariamente, finais são classificadas de sentenças arbitrais, é preferível adequar a doutrina à realidade do que o contrário. Assim, talvez seria melhor pensar na sentença arbitral não como a decisão final a respeito de um ponto (afinal, essa decisão pode ser anulada e sofre com as exceções que serão listadas *infra*), mas sim que a sentença arbitral é a decisão que, possivelmente (ou até provavelmente), tratará daquele assunto. Dito de outra forma, toda sentença arbitral é, potencialmente, final. Não fosse pelas exceções *infra* ou pela decisão de um juiz, tal decisão encerraria a matéria.

Assim, entenda-se por sentença arbitral a decisão escrita proferida pelo tribunal arbitral, que, potencialmente, põe fim ao processo arbitral, em sua totalidade ou parcialmente. É a partir da presença desse tipo de decisão que se inicia a análise pretendida aqui.

3. SENTENÇAS PARCIAIS

A primeira hipótese a ser mencionada em que os árbitros continuam desempenhando sua função mesmo após o proferimento de uma sentença arbitral é quando a sentença arbitral é parcial. A sentença parcial aparece na grande maioria dos ordenamentos modernos[35]. Agiu bem, portanto, o novo legislador ao explicitar o cabimento dessa ferramenta no novo § 1º do art. 23 da Lei n. 9.307/96. A sentença parcial distingue-se da sentença final, eis que aquela visa resolver apenas uma fração do mérito[36]. Em outras palavras, essa espécie de sentença é empregada pelos árbitros quando desejam, por razões de conveniência ou celeridade, resolver, antecipadamente, parte da controvérsia[37].

Por óbvio, não se cogita do papel dos árbitros, em sua totalidade, estar *functus officio* quando se profere uma sentença parcial – os árbitros continuam encarregados de desempenhar seu papel decisório no que tange os outros pontos ainda não apreciados.

---

34 O CPC Francês, por exemplo, rege que "*La sentence dessaisit le tribunal arbitral de la contestation qu'elle tranche*" (art. 1.485.1).

35 Lei Modelo Uncitral (2006), art. 16.3; Lei n. 9.307/96, art. 23.1; Lei de Arb. Chinesa, art. 55; Arb. Act da GB, § 47; Lei de Direito Privado Suíça, art. 188; Reg. Uncitral (2010), art. 34.1; Reg. LCIA, art. 26.1; Reg. SCC, art. 38; Reg. CIETAC, art. 48.

36 FOUCHARD, op. cit., 1999, n. 5, p. 741.

37 BLACKABY, op. cit., 2009, n. 2, p. 520.

4. DEVOLUÇÃO AO PAINEL ARBITRAL

É entendido que os árbitros possuem, resumidamente e de acordo com a doutrina de *Competence-Competence*, o poder para apreciarem sua própria jurisdição[38]. É possível afirmar, ademais, que esse princípio possui duas vertentes, uma positiva e outra negativa, e que, de acordo com esta, o poder do tribunal para julgar sua competência não é, em vários ordenamentos, ilimitado, sendo revisado pelos tribunais estatais[39]. Some-se a essa observação o fato de que, frequentemente, os árbitros não precisam aguardar a resolução do mérito na hipotética última sentença arbitral para enfrentarem a questão de competência: os árbitros estão, geralmente, autorizados a afirmar ou afastar sua própria jurisdição como questão preliminar[40].

Na prática, o que geralmente ocorre é que o tribunal arbitral trata dessa questão (quando julgar oportuno) e se concluir que é competente para julgar a causa. A parte infeliz com a decisão pode tentar reverter esse quadro nos tribunais estatais (dependendo das circunstâncias, após o proferimento da sentença arbitral final ou mesmo durante a arbitragem, em uma espécie de controle concomitante).

Imperioso salientar, entretanto, que essa intervenção estatal pode, em alguns ordenamentos, fluir nos dois sentidos. Isto é, o juiz togado pode não só negar a competência de um tribunal arbitral, mas também concluir que o tribunal tinha competência para julgar a causa (conflito negativo de competência)[41]. Ademais, se o juiz togado afirmar a competência do tribunal arbitral quando este tinha recusado a competência em sede de preliminar, ter-se-á a rara situação de o tribunal receber de volta o caso que pensou que não podia julgar[42]. Nessa hipótese, o tribunal arbitral terá, após a prolação da sentença arbitral, um enorme papel a desempenhar.

Na prática, é incerto o que esse conflito de entendimentos pode gerar. A maioria das regras e leis trata apenas de situações em que o tribunal arbitral confirma sua jurisdição[43], e não o contrário, criando séria lacuna. Acredita-se, todavia, que, quando o juiz togado tem o poder para devolver o caso ao tribunal arbitral, os árbitros têm o dever de prosseguir com a arbitragem, independentemente de seu prévio entendimento.

38 Lei Modelo Uncitral (2006), art. 16.1; Lei n. 9.307/96, art. 8º; ZPO § 1.040.1; Lei Suíça de Direito Privado, art. 186.1; Arb. Act da GB, § 30; Reg. LCIA, art. 23.1; Reg. ICDR, art. 19.1; Reg. ICSID, art. 41. *Vide* também: BORN, op. cit., 2014, n. 2, p. 2.922.

39 Arb. Act da GB, § 32; e ZPO, § 1.040.2. *Vide* também: Lei Modelo Uncitral (2006), Nota de Explicação, p. 30, § 26; FOUCHARD, op. cit., 1999, n. 5, p. 401; BLACKABY, op. cit., 2009, n. 2, p. 444; BORN, op. cit., 2014, n. 2, p. 1.068-9.

40 Reg. Uncitral (2010), art. 23.3; Reg. ICDR, art. 19.3; Reg. SIAC, art. 25.4. *Vide* também: BLACKABY, op. cit., 2009, n. 2, p. 351.

41 BORN, op. cit., 2014, n. 2, p. 1.100-4 (citando precedentes da Suíça, da Bélgica, da Suécia, da França, da Inglaterra, dos EUA e da Itália). Cf. BLACKABY, op. cit., 2009, n. 2, p. 353 (defendendo a criação de um novo tribunal arbitral).

42 BORN, op. cit., 2014, n. 2, p. 1.103-4.

43 Lei Modelo Uncitral (2006), art. 16.2; ZPO, § 1.040.3; Arb. Act da GB, § 32.4.

5. DEVOLUÇÃO PARA FINS DE RETIFICAÇÕES

Há outra hipótese em que a corte estatal pode devolver o caso ao tribunal arbitral. Trata-se de cenários em que a corte estatal, com o intuito de preservar a sentença arbitral e evitar custos e delongas desnecessárias, concede ao tribunal arbitral a oportunidade de corrigir algum vício na sentença ou no processo arbitral que, se não fosse retificado, comprometeria as chances de êxito da sentença arbitral.

Tal mecanismo, previsto em várias normas[44], só pode ser cogitado, naturalmente, quando o vício detectado pelo juiz é capaz de ser sanado. Um bom exemplo, nesse sentido, é a sentença *extra petita*. Em outros casos, porém, em que o vício é mais grave ou permeia toda a arbitragem, é inútil conceder tal oportunidade ao tribunal arbitral. Imagine-se, a título de ilustração, uma sentença arbitral que julgou, exclusivamente, matéria tida como inarbitrável.

O procedimento nos casos em que a correção é concebível, geralmente, envolve a suspensão da ação de declaração de nulidade pelo juiz togado e a concessão de um período razoável para que o tribunal arbitral cuide da falha detectada[45].

Nessas hipóteses, poder-se-ia discutir se a melhor política é realmente devolver aos árbitros o caso. Não seria melhor economizar tempo e deixar a causa com o juiz?[46] Afinal, foi este quem detectou o vício que passou despercebido pelos árbitros, estando, agora, familiarizado com a causa que está a sua frente. Ademais, argumenta-se que pode ser difícil recompor o tribunal arbitral original.

Sustenta-se, porém, que decidiram bem as normas que preveem a devolução da causa aos árbitros nessas circunstâncias. Justifica-se:

Primeiro: porque as partes expressaram o desejo de terem sua controvérsia submetida à arbitragem para lá (e não no fórum) ser resolvida. Essa manifestação de vontade deve ser respeitada, inclusive agora. A título de comparação, vale recordar que se a sentença fosse declarada nula por algum motivo recuperável (i.e., o vício diz respeito a algum erro ocorrido na arbitragem e não pela escolha da via arbitral), o procedimento correto a ser adotado pelas partes seria iniciar nova arbitragem[47] (ou até ressubmeter o caso aos mesmos árbitros, conforme será abordado *infra*), e não protocolar nova ação na Justiça.

Segundo: engana-se quem acredita que a familiaridade do juiz togado com o caso seja maior do que a dos árbitros. O juiz tem sua análise restrita às matérias que foram submetidas à sua apreciação na ação de declaração de nulidade. Os árbitros, ao contrário, conhecem o caso em sua integralidade, tendo exclusiva competência para julgar o mérito bem como contato mais próximo com as provas produzidas.

Terceiro: o argumento de que possa ser difícil recompor o painel original não merece ser legitimado, pois, nos casos em que o juiz está autorizado a devolver a causa para re-

---

44 Lei Modelo Uncitral (2006), art. 34.4; Lei n. 9.307/96, art. 33.2; FAA, § 10(b); Lei de Arb. Chinesa, art. 61; Arb. Act da GB, § 71.3; Reg. CCI, art. 35.4.

45 Lei Modelo Uncitral (2006), art. 34.4; Lei de Arb. Chinesa, art. 61; Arb. Act da GB, § 71.3.

46 É o que ocorre, por exemplo, na Itália, onde, salvo acordo em sentido contrário, cabe primeiramente ao juiz togado tentar resolver a questão (CPC Italiano, art. 830).

47 ABASCAL, José Maria. "Effects of Annulment". In: *Dispute Resolution International*, v. 8, n. 1, 2008, p. 176; TERCIER, op. cit., 2011, n. 3, p. 7.

tificações, os árbitros têm o dever de continuarem disponíveis para desempenhar suas funções: essas são as regras do sistema.

Nesse diapasão, há uma possibilidade de atrito entre árbitros e juiz, com este alegando vício e aqueles defendendo, teimosamente, a inexistência de qualquer falha. O que fazer? Ora, quando o juiz devolve o caso ao painel, está, essencialmente, sinalizando um ultimato: "corrija, já que do jeito que está não aceito". Se os árbitros não cumprirem essa recomendação, estarão descumprindo seu dever de produzir uma sentença arbitral exequível[48], devendo justificar, com cuidado, tal atitude[49].

Hipótese similar à narrada aqui é aquela em que o caso é devolvido ao painel arbitral original, não antes da anulação da sentença arbitral, mas após esse (infeliz) acontecimento[50]. Por um lado, faz sentido devolver a causa ao mesmo painel por questões de celeridade, eis que o painel antigo já conhece a causa. Por outro lado, há uma preocupação com a imparcialidade dos árbitros, que podem desenvolver certa inércia em relação às conclusões já firmadas na sentença arbitral anterior, ou seja, os julgadores já recebem a causa tendo o convencimento formado[51].

Naturalmente, não se pode conceber esse tipo de devolução indireta em casos que viciem a arbitragem como um todo (p. ex., inarbitrabilidade) ou, especificamente nessa hipótese, quando a anulação se deu por motivos ligados à composição do painel (p. ex., parcialidade de um dos árbitros)[52]. É mais adequado, portanto, para situações em que o problema se refira a uma irregularidade procedimental.

Do ponto de vista teórico, cabe mencionar que, tecnicamente, o *functus officio* do tribunal arbitral nunca se concretizou, de fato, nesses casos, eis que a anulação da sentença arbitral significa que esta não chegou a ser, propriamente, uma sentença capaz de gerar todos os seus efeitos como o *functus officio*[53]. Isso não quer dizer, no entanto, que a sentença arbitral nunca existiu, motivo pelo qual esse exemplo continua digno de aparecer nesta análise.

6. CORREÇÕES

Para evitar que pequenos erros maculem toda a sentença arbitral, é comum as normas[54] fornecerem uma oportunidade para que se identifique e corrija esses problemas. Essa correção ocorre após o proferimento da sentença arbitral e pelos mesmos árbitros que proferiram a sentença, representando mais um exemplo digno de estudo aqui.

---

48 Reg. CCI, art. 41; WAINCYMER, op. cit., 2011, n. 5, p. 201.

49 Dois possíveis exemplos: a corte devolvendo a causa é estrangeira, mas o tribunal arbitral segue regras que não permitem essa exceção ao *functus officio*; ou a devolução ocorre quando já houve execução em outra jurisdição (TERCIER, op. cit., 2011, n. 3, p. 14).

50 Ex. ZPO, § 1.059.4.

51 Para um debate mais detalhado dos prós e contras nesse assunto *vide*: TERCIER, op. cit., 2011, n. 3, p. 114-5.

52 ABASCAL, op. cit., 2008, n. 47, p. 176.

53 TERCIER, op. cit., 2011, n. 3, p. 14.

54 Lei Modelo Uncitral (2006), art. 33.1.a.; Lei n. 9.307/96, art. 30.I; CPC Francês, art. 1.485.2; ZPO, § 1.058.1; CPC Italiano, art. 826; Lei de Arb. Chinesa, art. 56; Lei Sul-Africana de Arb., § 30; Arb. Act da GB, § 57.3.a.; Reg. Uncitral (2010), art. 38; Reg. CCI, art. 35.2; Reg. LCIA, art. 27.1; Reg. ICDR, art. 33.1; Reg. SCC, art. 41.1; Reg. CIETAC, art. 51; Reg. ICSID, art. 49. *Vide* também: KIRBY, cit. *supra* n. 7, p. 481; VOLLMER, op. cit., 1998, n. 24, p. 37-8. Cf. FAA, § 11(a), delegando esse poder às cortes em vez dos árbitros.

Digno de nota que essa exceção não só aparece em quase todas as normas, como sua regulamentação é bastante homogênea, mesmo se comparada a várias jurisdições.

Um dos exemplos dessa homogeneidade é a existência de uma tendência nas normas de limitar o acesso a essa oportunidade retificadora. Conforme exposto anteriormente, a arbitragem tem como traço favorável a finalidade de suas decisões, sendo essencial, portanto, evitar que a oportunidade para corrigir erros seja abusada pelas partes e utilizada como forma indireta de tentar fazer o tribunal rejulgar a causa.

Como consequência, a maioria das normas, cuidadosamente, restringe os erros passíveis de correção por esta via àqueles que possam ser detectados com uma leitura superficial da sentença e resolvidos sem grandes esforços. São comumente descritos nessa área erros de computação, de escrita/digitação[55], de cálculo, erros materiais[56] ou até deslizes[57]. Para que a terminologia não restrinja, excessivamente, os possíveis candidatos, muitas normas deixam claro que tais tipos de erros são citados a título exemplificativo e que devem ser considerados igualmente aqueles erros de natureza similar[58].

Por outro lado, vale enfatizar, novamente, que o objetivo não é autorizar a reanálise das provas ou do direito para efetuar complexas alterações – não se trata de recurso, mas sim de um polimento superficial da sentença arbitral para melhor explicitar o que já está contido em seu bojo[59]. Isso não quer dizer, entretanto, que os efeitos práticos dessas simples correções serão irrelevantes[60]. Pense, por exemplo, na subtração/adição de um numeral ou símbolo ("-") na parte dispositiva da sentença, que pode alterar todo o resultado para uma das partes que antes devia e agora cobra ou vice-versa.

Além de a legislação preocupar-se em restringir quais erros podem se candidatar a serem corrigidos por essa via, existe, igualmente, um cuidado com quando é possível lançar mão desse recurso. Tal prazo minimiza a insegurança ao redor da sentença arbitral, pois, transcorrido o prazo, a redação da sentença arbitral fica a salvo de correções. O prazo para se pleitear correções é, normalmente, de trinta dias, contados a partir do recebimento da sentença arbitral[61]. De forma similar, é geralmente concedido ao tribunal arbitral o prazo

---

55 Lei Modelo Uncitral (2006), art. 33.1.a; ZPO, § 1.058.1.1; Lei Sul-Africana de Arb., § 30, Arb. Act da GB, § 57(3)(a); Reg. Uncitral (2010), art. 38.1; Reg. CCI, art. 35.1; Reg. LCIA, art. 27.1; Reg. ICDR, art. 33.1; Reg. CIETAC, art. 51.2; Reg. SCC, art. 41.1. *Vide* também: VOLLMER, op. cit., 1998, n. 24, p. 38. Cf. Reg. ICSID, art. 49.1.c.ii., autorizando a apreciação de "qualquer erro" na sentença.

56 Lei n. 9.307/96, art. 30, I; CPC Francês, art. 1.485; CPC Italiano, art. 826; Lei de Arb. Chinesa, art. 56; FAA, § 11(a).

57 Arb. Act da GB, § 57.3.a.; e Lei Sul-Africana de Arb., § 30.

58 Lei Modelo Uncitral (2006), art. 33.1.a; ZPO, § 1.058.1.1; Reg. Uncitral (2010), art. 38.1; Reg. CCI, art. 35.1; Reg. LCIA, art. 27.1; Reg. CIETAC, art. 51.2.

59 KIRBY, cit. *supra* n. 3, p. 123; KIRBY, cit. *supra* n. 7, p. 481; VOLLMER, op. cit., 1998, n. 24, p. 38; TERCIER, op. cit., 2011, n. 3, p. 8.

60 VOLLMER, op. cit., 1998, n. 24, p. 39.

61 Lei Modelo Uncitral (2006), art. 33.1; ZPO, § 1.058.2; Lei de Arb. Chinesa, art. 56; Arb. Act da GB, § 57.4; Reg. Uncitral (2010), art. 38.1; Reg. CCI, art. 35.2; Reg. LCIA, art. 27.1; Reg. ICDR, art. 33.1; Reg. SCC, art. 41.1; Reg. CIETAC, art. 51.2. Cf. com outros ordenamentos que usam prazos bem distintos dessa média. No caso brasileiro, o prazo é o mais curto de que se tem notícia – cinco dias (Lei n. 9.307/96, art. 30, *caput*) – por ter o legislador se inspirado nos Embargos de Declaração do nosso CPC (CARMONA, *Arbitragem e processo*, 2009, p. 386; MARTINS, *Apontamentos sobre a Lei de Arbitragem*, 2008, p. 300). Em sentido contrário, vale mencionar as legislações italiana e francesa, que concedem, respectivamente, prazo de até um ano e três meses (CPC Italiano, art. 826; CPC Francês, art. 1.486.1).

de trinta dias a partir do recebimento do pedido de correções para que sejam realizadas as cabíveis retificações[62].

Caso essas limitações de espécie e prazo não sejam suficientes para dissuadir as partes de usarem essa via como opção recursal, há uma última salvaguarda. As normas[63], geralmente, conferem aos árbitros, mesmo para os casos de erros dentro do prazo, certa margem de discricionariedade para apreciarem esses pedidos. Ou seja, antes de um dever de corrigir, os árbitros possuem a faculdade de corrigir a sentença arbitral. A letra da lei permite tal interpretação, pois, comumente, rege que o árbitro pode corrigir ou que ele deve considerar os pedidos que julgar fundamentados[64]. Munidos dessa saída, os árbitros podem, rapidamente, desarmar qualquer recurso indireto ou tática protelatória infundada. Esse poder, contudo, deve ser utilizado com cautela. Um pedido pode, *prima facie*, parecer aos árbitros desprovido de propósito (além do protelatório), mas, talvez, a correção solicitada pela parte seja essencial para permitir a execução em outra jurisdição; cabe averiguar.

Em contrapartida, se há restrições para evitar o abuso dessa ferramenta, também existem mecanismos para aumentar a probabilidade de que verdadeiros erros sejam notados e sanados.

É por essa razão que muitas normas[65] conferem tal oportunidade de correção não só às partes, mas também aos árbitros, autorizando-os a *ex officio* identificar e corrigir seus erros (geralmente, dentro de equivalente prazo de trinta dias).

De maneira análoga, os prazos mencionados não são imutáveis, podendo ser, em regra, modificados pelas partes em conjunto ou pelo tribunal arbitral[66]. Trata-se de poder que deve ser empregado excepcionalmente, eis que qualquer erro que demande mais do que trinta dias para ser notado e corrigido dificilmente deveria ser considerado um erro superficial, que é o que essa ferramenta se dispõe a enfrentar. Se, contrariamente, a sentença arbitral estender-se por centenas de páginas com muitos e complexos cálculos, é recomendável que todos os envolvidos averiguem com mais calma para corrigir o documento.

No que tange ao procedimento, a via corretiva, geralmente, exige que as correções observem as formalidades usualmente exigidas das sentenças[67], mas que sejam implementadas como um adendo à sentença arbitral (em vez de nova sentença arbitral) para evitar a circu-

---

62 Lei Modelo Uncitral (2006), art. 33.2; ZPO, § 1.058.3; Arb. Act da GB, § 57.5; Reg. CCI, art. 35.2; Reg. LCIA, art. 27.1; Reg. ICDR, art. 33.2; Reg. SCC, art. 41.1; Reg. CIETAC, art. 51.2. Cf. A legislação brasileira, francesa e italiana, que concedem, respectivamente, prazos de dez dias, três meses e sessenta dias (Lei n. 9.307/96, art. 30, parágrafo único; CPC Francês, art. 1.486.2; e CPC Italiano, art. 826.2).

63 Lei Modelo Uncitral (2006), art. 33.1; CPC Francês, art. 1.485.1; Arb. Act da GB, § 57.3; Reg. Uncitral (2010), art. 38.1; Reg. LCIA, art. 27.1; Reg. ICDR, art. 33.2; Reg. SCC, art. 41.1. *Vide* também: FAA, § 11 (dirigido, porém, às cortes estatais). Cf. Lei n. 9.307/96, art. 30, parágrafo único; ZPO, § 1.058; CPC Italiano, art. 826; Lei de Arb. Chinesa, art. 56; Reg. CIETAC, art. 51.2.

64 Idem.

65 Lei Modelo Uncitral (2006), art. 33.2; ZPO, art. 1.058.4; Arb. Act da GB, § 57.3; Reg. Uncitral (2010), art. 38.2; Reg. CCI, art. 35.1; Reg. LCIA, art. 27.2; Reg. ICDR, art. 33.3; Reg. SCC, art. 41.2; Reg. CIETAC, art. 51.1. Cf. Reg. ICSID, art. 49.

66 Lei Modelo Uncitral (2006), art. 33.1; Lei n. 9.307/96, art. 30, parágrafo único; ZPO, art. 1.058.2; e CPC Francês, art. 1.486.2.

67 Lei Modelo Uncitral (2006), art. 33.5; ZPO, art. 1.058.5; CPC Francês, art. 1.485.3; CPC Italiano, art. 826; Reg. Uncitral (2010), art. 38.2; Reg. CCI, art. 35.3; Reg. LCIA, art. 27.5; Reg. ICSID, art. 49.4; Reg. SCC, art. 41.3; Reg. CIETAC, art. 51.3.

lação de uma pluralidade de sentenças arbitrais diferentes[68]. Ademais, em nome do contraditório, é essencial que o pedido de correções sempre seja informado à parte contrária[69].

Quid iuris: e se existe um erro material que deveria ter sido corrigido nessa oportunidade (e não pôde ser corrigido no bojo da ação anulatória), mas que não foi detectado a tempo? Deve o juízo exequendo corrigir o erro? Ou seria o correto devolver a causa à arbitragem para que se corrija esse erro? E, se for o caso de devolver para a arbitragem, deveria remeter-se ao mesmo tribunal ao instituir nova arbitragem?

Trata-se de questões que não dispõem de resposta unânime. Aliás, em muitas leis, não existe nenhuma resposta[70]. Na ausência de regra clara, em sentido contrário, entende-se que a via correta não é a arbitral. As partes manifestaram o desejo de terem seu litígio solucionado pela arbitragem, mas isso já foi cumprido, nesse caso, com o proferimento da sentença arbitral, incide o *functus officio*, encerrando-se a jurisdição dos árbitros para atuarem na causa. Que a sentença arbitral contenha erros é lastimável, mas isso não significa que a controvérsia não foi dirimida, apenas não foi dirimida perfeitamente (como muitas coisas neste mundo). Por conseguinte, defende-se que, em tais casos, o socorro não pode vir dos árbitros. Resta às partes torcerem para que as regras processuais aplicáveis ao juízo exequendo sejam flexíveis o suficiente para autorizá-lo a empregar uma interpretação mais teleológica e menos literal da sentença arbitral[71]. E nas hipóteses em que o juízo exequendo não puder atuar assim? *Dura lex, sed lex*: as partes tiveram prazo e oportunidade para exercerem esse ônus; se não agiram, devem aceitar as consequências advindas de sua inércia[72]. Vale a mesma conclusão, aliás, para casos em que a parte notou o erro e alertou o tribunal arbitral, mas este não conseguiu (ou não achou necessário) efetuar a correção. A responsabilidade de escolher o tribunal arbitral, afinal, é das partes.

Esse raciocínio, todavia, não pode ser aplicado em todos os casos. Em circunstâncias especiais podem incidir outras regras. Imagine, por exemplo, a hipótese de a sentença arbitral ser homologatória e conter expressa cláusula compromissória remetendo sua interpretação ao mesmo tribunal arbitral.

7. ESCLARECIMENTOS E INTERPRETAÇÕES

Às vezes, a sentença arbitral não contém um erro material, mas é ambígua ou obscura, sendo necessário que seu conteúdo seja esclarecido. A maior parte das normas[73] autoriza tal

---

68 Lei n. 9.307/96, art. 30, parágrafo único; CPC Francês, art. 1.485.3; Arb. Act da GB, § 57(7); Reg. Uncitral (2010), art. 38.2; Reg. CCI, art. 35.3; Reg. LCIA, art. 27.5; Reg. ICDR, art. 33.2; Reg. CIETAC, art. 51.3. *Vide* também: VOLLMER, op. cit., 1998, n. 24, p. 47.

69 Lei Modelo Uncitral (2006), art. 33.1.a; CPC Francês, art. 1.485.2; Arb. Act da GB, § 57(3); Reg. Uncitral (2010), art. 38.1; Reg. CCI, art. 35.2; Reg. LCIA, art. 27.1; Reg. ICSID, art. 49.2.b; Reg. ICDR, art. 33.1; Reg. SCC, art. 41.1.

70 Cf. CPC Italiano, art. 826; e Lei Sul-Africana de Arb., § 31.2.

71 Ex. FAA, § 11(2).

72 TERCIER, op. cit., 2011, n. 3, p. 120.

73 Lei n. 9.307/96, art. 30, II; CPC Francês, art. 1.495.2; Arb. Act da GB, § 57.3.a; ZPO, § 1.058.1.2. *Vide* também: KIRBY, cit. *supra* n. 7, p. 481; VOLLMER, op. cit., 1998, n. 24, p. 37-8. Cf. Lei Modelo Uncitral (2006), art. 33.1.b.

intervenção após a sentença arbitral, concedendo aos árbitros a oportunidade de aclarar sua sentença arbitral, seja na parte dispositiva, seja na fundamentação[74,75].

Não obstante a oportunidade de interpretação ser similar às correções mencionadas (sendo, inclusive, frequentemente, listada nas normas juntamente a esta), é importante não confundir conceitos que não são sinônimos. Uma diferença importantíssima, por exemplo, é que as correções operam mudanças superficiais na sentença arbitral, enquanto a ferramenta de interpretação visa, tão somente, tornar a mesma sentença mais compreensível, sem qualquer modificação.

Salientada essa divergência essencial, é possível fazer outras comparações.

Primeiro, destaca-se que as interpretações, igualmente, não se prestam a serem usadas como recursos indiretos: o tribunal arbitral não recebe outra chance de apreciar o mérito por meio dessa ferramenta. A interpretação serve para extrair da sentença arbitral o que já está escrito[76].

Por conseguinte, também existe um prazo para requerimento e concessão dos esclarecimentos de, aproximadamente, trinta dias cada[77]. Esses prazos podem, novamente, ser modificados pelas partes e árbitros[78]. Os árbitros, mais uma vez, possuem certa discricionariedade para apreciar os pedidos, podendo rejeitar aqueles que julgarem incabíveis[79]. Isso inclui alegações genéricas e vagas de obscuridade – cabe à parte indicar, com especificidade, quais passagens geram dúvidas. Por fim, há paralelismo, também, no que tange às formalidades: a outra parte deve ser intimada do pedido de esclarecimentos[80], que, caso concedido, integrará a sentença original como um adendo, devendo, portanto, observar os requisitos dessa espécie de documento[81].

Por outro lado, ao contrário das correções, não é normal conferir ao tribunal arbitral poder para que este atue *ex officio* nessa área[82]. Isso já era de se esperar, pois não faria sentido os árbitros terem dificuldades de entender o que eles mesmos escreveram.

---

74 TERCIER, op. cit., 2011, n. 3, p. 30.

75 Entende-se, no entanto, que caso o conflito se dê entre dois capítulos ou partes da mesma sentença arbitral, não há necessidade de esclarecimentos se o restante da sentença é eloquente o suficiente para, em uma leitura completa, eliminar-se a obscuridade (ibidem, n. 3, p. 32-3).

76 KIRBY, cit. *supra* n. 7, p. 481; VOLLMER, op. cit., 1998, n. 24, p. 42; TERCIER, op. cit., 2011, n. 3, p. 8; KNUTSON, Robert D. A. "The interpretation of Arbitral Awards: When is a final award not final?". In: *Journal of International Arbitration*, v. 11, n. 2, 1994, p. 104.

77 Lei Modelo Uncitral (2006), art. 33.1; Arb. Act da GB, §§ 57(4) e (5); Reg. Uncitral (2010), art. 37; Reg. CCI, art. 35.2; Reg. LCIA, art. 27.1; Reg. ICDR, arts. 33.1 e 33.2; Reg. SCC, art. 41.1. *Vide*, todavia, os comentários na nota 61 *supra* sobre os prazos diferentes de outras legislações, como a brasileira.

78 Lei Modelo Uncitral (2006), arts. 33.1 e 33.4; Lei n. 9.307/96, art. 30; ZPO, art. 1.058.2; CPC Francês, art. 1.486.2; e Arb. Act da GB, §§ 57(4) e (5).

79 Lei Modelo Uncitral (2006), art. 33.1; CPC Francês, art. 1.485.2; Arb. Act da GB, § 57(3); Reg. LCIA, art. 27.1; Reg. ICDR, art. 33.2; Reg. SCC, art. 41.1. Cf. Lei n. 9.307/96, art. 30, parágrafo único; ZPO, art. 1.058; Reg. Uncitral (2010), art. 37.2.

80 Lei Modelo Uncitral (2006), art. 33.1.b; Arb. Act da GB, § 57(3); Reg. Uncitral (2010), art. 37.1; Reg. ICSID, art. 50.2.b; Reg. CCI, art. 35.2; Reg. LCIA, art. 27.1; Reg. ICDR, art. 33.1; Reg. SCC, art. 41.

81 Reg. Uncitral (2010), art. 37.2; Reg. CCI, art. 35.3; Reg. ICDR, art. 33.2; Reg. LCIA, art. 27.5.

82 Lei Modelo Uncitral (2006), art. 33.2; ZPO, art. 1.058.4; Reg. ICSID, art. 50; Reg. CCI, art. 35.1; Reg. LICA, art. 27.2; Reg. ICDR, art. 33.3; Reg. SCC, art. 41.2, todos mencionando a possibilidade de correções *ex officio* pelos árbitros, mas não repetindo a autorização com esclarecimentos. Cf. Arb. Act da GB, § 57(3)(a).

Reprisando a questão do tópico anterior, sobre o que fazer no caso de as partes perderem o prazo ou terem o pedido de esclarecimentos negado, salienta-se que, nesse caso, parece haver menos espaço para debate. Com efeito, tendo em vista que o juízo exequendo sempre está obrigado a interpretar os títulos executivos que recebe, nada mais natural e lógico que (salvo regra contrária) interprete como julgar melhor a sentença arbitral.

8. OMISSÕES

Outro exemplo que deve ser mencionado neste espaço é a hipótese de complementação das sentenças arbitrais para suprir omissões, prevista em quase todas as normas[83]. Ao contrário dos dois tópicos antecedentes (correções e esclarecimentos), neste cenário, o tribunal é autorizado a decidir nova questão, proferindo sentença adicional, e não só aperfeiçoar o que já foi dirimido.

É importante fazer essa ressalva, pois a comparação dos três institutos revela muitas semelhanças, especialmente nos quesitos procedimentais e formais, o que poderia mascarar essa diferença fundamental. Semelhanças incluem a imposição de um prazo para requerer a complementação (mais uma vez de, aproximadamente, trinta dias[84], com possibilidade de adaptação pelas partes e tribunal arbitral[85]), exigência de intimação da parte contrária[86] e concessão de certa discricionariedade ao tribunal para afastar casos protelatórios ou recursais[87].

Por outro lado, há diferenças procedimentais relevantes entre esse instituto e os anteriores.

Menciona-se, a título de exemplo, que o prazo do tribunal arbitral para apreciar o pedido é, geralmente, o dobro (sessenta dias) do que se concede aos casos de esclarecimentos ou correções[88]. Essa ampliação do prazo é condizente à maior complexidade exigida nessa tarefa. O tribunal arbitral não se limita a trabalhar na sentença arbitral já existente – cria-se uma nova decisão para julgar o aspecto negligenciado. Outrossim, vale destacar que, como os esclarecimentos, não existe, em regra, possibilidade de o tribunal arbitral atuar *ex officio*[89].

---

83 Lei Modelo Uncitral (2006), art. 33.3; Lei n. 9.307/96, art. 30, II; ZPO, art. 1.058.1.3; CPC Francês, art. 1.485.2; CPC Italiano, art. 826; Arb. Act da GB, § 57(3)(b); Lei de Arb. Chinesa, art. 56; Reg. Uncitral (2010), art. 39; Reg. LCIA, art. 27.3; Reg. ICSID, art. 49; Reg. ICDR, art. 33.1; Reg. SCC, art. 42. *Vide* também: VOLLMER, op. cit., 1998, n. 24, p. 37-8.

84 Lei Modelo Uncitral (2006), art. 33.3; Arb. Act da GB, § 57(4); Reg. Uncitral (2010), art. 39.1; Reg. ICDR, art. 33.1; Reg. LCIA, art. 27.3; Reg. SCC, art. 42; Reg. CIETAC, art. 52.2. *Vide*, todavia, os comentários na nota 61 sobre os prazos divergentes do Brasil, da Itália e da França.

85 Lei Modelo Uncitral (2006), art. 33.4; ZPO, art. 1.058.2; Arb. Act da GB, § 57(4); CPC Francês, art. 1.496.2.

86 Lei Modelo Uncitral (2006), art. 33.3; CPC Francês, 1.485.2; Arb. Act da GB, § 57(3); Reg. Uncitral (2010), art. 39.1; Reg. ICDR, art. 33.1; Reg. LCIA, art. 27.3; Reg. ICSID, art. 49.2.b.

87 Lei Modelo Uncitral (2006), art. 33.3; CPC Francês, 1.485.2; Arb. Act da GB, § 57(3)(b); Reg. Uncitral (2010), art. 39.1; Reg. ICDR, art. 33.2; Reg. LCIA, art. 27.3; Reg. SCC, art. 42. Cf. Lei n. 9.307/96, art. 30, parágrafo único; ZPO, art. 1.058; Reg. CIETAC, art. 52.2.

88 Lei Modelo Uncitral (2006), art. 33.3; ZPO, art. 1.058.3; CPC Italiano, art. 826; Arb. Act da GB, § 57(6); Reg. Uncitral (2010), art. 39.2; Reg. LCIA, art. 27.3; Reg. SCC, art. 42. Cf. Reg. ICDR, art. 33.2; Reg. CIETAC, art. 52.2. *Vide* também os comentários da nota 62.

89 Lei Modelo Uncitral (2006), art. 33.3; ZPO, art. 1.058.4; Reg. Uncitral (2010), art. 39.1; Reg. SCC, art. 42; Reg. ICSID, art. 49. Cf. Arb. Act da GB, § 57(3)(b); Reg. LCIA, art. 27.4; Reg. ICDR, art. 33(3); Reg. CIETAC, art. 52.1.

Algumas leis preveem essa hipótese para qualquer tipo de "omissão"[90]. Outras normas restringem o acesso tão somente às omissões de pedidos realizados pelas partes, tempestivamente[91]. Para tais normas, o tribunal arbitral não incorre em omissão se ignorar qualquer argumento das partes, deixar de mencionar alguma prova na fundamentação ou negligenciar alguma regra aplicável na sentença, desde que todos os pedidos tenham sido apreciados na sentença arbitral[92]. De maneira análoga, não cabe alegação de omissão a esses ordenamentos se a sentença arbitral foi lacônica (desde que alguma fundamentação exista[93]) – o pedido deve ser apreciado, não esmiuçado. Ou seja, a omissão deve ser total, ou equivalente a tanto.

Independentemente de qual tipo de omissão é exigida (genérica ou, especificamente, de pedidos), deve-se enfatizar que a oportunidade de prolação de nova sentença é válida apenas a questões suscitadas durante o processo arbitral. Não se trata de oportunidade para levantar novos argumentos, provas ou pedidos[94].

Diante das similitudes entre as correções, esclarecimentos e complementações, pode haver confusão em alguns casos para identificar qual a ferramenta adequada para o vício detectado. De fato, não é toda omissão que justifica uma sentença adicional. Defende-se, por exemplo, que a ausência de simples formalidades (p. ex., data do proferimento da sentença arbitral) seja algo a ser resolvido por meio de requerimento de correções[95]. Na mesma medida, deve-se preferir o instituto dos esclarecimentos, quando as omissões dizem respeito a lacunas no texto que dificultam a intelecção da sentença arbitral[96].

E se houver uma omissão assinalada pelas partes, porém, propositalmente, não suprida pelos árbitros? Será que esse vício pode ser arguido em outro fórum? Acredita-se que não: se o tribunal arbitral, instado a se manifestar, escolheu permanecer calado, então comunicou que, em sua opinião, a omissão não existiria. É, portanto, um silêncio com significado, que deve ser interpretado em conjunto com a sentença arbitral, enxergando-se, se necessário, a rejeição do pedido de complementação como uma rejeição do pedido que se supõe ignorado. Por outro lado, se o tribunal arbitral reconhece a omissão e se recusa a apreciá-la, justificadamente (p. ex., explica que o pedido era inarbitrável ou que o pedido de complementação foi pleiteado de forma intempestiva), deve-se entender não como uma rejeição, mas sim como uma omissão.

---

90 Lei n. 9.307/96, art. 30, II; CPC Francês, art. 1.485.2; CPC Italiano, art. 826; Lei de Arb. Chinesa, art. 56; Reg. ICSID, art. 49.1.c.i.

91 Lei Modelo Uncitral (2006), art. 33.3; ZPO, art. 1.058.1.3; Arb. Act da GB, § 57(3)(b); Reg. Uncitral (2010), art. 39.1; Reg. LCIA, art. 27.3; Reg. ICDR, art. 33.1; Reg. SCC, art. 42; Reg. CIETAC, art. 52.2.

92 FOUCHARD, op. cit., 1999, p. 778.

93 Lei Modelo Uncitral (2006), art. 31.2; Lei n. 9.307/96, art. 26, II; ZPO, art. 1.054.2; CPC Francês, art. 1.482.2; Reg. Uncitral (2010), art. 34.3; Reg. CCI, art. 31.2. *Vide* também: BORN, op. cit., 2014, n. 2, p. 3.038.

94 VOLLMER, op. cit., 1998, n. 24, p. 44; TERCIER, op. cit., 2011, n. 3, p. 33.

95 Ibidem, n. 3, p. 25.

96 Ibidem, p. 30.

9. AUTONOMIA DA VONTADE DAS PARTES

Se até então esta análise focou nas regras mais comuns do direito comparado, agora é chegada a hora de atentar-se a outra fonte jurídica da arbitragem internacional: a vontade das partes[97].

A autonomia da vontade das partes é um dos princípios basilares da arbitragem internacional[98]. Em termos práticos, tal autonomia traduz-se em grande flexibilidade no estabelecimento das regras procedimentais[99]. Frequentemente, as regras das câmaras arbitrais autorizam as partes a alterarem vários aspectos do procedimento[100]. Em última análise, as partes podem definir todas as regras se optarem por uma arbitragem *ad hoc*.

Segue do disposto que é plenamente possível que o papel dos árbitros seja estendido após a sentença arbitral, devido à vontade das partes, as quais podem fixar regras procedimentais especiais. Não faltam exemplos: a) as partes podem autorizar o tribunal arbitral a reexaminar a sentença arbitral caso surjam novos fatos[101]; b) é possível instaurar um sistema de apelação ou recurso (p. ex., convocando mais dois árbitros, caso a sentença arbitral tenha voto dissidente); c) se a controvérsia for contínua (p. ex., uma complexa obra que gera constantes problemas a serem dirimidos ou um caso cujo valor devido precisa ser recalculado em tempo real) é também possível que as partes optem por uma arbitragem constante com várias sentenças; d) a sentença arbitral pode conter, por solicitação das partes, cláusula compromissória indicando o mesmo tribunal arbitral para lidar com questões associadas à sentença (p. ex., sentença homologatória de acordo); e) as partes concordam que a primeira arbitragem será uma simulação simplificada, com possibilidade de uma arbitragem plena pelo mesmo tribunal, posteriormente etc.

A autonomia da vontade das partes não é, todavia, irrestrita. As partes devem atentar, sempre, às normas cogentes presentes na legislação aplicável[102], bem como à ordem pública da jurisdição primária e secundária[103]. Ademais, as partes precisam tomar cuidado para não se contradizerem no exercício dessa autonomia. Isso significa, entre outras precauções, assegurar que a inovação procedimental seja compatível às regras institucionais escolhidas, sob pena de terem de escolher entre os dois[104]. Por fim, é de suma importância certificar-se de que os árbitros estão de acordo com essa função majorada. Caso contrário, existe o ris-

97 BORN, op. cit., 2014, n. 2, p. 2.141.

98 PRYLES, Michael. "Limits to party autonomy in arbitral procedure". In: *Journal of International Arbitration*, v. 24, n. 3, 2007, p. 327.

99 Lei Modelo Uncitral (2006), art. 19.1; Lei n. 9.307/96, art. 21; CPC Francês, art. 1.509; ZPO, art. 1.042.3; Lei de Direito Privado Suíça, art. 182; CPC Italiano, art. 816; Arb. Act da GB, § 1(b). *Vide* também: BORN, op. cit., 2014, n. 2, p. 2.129.

100 Reg. CCI, art. 19; Reg. ICSID, art. 20.

101 Ex. Reg. ICSID, arts. 50 e 51.

102 PRYLES, op. cit., 2007, n. 98, p. 329; BORN, op. cit., 2014, n. 2, p. 2.141-2.

103 Convenção de Nova Iorque (1958), art. V.2.b.; Lei Modelo Uncitral (2006), arts. 34.2.b.ii. e 36.1.b.ii; e Arb. Act da GB, § 1(b).

104 PRYLES, op. cit., 2007, n. 98, p. 329; BORN, op. cit., 2014, n. 2, p. 2.141-2. Ex.: A CCI permite que as partes influam no procedimento (Reg. CCI, art. 19), por outro lado, tem regras claras sobre revisão da sentença arbitral (Reg. CCI, art. 33), o que pode atrapalhar tentativas da parte de criarem regras diferentes.

co (justificado) de os árbitros renunciarem diante de inovação com a qual não concordaram quando aceitaram o encargo.

10. CONCLUSÃO

Em primeiro lugar, sopese-se que toda definição de sentença arbitral que se prenda à peremptoriedade da sentença arbitral incorre em certo grau de imprecisão, na medida em que há vários casos em que os árbitros ainda atuam, inobstante terem proferido sentenças arbitrais rotuladas de "finais". Na maioria dos casos (p. ex., correções, esclarecimentos e sentenças parciais), isso não significa que os árbitros ainda possuem poderes para alterar o conteúdo decisório da sentença, mas demonstra que, mesmo nesses casos, o papel dos árbitros não terminou e que a sentença arbitral não impõe, infalivelmente, o *functus officio*.

Há, inclusive, aqueles que propõem uma revisão do conceito de *functus officio* diante do exposto *supra*. Acredita-se, todavia, que uma revolução tão radical seja desnecessária, pois toda regra tem exceções e os exemplos colacionados ao longo deste capítulo somente são aplicáveis na presença de circunstâncias pouco usuais.

Em segundo lugar, cumpre recomendar uma interpretação bastante restrita das hipóteses trazidas aqui – não é saudável que a arbitragem seja prolongada demasiadamente. Os métodos citados aqui só devem ser considerados quando houver necessidade e utilidade para a arbitragem, e apesar de parecerem em alguns casos recursos (p. ex., correções, omissões e interpretações), não devem ser abusados para retardar o fim da arbitragem.

Em terceiro lugar, é de suma relevância que todos os participantes de arbitragens internacionais, sobretudo os árbitros, tomem nota do potencial sublinhado aqui para uma extensão dos seus papéis. Como o cirurgião de sobreaviso, o árbitro não pode se dar ao luxo de considerar um caso verdadeiramente encerrado antes de superadas as possibilidades estudas aqui. Caso contrário, o árbitro despreparado para uma volta à causa pode desperdiçar o tempo e dinheiro dos envolvidos (p. ex., se tiver aceito outro encargo que gere um conflito de interesses). De fato, sustenta-se aqui que o árbitro, ao aceitar a incumbência, aceita-a em sua totalidade, não podendo reclamar posteriormente de que não podia prever a extensão de seu papel após a sentença arbitral[105]. Se o árbitro não puder voltar a assumir o encargo, deve ser considerado como se tivesse renunciado prematuramente à sua função. Similarmente, as partes e instituições arbitrais também devem permanecer em alerta. Pode demorar anos, por exemplo, para um caso ser devolvido para a arbitragem. Nessas hipóteses é essencial que todos os partícipes da arbitragem estejam prontos para reassumir suas incumbências. Isso inclui não só disponibilidade dos envolvidos, mas também tarefas administrativas, como manter seguros os autos da arbitragem[106].

Por fim, o estudo de direito comparado ora realizado revelou que as exceções mencionadas são comuns a vários ordenamentos e, inclusive, seguem regras parecidas. Não se deve, contudo, baixar a guarda e pensar que todo ordenamento seguirá o padrão. O Brasil, por exemplo, oferece um prazo muito mais curto para o pedido de esclarecimentos (cin-

---

105 *Vide* TERCIER, op. cit., 2011, n. 3, p. xv.

106 WIDMAN, Stuart M.; ROME, Donald Lee. "Judicial remands of challenged awards: Legal and procedural issues after Hall Street". In: *Dispute Resolution Journal*, v. 63, nov./2008-jan./2009, p. 50.

co dias, contra os trinta dias das outras legislações). Assim, será sempre necessário pesquisar a legislação local.

Assim, a sentença arbitral não precisa ser vista como o certificado de óbito do papel dos árbitros; às vezes, a sentença sinaliza apenas o início da prorrogação.

REFERÊNCIAS BIBLIOGRÁFICAS

ABASCAL, José Maria. "Effects of annulment". In: *Dispute Resolution International*, v. 8, n. 1, 2008.

ALCOTT, Mark H. "It ain't over, even when it's over: post-award attacks on arbitrators". In: *Dispute Resolution International*, v. 7, n. 1, 2013.

BLACKABY, Nigel et al. *Redfern & Hunter on International Arbitration*. 5. ed. Oxford University, 2009.

BORN, Gary B. *International Commercial Arbitration*. 2. ed. Kluwer, 2014.

CARMONA, Carlos Alberto. *Arbitragem e processo*. 3. ed. São Paulo, Atlas, 2009.

FOUCHARD, Philippe; GAILLARD, Emmanuel; GOLDMAN, Berthold. *Fouchard Gaillard Goldman on International Commercial Arbitration*. Kluwer, 1999.

GILL, Judith. "The definition of award under the New York Convention". In: *Dispute Resolution International*, v. 2, n. 1, 2008.

KIRBY, Jennifer. "Finality and arbitral rules: saying an award is final does not necessarily make it so". In: *Journal of International Arbitration*, v. 29, n. 1. 2012, p. 119-28.

______. "T.Co Metals, LLC v. Dempsey Pipe & Supply, Inc.: Are there really no limits on what an arbitrator can do in correcting an award?". In: *Journal of International Arbitration*, v. 27, n. 5, 2010, p. 519-28.

______. "What is an award, anyway?". In: *Journal of International Arbitration*, v. 31, n. 4, 2014, p. 475-84.

KNUTSON, Robert D. A. "The interpretation of Arbitral Awards: When is a final award not final?". In: *Journal of International Arbitration*, v. 11, n. 2, 1994, p. 99-109.

MARTINS, Pedro A. Batista. *Apontamentos sobre a lei de arbitragem*. Rio de Janeiro, Forense, 2008.

MOURRE, Alexis; DI BROZOLO, Luca G. Radicatti. "Towards finality of arbitral awards: Two steps forward and one step back". In: *Journal of International Arbitration*, v. 23, n. 2. 2006, p. 171-88.

PRYLES, Michael. "Limits to party autonomy in arbitral procedure". In: *Journal of International Arbitration*, v. 24, n. 3, 2007, p. 327-39.

TERCIER, Pierre (coord.). *Post Award Issues*. Juris, 2011.

VOLLMER, Andrew N.; BEDFORD, Angela J. "Post-award arbitral proceedings". In: *Journal of International Arbitration*, v. 15, n. 1, 1998, p. 37-49.

WAINCYMER, Jeff. "International arbitration and the duty to know the law". In: *Journal of International Arbitration*, v. 28, n. 3, 2011, p. 201-42.

WIDMAN, Stuart M.; ROME, Donald Lee. "Judicial remands of challenged awards: Legal and procedural issues after Hall Street". In: *Dispute Resolution Journal*, v. 63, nov./2008-jan./2009.

6 A injustificada falta de um sistema de solução de controvérsias com legitimidade procedimental dos investidores nos Acordos de Cooperação e Facilitação de Investimentos (ACFI) firmados pelo Brasil

José Augusto Fontoura Costa
Vivian Daniele Rocha Gabriel

1. INTRODUÇÃO

Em 30 de março e 1º de abril de 2015, o Brasil assinou o Acordo de Cooperação e Facilitação de Investimentos (ACFI) com Moçambique e Angola, respectivamente. Depois disso, ocorreram os acordos com México, Malaui, Colômbia e Chile. Instrumentos semelhantes estão sendo negociados com África do Sul, Argélia, Marrocos, Nigéria e Tunísia.

Trata-se de um importante movimento na direção de uma política mais ativa de proteção e promoção de investimentos brasileiros no exterior, com suporte político do Estado, complementando a já consolidada participação do Banco Nacional de Desenvolvimento Econômico e Social (BNDES) no financiamento de projetos de infraestrutura e exploração de recursos naturais. Sua estrutura é bastante diversa da dos Acordos de Promoção e Proteção Recíproca de Investimentos (APPRIs), que vêm sendo celebrados desde o final dos anos 1950 e que foram fortemente disseminados nos anos 1990, no contexto das incertezas e esperanças nascidas do melancólico fim da União Soviética. Comparativamente, as diferenças são muitas, porém, o presente capítulo pretende debater um único aspecto: a ausência de mecanismos de solução de controvérsias entre investidores e Estados e a possibilidade de criar mecanismos unilaterais que favoreçam a participação direta dos investidores nas controvérsias internacionais sobre investimentos promovidas pelo Brasil.

É verdade que muito mais do que a participação em um sistema arbitral, o que está em jogo é a capacidade brasileira de participar e influenciar as mudanças que vêm alterando as feições das regras materiais internacionais de proteção aos investimentos estrangeiros, especialmente, a partir da convicção de que o uso que se passou a fazer dos APPRIs foi além dos limites da razoabilidade e criou um desequilíbrio em favor dos investidores.

Nesse sentido, por exemplo, a recente saída de países sul-americanos do Centro Internacional para Solução de Controvérsias em Matéria de Investimentos (em inglês, ICSID)[1] e um grande número de casos contra a Argentina, na década passada, podem ser entendidos

1 No original, International Centre for Settlement of Investment Disputes (ICSID).

mais como um resultado da estrutura dos APPRIs do que de um viés da arbitragem ou dos árbitros[2]. Nesse contexto, seria aconselhável a manutenção da distância até hoje conservada.

No entanto, as peculiaridades geopolíticas e econômicas brasileiras podem alavancar outras estratégias mais ativas. Dotado de um Produto Interno Bruto (PIB) de R$ 4.805.913 milhões, em 2012, de R$ 5.316.455 milhões, em 2013, e de R$ 5.687.309 milhões, em 2014[3], números que superam, com folga, a soma de todos os demais países da América do Sul, e com uma economia dinâmica, que além de importar, também exporta investimentos, o Brasil é capaz de estabelecer estratégias próprias, voltadas a interesses que não são os mesmos de países menores e menos desenvolvidos.

Sem se desejar ingressar em um debate bastante complexo, é fato que sua posição no G20 e nos foros multilaterais coloca o país em um dilema: assumir, vigorosamente, uma liderança regional e dos países em desenvolvimento, sobretudo participando do desenvolvimento africano, ou migrar para a retórica consolidada do grupo dos países desenvolvidos.

Os ACFIs indicam a primeira opção: fortalecimento de um discurso balizado pela experiência de país em desenvolvimento para oferecer ativos políticos e institucionais que diferenciem os investimentos brasileiros dos de possíveis concorrentes. Decerto, a pura e simples apatia em relação ao sistema internacional de proteção dos investimentos estrangeiros já não era uma alternativa razoável, e o Brasil, finalmente, lança luzes sobre sua opção.

Nesse contexto, os ACFIs brasileiros já foram delineados a partir de uma perspectiva que valoriza a ação das entidades públicas dos países de origem dos investimentos e pretendem dar apoio ao fortalecimento da estrutura regulatória dos países receptores, não a partir da adesão a um modelo institucional abertamente liberal, considerado pelos países centrais como essencial alavanca do desenvolvimento[4]. O desenho dos direitos imediatamente atribuídos a investidores e a outros interessados é, por si só, bastante diverso do dos APPRIs mais tradicionais, e não há dúvida razoável de que sua aplicação pelo sistema de arbitragem do ICSID, ou de quaisquer outras regras e instituições hoje em uso, levaria a resultados bem diversos.

2. ARBITRAGEM DE INVESTIMENTOS: FINALIDADE E VANTAGENS

Na atualidade, conforme previsto em vários contratos e tratados internacionais, é algo comum a utilização da chamada arbitragem mista (entre particular e Estado ou entidade pública) para dirimir controvérsias em matéria de investimentos. É usual, embora não exclusiva, a utilização do ICSID, seja em sua jurisdição ordinária, seja pelo uso do mecanismo complementar, que autoriza a participação de Estados não membros ou seus nacionais.

Tal sistema surgiu, nos anos 1950 e 1960, como uma resposta à decadência de modos coloniais de estabilização jurídica, como os regimes de capitulação (tribunais especiais para estrangeiros, com leis e julgadores próprios) e o uso irrestrito de proteção diplomática.

2 COSTA, "A imparcialidade na arbitragem entre investidores e Estados", 2009.

3 INSTITUTO BRASILEIRO DE GEOGRAFIA E ESTATÍSTICA. "Contas nacionais trimestrais". Disponível em: <http://www.ibge.gov.br/home/estatistica/indicadores/pib/pib-vol-val_201503_8.shtm>. Acesso em: 10 fev. 2016.

4 NORTH, *Understanding the process of economic change*, 2005.

A estrutura das relações internacionais, com a divisão do mundo em dois blocos ideologicamente orientados, tornou impossível tanto a submissão jurídica direta dos novos países independentes como o uso de pressões diplomáticas que pudessem ser consideradas colonialistas. Por conseguinte, investidores privados deixaram de contar com o apoio direto de seus Estados de origem.

Sobretudo em face do risco político, buscaram-se instrumentos alternativos de proteção, como instituições oficiais de seguro contra risco político e a proteção dos investimentos mediante tratado internacional, acompanhado da constituição de arbitragens que não dependessem da autorização do Estado de origem do investidor para serem, efetivamente, instauradas.

Nesse sentido, a vantagem das arbitragens mistas é a de possibilitar ao investidor a busca direta de proteção jurídica internacional de seus ativos, sem comprometer, jurídica ou politicamente, seu Estado de origem, ao contrário do que, às vezes, argumenta-se em favor da insuficiente sistemática de prevenção de controvérsias dos ACFIs, em que deve-se, primeiro, realizar uma "triagem dos casos apresentados pelos particulares que tenham relevância e consistência para serem levados à instância arbitral"[5], para que estes não se tornem um ônus político para o relacionamento entre os Estados.

Quando é o próprio investidor que busca a arbitragem para proteger seus ativos, é este que arca com os custos operacionais e eventuais ônus de sucumbência. Porém, em seu benefício, não é necessário convencer as autoridades de seu Estado a respeito da conveniência de iniciar procedimentos internacionais (como ocorre no sistema de solução de controvérsias da Organização Mundial do Comércio).

Para o Estado de origem do investidor, a vantagem é de conceder alguma proteção a seus nacionais, sem ter de se comprometer politicamente. Em particular, a sistemática que deixa a cargo do investidor os ônus político e econômico de buscar a arbitragem gera, em favor do Estado, o isolamento da questão em relação a outros itens das agendas econômica e diplomática; para o bem e para o mal, torna-se improvável qualquer *quid pro quo* com outros itens da pauta de negociação internacional.

Nesse sentido, não se pode desconsiderar eventuais vantagens da concessão aos investidores brasileiros de instrumentos que facilitem seu acesso a um sistema internacional de solução de controvérsias, desde que eles arquem com os custos e riscos.

Assim, identifica-se, em benefícios para o Estado, uma primeira vantagem do sistema de arbitragens mistas. Ao atribuir aos investidores legitimidade processual para buscar a proteção internacional dos direitos garantidos nos tratados vigentes, o Estado afasta a posição incômoda, própria do campo de tensão entre os interesses e a capacidade de pressão de investidores nacionais e os compromissos políticos com outros países, evitando desgaste institucional e nas relações internacionais.

Na posição de reclamado na arbitragem, é certo, o Estado pode se mostrar mais vulnerável, dada a maior dificuldade em levantar barreiras políticas contra o reclamante ou seu país de origem e a mitigação da imunidade de jurisdição, mesmo que a de execução permaneça intacta.

---

5 COZENDEY; CAVALCANTE, "Novas perspectivas para Acordos Internacionais de Investimentos – o Acordo de Cooperação e Facilitação de Investimentos (ACFI)", 2015, p. 101.

Como sói ser em qualquer disputa jurídica, a condição de autor é mais aprazível que a de réu também nas arbitragens internacionais de investimentos. Cabe, portanto, sopesar vantagens e desvantagens de abrir mão da proteção de que o Estado goza sob o direito internacional para garantir um procedimento jurídico aos investidores nacionais e estrangeiros.

Em alguns casos, a condição de ser, predominantemente, exportador ou importador de capital pode ajudar a decidir. Não obstante, ao contrário do que acontecia há vinte ou trinta anos, cada vez mais tal situação é mitigada: países industrializados da América, da Ásia e da Europa são, ao mesmo tempo, grandes investidores; países ricos em recursos naturais são origem, muitas vezes, de polpudos fluxos de capital; e países médios, como o Brasil, tampouco põem-se em uma posição clara e definida.

Não obstante, as grandes economias do mundo têm optado por dar suporte à arbitragem de investimentos. Das dez maiores economias do mundo, apenas Brasil, Índia e Rússia não são membros do ICSID. No entanto, desse conjunto, apenas um país mostra-se refratário à arbitragem de investimentos. A Índia, em seu modelo de acordo internacional de investimentos, recentemente publicado[6], não apenas a prevê, como indica o ICSID como âmbito preferencial. A Rússia, por seu turno, assinou 73 tratados bilaterais de investimentos, entre os quais, 57 encontram-se em vigor, com cláusulas que autorizam procedimentos arbitrais de investidores contra o país[7].

Do ponto de vista do investidor, as vantagens de se contar com proteção jurídica internacional são evidentes. A simples existência de meio apto para impor o cumprimento das regras estabelecidas nos tratados coloca os particulares em melhores condições para negociar. Com efeito, o próprio emprego de um sistema eficiente de prevenção de controvérsias depende da proteção derivada de um mecanismo jurídico[8], pois além de prover maior previsibilidade sobre o possível resultado, caso a disputa se estenda para um litígio formal jurisdicional, inibe o descumprimento e alavanca as negociações[9].

É, portanto, relevante a existência de acordos internacionais de investimento cobertos por sistemas de arbitragem entre investidor e Estado. Isso se mostra mais importante em proporção à instabilidade institucional do país receptor e do caráter sensível para a economia e sociedade nacionais dos investimentos estrangeiros realizados. Por exemplo, um país com economia pequena e dependente da exportação de um recurso natural produzido em seu território tenderá a ter um Direito e uma condução política respondendo, diretamente, a aspectos econômicos do mercado desse bem, sobretudo, quando preços internacionais flutuam em grandes proporções. Países grandes e com economia diversificada, como o Brasil, têm maior inércia institucional e de estabelecimento de políticas econômicas, implicando menor risco político para os investidores.

6 Texto integral disponível em: <http://finmin.nic.in/the_ministry/dept_eco_affairs/investment_division/ModelBIT_Annex.pdf>. Acesso em: 2 fev. 2016.

7 THORSTENSEN, V.; MESQUITA, A.L.; NOGUEIRA, T.R.S.M.; GABRIEL, V.D.R. "Analysis of the economic and financial relations between Latin America and the Caribbean and the BRICS group 2015", 2015, p. 78. Disponível em: <http://www.sela.org/media/1998318/analysis-of-the-economic-and-financial-relations-between-lac-and-the-brics-group.pdf>. Acesso em: 10 fev. 2016.

8 GABRIEL, *A proteção jurídica dos investimentos brasileiros no exterior*, 2015, p. 166.

9 Ibidem, p. 167.

Nesse sentido, é de se esperar que, ao realizar um investimento em países muito dependentes de um setor, a preocupação com a existência de proteção internacional seja maior. A importância para os investidores, portanto, varia. Em outros termos: estrangeiros investindo no Brasil enfrentam, relativamente, poucos riscos institucionais e políticos, enquanto brasileiros investindo em países menos estáveis beneficiar-se-iam mais da presença de meios de proteção.

Além disso, há importantes variações a respeito das características dos investimentos. As estatísticas do ICSID a respeito dos casos iniciados[10] são bastante reveladoras. Os setores petroleiro e energético, ambos fortemente relacionados a recursos naturais, normalmente controlados ou regulados pelo governo, respondem por 43% das reclamações. Outros setores comumente vinculados ao Estado (transportes, construção, água e saneamento, turismo e comunicações) somam outros 31%. A natureza dos casos e os valores envolvidos também sugerem que a arbitragem de investimentos não serve para casos de menor monta e envolvendo aspectos politicamente menos sensíveis, os quais tendem a simplesmente ser levados aos Poderes Judiciários dos Estados receptores.

Para grandes projetos relacionados à área pública, não obstante, a segurança dada por essa arbitragem é bastante significativa, sobretudo em países fortemente dependentes de um setor sensível. Nesse âmbito, a certeza jurídica reduz riscos e, portanto, custos, tornando os investimentos mais competitivos e, muitas vezes, possíveis. Ressalta-se, aliás, que os brasileiros, com frequência, atuam concorrendo com investidores estrangeiros de outras nacionalidades que não a do país sede da disputa, que dispõem de acesso à arbitragem mista (por exemplo, estadunidenses e canadenses, no México, ou portugueses, em Angola).

Há, decerto, diversos aspectos do sistema internacional de proteção aos investimentos estrangeiros que são objeto de contínua crítica, sobretudo na última década. De modo sumário, pode-se falar na falta de consenso multilateral, falta de responsividade, falta de responsabilidade social, estrutura normativa excessivamente favorável aos investidores, restrição da capacidade regulatória estatal e a existência de viés na arbitragem[11].

Não obstante, as vantagens parecem superar as suspeitas, sobretudo a respeito da arbitragem, na medida em que uma boa estrutura normativa dos acordos internacionais de investimento, com proteção à autonomia estatal na implementação de políticas públicas e atribuição mais comedida de direitos subjetivos aos investidores; a atribuição *ipso jure*, de legitimidade processual, para particulares, mediante arbitragem mista, são instrumentos potentes e adequados à proteção de investimentos e investidores. Abrir mão de instrumento por temor e preconceito é "deitar fora o bebê com a água do banho".

3. O SISTEMA DE PREVENÇÃO DE CONTROVÉRSIAS DOS ACFIs

Não obstante, a opção brasileira, desorientada por um parecer datado de 1964 (antes de duas novas Constituições e da Lei de Arbitragem), do então consultor do Ministério das Re-

10 INTERNATIONAL CENTRE FOR SETTLEMENT OF INVESTMENT DISPUTES. The ICSID Caseload – Statistics (Issue 2016-1). Disponível em: <https://icsid.worldbank.org/apps/ICSIDWEB/resources/Documents/ICSID%20Web%20Stats%202016-1%20(English)%20final.pdf>. Acesso em: 2 fev. 2016.

11 COSTA; GABRIEL, "O Brasil, ACFIs e a arbitragem de investimentos", 2015, p. 63-81.

lações Exteriores, Augusto de Rezende Rocha, e outro, da Comissão de Constituição e Justiça, de quase vinte anos atrás[12], foi por manter a arbitragem de investimentos longe de seus acordos. A proteção da soberania, claro, parece continuar a ser seu fundamento, como se os mais de 150 Estados contratantes do ICSID não fossem fiéis à integridade de seus poderes e direitos soberanos, assim como aqueles que, qual México, Índia e Rússia, submetem-se à arbitragem de investimentos mediante o mecanismo complementar ou em outras instituições.

A demonização da arbitragem de investimentos e do ICSID é arrematada com a afirmação de Augusto de Rezende Rocha de que a arbitragem mista se trata de instrumento disfarçado do imperialismo econômico e financeiro, haja vista que o ICSID institucionaliza a tensão presente nas relações internacionais entre Estados dominantes e dominados[13]. Apesar de seu caráter ideológico, foi essa a posição predominante, a qual permanece até os dias de hoje.

Feita a infeliz escolha de abrir mão da proteção jurídica para os investidores brasileiros no exterior por meio da arbitragem mista, optaram os acordos brasileiros por oferecer um arcabouço protetivo, baseado na prevenção de controvérsias, o que se designou como um dos pilares dos ACFIs[14]. O primeiro deles trata-se de instrumento unilateral instituído nos ACFIs, denominado ponto focal ou, em anglicismo desnecessário e com injustificável viés de gênero, *ombudsman*, criado com o intuito de dirimir disputas frívolas ou incipientes. O amparo institucional promovido pelo *ombudsman* consiste no auxílio de terceiro investido e especialista nas áreas de investimentos e comércio internacional, que administrará a queixa do investidor. Este levará em conta seus interesses e receios e interagirá com as partes, tentando resolver a queixa antes que esta evolua para uma disputa formal. Salienta-se que esse mecanismo foi claramente inspirado no *ombudsman* de investimentos da Coreia do Sul, o qual tem ganhado reconhecimento internacional nos últimos anos, servindo de modelo para países como Rússia e Brasil[15].

Caso o método do *ombudsman* falhe em encontrar uma solução para a controvérsia, os ACFIs estabelecem uma segunda opção preventiva para a resolução amigável de conflitos, denominada Comitê Conjunto. Neste, fica instituído que o investidor terá seu direito reclamado apenas por meio do pleito de seu Estado de origem, que encaminhará a reclamação ao Comitê constituído por representantes de ambos os Estados, sendo permitida, ainda, a representação do investidor por intermédio de seus representantes constituídos, porém, jamais contando com sua atuação direta[16].

Por fim, caso não se consiga alcançar acordo entre as partes legitimadas, conforme previsto nos ACFIs, há, ainda, a opção pelos meios jurisdicionais internacionais, neste caso, como já mencionado, a arbitragem entre Estados.

---

12 ROCHA, *Parecer DAJ/138*: criação de órgão de arbitragem internacional – BIRD, 1964, item 17, II BRASIL.

13 Ibidem, item 17.I e item 18.

14 GABRIEL, *A proteção jurídica dos investimentos brasileiros no exterior*, 2015, p. 93.

15 COREIA DO SUL. "Office of the foreign investment ombudsman". *Notice & Information*. Disponível em: <http://www.investkorea.org/ikwork/ombsman/eng/au/index.jsp?num=8&no=609280001&bno=208140021&page1=1&sort_num=534>. Acesso em: 10 fev. 2016.

16 GABRIEL, *A proteção jurídica dos investimentos brasileiros no exterior*, 2015, p. 207.

4. INVESTIDORES E SUPORTE À ARBITRAGEM INTERESTATAL

Os ACFIs firmados recentemente pelo Brasil preveem uma sistemática de prevenção e solução de controvérsias conformada por uma fase de negociação, com atuação dos pontos focais ou *ombudsman* e do Comitê Conjunto, e, adicionalmente, a possibilidade de haver arbitragem entre Estados. Além da inegável importância da instância de negociação, o fato é que a espécie de arbitragem escolhida, por mais que não seja a mais adequada para o investidor, haja vista que não propicia seu acesso direto ao mecanismo jurisdicional, ainda se torna válida, visto que propicia dispositivo jurisdicional neutro, imparcial e técnico, afastando os vieses nacionalistas, como os das cortes nacionais.

Há, decerto, muitas críticas ao sistema internacional de proteção aos investimentos estrangeiros e, particularmente, à arbitragem. Entretanto, no âmbito específico dos ACFIs, destaca-se a existência de algumas alternativas para melhor resolver as questões surgidas e para o incremento da efetividade das normas dos tratados, por intermédio de mecanismos unilaterais que favoreçam a participação direta dos investidores nas disputas internacionais sobre investimentos.

Nesse sentido, traz-se à baila, para análise, três principais mecanismos que possibilitam a abertura para participação ativa dos investidores no procedimento arbitral, mesmo que este não seja a arbitragem mista, mas sim a arbitragem entre Estados: (i) assistência informal; (ii) *amicus curiae*; e (iii) assistência formal e litisconsórcio, com eventual possibilidade de dar seguimento ao processo.

4.1. Assistência informal

Nesta hipótese, considerando-se que o Estado, de origem ou receptor do investimento, resolveu dar início ao procedimento arbitral internacional entre Estados, nos termos do ACFI em tela, discute-se, portanto, a participação do investidor na formulação de alegações, aporte de provas e outros aspectos próprios do procedimento.

Sempre é possível uma parte em litígio receber apoio técnico e financeiro de um interessado. Nesse sentido, pode-se falar em uma assistência informal, compreendida como o auxílio oferecido à parte, sem direito de realizar nenhum ato processual, com a intenção de proporcionar um suporte particular aos entes governamentais à frente do procedimento.

Nada impede, nos textos dos tratados assinados ou em qualquer outra instância jurídica internacional, que o Estado possa aceitar, na sua participação em procedimento jurisdicional ou arbitral internacional, auxílio de qualquer natureza dado por instituição pública ou privada. Como, porém, a atuação pública segue os princípios próprios da Administração e, portanto, atua em espaço delimitado pelo próprio Direito, o que se faz necessário é regulamentar as oportunidades e tipos de apoio que podem ser oferecidos por particulares interessados.

Desse modo, destaca-se que a estruturação dos pontos focais para facilitar tal categoria de assistência poderia dar permeabilidade aos processos de prevenção e de solução de disputas mediante a abertura de canais, formalmente constituídos, para a expressão dos investidores e de outros interessados.

Para evitar a eventual sobrecarga de manifestações da sociedade civil, é possível limitar o canal direto à controvérsia a quem possuir interesse específico, abrindo espaço diverso para a sociedade civil organizada interessada de maneira difusa, como é o caso das organizações não governamentais.

Dessa forma, a realização de qualquer ato procedimental ficaria a exclusivo critério e sob o integral controle das autoridades estatais. Particulares de qualquer natureza não se manifestariam, formalmente, no processo, podendo, porém, ter seu auxílio aceito pela autoridade estatal, conforme o juízo de conveniência desta.

Tais ajustes poderiam ocorrer, simplesmente, na organização da atividade dos pontos focais e não necessitariam ser reforçados no texto do acordo. Não obstante, se é previsto canal para a sociedade civil, a menção no texto do ACFI pode ser bem-vinda, portanto, por razões políticas.

4.2. *Amicus curiae*

Em geral, reconhece-se a possibilidade de atuação como *amicus curiae*, ou seja, oferecendo auxílio, diretamente, ao tribunal (não a uma parte), mediante petições, pareceres e provas que, sem se constituírem em atos processuais formais, podem ser levados em conta pelos julgadores, conforme seu próprio juízo. Vale lembrar, aliás, que a atuação de *amici curiae* vem sendo admitida em arbitragens do ICSID.

Essa modalidade é mais adequada para os sujeitos que não têm interesse direto na controvérsia, mas pretendem atuar em favor de terceiros ou na defesa de interesses difusos. Organizações da sociedade civil, portanto, são as principais interessadas nesse tipo de intervenção, embora, na ausência de possibilidade de assistência informal, assistência formal e litisconsórcio, também possa ser uma alternativa para os investidores[17].

A previsão expressa, nos textos dos ACFI, de participação como *amicus curiae* e a eventual possibilidade de este ter acesso à documentação dos autos e às audiências são sempre possíveis. Entretanto, o principal cuidado deve ser o de não abrir alternativas procedimentais que tornem possível aos interessados indiretos perturbar o bom andamento do processo, como ao oferecer um número excessivo de pareceres, tornando o procedimento maçante e excessivamente burocrático. Por isso, ressalta-se que é sempre razoável manter a discricionariedade dos julgadores para aceitar, ou não, esse tipo de intervenção.

4.3. Assistência formal e litisconsórcio (com eventual possibilidade de dar seguimento ao processo)

O litisconsórcio é o instituto jurídico que se caracteriza pela participação formal e direta de mais de um sujeito em um polo da ação. Pode ser ativo, quando a reunião de atores se dá entre os reclamantes, ou passivo, quando entre os reclamados. Pode ser necessá-

17 GÓMEZ, "Rethinking the role of *amicus curiae* in international investment arbitration: How to draw the line favorably for the public interest", 2012. Disponível em: <http://ir.lawnet.fordham.edu/cgi/viewcontent.cgi?article=2429&context=ilj>. Acesso em: 10 fev. 2016.

rio (quando juridicamente obrigatório) ou voluntário (quando a participação depende da vontade do interessado).

É tecnicamente possível criar a possibilidade de litisconsórcio voluntário para os procedimentos arbitrais em matéria de investimentos previstos nos ACFIs. Isso possibilitaria a participação dos investidores ou outros interessados na arbitragem, podendo apresentar reclamação (se ativo) ou defesa (se passivo) próprias.

A principal vantagem de tal instrumento seria a abertura de uma via formal para a manifestação independente daquela do Estado. A linha argumentativa da reclamação ou da defesa poderia ser diversa da adotada pela autoridade estatal. Há, também, os custos adicionais de advogados e especialistas, que correriam por conta dos litisconsortes, incrementando as possibilidades de êxito sem onerar o Estado.

Além disso, como a adesão voluntária como litisconsorte ocorreria apenas na hipótese de o Estado iniciar (se ativo) ou responder (se passivo) procedimento arbitral, a configuração básica da ação (inclusive a razão pela qual se pede e o quanto se pede) ficaria a cargo da autoridade estatal. Isso evitaria a conversão da arbitragem entre Estados em arbitragem investidor – Estado, pois o início da demanda, os limites do pedido e a possibilidade de desistir da causa ficariam sempre, integralmente, nas mãos do Estado, além da escolha dos árbitros, que também ficaria, integralmente, a critério do Estado.

É possível, não obstante, prever a continuidade do juízo pelo litisconsorte em face da revelia das autoridades estatais e, até mesmo, a despeito de desistência formal.

O direito de atuar como litisconsorte, porém, não pode ser instituído unilateralmente e depende de previsão expressa no texto do tratado. Desse modo, seria apropriado que o ACFI previsse, claramente, a faculdade de participação de sujeitos de Direito interno como litisconsortes ativos e passivos, possibilitando: (i) a realização de todos os atos processuais, como a apresentação de razões em separado, pedido e aporte de provas e participação em audiência; (ii) a realização de atos processuais que supram a eventual inércia do Estado; e (iii) o prosseguimento no pleito, mesmo se houver desistência do Estado.

Ademais, o litisconsorte deve ser interessado direto, alegando e comprovando seu interesse por ocasião do primeiro ato processual em que participar. A defesa de direito de terceiro ou de direitos difusos não autoriza a participação como litisconsorte. Por fim, caberia exclusivamente ao Estado parte na controvérsia a indicação das razões de fato e os limites do pedido, bem como a nomeação dos árbitros.

5. PROCEDIMENTO ESPECIAL PARA ARBITRAGENS ORIGINADAS EM PEDIDO DE INVESTIDOR

Outras alternativas viáveis para a participação direta dos investidores podem ser verificadas considerando certas características especiais para o procedimento em razão do interesse manifesto por particular diretamente vinculado a questão jurídica derivada do ACFI. Entre elas, elencam-se: (i) a redução de exigências e prazos (sistema do Protocolo de Brasília no Mercosul, por exemplo); e (ii) a necessidade de motivação estatal para não iniciar ou prosseguir na arbitragem. Nos próximos tópicos, há mais detalhes de cada uma das alternativas.

5.1. Redução de exigências e prazos

Na estruturação das regras do procedimento arbitral previstas nos ACFIs, seria possível estabelecer condições especiais sempre que houver o impulso procedimental dado por particular. Nesse contexto, faz-se necessário destacar o Protocolo de Brasília no âmbito do Mercosul, de 1991. Este dedica, por exemplo, o Capítulo V (arts. 25 a 32) às reclamações feitas por particulares, apresentadas à seção nacional do Estado em que tiverem a sede de seus negócios.

No caso dos ACFIs, portanto, seria possível estabelecer condições para que a reclamação válida de um particular interessado facultasse um procedimento especial de prevenção de controvérsias, bem como condições especiais para a participação como assistente ou litisconsorte no procedimento litigioso, o que seria benéfico, porquanto também possibilitaria a participação direta do particular interessado.

5.2. Exigência de motivação para não iniciar ou prosseguir a arbitragem

Em princípio, cabe, discricionariamente, ao Estado interessado aferir a conveniência de iniciar ou prosseguir a arbitragem internacional pública entre Estados. Em articulação com as regras de participação de assistente ou litisconsorte, porém, é possível – independentemente da reestruturação dos textos estatais – estabelecer espaços de discricionariedade mais estritos.

Nesse sentido, por exemplo, seria uma alternativa a criação de um procedimento para a demanda por particular diretamente interessado para pedir a instauração de procedimento de prevenção ou arbitragem entre Estados. Se tal procedimento prever que o Estado deve iniciar e prosseguir na solução de controvérsias, este deve ser realizado, a menos que existam motivos significativos para denegar a solicitação do particular (talvez dispostos em lista exemplificativa, inclusive o de que o particular deverá se comprometer a arcar com os custos e ônus do processo).

Desse modo, essa iniciativa seria uma opção para fortalecer o direito de participar na solução de controvérsias internacionais, suportando os custos e ônus e limitando-se à discricionariedade do Estado, sem descaracterizar a arbitragem como sendo entre Estados. Seria, portanto, uma alternativa para o investidor brasileiro proteger melhor seus ativos no exterior, sem depender apenas da boa vontade e dos recursos públicos governamentais de seu Estado de origem.

6. CONCLUSÃO

Nesse sentido, conclui-se que a arbitragem mista é a melhor opção de mecanismo de solução de controvérsias para os ACFIs assinados pelo Brasil e seus parceiros, pois esta teria o condão de propiciar o acesso direto do investidor aos meios jurisdicionais arbitrais. Contudo, o que se vislumbra nos ACFIs é um mecanismo restritivo ao investidor, que fica, na maior parte do tempo, refém da boa vontade de seu Estado para pleitear seus direitos e formular suas queixas.

Desde os mecanismos preventivos estabelecidos, o investidor apenas possui a garantia de acionar, diretamente, a instituição do ponto focal ou *ombudsman*, e, uma vez que este mecanismo falhe, depende de seu Estado de origem para o acionamento do Comitê Conjunto. O fato de ter de se pautar na discricionariedade governamental para prevenir uma controvérsia, já, por si só, vai de encontro à dissuasão da disputa, visto que, se o Estado recusar encampar a queixa do investidor, aí sim esta evoluirá de qualquer forma para uma controvérsia mais robusta, no plano jurisdicional, não havendo tentativa de prevenção.

Não obstante o previsto nos ACFIs, em que se elegeu a arbitragem entre Estados como meio viável e *ultima ratio* para a solução de controvérsias, aduz-se que, apesar de não ser a mais efetiva, em termos de pleito direto dos interesses dos prejudicados, esta ainda é preferível em detrimento dos tribunais nacionais dos Estados receptores de investimentos.

Diante desse quadro jurídico, a alternativa viável para os ACFIs é o aperfeiçoamento de certos procedimentos que influenciariam para uma participação ativa das partes não estatais, ou seja, dos investidores, na arbitragem.

Entre os procedimentos que melhor se adequariam a esse propósito, destacam-se a assistência informal, a participação do *amicus curiae* e a assistência formal e litisconsórcio, além dos procedimentos especiais, como a redução de exigências e o requerimento de motivação para não iniciar ou prosseguir a arbitragem. Estas se tratam de especificidades procedimentais que podem garantir uma atuação baseada, sobretudo, no interesse da parte em acompanhar, de perto, o procedimento arbitral, havendo, assim, um suporte do real interessado ao real legitimado ou ao tribunal.

REFERÊNCIAS BIBLIOGRÁFICAS

BRASIL. Parecer da Comissão de Constituição e Justiça e de Redação, de 21 de julho de 1997, ao Projeto de Decreto Legislativo n. 395 de 2000. *Diário da Câmara dos Deputados*, Brasília, 20 de janeiro de 2000.

COREIA DO SUL. "Office of the foreign investment ombudsman". *Notice & Information*. Disponível em: <http://www.investkorea.org/ikwork/ombsman/eng/au/index.jsp?num=8&no=609280001&bno=208140021&page1=1&sort_num=534>. Acesso em: 10 fev. 2016.

COSTA, José Augusto Fontoura. "A imparcialidade na arbitragem entre investidores e Estados". *Revista de Arbitragem e Mediação*, v. 21, 2009.

COSTA, J.A.F.; GABRIEL, V.D.R. "O Brasil, ACFIs e a arbitragem de investimentos". *Revista Internacional de Arbitragem e Conciliação*, v. VIII. Lisboa, Associação Portuguesa de Arbitragem/Almedina, 2015, p. 63-81.

COZENDEY, Carlos Marcio Bicalho; CAVALCANTE, Pedro Mendonça. "Novas perspectivas para Acordos Internacionais de Investimentos – o Acordo de Cooperação e Facilitação de Investimentos (ACFI)". *Cadernos de Política Exterior*, Brasília, v. 1, n. 2, p. 87-109, out. 2015.

GABRIEL, Vivian Daniele Rocha. A proteção jurídica dos investimentos brasileiros no exterior. 266 f. Dissertação (Mestrado em Direito). Faculdade de Direito, Universidade de São Paulo, 2015.

GÓMEZ, Katia Fach. "Rethinking the role of amicus curiae in international investment arbitration: How to draw the line favorably for the public interest". *Fordham International Law Journal*. v. 35, Issue 2,

2012. Disponível em: <http://ir.lawnet.fordham.edu/cgi/viewcontent.cgi?article=2429&context=ilj>. Acesso em: 10 fev. 2016.

INSTITUTO BRASILEIRO DE GEOGRAFIA E ESTATÍSTICA. "Contas nacionais trimestrais". Disponível em: <http://www.ibge.gov.br/home/estatistica/indicadores/pib/pib-vol-val_201503_8.shtm>. Acesso em: 10 fev. 2016.

INTERNATIONAL CENTRE FOR SETTLEMENT OF INVESTMENT DISPUTES. "The ICSID Caseload – Statistics (Issue 2016-1)". Disponível em: <https://icsid.worldbank.org/apps/ICSIDWEB/resources/Documents/ICSID%20Web%20Stats%202016-1%20(English)%20final.pdf>. Acesso em: 2 fev. 2016.

LOWENFELD, Andreas F. *International economic law.* 2.ed. Oxford, Oxford University, 2008.

NORTH, Douglass. *Understanding the process of economic change.* Princeton, Princeton University, 2005.

ROCHA, Augusto de Rezende. *Parecer DAJ/138:* criação de órgão de arbitragem internacional – BIRD. 20 ago. 1964.

THORSTENSEN, V.; MESQUITA, A.L.; NOGUEIRA, T.R.S.M.; GABRIEL, V.D.R. *Analysis of the economic and financial relations between Latin America and the Caribbean and the BRICS group 2015.* Latin America and Caribbean Economic System. Caracas, SELA, 2015, p. 78. Disponível em: <http://www.sela.org/media/1998318/analysis-of-the-economic-and-financial-relations-between-lac-and-the-brics-group.pdf>. Acesso em: 10 fev. 2016.

PARTE III – ARBITRAGEM, PROCESSO E PROCEDIMENTO

7 A revogação do inciso V do art. 32 da Lei de Arbitragem e as sentenças arbitrais equivocadamente parciais

Ana Carolina Beneti
Giovani dos Santos Ravagnani

1. INTRODUÇÃO – O INCISO V DO ART. 32 ANTES DA REFORMA DA LEI DE ARBITRAGEM

O art. 32 da Lei n. 9.307/96 (LArb) é o artigo responsável por indicar as hipóteses em que a sentença arbitral poderá vir a ser invalidada no Poder Judiciário[1]. O veículo processual para correção das sentenças arbitrais eivadas de nulidades é a ação anulatória, prevista no art. 33 da LArb[2]. Somente por intermédio desse meio – a ação anulatória – é que o Poder Judiciário poderá, a pedido da parte, discutir e determinar a nulidade das sentenças arbitrais.

A rigor, a intenção do legislador foi proteger, ao máximo, a higidez e a autonomia da sentença arbitral, limitando as hipóteses de intervenção do Poder Judiciário na arbitragem. O rol do art. 32 da LArb é taxativo[3], não dá margem a interpretações extensivas, principalmente, para proteger o sistema arbitral da má utilização por partes eventualmente insatisfeitas com o resultado do procedimento arbitral em razão de decisões proferidas em seu des-

1 "O legislador pretendeu reservar a ação anulatória somente para casos de desvios muito graves, que comprometessem insuportavelmente a sentença arbitral. Por conta mesmo da necessária limitação no escopo do controle judicial da validade e eficácia das sentenças arbitrais, todas as hipóteses de anulabilidade listadas no art. 32 da Lei n. 9.307/96 têm maior ou menor relação com a ordem pública, inteiramente subjacente ao espírito desse dispositivo legal. Assim, pretendeu a Lei garantir a integridade do pacto arbitral (art. 32, I, IV, V e VII, da Lei n. 9.307/96), assegurar a independência e imparcialidade do julgador (art. 32, II e VI, da Lei n. 9.307/96) e tutelar os direitos processuais fundamentais das partes (art. 32, III, VII e VIII, da Lei n. 9.307/96). Considerou, porém, o legislador que somente as hipóteses específicas listadas no art. 32 da Lei n. 9.307/96 seriam suficientemente relevantes, a ponto de justificar a medida drástica da anulação da sentença, inexistindo um preceito de caráter geral, uma 'válvula de escape' que alcance outras situações não expressamente contempladas" (ALMEIDA, "A anulação de sentenças arbitrais e a ordem pública", 2006, p. 262-76.

2 "Art. 33. A parte interessada poderá pleitear ao órgão do Poder Judiciário competente a declaração de nulidade da sentença arbitral, nos casos previstos nesta Lei."

3 "O art. 32 da Lei de Arbitragem estabelece rol taxativo de nulidades da sentença arbitral, admitindo-se, entretanto, que o art. 32 não relaciona as hipóteses de inexistência jurídica da sentença. Verifica-se, portanto, que o tema das invalidades na arbitragem envolve a análise dos planos da existência, da validade e, também, da eficácia. Tal conclusão foi possível em função de uma série de vícios impugnáveis da sentença arbitral que não se enquadram em nulidades e, por essa razão não foram relacionados no referido dispositivo legal" (VICENTE, *Arbitragem e nulidades*: uma proposta de sistematização, 2010, p. 9).

favor, evitando-se a indesejável judicialização da arbitragem ou a proliferação de ações em verdadeiro sistema de revisão, pelo Poder Judiciário, das decisões arbitrais.

Ainda que haja debates sobre a natureza jurídica da ação contemplada nos arts. 32 e 33 da LArb, o fato é que o legislador optou por criar somente uma forma de correção de tais vícios, isto é, a ação prevista no art. 33 da LArb, a qual indica prazo decadencial de noventa dias, contados a partir da intimação da sentença arbitral, para o ajuizamento. Em termos práticos, esteja a sentença eivada de nulidade ou anulabilidade[4], o caminho para cassá-la será um só, com as restritas hipóteses previstas nos incisos do art. 32, o qual foi objeto de recente alteração imposta pela reforma da LArb no ano de 2015 – Lei n. 13.129, de 26 de maio de 2015.

De acordo com a redação antiga do artigo em questão, seriam consideradas nulas as sentenças arbitrais *citra petita*, ou seja, aquelas que não decidissem "todo o litígio submetido à arbitragem". Em outras palavras, indiretamente, o ordenamento jurídico brasileiro não reconhecia a validade das sentenças arbitrais que não julgassem, intencionalmente ou não, todo o litígio posto diante dos árbitros.

A esse respeito, é importante destacar que a sentença *citra petita* era tida como nula porque "da mesma forma que o juiz togado, cabe ao árbitro manifestar-se sobre toda a controvérsia que lhe seja submetida, não podendo deixar de decidir a respeito de todas as questões que, no seu conjunto, formam o mérito do processo arbitral"[5].

Todavia, a sentença *citra petita* deixou de fazer parte do rol de motivos que dão ensejo à ação anulatória. Nos tópicos a seguir, indicaremos os motivos e as razões que deram azo à revogação do inciso V do art. 32 da LArb, as demais alterações na LArb, nesse aspecto, bem como as possíveis consequências práticas dessas modificações.

2. OS MOTIVOS DA REVOGAÇÃO DO DISPOSITIVO EM QUESTÃO

A exclusão do inciso V do art. 32 da LArb objetivou refletir a autorização expressa da utilização das sentenças arbitrais parciais[6], as quais já vinham sendo aceitas na prática arbitral brasileira, mas que, após a reforma de 2015 da LArb, contaram com previsão na própria lei: art. 23, § 1º, da LArb[7].

Dessa forma, o legislador entendeu, de forma pragmática, que a alteração legislativa deveria ser feita porque a sentença parcial também é aquela sentença que não julga, por completo, todo o litígio submetido à arbitragem. Apesar de decidir, de forma definitiva e com

---

4 Sobre a diferenciação entre as causas de nulidade e anulabilidade da sentença e a consequência do acolhimento do pedido após o provimento jurisdicional, é o ilustrativo gráfico constante da página 220 do trabalho: CARDOSO; COELHO; RODOVALHO, "Poderes, deveres e jurisdição de um Tribunal Arbitral", 2014.

5 CARMONA, *Arbitragem e processo*, 2009, p. 407.

6 "*An award is an arbitral tribunal's final and binding decision disposing of one, several, or all issues submitted to it, including decisions on procedural requirements, but, in the latter case, only, if their non-fulfillment would lead to the termination of the arbitration*" (PETERS, Philipp; KOLLER, Christian. "The award and the courts: the notion of arbitral award: an attempt to overcome a Babylonian confusion". In: KLAUSEGGER, *Austrian arbitration yearbook 2010*, 2010, p. 158).

7 "Art. 23. A sentença arbitral será proferida no prazo estipulado pelas partes. Nada tendo sido convencionado, o prazo para a apresentação da sentença é de seis meses, contado da instituição da arbitragem ou da substituição do árbitro. § 1º Os árbitros poderão proferir sentenças parciais."

uma cognição exauriente[8], a sentença parcial, em razão de sua natureza e lógica, não decide todos os pedidos da arbitragem[9]. O referido inciso V era utilizado, antes da LArb e das últimas reformas do Código de Processo Civil, também para justificar a impossibilidade de decisão do tribunal arbitral por meio de sentença parcial. Nesse sentido, é o elucidativo comentário de Rodrigo Garcia Fonseca, feito antes da alteração processual, que introduziu a sentença parcial no Código de Processo Civil de 1973[10,11]:

> O art. 32, V, da Lei 9.307/1996 também considera nula a sentença arbitral que não decidir todo o litígio submetido à arbitragem, ou seja, a sentença *infra petita*. Discute-se, em razão deste dispositivo legal, se seria possível no Brasil a sentença arbitral parcial, que é muito comum em vários países, e prevista no regulamento de renomadas instituições arbitrais estrangeiras. Embora o processo civil brasileiro tradicional não comporte a chamada sentença parcial, ao contrário do que ocorre em outros países que a admitem, nada há de estranho em decisões interlocutórias que na prática são verdadeiras sentenças parciais, pondo fim a determinados aspectos do litígio, sem encerrá-lo como um todo. [...] Parece perfeitamente possível, portanto, a prolação de sentença arbitral parcial, como uma espécie de decisão interlocutória sobre parte do litígio, desde que posteriormente seja complementada por outra, mas o tema é polêmico, e antes de um norte claro dado pelos tribunais, melhor farão os árbitros se evitarem as sentenças parciais[12].

---

8 "Em primeiro lugar, o plano horizontal, que diz respeito à extensão e à amplitude das questões que podem ser objeto de cognição (no direito brasileiro, o trinômio de categorias processuais: condições da ação, pressupostos processuais e mérito da causa). Aqui se definem quais as questões pode o magistrado examinar. A cognição, assim, pode ser: a) plena: não há limitação ao quê o juiz conhecer; b) parcial ou limitada: limita-se o quê o juiz pode conhecer [...]" (DIDIER JÚNIOR, *Cognição, construção de procedimentos e coisa julgada*: os regimes de formação da coisa julgada no direito processual civil brasileiro). Disponível em: <http://www.direitopublico.com.br/pdf_10/dialogo-juridico-10-janeiro-2002-fredie-didier-jr.pdf>. Acesso em: 6 maio 2016). Ademais, Kazuo Watanabe classifica a cognição, no plano horizontal, quanto ao objeto cognoscível em plena ou limitada (parcial); e, no plano vertical, quanto à profundidade, se a perquirição do juiz sofre ou não limitações, em sumária (incompleta) ou exauriente (completa) (WATANABE, *Da cognição do processo civil*, 2012, p. 41).

9 "Entende-se por sentença parcial toda decisão que verse sobre uma parte do litígio e atenda aos mesmos requisitos formais das sentenças finais, porém não resolva a totalidade do litígio, apesar de definitiva" (WALD, "A validade da sentença arbitral parcial nas arbitragens submetidas ao regime da CCI", 2002, p. 329-41).

10 Carmona assevera que a reforma de 2005 do Código de Processo Civil abriu caminho para que pudessem ser proferidas sentenças parciais e de forma ilíquida: "Antes da reforma imposta ao Código de Processo Civil pela Lei n. 11.232/2005 afirmei, na edição anterior destes Comentários, que as sentenças arbitrais deveriam obrigatoriamente ser líquidas e certas, sendo inadmissível que os árbitros prolatassem decisão a ser liquidada no âmbito do Poder Judiciário. Esta constatação decorria do modelo processual vigente à época em que foi editada a Lei de Arbitragem: tanto no Código de Processo Civil quanto na Lei n. 9.307/96 a sentença era vista como ato monolítico, final, conclusivo. Com a sentença, tanto o juiz como o árbitro encerravam sua função: esta formulação relativamente tranquila e estável, na qual se fundava tanto a Lei de Arbitragem como o Código de Processo, tanto no que diz respeito ao conceito de sentença quanto no que toca a ação de liquidação de sentença, transformada em mero procedimento". O mesmo doutrinador ainda assevera que, com a alteração do antigo Código de Processo Civil, o qual modificou os conceitos de sentença (arts. 267 e 269 do antigo CPC, arts. 485 e 487 do novo CPC), alterou-se o padrão do devido processo legal que inspirava a LArb e que, por conta disso, abriram-se brechas para a prolação das sentenças parciais (CARMONA, op. cit., p. 397).

11 As sentenças parciais também foram previstas no Código de Processo Civil atual, ao tratar do julgamento antecipado parcial do mérito nos arts. 355 e 356 do referido diploma.

12 FONSECA, "Reflexões sobre a sentença arbitral", 2005, p. 40-74.

A intenção do legislador na reforma é clara: superar a discussão ventilada no trecho citado. Diante da inclusão de regra expressa no já mencionado art. 23, § 1º, da LArb, pareceu necessário ajustar o texto do art. 32, a fim de evitar possível contradição entre a sentença arbitral parcial e a possibilidade de arguição de nulidade da sentença arbitral *citra petita*. Os debates da Comissão Especial de Reforma da Lei de Arbitragem confirmam que a real intenção do legislador foi de eliminar o dispositivo a fim de preservar e dar sustentáculo à aplicação das sentenças arbitrais parciais[13].

Dessa maneira, o legislador, na reforma da LArb, de 2015, e com foco intenso na defesa das sentenças parciais, procurou evitar e afastar quaisquer tipos de incongruências e incompatibilidades legislativas que pudessem vir a atravancar a utilização dessas sentenças no procedimento arbitral. Assim, pode-se concluir que deixam de existir questionamentos sobre a possibilidade de julgamento em fases, da produção de sentenças parciais pelo árbitro ou pelo tribunal arbitral[14].

No mais, conforme será indicado a seguir, é importante destaca que, por se tratar de situações distintas, aquilo que chamamos, para fins de estudo, de sentença arbitral parcial e de sentença arbitral equivocadamente parcial (sentença *citra petita*), deveria ter tido melhor tratamento pelo legislador. Após a reforma de 2015, no âmbito da nulidade das sentenças, a LArb diminuiu a importância dos perigos da sentença *citra petita*, produzida mediante equívoco do julgador, privilegiando tão somente a figura da sentença parcial, o que criou uma série de questionamentos sobre o tema[15].

Como visto, o inciso V do art. 32 da LArb foi eliminado com a justificativa no necessário destaque à sentença parcial, mas alguns doutrinadores, anteriormente, já teciam críticas à possibilidade de completa nulidade da sentença parcial, baseada no julgamento *citra petita*, como sendo medida extremada para o vício da sentença. Nesse sentido, Francisco Cahali, ao comentar as alterações da LArb, sustenta que, "em relação à revogação do inciso V, confirma-se a orientação de que declarar nula a sentença *infra petita* (ou *citra petita*) seria punição exagerada, pois não há dificuldade em preservar a parte boa do julgamento e tratar da parcela defeituosa". Ainda no mesmo trabalho, Cahali esclarece que a revogação teria vindo em

> um contexto mais abrangente, na medida em que a reforma também trouxe criativa solução para sanear a patologia no § 4º do art. 33, pois, evidentemente, deve ser resguardado às partes o di-

13 Conforme ata da 12ª Reunião da Comissão Especial de Reforma da Lei de Arbitragem, ocorrida em 26 set. 2013, disponível em: <http://www25.senado.leg.br/web/atividade/materias/-/materia/106731>.

14 "Originalmente, a Lei de Arbitragem dizia que a sentença que não decidisse todos os pontos controversos poderia ser objeto de ação de anulação, o que não era muito técnico, pois a ação na verdade determinava a prolação de nova sentença complementar. A reforma da Lei de Arbitragem corrigiu esse ponto e previu expressamente ação para complementar sentença arbitral *citra petita*" (MUNIZ, *Curso básico de direito arbitral*: teoria e prática, 2015, p. 236).

15 De acordo com a pesquisa do Comitê Brasileiro de Arbitragem (CBAr), de 2008, somente 5% das ações de anulação foram propostas com base no inciso V do art. 32 da LArb, razão pela qual o legislador procurou privilegiar a sentença parcial, eliminando o inciso. Disponível em: <http://cbar.org.br/PDF/Pesquisa_GV-CBAr_relatorio_final_1_etapa_2fase_24.06.09.pdf>.

reito à tutela exauriente. Criou-se, então, nova sistemática para resolver a falta de julgamento de alguns pedidos formulados na arbitragem[16,17].

É importante destacar, também, que a revogação do inciso V do art. 32 da LArb está em consonância com o art. 34 da Lei Modelo sobre Arbitragem Comercial Internacional, o qual não indica nenhuma hipótese para o combate da sentença arbitral. Consonante está, nesse sentido, a alteração legislativa com as mais conhecidas práticas arbitrais do mundo, as quais estão indicadas na Lei Modelo sobre Arbitragem Comercial Internacional[18].

Apresentadas tais considerações referentes ao processo legislativo da lei que reformou a LArb, passemos à análise dos principais reflexos oriundos da revogação do inciso V do art. 32 da LArb e da alteração do art. 33 da mesma Lei.

3. OS PRINCIPAIS REFLEXOS DA ALTERAÇÃO LEGISLATIVA

De início, as principais consequências e eventuais questões práticas que podem surgir em decorrência da alteração legislativa com a revogação do inciso V do art. 32 da LArb podem ser as seguintes: (i) a existência de sentenças *citra petita* válidas e eficazes e a sua relação com as sentenças arbitrais parciais; e (ii) as dúvidas com relação à sistemática para a correção da sentença arbitral *citra petita*.

---

16 CAHALI, *Lei de Arbitragem consolidada com a Lei n. 13.129/15, destacadas as modificações com breves comentários*. Disponível em: <http://www.cahali.adv.br/arquivos/LArb.%20consolidade%20destacada%20aletaracoes%20com%20breves%20comentarios.pdf>. Acesso em: 10 maio 2016.

17 No mesmo sentido, é o comentário de Mario Robert Mannheimer: "Foi revogado também o inciso V do art. 32 da Lei n. 9.307/96, que considerava nula a sentença arbitral, se não decidir todo o litígio submetido à arbitragem, porque tal dispositivo é incompatível com o § 4º do art. 33 da mesma lei, introduzido pela Lei n. 13.129/2015, que dispõe que a parte interessada poderá ingressar em juízo para requerer a prolação de sentença complementar, se o árbitro não decidir todos os pedidos submetidos à arbitragem, dispositivo que se destina a evitar justamente a declaração da nulidade da sentença arbitral *citra petita*, prevista no dispositivo ora revogado, dando oportunidade a que a lacuna seja suprida" (MANNHEIMER, Mario Robert. "Mudanças na lei de arbitragem (Lei n. 9.307, de 23.09.1996). Observações sobre a Lei n. 13.129, de 26.05.2015. Visão de um antigo magistrado", 2015, p. 45-65).

18 "Artigo 34º Pedido de anulação como recurso exclusivo contra a sentença arbitral: [...] (2) A sentença arbitral só pode ser anulada pelo tribunal referido no artigo 6º se (a) A parte que faz o pedido fizer prova de que: (i) Uma parte da convenção de arbitragem referida no artigo 7º era incapaz; ou que a convenção de arbitragem não é válida nos termos da lei a que as partes a tenham subordinado ou, na falta de qualquer indicação a este respeito, nos termos da lei do presente Estado; ou (ii) A parte que requer a anulação da sentença arbitral não foi devidamente informada da nomeação de um árbitro ou do procedimento arbitral, ou que lhe foi impossível fazer valer os seus direitos por qualquer outra razão; ou (iii) A sentença tem por objeto uma disputa não referida ou não abrangida pela convenção de arbitragem ou contém decisões sobre matérias que ultrapassam o âmbito da convenção, a menos que a parte da sentença que contém decisões sobre matérias não submetidas à arbitragem possa ser anulada, caso as decisões sobre matérias submetidas à arbitragem possam ser tratadas de forma separada das que o não foram; ou (iv) A constituição do tribunal arbitral ou o procedimento arbitral não estão conformes ao acordo entre as partes, a menos que referido acordo contrarie uma disposição da presente Lei que as partes não possam derrogar, ou que, na falta de tal acordo, não estão conformes à presente Lei [...]."

3.1. A sentença arbitral equivocadamente parcial: sentença *citra petita*

Conforme já mencionado, a revogação do inciso V do art. 32 da LArb buscou criar um cenário sistematicamente congruente e propício à admissão das sentenças arbitrais parciais[19], as quais passaram a ter previsão expressa na LArb, por meio da reforma legislativa imposta pela Lei n. 13.129/2015 (art. 23, § 1º, da LArb)[20] e que são aquelas que não julgam, por completo, todo o litígio submetido à arbitragem.

De acordo com Guilherme Cardoso Sanchez, em excelente dissertação sobre o tema, as sentenças arbitrais parciais são aquelas que decidem a causa, com ou sem o julgamento do mérito, entendendo-se causa como as pretensões apresentadas pelas partes em relação às quais se busque uma decisão[21]. Para Sanchez, é importante frisar que a causa abarca tanto as sentenças definitivas ou de mérito como as sentenças de caráter terminativo, quando o processo é extinto por inexistência de defeitos formais[22].

Ademais, ao longo do mesmo trabalho, baseado na estrutura proposta por Philipp Peters e Christian Koller, Sanchez estabelece alguns requisitos essenciais para a identificação de uma sentença arbitral, quais sejam[23]:

> I. órgão decisor: um árbitro ou tribunal arbitral, não alcançando, portanto, decisões tomadas por órgãos de caráter administrativo e não investidos de poder jurisdicional;
>
> II. definitividade (*finalty*): somente decisões que consistirem em provimentos definitivos, não sujeitos a posterior modificação ou revisão e, portanto, vinculantes não só às partes, mas, também, ao tribunal arbitral, devem ser classificadas como sentenças;
>
> III. objeto da decisão: decisões que, meramente, disponham sobre matéria procedimental não são sentenças. Por outro lado, decisões dispondo sobre o mérito da controvérsia são sentenças. Há um campo cinzento, relacionado às decisões que disponham sobre a jurisdição do tribunal;
>
> IV. denominação da decisão: ainda que não seja um fator determinante, por apresentar menor relevância diante do conteúdo, do *nomen iuris* que se dê ao ato, a denominação atribuída, pelo tribunal, à decisão é um dos elementos que podem ser utilizados de forma a dirimir eventuais dúvidas interpretativas.

Ou seja, se presentes os elementos aqui destacados, a decisão proferida pelo tribunal arbitral deve ser considerada sentença arbitral, seja parcial ou não[24].

---

19 Cf. nota 8.

20 Cf. nota 9.

21 Portanto, é por meio desses parâmetros que propomos que seja conceituada a sentença arbitral parcial: definir a causa, com ou sem julgamento do mérito. Essencial para a caracterização da sentença parcial, portanto, é que ela defina a causa, assim entendidas as pretensões apresentadas pelas partes em relação às quais se busque uma decisão.

22 SANCHEZ, *Sentenças parciais no processo arbitral*, 2013, p. 55.

23 Ibidem, p. 56.

24 A expressa admissão das sentenças arbitrais parciais dá sustentação à possibilidade do fatiamento da arbitragem em duas fases, uma para apurar o *an debeatur* e outra para apurar o *quantum debeatur*, por exemplo. "E cada uma dessas fases cognitivas é encerrada por um provimento definitivo de mérito, sujeito à coisa julgada material" (ibidem, p. 120).

Superadas tais questões conceituais, vale destacar que a principal diferença entre a sentença parcial e a sentença *citra petita* reside, primordialmente, em uma possível intenção do julgador. A sentença *citra petita* é a sentença incongruente, proferida de forma equívoca, não intencional, quando o julgador, por alguma razão, não julga todos os pedidos postos sob sua análise. A sentença parcial, por sua vez, é uma sentença que, de forma intencional, não julga todas as pretensões da demanda.

Sobre o assunto, Marcos André Franco Montoro assevera que a sentença *citra petita* e a sentença parcial podem até parecer similares, mas que existem diferenças importantes entre as duas espécies:

> A sentença arbitral *infra petita* é aquela na qual o árbitro profere sentença final e não resolve todos os pedidos efetuados no processo. O Processo terminou, mas não foram decididas todas as pretensões das partes. [...] Já na sentença parcial, o que ocorre é diferente. O árbitro, ao proferir sentença parcial, ainda não terminou sua incumbência, o procedimento ainda vai continuar, sendo proferidas tantas outras sentenças parciais quanto necessárias para que sejam analisadas todas as pretensões das partes[25].

Em outras palavras, a sentença *citra petita* é parcial pela forma, posto que não resolve todo o litígio em debate, mas, final, pelo conteúdo, uma vez que entende acabar com aquele litígio que pretende dirimir de forma definitiva. Ou seja, a sentença *citra petita* é uma sentença parcial proferida de maneira não intencional pelo julgador.

Conceituar a sentença *citra petita* como sentença parcial é ignorar sua principal característica e que a diferencia de uma sentença final. Ao proferir uma sentença parcial, o árbitro não tem intenção (ou consciência), naquele momento, de exaurir, completamente, o mérito discutido na arbitragem ou mesmo não pode fazê-lo por entender necessária nova fase de debates e provas.

É por tal motivo que essa não será uma sentença incompleta, jamais podendo ser questionada judicialmente por sua suposta incompletude. "A sentença é completa dentro daquilo que se propõe a ser.[26]" Por sua vez, a sentença *citra petita* é aquela que foi proferida com a intenção de ser exauriente, após completa defesa das partes e dilação probatória, mas que, por algum motivo, não conseguiu atingir o fim proposto, deixando pendente o julgamento de algumas questões.

Com a reforma da LArb, entretanto, a solução para a correção da sentença arbitral equivocadamente parcial ou *citra petita* deixou de ser a ação de nulidade. Com a revogação do inciso V do art. 32, a consequência ou correção da sentença *citra petita* não é mais objeto da ação de nulidade da sentença. Como mencionado anteriormente, o legislador de 2015 preferiu aplicar sistemática diferente a tais hipóteses, tal qual constante do § 4º do art. 33 do mesmo diploma legal, que estabelece que "a parte interessada poderá ingressar em juízo para requerer a prolação de sentença arbitral complementar, se o árbitro não decidir todos os pedidos submetidos à arbitragem", situação que será abordada a seguir.

---

25 MONTORO, "Flexibilidade do procedimento arbitral", 2010. Disponível em: <http://www.teses.usp.br/teses/disponiveis/2/2137/tde-16082011-161411/>.

26 SANCHEZ, op. cit., p. 90.

3.2. A superação da sentença *citra petita*: dúvida quanto à jurisdição e outras questões

Uma vez proferida uma sentença arbitral equivocadamente parcial (*citra petita*)[27], os jurisdicionados deparar-se-ão com uma sentença viciada, eivada de patologia, pois a decisão não pacificou, por completo, o litígio existente entre as partes. Nessa situação, mesmo diante de uma decisão arbitral que deveria ser definitiva, ainda permanece viva a lide entre as partes[28].

O primeiro remédio existente para se combater a sentença *citra petita* é a apresentação de pedido de esclarecimentos, similares aos embargos de declaração do processo civil[29], tais quais previstos no art. 30 da LArb[30].

Nesse caso, a jurisdição para a correção da sentença continua, evidentemente, nas mãos dos árbitros que proferiram a decisão viciada.

Tratando-se de uma arbitragem institucional, na ampla maioria dos regulamentos, há a expressa previsão sobre métodos para a correção da sentença, seja de ofício pelos árbitros, seja por atuação das partes, mediante a apresentação de pedido de esclarecimentos e/ou in-

---

27 "Se na decisão *ultra petita* o juiz exagera e, na *extra petita*, ele inventa, na decisão *citra petita* o magistrado se esquece de analisar algo que tenha sido pretendido pela parte ou tenha sido trazido como fundamento do seu pedido ou da sua defesa" (DIDIER JR.; BRAGA; OLIVEIRA, *Curso de direito processual civil*, 2010).

28 CARMONA: "Da mesma forma que o juiz togado, cabe ao árbitro manifestar-se sobre toda a controvérsia que lhe seja submetida, não podendo deixar de decidir a respeito de todas as questões que, no seu conjunto, formam o mérito do processo arbitral" (op. cit., p. 407).

29 "A *solicitação* prevista no art. 30 da Lei de Arbitragem carrega a mesma essência e tem os mesmos escopos dos embargos de declaração. Ambos consistem em instrumento de otimização e aperfeiçoamento da atividade jurisdicional, voltado à sanação de específicos vícios de uma decisão perante seu próprio prolator, com o objetivo de garantir sua clareza, inteligibilidade, coerência, completeza e qualidade. Tanto a *solicitação* do art. 30 quanto os embargos de declaração procuram combater determinados defeitos da sentença que reduzem sensivelmente sua capacidade de resolver o litígio e que têm naquele que proferiu a decisão a pessoa mais indicada para a sua eliminação. Em nenhum caso há o deslocamento da causa para um outro órgão ou o desenvolvimento de atividades para uma ampla revisão do julgado. Não existe espaço para novas reflexões do julgador em torno da matéria já suficientemente julgada, em razão da estabilidade e imutabilidade da sentença proferida (art. 463 do CPC (LGL\1973\5); art. 29 da Lei de Arbitragem). A *solicitação* do art. 30 e os embargos de declaração ficam circunscritos a esclarecimentos, correções e integrações pontuais, levados a cabo pelo próprio julgador para a sanação de erros típicos. [...] A omissão do nome *embargos de declaração* na Lei n. 9.307/1996 não altera essa realidade; o rótulo (ou a falta dele) é irrelevante no caso, pois os elementos nucleares do fenômeno permanecem os mesmos. Já disse José Carlos Barbosa Moreira que 'colar o rótulo de um *Bordeaux* em garrafa de guaraná de modo algum transforma o refrigerante em vinho [...]'. Da mesma forma, o descolamento do rótulo de um *Bordeaux*, felizmente, não altera o conteúdo da garrafa de vinho. Assim, é possível desde logo dizer que a *solicitação* do art. 30 da Lei de Arbitragem consiste em embargos de declaração e assim deve ser tratada para todos os efeitos" (BONDIOLI, "Embargos de declaração e arbitragem", 2012, p. 181-207).

30 "Art. 30. No prazo de 5 (cinco) dias, a contar do recebimento da notificação ou da ciência pessoal da sentença arbitral, salvo se outro prazo for acordado entre as partes, a parte interessada, mediante comunicação à outra parte, poderá solicitar ao árbitro ou ao tribunal arbitral que: I – corrija qualquer erro material da sentença arbitral; II – esclareça alguma obscuridade, dúvida ou contradição da sentença arbitral, ou se pronuncie sobre ponto omitido a respeito do qual devia manifestar-se a decisão. Parágrafo único. O árbitro ou o tribunal arbitral decidirá no prazo de 10 (dez) dias ou em prazo acordado com as partes, aditará a sentença arbitral e notificará as partes na forma do art. 29."

tegração da sentença arbitral[31], instrumento este adequado para se corrigir a falta constante da sentença arbitral[32].

Nesses casos, na hipótese de as partes ou de os árbitros perceberem a existência de tal vício, estes deverão utilizar-se dos mecanismos existentes para superar a patologia da decisão arbitral, de forma a adequar a sentença arbitral à necessidade de as partes terem todo o seu conflito dirimido[33].

Todavia, caso a sentença venha a ser proferida sem que se tenha vislumbrado seus problemas, dentro do prazo para a apresentação de pedido de esclarecimentos, a sentença arbitral deveria tornar-se imutável.

Sob a ótica da LArb, antes da reforma de 2015, a sentença *citra petita* poderia ser questionada mediante a utilização da ação anulatória, com fundamento no art. 32, V, da LArb. Com a revogação do mencionado inciso, excluiu-se essa possibilidade, bem como foi incluído o § 4º, do art. 33, que procura indicar a forma de solução da questão. Os jurisdicionados prejudicados, no caso da sentença *citra petita* não corrigida por meio de pedido de esclare-

---

31 "A correção ou o esclarecimento da sentença arbitral só é admissível quando não pretende modificar a essência da decisão. Senão, constituiria o que foi chamado de *jus sperniandi*" (BAPTISTA, "Correção e esclarecimento de sentenças arbitrais". *Revista Brasileira de Arbitragem*, ano 7, v. 26, 2010, p. 7-20).

32 (i) ICC: "*Any application of a party for the correction of an error of the kind referred to in Article 35(1), or for the interpretation of an award, must be made to the Secretariat within 30 days of the receipt of the award by such party, in a number of copies as stated in Article 3(1). After transmittal of the application to the arbitral tribunal, the latter shall grant the other party a short time limit, normally not exceeding 30 days, from the receipt of the application by that party, to submit any comments thereon. The arbitral tribunal shall submit its decision on the application in draft form to the Court not later than 30 days following the expiration of the time limit for the receipt of any comments from the other party or within such other period as the Court may decide*".
(ii) CAM-CCBC: "10.5. Proferida a sentença arbitral final e notificadas as partes, dá-se por encerrada a arbitragem, salvo no caso de pedido de esclarecimentos previsto no artigo seguinte, em que a jurisdição será estendida até a respectiva decisão. [...] 10.6. As partes poderão, no prazo de 15 (quinze) dias contados da data do recebimento da sentença arbitral, requerer esclarecimentos sobre contradição, omissão ou obscuridade, mediante petição dirigida ao Tribunal Arbitral. 10.6.1. O Tribunal Arbitral decidirá nos 10 (dez) dias seguintes, contados de sua notificação sobre o pedido de esclarecimentos"; (ii) CAMARB: "10.8 Na hipótese de erro material, omissão, obscuridade, dúvida ou contradição da sentença arbitral, as partes terão o prazo de cinco dias, contado da data de recebimento da sentença, para formular pedidos de esclarecimentos."; (iii) FIESP/CIESP: "16.1 – No prazo de 10 (dez) dias, a contar do recebimento da notificação ou da ciência pessoal da sentença arbitral, a parte interessada, mediante comunicação à Secretaria da Câmara, poderá apresentar Pedido de Esclarecimento ao Tribunal Arbitral, em virtude de obscuridade, de omissão ou de contradição da sentença arbitral, solicitando ao Tribunal Arbitral que esclareça obscuridade, supra omissão ou sane contradição da sentença arbitral. 16.2 – O Tribunal Arbitral decidirá no prazo de 10 (dez) dias, aditando a sentença arbitral, quando couber, notificando as partes de acordo com o previsto no item 15.7; e (iv) CAM-BOVESPA: "7.7 Pedido de Esclarecimento. No prazo de 15 (quinze) dias a contar do recebimento da cópia da decisão, a parte interessada poderá solicitar ao Tribunal Arbitral que: i) corrija erro material da sentença arbitral; e/ou ii) esclareça alguma obscuridade, dúvida ou contradição da sentença arbitral, ou se pronuncie sobre ponto a respeito do qual deveria ter se manifestado. 7.8 O Tribunal Arbitral, depois de ouvida a parte contrária, decidirá no prazo de 30 (trinta) dias, aditando a sentença arbitral, se for o caso, e notificando as partes".

33 "Sentença proferida não fica sujeita a qualquer recurso. Nada impede que as partes estabeleçam que a sentença arbitral fique sujeita ao reexame por outro órgão arbitral ou por outros árbitros. Este reexame constitui recurso interno e em hipótese alguma se dirige à autoridade judicial. Mas inobstante existir essa possibilidade de recurso cabível, desde que preestabelecida no compromisso celebrado, a prática tem mostrado que os reexames se mostram inconvenientes e que a sua previsão não parece ser essencial nos países onde a arbitragem vem sendo utilizada" (LEMES, "A sentença arbitral", 2003, p. 75).

cimentos, poderão ajuizar ação para requerer "a prolação de sentença arbitral complementar, se o árbitro não decidir todos os pedidos submetidos à arbitragem"[34].

Resta claro que a opção do legislador foi a de, primeiro, retirar do rol de hipóteses de nulidade da sentença arbitral a possibilidade de invalidação de toda a sentença no caso de decisão que não julgue todo o pedido. Posteriormente, foi necessária a criação de mecanismo para a corrigir a sentença *citra petita* e que não, intencionalmente, deixasse de julgar todo o pedido.

Questiona-se, entretanto, se a solução encontrada tenha sido a mais adequada, uma vez que insere entraves burocráticos para a superação do vício contido na sentença, além de criar uma nova categoria de ação judicial atrelada ao procedimento arbitral. Tal fato vem a aumentar a interferência/intervenção do Poder Judiciário na arbitragem, o que nem sempre é desejável em função de serem dois sistemas jurídicos distintos[35].

A primeira dúvida que surge da análise do referido dispositivo é a de que, em se estando diante de uma sentença *citra petita* – não corrigida por meio de pedido de esclarecimentos –, quem seria o responsável pela correção da sentença. Ou melhor, a ação referida no § 4º do art. 33 tem como objetivo corrigir a sentença no Judiciário ou ordenar que os árbitros retomem sua jurisdição – na verdade, nunca exaurida, por conta da falta de finalização de função jurisdicional – para o julgamento da questão ausente na sentença arbitral?

Poucos são os comentários da doutrina, até o momento, sobre o assunto. Parece-nos claro, sobre esse ponto, que a jurisdição para a correção continua sendo do tribunal arbitral. Desse modo, se as partes escolheram a arbitragem como meio adequado para a solução dos seus litígios, retirando do Poder Judiciário a jurisdição para dirimir as questões decorrentes da específica relação das partes, somente os árbitros poderão analisar os pedidos que deveriam ter sido julgados, por eles, na sentença arbitral.

Ao Poder Judiciário deve ser vedada a análise, ainda que superficial e indireta, da questão, uma vez que se trata de matéria atinente aos efeitos negativos da convenção de arbitragem e que subtraem do Poder Judiciário a apreciação de qualquer disputa entre as partes relacionada ao assunto vinculado à convenção.

---

34 "Foi revogado também o inciso V do art. 32 da Lei n. 9.307/96, que considerava nula a sentença arbitral, se não decidir todo o litígio submetido à arbitragem, porque tal dispositivo é incompatível com o § 4º do art. 33 da mesma lei, introduzido pela Lei n. 13.129/2015, que dispõe que a parte interessada poderá ingressar em juízo para requerer a prolação de sentença complementar, se o árbitro não decidir todos os pedidos submetidos à arbitragem, dispositivo que se destina a evitar justamente a declaração da nulidade da sentença arbitral *citra petita*, prevista no dispositivo ora revogado, dando oportunidade a que a lacuna seja suprida" (MANNHEIMER, "Mudanças na Lei de Arbitragem (Lei n. 9.307, de 23.09.1996). Observações sobre a Lei n. 13.129, de 26.05.2015. Visão de um antigo magistrado", 2015, p. 45-65).
"O novo § 4º do art. 33 destina-se a evitar a declaração da nulidade da sentença arbitral *citra petita*, prevista no inciso V do art. 32 da Lei n. 9.307/96, permitindo a propositura de ação tão somente para compelir o árbitro ou o tribunal a prolatar sentença arbitral complementar, o que está em consonância com o princípio da economia processual" (ibidem, p. 45-65).

35 "Ontologicamente, portanto, nada afasta o processo arbitral do estatal. Na prática, porém, são e devem ser diferentes. O modelo arbitral é essencialmente diverso no estatal. Tem alguns institutos bem delineados e possibilidades procedimentais que surgirão se as partes e os árbitros entenderem conveniente/necessário" (PARENTE, *Processo arbitral e sistema*, 2012, p. 113).

Como já mencionado, resta claro que a jurisdição arbitral não foi exaurida com a sentença, uma vez que os árbitros, ao deixarem de julgar todos os pedidos das partes, retiveram consigo a jurisdição para o julgamento daquela determinada causa.

Para Hugo Tubone Yamashita,

> a inclusão do § 4º, que se relaciona ao § 2º do art. 33, parece vir para esclarecer a hipótese constante do inciso V do art. 32 e reforçar o entendimento de que eventual ação judicial que impugne a sentença arbitral não se prestará à análise minuciosa de todos os pontos apresentados em arbitragem. A demanda judicial deverá ser manejada nesse caso, especialmente em hipótese de sentença *citra petita*, com a finalidade de provocar os árbitros a decidirem parte do pedido que deixaram de analisar no procedimento arbitral.

Nesse sentido, e no caso de sentença *citra petita*, pode a parte requerer ao Poder Judiciário, com base no art. 33, § 4º, da LArb, que determine ao tribunal arbitral a complementação da sentença arbitral nos moldes dos pedidos colocados pelas partes. Tal ação tem cunho específico, com a imposição de obrigação de fazer ao tribunal arbitral para que aborde e julgue os pontos, inicialmente, ignorados pela sentença arbitral[36]. Isso porque, ainda que defeituosa a sentença, na prática, a jurisdição do tribunal arbitral não terminou, o que acontecerá, somente, quando este decidir, de forma definitiva, todos os pedidos e questões submetidas à sua análise.

Parece-nos, entretanto, que a submissão da questão ao Judiciário é apenas mais um entrave burocrático que pode vir a atrapalhar as partes na busca da efetiva e rápida prestação da tutela jurisdicional. Dessa forma, é correto o comentário de Baptista: "não obstante, uma consequência que aparentemente emerge do novo texto proposto é a inserção indesejável de um controle jurisdicional positivo sobre as sentenças arbitrais e, neste caso, também sobre os tribunais arbitrais"[37]. Tendo em vista a necessária autonomia da arbitragem, melhor seria não ter sido previsto mais um tipo de ingerência do Poder Judiciário na arbitragem, por meio de nova ação judicial.

Continuando comentário sobre as questões recém-inseridas na LArb, é importante destacar que o § 4º do art. 33 não esclareceu quem deverá ser o órgão julgador responsável por completar a sentença: se os mesmos árbitros ou se um novo tribunal arbitral deve ser formado. A esse respeito, entendemos que tal encargo caberia ao mesmo tribunal arbitral, validamente formado anteriormente, pelas partes, com base nas regras e disposições estabelecidas de maneira prévia.

Caso um dos árbitros venha a se tornar impedido para o julgamento ou falecer antes do início ou durante essa segunda fase da arbitragem, devem ser aplicadas as regras procedimentais para a substituição de árbitro – sejam as regras do contrato, sejam as regras da instituição escolhida pelas partes ou qualquer outro procedimento que estabeleça para esse fim –, nos termos dos arts. 15 e 16 da LArb.

---

36 BAPTISTA, "Nulidades de sentenças arbitrais de acordo com a nova lei: comentários gerais", 2015, p. 151.

37 Ibidem, p. 151.

Outro ponto que merece estudo sobre essa questão é o tipo de análise judicial que deve ser realizada a fim de se alcançar a decisão que determine a complementação da sentença arbitral. Resta claro que o juiz, nesse caso, não poderá, sob pena de conflito com a jurisdição arbitral, reanalisar o mérito da causa, provas produzidas e todos os argumentos apresentados pelas partes durante a arbitragem. Ele deverá, entretanto, realizar algum tipo de análise dos pedidos e da sentença, com a devida participação de todas as partes, para verificar se a complementação da sentença arbitral é, realmente, necessária. Sem contar no tempo a ser empregado nesse tipo de análise, com a propositura de nova ação judicial, corre-se risco de revisão do procedimento arbitral, nas provas produzidas e na sentença arbitral final. Felizmente, e como já mencionado, qualquer tipo de alteração ou complementação da sentença arbitral deve ser feita pelo tribunal arbitral, uma vez que continua sendo dele a jurisdição para a definição da disputa diante dos efeitos negativos da sentença arbitral e da clara vontade das partes.

Por outro lado, a lei não veda às partes a escolha de novo tribunal arbitral para proferir decisão sobre a parte da sentença que deixou de ser decidida, inicialmente, e sem, nesse caso, a necessidade de propositura da ação do art. 33, § 4º, da LArb. É evidente que a norma procura estabelecer mecanismos para que as partes venham buscar o provimento jurisdicional do mesmo tribunal que colheu provas, analisou todas as alegações de direito e de fato, proferindo decisão complementar àquela sentença *citra petita* e buscando a economia processual com diminuição de custos e tempo para as partes.

A possibilidade de início de nova arbitragem foi, inclusive, sugerida por Dinamarco como sendo a solução, em obra escrita antes da reforma da LArb:

> Liebman chega ao ponto de afirmar, com toda razão, que em caso de sentença judicial *citra petita* o autor permanece com seu direito íntegro à repropositura do pedido omitido pelo julgador, sem qualquer peia emergente de garantia constitucional da coisa julgada, preclusão etc. Nos processos judiciais o autor poderá insurgir-se contra omissões como essa, recorrendo. Em caso de sentença arbitral omissa quanto a parte do pedido (*citra petita*) ele terá a via da ação anulatória, na qual postulará o reconhecimento desse vício (LA, art. 32, inciso V, c/c art. 33). Sendo esta demanda julgada procedente, o juiz "determinará que o árbitro ou o tribunal arbitral profira novo laudo" (art. 33, § 2º, II). Se não promover a ação anulatória o autor ficará sempre naquela situação alvitrada por Liebman, sendo-lhe lícito repropor sempre, pela via da arbitragem, aquele pedido a cujo respeito os árbitros se houverem omitido[38].

Ou seja, às partes é conferida, também, a opção de, em vez de ajuizar uma ação judicial para que o Poder Judiciário determine que os árbitros profiram o(s) capítulo(s) faltante(s), solicitar, diretamente e sem a necessidade de qualquer atalho judicial, a instauração de uma nova arbitragem para discutir o assunto em questão[39].

Por fim, cumpre destacar que a revogação do inciso V do art. 32 da LArb desconsidera os casos em que a sentença *citra petita* tem como falha capítulo ou ponto prejudicial ao

---

38 DINAMARCO, *A arbitragem na Teoria Geral do Processo*, 2013, p. 198.
39 BAPTISTA, Adriane Nakagawa, op. cit., p. 151.

julgamento dos demais capítulos, os quais já tiverem sido proferidos pelo árbitro. A sentença que for proferida ignorando tópico prejudicial aos demais assuntos tratados na sentença estará eivada de nulidade que não poderá, em tese, vir a ser combatida pela ação anulatória, nem pela ação tratada no § 4º do art. 33 da LArb, muito menos pela instauração de uma arbitragem.

Parece-nos que essa é uma problemática sem solução possível para a superação da sentença *citra petita* diante da exclusão do item V do art. 32 da LArb. Sem a ação anulatória respaldada no inciso, objeto de estudo neste trabalho, a sentença arbitral *citra petita* em que o capítulo faltante é prejudicial ao julgamento dos demais capítulos produzirá efeitos normalmente, tornando-se imutável após o transcurso dos prazos para a apresentação de esclarecimentos e do prazo para o ajuizamento de ação anulatória embasada em quaisquer dos outros incisos do art. 32 da LArb.

4. CONCLUSÃO

O objetivo deste capítulo é trazer à discussão alguns dos pontos que poderão suscitar questionamentos em razão da revogação do inciso V do art. 32 e da inserção do § 4º do art. 33 da LArb, alterações essas estabelecidas na reforma da LArb realizada por meio da Lei n. 13.129/2015.

Quando optam pela arbitragem, as partes têm direito à tutela exauriente de seu conflito; portanto, não sendo cabível mecanismos para a correção das sentenças arbitrais (seja por equívocos parciais ou por serem *citra petita*). De todo modo, para a conclusão completa da sistemática aqui proposta, recomenda-se uma análise mais aprofundada do tema.

A arbitragem é um sistema de resolução de conflitos dotado de reconhecidas e incontáveis vantagens, todavia, evidentemente, não é um sistema imune a dificuldades processuais e as eventuais perplexidades legislativas que decorrem dos seus próprios institutos. Nesse contexto, problemas surgidos com a revogação devem ter a sua interpretação norteada pelo sempre salutar princípio da preservação da própria finalidade do instituto da arbitragem, que visa a composição da lide. As dificuldades devem ser vistas como os riscos naturais de um sistema, extremamente benéfico e da maior importância para a solução de litígios.

REFERÊNCIAS BIBLIOGRÁFICAS

ALMEIDA, Ricardo Ramalho. "A anulação de sentenças arbitrais e a ordem pública". *Revista de Arbitragem e Mediação*, v. 9, p. 262-76, abr./jun. 2006.

BAPTISTA, Adriane Nakagawa. "Nulidades de sentenças arbitrais de acordo com a nova lei: comentários gerais". In: HOLANDA, Flávia; SALLA, Ricardo Medina (coords.). *A nova Lei da Arbitragem Brasileira*. São Paulo, IOB, 2015.

BAPTISTA, Luiz Olavo. "Retificação e esclarecimento de sentenças arbitrais". *Revista Brasileira de Arbitragem*, ano 7, v. 26, p. 7-20, 2010.

BENETI, Ana Carolina. "A sentença arbitral estrangeira e sua execução no Brasil". In: HOLANDA, Flávia; SALLA, Ricardo Medina (coords.). *A nova Lei da Arbitragem brasileira*. São Paulo, IOB, 2015.

BONDIOLI, Luiz Guilherme Aidar. "Embargos de declaração e arbitragem". *Revista de Arbitragem e Mediação*, v. 34, p. 181-207, jul./set. 2012.

CAHALI, Francisco José. *Lei de Arbitragem consolidada com a Lei n. 13.129/15, destacadas as modificações com breves comentários*. Disponível em: <http://www.cahali.adv.br/arquivos/LArb.%20consolidade%20destacada%20aletaracoes%20com%20breves%20comentarios.pdf>. Acesso em: 10 maio 2016.

CARDOSO, Christiana Beyrodt; COELHO, Leonardo Castro; RODOVALHO, Thiago. "Poderes, deveres e jurisdição de um Tribunal Arbitral". In: BASSO, Maristela; POLIDO, Fabrício Bertini Pasquot. *Arbitragem comercial, princípios, instituições e procedimentos*. São Paulo, Marcial Pons, 2014.

CARMONA, Carlos Alberto. *Arbitragem e processo*. Rio de Janeiro, Atlas, 2009.

DIDIER JR., Fredie; BRAGA, Paula Sarno; OLIVEIRA, Rafael. *Curso de direito processual civil*. v. 2. 5. ed. Salvador, JusPodivm, 2010.

______. *Cognição, construção de procedimentos e coisa julgada*: os regimes de formação da coisa julgada no direito processual civil brasileiro. Disponível em: <http://www.direitopublico.com.br/pdf_10/dialogo-juridico-10-janeiro-2002-fredie-didier-jr.pdf>. Acesso em: 6 maio 2016.

DINAMARCO, Cândido Rangel. *A arbitragem na Teoria Geral do Processo*. São Paulo, Atlas, 2013.

FONSECA, Rodrigo Garcia. "Reflexões sobre a sentença arbitral". *Revista de Arbitragem e Mediação*, v. 6, p. 40-74, jul./set. 2005.

GAILLARD, Emmanuel; SAVAGE, John. *Fouchard Gaillard Goldman on international commercial arbitration*. Alphen aan den Rijn, Kluwer Law International, 1999.

GAJARDONI, Fernando da Fonseca. Flexibilidade procedimental. Tese (Doutorado em Direito Processual). Faculdade de Direito. Universidade de São Paulo, São Paulo, 2007.

LEMES, Selma M. Ferreira. "A sentença arbitral". *Justilex*, v. 2, n. 15, mar. 2003.

LIMA, Flavio Pereira. "Reflexões sobre o novo CPC: o fatiamento da sentença". Disponível em: <http://jota.uol.com.br/reflexoes-sobre-o-novo-cpc-o-fatiamento-da-sentenca>. Acesso em: 6 maio 2016.

LUCON, Paulo Henrique dos Santos. "Sentença e liquidação no CPC (Lei n. 11.232/2005)". In: FUX, Luiz; NERY JR., Nelson; WAMBIER, Teresa Arruda Alvim (coords.). *Processo e Constituição*. São Paulo, Revista dos Tribunais, 2006.

MANNHEIMER, Mario Robert. "Mudanças na Lei de Arbitragem (Lei n. 9.307, de 23.09.1996). Observações sobre a Lei n. 13.129, de 26.05.2015. Visão de um antigo magistrado". *Revista de Arbitragem e Mediação*, v. 47, p. 45-65, out./dez. 2015.

MONTORO, Marcos André Franco. Flexibilidade do procedimento arbitral. Tese (Doutorado em Direito Processual). Faculdade de Direito. Universidade de São Paulo, São Paulo, 2010. Disponível em: <http://www.teses.usp.br/teses/disponiveis/2/2137/tde-16082011-161411/>.

MUNIZ, Joaquim de Paiva. *Curso básico de direito arbitral*: teoria e prática. 3. ed. Curitiba, Juruá, 2015.

PARENTE, Eduardo de Albuquerque. *Processo arbitral e sistema*. São Paulo, Atlas, 2012.

PETERS, Philipp; KOLLER, Christian. "The award and the courts: the notion of arbitral award: an attempt to overcome a babylonian confusion". In: KLAUSEGGER, Christian et al. (eds.). *Austrian arbitration Yearbook 2010*. München, C.H. Beck; Bern, Stämpfli Verlag, 2010.

SANCHEZ, Guilherme Cardoso. Sentenças parciais no processo arbitral. Dissertação (Mestrado em Direito). Faculdade de Direito. Universidade de São Paulo, São Paulo, 2013.

VALENÇA FILHO, Clávio de Melo. "Sentença arbitral e juízo de execuções". *Revista do Advogado*, v. 87, p. 36-45, 2007.

______; LEE, João Bosco. *Estudos de arbitragem*. Curitiba, Juruá, 2008.

VICENTE, Fabrizzio Matteucchi. Arbitragem e nulidades: uma proposta de sistematização. Tese (Doutorado em Direito). Faculdade de Direito. Universidade de São Paulo, São Paulo, 2010.

WALD, Arnoldo. "Os meios judiciais do controle da sentença arbitral". *Revista de Arbitragem e Mediação*, v. 1, p. 40-66, jan./abr. 2004.

______. "A validade da sentença arbitral parcial nas arbitragens submetidas ao regime da CCI". *Revista de Direito Bancário, do Mercado de Capitais e da Arbitragem*, v. 5, n. 17, p. 329-41, jul./set. 2002.

WATANABE, Kazuo. *Da cognição do processo civil*. São Paulo, Revista dos Tribunais, 2012.

YAMASHITA, Hugo Tubone. "Nulidade da sentença arbitral: as alterações introduzidas pela Lei n. 13.129, de 26.05.2015". In: HOLANDA, Flávia; SALLA, Ricardo Medina (coords.). *A nova Lei da Arbitragem Brasileira*. São Paulo, IOB, São Paulo, 2015.

A extinção da obrigatoriedade de arbitrar controvérsias por decurso de prazo

8

Cláudio Finkelstein
Yuri Pedroza Leite

1. INTRODUÇÃO

Para este capítulo, buscou-se entender a limitação que se pode ter de arbitrar uma questão ao longo do tempo. Restringimos nossa análise à limitação de se vincular a arbitragem por prazo indeterminado, em vez da limitação em resolver determinado assunto privadamente ou pelos tribunais, uma vez que esta é uma questão de direito processual, em vez de direito material. Analisar-se-ão os meios de resolução, em vez das limitações sobre uma questão específica. A discussão está centrada no conceito de separabilidade da cláusula compromissória e sua longevidade, ou melhor, como iremos concluir, sua perpetuidade.

Durante suas vidas, os indivíduos estão constantemente interagindo em sociedade e, portanto, construindo o direito e criando relações jurídicas entre si (*ubi homo ibi societas; ubi societas ibi jus*). Dessas relações, há a formação dos negócios jurídicos entre as pessoas, físicas e/ou jurídicas, que operacionalizam suas responsabilidades e obrigações, gerando, nas esferas pública e privada, a aquisição, a modificação, a defesa e até mesmo a extinção dos direitos.

Na esfera privada, na qual se insere a figura da autonomia privada, e o objeto do presente capítulo, isto é, a liberdade de contratação da cláusula arbitral, opera-se a máxima constitucional exposta no art. 5º, II: "ninguém será obrigado a fazer ou deixar de fazer alguma coisa senão em virtude de lei". Foi exatamente ao estudar o campo específico de liberdade de contratação na arbitragem que surgiu a ideia deste capítulo, simplesmente determinada pelos seguintes questionamentos: "(i) estariam as partes eternamente obrigadas à cláusula arbitral?; (ii) em qual momento elas deixam de estar obrigadas?; e, por fim, (iii) o princípio da autonomia das cláusulas arbitrais aplica-se às rescisões dos contratos nos quais elas estejam inseridas?".

Ao longo do trabalho, buscar-se-ão responder tais perguntas, tendo em vista que, até o momento, escassa foi a discussão pátria sobre a matéria de forma generalista.

2. A CLÁUSULA ARBITRAL ENQUANTO NEGÓCIO JURÍDICO

Inicialmente, analisa-se a cláusula arbitral em sua natureza enquanto negócio jurídico: é uma contratação entre particulares que, de comum acordo, tem por objeto afastar a jurisdição estatal para promover uma solução alternativa de litígios presentes ou futuros, determinados ou indeterminados, por meio de outro organismo judicante (o tribunal arbitral), reconhecido pela lei como legítimo julgador dos litígios envolvidos pela cláusula arbitral[1].

A atual lei brasileira de arbitragem (Lei n. 9.307/96, alterada pela Lei n. 13.129/2015) estabelece critérios necessários em seu art. 1º para realizar esse tipo de contratação, quais sejam:

a. capacidade para contratar[2];
b. versar apenas sobre os direitos patrimoniais disponíveis.

Estando aperfeiçoada, a cláusula arbitral é vinculante entre as partes, e elas não podem unilateralmente decidir não cumprir com a obrigação de arbitrar seus litígios, uma vez que eles já tenham surgido – é, portanto, vinculante, e a jurisprudência nacional já se consolida nesse sentido[3]. Entretanto, a Lei de Arbitragem e o Código de Processo Civil brasileiro vigente (Lei n. 13.105/2015) não fazem referência explícita às formas de extinção da cláusula arbitral, tratando tão somente sobre a extinção do processo judicial ou arbitral, em hipóteses mais concretas[4].

3. *KOMPETENZ-KOMPETENZ*

De acordo com o art. 8º, parágrafo único, da Lei de Arbitragem, o tribunal arbitral é a entidade responsável pela decisão acerca das questões de existência, validade e eficácia da cláusula arbitral, bem como do contrato na qual ela esteja inserida. Este capítulo consolida dois grandes princípios da arbitragem, quais sejam os princípios do *Kompetenz-Kompetenz*, também desenvolvido pela doutrina francesa com a denominação *compétence-compétence* (e suas particularidades)[5] e o da autonomia da cláusula arbitral (também denominado princípio da separabilidade). Este último indica que a cláusula compromissória é autônoma

---

1 Em outras palavras, Carmona assim define a arbitragem: "A arbitragem é uma técnica para a solução de controvérsias através da intervenção de uma ou mais pessoas que recebem seus poderes de uma convenção privada, decidindo com base nesta convenção sem intervenção do Estado, sendo a decisão destinada a assumir eficácia de sentença judicial".

2 Conforme estabelecido em lei (Código Civil brasileiro, Lei n. 10.406/2002, arts. 3º a 5º).

3 STF, SE-Ag. Reg. n. 5.206/EP, Tribunal Pleno, rel. Min. Sepúlveda Pertence, j. 12.12.2001, *DJ* 30.04.2004; STJ, REsp n. 712.566/RJ, rel. Min. Nancy Andrighi, j. 18.08.2005, *DJ* 05.09.2005; STJ, SEC n. 1.210/EX, Corte Especial, rel. Min. Fernando Gonçalves, j. 20.06.2007, *DJ* 06.08.2007; TJSP, Ap. n. 0057845-64.2012.8.26.0100, 11ª Câm. de Dir. Priv., rel. Rômolo Russo, j. 08.05.2014, *DJ* 12.05.2014; TJPR, AC n. 0562562-1, 11ª Câm. Cível, rel. Elizabeth M. F. Rocha, j. 23.06.2010.

4 Art. 485, VII, do novo Código de Processo Civil: "Art. 485. O juiz não resolverá o mérito quando: [...] VII – acolher a alegação de existência de convenção de arbitragem ou quando o juízo arbitral reconhecer sua competência".

5 Referente ao termo utilizado, ver FOUCHARD; GAILLARD; GOLDMAN, *Traité de l'arbitrage commercial international*, 1996, p. 410 e 651.

em relação ao contrato em que estiver inserta, de tal sorte que a nulidade deste não implica, necessariamente, a nulidade da cláusula compromissória. O parágrafo único de tal artigo é expresso em garantir, aos árbitros, o poder de interpretar dita cláusula e conferir-lhe, ou não, validade: "Caberá ao árbitro decidir de ofício, ou por provocação das partes, as questões acerca da existência, validade e eficácia da convenção de arbitragem e do contrato que contenha a cláusula compromissória".

Além disso, como será discutido adiante, o regime do Código de Processo Civil brasileiro contém disposição expressa permitindo-se que, no momento da contestação em um processo contencioso, pode um demandado defender-se indicando a existência de uma convenção de arbitragem.

O princípio do *Kompetenz-Kompetenz* teve sua origem nas discussões sobre a legitimidade interpretativa das cláusulas arbitrais em confronto com o intervencionismo dos organismos estatais às relações privadas. Anteriormente à consolidação de tal princípio, a cláusula compromissória era constantemente debatida nos foros judiciais estatais muitas vezes por partes mal-intencionadas, que buscavam se esquivar da sua obrigação de proceder com a arbitragem, chegando-se, inclusive, a entender que a arbitragem seria uma figura jurídica inconstitucional[6].

Essa doutrina protege o poder do tribunal arbitral para decidir sobre a sua própria competência[7]. Os professores Várady, Barceló III, Kröll e Von Mehren propõem uma divisão do processo litigioso da arbitragem em três fases: a fase 1 engloba o litígio, geralmente no início da disputa, sobre se o tribunal deve ouvir a disputa ou enviá-los às partes na arbitragem. Na fase 2, o processo de tomada de decisão dos árbitros sobre se devem conhecer a causa ou negar a sua própria competência. Por fim, na fase 3, as cortes analisam a sentença arbitral, decidindo pela sua anulação ou pelo seu reconhecimento[8].

O princípio do *Kompetenz-Kompetenz*, diferente do *compétence-compétence*, não implica um efeito negativo, ou seja, apenas alguns países (como a França) entendem que a fase 1 deve ser totalmente absorvida pela fase 2 – os árbitros devem ter controle total sobre a primeira análise de sua jurisdição. Ao contrário, por exemplo, é a decisão emanada pela Suprema Corte Americana no caso *First Options of Chicago v. Kaplan* [115 S. Ct. 1920 (1995)]. Nesse caso, uma cláusula de arbitragem problemática foi levada a um tribunal arbitral, enquanto os requeridos contestaram a jurisdição nos tribunais estatais. Estava envolvida, também, uma questão sobre a desconsideração da personalidade jurídica para trazer os requeridos à arbitragem. Enquanto os árbitros decidiram pela sua competência, os tribunais estatais entenderam que os réus não tinham obrigação de participar na arbitragem. O entendimento dos tribunais foi confirmado pela Suprema Corte dos Estados Unidos, trazendo elementos para discutir a repartição de competências entre juízes e árbitros[9].

---

6 STF, SE n. 5.206-Ag. Reg./EP, j. 12.12.2001, rel. Min. Sepúlveda Pertence, disponível em: <http://redir.stf.jus.br/paginadorpub/paginador.jsp?docTP=AC&docID=345889>. Acesso em: 05 abr. 2016.

7 Tradução do livro original em inglês. VÁRADY; BARCELÓ III; KRÖLL; VON MEHREN, *International commercial arbitration – a transnational perspective*, 2015, p. 180.

8 VÁRADY; BARCELÓ III; KRÖLL; VON MEHREN, *International commercial arbitration – a transnational perspective*, 2015, p. 124.

9 PARK, *Arbitration of international business disputes*, 2006, p. 84-7.

Entretanto, o Direito brasileiro já se modernizou e o Judiciário já vem aplicando solidamente a lei e esses dois princípios[10]. Não há nenhuma disposição evidente nem expressa na lei sobre a aceitação ou não do efeito negativo da doutrina do *Kompetenz-Kompetenz*, que ainda espera ser totalmente desenvolvida pelos tribunais. Tendo tais conceitos em mente, passa-se a analisar as formas pelas quais a cláusula arbitral se relaciona com os contratos nos quais estão presentes.

4. DIREITO COMPARADO: AS SOLUÇÕES DO DIREITO FRANCÊS

Debruçando-nos sobre o estudo proposto, deparamo-nos com a doutrina arbitralista francesa, que já há muito tempo discute o assunto. Os autores Philippe Fouchard, Emmanuel Gaillard e Berthold Goldman, em sua obra *Traité de l'arbitrage commercial international*, apontam inicialmente os métodos gerais de extinção contratuais para depois avaliar seus efeitos sobre a cláusula arbitral (conforme faremos a seguir). Entre elas, indicam a execução do contrato; a prescrição; a novação; a transação; a resilição; e, por fim, a anulação. São causas extrínsecas à cláusula arbitral, pois recaem sobre o contrato principal em que esta encontra-se inserida, que podem gerar efeitos sobre a sua validade. Posteriormente, ainda, os autores apresentam as causas de extinção específicas da cláusula arbitral, quais sejam a renúncia ou a presença de uma nulidade específica que lhe afete diretamente.

5. CAUSAS EXTRÍNSECAS DE EXTINÇÃO

A execução das obrigações constantes no contrato principal, apontam os autores, é a forma mais natural de extinção do instrumento. Entretanto, não há extinção da cláusula compromissória nele presente se não houver discussão litigiosa sobre seus termos e condições. Aos árbitros fica reconhecida a competência para julgar o estado do contrato, mesmo que venham a entender que todas as obrigações foram perfeitamente concluídas e/ou que o contrato principal tenha perdido seu objeto: em decorrência do princípio da autonomia da cláusula arbitral, os árbitros mantêm sua competência para julgar a situação do contrato.

A mesma argumentação aplica-se aos questionamentos referentes à prescrição das obrigações constantes de um contrato: quaisquer debates acerca da prescrição, ou não, serão submetidos ao julgo do tribunal arbitral. Assim sendo, a prescrição de obrigações contratuais não afeta a validade da cláusula compromissória.

Entretanto, ao ser considerada a existência de uma novação contratual, há uma linha mais tênue que deve ser analisada. Esse fenômeno decorre da extinção de obrigações antigas e da criação de novas obrigações, pelo acordo entre as partes ou por efeitos externos a elas. Os autores indicam que, de acordo com a jurisprudência francesa, já está consolidada a teoria da mais completa autonomia conferida à cláusula compromissória, o que garante dizer que a novação dos termos contratuais não influencia na validade da cláusula compromissória em si. Advertem, entretanto, que a novação pode atingir o escopo da cláusula

---

10 STJ, Recl. n. 9.030/SP, Corte Especial, j. 24.04.2014, rel. Min. Ari Pargendler, disponível em: <https://www.stj.jus.br/websecstj/revistaeletronica/Abre_Documento.asp?sSeq=1218649&sReg=201201163734&sData=20130424&formato=PDF>. Acesso em: 05 abr. 2016.

arbitral, tornando-a vazia (como no caso de cláusulas compromissórias que delineiam um objeto específico para ser tratado no juízo arbitral), ou, ainda, pode atingir especificamente a cláusula arbitral em si, objeto da novação, pela pactuação de uma nova cláusula compromissória ou de uma cláusula de eleição de foro conflitantes. Neste último caso, não se trata da repercussão de efeitos da extinção do contrato, mas, sim, da operação direta de efeitos extintivos ou modificativos à cláusula compromissória.

A transação é o método pelo qual as partes encontram uma solução mútua para evitar entrar em litígio no Judiciário. Conforme disserta o mestre Sílvio Venosa, "a transação tem justamente a finalidade de impedir que as partes recorram ao Judiciário, ou ponham fim, por decisão conjunta, a uma demanda em curso, já instalada em processo ou não"[11].

Assim, natural seria pensar que, por conta de sua natureza contratual e mútua, seria a transação uma forma de decidir privadamente acerca de uma possível disputa decorrente de obrigações constantes de um contrato, sem haver necessidade de se instaurar o procedimento arbitral. Entretanto, os autores indicam que, no Direito francês, já houve decisão no sentido de interpretar que a transação, envolvendo outras obrigações de um determinado contrato, não atinge a validade da cláusula arbitral, devendo seu objeto ser remetido à competência de um tribunal arbitral.

A resilição do contrato principal muito menos opera seus efeitos sobre a cláusula arbitral. Em decisão da *Cour de Cassation*, já desde 25 de novembro de 1966, consolidava-se o entendimento da autonomia de dita cláusula, pela qual:

> a resilição de um contrato tem por finalidade pôr um fim às obrigações das partes; a corte recursal fez bem ao definir que as partes que não renunciaram expressamente à cláusula compromissória tem um "direito adquirido" de submeter aos árbitros os litígios provenientes do contrato, mesmo se supervenientes à resilição do contrato principal[12].

Por fim, ao longo desta análise acerca dos efeitos reflexos que a validade de um contrato principal pode ter sobre a cláusula arbitral, resta-se ponderar sobre a anulação de um contrato. A resposta do Direito francês a este assunto reside no princípio do *compétence-compétence*, isto é, ao tribunal arbitral cabe julgar as alegações ou constatações acerca da nulidade de um contrato, e se tal nulidade afeta a validade da cláusula compromissória. Se assim constatar, poderá/deverá julgar-se incompetente para proceder com a análise da disputa, remetendo as partes ao Judiciário.

6. CAUSAS INTRÍNSECAS DE EXTINÇÃO

A cláusula arbitral, formada pela vontade em comum de duas ou mais partes que decidem submeter seus conflitos a um juízo arbitral, pode também ser extinta diretamente pela expressão dessa vontade, comum ou unilateral, ou por conta de vícios presentes nela que as partes não sabiam existir, causando-lhe nulidade.

---

11 VENOSA, *Direito civil*: teoria geral das obrigações e teoria geral dos contratos, 2005, p. 312.

12 Tradução nossa. Disponível, em francês, em: <http://www.legifrance.gouv.fr/affichJuriJudi.do?idTexte=JURITEXT000006973615>. Acesso em: 05 abr. 2016.

Por meio da renúncia, as partes em conjunto podem renunciar sua obrigação de ir ao juízo arbitral. Podem, ainda, renunciá-la expressa ou implicitamente. Quando as partes, antes de qualquer litígio se iniciar, resolvem modificar os termos contratuais, e entre tais modificações está a exclusão da cláusula compromissória, poder-se-á arguir que há uma renúncia à arbitragem, por meio da inclusão de uma cláusula de seleção de foro superveniente. Ainda, trazendo uma decisão da *Cour d'Appel*, de Paris, datada de 9 de dezembro de 1987, os autores presenteiam-nos com uma situação peculiar que ilustra a possibilidade de renúncia expressa e implícita.

Nessa decisão, as partes realizaram uma série de contratos coligados, que eram, por sua vez, regidos por um contrato inicial e principal, no qual estava contida uma cláusula arbitral ampla. Entretanto, em um segundo contrato, as partes formularam uma cláusula de eleição de foro específica, elegendo o Tribunal de Comércio de Paris (jurisdição estatal) para solucionar todos os litígios decorrentes daquele contrato e dos contratos futuros. A *Cour d'Appel* entendeu que as partes, ao acordarem entre si uma cláusula específica e meticulosamente escrita, posterior ao contrato principal, não tinham por outro objetivo que não afastar expressamente aquele e os demais contratos posteriores da jurisdição arbitral. Ainda, indicou que, por se tratar de uma relação complexa entre os contratos, não podendo a relação econômico-jurídica das partes se cingir em diferentes jurisdições, as partes também renunciaram, mesmo que implicitamente à jurisdição arbitral para os litígios decorrentes daquele primeiro contrato[13].

Ainda, conforme também reconhecido no Direito brasileiro, a parte que leva seu litígio a uma jurisdição estatal, desrespeitando sua obrigação de instaurar a arbitragem, não incorre em quebra da cláusula compromissória se a parte contrária, em sua defesa, não suscita a existência da cláusula compromissória[14]. Opera-se, assim, uma renúncia tácita à cláusula compromissória, pois ambas as partes demonstraram seu interesse em continuar a discussão do litígio na esfera estatal.

Conforme abordado anteriormente, a anulação do contrato principal não necessariamente afeta a cláusula compromissória. A recíproca também é válida, pois pode haver na cláusula arbitral um vício que a torne nula, como a determinação de uma matéria inarbitrável ou a nomeação de um árbitro específico, que já tenha falecido etc. Porém, paralelamente ao que ocorre no outro caso, cabe ao árbitro decidir sobre esta questão, uma vez que o princípio da *compétence-compétence* será convocado.

7. EXTINÇÃO DOS CONTRATOS E EXTINÇÃO DA CLÁUSULA ARBITRAL

Por se tratar de um contrato, as regras feitas pela lei, contidas nos arts. 472 e seguintes do Código Civil brasileiro, servem como parâmetro de solução às indagações oferecidas na introdução deste capítulo. A extinção dos contratos pode ocorrer por meio do distrato, que

---

13 Disponível, em francês, em: <http://www.kluwerarbitration.com/CommonUI/document.aspx? id=ipn19141>. Acesso em: 05 abr. 2016.

14 Art. 337, § 6º, do Código de Processo Civil brasileiro: "A ausência de alegação da existência de convenção de arbitragem, na forma prevista neste Capítulo, implica aceitação da jurisdição estatal e renúncia ao juízo arbitral".

ocorrerá na mesma forma estabelecida em lei para o contrato a que se objetiva (art. 472); por meio da resilição unilateral (art. 473); pela existência de cláusula resolutiva, que, quando expressa, opera de pleno direito e, quando tácita, depende de interpelação judicial (art. 474); e, por fim, por conta da onerosidade excessiva (arts. 478 a 480).

A doutrina civilista já determinava o caráter transitório das obrigações, entendidas como direitos pessoais, assumindo que elas devem cumprir uma função em determinado tempo (ao contrário dos direitos reais, cuja característica é a perenidade)[15]. Ainda, conforme aduz Venosa,

> um contrato regularmente cumprido em suas obrigações extingue-se normalmente. O contrato extingue-se por sua *execução*. É na extinção anormal, antecipada no tempo ou alterada no objeto ou na forma, que vamos encontrar outras hipóteses de extinção, um desfazimento mais restrito[16].

Assim sendo, por análise da legislação mais geral, a cláusula arbitral enquanto contrato poderá ser extinta por meio de distrato expressamente escrito, uma vez que o art. 4º, § 1º, da Lei de Arbitragem exige essa forma para a existência de uma cláusula arbitral vinculante às partes. A nosso entender, o distrato não pode ser presumido[17], corroborando para essa conclusão algumas razões adiante analisadas. Ainda, poderá ser unilateralmente rescindida quando da denúncia à outra parte sobre a resilição pretendida, em momento anterior à existência ou conhecimento das partes de qualquer conflito entre elas (pois poderia ser visto como um ato de má-fé, caso houvesse uma disputa ainda a ser iniciada mas de conhecimento de somente uma das partes).

Conforme visto anteriormente, essa rescisão unilateral somente terá validade quando da inexistência de um conflito no momento da rescisão ou caso a outra parte aceite, expressa ou tacitamente, em resolver o litígio na esfera estatal.

Há, ainda, a possibilidade de extinguir a cláusula arbitral por meio da alegação de onerosidade excessiva, isto é, quando há uma modificação na realidade econômica de um ou de todos os contratantes que impossibilitaria a consecução dos objetivos da cláusula arbitral (isso ainda figura em um debate muito interessante sobre o custo da arbitragem imposto às partes e o possível esvaziamento da cláusula pela inadimplência de uma parte. As instituições arbitrais possuem regras que visam contornar esse problema, entretanto, é uma hipótese que pode afetar diversos procedimentos, principalmente, aqueles denominados *ad hoc*).

Em uma decisão francesa inédita emitida pelo Tribunal Comercial de Paris, em 17 de maio de 2011[18], os juízes franceses entenderam que a sentença arbitral emitida por um Tri-

---

15 VENOSA, *Direito civil*: teoria geral das obrigações e teoria geral dos contratos, 2005, p. 527.

16 Idem, p. 529.

17 O Código de Processo Civil, em seu art. 337, X, e respectivo § 6º, indica que pode o distrato ser tácito quando, apresentada a demanda em juízo estatal, a parte interessada na arbitragem não alega a existência da convenção de arbitragem antes de discutir o mérito.

18 "*L'impossibilité matérielle pour Mil-Tek France de se pourvoir devant une juridiction en raison d'une clause contractuelle, constitue une restriction de l'accès au juge qui doit conduire le tribunal a déclarer cette obligation nulle et de nul effet*" (Tribunal de Commerce de Paris, j. 17.05.2001, RG n. 2011003447). Texto disponível, em francês, em: GAILLARD, *Rapport de synthèse*: l'argent de l'arbitrage, 2013.

bunal ICC foi nulo, uma vez que os árbitros não permitiram à requerida Mil-Tek França discutir suas reivindicações, além de não ter os fundos necessários para adiantar o pagamento dos custos envolvidos na arbitragem. A análise dos juízes considerou que tal decisão (continuar a arbitragem), sem permitir que uma parte pudesse apresentar suas defesas devidamente, era manifestamente contra o princípio do devido processo, e o Tribunal ICC deveria ter entendido a cláusula de arbitragem como inexequível[19].

Outra decisão da Alemanha, resultado de um caso conhecido como *Plumbers Case*[20], teve uma abordagem similar. Duas partes alemãs tinham celebrado um contrato para a instalação de utensílios em um banheiro e convencionaram entre si separadamente uma convenção de arbitragem. A disputa surgiu sobre pagamentos provisórios, que o autor queria ter resolvido pelos tribunais estaduais. A demandada posicionou-se contra esse pedido e insistiu na existência da convenção de arbitragem. O autor nunca começou um procedimento arbitral por razões de custo. Um ano depois, o autor informou à demandada que ele rescindiu o contrato de arbitragem, tendo em vista a falta de fundos suficientes, e a processou nos tribunais estaduais por danos decorrentes de quebra de contrato. Embora o tribunal de primeira instância e o Tribunal de Apelações alemães negaram as alegações da parte da autora, em razão da existência de uma convenção de arbitragem, direcionando as partes à arbitragem, o Supremo Tribunal Federal alemão inverteu tais decisões, entendendo que a convenção de arbitragem era inexequível, de acordo com a Seção 1.032 (1) do Código de Processo Civil alemão[21].

Por fim, há a possibilidade de uma parte que se sinta lesionada pelo inadimplemento de uma cláusula arbitral (isto é, quando a outra parte descumpre sua obrigação de iniciar o procedimento arbitral e encaminha suas demandas ao Judiciário estatal) em denunciar a cláusula, submetendo-se, portanto, à jurisdição estatal, e podendo-lhe ser concedidos perdas e danos, outro debate que está em voga nas pautas doutrinárias e profissionais.

Analisando a lei específica, constata-se que ela é deficiente quanto à previsão das formas de extinção da cláusula arbitral (aqui entendida em suas duas espécies legais, a cláusula compromissória e o compromisso arbitral[22]). Especificamente quanto ao compromisso arbitral, a lei estabelece, em seu art. 12, três hipóteses pelas quais o compromisso pode ser extinto: quando qualquer dos árbitros (i) escusa-se de arbitrar; ou (ii) não arbitra devido ao falecimento ou impossibilidade de dar seu voto, desde que as partes expressamente se recusem a aceitar um substituto; ou, ainda, quando (iii) o prazo para a prolação de sentença arbitral determinado na cláusula arbitral por vontade das partes expira, "desde que a parte interessada tenha notificado o árbitro, ou o presidente do tribunal arbitral, concedendo-lhe o prazo de dez dias para a prolação e apresentação da sentença arbitral" (art. 12, III).

---

19 Conforme, inclusive, expresso no art. II, item 3, da Convenção de Nova York sobre o Reconhecimento e a Execução de Sentenças Arbitrais Estrangeiras, de 1958.

20 Bundesgerichtshof 14 Sept 2000, III ZR 33/00 – Case 404, disponível em: <https://www.uncitral.org/clout/clout/data/deu/clout_case_404_leg-1628.html>. Acesso em: 05 abr. 2016.

21 "*The arbitration agreement is null and void, inoperative or incapable of being performed.*"

22 A cláusula compromissória é definida pela lei como "a convenção através da qual as partes em um contrato comprometem-se a submeter à arbitragem os litígios que possam vir a surgir, relativamente a tal contrato" (art. 4º, *caput*), enquanto o compromisso arbitral é definido como "a convenção através da qual as partes submetem um litígio à arbitragem de uma ou mais pessoas, podendo ser judicial ou extrajudicial" (art. 9º, *caput*), isto é, submetem à arbitragem o litígio já existente.

A Lei de Arbitragem, entretanto, oferece o meio pelo qual a existência, a validade e a eficácia da cláusula arbitral podem ser auferidas, como já visto no art. 8º e em seu respectivo parágrafo único: o tribunal arbitral é responsável por essa avaliação.

8. O TEMPO COMO QUESTÃO DE VALIDADE DA CLÁUSULA ARBITRAL

Na introdução, a vinculação das partes à cláusula arbitral no tempo foi questionada por meio de duas perguntas: a cláusula arbitral é eterna? Caso contrário, em qual momento ela deixa de ter efeitos sobre as partes?

Na análise do Direito, o tempo é uma figura importante, pois indica a possibilidade de exercer um direito (com o estudo das prescrições legais) ou mesmo da validade de um determinado direito (no caso, com a decadência). Os estudos acerca dos prazos, sejam eles prescricionais ou decadenciais, estão intimamente relacionados ao princípio da segurança jurídica. Este princípio é de extrema importância para os regimes modernos e democráticos de direito, pois, como explica o professor J. J. Gomes Canotilho: "O homem necessita de segurança para conduzir, planificar e conformar autônoma e responsavelmente a sua vida. Por isso, desde cedo se consideram os princípios da segurança jurídica e da proteção da confiança como elementos constitutivos do Estado de Direito"[23].

Assim, como pode o homem contratar livremente sem saber ao certo a dimensão dos efeitos que está a contratar? Como introduzido por Venosa, "nem sempre é fácil delimitar exatamente no tempo os efeitos de um contrato. O contrato já cumprido pode apresentar reflexos residuais, pois, a exemplo do período anterior ao contrato, pode o antigo contratante praticar ações ou omissões responsabilizáveis"[24].

No caso da cláusula arbitral, já vimos que há muitas formas pelas quais se pode abalar sua validade, que, entretanto, é cada vez mais protegida pelos princípios da *compétence-compétence* e da autonomia. Ainda, excetuando-se a expressa vontade das partes e a determinação dos árbitros, a cláusula arbitral é uma criação particular que obrigatoriamente vincula as partes a, no mínimo, duas obrigações referentes ao escopo determinado por ela: a de constituir e a de levar suas divergências ao tribunal arbitral, que possui a competência última para julgar sua própria jurisdição, bem como a questão de fundo apresentada.

Outrossim, quando de fato uma parte poderá se considerar livre de tais obrigações? Analisando o fator tempo, isto é, já se excluindo a hipótese da expressa ou implícita anuência das partes em extinguir essa obrigação, conforme visto anteriormente, pode-se dizer que não há um limite temporal para que a cláusula arbitral opere seus efeitos.

Inicialmente, alguns indagarão sobre a existência de um prazo decadencial ou prescricional para essa obrigação. Mas, destarte, já se identifica que a lei seria responsável pela fixação de tal prazo, e há um completo silêncio da lei sobre o assunto. O que ocorre é a alegação de tais prazos durante a arbitragem, e o árbitro é quem deverá conhecer ou não da prescrição ou da decadência. Mas novamente as partes encontram-se na obrigação de constituir o tribunal arbitral e de trazer-lhe tal questionamento.

---

23 CANOTILHO, *Direito constitucional e teoria da constituição*, 1997, p. 257.

24 VENOSA, *Direito civil*: teoria geral das obrigações e teoria geral dos contratos, 2005, p. 515.

Ainda, poder-se-ia afirmar que a cláusula compromissória reveste-se de um caráter obrigacional pós-contratual, quando findo o contrato principal das relações jurídicas às quais ela se destina a governar. Ora, entendendo-se que na análise dos contratos é possível imputar responsabilidades por fatos prévios à contratação, não há óbice à mesma análise para os fatos posteriores ao fim da contratação. Entendendo-se que a cláusula arbitral é uma criatura negocial separada dos contratos principais, porém a eles intrinsicamente relacionada em virtude do seu escopo de incidência, ela deve sobreviver ao contrato finalizado para continuar surtindo seus efeitos para responsabilizar quaisquer partes por atos futuros.

9. CONCLUSÃO

Deste breve estudo, as seguintes afirmações podem ser declaradas no entender dos autores:

(i) partes não são eternamente vinculadas às cláusulas arbitrais. Elas podem expressamente anuir com a renúncia ao juízo arbitral, ou, em seu silêncio, estão vinculadas na medida em que a relação jurídica de fundo subsiste. Entretanto, sendo também uma relação processual não legislada, as partes estarão vinculadas ao princípio da *compétence-compétence*, cabendo aos árbitros a análise da validade ou a existência do direito e da demanda a eles submetidos;

(ii) as cláusulas arbitrais são figuras jurídicas que encontram seu fundamento na vontade privada. Como tal, é de se esperar que a vontade das partes é que pode unicamente modificar, *a priori*, as obrigações nelas presentes. O tempo, por si, não permite a ninguém perceber a modificação das vontades, conquanto deve ter práticas ou atos a ele vinculados para se proceder com uma análise interpretativa;

(iii) por fim, que o Direito e a jurisprudência brasileiros, embora jovens acerca da temática de arbitragem, caminham solidamente com os entendimentos internacionais, mas de maneira simples e homogênea, consolidando os princípios fundamentais da arbitragem e construindo as interpretações mais adequadas para o preenchimento de eventuais lacunas legais.

REFERÊNCIAS BIBLIOGRÁFICAS

CANOTILHO, J. J. Gomes. *Direito constitucional e teoria da constituição*. 7. ed. Coimbra, Almedina, 1997.

CARMONA, Carlos Alberto. *Arbitragem e processo*: um comentário à Lei n. 9.307/96. 3. ed. São Paulo, Atlas, 2009.

FOUCHARD, Philippe; GAILLARD, Emmanuel; GOLDMAN, Berthold. *Traité de l'arbitrage commercial International*. Paris, Litec, 1996.

HAMIDA, Walid ; CLAY, Thomas (orgs.). *L'argent dans l'arbitrage*. Lextenso Éditions, 2013.

PARK, William W. *Arbitration of international business disputes*. Oxford, Oxford University, 2006.

VÁRADY, Tibor; BARCELÓ III, John J.; KRÖLL, Stefan; VON MEHREN, Arthur T. *International commercial arbitration – a transnational perspective*. 6th ed. St. Paul, West Academic, 2015.

VENOSA, Sílvio de Salvo. *Direito civil*: teoria geral das obrigações e teoria geral dos contratos. 5. ed. São Paulo, Atlas, 2005.

Arbitragem e a tutela provisória no CPC/2015

9

Eduardo Talamini

1. INTRODUÇÃO

As relações entre juiz estatal e árbitros por ocasião da concessão e execução de medidas urgentes foram, ao menos até aqui, bem equacionadas por doutrina e jurisprudência brasileiras. A despeito da imprecisão do texto original da Lei de Arbitragem, consolidou-se exegese que propiciou soluções razoáveis e eficientes.

Mas, quase ao mesmo tempo em que a Lei n. 13.129/2015 (de reforma da arbitragem) explicitou essas diretrizes, o Código de Processo Civil de 2015 estabeleceu novas regras para a tutela de urgência, que trazem consigo a necessidade de reexame do tema.

É o que se procura fazer aqui[1].

2. PREMISSAS

A equação atinente à distribuição de tarefas entre juiz e árbitro no âmbito das tutelas urgentes exige a consideração de duas premissas.

2.1. Ausência de poder arbitral coercitivo

Conquanto legítima e plenamente compatível com a garantia da inafastabilidade da tutela jurisdicional, a atividade arbitral é *privada*. O árbitro não exerce a jurisdição estatal.

Sua origem está em um ato negocial das partes – regrado e até protegido e incentivado pelo Estado. Mas não há um ato de delegação estatal. Se for para utilizar o termo "jurisdição" no sentido clássico, de uma das modalidades de expressão do poder soberano do Estado, a arbitragem não é "jurisdicional" (ainda que o seja em outra acepção, a seguir destacada)[2]. O

1 Este capítulo consiste em versão ampliada (com o exame de outras questões) do texto "Arbitragem e estabilização da tutela antecipada".

2 Nesse sentido, entre outros: CHIOVENDA, *Instituições de direito processual civil*, n. 26, p. 78 e seguintes; FAZZALARI, *Istituzioni di diritto processuale*, p. 505 e seguintes; e "Arbitrato (dir. proc. civ.) [II agg., 1998]", em *Enciclopedia del diritto*, n. 2; AROCA, *Proceso civil y penal y garantía: el proceso como garantía de libertad y de responsabilidad*, cap. 10, n. 1, p. 414-5; DINAMARCO, *Nova era do processo civil*, n. 15; p. 38-9. Há auto-

árbitro, sujeito privado, não fundamenta sua posição na soberania estatal, como o juiz, mas na convenção celebrada entre as partes. A base de legitimidade da arbitragem não é nenhuma chancela ou outorga do Estado, mas a *liberdade* das partes. A arbitragem tem início (formação) negocial e desenvolvimento que se poderia chamar de institucional e processualizado. Institucional porque, embora constituída e previamente organizada pelo acordo entre as partes, passa depois a desenvolver-se em uma estrutura dinâmica, complexa, relativamente objetivada. Processualizado porque a atividade aí desenvolvida é procedimentalizada e sujeita ao contraditório, entre as partes e do árbitro com as partes. Pode-se aludir a um *negócio jurídico processual*[3], em lugar da vetusta noção francesa de contrato de direito privado.

A atuação dos árbitros pode ser qualificada como sendo um perfeito *equivalente* da jurisdição estatal: equipara-se à atuação jurisdicional cognitiva. O árbitro tem a tarefa de verificar e atuar as normas concretamente incidentes – e o faz como um terceiro, *imparcial* (não parte), estranho, alheio às partes. Sob essa perspectiva – do conteúdo da atuação, da condição de "não sujeito" (*asoggettività*) do árbitro e do resultado visado – a arbitragem equivale à jurisdição. Daí aludir-se a "jurisdição privada".

Mas equivaler não significa ser idêntico[4]. Consequência do caráter não estatal da arbitragem reside na circunstância de que os árbitros não detêm o *imperium* estatal. Não podem adotar medidas de força coativa. Toda vez que dela necessitarem, precisam recorrer à autoridade judiciária.

Por isso, embora reconhecendo os poderes instrutórios do árbitro, a Lei n. 9.307/96 prevê que, em caso de recusa injustificada de um terceiro em comparecer para testemunhar no processo arbitral, não tem o árbitro como conduzi-la coativamente. Cabe-lhe, na hipótese, "requerer à autoridade judiciária que conduza a testemunha renitente, comprovando a existência da convenção de arbitragem" (art. 22, § 2º, parte final). Ainda em termos mais amplos, prevê-se que toda e qualquer medida que exija o emprego da força – no que se inclui a execução das decisões arbitrais não voluntariamente cumpridas – dependerá da intervenção do Judiciário (art. 22, § 4º).

2.2. A convenção arbitral não afasta o direito à plena e adequada tutela

Ao se reconhecer a liberdade das partes no emprego da arbitragem, está admitindo-se que elas possam optar pelo mecanismo de solução do conflito que lhes pareça mais compatível com as necessidades concretas da situação litigiosa. Características como a celeridade, a aptidão de o procedimento ser moldado em conformidade com as peculiaridades que

---

res que adotam concepção diversa, identificando totalmente jurisdição estatal e arbitral (p. ex.: CASTILLO, *Proceso, autocomposición y autodefensa*, n. 44, p. 76; PERLINGIERI, *Arbitrato e Costituzione*, n. 6, p. 33; CARMONA, *A arbitragem no processo civil brasileiro*, cap. 3, n. 4; p. 33 e segs.), mas que nem por isso deixam de reconhecer o aspecto central abordado neste tópico: a ausência de poderes coercitivos do árbitro.

3 É a concepção prevalecente na doutrina alemã (cf. LEIBLE e LEHMANN, "El arbitraje en Alemania", n. 1.4, p. 31). Entre nós, veja-se GRECO, "Os atos de disposição processual: primeiras reflexões", n. 1, p. 290-2 e n. 6.3, p. 298-9. Na Itália, confira-se BOVE, *La giustizia privata*, cap. 2, n. 3, p. 33-6, e, muito antes, CARNELUTTI, *Sistema del diritto processuale civile*, v. 2, n. 420, p. 78. Tratei do tema em *Direito processual concretizado*, cap. 10, p. 332, e em termos mais aprofundados no ainda inédito "Convenção arbitral como negócio jurídico processual: pressupostos objetivos e subjetivos (arbitrabilidade)".

4 FAZZALLARI, *Istituzioni di diritto processuale*, p. 491.

a instrução exigirá, a informalidade etc. tendem a fazer do processo arbitral um meio mais eficiente de tutela, em determinados casos. Nesse sentido, o instituto da arbitragem é consentâneo com a diretriz constitucional de busca de tutela efetiva e adequada.

Por isso, a arbitragem não pode constituir um entrave no sentido oposto. Ela não pode funcionar como um obstáculo à tutela plena e adequada. Ao Estado não é dado criar dificuldades a que as partes recorram a ele, quando disciplina mecanismos de facilitação da composição por meios alternativos – seja a arbitragem ou qualquer outro. Então, em todos os casos em que o processo arbitral não for por si só apto a propiciar proteção integral e efetiva, cumpre reconhecer o acesso à via judicial apta a viabilizar tal tutela.

Pense-se na hipótese em que, embora existindo convenção arbitral, há também cláusula contratual prevendo que o contrato serve de título executivo extrajudicial para obrigações líquidas, certas e exigíveis nele previstas (CPC, art. 585, II). Não seria razoável afirmar que, nesse caso, a parte credora teria antes de promover processo arbitral de conhecimento (condenatório) em relação àquelas obrigações, para só depois poder executar. A despeito da convenção arbitral, caberá reconhecer a direta competência do Judiciário para o processo de execução do título executivo extrajudicial, sem prejuízo de submissão à arbitragem das disputas que exijam cognição do mérito da pretensão creditícia[5]. Pretender fazer prevalecer unicamente a cláusula arbitral, nessa hipótese, implicaria inviabilizar a tutela plena e adequada.

Nos casos em que há urgência de proteção antes da instauração da arbitragem põe-se questão similar, como se vê adiante.

3. A DIVISÃO DE TAREFAS ENTRE JUIZ E ÁRBITRO NA TUTELA DE URGÊNCIA

No Direito brasileiro, em princípio compete ao árbitro a concessão de medidas urgentes (cautelares ou antecipadas) relativas às causas submetidas à arbitragem. A convenção arbitral sobre determinada pretensão ou conjunto de pretensões abrange a atribuição de poder aos árbitros para a adoção de providências urgentes destinadas a debelar situações de perigo de dano relacionadas com tais pretensões. Em outras palavras, se o árbitro está investido de poder para solucionar determinada lide, está igualmente autorizado a adotar providências que preservem a utilidade prática de sua decisão final ou que protejam provisoriamente os possíveis direitos ali envolvidos.

3.1. A disciplina anterior à Lei n. 9.307/96

Essa orientação já se esboçava sob a égide da disciplina normativa anterior à Lei de Arbitragem, a despeito de a literalidade do texto normativo parecer indicar o oposto. O art. 1.086 do CPC/73 estabelecia ser "defeso" ao juízo arbitral não apenas "empregar medidas coercitivas", mas também "decretar medidas cautelares". Fazendo-se necessárias tais providências, previa o art. 1.087, "o juízo arbitral as solicitará à autoridade competente". De qualquer modo, autorizada doutrina extraía de tais normas apenas a impossibilidade de adoção pelo

5 Nesse sentido, ver, por exemplo, STJ, REsp n. 944.917/SP, 3ª T., rel. Min. Nancy Andrighi, j. 18.09.2008, *DJe* 03.10.2008.

árbitro de medidas de força (pelas razões expostas no item n. 2.1): a atividade cognitiva de aferição dos pressupostos da medida urgente caberia ao tribunal arbitral[6].

3.2. A interpretação assente após a Lei de Arbitragem

Tal conclusão consolidou-se com a Lei n. 9.307/96, ainda que também nela, em sua redação original, o único dispositivo a respeito do tema não primasse pela precisão (art. 22, § 4º: "havendo necessidade de medidas coercitivas ou cautelares, os árbitros poderão solicitá-las ao órgão do Poder Judiciário que seria, originariamente, competente para julgar a causa")[7].

Caberá ao árbitro verificar a presença dos requisitos da medida de urgência e, em caso positivo, emitir o provimento antecipador ou acautelatório. Havendo o cumprimento espontâneo, ficará inclusive dispensado o recurso ao Poder Judiciário. A intervenção judicial será exigida apenas se houver a necessidade de providências de força para executar o provimento urgente. Não havendo cumprimento espontâneo da decisão concessiva da medida, o árbitro solicitará as providências necessárias à efetivação da medida ao órgão judicial competente[8].

3.3. A competência judicial para a execução da decisão urgente

Há, portanto, clara distinção entre o poder cognitivo de conceder a tutela urgente, conferido ao árbitro, e o poder de empregar a força necessária à concretização da medida, atribuído ao órgão judicial. Em consequência, o juiz, ao receber do árbitro a requisição de efetivação da tutela antecipada, apenas realizará exame formal, atinente à sua competência e à presença de elementos documentais suficientes para processar a medida, e aferição sumária (*prima facie*) da existência, validade e eficácia da convenção arbitral. Por outro lado, compete ao juiz, e não ao árbitro, deliberar acerca das providências atinentes à efetivação da tutela urgente. Será o juiz quem cominará a multa processual coercitiva (CPC/2015, art. 537)[9],

---

6 SILVA, *Comentários ao Código de Processo Civil*, v. XI, t. II, n. 695-8, p. 604-6; CARMONA, *A arbitragem no processo civil brasileiro*, cap. 8, n. 4.5, p. 109.

7 A ponto de doutrina estrangeira, diante da letra da lei, ter chegado a enquadrar o modelo brasileiro entre aqueles em que o árbitro não pode conceder ele mesmo medidas urgentes [assim, MENDES, em seu substancioso ensaio "As medidas cautelares e o processo arbitral (algumas notas)", n. 9, p. 67]. A ambiguidade da disposição legal não foi acidental: evitou-se propositalmente fórmula explícita, remetendo-se a uma futura solução *de lege lata* (como demonstra KLEINHEISTERKAMP, *International Commercial Arbitration in Latin America*, cap. IV, p. 250).

8 CARMONA, "Das boas relações entre os juízes e os árbitros", ns. 7 e 9, p. 21-2 e 24; *Arbitragem e processo:* um comentário à Lei n. 9.307/96, 2009, n. 6 ao art. 22, p. 322; TALAMINI, *Tutela relativa aos deveres de fazer e não fazer*, 1. ed., n. 19.3, p. 464-5 (posição reiterada na 2. ed., n. 19.3, p. 459-60); CÂMARA, *Arbitragem:* Lei n. 9.307/96, cap. V, n. 4, p. 100-3; COSTA, *Poderes do árbitro:* de acordo com a Lei n. 9.307/96, n. 5.2-5.5, p. 106-12; BERMUDES, "Medidas coercitivas e cautelares no processo arbitral", n. 5, p. 279-80; RANZOLIN, "As tutelas de urgência e o sistema de arbitragem nacional", p. 240; CAHALI, *Curso de arbitragem*, n. 10.2.2, p. 252-5, entre muitos.

9 Quanto à multa, cabe ressalvar que: (1º) as partes podem pactuar a atribuição de competência para o árbitro fixar multa, (2º) essa multa não será a mesma processual-coercitiva de que trata o art. 537 do CPC, mas negocial-arbitral (tal como a multa que as partes preveem no contrato o é), (3º) por isso, nada impede que o juiz estatal adicione outra multa, estatal, coercitiva, à cominada pelo árbitro, (4º) já a redução da multa arbitral pelo juiz depende de expressa autorização legal, aliás, existente no ordenamento (CPC/2015, art. 814, pa-

fixará seu valor e prazo e definirá a aplicação das medidas atípicas (CPC/2015, art. 297) necessárias à concretização da tutela de urgência predefinida pelo tribunal arbitral.

Pelas mesmas razões, o pronunciamento do árbitro que conceder a tutela urgente não terá, em si mesmo, força mandamental. A decisão antecipadora ou acautelatória será diretamente encaminhada à parte, que, cumprindo-a, tornará desnecessário o auxílio do Judiciário. A parte tem o dever de cumprir essa decisão, assim como qualquer outra proferida pelo árbitro no exercício da convenção arbitral, porque se obrigou a tanto. Mas falta ao árbitro *imperium* (n. 2.1, acima). O desatendimento da sua decisão não caracterizará, em si mesmo, crime de desobediência. Conquanto o árbitro seja equiparado a funcionário público, para os efeitos da legislação penal (Lei n. 9.307/96, art. 17), falta-lhe poder de coerção (art. 22, §§ 2º e 4º), de modo que seus pronunciamentos não constituem *ordens estatais*. Cumprirá ao juiz, a fim de efetivar decisão urgente do árbitro, adicionar-lhe o *mandamento*, que se aterá rigorosamente ao conteúdo e alcance da tutela cautelar ou antecipada por aquele preestabelecida[10].

3.4. As medidas urgentes prévias à arbitragem: a competência judicial

Como destacado no n. 2.2, a eleição da via arbitral pelas partes não implica renúncia à busca de tutela adequada e efetiva de suas posições jurídicas. Bem ao contrário, a opção pela arbitragem retrata precisamente uma tentativa de consecução desse ideal. Por isso, a existência de convenção arbitral não pode servir de óbice à intervenção do Judiciário, sempre que a arbitragem não estiver disponível ou não for apta a proporcionar proteção plena e tempestiva.

É precisamente o que ocorre quando, a despeito de convencionada a arbitragem, surge a necessidade de uma tutela urgente antes mesmo de estar instalado o tribunal arbitral. As medidas urgentes, sejam conservativas ou antecipatórias, haverão de ser pleiteadas diretamente ao Poder Judiciário. Se há perigo iminente de danos graves, não há como se aguardar todo o procedimento de constituição do tribunal arbitral e o início da arbitragem. É necessária uma intervenção imediata. Diante da impossibilidade absoluta de recorrer-se ao árbitro, nesse momento, fica franqueada – sob pena de inviabilização do acesso à justiça – a possibilidade de demanda urgente na jurisdição estatal. A competência para a medida urgente, em princípio, recairá sobre o órgão judiciário que seria competente para o julgamento da própria causa, se não houvesse convenção de arbitragem.

Essa orientação também é assente na doutrina[11].

---

rágrafo único, que corresponde ao art. 645, parágrafo único). Sobre este último aspecto, v. TALAMINI, *Tutela relativa aos deveres de fazer e não fazer*, 2. ed., n. 9.5.2, p. 251-2.

10 Sobre os vários aspectos aqui destacados, reporto-me ao que escrevi em *Tutela relativa aos deveres de fazer e não fazer*, 2. ed., n. 19.3, p. 458-61.

11 Ver, entre muitos: CARMONA, "Das boas relações entre os juízes e os árbitros", n. 8, p. 23; COSTA, *Poderes do árbitro:* de acordo com a Lei n. 9.307/96, n. 5.3, p. 108; GUILHERME, "O uso da medida cautelar no procedimento arbitral", n. 1, p. 139; MARTINS, *Apontamentos sobre a Lei de Arbitragem*, nota ao art. 22, p. 247; SOUZA, "Sinal verde para a arbitragem nas parcerias público-privadas (a construção de um novo paradigma para os contratos entre o estado e o investidor privado)", n. 4.5, p. 158; BERALDO, *Curso de arbitragem*, n. 36, p. 359 e segs.

3.5. Atividade judicial urgente pré-arbitral e convenção de arbitragem

Na hipótese indicada no tópico anterior, o emprego da ação judicial urgente não implica violação nem renúncia à convenção arbitral. A parte que pede tutela urgente ao juiz estatal, quando ainda não há juízo arbitral instituído, segue o caminho possível. Essa sua conduta não retrata, em si mesma, abandono ou desconsideração da opção pela arbitragem.

Pela mesma razão, não se exige nem cabe a arguição de existência de convenção arbitral, pelo réu da ação judicial urgente pré-arbitral. Eventual formulação dessa defesa será irrelevante. Deverá ser rejeitada. Por outro lado, a falta de sua formulação tampouco gera qualquer consequência extintiva da convenção arbitral. Não implica renúncia ao emprego da arbitragem para a solução definitiva do mérito (a que alude, em termos não de todo apropriados, o art. 337, § 6º, do CPC/2015) – assim como a propositura da ação judicial urgente tampouco implicara.

Enfim, a convenção arbitral passa incólume pela medida judicial urgente pré-arbitral. Permanece vigente e vinculante.

Longe de implicar a superação da convenção de arbitragem, o procedimento judicial urgente pré-arbitral presta-se a preservar a própria utilidade e viabilidade prática do processo arbitral. A medida de urgência concedida em caráter preparatório protege a parte e seu possível direito. Mas também impede, ao debelar danos irreparáveis ou de difícil reparação, que a futura sentença arbitral caia no vazio.

3.6. Tutela judicial antecipada prévia à arbitragem

A competência judicial para medidas urgentes antes da instauração da arbitragem aplica-se inclusive à antecipação de tutela. O destaque aqui é necessário porque se lançam dúvidas sobre a possibilidade de o juiz estatal conceder tutela antecipada pré-arbitral[12].

O primeiro possível obstáculo à tutela antecipada nessa hipótese residiria na circunstância de o Código de Processo Civil de 1973 prevê-la expressamente apenas como providência urgente *incidental* a um processo já em curso (art. 273). Nesse diploma, não houve disciplina explícita de antecipação de tutela em caráter antecedente – diferentemente da medida cautelar (art. 796).

O segundo argumento contrário é o de que, ao antecipar tutela, o juiz estatal estaria pronunciando-se sobre a própria pretensão principal da parte, ainda que sumariamente. Estaria avançando sobre exame de matéria reservada ao tribunal arbitral.

Nenhuma das duas objeções procede.

Quanto à primeira, de há muito se reconhece que, diante de situações de urgência, em que não é possível desde logo a propositura da ação principal, a parte está autorizada a plei-

---

12 Essas dúvidas são expostas por Donaldo Armelin ("Tutela de urgência e arbitragem", n. 6, p. 374-6) e Marcos Gomes da Costa (*Tutela de urgência e processo arbitral*, n. 18, p. 129 e segs.). Ambos descartam as possíveis objeções, reconhecendo, como no presente texto, o cabimento da tutela judicial antecipada pré-arbitral. Rejeitam a possibilidade de tutela judicial antecipada pré-arbitral: CAHALI, *Curso de arbitragem*, n. 10.3, p. 257; SCAVONE JR., *Manual de arbitragem*, cap. IV, n. 6, p. 155.

tear e obter tutela antecipada em caráter preparatório[13]. Tal possibilidade foi confirmada pela norma do art. 273, § 7º, do CPC/73 (acrescida pela Lei 10.444/2002), que estabeleceu irrestrita fungibilidade entre tutela cautelar e tutela antecipada[14]. De resto, no Código de Processo Civil de 2015, o argumento é definitivamente sepultado, pois previu-se expressamente a possibilidade de tutela antecipada em caráter antecedente, preparatório de um processo principal (arts. 303 e 304).

O segundo argumento é igualmente infundado. Se há grave situação de perigo de dano, impõe-se a prestação da tutela urgente. A inibição da atuação judicial pelo tão só argumento da preservação da competência arbitral é ofensiva à garantia da tutela jurisdicional plena e oportuna (CF, art. 5º, XXXV). Aliás, o argumento ora criticado aniquilaria o próprio instituto da tutela antecipada como um todo: jamais seria ela admitida porque implicaria esvaziamento da sentença final... Mas existem parâmetros para preservar a cognição exauriente sem prejudicar o exercício da tutela de urgência. Em princípio, ficam vedadas as providências urgentes quando houver o risco de que gerem resultado prático irreversível (CPC/2015, art. 300, § 3º, que corresponde ao art. 273, § 2º, do CPC/73) – e isso se aplica à tutela antecipada em geral. Se o caso enquadrar-se na hipótese legalmente vedada, o juiz deixará de antecipar a tutela não porque esteja impedido de conceder tutela antecipada pré-arbiral, mas por não poder, em princípio, conceder tutela urgente irreversível. Além disso, essa norma proibitiva é mitigada pela aplicação do critério da proporcionalidade: se o dano que a antecipação de tutela visa a impedir é também ele mesmo irreversível, cabe ponderar qual o bem jurídico será mais gravemente sacrificado, caso se conceda ou não a medida – e eventualmente se antecipará a tutela mesmo assim, a despeito da irreversibilidade. Essa diretriz, de há muito consolidada[15], aplica-se também à tutela judicial antecipada pré-arbitral.

3.7. A natureza jurídica da atuação judicial urgente prévia à arbitragem

A atuação judicial, no processo de urgência antecedente à arbitragem, constitui modalidade de colaboração entre órgãos jurisdicionais. Alude-se a cooperação interjurisdicional ou internacional para denominar o auxílio que a jurisdição de determinado país dá à de outro[16]. Emprega-se cooperação interna ou intrajurisdicional para indicar a atuação colaborativa entre diferentes órgãos judiciais internos. O caso em questão é peculiar. Mesmo quando a arbitragem é interna (nacional) não se pode dizer que o tribunal arbitral seja órgão do judiciário brasileiro. Reafirme-se aqui o caráter privado da jurisdição (n. 3.1, acima). Por outro lado, quando internacional, a arbitragem tampouco constitui fenômeno de expressão da

---

13 WATANABE, "Tutela antecipatória e tutela específica das obrigações de fazer e não fazer", n. 28, p. 39; BEDAQUE, *Tutela cautelar e tutela antecipada:* tutelas sumárias e de urgência (tentativa de sistematização), cap. VI, n. 9, p. 291; TALAMINI, *Tutela relativa aos deveres de fazer e não fazer*, 2. ed., n. 15.10.1, p. 370. Tratando especificamente da tutela antecipada pré-arbitral: DINAMARCO, *A arbitragem na teoria geral do processo*, n. 86, p. 224.

14 Reporto-me ao que escrevi em "Medidas urgentes ('cautelares' e 'antecipadas'): a Lei n. 10.444/2002 e o início de correção de rota para um regime jurídico único", esp. n. 4, p. 24-6.

15 Remeto ao que expus em *Tutela relativa aos deveres de fazer e não fazer*, 2. ed., n. 15.2, p. 349-53, especialmente às referências bibliográficas e jurisprudenciais na nota de rodapé 3.

16 Sobre tal terminologia, v. BELTRAME, "Cooperação jurídica internacional", n. 2, p. 190-2.

soberania de outro Estado. Mas, afinal, reconhece-se funcionalmente na arbitragem exercício de jurisdição privada. Logo, o auxílio que o Judiciário presta à arbitragem constitui uma cooperação interjurisdicional (jurisdição estatal ajudando a jurisdição privada), ainda que não necessariamente internacional.

Quando uma arbitragem está em curso, as cartas arbitrais – ora disciplinadas tanto pela lei de reforma da arbitragem quanto pelo CPC/2015 – constituem veículo formal dessa atuação colaborativa. Mas o fato de ainda não existir arbitragem em curso, na hipótese de atuação urgente pré-arbitral, não elimina essa essência cooperacional. O Judiciário presta ajuda à arbitragem quando atua urgentemente antes dessa instaurar-se.

A natureza dessa atuação reflete-se sobre a competência desempenhada pela autoridade judiciária na atividade urgente pré-arbitral. Trata-se de competência *provisória* e *temporária*. Vale dizer, não apenas a tutela prestada pelo juiz estatal é, nessa hipótese, provisória e temporária. A competência que ampara sua atuação também tem essas características.

É provisória porque será substituída pela competência arbitral, tão logo a arbitragem instaure-se. Uma vez constituído o tribunal arbitral, a competência para a medida urgente é por ele assumida, podendo conceder providência antes judicialmente denegada, ou modificar ou tornar sem efeito tutela urgente que o juiz estatal havia deferido.

É temporária porque há prazo para a atuação judicial terminar – como se procura demonstrar adiante.

Enfim, como afirmou o STJ, no REsp n. 1.297.974, adiante citado mais amplamente: "essa competência é *precária* e não se prorroga, subsistindo apenas para a análise do pedido liminar".

3.8. Competência judicial subsidiária

Mesmo quando já instituída a arbitragem, o Judiciário pode ser legitimamente acionado para a concessão de medida urgente, se o tribunal arbitral não estiver disponível para decidir a questão em tempo compatível com a urgência da situação. Trata-se de hipótese absolutamente excepcional, extremamente incomum na prática, inclusive por conta das modernas tecnologias de comunicação. Mas não pode ser de todo descartada[17]. Imagine-se, por exemplo, que os componentes do tribunal arbitral estejam todos em viagem, inacessíveis, quando surge o perigo de dano irreparável. Nesse caso, justifica-se a intervenção colaborativa do juiz estatal, que se pronunciará sobre a tutela de urgência e, assim que possível, remeterá a questão ao tribunal arbitral.

Também nessa hipótese, a competência judicial é provisória e temporária ("precária"). Igualmente, o exercício da demanda judicial urgente não configurará renúncia à convenção arbitral.

17 Alguns regulamentos arbitrais, como o da Corte Internacional de Arbitragem da Câmara de Comércio Internacional – CCI (art. 28.2), ressalvam expressamente essa hipótese. Na doutrina, v., por todos, CARMONA, *Arbitragem e processo:* um comentário à Lei n. 9.307/96, n. 6 ao art. 22, p. 328.

3.9. Procedimento arbitral de emergência

Nesse ponto, cabe abrir parênteses para determinado expediente arbitral que na experiência contemporânea ainda constitui exceção, mas pode tornar-se cada vez mais frequente.

Mais do que a opção pela arbitragem para solucionar o conflito, as partes podem definir também a ocorrência de um procedimento arbitral (i.e., não estatal) para a solução de demandas urgentes que surjam antes da instauração do procedimento arbitral de cognição exauriente destinado à solução definitiva do conflito. Trata-se de um processo arbitral urgente antecedente à arbitragem propriamente dita.

Em arbitragens *ad hoc*, é mais complexa – e ainda pouco usual na prática – a utilização desse expediente. Mas nas arbitragens institucionais, isso é mais frequente, pois diversas câmaras arbitrais contemplam em seus regramentos essa possibilidade.

Usa-se aqui como exemplo procedimento previsto na Câmara de Arbitragem e Mediação da Federação das Indústrias do Paraná (CAM-FIEP), uma das primeiras no Brasil a prever em seu regulamento procedimento dessa natureza, sob o título de "arbitragem de emergência". Nos termos do Regulamento da CAM-FIEP, a Câmara manterá um corpo de árbitros à disposição das partes, para o caso de ser necessária medida urgente antes da instauração da arbitragem (Regulamento, ns. 7.1 a 7.4). A possibilidade de emprego da arbitragem de emergência é inerente à opção pela arbitragem institucional CAM-FIEP, mas as partes podem expressamente excluí-la (Regulamento, ns. 7.5 e 8.11). De qualquer modo, e mesmo que não excluída a arbitragem de emergência na convenção arbitral, seu emprego não é obrigatório. Diante da situação de perigo de dano prévia à arbitragem, a parte pode mesmo assim preferir recorrer ao Judiciário para a concessão da tutela urgente (Regulamento, ns. 7.6 e 8.11). Quando atuar, o árbitro de emergência restringir-se-á ao exame do pedido de tutela urgente. Ele não ficará vinculado ao futuro processo arbitral destinado ao julgamento definitivo da lide (Regulamento, n. 7.3). Para tanto, será oportunamente constituído o tribunal arbitral, que terá inclusive o poder de rever a medida de urgência anteriormente requerida (Regulamento, ns. 7.3, parte final, e 8.9)[18].

---

18 Eis as regras pertinentes: "Seção II – Arbitragem de Emergência. Art. 7º Árbitros de Emergência. 7.1. A CAM-FIEP manterá um corpo permanente de Árbitros de Emergência à disposição das Partes, com o objetivo de atender às solicitações de medidas de urgência requeridas antes da instituição da Arbitragem e que não possam aguardar pela constituição de Tribunal Arbitral para serem apreciadas. 7.2. O corpo de Árbitros de Emergência conterá no mínimo 5 (cinco) Árbitros, designados mediante escala a ser definida pelo Conselho Diretor da CAM-FIEP dentre os membros da sua lista de Árbitros, devendo estar disponíveis para atuar na cidade de Curitiba (PR) ou, se for o caso, por via remota. 7.3. O Árbitro que apreciar o pedido de medida urgente em regime de Arbitragem de Emergência não ficará vinculado ao litígio, que será julgado por Tribunal Arbitral constituído na forma do art. 13 do presente Regulamento. Uma vez constituído o Tribunal Arbitral, este poderá revogar, anular ou tornar sem efeito a medida urgente anteriormente requerida, bem como realocar os custos da Arbitragem de Emergência. 7.4. Os Árbitros de Emergência serão remunerados na forma do presente Regulamento. 7.5. As Partes que desejarem excluir a aplicação do regime de Arbitragem de Emergência poderão prever esta exclusão expressamente em sua Convenção Arbitral, caso em que não será aplicável o procedimento previsto nesta Seção, devendo as medidas urgentes anteriores à instituição da Arbitragem (item 13.7 deste Regulamento) ser submetidas ao órgão judiciário competente. 7.6. A ausência da exclusão prevista no item 7.5 deste Regulamento não impedirá a parte interessada de requerer ao órgão judiciário competente as medidas urgentes necessárias anteriormente à instituição da Arbitragem nem dará ao demandado o direito de obter a extinção da medida judicial, cabendo sempre ao demandante da medida op-

No Brasil, também a Câmara de Arbitragem do Mercado, da BM&F Bovespa, possui previsão de semelhante procedimento: intitulado "arbitragem de apoio", ele depende de expressa adesão das partes, na convenção arbitral (Regulamento da CAM-BM&F Bovespa, n. 5.1). Mecanismos similares são previstos também nos regulamentos da Câmara de Mediação e Arbitragem do Amazonas - CAMAM (arts. 11.3 e 12), do Centro de Solução de Disputas em Propriedade Intelectual (arts. 117 a 125), Câmara de Mediação e Arbitragem das Eurocâmaras (art. 1º) e a Câmara de Mediação e Arbitragem da Associação Comercial do Paraná - Arbitac ("Regulamento de Arbitragem de Emergência"), entre outros.

tar livremente, em cada caso, por requerê-la ao Árbitro de Emergência ou ao órgão judicial. Art. 8º Procedimento de Emergência. 8.1. O pedido de Arbitragem de Emergência deverá ser formulado contendo as informações constantes no art. 12 do presente Regulamento, bem como outras informações ou documentos que forem necessários e convenientes para a sua apreciação. 8.2. A Parte que formular pedido de Arbitragem de Emergência deverá, no prazo de 5 (cinco) dias contados do recebimento de tal pedido pela CAM-FIEP, proceder ao depósito das custas e honorários previstos na Tabela de Custas e Honorários anexa ao presente Regulamento. As despesas necessárias para a apreciação do pedido e sua execução, incluindo a notificação da Contraparte, deverão ser igualmente pagas pela Parte que requereu a Arbitragem de Emergência, assim que solicitado pela CAM-FIEP, podendo ser posteriormente realocadas pelo Tribunal Arbitral em sua decisão final a respeito do litígio. 8.3. Efetuado o pedido de Arbitragem de Emergência, o Conselho Diretor da CAM-FIEP distribuirá tal pedido por sorteio a um dos Árbitros que no momento do pedido integrar o corpo de Árbitros de Emergência da CAM-FIEP. Designado o Árbitro de Emergência, será o pedido a ele remetido para apreciação em prazo não superior a 7 (sete) dias. O pedido poderá ser deferido com ou sem a oitiva da Parte demandada. No primeiro caso, a CAM-FIEP encaminhará o pedido à Parte demandada para que se manifeste no prazo determinado pelo Árbitro de Emergência, de acordo com as circunstâncias do litígio. 8.4. Deferido o pedido, a CAM-FIEP notificará imediatamente a Parte que deve cumprir a decisão, remetendo cópia da decisão, do pedido de Arbitragem de Emergência e da Declaração de Independência do Árbitro de Emergência, determinando ainda que se manifeste no prazo de 5 (cinco) dias, caso ainda não o tenha feito. 8.5. A recusa ao Árbitro de Emergência será processada na forma do item 2.6 do presente Regulamento. Caso o Árbitro de Emergência venha a ser reputado impedido ou suspeito para atuar no litígio, a decisão por ele emanada será considerada nula, devendo o pedido ser novamente apreciado por outro Árbitro de Emergência a ser designado pela CAM-FIEP mediante sorteio ou, se então já instaurada a Arbitragem regular, pelo Tribunal Arbitral. 8.6. Ao não excluir a aplicação desta Seção, as Partes se comprometem a cumprir quaisquer ordens de emergência e decisões proferidas por Árbitros sob a competência da CAM-FIEP. Em caso de não atendimento das determinações do Árbitro de Emergência pela Parte contra a qual a ordem se destina, a Contraparte poderá requerer ao juiz competente a execução específica da ordem, sem prejuízo da adoção de medidas coercitivas pelo Árbitro de Emergência no âmbito de sua competência. As ordens liminares que dependam de execução ou cumprimento judicial, incluindo o pagamento de valores, são reconhecidas pelas Partes como tendo a natureza de Sentença Arbitral Parcial. 8.7. O pedido de medida urgente será recebido e processado pela CAM-FIEP independentemente de já haver pedido de solicitação de Arbitragem pela Parte demandante, enquanto não estiver instalado o Tribunal Arbitral competente para o julgamento do litígio. 8.8. A Parte que formular pedido de medida urgente deverá, no prazo máximo de 30 (trinta) dias, formular sua solicitação de instauração de Arbitragem, sob pena de, mediante decisão do Conselho Diretor da CAM-FIEP ou do Árbitro de Emergência, a medida de urgência deferida vir a ser revogada ou perder eficácia. 8.9. A medida de urgência poderá ser revogada, anulada ou tornada sem efeito pelo próprio Árbitro de Emergência ou pelo Tribunal Arbitral constituído. 8.10. A Parte que requerer a medida de urgência será responsável por eventuais danos que a sua execução venha a causar, caso venha a se decidir posteriormente pela inexistência do direito que fundamentou o pedido. 8.11. A exclusão, na Convenção de Arbitragem ou por outro acordo das Partes, da aplicação da presente Seção, impede que qualquer das Partes recorra ao procedimento de Arbitragem de Emergência. Não havendo a exclusão, a Parte interessada poderá recorrer à Arbitragem de Emergência ou ao Poder Judiciário para a formulação de pedidos urgentes antes da instauração do Tribunal Arbitral".

Entre as câmaras arbitrais estrangeiras, a previsão da arbitragem emergencial está presente, por exemplo, nos regulamentos da Corte Internacional de Arbitragem da Câmara de Comércio Internacional – CCI (art. 29 e anexo V), *International Centre for Dispute Resolution* – ICDR (art. 6º), da *London Court of International Arbitration* – LCIA (art. 9-B), do *Singapore International Arbitration Centre* (*schedule* 1) e da Stockholm Chamber of Commerce – SCC (*appendix* II), entre outros.

O traço comum, em todos os exemplos aqui indicados, é a instrumentalidade e provisoriedade desse procedimento emergencial: o árbitro de emergência atuará apenas para a apreciação do pedido de medida urgente, instaurando-se subsequentemente o tribunal arbitral que se incumbirá do julgamento exauriente da causa e poderá rever a decisão sobre a tutela de urgência proferida no procedimento preparatório.

Se não cumprida espontaneamente, a decisão concessiva de tutela urgente deverá ser executada no Poder Judiciário, tal como na hipótese da medida concedida já pelo tribunal arbitral no curso da arbitragem principal (n. 3.3, acima).

3.10. Exclusão convencional de poder arbitral para tutela urgente

Há ainda uma segunda ressalva a fazer-se. As partes podem inserir na convenção arbitral disposição que exclua o poder dos árbitros para a tutela de urgência. Vale dizer, as partes optam pela via arbitral, mas proíbem o juízo arbitral de conceder medidas urgentes. Tal proibição depende de previsão expressa. Como já indicado, o princípio geral é o de que a opção pela arbitragem para a solução do litígio implica automaticamente a atribuição de competência aos árbitros para a adoção das correlatas medidas urgentes.

Normalmente, a vedação convencional vem acompanhada da explícita atribuição do poder de urgência aos órgãos judiciários – que então deterão competência tanto para as medidas pré-arbitrais quanto para as requeridas no curso da arbitragem.

Mas mesmo que a convenção de arbitragem limite-se a retirar dos árbitros o poder urgente, sem atribuí-lo expressamente ao Poder Judiciário, essa será a única solução admissível[19]. A supressão prévia e abstrata da possibilidade de proteção urgente em todo e qualquer âmbito seria ofensiva ao devido processo e ao acesso à justiça. No exercício da liberdade de que estão investidas, as partes podem limitar os poderes do árbitro. Afinal, a fonte de poder arbitral é a autonomia da vontade das partes. Contudo, elas não podem suprimir de antemão toda e qualquer possibilidade de proteção adequada e efetiva – o que por vezes só se pode ter com medidas urgentes. Assim, a vedação convencional à adoção de tais medidas no processo arbitral implica necessariamente a competência judicial para tanto. E se as partes, além de proibirem a concessão de medidas urgentes pelos árbitros, pretenderem também excluir expressamente tal poder dos órgãos judiciais, essa segunda parte do negócio processual é inválida.

19 Em termos similares, Fichtner e Monteiro, "Medidas urgentes no processo arbitral brasileiro", n. 6.4, p. 140-1.

3.11. A confirmação jurisprudencial

O Superior Tribunal de Justiça tem jurisprudência assente a respeito da distribuição de tarefas entre juiz estatal e árbitro para a concessão de medidas de urgência. As diretrizes estabelecidas coincidem com aquelas aqui descritas (exceção feita ao procedimento arbitral de emergência e à exclusão convencional de poderes urgentes do árbitro – não mencionados nos julgados do STJ, mas também não descartados).

O *leading case* foi o REsp n. 1.297.974[20]. A orientação nele adotada foi depois reiterada no CC-Ag. Reg. n. 116.395[21], no CC n. 111.230[22] e no REsp n. 1.325.847[23].

3.12. A confirmação legislativa

A Lei n. 13.129/2015, que reformou a Lei de Arbitragem, acrescentou-lhe disposições que explicitam parte das balizas até aqui destacadas. Nos termos do art. 22-A, *caput*, "antes de instituída a arbitragem, as partes poderão recorrer ao Poder Judiciário para a concessão de medida cautelar ou de urgência". Uma vez "instituída a arbitragem, caberá aos árbitros manter, modificar ou revogar a medida cautelar ou de urgência concedida pelo Poder Judiciário" (art. 22-B, *caput*). Por outro lado, "estando já instituída a arbitragem, a medida cautelar ou de urgência será requerida diretamente aos árbitros" (art. 22-B, parágrafo único).

4. A DISCIPLINA DA TUTELA JUDICIAL URGENTE NO CÓDIGO DE PROCESSO CIVIL DE 2015

O Código de Processo Civil de 2015 reformulou o sistema de tutela judicial fundada em cognição sumária.

Unifica-se em um mesmo regime geral, sob o nome de "tutela provisória", a tutela antecipada e a tutela cautelar, que se submetiam a disciplinas formalmente distintas no Código de 1973.

---

20 "Direito processual civil. Arbitragem. Medida cautelar. Competência. Juízo arbitral não constituído. 1. O Tribunal Arbitral é competente para processar e julgar pedido cautelar formulado pelas partes, limitando-se, porém, ao deferimento da tutela, estando impedido de dar cumprimento às medidas de natureza coercitiva, as quais, havendo resistência da parte em acolher a determinação do(s) árbitro(s), deverão ser executadas pelo Poder Judiciário, a quem se reserva o poder de *imperium*. 2. Na pendência da constituição do Tribunal Arbitral, admite-se que a parte se socorra do Poder Judiciário, por intermédio de medida de natureza cautelar, para assegurar o resultado útil da arbitragem. 3. Superadas as circunstâncias temporárias que justificavam a intervenção contingencial do Poder Judiciário e considerando que a celebração do compromisso arbitral implica, como regra, a derrogação da jurisdição estatal, os autos devem ser prontamente encaminhados ao juízo arbitral, para que este assuma o processamento da ação e, se for o caso, reaprecie a tutela conferida, mantendo, alterando ou revogando a respectiva decisão. 4. Em situações nas quais o juízo arbitral esteja momentaneamente impedido de se manifestar, desatende-se provisoriamente as regras de competência, submetendo-se o pedido de tutela cautelar ao juízo estatal; mas essa competência é precária e não se prorroga, subsistindo apenas para a análise do pedido liminar. 5. Recurso especial provido" (REsp n. 1.297.974, 3ª T., rel. Min. Nancy Andrighi, j. 12.06.2012, *DJe* 19.06.2012, v.u.).

21 2ª S., rel. Min. Paulo de Tarso Sanseverino, j. 12.06.2013, *DJe* 17.06.2013, v.u.

22 2ª S., rel. Min. Nancy Andrighi, j. 08.05.2013, *DJe* 03.04.2014, v.m. (quanto ao emprego do conflito de competência, e não quanto à questão da competência em si).

23 3ª T., rel. Min. Paulo de Tarso Sanseverino, j. 05.03.2015, *DJe* 31.03.2015, v.u.

4.1. Tutela de urgência e tutela de evidência

A tutela provisória poderá fundar-se em "urgência" ou "evidência" (art. 294, *caput*). A distinção já existia no diploma de 1973, embora não estivesse explicitada (CPC/73, art. 273, I, e arts. 796 e seguintes *versus* art. 273, II e § 6º).

A tutela de urgência será concedida quando forem demonstrados elementos que indiquem a probabilidade do direito, bem como o perigo na demora da prestação da tutela jurisdicional (art. 300).

A tutela da evidência, por sua vez, dispensa a demonstração de *periculum in mora* quando: (i) ficar caracterizado abuso do direito de defesa ou o manifesto propósito protelatório da parte; (ii) as alegações de fato puderem ser comprovadas apenas mediante prova documental e houver tese firmada em demandas repetitivas ou em súmula vinculante; (iii) se tratar de pedido reipersecutório fundado em prova documental adequada do contrato de depósito; ou (iv) a petição inicial for instruída com prova documental suficiente dos fatos constitutivos do direito do autor, a que o réu não oponha prova capaz de gerar dúvida razoável (art. 311).

4.2. Tutela de urgência cautelar e antecipada

A tutela urgente é subdivida em "cautelar" e "antecipada", com ambas podendo ser concedidas em caráter antecedente ou incidental (art. 294, parágrafo único).

Embora se mantenha a distinção conceitual entre ambas, confere-se-lhes o mesmo tratamento jurídico. Aplica-se a ambas o mesmo regime quanto a pressupostos e via processual de pleito e concessão. A unificação de regime é positiva, seja sob o aspecto do rigor científico, seja pelas vantagens práticas.

4.3. Eliminação da duplicidade de processos

Quando requerida em caráter incidental, a medida (seja ela cautelar ou antecipada) terá lugar dentro do processo em curso, sem autuação apartada e independentemente do pagamento de custas (art. 295).

Quando o pedido for formulado em caráter antecedente, isso implicará obviamente a constituição de um processo. Todavia, subsequentemente, o eventual pedido principal será formulado nessa mesma relação processual (arts. 303, § 1º, I, e 308).

Essa é também uma inovação elogiável. O modelo do processo cautelar autônomo, adotado pelo Código de 1973, mostrou-se desnecessário e mesmo contraproducente.

4.4. O ônus da formulação do pedido principal

Mas, a partir desse ponto, estabelece-se parcial dicotomia de disciplinas, que em grande medida põe a perder o propósito de unificação de regimes das medidas urgentes. Ainda que admitindo tanto a tutela cautelar quanto a tutela antecipada em caráter antecedente, o Código previu regras distintas para uma e outra, no que tange ao ônus de formulação de pedido principal, depois de efetivada a medida urgente.

Uma vez efetivada a tutela *cautelar* em caráter antecedente, o autor fica incumbido de formular o pedido principal no prazo de trinta dias, sob pena de cessação de eficácia da medida (arts. 308 e 309, I). Caso cessada a eficácia da tutela cautelar, é vedada a renovação do pedido, salvo por fundamento diverso (art. 309, parágrafo único).

Já se a tutela urgente deferida em caráter preparatório for *antecipada*, o autor tem ônus de complementar sua argumentação e confirmar o pedido de tutela final em quinze dias, ou em outro maior que o juiz lhe der, sob pena de extinção do processo sem julgamento de mérito (art. 303, §§ 1º, I, e 2º)

Aí já se tem clara diferença no regime das duas providências urgentes, quando pleiteadas em caráter preparatório. Mas a distinção vai bem mais longe.

4.5. Estabilização da tutela antecipada

Na hipótese de tutela *antecipada* antecedente, o ônus do autor de formular pedido principal deve ainda ser conjugado com outra imposição normativa. Se o réu não recorrer da decisão concessiva da tutela antecipada, o processo, uma vez efetivada integralmente a medida, será extinto. Todavia, a providência urgente ali concedida manterá sua eficácia por tempo indeterminado (art. 304).

Vale dizer, a tutela antecipada antecedente estabilizar-se-á. Ela continuará produzindo os seus efeitos enquanto não for revista, reformada ou invalidada mediante ação própria em um novo processo (art. 304, § 3º), a ser iniciado por qualquer das partes (art. 304, § 2º). Não há coisa julgada material (art. 304, § 6º). Mas o direito de rever, reformar ou invalidar a decisão concessiva da tutela antecipada estabilizada submete-se a prazo decadencial de dois anos (art. 304, § 5º).

4.6. Enfraquecimento da unicidade de regime das medidas urgentes

Essa regra, na versão original do projeto do Código, seria aplicável tanto à tutela antecipada quanto à tutela cautelar concedidas em caráter preparatório. Na Câmara dos Deputados, passou-se a prever que apenas a tutela antecipada preparatória seria apta a estabilizar-se.

A razão de se limitar a estabilização à tutela antecipada é facilmente identificável: não há sentido em se manter por tempo indeterminado uma providência meramente conservativa, que é o que se tem com a tutela cautelar. Mas os inconvenientes dessa distinção de regimes também são facilmente previsíveis: haverá o recrudescimento das disputas classificatórias entre tutela cautelar e tutela antecipada, com o propósito de se afastar ou obter a estabilização.

Na tentativa de diminuir tais disputas, o parágrafo único do art. 305 prevê que o juiz, ao considerar que uma tutela pleiteada em caráter antecedente como "cautelar" tem natureza antecipatória, deverá determinar seu processamento em conformidade com as regras do art. 303 (que poderão conduzir à estabilização). O CPC/2015, a exemplo do que fazia o CPC/73 no art. 273, § 7º, disse menos do que devia, pois tal controle deve ocorrer também na hipótese inversa: ao deparar-se com um pedido de tutela antecipada antecedente que a rigor tem natureza cautelar, o juiz deverá também corrigir o processamento da medida, de modo a excluir-lhe a possibilidade de estabilização. Mas há ainda problemas a resolver. Não havendo tal controle prévio pelo juiz, o pedido de tutela urgente antecedente processado pela via incorreta submeter-se-á aos efeitos jurídicos dessa via? Havendo o controle prévio pelo juiz, o entendimento por ele adotado é passível de posterior rediscussão (inclusive e especialmente se já tiver havido a estabilização)?

4.7. Técnica monitória

A estabilização da tutela antecipada antecedente reúne as características essenciais da técnica monitória: (a) há o emprego da cognição sumária com o escopo de rápida produção de resultados concretos em prol do autor; (b) a falta de recurso do réu contra a decisão antecipatória acarreta-lhe imediata e intensa consequência desfavorável; (c) nessa hipótese, a tutela antecipada permanecerá em vigor por tempo indeterminado – de modo que, para subtrair-se de seus efeitos, o réu terá o ônus de promover ação de cognição exauriente[24]. Ou seja, sob essa perspectiva, inverte-se o ônus da instauração do processo de cognição exauriente; e (d) não haverá coisa julgada material.

Esses são os traços fundamentais da tutela monitória, em seus diferentes exemplos identificáveis no direito comparado e na história do processo luso-brasileiro[25]. Tais atributos estão também presentes tanto na ação monitória acrescida pela Lei n. 9.079/95 ao Código de 1973 (arts. 1.102-A e segs.), quanto naquela também prevista no diploma de 2015 (arts. 700 e segs.).

Trata-se de técnica de tutela que não guarda identidade com a tutela de urgência. Basta ver que a concessão do mandado de cumprimento, na ação monitória, não se subordina à demonstração de perigo de dano. Seu escopo não é impedir danos irreparáveis ou de difícil reparação, mas abreviar a solução de litígios, sem que se tenha cognição exauriente de seu mérito.

Assim, na tutela antecipada antecedente, ao mecanismo de tutela urgente agregou-se a técnica monitória[26].

5. TUTELA JUDICIAL URGENTE AUXILIAR À ARBITRAGEM: DUPLICIDADE DE PROCESSOS

Como visto, uma das inovações trazidas pelo novo Código e a eliminação da duplicidade de processos, mesmo nas medidas urgentes antecedentes (n. 4.3).

Mas a desnecessidade de outro processo não se estende ao caso de medida judicial urgente pré-arbitral. Nessa hipótese, a demanda de arbitragem será formulada extrajudicialmente, conforme as normas convencionadas pelas partes, e – até que se constitua o tribunal arbitral, com a aceitação do encargo por todos os árbitros, nos termos do art. 19 da Lei n. 9.307/96 – tramitarão simultaneamente dois procedimentos. Logo após a instituição do tribunal arbitral, deverá encerrar-se o processo judicial urgente, com o juiz estatal remetendo a questão ao juízo arbitral.

---

24 Ainda que ambas as partes detenham interesse e legitimidade para a propositura dessa demanda (art. 304, § 2º).

25 V. o meu *Tutela monitória, passim*.

26 Para exame mais amplo da questão, remeto ao que escrevi anteriormente em "Tutela de urgência no projeto de novo Código de Processo Civil: a estabilização da medida urgente e a 'monitorização' do processo civil brasileiro", p. 13-34.

Também haverá duplicidade de processos nos casos em que excepcionalmente, já no curso da arbitragem, caiba ao Judiciário a competência para medidas urgentes (ns. 3.8 e 3.10, acima).

Na hipótese de impossibilidade momentânea dos árbitros (n. 3.8), o juiz estatal atuará até que esses tornem a estar disponíveis – momento em que imediatamente remeterá a questão para a arbitragem, encerrando-se o processo judicial urgente. O juízo arbitral poderá, então, revogar ou alterar a providência urgente.

Na hipótese de convenção das partes que exclua o poder de concessão de tutela urgente pelos árbitros (n. 3.10), o juiz estatal apreciará a medida de urgência liminarmente e deverá depois confirmá-la ou não em sentença (limitada ao pedido de tutela urgente). Se sobrevier sentença arbitral incompatível com a medida judicial urgente, cessará imediatamente a eficácia dessa (CPC/2015, art. 302, I).

6. ARBITRAGEM E TUTELA DE EVIDÊNCIA

A atuação judicial – e a consequente incidência das normas que a regulam – ocorrerá nas situações de urgência, em auxílio à arbitragem, pelas razões antes postas. Se não há urgência, em princípio descabe a atuação judicial. Por isso, não existe justificativa para o Judiciário intervir, no curso ou antes da arbitragem, para conceder tutela de evidência relativamente ao objeto da convenção arbitral (n. 4.1, acima).

Questão outra consiste em saber se os árbitros podem conceder, eles mesmos, tutela de evidência. A resposta positiva dependerá da existência de regras reguladoras do processo arbitral que os autorizem a tanto. A simples circunstância de se tratar de uma arbitragem interna (brasileira), por óbvio, não basta. Em princípio, não se aplicam ao processo arbitral as normas do processo *judicial* brasileiro. Mesmo quando as partes convencionam expressamente (ou se extrai do silêncio delas) que será observado, quanto ao processo arbitral, o Direito brasileiro, isso não significa aplicar o ordenamento judicial pátrio, mas sim as normas brasileiras sobre arbitragem. Para que se apliquem as regras do processo judicial, inclusive aquela que autoriza tutela antecipada fundada em evidência (i.e., sem perigo de dano), é preciso que as partes tenham convencionado que o processo arbitral reger-se-á, no que couber, pelas normas do processo civil *judicial* – o que não é comum. Então, a possibilidade de concessão de tutela da evidência no processo arbitral depende da incidência, por opção das partes, das normas do processo judicial ou, quando menos, da previsão de tal mecanismo no regramento específico definido pelas partes para o processo arbitral.

Contudo, há outro aspecto a considerar. Na tutela de urgência, a plausibilidade do direito deve ser examinada em confronto com o risco de danos irreparáveis – exigindo-se juízo de ponderação entre ambos. Havendo grande risco de dano, exigir-se-á grau menor de plausibilidade; sendo extremamente plausível o direito, o mais tênue perigo de dano já autorizará a concessão da medida de urgência[27]. Essa hipótese, que está muito próxima da pura e simples tutela da evidência, pode concretizar-se no exercício da tutela de urgência pelos árbitros.

27 Sobre o tema, *vide* PASSOS, *Inovações no Código de Processo Civil*, n. 3.6, p. 65-6. A título comparativo, veja-se que esta percepção está bastante presente no Direito anglo-saxão, em que se alude ao *balance of conve-*

7. INAPLICABILIDADE DA ESTABILIZAÇÃO À TUTELA ANTECIPADA PRÉ-ARBITRAL

A norma de estabilização aplica-se à tutela antecipada concedida pelo Poder Judiciário em caráter antecedente à instituição de uma arbitragem?

A resposta é negativa, por um conjunto de fundamentos.

7.1. Precariedade da competência judicial pré-arbitral

A competência do Judiciário, na atividade urgente pré-arbitral, é provisória e temporária – "precária", na já referida dicção do STJ. A jurisdição estatal atua apenas para suprir uma lacuna decorrente da inviabilidade de atuação da jurisdição arbitral naquele momento. Trata-se de intervenção meramente colaborativa, coadjuvante. O órgão judicial opera "de empréstimo" e, em tal condição, tem um escopo específico e limitado: debelar perigo de dano enquanto o tribunal arbitral não estiver em condições de atuar.

Portanto, não cabe ampliar a finalidade dessa intervenção judicial, desvirtuando-a, para o fim de desde logo produzir um resultado estável, tendente à permanência, ainda que não revestido da coisa julgada.

Admitir-se a estabilização da tutela antecipada nessa hipótese implica igualmente tornar estável, permanente, a competência judicial estabelecida como provisória, "precária". Significa transformar o órgão judiciário de colaborador, coadjuvante, em agente principal, protagonista.

Não se cogita de similar transmutação em outras hipóteses de cooperação entre distintos órgãos jurisdicionais ou equivalentes. Não há motivo para admiti-la na hipótese em exame, senão por algum resquício do antigo preconceito que atribuía, de modo mais ou menos velado, posição subalterna à jurisdição arbitral em face da jurisdição estatal (o que, por sua vez, é simples reflexo de outro preconceito, que confere à soberania um valor necessariamente maior do que o conferido à liberdade; que vê no "interesse público", abstrato, indefinido, uma posição de supremacia sobre a dignidade humana...).

7.2. A finalidade primordial da estabilização

Além disso, o objetivo principal do mecanismo de estabilização da tutela antecipada é a diminuição da carga de trabalho do Poder Judiciário. Trata-se de instrumento funcionalmente destinado à racionalização da atuação judiciária. Encerram-se desde logo os processos em que, ao se produzir um resultado prático contra o réu, esse não se insurgiu recursalmente. Parte-se da premissa de que, se nem o próprio atingido pela tutela antecipada a impugnou, cabe estabilizá-la como solução prática para a lide, dispensando-se o autor do ônus de requerer o aprofundamento de seu exame pelo Judiciário. A solução fundada em uma preclusão (do recurso contra a decisão antecipatória de tutela) geradora de resultados práticos sem o exame da lide substitui, ainda que sem a força de coisa julgada, o próprio exame da lide.

nience, na apreciação de uma *preliminary injunction*: "*In general, a strong showing on one factor will compensate for a weaker showing on another*" (JAMES, HAZARD e LEUBSDORF, *Civil procedure*, § 5.16, p. 278).

Também sob essa perspectiva não se justifica a incidência da estabilização sobre a tutela antecipada pré-arbitral. Não faz sentido diminuir-se uma carga de trabalho que não existe. O Judiciário, em qualquer caso, já não teria de resolver definitivamente o mérito dessa causa: a prévia convenção arbitral já o havia dispensado disso. Em outros termos, uma vez que a estabilização é um sucedâneo prático do julgamento exauriente do mérito, se o objeto a ser substituído (julgamento do mérito) não compete ao Judiciário, o substituto (estabilização) tampouco pode competir.

Aliás, e como se destaca no tópico seguinte, em vez de diminuir a carga de trabalho judicial, a técnica da estabilização, se fosse aplicável à tutela urgente pré-arbitral, tenderia a ampliar o número dessas medidas judiciais.

7.3. A "pacificação social" e o incentivo à judicialização

Nem se diga que a estabilização da tutela antecipada tem também (ou, mesmo, tem principalmente) o escopo de "pacificação social", de modo que esse fim justificaria a aplicação do mecanismo à tutela antecipada pré-arbitral. Desse ponto de vista, a não interposição de recurso pelo réu e a subsequente omissão de ambas as partes em propor uma ação destinada a revisar a tutela antecipada estabilizada configuraria um estado de conformação social com o resultado prático ali produzido. Ainda nessa linha de argumento, tal função pacificadora justificaria a transcendência do mecanismo da estabilização, que assim se aplicaria inclusive aos litígios cujo exame de mérito foi atribuído à arbitragem[28].

Primeiro, cabe advertir para os riscos de um discurso que superestime a ideia de pacificação social como escopo do processo jurisdicional. Não há dúvidas de que ela constitui um objetivo relevante da jurisdição. Todavia, não é o único nem pode sobrepor-se aos demais fins jurisdicionais. Bem por isso, a pacificação é qualificada como um "escopo social" do processo – em contraste com o "escopo jurídico" (solucionar o conflito mediante a atuação concreta da ordem jurídica)[29]. Os escopos político-sociais da jurisdição subordinam-se, estão intermediados, pelo escopo jurídico. A perfeita e plena consecução do escopo jurídico do processo, com a atuação do ordenamento jurídico, significará também o atingimento dos seus escopos sócio-políticos: esses estão consagrados naquele. A paz social possível e desejável advém da incidência de soluções justas e previsíveis (portanto, extraíveis do ordenamento), produzidas em processo razoável. Daí para a frente – saber se há efetivamente conformação psicológica e social com o resultado gerado, ou mera submissão; se há o efetivo desarmamento dos espíritos antes beligerantes – é algo que ultrapassa os limites e possibilidades do processo. Sob esse ângulo, deve ser recebida com cautela a afirmação de que soluções processuais essencialmente preclusivas asseguram ou refletem, de modo necessário, pacificação social. Esse discurso, se levado às últimas consequências, atribuiria con-

---

28 Esse foi o argumento adotado, com brilho retórico e clareza de exposição, por Guilherme Rizzo do Amaral, em proveitoso debate de que participamos em 26.06.2015, em simpósio realizado na Câmara de Mediação e Arbitragem da Federação das Indústrias do Rio Grande do Sul – CAMARGS, em Porto Alegre.

29 Alude-se aqui à célebre formulação de CÂNDIDO DINAMARCO, em *A instrumentalidade do processo*, *passim*.

dão "pacificador" aos mais formalistas estratagemas de jurisprudência defensiva dos tribunais superiores...

Assim, não há como dizer que, ao aperfeiçoar-se plenamente, a tutela monitória sempre retrate um cenário de paz social: o não exercício da faculdade pode decorrer de negligência, incúria ou mesmo desprezo pelas instituições... Feita essa ressalva, reconhece-se que a técnica monitória funda-se essencialmente na disponibilidade do exercício de uma posição jurídico-processual pelo réu – de modo que a estabilização reflete, em algum grau, o não exercício de uma faculdade que poderia ter sido livremente exercida.

Mas o problema central não está em saber o quanto esse não exercício deriva de uma efetiva pacificação e o quanto ele advém de outros fatores. A questão nuclear é outra: em que medida a oferta da possibilidade de estabilização da tutela pré-arbitral não representa um artificial incentivo para a ida ao Judiciário (e consequentemente um desincentivo à pacificação)?

A resposta é positiva. Longe de servir para pacificar, a perspectiva de estabilização da tutela judicial antecipada pré-arbitral funcionaria como incentivo ao ingresso no Judiciário, antes da instauração da arbitragem.

Em oportunidade anterior, apontei que a imputação da possibilidade de estabilização às medidas urgentes constitui incentivo ao desvio de finalidade da tutela de urgência. Como então escrevi, há o risco da proliferação de desnecessários pedidos de tutela urgente preparatória. Na expectativa de obter a estabilização de efeitos em caso de inércia do réu, muitos litigantes tenderão a promover a tutela antecipada em caráter preparatório – não porque precisem debelar situação de perigo de dano, mas na esperança de encontrar um atalho para a produção de resultados práticos sem ter de passar pela *via crucis* do processo comum. Em reação a isso, haverá também um maior rigor dos juízes na concessão de medidas urgentes. Existirá a constante preocupação de se estar emitindo uma decisão que, mais do que atuar provisoriamente na situação de emergência, pode vir a estabilizar-se por tempo indeterminado. Isso gerará prejuízos a todos os jurisdicionados que efetivamente se deparam com uma situação emergencial e precisam, mesmo, de proteção urgente. Afinal, o pedido de tutela urgente "sincero" terá de disputar a atenção e o tempo do juiz com uma multiplicidade de outras demandas que terão em mira apenas o atalho propiciado pela técnica monitória. Depois, quando o juiz for apreciá-lo, irá fazê-lo de modo muito mais precavido[30]. Eu encer-

30 Esse prognóstico nada tem de exagerado. Basta ver o que houve no âmbito do agravo de instrumento. Quando ele não tinha efeito suspensivo senão em restritíssimas hipóteses, as partes viam-se obrigadas a lançar mão do mandado de segurança contra ato judicial, para assim conseguir sustar a eficácia da decisão agravada geradora de prejuízos irreparáveis. Faziam-no com parcimônia, dada a relativa complexidade e custos envolvidos. Mais do que isso, o próprio emprego do agravo de instrumento era moderado: as partes limitavam-se ao agravo retido, quando não houvesse maior problema na postergação da discussão. Com a generalização da possibilidade de atribuição de efeito suspensivo ao agravo de instrumento, com sua interposição direta no tribunal, houve evidente desvio. As partes passaram a interpor agravo de instrumento e a pedir efeito suspensivo contra toda e qualquer decisão interlocutória. A "reação" foi ainda mais grave. Por um lado, progressivas alterações legislativas restringiram a possibilidade de interposição do recurso sob a forma de instrumento. Por outro, o que é pior, os tribunais passaram a indiscriminadamente determinar a conversão de agravo de instrumento em retido, mesmo em casos em que não faria nenhum sentido e não teria mais nenhuma utilidade a definição futura da questão. O saldo de tudo isso está no CPC/2015: regra geral de irrecorribilidade

rava essa crítica com uma constatação teórica. A estabilização da tutela urgente implica a reunião de institutos e técnicas que têm em mira finalidades distintas. Pretende-se conjugar a função de *afastar perigo de danos* (tutela urgente) com a função de *propiciar rapidamente resultados práticos em caso de inércia do réu* (tutela monitória). O risco daí advindo é o de enfraquecimento da tutela antecipada antecedente como mecanismo de *tutela urgente*, ao se lhe acoplar a técnica monitória[31].

Tal inconveniente, no estrito âmbito da tutela antecipada antecedente a uma demanda principal também judicial (i.e., quando não há convenção de arbitragem), limita-se a esse ponto (já por si grave): incentivo a pedidos de antecipação "insinceros", com o possível enfraquecimento prático da tutela de urgência. Mas, de qualquer modo, se a tutela antecedente estabilizar-se nesses casos (em que não há convenção de arbitragem) e não for reaberta depois a questão, ao menos terá de fato havido economia de tempo e recursos judiciários, tornando-se desnecessário processo de cognição exauriente e procedimento comum.

Já no caso da medida judicial pré-arbitral, além do possível desvio de finalidade e depreciação da tutela urgente, a perspectiva de estabilização, se coubesse, traria outro efeito colateral: a ampliação de processos judiciais. Casos que poderiam e deveriam ser resolvidos estritamente no âmbito da arbitragem seriam trazidos ao Poder Judiciário, a pretexto da necessidade de uma providência urgente pré-arbitral, na esperança de se obter, com a estabilização, um atalho para os resultados práticos pretendidos.

Enfim, haveria o incentivo à judicialização de causas.

7.4. O incentivo ao recurso

Aliás, haveria ainda outra consequência indesejável e correlata à anterior.

Quando concedida tutela judicial urgente pré-arbitral, não é incomum que a parte atingida pela medida não recorra, preferindo logo submeter a revisão da questão ao tribunal arbitral, assim que esse se instale. Já se a regra da estabilização fosse aplicável à tutela antecipada pré-arbitral, provavelmente as partes deixariam de adotar essa postura. Recorreriam para evitar a estabilização.

Se a estabilização fosse possível na hipótese, parece que a providência também poderia ser revista assim que instaurada a arbitragem – não sendo necessário aguardar-se o pronunciamento final. Mas certamente surgiriam dúvidas a respeito: logo surgiria a tese de que o efeito estabilizado dependeria de um pronunciamento definitivo para ser revisto – e assim por diante. Para evitar os riscos dessa discussão, e também para manter com o adversário o ônus da instauração da arbitragem (sob pena de ele perder a tutela antecipada que obteve), o réu da medida urgente pré-arbitral recorreria em casos em que hoje não recorre.

---

das interlocutórias, com estritas exceções que seguramente não abrangem todas as hipóteses em que não se pode aguardar a apelação para só então rediscutir-se a questão...

31 TALAMINI, "Tutela de urgência no projeto de novo Código de Processo Civil: a estabilização da medida urgente e a 'monitorização' do processo civil brasileiro", n. 14, p. 31-4.

7.5. A confirmação no texto da lei: o ônus de instauração da arbitragem

O simples argumento de ordem literal seria despido de maior força. Mas, considerando-se todos os aspectos até aqui indicados, ele se torna definitivo.

Além de explicitar as diretrizes relativas à divisão de trabalho entre juiz e árbitro no âmbito da tutela urgente (n. 2.12, acima), a Lei n. 13.129/2015 incorporou à Lei de Arbitragem regra expressa acerca do ônus de instauração da arbitragem após a concessão da medida pré-arbitral.

Nos termos do parágrafo único do art. 22-A: "Cessa a eficácia da medida cautelar ou de urgência se a parte interessada não requerer a instituição da arbitragem no prazo de 30 (trinta) dias, contado da data de efetivação da respectiva decisão".

Daí se extrai que:

a. é sempre de trinta dias o prazo para a formulação do requerimento de instauração de arbitragem, para que fique preservada a eficácia da medida urgente pré-arbitral – seja ela cautelar ou antecipada. Portanto, não se aplica o art. 303, § 1º, I, do CPC/2015, que, na hipótese de tutela antecipada antecedente, prevê que o pedido principal deve ser formulado "em 15 (quinze) dias ou em outro prazo maior que o juiz fixar";

b. a preservação da eficácia da medida urgente preparatória depende do simples requerimento da instauração da arbitragem, e não propriamente da formulação da demanda principal em sede arbitral, que normalmente só se aperfeiçoa em momento subsequente do procedimento arbitral; e

c. não há nenhuma ressalva ou exceção quanto à incidência desse ônus sobre o autor da ação judicial urgente. Cabe sempre a ele requerer a instauração da arbitragem no prazo de trinta dias, caso pretenda manter a tutela urgente em vigor. Vale dizer, a tutela antecipada pré-arbitral não se estabiliza.

A regra em questão prevalece sobre aquela do art. 304 do CPC/2015 (que prevê a estabilização da tutela antecipada) – seja pelo critério da temporalidade (a Lei n. 13.129 é posterior ao CPC/2015), seja pelo critério da especialidade (é regra especial para a arbitragem).

Nem se diga que, embora tendo sido aprovado depois do Código de Processo Civil, o projeto de reforma da Lei de Arbitragem tramitou em paralelo com o do novo diploma, de modo que a não consideração da possibilidade de estabilização teria sido apenas lapso do legislador. A clareza do texto normativo por si só já tornaria esse argumento pouco relevante. E nem se pode dizer que houve lapso. Todo o conjunto de fatores antes destacados evidencia que, do ponto de vista sistemático e teleológico, a estabilização seria inaplicável à tutela antecipada pré-arbitral, ainda que não houvesse a disposição legal ora em discurso.

7.6. Arremate do tópico

Em suma, a tutela judicial antecipada pré-arbitral não se estabiliza, mesmo não havendo recurso do réu no processo judicial urgente. Nesse momento, o Judiciário colabora com a arbitragem, propiciando apenas a tutela urgente – e não a tutela monitória inerente à estabilização.

REFERÊNCIAS BIBLIOGRÁFICAS

ARMELIN, Donaldo. *Tutela de urgência e arbitragem. Tutelas de urgência e cautelares:* estudos em homenagem a Ovídio A. Baptista da Silva. São Paulo, Saraiva, 2010.

AROCA, Juan Montero. *Proceso civil y penal y garantía:* el proceso como garantía de libertad y de responsabilidad. Valência, Tirant Lo Blanch, 2006.

BEDAQUE, José Roberto dos Santos. *Tutela cautelar e tutela antecipada:* tutelas sumárias e de urgência (tentativa de sistematização). São Paulo, Malheiros, 1998.

BELTRAME, Adriana. Cooperação jurídica internacional. *Revista de Processo*, v. 162, 2008.

BERALDO, Leonardo. *Curso de arbitragem*. São Paulo, Atlas, 2014.

BERMUDES, Sérgio. "Medidas coercitivas e cautelares no processo arbitral". In: MARTINS, Pedro A. Batista; GARCEZ, Jose Maria Rossani (coords.). *Reflexões sobre arbitragem: in memoriam* do Des. Cláudio Vianna de Lima. São Paulo, LTr, 2002.

BOVE, Mauro. *La giustizia privata*. Pádua, Cedam, 2009.

CAHALI, Francisco. *Curso de arbitragem*. 3. ed. São Paulo, Revista dos Tribunais, 2013.

CÂMARA, Alexandre Freitas. *Arbitragem:* Lei n. 9.307/96. 3. ed. Rio de Janeiro: Lumen Juris, 2002.

CARMONA, Carlos Alberto. *A arbitragem no processo civil brasileiro*. São Paulo, Malheiros, 1993.

______. *Arbitragem e processo:* um comentário à Lei n. 9.307/96. 3. ed. São Paulo, Malheiros, 2009.

______. "Das boas relações entre os juízes e os árbitros". *Revista do Advogado*, v. 51, 1997.

CARNELUTTI, Francesco. *Sistema del diritto processuale civile*. Pádua, Cedam, 1936, v. 2.

CASTILLO, Niceto Alcalá-Zamora y. *Proceso, autocomposición y autodefensa*. 3. ed. México, UNAM, 1991.

CHIOVENDA, Giuseppe. *Instituições de direito processual civil* (trad. de J. Guimarães Menegale; notas de Enrico T. Liebman). São Paulo, Saraiva, 1965. v. 1.

COSTA, Marcos Gomes da. Tutela de urgência e processo arbitral. Dissertação de mestrado apresentada na Faculdade de Direito da Universidade de São Paulo, São Paulo, 2014.

COSTA, Nilton da. *Poderes do árbitro:* de acordo com a Lei n. 9.307/1996. São Paulo, Revista dos Tribunais, 2002.

DINAMARCO, Cândido Rangel. *A arbitragem na teoria geral do processo*. São Paulo, Malheiros, 2013.

______. *A instrumentalidade do processo*. 3. ed. São Paulo, Malheiros, 1993.

______. *Nova era do processo civil*. 2. ed. São Paulo, Malheiros, 2007.

FAZZALARI, Elio. Arbitrato (dir. proc. civ.) [II agg., 1998] In: *Enciclopedia del diritto*, versão em DVD.

______. *Istituzioni di diritto processuale*. 6. ed. Pádua, Cedam, 1992.

FICHTNER, José Antonio; MONTEIRO, André Luís. "Medidas urgentes no processo arbitral brasileiro". In: *Temas de arbitragem:* primeira série. Rio de Janeiro, Renovar, 2010.

GRECO, Leonardo. "Os atos de disposição processual: primeiras reflexões". In: MEDINA, José Miguel Garcia; CRUZ, Luana Pedrosa de Figueiredo; CERQUEIRA, Luís Otavio Sequeira de; GOMES JR., Luiz Manoel (coords.). *Os poderes do juiz e o controle das decisões judiciais:* estudos em homenagem a Teresa Arruda Alvim Wambier. São Paulo, Revista dos Tribunais, 2008.

GUILHERME, Luiz Fernando do Vale de Almeida. "O uso da medida cautelar no procedimento arbitral". In: LEMES, Selma Ferreira; CARMONA, Carlos Alberto; MARTINS, Pedro A. Batista (coords.). *Arbitragem:* estudos em homenagem ao Prof. Guido Fernando da Silva Soares, *in memoriam*. São Paulo, Atlas, 2007.

HAZARD JR., Geoffrey; JAMES, Fleming; LEUBSDORF, John. *Civil procedure*. 4. ed. Boston: Little, Brown and Company, 1992.

KLEINHEISTERKAMP, Jan. *International commercial arbitration in Latin America*. Nova York: Oceana, 2005.

LEHMANN, Matthias; LEIBLE, Stefan. "El arbitraje en Alemania". *Revista de Processo*, v. 162, 2008.

MARTINS, Pedro A. Baptista. *Apontamentos sobre a Lei de Arbitragem*. Rio de Janeiro, Forense, 2008.

MENDES, Armindo Ribeiro. "As medidas cautelares e o processo arbitral (algumas notas)". *Revista Internacional de Arbitragem e Conciliação*, v. 2. Lisboa: Almedina, Associação Portuguesa de Arbitragem, 2009.

PASSOS, José Joaquim Calmon de. *Inovações no Código de Processo Civil*. 2. ed. Rio de Janeiro, Forense, 1995.

PERLINGIERI, Pietro. *Arbitrato e costituzione*. Nápoles: Scientifiche Italiane, 2002.

RANZOLIN, Ricardo. "As tutelas de urgência e o sistema de arbitragem nacional". *Revista de Arbitragem do GEArb*, v. 2, 2012.

SCAVONE JR., Luiz Antonio. *Manual de arbitragem*. São Paulo, Revista dos Tribunais, 2008.

SILVA, Clóvis do Couto e. *Comentários ao Código de Processo Civil*. São Paulo, Revista dos Tribunais, 1982. v. XI, t. II.

SOUZA, Lauro da Gama e. "Sinal verde para a arbitragem nas parcerias público-privadas (a construção de um novo paradigma para os contratos entre o estado e o investidor privado)". In: PANTOJA, Teresa Cristina G. (coord.). *Prática em arbitragem*. Rio de Janeiro, Forense Universitária, 2008.

TALAMINI, Eduardo. "Arbitragem e estabilização da tutela antecipada". *Revista de Processo*, v. 246, 2015.

______. *Direito processual concretizado*. Belo Horizonte: Fórum, 2010.

______. "Medidas urgentes ('cautelares' e 'antecipadas'): a Lei n. 10.444/2002 e o início de correção de rota para um regime jurídico único". *Revista Dialética de Direito Processual*, v. 2, 2002.

______. "Tutela de urgência no projeto de novo Código de Processo Civil: a estabilização da medida urgente e a 'monitorização' do processo civil brasileiro". *Revista de Processo*, v. 209, 2012.

______. *Tutela monitória*. 2. ed. São Paulo, Revista dos Tribunais, 2001.

______. *Tutela relativa aos deveres de fazer e não fazer*. 1. ed. e 2. ed. São Paulo, Revista dos Tribunais, 2001 e 2003.

WATANABE, Kazuo. "Tutela antecipatória e tutela específica das obrigações de fazer e não fazer". In: TEIXEIRA, Sálvio de Figueiredo (org.). *Reforma do CPC*. São Paulo: Saraiva, 1996.

10 As listas de árbitros e a reforma da Lei de Arbitragem

Fernando Medici Jr.
Thiago Marinho Nunes

1. INTRODUÇÃO

O objetivo deste estudo é tecer considerações acerca da mudança da lei brasileira de arbitragem (LArb), especificamente no tocante à regra que assegura às partes o direito de afastarem eventuais limitações impostas pelo regulamento de arbitragem por si adotado, em relação à escolha dos árbitros, em caso de arbitragem institucional.

A Lei n. 13.129, de 26 de maio de 2015, entre outros relevantes aportes, introduziu um novo parágrafo ao art. 13 da Lei n. 9.307/96 (que dispõe sobre a escolha do árbitro), estabelecendo a seguinte redação:

> As partes, de comum acordo, poderão afastar a aplicação de dispositivo do regulamento do órgão arbitral institucional ou entidade especializada que limite a escolha do árbitro único, coárbitro ou presidente do tribunal à respectiva lista de árbitros, autorizado o controle da escolha pelos órgãos competentes da instituição, sendo que, nos casos de impasse e arbitragem multiparte, deverá ser observado o que dispuser o regulamento aplicável.

A inserção dessa nova regra no sistema arbitral brasileiro faz voltar à tona a discussão em torno das listas fechadas de árbitros, isto é, aquelas de efeito vinculativo e não meramente facultativo. Tais listas teriam realmente o condão de garantir higidez e segurança na composição do tribunal arbitral? O que mais refletiria a autonomia da vontade das partes?

2. A PRÁTICA ANTERIOR À MUDANÇA NA LArb: A PREVALÊNCIA HISTÓRICA DAS LISTAS FECHADAS DE ÁRBITROS

O crescente uso da arbitragem, tanto na esfera interna quanto internacional, em muito resultante da preferência do empresariado multinacional na resolução de suas controvérsias pela via arbitral[1], com adesão a regulamentos específicos de arbitragem, motivou as

---

1 Eduardo Silva da Silva, na apresentação de sua obra *Arbitragem e direito da empresa*, demonstra a base de motivação da preferência do empresariado pelo uso da arbitragem: "Uma exigência das empresas. Assim, re-

grandes instituições de arbitragem a modernizar seus respectivos regulamentos, dotando-os de regras compatíveis às especificidades da arbitragem, com ampla preservação ao princípio da autonomia da vontade.

Com a edição da LArb, em 1996, e em vista do fomento da prática arbitral no Brasil, as instituições arbitrais precisaram se modernizar. Somado ao desconhecimento das questões sobre o procedimento arbitral em si, os potenciais usuários da arbitragem, no Brasil, desconheciam os profissionais que poderiam exercer a função de árbitro.

Foi dessa forma que, ao longo dos anos, as instituições arbitrais passaram a se modernizar, modificando seus regulamentos de arbitragem, cada uma com seu toque diferencial. Entre esses diferenciais, algumas instituições arbitrais limitavam, e/ou ainda limitam, a escolha do árbitro a uma lista fechada de especialistas, o que, na visão dos criadores de tais regras, teria o condão de garantir segurança e credibilidade ao procedimento arbitral.

2.1. As instituições arbitrais e seus diferenciais

Diferentemente da figura do árbitro, cuja principal função, de caráter eminentemente jurisdicional, é proferir sentença arbitral exequível no prazo estipulado pelas partes[2], a instituição arbitral nada mais é do que uma pessoa jurídica cuja missão é organizar um procedimento arbitral[3], a ele aplicando o regulamento por si editado quando convencionado pelas partes em eventual cláusula compromissória ou compromisso arbitral[4].

Diante das expressões "câmara arbitral", "centro de arbitragem", "associação de arbitragem", entre outras, o que se deve entender é a existência de uma instituição cujo objeto, por meio de seu regulamento, é tão somente administrar o procedimento arbitral, de forma absolutamente imparcial. Este caráter administrativo faz com que se exclua, portanto, qualquer elemento de jurisdicionalidade da instituição arbitral[5].

---

nomado jurista italiano recentemente se pronunciou sobre a utilização da arbitragem no campo do direito empresarial. Constatava o professor italiano, a partir da experiência nas Câmaras de Comércio italiana e francesa, que as relações entre arbitragem e direito da empresa se impunham agora não por opções acadêmicas nem apenas pelas propaladas vantagens da celeridade e do sigilo, mas antes pela necessidade de se manter, também no campo das soluções de controvérsias, a racionalidade própria dos operadores econômicos" (SILVA, *Arbitragem e direito da empresa:* dogmática e implementação da cláusula compromissória, 2003, p. 19).

2 Como ensina Carmona, "o árbitro deve ser competente, isto é, ter preparo, ser apto e habilitado para solucionar a controvérsia que lhe será apresentada, sendo que tais qualidades compreendem, de acordo com o litígio, o conhecimento não só da matéria do litígio bem como o conhecimento de idiomas nos quais a arbitragem seja conduzida" (CARMONA, "Reflexão sobre a relação ente árbitros e partes: natureza jurídica e necessário afastamento de propostas de regulamentação no direito brasileiro", 2007).

3 Nesse sentido, as palavras de Philippe Fouchard: "*Et peut-être déjà une définition: on entend par instituition d'abitrage une personne morale (association, syndicat, société...) dont la mission est d'organiser des arbitrages en application d'un règlement qu'elle a édicté et que les parties acceptant en convenant que leur litige sera réglé sous ses auspices*" (FOUCHARD, "Typologie des institutions d'arbitrage", 2007, p. 67).

4 Para uma noção aprofundada e atualizada acerca dos conceitos e diferenças de cláusula compromissória e compromisso arbitral, *vide*, notadamente, GUERRERO (*Convenção de arbitragem e processo arbitral*, 2009, p. 15-29).

5 Ver a respeito da decisão proferida pela Corte de Cassação Francesa do famoso caso "Cubic". Confira-se o seguinte trecho: "*Ayant relevé, d'une part, que le règlement d'arbitrage de la Chambre de commerce internationale assurait la distinction entre la fonction d'organisation de l'arbitrage, notamment par l'intemédiaire de la 'Cour in-*

No entanto, é preciso frisar que, não obstante, o caráter apenas administrativo do centro de arbitragem, determinadas atribuições deste último merecem ser destacadas, muito em razão da origem sinalagmática da relação existente entre o centro, as partes litigantes e os árbitros. Essa origem sinalagmática explica-se pelo que Thomas Clay denominou de "contrato de organização da arbitragem"[6], isto é, o centro de arbitragem atua na instância arbitral na qualidade de ator, mantendo liames contratuais com as partes e com os árbitros, engajando, inclusive, a sua responsabilidade civil[7].

Dessa forma, o centro de arbitragem não apenas organiza o procedimento arbitral, mas estabelece regras que devem visar tão somente à eficácia do procedimento e, logicamente, da sentença. Entre essas regras incluem-se as que se referem à nomeação e confirmação dos árbitros, aos procedimentos de impugnação e à substituição dos julgadores[8], e, dependendo

---

ternationale d'arbitrage', et la fonction juridictionelle, laissé aux seuls arbitres, la Cour internationale d'arbitrage ne disposant d'aucun pouvoir juridictionnel, et ayant exactement retenu, d'autre part, que la communication du projet de sentence à la Cour internationale d'arbitrage n'emportait aucune ingérence dans la mission juridictionelle de l'arbitre, mas avait seulement pour but d'assurer l'efficacité de l'arbitrage, la Cour d'appel a justment déduit de ses énonciations la licéité du contrat d'organisation d'arbitrage au regard des exigences de l'ordre public international" (Corte de Cassação, 1.ª Ch. Civ., j. 20.02.2001, Société Cubic Defense Systems Inc. c/ Chambre de commerce internationale, *Revue de l'Arbitrage*, n. 3, p. 511-27, 2001, nota de Thomas Clay).

6 Ver, nesse sentido, CLAY, *L'arbitre*, 2001, p. 17.

7 Assim, aduz Leandro Rigueira Rennó Lima: "*Un arbitrage peut être ad hoc ou institutionnel, mais ceci, on le sait déjà. De nature institutionnelle, la participation d'un troisième acteur doit être ajoutée à l'instance : le centre d'arbitrage. Cet acteur entretiendra, bien évidemment, des liens contractuels, comme c'est le cas avec les litigants et l'arbitre, ou extracontractuels, avec le secrétaire arbitral. Dans le cas des litigants, c'est le contrat d'organisation de l'arbitrage que concrétisera cette liaison* [...]". E complementa o autor: "*À partir du moment où le centre d'arbitrage accepte la fonction d'organiser et d'administrer l'instance arbitrale il assume, également, toutes les obligations inhérentes au bon déroulement de la procédure et devient ainsi le '(...) garant de l'ensemble de l'instance arbitrale qui se déroule sous son égide* [...]" (LIMA, *La responsabilité des acteurs de l'arbitrage*, 2010, p. 176 e 239). Sobre a responsabilidade civil na arbitragem, consultar SILVA, *Código Civil e arbitragem*: entre a liberdade e a responsabilidade, 2005. Também publicado em: NERY JUNIOR; NERY, *Doutrinas essenciais de responsabilidade civil*, 2011, p. 733.

8 Tais regras enquadram-se na categoria procedimental (ou administrativa, do centro de arbitragem) sem revelar qualquer aspecto de jurisdicionalidade. A decisão lavrada pela Corte de Apelações de Paris no caso Raffineries de pétrole d'Homs bem delimitou essa questão, conforme se infere da seguinte passagem: "*La Cour d'arbitrage de la Chambre de commerce internationale ayant été reconnue competente par les parties pour trancher, conformément à son Règlement, tous problèmes nés de la nomination, de la confirmation, de la récusation et du remplacement des arbitres, et les explications des parties ayant été recueillies au préalable par son sécretariat, il emporte peu que les motifs de la décision n'aient pas été communiqués aux parties, cette décision restant extérieure à l'exercice du pouvoir de juger et ne relevant pas des mêmes règles impératives*" (Corte de Apelações de Paris, 1.ª ch. sect. A, j. 15.05.1985, Raffineries de pétrole d'Homs et de Banias c/ Chambre de commerce internationale, *Revue de l'Arbitrage*, p. 141-50, 1985). Em sentido parecido, a Corte de Cassação francesa, no caso Société Opinter France c/ S.a.r.l. Dacomex, decidiu sobre a inadmissibilidade de recurso contra uma decisão administrativa da Corte Internacional de Arbitragem da CCI sobre recusa de árbitro. Confira-se parte da ementa desta decisão: "*Une Cour d'appel est fondée à déclarer irrecevable le recours em annulation forme contre la décision d'une instituition permanente d'arbitrage qui a statué sur une demande de récusation; elle énonce à bon droit que la décision portant sur une demande de récusation, rendue par la Cour d'arbitrage de la Chambre de commerce internationale, laquelle avait seulement été chargée d'organiser l'arbitrage et ne remplissait pas une fonction juridictionnelle, ne peut être qualifiée de sentence arbitrale*" (Corte de Cassação, 2.ª Ch. Civ., j. 07.10.1987, Société Opinter France c/ S.a.r.l. Dacomex, 1985, *Revue de l'Arbitrage*, p. 479-81, 1987, nota de E. Mezger).

da instituição, o escrutínio da sentença arbitral[9]. Em termos gerais, o centro de arbitragem deve zelar pelo bom e regular desenvolvimento do procedimento[10], sob pena de se submeter às sanções civis competentes, o que, aliás, já se revelou presente no direito comparado, precisamente no célebre caso "Cubic", em que a Corte de Apelações de Paris, decidindo um caso em que se discutia a responsabilidade civil da Corte Internacional de Arbitragem da CCI, firmou o seguinte entendimento:

> As obrigações colocadas a cargo da Corte Internacional de arbitragem engajam juridicamente a CCI, que, através do seu intermediário, deve fornecer uma estrutura própria a permitir uma arbitragem eficaz, quer dizer, intervindo com a celeridade esperada, elaborada conforme as regras escolhidas e suscetíveis de serem executadas[11].

Em virtude da peculiaridade do procedimento arbitral, notadamente de sua flexibilidade, geralmente os centros de arbitragem dispõem de regras cujo objetivo é tão somente assegurar um mínimo de segurança e higidez ao procedimento, colocando-o em sintonia aos princípios básicos que regem a arbitragem, tanto a interna quanto a internacional. É assim que, entre essas regras, os centros de arbitragem estabelecem alguns parâmetros de modo a se diferenciar dos demais centros, criando, cada um, os seus diferenciais.

Um grande diferencial verificado nos regulamentos de arbitragem é observado nas regras extremamente flexíveis adotadas por um regulamento e que estão em consonância com a flexibilidade do próprio procedimento arbitral[12]. Exemplo disso é a possibilidade de ex-

---

9 O que ocorre nas regras de arbitragem da CCI, por exemplo.

10 Nesse sentido, *vide* lição de Leandro Rigueira Rennó Lima: "*Une fois conclu le contrat d'organisation de l'arbitrage, le centre d'arbitrage doit prendre toutes les mesures nécessaires au bon déroulement de l'instance. Parmi ces mesures, il doit aider à la constitution du tribunal arbitral, c'est-à-dire, contribuer à l'investiture de l'arbitre et lui fournir les moyens de remplir sa mission. Cette relation, entre le centre et l'arbitre, ne doit être entachée d'aucun doute. Elle revêtira, par ailleurs, une nature contractuelle avec la formation du contrat de collaboration arbitrale, que l'on a déjà analysé*" (LIMA, op. cit., p. 240).

11 Tradução livre de: "*Les obligations mises à la charge de la Cour Internationale d'arbitrage engagent juridiquement la CCI, qui, par son intermédaire doit fournir une sturcture propre à permettre um arbitrage efficace, c'est-à-dire intervenant avec la célérité escomptée, elabore conformément aux règles choises et susceptible de recevoir exécution*" (Corte de Apelações de Paris, 1.ª Ch. A., j. 15.09.1998, Société Cubic Defense Systems Inc. c/ Chambre de commerce internationale, *Revue de l'Arbitrage*, n. 1, p. 103-20, 1999, nota de Pierre Lalive).

12 Ver, nesse sentido, a lição de Hammond: "*One of the great strengths of arbitration is its procedural flexibility, which permits the process to be tailored to the particular needs of each case* [...]" (Hammond, "Making the case in international arbitration: a common law orientation to the marshalling and presentation of evidence". *RArb* 16/171-96, 2008). No mesmo sentido, *vide* Karl-Heinz Bockstiegel: "*There are many ways of managing case efficiently, and it is one of the advantages of arbitration over court litigation that arbitral tribunals can shape a tailor made procedure that takes into account the many particularizes of each case* [...]. *Although it is important to clarify the rules of the game as early as possible, it is also important to leave room for flexibility later in the proceedings* [...]" (BOCKSTIEGEL, "Presenting evidence in international arbitration", 2001, p. 1-9).

tensão ou encurtamento de prazos, prática adotada por regulamentos de arbitragem tradicionais como o da CCI[13], da LCIA[14] e da Uncitral[15].

Outro diferencial do Regulamento de Arbitragem da CCI[16] é a regra da via direta, segundo a qual, na ausência de estipulação pelas partes da regra aplicável ao mérito da controvérsia, cabe ao árbitro ou ao tribunal fazê-lo[17].

Finalmente, um bom exemplo de diferencial é o escrutínio da sentença arbitral, igualmente previsto no Regulamento da CCI[18], que, sem dúvida, oferece grande segurança às

---

13 Diversas são as regras do Regulamento de Arbitragem da CCI que concernem à flexibilidade de tratamento do fator tempo em um procedimento arbitral. Este dispõe, por exemplo, a respeito do prazo para prolação da sentença arbitral (seis meses), que "a Corte poderá prorrogar esse prazo, atendendo a um pedido justificado do Tribunal Arbitral ou por iniciativa própria, se julgar necessário fazê-lo" (art. 24, item 2, do Regulamento de Arbitragem da CCI, em vigor a partir de 01.01.1998. A título de observação, vale mencionar que a referida regra restou mantida pelo novo Regulamento de Arbitragem da CCI a vigorar a partir de 01.01.2012). Ainda mais emblemática que a flexibilização do fator tempo em uma arbitragem da CCI é a disposição do art. 32 do seu Regulamento: "As partes poderão concordar em reduzir os diversos prazos estipulados no presente regulamento. Qualquer acordo nesse sentido celebrado após a constituição do Tribunal arbitral somente entrará em vigor com a sua concordância". O texto integral do Regulamento de Arbitragem da CCI está disponível em: <www.iccwbo.org>. Acesso em: 12 fev. 2016.

14 Outro importante regulamento internacional de arbitragem é adotado pela LCIA, sediada em Londres, Inglaterra. No que concerne aos *periods of time*, o referido regulamento pode ser considerado um dos mais flexíveis em matéria temporal, pois possibilita ao Tribunal Arbitral reabrir prazos já expirados. Dessa forma, prevê o art. 4.7 do Regulamento da LCIA: "O Tribunal Arbitral poderá a qualquer momento estender (mesmo que tenha expirado o prazo) ou reduzir qualquer prazo prescrito nas presentes regras ou na convenção de arbitragem, no que se refere à condução do procedimento arbitral, incluindo qualquer notificação ou comunicação a ser feita por qualquer das partes". Tradução livre de: "*The Arbitral Tribunal may at any time extend (even where the period of time has expired) or abridge any period of time prescribed under these Rules or under the Arbitration Agreement for the conduct of the arbitration, including any notice or communication to be served by one party on any another party*". Disponível em: <www.lcia.org/LCIA_folder/documents/LCIA-Englisharbitrationrules.pdf>. Acesso em: 12 fev. 2016.

15 Por último, cita-se o regulamento de arbitragem elaborado pela United Nations Commission on International Trade Law (Uncitral), em 1976, e revisado em 2010, que, em seu art. 25, dispõe o seguinte: "Os prazos fixados pelo Tribunal Arbitral para as alegações escritas (incluindo as alegações do requerente e do requerido) não deverão passar de quarenta e cinco dias. Entretanto, o Tribunal Arbitral deverá estender o prazo se concluir que tal extensão é justificada". Tradução livre de: "*The periods of time fixed by the arbitral tribunal for the communication of written statements (including the statement of claim and statement of defense) should not exceed forty-five days. However, the arbitral tribunal may extent the time-limits if it concludes that an extension is justified*". Disponível em: <www.uncitral.org/pdf/english/texts/arbitration/arb-rules/arb-rules.pdf>. Acesso em: 12 fev. 2016. A respeito das razões que levaram à revisão do regulamento de arbitragem da Uncitral, ver, notadamente, Alem, "Algumas considerações sobre o processo de revisão e as novas regras de arbitragem comercial da Uncitral", 2010. Ver ainda GREENBERG; MANGE, "Institutional and *ad hoc* perspectives on the temporal conflict of arbitral rules", 2010, p. 210-3.

16 A utilização do método da via direta foi muito difundida no campo da arbitragem internacional em razão das suas inúmeras vantagens. A CCI, quando da revisão do seu regulamento de arbitragem no ano de 1998, editou o art. 17 (1), segundo o qual "as partes terão liberdade para escolher as regras jurídicas a serem aplicadas pelo Tribunal Arbitral ao mérito da causa. Na ausência de acordo entre as partes, o Tribunal Arbitral aplicará as regras que julgar apropriadas". A aludida disposição ficou mantida no Regulamento de 2012 (art. 22, 1).

17 Nesse sentido, as palavras de Fouchard, Gaillard e Goldman a respeito: "*La méthode de la voie directe consiste por l'arbire à choisir de droit applicable sans avoir à se préoccuper d'une règle de conflit quelconque, même façonnée à sa guise. Le choix peut être dicté par les rattachements existant entre la cause et le droit choisi, comme dans la method conflictuelle, mas aussi par le contenu du droit choisi*" (FOUCHARD, GAILLARD, GOLDMAN. *Traité de l'arbitrage commercial international*, 1996, p. 889).

18 Art. 27 do atual Regulamento de Arbitragem da CCI (2011).

partes que contendem no processo arbitral, atestando a qualidade dos aspectos formais da sentença.

Exposto esse quadro de diferenciais criados por alguns regulamentos de arbitragem e bem aceitos pelos operadores da arbitragem, indaga-se a possibilidade de a existência de uma lista fechada de árbitros com regras vinculativas de algum desses árbitros na composição do tribunal arbitral poder ser considerado diferencial positivo do regulamento. É o que será examinado no ponto a seguir.

2.2. A lista fechada de árbitros como suposto diferencial do regulamento de arbitragem

Uma das grandes máximas da arbitragem é aquela que valora a figura do árbitro: "*an arbitration is worth what the arbitrator is worth*" (uma arbitragem vale o que vale o árbitro). Pensando nessa máxima e até mesmo no limitado conhecimento do instituto arbitral pelos profissionais brasileiros ao tempo da promulgação da LArb, as instituições arbitrais brasileiras passaram a destacar listas de árbitros em seus regulamentos – algumas como mera sugestão/recomendação de nomes de renomados juristas e especialistas, outras de natureza vinculativa, seja no tocante à nomeação de todos os árbitros, seja apenas do árbitro único e/ou presidente do Tribunal Arbitral.

Entre os diversos regulamentos de arbitragem providos por instituições brasileiras em que prevalecia uma lista de árbitros de caráter vinculativo[19], merece destaque o do CAM-CCBC. Um dos mais significativos aspectos do regulamento da aludida instituição dizia respeito, justamente, às regras sobre a constituição do tribunal arbitral. Assim, para aquela instituição, o grande diferencial de suas regras era o seu corpo permanente de árbitros e a obrigatoriedade de que a escolha do presidente do tribunal (ou árbitro único, se o caso) recaísse necessariamente entre os ilustres integrantes de sua lista.

Como indicado, a conservação desse tipo de limitação era justificada na segurança jurídica decorrente da compulsória presença de um experto já aprovado pelo centro de arbitragem na constituição do painel arbitral.

Tal solução pode ser comparada à proposta de Jan Paulsson, que, em aclamado estudo[20], opinou contrariamente às indicações unilaterais de árbitros pelas partes, devendo estes serem escolhidos conjuntamente pelas partes ou indicados por determinado centro de arbitragem. Nesse estudo, o aludido autor constatou a existência de opiniões dissidentes ou votos vencidos dos membros dos tribunais arbitrais, e tais votos vencidos vieram justamente dos árbitros indicados pela parte perdedora[21]. Diante desse quadro, para o referido autor,

---

19 No Brasil, é o caso dos Regulamentos de Arbitragem da FGV do CAM-CCBC e do Centro de Conciliação e Arbitragem da Câmara Argentino-Brasileira em São Paulo. Em outros países, é o caso da Czech Chamber of Commerce (CAC) e da International Arbitration Chamber of Paris (CAP).

20 PAULSSON, "Moral hazard in international dispute resolution. Inaugural lecture as holder of the Michael R. Klein distinguished scholar chair", 2010. Disponível em: <www.arbitration-icca.org/media/0/12773749999020/paulsson_moral_hazard.pdf>. Acesso em: 10 fev. 2016.

21 Segundo Jan Paulsson: "*Two recent studies of international commercial arbitrations have revealed that dissenting opinions were almost invariably (in more than 95% of the cases) written by the arbitrator nominated by the losing party*" (PAULSSON, Jan. Op. cit.).

as nomeações unilaterais de árbitros resultaram em um problema de inconsistência com uma das premissas fundamentais da arbitragem: a mútua confiança nos árbitros[22]. Portanto, sugeriu Paulsson o seguinte:

> *The best way to avoid such incidents is clearly to forbid or at least rigorously police the practice of unilateral appointments. This would involve a significant change in prevailing practice of unilateral appointments [...]. The only decent solution – heed this voice in the desert! – is thus that any arbitrator, no matter the size of the tribunal, should be chosen jointly or selected by a neutral body.*

Apesar da proposta de "neutralidade" formulada por Paulsson[23], a regra que prevalece na arbitragem tanto interna quanto internacional é a livre indicação de árbitros pelas partes, fundada não apenas no princípio da confiança, estabelecido pelo art. 13, *caput*, da LArb, mas pelo princípio da autonomia da vontade, este é o grande pilar de sustentação de qualquer arbitragem.

Como será abordado nos itens a seguir, o controle pretendido por algumas entidades de arbitragem no poder de escolha dos árbitros ao argumento da segurança jurídica já serviu ao seu papel e atualmente não parece mais se justificar, seja diante do inegável amadurecimento do instituto da arbitragem no Brasil, seja pela própria primazia da autonomia da vontade, seja também porque tais controles muitas vezes implicam indesejável limitação à capacidade de formação de um tribunal arbitral.

3. A MUDANÇA NA LArb: A EXCLUSÃO DAS LISTAS FECHADAS DE ÁRBITROS E SUAS CONSEQUÊNCIAS

3.1. A prática arbitral sem o recurso às listas de árbitros

Em arbitragem, a constituição do tribunal arbitral é o momento-chave para o êxito do procedimento. Redfern e Hunter enfatizam que a escolha do tribunal arbitral é crítica para o sucesso da arbitragem[24].

---

22 No original, afirma o referido autor: "*The fact that dissenting arbitrators are nearly always those who have been appointed by the party aggrieved by the majority decision does not in and of itself point to a failure of ethics. It may simply be that the appointing party has made an accurate reading of how its nominee is likely to view certain propositions of law or circumstances of fact. The problem is that the inevitability of such calculations proves that unilateral appointments are inconsistent with the fundamental premise of arbitration: mutual confidence in arbitrators*" (PAULSSON, Jan. Op. cit.).

23 Uma solução totalmente neutra na constituição do tribunal arbitral, segundo Paulsson, seria exemplificada pelo método imposto pela Court of Arbitration of Sport (CAS). Segundo o referido autor, "*The CAS solution is to require all nominees to be found on a list of qualified arbitrators. It is of crucial importance that this is lengthy and inclusive, containing names from all over the world. (In 2008, there were 267 arbitrators on the CAS list.) Any party is free to choose the arbitrator it considers the best of its case. However selfish its motives, it is restricted to this list of prequalified individuals – and it knows that the same is true for its opponent*" (PAULSSON, Jan. Op. cit.).

24 "*Once a decision to refer a dispute to arbitration has been made, choosing the right arbitral tribunal is critical to the success of the arbitral process. It is an important choice not only for the parties to the particular dispute, but also for the reputation and standing of the process itself. It is, above all, the quality of the arbitral tribunal that makes or breaks the arbitration and it is one of the unique distinguishing factors of arbitration as opposed*

Com efeito, a liberdade das partes para indicar seus árbitros é reconhecidamente um dos pilares da arbitragem, assim como um de seus benefícios. Para Brower, as indicações unilaterais são adequadas por diversas razões[25]. Primeira, porque as partes estariam em uma melhor posição para identificar conhecimento, habilidades e a expertise desejadas à figura do árbitro para atuar em determinado caso. Segunda, porque as partes tenderiam a confiar ainda mais no procedimento arbitral em si, tendo elas participado efetivamente da constituição do tribunal arbitral. Finalmente, a participação efetiva das partes na constituição do tribunal arbitral daria maior legitimidade às decisões dos árbitros e ganharia força no sentido de prevenir a sentença de eventual impugnação judicial.

De acordo com a maioria das legislações sobre arbitragem em todo mundo[26], as indicações de árbitro são unilaterais, isto é, ou as partes chegam a um acordo para indicação de um árbitro único para julgar a controvérsia ou cada uma das partes indica o seu árbitro e, usualmente, os árbitros indicados escolhem o terceiro, isto é, aquele que presidirá o tribunal arbitral. O termo que impera aqui é o da "confiança". Basta ter confiança para que os árbitros sejam indicados, sem a necessidade do apoio em qualquer lista de árbitros, seja aberta seja fechada.

De fato, a maioria das legislações sobre arbitragem menciona o termo "confiança" para a indicação dos painelistas, ou seja, os árbitros indicados devem ser pessoas de confiança das partes que os indicam. A esse respeito, o art. 13, *caput*, da LArb dispõe que "Pode ser árbitro qualquer pessoa capaz e que tenha a confiança das partes".

A corrente que apoia a indicação de árbitros sem a vinculação a uma determinada lista aduz que tal prática é fundada na liberdade, na ampla autonomia da vontade das partes. Nesse sentido, entende José Rogério Cruz e Tucci:

> Desse modo, procurando conferir maior liberdade às partes, poderão elas indicar livremente os seus respectivos árbitros, cuja admissão, no entanto, fica subordinada ao controle das câmaras arbitrais. Esta novidade, longe de ter natureza procedimental, coaduna-se à própria índole ontológica da arbitragem, no sentido de assegurar ampla e benfazeja supremacia da vontade das partes[27].

Apesar de ser essa a prática mais usual no meio da arbitragem, adotada inclusive pela CCI (em que não há uma lista de árbitros), ela não é isenta de críticas por parte da doutrina mais abalizada. No já mencionado estudo realizado por Paulsson, este questiona o mérito da indicação unilateral de árbitros, como sendo algo, desde logo, mal-intencionado:

---

to national judicial proceedings" (BLACKABY; PARTASIDES; REDFERN; HUNTER, *Redfern and Hunter on International Arbitration*, 2009, p. 246).

25 BROWER, *The (Abbreviated) Case for Party Appointments in International Arbitration*, 2013, p. 10-3.

26 A título de exemplo, cita-se a Lei Modelo da Uncitral que em seu art. 11(3) dispõe: "*in an arbitration with three arbitrators, each party shall appoint one arbitrator* [...]".

27 CRUZ E TUCCI, José Rogério, "Liberdade das partes constitui a pedra angular da arbitragem", 2013. Disponível em: <http://www.conjur.com.br/2013-out-11/jose-tucci-liberdade-partes-constitui-pedra-angular-arbitragem>. Acesso em: 12 fev. 2016.

> *Disputants tend to be interested in one thing only: winning. They exercise their right of unilateral appointment, like everything else, with that overriding objective in view. The result is speculation about ways and means to shape a favorable tribunal, or at least to avoid a tribunal favorable to the other side – which is logically assumed to be speculating with the same fervor, and toward the same end. Forgotten is the search for an arbitrator trusted by both sides*[28].

Assim, a luta das partes para compor um tribunal arbitral formado por pessoas de inteira confiança das partes dá lugar à formação de um tribunal mecânico ou decorativo, formado por pessoas que, normalmente, sustentariam as teses defendidas pelas partes que os indicaram.

3.2. A nova regra legislativa viabiliza que as partes afastem eventuais limitações regulamentares à nomeação de árbitros

A nova regra não exclui tampouco proíbe que regulamentos de arbitragem limitem ou de qualquer forma controlem a nomeação de árbitros por meio de suas respectivas listas. O que o novo dispositivo faz é permitir que as partes, por consenso, afastem quaisquer limitações, para que possam escolher árbitros alheios às referidas listas, à medida do que lhes pareça conjuntamente mais adequado.

Uma das vantagens da nova disposição é solucionar questões de conflito. Não são raros os casos envolvendo grandes empresas, em que uma das principais dificuldades reside na identificação de árbitros que já não estejam por razões profissionais conflitados com uma ou com ambas as partes. Não raramente, o conflito é tamanho que partes brasileiras em arbitragens puramente domésticas têm de recorrer à nomeação de coárbitros ou presidentes (ou árbitros únicos) estrangeiros justamente para se contornar as constantes situações de conflito. Observe, nesse sentido, que são poucos ainda os regulamentos de arbitragem nacionais que contêm nomes de profissionais estrangeiros.

Outra vantagem que parece residir na nova letra da lei diz respeito à abertura que ela naturalmente induz em relação à escolha de novos profissionais além daqueles cujos nomes de há muito se repetem rotineiramente. A arbitragem não é um fim em si mesma; é um meio para discussão das mais diversas questões legais, envolvendo inúmeras áreas de direito material, que não simplesmente a arbitragem. Assim, parece salutar que o próprio ambiente arbitral seja oxigenado por profissionais tradicionalmente mais reconhecidos por sua expertise no direito material envolvido na controvérsia, do que no processo arbitral propriamente dito. Naturalmente, isso nem de longe exclui a preocupação que deve haver em que as partes cuidem de nomear profissionais que tenham intimidade com relações processuais, com os ditames do contraditório, da ampla defesa etc.

Por outro lado, não são poucos os que defendem a conveniência das listas total ou parcialmente vinculativas. O principal argumento, de inquestionável valor, visa justamente a garantir que, por exemplo, em um dado painel arbitral, ao menos o presidente seja profissional

---

28 PAULSSON, "Moral hazard in international dispute resolution. Inaugural lecture as holder of the Michael R. Klein distinguished scholar chair", 2010. Disponível em: <www.arbitration-icca.org/media/0/12773749999020/paulsson_moral_hazard.pdf>. Acesso em: 10 fev. 2016.

suficientemente especializado e/ou acostumado com o instituto, de forma a garantir a higidez do procedimento arbitral em si. Outros, aparentemente mais preocupados com a reserva de mercado, entendem que a mudança na lei seria, *inter alia*, até mesmo inconstitucional, uma vez que feriria o art. 5º, XVII, da Constituição Federal, sendo as câmaras de arbitragem sociedade civis, elas seriam livres para exercer suas atividades sem interferência estatal.

De qualquer forma, os defensores do novo dispositivo entendem que tal medida, além de acabar com a aludida reserva de mercado, valoraria o princípio da autonomia da vontade das partes na escolha dos árbitros. Além disso, de acordo com a opinião de Cruz e Tucci:

> Norteada pelo princípio da ponderação, a proposta em tela, de um lado, assegura ampla hegemonia às partes, e, de outro, não impede que as câmaras arbitrais possuam listas de pessoas qualificadas, de caráter meramente supletório, sobretudo para escolha do presidente, naquelas hipóteses (raras, diga-se de passagem) em que os interessados se omitem, têm dificuldade na escolha ou mesmo no eventual impasse dos árbitros na indicação do presidente. Ademais, os órgãos institucionais de arbitragem continuam dispondo da prerrogativa de vetar a indicação de algum árbitro que não reúna requisitos mínimos para desempenhar, com segurança e transparência, o importante papel que lhe cabe, evitando-se qualquer risco em detrimento do devido processo arbitral[29].

Entende-se que a mudança da LArb realmente valora o princípio da autonomia da vontade das partes e está em consonância com o já mencionado art. 13, *caput*, da LArb. No entanto, a mudança legislativa rompe com uma prática que até pouquíssimo tempo era usual no Brasil, qual seja, a vinculação de árbitros a uma determinada lista fechada.

Vale lembrar que a escolha de uma instituição de arbitragem que possua uma lista fechada está dentro dos limites da lei e da autonomia da vontade das partes. Nesse aspecto, àqueles que continuam preferindo aceitar os controles regulamentares à nomeação de árbitros, a lei em nada prejudica – basta que aceitem a condição. O que a mudança em foco preconiza é, a nosso ver, ampliar o leque de profissionais a atuarem como árbitro, dada a abertura do mercado arbitral após quase 20 anos de vigência da LArb.

4. CONCLUSÃO

O objetivo principal do presente estudo é tão somente apresentar breves reflexões acerca da mudança na LArb. Com efeito, notou-se que:

- a prática arbitral, em vigor no Brasil, demonstra que o uso das listas fechadas de árbitros sempre foi frequente, servindo como norte, uma referência aos operadores da arbitragem, notadamente aqueles ainda pouco familiarizados com o instituto arbitral;
- em razão do crescimento da arbitragem no Brasil e no mundo, as instituições arbitrais proliferaram-se e os regulamentos buscaram inserir regras de destaque, de modo a criar seus

29 CRUZ E TUCCI, José Rogério, "Liberdade das partes constitui a pedra angular da arbitragem", 2013. Disponível em: <http://www.conjur.com.br/2013-out-11/jose-tucci-liberdade-partes-constitui-pedra-angular-arbitragem>. Acesso em: 11 fev. 2016.

diferenciais para os operadores da arbitragem. No regulamento da CCI, por exemplo, o escrutínio da sentença arbitral é um dos grandes diferenciais daquele regulamento;

▪ da mesma forma, algumas instituições de arbitragem no Brasil e no exterior possuem uma lista de árbitros a qual é interligada ao regulamento de arbitragem, isto é, a nomeação de determinado árbitro deve estar atrelada à referida lista. Trata-se, igualmente, de um diferencial adotado pelo centro de arbitragem. No caso do Brasil, destacam-se, nesse sentido, os regulamentos de arbitragem do CAM-CCBC e da FGV;

▪ após quase 20 anos em vigor da LArb, a mudança legislativa atinente à exclusão de vinculação compulsória a determinada lista de árbitros pode gerar vantagens e desvantagens aos *players* da arbitragem no Brasil;

▪ o ponto positivo da mudança legislativa é incrementar ainda mais a liberdade conferida às partes em uma arbitragem, desprendendo-as de determinada lista de árbitros e liberando-as para escolherem os árbitros de sua preferência.

Só mesmo a prática dirá se a mudança legislativa criará ou não efeitos bons ou ruins para os operadores da arbitragem no Brasil. Liberdade e autonomia da vontade sempre constituirão os pilares máximos da arbitragem. No entanto, tal liberdade e tal autonomia devem ser exercidas com responsabilidade pelos *players* da arbitragem, de modo a se chegar ao fim máximo da arbitragem, que é o de propiciar a emissão de uma sentença passível de ser cumprida.

REFERÊNCIAS BIBLIOGRÁFICAS

ALEM, Fabio Pedro. "Algumas considerações sobre o processo de revisão e as novas regras de arbitragem comercial da Uncitral". *Revista Brasileira de Arbitragem* 27/38. Porto Alegre, Síntese, 2010.

BLACKABY, Nigel; PARTASIDES, Constantine; REDFERN, Alan; HUNTER, Martin. *Redfern and hunter on international arbitration*. New York, Oxford University, 2009.

BOCKSTIEGEL, Karl-Heinz. "Presenting evidence in international arbitration". *ICSID Review – Foreign Investment Law Journal*. v. 16, n. 1, p. 1-9. Washington, 2001.

BROWER, Charles N. *The (Abbreviated) Case for Party Appointments in International Arbitration*. American Bar Association, Section of International Law, International Arbitration Committee, 2013, v. 1, issue 1.

CARMONA, Carlos Alberto. "Reflexão sobre a relação ente árbitros e partes: natureza jurídica e necessário afastamento de propostas de regulamentação no Direito brasileiro". *Revista Brasileira de Arbitragem* 15/43-5. Porto Alegre: Thomson-IOB, jul.-set. 2007.

CLAY, Thomas. *L'arbitre*. Paris, Dalloz, 2001.

CRUZ E TUCCI, José Rogério. "Liberdade das partes constitui a pedra angular da arbitragem". *Consultor Jurídico*, edição de 11.10.2013. Disponível em: <http://www.conjur.com.br/2013-out-11/jose-tucci-liberdade-partes-constitui-pedra-angular-arbitragem>. Acesso em: 11 fev. 2016.

FOUCHARD, Philippe. "Typologie des institutions d'arbitrage". In: ______. *Écrits – Droit de l'arbitrage e droit du commerce international*. Paris, Comité Français de l'Arbitrage, 2007.

FOUCHARD, Philippe; GAILLARD, Emmanuel; GOLDMAN, Berthold. *Traité de l'arbitrage commercial international*. Paris, Litec, 1996.

GUERRERO, Luís Fernando. *Convenção de arbitragem e processo arbitral.* São Paulo, Atlas, 2009.

HAMMOND, Steven A. "Making the case in international arbitration: a common law orientation to the marshalling and presentation of evidence". *RArb* 16/171-96. São Paulo: RT, jan.-mar. 2008.

LIMA, Leandro Rigueira Rennó. La responsabilité des acteurs de l'arbitrage. 2010. Tese (Doutorado em Direito) – Université de Versailles Saint-Quentin-en-Yvelines, Versalhes, 2010.

MANGE, Flavia. "Institutional and *ad hoc* perspectives on the temporal conflict of arbitral rules". *Journal of International Arbitration.* v. 27(2). esp. p. 210-3. The Netherlands, Kluwer Law International, 2010.

NERY JUNIOR, Nelson; NERY, Rosa Maria de Andrade (orgs.). *Doutrinas essenciais de responsabilidade civil.* v. 2. São Paulo, RT, 2011.

PAULSSON, Jan. "Moral hazard in international dispute resolution. Inaugural lecture as holder of the Michael R. Klein distinguished scholar chair". *University of Miami School of Law.* 29.04.2010. Disponível em: <www.arbitration-icca.org/media/0/12773749999020/paulsson_moral_hazard.pdf>. Acesso em: 10 fev. 2016.

SILVA, Eduardo Silva da. *Arbitragem e direito da empresa*: dogmática e implementação da cláusula compromissória. São Paulo, RT, 2003.

______. "Código Civil e arbitragem: entre a liberdade e a responsabilidade". *Revista de Arbitragem e Mediação*: v. 2, n. 5, p. 52-74, abr./jun. 2005.

DECISÕES

Corte de Apelações de Paris, 1.ª ch. sect. A, j. 15.05.1985, Raffineries de pétrole d'Homs et de Banias c/ Chambre de commerce internationale, *Revue de l'Arbitrage*, p. 141-50, 1985.

Corte de Cassação, 2.ª Ch. Civ., j. 07.10.1987, Société Opinter France c/ S.a.r.l. Dacomex, 1985, *Revue de l'Arbitrage*, p. 479-81, 1987, nota de E. Mezger.

Corte de Apelações de Paris, 1.ª Ch. A., j. 15.09.1998, Société Cubic Defense Systems Inc. c/ Chambre de commerce internationale, *Revue de l'Arbitrage*, n. 1, p. 103-20, 1999, nota de Pierre Lalive.

Corte de Cassação, 1.ª Ch. Civ., j. 20.02.2001, Société Cubic Defense Systems Inc. c/ Chambre de commerce internationale, *Revue de l'Arbitrage*, n. 3, p. 511-27, 2001, nota de Thomas Clay.

11 A cognição a cargo dos árbitros no cumprimento da sentença arbitral

Flávio Luiz Yarshell

1. HIPÓTESE

Em artigo precedentemente escrito em coautoria[1], tratamos do tema relativo à possibilidade do manejo de execução para satisfação de credor amparado por título executivo extrajudicial, em que tenha sido celebrada convenção arbitral. Constatamos, então, "tendência jurisprudencial a barrar o acesso do credor ao Judiciário mesmo para pretensão executória, ante a manifesta opção do credor pelo afastamento do Poder Judiciário da solução de conflitos"[2]; ao mesmo tempo em que detectamos, de outra parte, "corrente jurisprudencial segundo a qual a convenção arbitral não obsta a via judicial para a execução, haja vista a limitação do juízo arbitral pela ausência de poderes executórios por parte do árbitro"[3].

Ponderamos, então, que:

> O eventual reconhecimento da impossibilidade do manejo da execução fatalmente levaria à revisão das vantagens da convenção arbitral: se o preço a pagar pela escolha da arbitragem for subtrair ao contratante a possibilidade de, desde logo, exigir o cumprimento forçado das obrigações da outra parte, então talvez a opção pela arbitragem não seja tão vantajosa assim.

Consideramos julgado do Superior Tribunal de Justiça, prolatado em 2008[4], do qual se extraía o seguinte: "deve-se admitir que a cláusula compromissória arbitral possa conviver com a natureza executiva do título", pois (i) "não se exige que todas as controvérsias oriun-

---

1 Cf. YARSHELL; MEIJAS, "Perfil das decisões do Superior Tribunal de Justiça sobre a interferência do Judiciário em matéria de convenção arbitral", 2014, p. 295-313.

2 Cf. TJRJ, Ap. Cível n. 2008.001.55027, 14ª Câm. Cível, rel. Des. Edson Scisinio Dias, *DJ* 18.02.2008; TJPR, Ap. Cível n. 502.095-7, 14ª Câm. Cível, rel. Des. Guido Döbeli, *DJ* 16.03.2009; TJPR, Ap. Cível n. 787.495-5, 12ª Câm. Cível, rel. Des. Antonio Loyola Vieira, *DJ* 29.6.2012; TJMG, Ap. Cível n. 1.0024.07.753964-1/001, 9ª Câm. Cível, rel. Des. Pedro Bernardes, *DJ* 07.04.2009.

3 Cf. TJSP, Ap. Cível n. 991.09.091466-0, 13ª Câm. de Dir. Priv., rel. Des. Canduro Padim, *DJ* 24.11.2010; TJSP, AI n. 0557228-27.2010.8.26.0000, 26ª Câm. de Dir. Priv., rel. Des. Felipe Ferreira, *DJ* 23.2.2011; TJRJ, Ap. Cível n. 2006.001.26956, 6ª Câm. Cível, rel. Des. Luis Felipe Salomão, *DJ* 05.09.2006; TJPA, AI n. 200930008352, 3ª Câm. Cível Isolada, rel. Des. Maria Rita Lima Xavier, *DJ* 29.04.2010.

4 Cf. Recurso Especial n. 944.917/SP.

das de um contrato sejam submetidas à solução arbitral"; (ii) "não é razoável exigir que o credor seja obrigado a iniciar uma arbitragem para obter juízo de certeza sobre uma confissão de dívida que, no seu entender, já consta do título executivo", e (iii) "o árbitro não tem poder coercitivo direto, não podendo impor, contra a vontade do devedor, restrições ao seu patrimônio". Dissemos então:

> Quanto ao primeiro fundamento, é correto que a mera existência de uma convenção arbitral em determinado instrumento contratual não significa, por si, que todas as possíveis controvérsias que venham a ser instauradas entre as partes devam ser solucionadas pela via arbitral. É possível, e até aconselhável, dependendo do grau de complexidade do contrato entabulado, que as partes reservem o juízo arbitral para apenas parte das controvérsias.
>
> Contudo, é comum que as partes entabulem cláusulas compromissórias abrangentes, envolvendo, de acordo com os textos mais corriqueiros, "todo e qualquer conflito decorrente do contrato". Sobretudo diante de tais casos, em que não há dúvidas quanto à total abrangência da cláusula compromissória, o primeiro fundamento apresentado no voto condutor do v. aresto comentado, embora possa resolver litígios específicos, parece não solucionar definitivamente a controvérsia ora apresentada.
>
> No mais, a decisão do STJ – equilibrada e técnica – é intocável. A saída para o problema está, de fato, nos segundo e terceiro fundamentos expostos no voto condutor do v. acórdão comentado, e resume-se na resposta – a ser aqui aprofundada – à seguinte indagação: o juízo arbitral, de opção consciente das partes, está apto a resolver eventual crise de adimplemento entre elas deflagrada?

Partindo da premissa do caráter jurisdicional da arbitragem, lembramos a distinção entre atividades de declarar o direito, de um lado; e a de atuá-lo praticamente, de outro. Também anotamos que

> As atividades próprias da execução são, como se sabe, realizadas mediante o uso da força, por meio de atos coercitivos e sub-rogatórios. Embora assim seja, fato é que o árbitro não possui essa parcela do poder jurisdicional. Não detém, em outras palavras, meios de produzir, na prática, os resultados impostos às partes por sua atividade jurisdicional cognitiva.

Daí termos dito que "Essa ausência de poder de efetivar medidas coercitivas é extraída do art. 22, § 4º, da Lei n. 9.307/96[5]. Já a falta de poder para adotar medidas sub-rogatórias é inferida do disposto no art. 31 da mesma Lei, bem como do art. 475-N, IV, do CPC, que conferem à sentença arbitral a qualidade de título executivo judicial, e, portanto, submetida ao processo de execução, conforme arts. 475-I e seguintes, do CPC". E concluímos:

> Em outras palavras, a atividade executiva, por opção do sistema, é exclusiva da jurisdição estatal[6], que exerce essa função completiva da arbitral, quando chamada a interferir. É por isso

5 Malgrado a alteração trazida pela Lei n. 13.129/2015, a assertiva continua válida, apenas com essa ressalva.
6 Cf. SALLES, *Arbitragem em contratos administrativos*, 2011, p. 91.

que se diz que a primeira exerce função subsidiária e complementar (além de controladora) em relação à segunda. É também por isso que muito se fala da necessidade de cooperação entre juízes e árbitros para a boa consecução dos escopos da atividade arbitral.

O título torna adequada a via executiva. O elemento necessidade é, por sua vez, preenchido pelo não cumprimento da obrigação vencida, ou seja, pela existência de crise de adimplemento. Sendo assim, não há, de fato, outra solução para o impasse apresentado, que não garantir ao credor a via da execução judicial para a solução de crises de adimplemento. Não há como se considerar, nesse ponto, que o credor abriu mão da jurisdição estatal em prol da arbitragem se esse mecanismo não consegue atender aos seus anseios. Entendimento em sentido contrário configuraria violação, sem sombra de dúvidas, ao disposto no art. 5º, XXXV, da Constituição Federal.

De outra parte, embora essa questão não tenha sido objeto da controvérsia decidida pelo STJ, admitir-se a execução não prejudica eventual resistência oponível pelo devedor. Assim, os embargos do devedor assumem feição de demanda arbitral com o mesmo objetivo.

A partir dessas considerações[7], sem pretensão de ineditismo, parece ser possível tentar avançar e, assim, propor a seguinte hipótese, a ser demonstrada: na premissa de que são conceitualmente distintos, de um lado, os atos executivos e a coerção que neles se contêm e, de outro, a cognição que se exerce na atuação prática do direito, seja com relação ao mérito da execução (ou cumprimento), seja em relação à atuação dos meios executivos, *não se afigura correto atribuir tal cognição – com os pronunciamentos daí decorrentes – ao Judiciário, se a resolução da controvérsia fora antes remetida pelas partes para a solução arbitral.* Por outras palavras: dizer que os árbitros não são investidos de poder de coerção não significa afirmar que eles não tenham competência para apreciar e resolver as questões surgidas quando da atuação prática do direito.

2. DEMONSTRAÇÃO

Principiando pela distinção acima lembrada entre os conceitos de decidir e o de impor o que se decidiu, não há dúvida de que ela é feita – explícita ou implicitamente – pelo ordenamento. Isso talvez até fique mais claro em matéria de produção de *prova* e mesmo na *tutela provisória* de urgência. Mas, o conceito é essencialmente o mesmo em todas essas searas: uma coisa é dar ao árbitro a prerrogativa de *decidir*; outra é reconhecer que ele não tem força para impor sua decisão, caso isso seja necessário. Mas, até mesmo do ponto de vista lógico, uma coisa é separada da outra. Embora certamente possa haver interação entre os conceitos, a falta de coerção não é argumento para suprimir a competência – aqui bem entendida como medida da jurisdição – para a decisão.

Conforme já tivemos oportunidade de observar, novamente em artigo escrito em coautoria[8], "embora a arbitragem seja exercício de jurisdição, por limitações práticas e por opção legislativa esse mecanismo eventualmente necessita do apoio judicial para que possa cumprir seus objetivos". Assim ocorre porque

7 Frise-se, feitas em obra em coautoria.
8 YARSHELL; MEIJAS, "As interações entre o processo estatal e o processo arbitral: o novo Código de Processo Civil e a reforma da Lei de Arbitragem", 2016, p. 251-60.

> Os árbitros, diferentemente dos juízes estatais, não possuem poder de constrição, não lhes estando autorizado o uso da força. Isso significa que se a parte, a título de exemplo, não cumprir voluntariamente decisão do corpo arbitral para entregar coisa ou documento, não poderão os árbitros promover a busca e apreensão desse bem. Da mesma forma, se certa testemunha se recusar a depor perante o painel arbitral, não poderão os árbitros promover sua condução à força[9].

Mas, justamente por conta de tais circunstâncias, também lembramos que importante inovação do CPC/2015 em matéria arbitral residiu justamente na criação das cartas arbitrais – prevista nos arts. 69, § 1°, e 237, IV, mas disciplinada em outras passagens – com o objetivo de regulamentar a necessária cooperação entre o Judiciário e o processo arbitral. Dissemos que

> tal mecanismo resolve as incertezas acerca do responsável por requerer – e acompanhar – o cumprimento dos atos de cooperação judicial. O requerimento deve, tal como resolvido em âmbito doutrinário, partir diretamente do corpo arbitral. É ele quem expede a carta arbitral com solicitações ao Judiciário[10].

E destacamos:

> É importante que se tenha em mente que o objeto da cooperação judicial – considerando-se a já exposta linha de interferência estritamente necessária – deve envolver *apenas os atos para os quais o painel arbitral não tenha capacidade de realização*. Ao contrário do que ocorre no âmbito interno do Judiciário, o fato de determinada testemunha se encontrar em local distante do painel arbitral não autoriza, em regra, que sua oitiva se dê perante o Judiciário[11] [grifo não consta do original].

Ainda, ao tratarmos da concessão de tutela provisória de urgência, lembramos que o art. 22-A da Lei de Arbitragem estabeleceu a possibilidade de a parte se socorrer do Judiciário apenas diante da impossibilidade de tais providências serem obtidas, diretamente, junto ao órgão arbitral. Esse entendimento está em consonância com o disposto no parágrafo único do art. 22-B, segundo o qual "estando já instituída a arbitragem, as medidas cautelares ou de urgência serão requeridas diretamente aos árbitros". Isso nos pareceu correto, por "permitir a intervenção do Judiciário nos processos arbitrais somente diante de impossibilidade prática de atendimento, por parte dos árbitros, às necessidades das partes". Isso é coerente com a regra segundo a qual, uma vez instituída a arbitragem, cabe ao painel arbitral rever a decisão judicial relativa ao requerimento de tutela de urgência, podendo mantê-la, modificá-la ou revogá-la. Vale dizer, mais uma vez, aos árbitros compete decidir, não se confundindo com essa atividade a eventualmente subsequente, que poderá (quem sabe?) exigir coerção.

Nessa linha de raciocínio, é preciso considerar que, ao menos em termos conceituais, a necessidade de se empregar a força para se dar cumprimento ao comando jurisdicional (estatal ou arbitral) é – ao menos em termos conceituais – uma eventualidade. Não é preciso

---

9 Cf. op. e loc. cit.
10 Cf. op. e loc. cit.
11 Cf. op. e loc. cit.

nem recorrer aos conceitos de tutela meramente declaratória e constitutiva, em que o resultado prático desejado independe da prática de atos de invasão da esfera patrimonial do devedor. Mesmo nos casos de sentença de prestação (condenatórias), em tese, é possível que o devedor realize voluntariamente a prestação e, embora isso esvazie o problema (se não é preciso execução não há porque discutir quem tem competência para realizá-la), reforça a distinção conceitual entre decidir, de um lado, e atuar praticamente o que se decidiu, de outro.

Mas, há outros argumentos que reforçam a tese segundo a qual compete aos árbitros a solução das questões surgidas ao ensejo do cumprimento da sentença arbitral.

Um deles está na consideração de que a remessa ao Judiciário das decisões a serem tomadas no momento de efetivação do comando pode simplesmente levar ao esvaziamento do que os árbitros decidiram: nas assim denominadas "crises de adimplemento" (credor que faz jus a uma prestação não realizada espontaneamente pelo devedor), a respectiva superação só ocorre quando se entrega ao credor o bem da vida que a decisão lhe reconheceu ser devido. A sentença condenatória é incompleta e, salvo os casos em que o devedor, diante dela, realize voluntariamente a prestação, a controvérsia ainda não foi solucionada.

Outro argumento está no seguinte: remeter para o Judiciário a cognição necessária para que se efetive o comando arbitral é desconsiderar que o modo de cumprimento pode – pela complexidade da relação material controvertida – comportar variações. Nesse momento, remeter a cognição para órgão diverso daquele que prolatou o comando é abrir margem para que a decisão arbitral seja desvirtuada ou até esvaziada.

Nos casos de obrigações de pagamento de quantia, determinar de que modo será realizada a expropriação (o que não se confunde logicamente com o emprego da força necessária para tanto) não parece ser algo completamente indiferente ao conteúdo do comando: que bens podem ou devem ser penhorados; se o devedor pode, ou não, ficar como depositário dos bens penhorados; se pode haver penhora de estabelecimento ou de faturamento; se e quem será nomeado como administrador, caso isso se afigure necessário; se haverá extensão da responsabilidade patrimonial a terceiros por fraude de execução ou desconsideração da personalidade jurídica[12]; enfim, são todos temas que, mesmo sem chegar ao mérito da execução, dizem respeito – direta ou reflexamente – ao que se decidiu. A depender das escolhas feitas em relação a esses e a outros temas relativos ao emprego dos meios executivos, haverá a possibilidade, como já foi dito, de se interferir com o que decidiram os árbitros.

Nos casos de obrigações de fazer e não fazer, considerações análogas podem ser feitas: sobre o que devem recair os meios executivos; como há de se operar a transformação que caracteriza a atividade empreendida nesse caso; qual o valor da cominação pecuniária, sua periodicidade, a necessidade de sua redução ou incremento; qual o limite máximo de acúmulo da multa; em que medida podem ser empregados outros meios coercitivos ou "medidas de apoio" para a consecução do resultado necessário (por exemplo, tratando-se de empresa, se há a necessidade de se nomear um administrador ou interventor para dar cumprimento ao comando arbitral); reconhecimento de que a tutela específica se tornou impossível ou excessivamente onerosa; eventual preferência do credor pela tutela reparatória; tudo isso, enfim, en-

12 Naturalmente, nos casos de fraude não cabe ao terceiro recusar a autoridade do árbitro e da decisão arbitral sob o argumento de que não está vinculado pelo compromisso arbitral.

volve cognição e decisões que são conceitualmente diversas do emprego da força. Idem para as obrigações de entrega de coisa: além das considerações anteriores (a maior parte aproveitável); de que forma há de se operar eventual imissão na posse; que bens devem ser objeto de busca e apreensão e outros tópicos que, nessa linha de raciocínio, possam ser aventados.

Aliás, negar a competência dos árbitros para a cognição exigida no momento do cumprimento é quando menos incoerente com o caráter unitário e sincrético que, não de hoje, deu-se ao processo: ele é único, com uma fase de formação do comando judicial; e outra, para cumprimento desse comando.

Tudo isso, em suma, indica que, no momento de se atuar praticamente o direito reconhecido, o órgão jurisdicional trava contato com matéria fática e jurídica atinente à relação processual, ao procedimento e à prática dos atos executivos, à estrutura e à finalidade da execução (como dito, invasão da esfera patrimonial do devedor para satisfação do credor), tudo a exigir cognição que, concreta ou potencialmente, direta ou indiretamente, passa pelo plano material – a justificar que tal cognição seja exercida pelos árbitros.

E tudo o que foi dito até aqui não considerou o aspecto talvez mais importante: há potencialmente um "mérito" a ser resolvido na execução ou fase de cumprimento. Sobre isso, é tradicional a assertiva de que o respectivo mérito não é aí decidido[13], ficando reservado tal exame para os embargos do devedor que, como sabido, têm natureza de ação de conhecimento – o que pode ser dito também em relação à impugnação ao cumprimento de sentença. O raciocínio – aliás, conforme aqui já se falou – é o de que o processo ou fase de execução (ou de cumprimento) é constituído por atos materiais de invasão da esfera do devedor (atuação da sanção secundária), buscando-se não a declaração do direito, mas a satisfação do credor, mediante a entrega do bem da vida a ele.

Mas, como já tivemos oportunidade de asseverar, a cognição – conquanto seja técnica por excelência da fase declaratória (ou de conhecimento) – não é exclusiva dessa forma de atuação estatal. Ela também está presente no momento de se atuar praticamente o direito reconhecido pela decisão jurisdicional (estatal ou arbitral). Além da cognição sobre a relação jurídica processual, o procedimento, a atuação dos meios executivos, é inegável que, em diferentes circunstâncias, o juiz é chamado a investigar a própria relação material, dentro ou fora dos embargos do devedor (ou da impugnação ao cumprimento).

Vale dizer: no momento do cumprimento, embora a eficácia preclusiva impeça a rediscussão de temas que foram ou que poderiam ter sido debatidos na fase de formação da decisão declaratória (em sentido lato), há cognição sobre a relação substancial. Então, para saber se, por fato superveniente à formação do título, teria havido total ou parcial extinção ou modificação da relação de direito material (no caso, tal como resultante da decisão arbitral), é preciso exercer a cognição, que redundará numa declaração de direito, inclusive apta à formação de coisa julgada. Certo que não se julga procedente ou improcedente o pedido deduzido pelo credor munido de título executivo. Contudo, o pedido deduzido na execução – imediato, de atuação de meios executivos; e mediato, de entrega ou fruição do bem da vida – pode ser rejeitado pela constatação de que, no plano substancial, o deman-

13 Cf. nosso *Ação rescisória*, 2005, p. 211 e segs., com referências doutrinárias. As considerações que seguem no texto reproduzem, eventualmente de forma literal, considerações feitas na referida obra.

dante não ostenta o direito que afirma ostentar; e que até pode resultar formal ou aparentemente do título executivo. Isso pode ocorrer por força da impugnação do executado ou até mesmo no bojo da própria execução.

Tal como ocorre no processo de conhecimento, o executado pode eventualmente ampliar o objeto do conhecimento do órgão jurisdicional, pelas alegações que faça em contraposição às do autor. Daí, portanto, ser possível concluir que também no momento da atuação prática do direito há margem para declaração apta à formação da coisa julgada material – inclusive a eventualmente ensejar ação rescisória. Na referida oportunidade, (i) terá havido cognição sobre a relação material; (ii) essa cognição terá sido apta – quando menos, potencialmente – a exaurir os termos da controvérsia, consideradas as alegações feitas no processo pelo exequente e pelo executado; (iii) com base nessa cognição é possível a declaração do direito, que, muito mais do que mera eficácia meramente processual (de extinção do processo), tem e deve ter eficácia projetada para fora do processo, merecedora, portanto, da estabilidade que decorre da autoridade da coisa julgada material; (iv) terá havido autêntico julgamento do mérito, na medida em que apreciada a relação material controvertida e a pretensão deduzida pelo exequente[14].

Ora, seja diretamente no bojo do processo de execução (ou cumprimento), seja por força de impugnação (ou embargos), o mérito da execução é ainda parcialmente o mérito da controvérsia que as partes submeteram à arbitragem. A controvérsia não estará totalmente resolvida enquanto não forem superadas eventuais questões surgidas ao ensejo da atuação prática do direito. Ora, a cisão do mérito para efeito de competência de órgão jurisdicional parece ser injustificável. Na linha das considerações precedentes, neste caso fica ainda mais clara a distinção entre cognição, de um lado, e eventual coerção que seja necessária para tornar efetivo o que se decidiu.

Preservada convicção em contrário, não colhe o argumento de que a lei estabeleceu que o cumprimento da sentença arbitral seja feito perante o Poder Judiciário, na medida em que a qualificou como título executivo judicial. Assim se fez por duas razões: primeiro, para ficar claro que a sentença arbitral é igualmente marcada por eficácia preclusiva própria dos títulos judiciais; segundo, porque, realmente no momento do emprego da força, será preciso contar com o Estado. Mas, a escolha da lei – que até poderia ser oportunamente revista – não muda a essência das coisas, nem outorga ao juiz estatal uma competência que ele não tem, num modelo que consente que as partes abram mão da jurisdição estatal.

Também não é o caso de falar que a competência, no contexto examinado, poderia variar segundo o conteúdo da eventual impugnação oposta ao cumprimento de sentença: se de mérito, caberia aos árbitros; se processual, ao Judiciário. Isso talvez até já fosse um avanço em relação ao entendimento hoje prevalecente. Mas, conceitualmente, ainda seria imperfeito: toda a cognição – tal como ocorre em matéria probatória e nas medidas de urgência – deve ficar reservada aos árbitros. Ao Judiciário só se deve recorrer se e quando necessário o emprego da força. Mas, isso deve ser visto como a exceção, não como a regra; donde ser um equívoco a lei ter invertido essa lógica, e outorgado ao Judiciário a competência para o cumprimento. A parte que lhe cabe, como visto, é a menor e, embora não menos importante, é inclusive eventual – repita-se, tal como ocorre em relação à prova e às medidas provisórias.

14 Cf. op. e loc. cit.

Dir-se-á, eventualmente, que a tese encontra dificuldades operacionais ou, até mais do que isso, que simplesmente não haveria interesse para árbitros ou Câmara em atuar na fase de cumprimento. Mas, a questão conceitual é a mais relevante: se realmente a competência para a cognição é dos árbitros, então que se busque forma racional de se atender esse imperativo. O que não parece possível é, mais uma vez, inverter-se a lógica das coisas. Poderá soar estranho que, após o encerramento da arbitragem, ela tenha que ser retomada para solução de novas questões. Mas, não foi para a integral solução da controvérsia que as partes àquela recorreram? Se a resposta é positiva, o que soa estranho é que a arbitragem eventualmente dê uma solução incompleta.

Quanto a possível desinteresse, de fato, não seria de se estranhar que a execução – aparentemente sem conseguir fugir de sua sina de "Cinderela" do processo – pudesse ser enjeitada por árbitros e Câmaras. Mas, se isso tiver alguma procedência, é preciso refletir sobre os motivos que levam a tal mentalidade. Por que, afinal de contas, é tão problemática a fase em que deve cumprir o que já decidiu? Justamente quando se espera o resultado prático de tudo o que se decidiu, por que as coisas tendem a se tornar arrastadas? Não poderá a arbitragem mostrar algo diverso e, assim, contribuir para todo o sistema?

Naturalmente, será preciso haver a devida contrapartida pelo trabalho complementar realizado. Mas, isso é um dado verdadeiramente operacional, superável por mecanismos já previstos pelo sistema que, quando muito, poderia ser aperfeiçoado para se ajustar à necessidade de os árbitros voltarem a atuar no momento do cumprimento do que eles próprios decidiram.

3. CONCLUSÃO

Por todo o exposto, reputa-se demonstrada a hipótese inicialmente apresentada: tendo havido convenção de arbitragem, os árbitros têm competência para apreciar e resolver as questões surgidas quando da atuação prática do direito, quer elas digam respeito ao mérito da execução, quer digam respeito à relação processual, ao procedimento e ao emprego dos meios executivos. Ao Poder Judiciário – para além do controle sobre a adequação da arbitragem ao devido processo legal – competirá exclusivamente dar apoio ao órgão arbitral, se e quando necessário o emprego de coerção – tal como ocorre em matéria probatória e de medidas provisórias.

REFERÊNCIAS BIBLIOGRÁFICAS

SALLES, Carlos Alberto de. *Arbitragem em contratos administrativos.* Rio de Janeiro, Forense, 2011.

YARSHELL, Flávio Luiz; MEIJAS, Lucas Brito. "Perfil das decisões do Superior Tribunal de Justiça sobre a interferência do Judiciário em matéria de convenção arbitral". *O papel da jurisprudência no STJ.* São Paulo, Revista dos Tribunais, 2014.

YARSHELL, Flávio Luiz; MEIJAS, Lucas Brito. "As interações entre o processo estatal e o processo arbitral: o novo Código de Processo Civil e a reforma da Lei de Arbitragem". In: Cianci, Mirna et al. (coords.). *Novo Código de Processo Civil:* impactos na legislação extravagante e interdisciplinar, v. 1. São Paulo, Saraiva, 2016.

YARSHELL, Flávio Luiz. *Ação rescisória:* juízos rescindente e rescisório. São Paulo, Malheiros, 2005.

12 A decisão arbitral definitiva já não é o que era?

Frederico José Straube

1. INTRODUÇÃO

O presente trabalho foi elaborado a partir de dados coligidos para servirem de base à conferência proferida pelo autor, na Faculdade de Direito da Universidade de Coimbra, no dia 9 de outubro de 2015.

O título em si é muito provocativo, mas, ao mesmo tempo, muito rico, eis que das reflexões a respeito de tal tema podem ser divisadas uma série de preocupações com que se defrontam os arbitralistas atualmente e que não se resumem a inquietações de ordens doutrinária e acadêmica, mas que também repercutem na prática e podem contribuir, positiva ou negativamente, para que o maior número de agentes econômicos opte ou não pelo processo arbitral como forma de solução de conflitos de interesses.

É possível estabelecer-se a partir da colocação inaugural ao menos dois tipos de abordagem para sua exploração, quais sejam: (a) qualidade das decisões arbitrais, como tem evoluído?; (b) cresceram ou não os desafios à definitividade das sentenças arbitrais?

Ambos os aspectos podem, por sua vez, serem examinados sob dois prismas: da arbitragem doméstica e da arbitragem internacional.

No que diz respeito à arbitragem doméstica, a qualidade da prática arbitral bem como seu aperfeiçoamento sofrem impacto de variadas naturezas ou fatores.

O primeiro deles a ser mencionado, refere-se à qualidade da legislação regente da espécie. É comprovável que uma lei moderna e flexível que defira às partes ou às entidades especializadas na administração de tal procedimento, por meio de seus respectivos regulamentos, à estipulação do detalhamento do procedimento, o que contribui sobremaneira para a difusão do instituto.

Esse fenômeno observou-se, por exemplo, no Brasil, onde a arbitragem era prevista como alternativa da composição de conflitos em determinadas circunstâncias já na Constituição Imperial de 1824 e daí para a frente constou tanto no Código Civil de 1916 quanto nos Códigos de Processo Civil de 1939 e 1973, mas somente se desenvolveu no mundo factual após o advento da Lei n. 9.307/96, que era guarnecida dos atributos já citados da modernidade e da flexibilidade.

A moldura institucional adequada tende, fortemente, a provocar maior aceitação do método em questão, tanto entre a classe empresarial e demais particulares, que são os usuários por excelência da arbitragem, quanto entre os advogados.

Uma consequência direta dessa nova situação criada pelo incremento do interesse pelo instituto revela-se por meio do aumento do número de obras especializadas, trabalhos acadêmicos, cursos e congressos, que atraem, por sua vez, a atenção de parte da classe advocatícia e dos demais operadores do Direito, o que resulta em indiscutível elevação da cultura local específica sobre tal matéria.

Fatores extremamente relevantes para o desenvolvimento da arbitragem doméstica residem, também, na aceitação e suporte desta nova forma de distribuição de justiça que venham a ser conferidos pelo Poder Judiciário, pois tal respaldo contribui para a criação de um ambiente de segurança jurídica no que tange à preservação dos procedimentos arbitrais e, consequentemente, das decisões neles proferidas.

Por último, mas não menos importante, cabe salientar que, sendo a arbitragem uma modalidade de justiça privada, ela viceja especialmente em países onde vigorem regimes democráticos, sendo realístico estabelecer que quanto maior seja o clima de proteção às liberdades individuais, mais oportunidade se tem de ver aprimorada a arbitragem, bem como outros métodos alternativos de resolução de conflitos.

O elenco de tais fatores de estimulação do sistema arbitral doméstico nos vários países e regiões do mundo não foi estabelecido por meio da especulação e conjugação de elementos teóricos, mas, sim, por meio de atividade empírica de observação da cronologia da evolução e das circunstâncias ambientais e históricas que as favoreceram.

Assim, se atentarmos para o estágio em que se encontra o progresso do instituto em exame na América Latina, vamos encontrar realidades bem diferenciadas nos diversos países. Podemos então afirmar que a arbitragem doméstica acha-se bem desenvolvida no Chile, na Colômbia e no Brasil. Um novo e recente impulso vem experimentando tal sistema em países como México, Peru, Costa Rica e Paraguai.

É digna de menção a recente pujança demonstrada pelo sistema arbitral no Peru, onde uma nova e moderna lei impõe que todos os contratos com a administração pública portem cláusula estabelecendo como foro de dirimência de qualquer conflito entre as partes o juízo arbitral.

Já na Argentina, na Bolívia, na Venezuela, no Equador e no Uruguai a prática não se tem desenvolvido a contento, quer pelo viés autoritário do governo de alguns desses países ou ainda por não ter a arbitragem encontrado suficiente respaldo no seio das classes empresariais e até mesmo entre os operadores do Direito, como metodologia eficaz para a solução de conflitos, por razões, ao que nos parece, eminentemente culturais.

A esta altura, vale a pena nos determos examinando mais acuradamente a evolução da arbitragem doméstica no Brasil. Não só por se tratar de uma realidade mais próxima e portanto mais fácil de se analisar, mas principalmente porque o desenvolvimento da sistemática em nosso país configura um caso de sucesso, atestado e admirado por toda a comunidade internacional.

2. A ARBITRAGEM DOMÉSTICA NO BRASIL

Conforme afirmado anteriormente, a arbitragem, embora prevista em nosso panorama institucional desde o século XIX, somente assumiu e passou a ganhar relevância como metodologia de solução de conflitos de interesses após o advento da Lei n. 9.307, de 23 de setembro de 1996, que implantou novos conceitos, valorizando extremamente o instituto.

Nessa ocasião, já havia sido preparado pela academia um novo ambiente, bastante favorável à arbitragem, que teve também seu desenvolvimento favorecido pela crise representada pelo acúmulo de procedimentos que assoberbava o Poder Judiciário, impedindo a rápida solução dos casos a ele submetidos.

Dois fatos foram também determinantes para a grande aceitação que tal inovação passou a ter entre nós: o reconhecimento da constitucionalidade da lei pelo Supremo Tribunal Federal, em 2001, e a posterior ratificação, pelo Brasil, da Convenção de Nova Iorque, em 2002.

A partir desses eventos, a arbitragem passou a se desenvolver de forma continuada e crescente em nosso país, motivando a realização de congressos, seminários e cursos de extensão universitária, o que também a beneficiou e gerou, em curto espaço de tempo, o surgimento de uma comunidade de arbitralistas comparável àquela existente em países onde o instituto já gozava de longa tradição.

Esse novo ambiente profissional e científico, por sua vez, realimentava o processo de divulgação do novo procedimento.

Com o passar do tempo e a consolidação da prática arbitral, novos comportamentos e parâmetros foram se desenvolvendo nesse tipo de procedimento, passando a determinar novos paradigmas. Entre esses, deve ser salientado o cultivo de uma nova técnica de litigância, revestida de uma linguagem mais polida e apurada e também a ausência de expedientes procrastinadores do processo ou, ainda, a não utilização de métodos violadores do princípio de lealdade processual.

As peças processuais passaram a ganhar em erudição, mas também em objetividade, os métodos probatórios tornaram-se mais amplos e eficientes e as decisões arbitrais revestiram-se de mais qualidade e suficiência.

Importante mudança de comportamento das partes ocorreu no que concerne às sentenças arbitrais, pois seu cumprimento espontâneo, dentro do prazo estabelecido pelos árbitros, passou a ser a regra geral, sendo poucos, em termos proporcionais, os casos em que o vencedor precisava perseguir em sede de execução a satisfação do direito a ele reconhecido.

Para concluir a composição deste quadro favorável da arbitragem doméstica no Brasil, deve ser mencionado que é muito pequeno o número de casos submetidos ao Poder Judiciário em que a decisão arbitral ou o procedimento arbitral venham a ser anulados, o que testemunha a boa qualidade técnica desses procedimentos, contribuindo, então, ainda mais para conferir a necessária segurança jurídica ao sistema arbitral.

3. SITUAÇÃO ATUAL

O que se deve constatar é que a qualidade da arbitragem depende fundamentalmente da boa atuação dos árbitros. Então, naqueles países em que se desfruta de um ambiente técnico-científico em que a cultura arbitral alcançou elevado padrão, normalmente, os árbitros acompanham esse desenvolvimento e atuam adequadamente no procedimento, cuidando de seu ordenamento e eficiente desenvolvimento, em que o direito das partes ao devido processo legal é prestigiado, e exarando ao final decisão bem cuidada, que embora venha em detrimento de um dos litigantes é por este respeitada.

Tais aspectos, quando presentes, falam indiscutivelmente a favor da definitividade das sentenças arbitrais.

Tem-se conhecimento que existem alguns profissionais que, embora prestigiem o procedimento, alegam que as sentenças arbitrais vêm, inclusive no Brasil, perdendo qualidade.

Na verdade, em grande parte dos países, no início da implantação da justiça arbitral, e isto também ocorreu no Brasil, surge uma tendência, das partes e de seus advogados, de apresentarem longas manifestações às quais se acopla extenso material probatório e bem como de convocarem-se testemunhas em número alentado, cuja oitiva obriga a realização de várias sessões de audiência.

Como decorrência desse quadro usualmente são exaradas decisões extensas que constituem verdadeiros tratados de direito.

Não se pretende aqui desqualificar a necessidade de que, em muitos casos, pela complexidade da matéria tratada ou pelo número de partes envolvidas, seja realmente necessário tal tipo de *performance*. Entretanto, a generalização dessa conduta acaba por onerar, excessivamente, os custos, os honorários arbitrais e advocatícios, sem se mencionar o alongamento desnecessário para a conclusão do procedimento e deslindamento definitivo da questão.

Essa constatação vem apresentando como resultado uma mudança de tendência, que resulta em um procedimento mais enxuto, com decisões mais sintéticas, mas sem se descurar da clareza e precisão. Essa tendência pode ser comprovada pelo número decrescente das impugnações judiciais das decisões arbitrais, e como já foi mencionada anteriormente, a estruturação de novo paradigma consistente no cumprimento espontâneo das sentenças proferidas nos procedimentos arbitrais.

Esses são os raciocínios inspirados pelo primeiro questionamento examinado, qual seja o que indaga como tem evoluído a qualidade das decisões arbitrais nas arbitragens domésticas.

A problemática da qualidade das arbitragens internacionais será contemplada ao final, em conjunto com a questão da efetividade delas.

Assim, agora vamos nos concentrar no que a realidade nos apresenta em relação aos desafios à efetividade das decisões arbitrais no plano doméstico.

Há algumas manifestações em vários países favoráveis à possibilidade de uma revisão da decisão arbitral, por meio da instituição de uma segunda instância, também arbitral.

Isso tem ocorrido principalmente no ambiente da arbitragem de investimento.

No Brasil, por ocasião da tramitação na Câmara Federal do projeto de lei que resultou na Lei n. 13.129, de 26 de maio de 2015, que alterou pontualmente a Lei de Arbitragem, n. 9.307/96, surgiram várias emendas nesse sentido, ora cogitando da instituição uma segunda instância arbitral ora estabelecendo que a revisão devesse ser realizada pelo Judiciário.

Todas elas foram repelidas pelo relator do projeto de lei, de tal forma que o texto original aprovado pela comissão de juristas que o elaborou acabou sendo aquele que, sem alteração, foi aprovado pelo Congresso Nacional, mas que sofreu três vetos por ocasião da sanção presidencial, que acabaram sendo mantidos pelo Congresso.

A Lei n. 13.129/2015 pode ser considerada fortalecedora da instituição arbitral em vários aspectos que não cabem, porém, no escopo deste capítulo.

Antes mesmo de sua edição, muitos passos foram dados na linha de se preservar a efetividade, aqui no país da decisão arbitral.

Vale citar, nesse particular, o respaldo legal que a sentença parcial recebeu, mesmo antes de tal instituto ser claramente previsto, como possível, na Lei n. 13.129/2015.

Como é sabido, muito se questionou a respeito da viabilidade de se proferir sentenças arbitrais parciais antes do advento da Lei n. 11.235/2005, pois a Lei de Arbitragem não previa tal hipótese e, além disso, considerava a sentença arbitral como forma de findar a arbitragem. Isso criava, então, dúvidas a respeito da possibilidade de sua utilização, mesmo naqueles casos em que as partes tivessem autorizado os árbitros a proferi-la.

Quando a já citada Lei n. 11.235/2005, a par de várias outras modificações introduzidas no processo civil estatal, passou também a prever a viabilidade da sentença parcial, naquele âmbito, então, sua introdução no sistema processual brasileiro passou a legitimar sua utilização também no procedimento arbitral, desde que acordada pelas partes, por meio do Termo de Arbitragem.

Como se afirmou anteriormente, a Lei n. 13.129/2015 consagrou, definitivamente, a viabilidade da expedição de sentenças parciais.

Na linha ainda de se proteger a efetividade da sentença arbitral, é digno de menção o fato de a lei supracitada (n. 13.129/2015) ter diminuído as hipóteses de anulabilidade da decisão. Naqueles casos em que se configure uma sentença *infra petita*, defere-se à parte que se sentir prejudicada postular frente ao Judiciário a complementação do decisório pelo painel arbitral, em lugar de ensejar a anulação da sentença, como ocorreria anteriormente.

Verifica-se, então, que considerando o labor legislativo, não se pode afirmar que a sentença arbitral seja, agora, menos definitiva. O mesmo se pode dizer caso se enquadre a questão sob a perspectiva da atuação do Poder Judiciário.

Atualmente, nosso país conta com um Judiciário bastante amigável em relação à arbitragem, o que cria, inegavelmente, um ambiente de maior segurança jurídica.

Trabalhos de pesquisa acadêmica a respeito da matéria levam à conclusão que o Judiciário brasileiro somente anula o procedimento arbitral ou a decisão nele proferida, quando se encontram presentes vícios que vulnerem o devido processo legal e os preceitos garantidores da ampla defesa.

Cada vez mais são desprovidos aqueles processos que apenas buscam, no Judiciário, por meio de tortuosos raciocínios, alterar o mérito da *decisum*.

Examinada a situação atual da arbitragem doméstica, especialmente no Brasil, pode-se afirmar que a observação atenta demonstra que, desde a difusão do instituto em nosso país, com a Lei n. 9.307/96, o Judiciário vem contribuindo, eficientemente, para que ele ganhe em qualidade e efetividade.

4. A PERSPECTIVA INTERNACIONAL

Nas arbitragens internacionais existe, como se sabe, maior número de *players*, inclusive no que diz respeito às entidades administradoras de arbitragem.

Isso poderia, à primeira vista, dificultar um diagnóstico da situação evolutiva do procedimento arbitral, contudo, pode-se, assim mesmo, procurar estabelecer-se uma tendência, tomando como material de referência a atuação e os julgados, quando disponíveis, dos grandes centros tradicionais de arbitragem internacional, como a CCI, a LCIA, a ICDR, a Câmara de Estocolmo e a Câmara de Milão.

Ademais, o próprio exame da história da arbitragem, nos últimos tempos, dá-nos conta que a preocupação com a eficácia e a qualidade das sentenças arbitrais já vem da última década do século passado.

Com efeito, tal matéria constituiu um dos três grandes temas do Congresso do ICCA, realizado em Paris, em 1998.

O relator desse assunto foi o festejado e saudoso Philipe Fouchard, que nomeou seu trabalho de "Improving the efficiency of Arbitration Agreements and Awards: 40 years of application of the New York Convention".

Parte das recomendações que foram feitas e que constam em tal documento merece ser reproduzida, pois evidencia o quanto estava atenta à comunidade arbitral internacional aos cuidados que deveriam ser tomados, objetivando a manutenção do alto padrão das decisões arbitrais, ao mesmo tempo em que estabeleciam alertas a respeito de situações que poderiam acarretar o desprestígio de um instituto de composição de conflitos, tão indispensável à dinâmica das relações comerciais e financeiras internacionais.

Assim é que foram estabelecidos como objetivos favorecer a eficácia e, por aí mesmo, o reconhecimento e a execução das sentenças nos diferentes Estados onde ela possa ser invocada e, simultaneamente, harmonizar as condições dessa eficiência de maneira que, se possível for, uma mesma sentença seja acolhida da mesma forma (em princípio favorável) em todos os países onde possa vir a ser executada.

Os próprios convencionais, na ocasião, admitiram que este movimento de proteção e manutenção da qualidade das decisões arbitrais deveria amadurecer e, para tanto, contar com a preocupação constante das comunidades arbitrais de cada país, que deveriam, objetivando tais escopos, manterem-se focadas especialmente na validade e nos efeitos da convenção de arbitragem, na constituição do tribunal arbitral, no procedimento arbitral e no controle da sentença.

Cogitaram-se a respeito de alguns expedientes, naquela oportunidade, que poderiam ensejar maior facilidade de obtenção dos objetivos de imprimir-se a mais ampla eficácia e executoriedade à sentença arbitral por meio do mundo.

Entre as sugestões, surgiu a possibilidade de se estabelecer um protocolo adicional à Convenção de Nova Iorque. Houve também quem opinasse pela elaboração e negociação de uma nova convenção. Prevaleceu, contudo, a ideia de manter a Convenção de Nova Iorque em sua redação original, visto que a maioria entendeu que suas virtudes superam seus defeitos e insuficiências.

Oportuno ainda mencionar que, nesse campo, de se fortalecer a eficácia e a executoriedade da sentença arbitral estrangeira, aqui no Brasil, foi dado um grande passo, quando por meio da Emenda Constitucional n. 45, de 08 de dezembro de 2004, transferiu-se do Supremo Tribunal Federal ao Superior Tribunal de Justiça o reconhecimento e a homologação de sentença estrangeiras, entre as quais, obviamente, as arbitrais.

Essa corte rapidamente estabeleceu procedimentos que agilizaram sobremaneira o processo de obtenção do *exequatur*, ampliando conceitos inclusive no que diz respeito à validade das decisões proferidas no exterior, mesmo quando elas contradigam a ordem pública nacional, mas estejam concordes com a ordem pública do país onde foram prolatadas.

5. CONCLUSÃO

Concluindo, verificamos por meio do exame que foi feito do panorama geral da evolução da arbitragem, em nível internacional, que apesar de se sujeitar às peculiaridades regionais relacionadas com seu desenvolvimento como instituto de solução de conflitos de interesses, a arbitragem vem definindo uma linha ascendente tanto do ponto de vista acadêmico quanto no campo de sua prática, que somente poderá beneficiar a evolução das relações humanas e comerciais.

Arbitragem e Fazenda Pública

13

Heitor Vitor Mendonça Sica

1. INTRODUÇÃO

O presente texto tem por objetivo destacar, de maneira sucinta e objetiva, as principais questões atinentes à aplicação da arbitragem para solução de conflitos envolvendo a Fazenda Pública, alguns dos quais, enfrentados pela recente Lei n. 13.129/2015 (que reformou a Lei n. 9.307/96) e outros não contemplados por essa reforma legislativa.

As questões aqui suscitadas gravitam em torno de três aspectos fundamentais: (a) cabimento da arbitragem envolvendo a Fazenda Pública e seus limites; (b) aspectos relativos à celebração da convenção de arbitragem por parte da Fazenda Pública; e (c) aspectos do processo arbitral que tem como parte a Fazenda Pública.

Ainda à guisa de introdução, convém destacar que, para o presente texto, considerar-se-ão na expressão "Fazenda Pública" os seguintes entes: União, estados, municípios, Distrito Federal e suas respectivas autarquias e fundações[1]. Percebe-se, com clareza, que estão fora desse conceito outros dois entes da Administração Pública indireta[2], quais sejam, as empresas públicas e as sociedades de economia mista. A distinção justifica-se pelo fato de a elas se aplicar o regime de direito privado (art. 173, *caput*, da CF), embora com a submissão a algumas regras típicas do direito público, como a exigência de concurso público para provimento da maioria de seus quadros e a obrigatoriedade de licitação para celebração de contratos (por força, respectivamente, do arts. 37, XXI, e 173, § 1º, III, da Constituição da República, ambos com redação dada pela Emenda n. 19/98). Ou seja, para efeitos de celebração de convenção de arbitragem, empresas públicas e sociedades de economia mista são, para todos os efeitos, entes privados, sobretudo quando se trata de dirimir conflitos atinentes aos atos de gestão do exercício de atividade econômica.

---

1 Esse é o entendimento majoritário na doutrina, cumprindo citar a título exemplificativo na linha da doutrina de Leonardo Carneiro da Cunha (*Fazenda Pública em juízo*, p. 15-7), que ainda incluiu nesse conceito as agências executivas e reguladoras, consideradas autarquias especiais.

2 Entende-se que as empresas públicas e as sociedades de economia mista fazem parte da Administração Pública indireta por força do art. 4º, II, *b* e *c*, do Decreto-lei n. 200/67.

2. CABIMENTO DA ARBITRAGEM PARA SOLUÇÃO DE CONFLITOS ENVOLVENDO A FAZENDA PÚBLICA

Com fundamento no art. 1º da Lei n. 9.307/96, a doutrina há tempos cunhou a ideia de que o cabimento da arbitragem depende de elementos subjetivos e objetivos.

Sob o primeiro aspecto, podem se socorrer da arbitragem todos os sujeitos de direito[3] "capazes de contratar". A Fazenda Pública é, inquestionavelmente, capaz de celebrar contratos, não tendo jamais se questionado, sob esse prisma, o cabimento da arbitragem para dirimir os seus conflitos.

Sob o segundo aspecto, a arbitragem é limitada à solução de litígios relativos a direitos patrimoniais disponíveis. Que a Fazenda Pública é titular de direitos patrimoniais, ninguém duvida, contudo, sempre causou preocupação a existência ou não de disponibilidade quanto aos direitos patrimoniais da Fazenda Pública. Foi justamente em torno desse ponto que se colheram manifestações (até passado relativamente recente) no tocante ao descabimento da arbitragem para solucionar disputas envolvendo entes públicos[4].

Parece razoável o entendimento de que os direitos patrimoniais da Fazenda Pública são disponíveis nos limites traçados pelo ordenamento jurídico, baseado na mais simples ideia de princípio da legalidade. Ou seja, é necessária norma jurídica expressa para definir de quais direitos da Fazenda os agentes públicos que a representam podem dispor, e os limites e condições para que assim o façam, sem que, com isso, considere-se ferida a indisponibilidade do interesse público[5].

Não é por outra razão que as alienações de bens públicos são possíveis, mas desde que autorizadas por lei[6]. Da mesma forma, os créditos tributários podem ser excluídos por anis-

---

3 Refiro-me às pessoas físicas, às pessoas jurídicas e aos "entes despersonalizados", que podem contratar e ser parte em processo, tais como aqueles listados (exemplificativamente) no art. 12 do CPC/73, equivalente ao art. 75 do CPC/2015 (Lei n. 13.105/2015).

4 Veja-se, por exemplo, peremptório julgado do Tribunal de Contas da União proferido em sessão de 05.07.2006, o qual assentou ser "ilegal, com afronta a princípios de direito público, a previsão, em contrato administrativo, da adoção de juízo arbitral para a solução de conflitos" (Acórdão n. 1.099/2006, Plenário, rel. Min. Augusto Nardes). Outro julgado da mesma Corte destaca que "é ilegal a previsão, em contrato administrativo, da adoção de juízo arbitral para a solução de conflitos" (Acórdão n. 537/2006, 2ª Câm., rel. Min. Alencar Rodrigues, j. 14.03.2006). Esse entendimento demorou a ser alterado, mas se consolidou, sendo dominante atualmente (*v. g.*, Acórdão n. 2.145/2013, Plenário, rel. Min. Benjamin Zymler, j. 14.08.2013).

5 Carlos Alberto Carmona sintetiza bem essa ideia: "o verdadeiro preconceito que se estabeleceu em relação à arbitragem envolvendo a Administração esteja vinculado ao erro comum de associar a ideia da indisponibilidade a tudo o que diga respeito, direta ou indiretamente, ao Estado. Os administrativistas já especificaram há muito tempo que uma coisa é o interesse público, outra o interesse da Administração ou da Fazenda Pública: o interesse público está na correta aplicação da lei, de tal sorte que, muitas vezes, para atender o interesse público, é preciso julgar contra a Administração" (CARMONA, *Arbitragem e processo*, 2004, p. 65-6). No mesmo sentido, Selma Lemes assim se pronuncia: "disponibilidade de direitos patrimoniais não se confunde com indisponibilidade de interesse público. Destarte, como verificado, indisponível é o interesse público primário, não o interesse da Administração. Este entendimento já se encontra sedimentado na doutrina brasileira, sendo de observar que Celso A. Bandeira de Mello esclarece que os interesses públicos secundários só são atendíveis quando coincidentes com os interesses públicos primários" (*Arbitragem na administração pública*, 2007, p. 133). O STJ já acolheu essa tese: "indisponível é o interesse público, e não o interesse da administração" (MS n. 11.308/DF, 1ª Seção, rel. Min. Luiz Fux, j. 09.04.2008, *DJe* 19.05.2008).

6 É o que dispõem os arts. 100 e 101 do Código Civil: "Art. 100. Os bens públicos de uso comum do povo e os de uso especial são inalienáveis, enquanto conservarem a sua qualificação, na forma que a lei determinar" e

tia, exigindo-se apenas que ela seja instituída necessariamente por lei[7]. Finalmente, diversas normas permitem que advogados públicos celebrem transação em juízo[8].

Nesse passo, pode-se afirmar que a arbitragem sempre foi cabível para solucionar conflitos envolvendo a Fazenda Pública sempre que a lei assim o autorizar[9]. E, nos últimos vinte anos, o rol de hipóteses em que tal autorização foi conferida para situações específicas cresceu substancialmente[10].

Assim, pode-se dizer que a Lei n. 13.129/2015 não trouxe propriamente inovação ao dispor expressamente sobre a arbitrabilidade de qualquer conflito relativo a direito patrimonial disponível da Administração Pública, conforme os seguintes (novos) dispositivos:

> Art. 1º [...]
>
> § 1° A Administração Pública direta e indireta poderá utilizar-se da arbitragem para dirimir conflitos relativos a direitos patrimoniais disponíveis.
>
> § 2º A autoridade ou o órgão competente da Administração Pública direta para a celebração de convenção de arbitragem é a mesma para a realização de acordos ou transações.

Todos esses elementos sobrepõem-se a alguns outros argumentos contrários à aplicação da arbitragem à Fazenda Pública, como o de que o art. 55, § 2º, da Lei n. 8.666/93 obrigaria a solução judicial de conflitos por exigir que os contratos administrativos elegem o "foro da sede da Administração para dirimir qualquer questão contratual". Essa norma pode ser considerada parcialmente derrogada por todas as normas posteriores, as quais permitem que, em vez de dirimir litígios apenas em juízo, os entes públicos podem submetê-los à solução

---

"Art. 101. Os bens públicos dominicais podem ser alienados, observadas as exigências da lei". No caso de terras públicas com área superior a 2.500 hectares, não basta a autorização legal, há, também, a exigência de autorização do Congresso Nacional (art. 49, XVII, da CF), salvo se o objetivo da alienação gira em torno da reforma agrária (art. 188, § 2º, da mesma Carta).

7 Conforme exige o art. 180 do CTN.

8 *V. g.*, art. 1º da Lei n. 9.469/97, com redação dada pela Lei n. 13.140/2015 ("Art. 1º O Advogado-Geral da União, diretamente ou mediante delegação, e os dirigentes máximos das empresas públicas federais, em conjunto com o dirigente estatutário da área afeta ao assunto, poderão autorizar a realização de acordos ou transações para prevenir ou terminar litígios, inclusive os judiciais"); art. 10 da Lei n. 10.259/2001 ("Art. 10. [...] Parágrafo único. Os representantes judiciais da União, autarquias, fundações e empresas públicas federais, bem como os indicados na forma do *caput*, ficam autorizados a conciliar, transigir ou desistir, nos processos da competência dos Juizados Especiais Federais"); e art. 8º da Lei n. 12.153/2009 ("Art. 8º Os representantes judiciais dos réus presentes à audiência poderão conciliar, transigir ou desistir nos processos da competência dos Juizados Especiais, nos termos e nas hipóteses previstas na lei do respectivo ente da Federação") e, de resto, os arts. 32 a 40 da Lei n. 13.140/2015.

9 Relacionando disponibilidade e legalidade há a clássica lição de Celso Antônio Bandeira de Mello (*Curso de direito administrativo*, 1993, p. 108).

10 Eis o exaustivo rol enunciado por Salles (*Arbitragem em contratos administrativos*, 2011, p. 237-58): art. 23-A da Lei n. 8.987/95 (relativo aos contratos de concessão em geral); arts. 93, XV, e 120, X, da Lei n. 9.472/97 (contratos de concessão e permissão de serviços de telecomunicações); art. 43, X, da Lei n. 9.478/97 (contratos de concessão na área de petróleo e gás); arts. 35, XVI, e 39, XI, da Lei n. 10.233/2001 (contrato de concessão e permissão de transporte aquaviário e terrestre); art. 11, III, da Lei n. 11.079/2004 (contratos de parceria público-privada); art. 4º, §§ 4º e 5º, da Lei n. 10.848/2004 (litígios na Câmara de Comercialização de Energia Elétrica); art. 4º, XII, da Lei n. 11.668/2008 (contrato de franquia postal); art. 21, XI, da Lei n. 11.909/2009 (contrato de concessão de transporte de gás); art. 62, § 1º, da Lei n. 12.815/2013 (contratos de concessão portuária) etc.

arbitral. De resto, prevalece a utilidade da eleição de foro para medidas de urgência pré-arbitrais, para a execução e para ação anulatória da sentença arbitral etc.[11].

Restaria apenas verificar se essa nova norma seria apenas federal (aplicável somente à União Federal, suas autarquias e fundações) ou nacional (aplicável a todos os entes da Administração Pública nas três esferas da Federação). Por um lado, haveria de se respeitar a autonomia dos estados e municípios em estipular quais direitos patrimoniais que lhes pertencem seriam disponíveis ou não. Contudo, a meu ver, prevalece a ideia de que as novas disposições não obrigam a celebração de convenção arbitral, apenas a autorizam, de modo que não se pode cogitar qualquer violação da recíproca autonomia entre os entes federativos. Ademais, aos estados e municípios reserva-se o poder de indicar, ou não, o agente público com poderes para transacionar (e, consequentemente, para celebrar convenção arbitral, nos termos do § 2º transcrito anteriormente). Essas normas haverão, pois, de se aplicar também no âmbito dos estados e municípios.

Outra constatação interessante que se pode extrair desses novos dispositivos: eles não limitam sua aplicação a litígios oriundos de contratos. Isso significa que disputas envolvendo direitos patrimoniais disponíveis decorrentes de relações extracontratuais poderiam ser objeto de convenção arbitral, desde que sejam objeto de compromisso arbitral (não seria possível alvitrar, por óbvio, uma cláusula compromissória em tais casos). Ocorre-me, particularmente, o cabimento desse meio de solução de conflitos envolvendo desapropriações[12] e indenização por atos ilícitos extracontratuais[13], embora, provavelmente, na prática seu efeito seria raríssimo.

Note-se que a defesa do cabimento da arbitragem envolvendo a Fazenda Pública não pode se justificar sob a alegação de que tal medida contribuiria para desafogar o Poder Judiciário, como fizeram tanto o Senado Federal[14] quanto a Câmara dos Deputados[15], nos pa-

---

11 Esses foram os argumentos usados pelo STJ para reconhecer a compatibilidade da inserção de cláusula compromissória em contrato administrativo com o art. 55, § 2º, da Lei n. 8.666/93 (REsp n. 904.813/PR, 3ª T., rel. Min. Nancy Andrighi, j. 20.10.2011, *DJe* 28.02.2012). A esses argumentos, Carmona acrescenta outros: "é preciso notar, antes de mais nada, que a Lei de Licitações não determina que toda e qualquer controvérsia oriunda dos contratos celebrados com a Administração seja dirimida pelo Poder Judiciário, pois se assim fosse não poderia haver resolução de pendências contratuais através da transação; o texto legal exige, isso sim, que se as partes tiverem que acorrer ao Poder Judiciário, será competente o juízo do foro da sede da Administração, e não órgão judicial situado em outra região geográfica. [...] A questão gira em torno do foro de eleição, ou foro contratual, onde as partes – no que se refere ao território – determinam o local de sua conveniência para solucionar litígios (se o Poder Judiciário vier a ser chamado a atuar). Nada disso é incompatível com a arbitragem: elegendo as partes foro no contrato (e nos contratos administrativos submetidos à Lei de Licitações é obrigatória a eleição do foro da sede da Administração), estarão apenas determinando que o eventual concurso do juiz togado para a realização dos atos para os quais o árbitro não tenha competência [...] sejam realizados na comarca escolhida" (op. cit., 2004, p. 64).

12 O art. 10 do Decreto-lei n. 3.365/41 prevê expressamente o cabimento de acordo que, na prática, constitui forma extremamente usual de fixação do valor da indenização pelo bem desapropriado.

13 Dentro dos limites da possibilidade de o agente público transacionar, o que variará para cada ente da Federação.

14 Parecer da Comissão de Constituição e Justiça da Câmara dos Deputados, relatado pelo Senador José Pimentel, datado de 11.12.2013, com adendo da mesma data da lavra do Senador Vital do Rêgo. Disponível em: <http://www.senado.gov.br/atividade/materia/getPDF.asp?t=143478&tp=1>. Acesso em: 22 abr. 2015.

15 Parecer da Comissão Especial designada para análise do projeto, relatado pelo Deputado Edinho Araújo, datado de 15.07.2014. Disponível em: <http://www.camara.gov.br/sileg/integras/1265779.pdf>. Acesso em: 22 abr. 2015.

receres produzidos a respeito do então projeto de reforma da Lei n. 9.307/96. Em que pese a disseminação da arbitragem entre nós, salta aos olhos que o número de processos arbitrais ainda é absurdamente ínfimo frente ao número total de processos pendentes perante o Poder Judiciário[16].

O incentivo à utilização da arbitragem para relações jurídicas envolvendo a Fazenda Pública justifica-se pela constatação de que, em diversos casos, ela se apresenta como um mecanismo mais adequado de solução de conflitos. Especialmente em conflitos complexos eclodidos relativamente a contratos vultosos, a solução arbitral mostra-se superior à solução judicial porquanto sobressaem, particularmente, relevantes algumas de suas vantagens, tais como a celeridade e a possibilidade de escolha de árbitros detentores de *expertise* em questões técnicas específicas atinentes ao litígio. Assim, a utilização da arbitragem insere-se, atualmente, na lógica de um sistema "multiportas" de solução de disputas, sem que se possa identificar um mecanismo preferencial e outros alternativos, mas sim em analisar as circunstâncias do caso concreto para escolha do mecanismo mais adequado[17].

A ampliação do cabimento da arbitragem para os litígios envolvendo a Fazenda Pública não se deve, exclusivamente, ao anseio dos processualistas civis e dos arbitralistas no sentido aumentar a efetividade da tutela jurisdicional, mas vai ao encontro de tendências marcantes do direito administrativo atual, que valorizam a "consensualidade" das atividades administrativas, ampliam sua "contratualização"[18], e visam criar condições mais atrativas para o investimento privado na gestão da coisa pública[19].

3. ALGUNS LIMITES DA ARBITRAGEM PARA SOLUÇÃO DE CONFLITOS ENVOLVENDO A FAZENDA PÚBLICA

Traçadas as diretrizes no tópico anterior acerca do cabimento da arbitragem para solução de conflitos envolvendo a Fazenda Pública, resta analisar quais seriam os seus limites, cuja definição depende, não mais, da identificação do que seriam direitos disponíveis, mas, sim, da identificação da real extensão da expressão direitos patrimoniais.

Há algumas "zonas de conforto" nas quais não se colocará em dúvida que os conflitos entre contratante público e contratante particular são arbitráveis. Refiro-me às disputas sobre o equilíbrio da equação econômico-financeira, a fixação de indenizações por rescisão unilateral dos contratos em geral ou encampação de uma concessão, a solução de disputas

---

16 O próprio parecer exarado pelo relator do projeto na Câmara Federal, Deputado Edinho Araújo, fornece tais informações com base nos resultados da pesquisa "Arbitragem em Números e Valores", realizada pela Fundação Getulio Vargas (FGV), entre 2010 e 2013. A pesquisa coletou dados em seis das principais câmaras de arbitragem no Brasil e constatou que, no período analisado, o número total de procedimentos iniciados foi de 603. Ou seja, nada comparado ao universo de quase 100 milhões de processos em trâmite perante a Justiça brasileira (conforme recentes dados divulgados pelo CNJ), ainda que se reconheça que a maioria dos processos arbitrais envolveu somas expressivas (a mesma pesquisa relata que o valor total dos litígios submetidos à arbitragem nesse período de quatro anos alcançou quase R$ 16 bilhões).

17 Conforme, *v. g.*, Marco Antonio Garcia Lopes Lorencini ("Sistema multiportas: opções para tratamento de conflitos de forma adequada", 2013, p. 57-85).

18 Confira-se, apenas a título meramente ilustrativo, Marçal Justen Filho (*Curso de direito administrativo*, 2005, p. 276-7).

19 Argumento empregado por Salles (op. cit., 2011, p. 148).

envolvendo a reversão de bens ao final da concessão etc. Ou seja, o campo natural da arbitragem é o regime econômico dos contratos administrativos.

Contudo, outras disputas envolvendo a execução de contratos administrativos – especialmente aquelas que interferem no modo como são executados pelo particular serviços públicos objeto de concessão[20] ou que envolvem o exercício de "autoridade" por parte do ente público face ao particular[21] – podem gerar desafios em torno da definição sobre sua arbitrabilidade. Parece-nos que serão arbitráveis todas as pretensões que envolvam créditos e débitos pecuniários entre as partes signatárias decorrentes das questões acima delineadas, incluindo-se, até mesmo, por exemplo, o ajuste tarifário decorrente da inclusão de um serviço não previsto originalmente na concessão ou a anulação de uma multa imposta ao contratado por suposta inexecução contratual.

Outra questão interessante concerne à arbitrabilidade de conflitos envolvendo a Fazenda Pública em face da autoexecutoriedade dos atos administrativos[22].

Uma das manifestações desse fenômeno está no poder conferido aos entes da Administração Pública direta, bem como às autarquias, de constituir unilateralmente a seu favor título executivo extrajudicial, nos termos das Leis ns. 4.320/64 e 6.830/80, o que dispensaria a necessidade de um prévio processo de conhecimento (judicial ou arbitral[23]) para ver reconhecido um crédito pecuniário do ente público em face do particular[24]. A primeira solução diante de tal questão residiria no reconhecimento de falta de interesse processual do ente público para cobrar pela via arbitral um crédito passível de inscrição em dívida ativa

---

20 A propósito, confira-se, *e. g.*, LEMES, *Arbitragem na administração pública*, 2007, p. 146.

21 A propósito, confira-se, *e. g.*, AMARAL, *Arbitragem e administração pública*, 2012, p. 67.

22 Segundo a clássica lição de Oswaldo Aranha Bandeira de Mello: "já a autoexecutoriedade é a execução coativa, por ato próprio da Administração Pública, sem intervenção do Poder Judiciário, dos atos administrativos. Decorre de sua exigibilidade prévia, como consequência natural. Assim, a autoexecutoriedade é a prerrogativa da Administração Pública de executá-lo de ofício, por ação direta. É o *privilège d'action d'office*. Nessa eventualidade, a Administração Pública, sendo necessário, coage o particular à efetivação do ato administrativo, exercendo, mediante autotutela, sua execução forçada, através do emprego da força pública" (BANDEIRA DE MELLO, *Princípios gerais de direito administrativo*, 2007, p. 614-5).

23 Entende-se, majoritariamente, que a existência de convenção arbitral (especialmente a cláusula compromissória) não impede a execução de título extrajudicial que tenha por objeto obrigação emergente do conflito arbitrável. O acórdão do STJ que, pioneiramente, decidiu assim é da 3ª Turma, no REsp n. 944.917/SP, em que foi relatora a Ministra Nancy Andrighi, da 3ª Turma, em 18.09.2008, publicado no *DJU* 03.10.2008, assim ementado: "Processo civil. Possibilidade de execução de título que contém cláusula compromissória. Exceção de pré-executividade afastada. Condenação em honorários devida. Deve-se admitir que a cláusula compromissória possa conviver com a natureza executiva do título. Não se exige que todas as controvérsias oriundas de um contrato sejam submetidas à solução arbitral. Ademais, não é razoável exigir que o credor seja obrigado a iniciar uma arbitragem para obter juízo de certeza sobre uma confissão de dívida que, no seu entender, já consta do título executivo. Além disso, é certo que o árbitro não tem poder coercitivo direto, não podendo impor, contra a vontade do devedor, restrições a seu patrimônio, como a penhora, e nem excussão forçada de seus bens. São devidos honorários tanto na procedência quanto na improcedência da exceção de pré-executividade, desde que nesta última hipótese tenha se formado contraditório sobre a questão levantada. Recurso especial improvido".

24 É bem verdade que esse poder de emissão de certidão de dívida ativa para amparar execução fiscal não alcança todo e qualquer crédito. Excluem-se, por exemplo, "os créditos provenientes exclusivamente de ilícitos civis extracontratuais que não tenham sido previamente apurados pela via judicial", conforme já decidiu o STJ (Ag. Reg. no REsp n. 800.405/SC, 2ª T., rel. Min. Mauro Campbell Marques, j. 01.12.2009, *DJe* 26.04.2011). O fundamento é o de que "em tais casos, não há certeza da existência de uma relação jurídica que vai ensejar o crédito, não havendo ainda débito decorrente de obrigação vencida e prevista em lei, regulamento ou contrato".

e subsequente ajuizamento de execução fiscal. Contudo, considerando-se a crônica ineficiência da execução fiscal[25] e a possibilidade de o executado alegar qualquer matéria de defesa em sede de embargos, parece mais adequada a solução de reconhecer presente o interesse de agir do poder público para cobrar do particular, por meio do processo arbitral, um crédito pecuniário[26].

Resta saber se a solução será a mesma ou não tratando-se de outros poderes de autotutela, como o direito de fazer valer as chamadas cláusulas exorbitantes[27] ou anular seus próprios atos[28]. Se tais poderes relacionarem-se a relações jurídicas abrangidas por convenção de arbitragem, podem surgir as mesmas dúvidas em torno da existência ou não de interesse de agir do ente público em instaurar um processo arbitral em face do particular. Parece razoável reconhecer que o poder público não teria necessidade da tutela arbitral declaratória ou desconstitutiva, cabendo ao particular pedir a tutela arbitral diante da atuação administrativa que afete sua esfera jurídica[29,30].

De resto, aplicam-se ao processo arbitral os mesmos limites atinentes ao controle judicial de atos administrativos – em especial, no tocante ao mérito do ato administrativo discricionário –, tema clássico e complexo, cujo exame não é compatível aos objetivos deste estudo.

4. ASPECTOS RELACIONADOS À CELEBRAÇÃO DA CONVENÇÃO ARBITRAL

Convém agora destacar algumas questões atinentes à celebração da convenção arbitral por parte da Fazenda Pública.

A primeira concerne à necessidade de previsão, ou não, no edital da licitação que precede a celebração do contrato. Durante a tramitação do projeto de reforma da Lei n. 9.307/96, o Congresso Nacional cogitou instituir essa limitação ao prever que a Fazenda Pública apenas poderia se submeter ao juízo arbitral caso houvesse inserção da cláusula compromissória nos editais licitatórios ou nos contratos administrativos. Contudo, essa limitação ficou de fora do texto final e a questão continuará a ser resolvida à luz dos demais elementos do

---

25 Revelado, escancaradamente, pela Pesquisa "Custo Unitário do Processo de Execução Fiscal na Justiça Federal", elaborada pelo Ipea e pelo CNJ e cujo relatório foi divulgado em 2011 (disponível em: <http://repositorio.ipea.gov.br/bitstream/11058/887/1/livro_custounitario.pdf>, acesso em: 22 abr. 2015).

26 Nesse sentido, Carlos Alberto de Salles pondera que a arbitragem envolvendo contratos administrativos "implica dupla renúncia por parte da Administração. Com ela o poder público renuncia à possibilidade de decidir unilateralmente a questão – mesmo considerando o sentido limitado dessa decisão – e, em igual medida, à via judicial para solução da controvérsia" (SALLES, *Arbitragem em contratos administrativos*, 2011, p. 147-8).

27 Como a que permite, em algumas hipóteses, a alteração unilateral dos contratos por decisão da Administração Pública (art. 65, I, da Lei n. 8.666/93), bem como a que lhe autoriza a rescisão unilateral (art. 79, I, da Lei n. 8.666/93).

28 Trata-se de poder reconhecido pelo art. 53 da Lei n. 9.784/99, na esteira do que já havia décadas antes pacificado o STF no verbete n. 473 de sua Súmula.

29 Nesse sentido, Selma Lemes (op. cit., 2007, p. 143-4).

30 Conforme pondera, com absoluta razão, Carlos Alberto de Salles (*Arbitragem em contratos administrativos*, 2011, p. 147-8), esse poder de autotutela não inclui a possibilidade de unilateralmente declarar a nulidade ou anular a própria convenção arbitral. De fato, pelo princípio "competência-competência", insculpido no art. 8º, parágrafo único, da Lei n. 9.307/96 (que prevalece sobre a norma geral do já citado art. 53 da Lei n. 9.784/99), determina-se que somente o árbitro possa "decidir de ofício, ou por provocação das partes, as questões acerca da existência, validade e eficácia da convenção de arbitragem".

ordenamento jurídico brasileiro. O STJ, firme na ideia de que o ente público pode se submeter à arbitragem por meio tanto da cláusula compromissória quanto do compromisso arbitral, pontuou, corretamente, que a omissão do edital e do contrato em instituir a primeira forma de convenção arbitral não representaria óbice para celebração da segunda[31]. Contudo, parece razoável entender que a inclusão posterior de cláusula compromissória em contrato administrativo já celebrado esbarraria no entendimento de que as hipóteses de aditamento contratual estão taxativamente previstas no art. 65 da Lei n. 8.666/93[32] e que nenhuma delas abriria ensejo para tal alteração.

Outro tema interessante diz respeito à necessidade, ou não, de o ente público obter adesão do particular em separado quanto à cláusula compromissória inserta em um contrato administrativo, a teor do art. 4º, § 2º, da Lei n. 9.307/96. Parece-me que seria uma medida prudente do administrador público assim proceder, muito embora seja improbabilíssimo que o particular, que seria o único legitimado a apontar o vício decorrente da falta de observância dessa formalidade, realmente tenha interesse em fazê-lo, haja vista as ponderáveis vantagens do processo arbitral em relação ao judicial (máxime para o particular em face do poder público).

Tratando-se de uma cláusula compromissória cheia, que delimita desde logo os parâmetros completos para instauração e desenvolvimento da arbitragem, ou mesmo tratando-se de um compromisso arbitral, é de rigor ainda observar a necessidade de três adequações fundamentais: (a) a aplicação do princípio da publicidade, que rege a Administração Pública em todas as esferas (CF, art. 37, *caput*) em detrimento do sigilo que, usualmente, conota o processo arbitral[33]; (b) a observância do princípio da legalidade, de modo a impor que o processo arbitral nacional[34] seja resolvido pelas regras do Direito brasileiro, afastando-se a possibilidade de arbitragem de equidade (Lei n. 9.307/96, art. 2º, *caput*) ou baseada em "princípios gerais de direito, nos usos e costumes e nas regras internacionais de comércio" (art. 2º, § 2º); e, por fim, (c) que haja observância dos princípios da impessoalidade e da isonomia para seleção dos contratos e/ou litígios com base nos quais serão celebradas convenções arbitrais[35].

---

31 Eis o trecho da ementa que assenta esse entendimento: "o fato de não haver previsão da arbitragem no edital de licitação ou no contrato celebrado entre as partes não invalida o compromisso arbitral firmado posteriormente" (REsp n. 904.813/PR, 3ª T., rel. Min. Nancy Andrighi, j. 20.10.2011, *DJe* 28.02.2012).

32 Trata-se de solução que emerge do texto expresso da lei e que é prestigiada nos tribunais (*v. g.*, TJSP, Ap. Cível n. 994.04.048210-3, 8ª Câm. de Dir. Públ., rel. Des. Silvia Meirelles, j. 17.11.2010).

33 Diante da virtual impossibilidade de o cidadão descobrir perante qual árbitro ou instituição arbitral se tramita o processo para sobre ele se informar (não há um órgão que centralize informações a respeito, algo como um "cartório distribuidor de processos arbitrais") e considerando-se que as intimações feitas no âmbito do processo arbitral não se valem do *Diário Oficial*, impõe-se ao poder público especial atenção na divulgação de todos os atos praticados no processo arbitral para que se respeite o princípio da publicidade.

34 Apenas nas arbitragens internacionais parece-me que seria possível à administração pública convencionar a observância de direito estrangeiro, equidade, princípios gerais de direito ou regras consuetudinárias.

35 Dois contratos que tenham objetos similares, celebrados na mesma época, não podem ser submetidos a regras diferentes no tocante aos métodos de solução de conflitos, ao menos sem justificativas técnicas que apontem razões para diferenciar as duas situações. Embora a decisão sobre firmar ou não convenção arbitral seja discricionária, ela deve ser pautada pelos princípios que regem a Administração Pública.

As duas primeiras questões são definitivamente solucionadas pela Lei n. 13.129, de 26 de maio de 2015, que incluiu o § 3º no seu art. 2º, assim redigido: "as arbitragens que envolvem a Administração Pública serão sempre de direito e respeitarão o princípio da publicidade".

Já a terceira questão haverá de observar a determinação do TCU, no sentido de exigir justificativas técnicas e econômicas para a celebração de convenção arbitral[36].

Outro aspecto relevante concerne à escolha do órgão arbitral (tratando-se de arbitragem institucional) e à escolha dos árbitros (seja na arbitragem institucional ou na arbitragem *ad hoc*[37]) face à exigência de que todo serviço prestado à Administração Pública – e o árbitro não deixa de ser um prestador de serviços – deve ser contratado mediante licitação (CF, art. 37, XXI).

Alguns autores[38] ponderam que a escolha do árbitro poderia ser feita diretamente, sem licitação, pois o art. 13 da Lei n. 9.307/96 indica a necessidade de que o escolhido goze da "confiança das partes" (no plural), de tal sorte que deveria haver consenso entre o ente público e o litigante particular. Contudo, essa situação somente explicaria a dispensa de licitação para escolha de árbitro único. Tratando-se de tribunal arbitral, cada parte escolhe, livremente, ao menos um dos membros, de modo que o argumento cai por terra.

Mesmo nos casos em que a escolha do árbitro dependa apenas da confiança do litigante público (casos de formação de tribunal arbitral), ainda assim poder-se-ia cogitar da dispensa de procedimento seletivo público. A necessidade da confiança do agente público na pessoa escolhida para exercício de uma função pública é reputada pela Constituição Federal como circunstância apta a afastar a exigência do concurso público (art. 37, V). Embora o árbitro não seja servidor público, ele exerce uma função pública[39] revestida de confiança, o que permite a aplicação, ainda que analógica, da mesma diretriz constitucional.

Contudo, essas mesmas afirmativas não justificariam a contratação direta de um órgão arbitral, cujo papel apenas é fornecer serviços relativamente padronizados de administração do processo arbitral. Não há como reconhecer aqui o cabimento da inexigibilidade de licitação[40], pois não existe singularidade e exclusividade na prestação desses serviços, que, tampouco, revestem-se de notória especialização[41].

---

36 *V. g.*, Acórdão n. 2.145/2013, Plenário, rel. Min. Benjamin Zymler, j. 14.08.2013.

37 Embora extremamente incomum, a arbitragem *ad hoc* não encontra qualquer óbice para ser aplicada aos litígios envolvendo a Fazenda Pública, conforme pondera, com fortes argumentos, Aline Lúcia Klein ("A arbitragem nas concessões de serviço público", 2010, p. 98).

38 Entre os quais, *e. g.*, Marcelo José Magalhães Bonicio ("Breve análise sobre a arbitragem em conflitos que envolvem o Estado", 2012, p. 13-20).

39 Como se sabe, além de o árbitro exercer função pública, de caráter jurisdicional, ele equipara-se aos servidores púbicos para fins penais (Lei n. 9.307/96, art. 17).

40 Como sustenta, por exemplo, Paulo Osternack Amaral (*Arbitragem e administração pública*, 2012, p. 75) sem distinguir (como, a meu ver, seria necessário) as peculiaridades da escolha do árbitro e da escolha do órgão arbitral: "a escolha da câmara arbitral ou do árbitro pelo administrador não exigirá a realização de prévia licitação pública. Nesse caso, o processo licitatório seria de todo inadequado, pois o interesse estatal não poderia ser satisfeito por uma prestação padrão. A contratação do árbitro ou da câmara arbitral envolve peculiaridades (reputação, especialidade na matéria objeto do litígio etc.) que escapam aos padrões de normalidade. Essas especificidades conduzem à conclusão de que a contratação do árbitro ou da câmara arbitral subsume-se às hipóteses de inexigibilidade de licitação, nos termos do art. 25, II, § 1º, da Lei n. 8.666/93".

41 A Lei n. 19.477/2011 do Estado de Minas Gerais tangencia essa questão ao exigir que as convenções arbitrais celebradas no âmbito de sua Administração sejam confiadas apenas a câmaras arbitrais inscritas no Cadas-

5. ASPECTOS RELACIONADOS AO DESENVOLVIMENTO DO PROCESSO ARBITRAL

Parece, hoje, prevalecente a ideia de que a maioria das prerrogativas aplicáveis à Administração Pública em juízo não se aplica ao processo arbitral.

Veja-se, de início, o chamado "reexame necessário" (CPC/73, art. 475; CPC/2015, art. 496). Sua inaplicabilidade ao processo arbitral é manifesta, seja porque não há previsão na Lei n. 9.307/96, seja porque o CPC (seja o de 1973 seja o de 2015) não se aplica sequer, subsidiariamente, ao processo arbitral (o qual é regido pelas regras escolhidas pelas partes ou à falta delas, por aquelas fixadas pelo árbitro, a teor do art. 21, *caput* e § 1º, da Lei n. 9.307/96[42]). Não bastasse, o processo arbitral é desenvolvido em instância única, o que o tornaria incompatível com esse vetusto instituto. Por fim, não há uma imposição absoluta e inerente ao regime processual aplicável aos processos envolvendo a Fazenda Pública que todas as decisões a ela contrárias sejam, necessariamente, revistas em grau superior[43].

Há também que se afastar a observância de prazos processuais ampliados (CPC/73, art. 188; CPC/2015, art. 183[44]). Além da falta de previsão específica na Lei n. 9.307/96 e da necessidade de observância das regras procedimentais pactuadas pelos signatários da convenção arbitral ou, subsidiariamente, pelo árbitro, há de se acrescentar que essa prerrogativa também não se mostra inerente a todo processo envolvendo a Fazenda Pública. Tanto é que foi excluída em alguns casos (como nos Juizados Especiais Federais e na Fazenda Pública, *ex vi* do art. 9º da Lei n. 10.259/2001 e do art. 7º da Lei n. 12.153/2009, respectivamente).

A isenção de que goza a Fazenda Pública quanto à taxa judiciária e aos emolumentos processuais[45] mostra-se, igualmente, inaplicável para o processo arbitral, cujas despesas ostentam natureza inteiramente diversa; trata-se de contraprestação que o Estado entrega ao particular (órgão arbitral, árbitro e seus auxiliares) em razão de serviços prestados em regi-

tro Geral de Fornecedores de Serviços do Estado e que funcionem há, pelo menos, três anos. A questão é: e se houver mais de uma Câmara que preencha esses requisitos? Não há como contornar, aqui, a imposição do art. 37, XII, da Constituição Federal, no sentido de que se promova licitação.

42 Já havia me pronunciado a respeito há mais de dez anos em texto escrito em coautoria com Ligia Paula Pires Pinto ("Reflexões sobre a arbitragem no Brasil e a arbitragem internacional", 2004, item 6, *fine*).

43 Assim assentou o STJ ao reconhecer o cabimento da ação monitória em face de ente público, cuja estrutura é incompatível ao reexame obrigatório (EREsp n. 345.752/MG, 1ª Seção, rel. Min. Teori Albino Zavascki, j. 09.11.2005, *DJ* 05.12.2005, p. 207).

44 O primeiro diploma dispunha sobre prazo em quádruplo para contestar e em dobro para recorrer; o novo diploma prevê prazo em dobro para todos os atos.

45 O art. 511, § 2º, do CPC/73, dispensa do recolhimento de preparo recursal a União, os estados, os municípios e as respectivas autarquias. Nos processos perante a Justiça Federal, o art. 4º da Lei n. 9.289/96 isenta da taxa judiciária "a União, os Estados, os Municípios, os Territórios Federais, o Distrito Federal e as respectivas autarquias e fundações". Já a Medida Provisória n. 2.180/2001 (ainda em vigor por força da Emenda Constitucional n. 32/2001) introduziu o art. 24-A na Lei n. 9.028/95, o qual é portador de norma mais ampla: "A União, suas autarquias e fundações, são isentas de custas e emolumentos e demais taxas judiciárias, bem como de depósito prévio e multa em ação rescisória, em quaisquer foros e instâncias". No âmbito da Justiça nos Estados da Federação, a matéria é regulamentada por lei local, cumprindo assinalar ser comuníssima a isenção da taxa judiciária aos entes da Administração Pública (é o que dispõe, à guisa de exemplo, o art. 6º da Lei n. 11.608/2003 do Estado de São Paulo: "A União, o Estado, o Município e respectivas autarquias e fundações, assim como o Ministério Público estão isentos da taxa judiciária"). Para encerrar esse quadro, o art. 91 do CPC/2015 dispõe que "As despesas dos atos processuais praticados a requerimento da Fazenda Pública, do Ministério Público ou da Defensoria Pública serão pagas ao final pelo vencido".

me diverso da prestação do serviço público judiciário. Reforça esse entendimento a constatação de que a Fazenda Pública não está isenta, por exemplo, do pagamento de honorários periciais (conforme pacificou o STJ no verbete n. 232 de sua Súmula).

Razões similares impõem que se afaste a regra que beneficia a Fazenda Pública no tocante à fixação dos honorários sucumbenciais nas causas em que sai vencida (CPC/73, art. 20, § 4º; do CPC/2015, art. 85, § 3º[46]). Trata-se de matéria reservada à convenção de arbitragem (Lei n. 9.307/96, art. 11, V).

Por outro lado, há de se reconhecer que eventual execução da sentença arbitral no tocante ao pagamento de quantia certa se realizará em juízo e, portanto, não poderá fugir do regime constitucional de precatórios (CF, art. 100[47]).

No tocante à disciplina das tutelas de urgência em face da Fazenda Pública, a questão ganha contornos um pouco mais complexos, pois há restrições decorrentes do regime constitucional de precatórios (o STF entendeu que a concessão de tutela de urgência que ordene pagamento de quantia seria contrária ao art. 100 da CF[48]) e decorrentes de normas infraconstitucionais (em especial aquelas previstas nas Leis ns. 8.437/92, 9.494/97 e 12.016/2009, seja no tocante ao estabelecimento de procedimentos prévios à concessão, seja com relação a matérias para as quais a tutela de urgência é defesa seja, por fim, ao cabimento da famigerada "suspensão" de liminar ou sentença).

Entendo que a melhor solução seja a de reconhecer que as restrições decorrentes da Constituição Federal se aplicarão integralmente, mas as limitações previstas nas leis infraconstitucionais haverão de ser observadas apenas nos procedimentos judiciais pré-arbitrais, aforados pelo particular em face da Fazenda Pública antes da instauração do processo arbitral. No curso do processo arbitral, as regras processuais aplicáveis são outras, e nelas não se incluem aquelas que impedem a concessão de tutelas urgentes[49].

REFERÊNCIAS BIBLIOGRÁFICAS

AMARAL Paulo Osternack. *Arbitragem e administração pública*. Belo Horizonte, Fórum, 2012.

BANDEIRA DE MELLO, Celso Antônio. *Curso de direito administrativo*. 4. ed. São Paulo, Malheiros, 1993.

BANDEIRA DE MELLO, Oswaldo Aranha. *Princípios gerais de direito administrativo*. 3. ed. São Paulo, Malheiros, 2007.

BONICIO, Marcelo José Magalhães. "Breve análise sobre a arbitragem em conflitos que envolvem o Estado". *Revista da Procuradoria Geral do Estado de São Paulo*, São Paulo, v. 75, p. 13-20, 2012.

46 O primeiro diploma atribui o juiz o poder de realizar "apreciação equitativa"; o segundo prevê uma escala entre 1 e 20%, a depender do valor da condenação ou do proveito econômico.

47 Pouco importa que o *caput* do art. 100 da Constituição Federal tenha se referido a "sentença judicial". Prova disso é que se reconhece a possibilidade de expedição de precatórios com base em título executivo extrajudicial e com base em título executivo judicial formado a partir da conversão de mandado monitório (verbetes ns. 279 e 339 da Súmula do STJ, respectivamente). Em nenhum desses casos há sentença judicial. Ademais, embora a sentença arbitral não seja judicial, prevalece o entendimento de que ela é ao menos jurisdicional.

48 ADC n. 4, rel. Min. Sydney Sanches, rel. p/ ac. Min. Celso de Mello, Pleno, j. 01.10.2008.

49 Para completa e profunda tratativa desse tema, confira-se AMARAL, *Arbitragem e Fazenda Pública*, 2012, p. 109-74.

CARMONA, Carlos Alberto. *Arbitragem e processo*: um comentário à Lei n. 9.307/96. 2. ed. São Paulo, Atlas, 2004.

CUNHA, Leonardo Carneiro da. *A Fazenda Pública em juízo*. 10. ed. São Paulo, Dialética, 2012.

JUSTEN FILHO, Marçal. *Curso de direito administrativo*. São Paulo, Saraiva, 2005.

KLEIN, Aline Lúcia. "A arbitragem nas concessões de serviço público". In: PEREIRA, Cesar Augusto Guimarães; TALAMINI, Eduardo; KLEIN, Aline Lúcia (coords.). *Arbitragem e poder público*. São Paulo, Saraiva, 2010. p. 63-110.

LEMES, Selma Ferreira. *Arbitragem na administração pública*. São Paulo, Quartier Latin, 2007.

LORENCINI, Marco Antonio Garcia Lopes. "Sistema multiportas: opções para tratamento de conflitos de forma adequada". In: SALLES, Carlos Alberto de; LORENCINI, Marco Antonio Garcia Lopes; SILVA, Paulo Eduardo Alves da. *Negociação e arbitragem*: curso básico para programas de graduação em direito. São Paulo, Método, 2013. p. 57-85.

PINTO; Ligia Paula Pires; SICA, Heitor Vitor Mendonça. "Reflexões sobre a arbitragem no Brasil e a arbitragem internacional". *Revista de Direito Internacional e Econômico*, Porto Alegre, v. 2, n. 6, p. 23-45, síntese jan./fev./mar. 2004.

SALLES, Carlos Alberto de. *Arbitragem em contratos administrativos*. São Paulo, Forense, 2011.

Negócio jurídico processual e arbitragem[1]

14

Paulo Osternack Amaral

1. MUDANÇA DE PARADIGMA

A afirmação da autonomia do direito processual em relação ao direito material e o enquadramento do direito processual na categoria de direito público conduziram ao reconhecimento da indisponibilidade das regras sobre processo e procedimento judiciais. Tal natureza indisponível implicava a pouca relevância da autonomia da vontade das partes quanto às regras processuais aplicáveis ao processo judicial. O Código de Processo Civil de 1973 foi concebido sob essa estrutura rígida. Nesse regime, não havia margem relevante para as partes convencionarem acerca das regras processuais aplicáveis ao seu litígio, tampouco estava o juiz expressamente autorizado a alterá-las. As únicas possibilidades de se alterar validamente o procedimento pressupunham autorização legal específica. Caso contrário, as regras processuais eram inflexíveis.

O Código de Processo Civil de 2015 alterou profundamente esse paradigma. Foram concebidos diversos permissivos legais que autorizam a alteração das regras processuais pelo juiz ou pelas partes. Houve, com isso, significativa amplitude dos poderes do juiz e das partes em relação à gestão do processo.

Sob a perspectiva do juiz, o CPC/2015 permite que ele altere os prazos e a ordem de produção de provas de acordo com as peculiaridades da causa (art. 139, VI), bem como modifique as regras sobre distribuição do ônus da prova (art. 373, § 1º). O objetivo dessas regras é muito claro: garantir que o procedimento seja concretamente adequado aos contornos do litígio e que seja trazido aos autos o material probatório mais robusto possível – o que contribuirá para a obtenção de uma decisão final o mais justa e adequada quanto possível.

Mas não há dúvida de que o CPC/2015 também atribuiu um papel mais ativo às partes. Consagrou uma cláusula geral de cooperação no art. 6º, incidente em todas as fases do processo judicial. Em muitos casos, trata-se de uma potencialização do contraditório no âmbito do processo, em que as partes são convocadas a participar de atividades que, à luz do CPC/73, talvez não fosse possível – ou, quando menos, tal imposição não estivesse muito

1 Parte das ideias contidas no presente texto consiste na síntese do que foi aprofundado na obra *Provas:* atipicidade, liberdade e instrumentalidade, de minha autoria, publicada em 2015.

clara. O legislador, inclusive, cuidou de identificar algumas situações em que a cooperação das partes seria especialmente relevante, tal como ocorre no caso da designação de audiência para a realização de saneamento em cooperação com as partes, nos casos de complexidade fática ou jurídica (art. 357, § 3º).

Todavia, a cooperação não foi a única forma concebida para integrar as partes às atividades judiciais. O CPC/2015 foi além. Consagrou a possibilidade de as partes submeterem à homologação uma convenção sobre "questões de fato" e "questões de direito relevantes para a decisão de mérito" que, caso homologada, "vincula as partes e o juiz" (art. 357, § 2º). Com isso, o legislador conferiu margem relevante para as partes definirem consensualmente quais pontos controvertidos o juiz deverá considerar para proferir sua decisão. Assim, será perfeitamente admissível que as partes optem por excluir do processo alguma controvérsia fática, que não será considerada na solução do litígio.

A viabilidade da definição pelas partes da questão jurídica para a solução do mérito também permite que se exclua a aplicação de alguma norma no caso concreto. Contudo, isso dependerá da disponibilidade do direito material. As partes só poderão convencionar acerca da não aplicação processual de uma regra substancial caso isso seja permitido no âmbito do direito material. Disso decorre a possibilidade de que as partes ajustem que não poderão ser consideradas no momento da decisão, por exemplo, as regras atinentes a prescrição ou a caso fortuito ou a força maior. Como as partes poderiam dispor a respeito de tais temas no âmbito do direito material, identicamente o podem fazer no curso do processo.

Repare-se que não se trata propriamente de um ajuste sobre questão processual, mas de definição pelas partes das normas materiais, que serão consideradas pelo julgador no âmbito do processo. Muito embora não esteja expresso, o juiz, caso tenha dúvida, deverá intimar as partes para que esclareçam os termos da convenção que lhe foi apresentada. Afinal, a possibilidade de ajuste acerca de questões fáticas e jurídicas não pode servir de meio para que uma parte obtenha vantagem indevida em razão de descuido do adversário. E isso não equivale a afirmar que o juiz interferirá no conteúdo do ajuste, determinando o que deva ser convencionado. O objetivo será esclarecer a real vontade das partes, de modo a coibir abusos e permitir que sejam atingidos os resultados desejados.

Mas é no art. 190 do CPC/2015 que se encontra uma mudança fundamental no processo civil brasileiro. Preenchidos determinados requisitos, as partes podem convencionar sobre situações jurídicas processuais ou sobre procedimento. Com isso, o art. 190 do CPC/2015 conferiu a possibilidade de as partes disporem sobre as regras processuais que serão aplicadas para resolver o seu litígio. Trata-se de uma profunda alteração de paradigma no âmbito do processo judicial. A autonomia da vontade das partes é significativamente prestigiada, com indisfarçável inspiração na experiência da arbitragem[2]. As normas que antes eram consideradas inflexíveis, agora podem ser alteradas pela vontade das partes, observados cer-

---

2 NERY JUNIOR; NERY, *Comentários ao Código de Processo Civil*, 2015, p. 701; MAZZEI; CHAGAS, "Breve diálogo entre os negócios jurídicos processuais e a arbitragem", 2014, p. 225; MACÊDO; PEIXOTO, "Negócio processual acerca da distribuição do ônus da prova", 2015, p. 463-87. Marinoni, Arenhart e Mitidiero posicionam-se contrariamente a essa tentativa de trazer para o processo judicial a ideologia e as linhas mestras da arbitragem (MARINONI; ARENHART; MITIDIERO, *Curso de processo civil*: teoria geral do processo, 2015, p. 533).

tos limites. É a consagração da liberdade no âmbito do processo judicial, por meio de negócio jurídico processual.

2. NEGÓCIO JURÍDICO PROCESSUAL

Entende-se por negócio jurídico processual as declarações de vontade feitas pelas partes, cujo objetivo seja disciplinar algum aspecto da relação jurídica processual ou do procedimento judicial.

2.1. Negócios processuais no sistema brasileiro

Os negócios jurídicos processuais não são uma absoluta novidade em nosso sistema[3].

A arbitragem, regida pela Lei n. 9.307/96, tem como um de seus pilares a autonomia da vontade das partes. Isso permite que elas escolham não apenas o árbitro que solucionará o seu litígio, mas também as regras materiais e processuais que serão aplicadas pelo julgador privado. Também se admite que as partes alterem consensualmente regras procedimentais, definam quais meios de prova serão admissíveis no processo arbitral e em que ordem tais provas serão produzidas.

A possibilidade de negociação em matéria processual também não era desconhecida pelo CPC/73. Aquele diploma já contemplava algumas autorizações esparsas de negócios processuais, de que eram exemplos a eleição consensual de foro judicial (art. 111), a suspensão convencional do processo (art. 265, II), a alteração consensual sobre a distribuição de ônus da prova (art. 333, parágrafo único) e o adiamento consensual da audiência de instrução e julgamento (art. 453, I). Só se concebia a convenção das partes em matéria processual nos casos expressamente autorizados pela lei. Ou seja, o CPC/73 só admitia a celebração de negócios processuais típicos.

2.2. Persistência de negócios processuais típicos no CPC/2015

Os negócios processuais típicos persistiram com o advento do CPC/2015. Além das hipóteses já existentes ao tempo do CPC/73, o CPC/2015 dedicou-se a positivar uma série de outros casos, em que a vontade das partes deverá ser considerada no âmbito do processo. São exemplos de negócios processuais previstos no CPC/2015 a fixação de calendário para a prática de atos processuais (art. 191, *caput* e §§ 1º e 2º) e a escolha consensual do perito (art. 471).

2.3. Negócios processuais atípicos: art. 190 do CPC

O art. 190 do CPC consagrou uma cláusula geral de negociação[4]. Permite que sujeitos capazes celebrem negócios jurídicos processuais, que poderão incidir sobre o procedimento judicial e sobre "seus ônus, poderes, faculdades e deveres processuais" (*caput*). Tal

---

3 Ressalve-se que havia quem não admitisse a existência de negócios jurídicos processuais à luz do CPC/73. Por todos, confira-se: KOMATSU, *Da invalidade no processo civil*, 1991, p. 140-1.

4 DIDIER JR., *Curso de direito processual civil*, 2015, p. 380.

avença poderá ocorrer antes ou durante o processo. Caberá ao juiz recusar a aplicação do que foi negociado caso constate a existência de "nulidade ou de inserção abusiva em contrato de adesão ou em que alguma parte se encontre em manifesta situação de vulnerabilidade" (parágrafo único).

Disso decorre que está na esfera negocial das partes, por exemplo, a exclusão de determinado meio probatório no caso concreto, a desnecessidade de fixação de audiências, a definição de instância única para resolver o litígio (pela exclusão do cabimento de recurso) e a estipulação acerca do rateio das despesas processuais.

Esses breves exemplos são suficientes para evidenciar que o CPC/2015 trouxe para o processo judicial uma diretriz já consagrada no âmbito da arbitragem: liberdade às partes para negociar acerca do procedimento judicial e das posições jurídicas das partes. Evidentemente que não se trata de uma liberdade irrestrita. A validade da negociação exige o preenchimento de determinados requisitos (gerais e específicos) e o respeito a certos limites.

Adiante serão examinados os requisitos para a celebração de negócio jurídico processual à luz do art. 190 do CPC/2015, fazendo-se um paralelo com as exigências previstas no âmbito da arbitragem.

3. REGRAS GERAIS DOS NEGÓCIOS JURÍDICOS PROCESSUAIS

Os negócios processuais submetem-se aos requisitos genéricos exigidos em qualquer negociação[5], razão pela qual serão inicialmente examinados a partir de seus aspectos gerais, como objeto, tempo e lugar do negócio.

3.1. Objeto do negócio processual

O negócio jurídico processual terá por objeto regular – ainda que parcialmente – uma relação jurídica processual ou o procedimento. Esse será o seu elemento caracterizador: conter estipulação negocial orientada a reger uma situação processual.

O art. 190 do CPC/2015 determina que a alteração convencional do procedimento destine-se a "ajustá-lo às especificidades da causa". Essa justificativa para se estipular mudanças no procedimento deve ser interpretada em termos. Afinal, quando as partes firmam um negócio processual antes de o processo ser instaurado, ainda não será possível saber, com exatidão, quais serão as especificidades do futuro litígio. A mesma dificuldade é sentida com a celebração da cláusula arbitral, pois naquele momento ainda não há litígio.

É perfeitamente possível que as partes tenham convencionado um procedimento simplificado (sem audiências ou provas técnicas, por exemplo) e a causa surgida do contrato mostre-se concretamente complexa e, com isso, incompatível com o que foi estipulado. Disso decorre que o procedimento definido pelas partes deverá ser seguido, mesmo que uma das partes ou o juiz o repute concretamente inadequado às características do litígio. As partes somente poderão deixar de cumprir o que foi negociado (na arbitragem ou no processo judicial) se essa

5 NERY JUNIOR; NERY, *Comentários ao Código de Processo Civil*, p. 701; MARINONI, ARENHART e MITIDIERO, *Curso de processo civil*: teoria geral do processo, v. 1, 2015, p. 529.

for a vontade de ambas as partes. O juiz e o árbitro só poderão se recusar a cumprir a avença que contenha defeito de nulidade ou que implique situação de desequilíbrio processual.

3.2. Tempo do negócio processual

A definição do tempo do negócio relaciona-se com a data em que ele foi celebrado.

Há duas formas de se convencionar a submissão de um litígio à arbitragem: (i) cláusula arbitral, inserida no âmbito do contrato firmado pelas partes e destinada a remeter a árbitros privados a solução de um futuro e eventual litígio; (ii) compromisso arbitral, firmado posteriormente à celebração do contrato e destinado a abranger um litígio concreto entre as partes.

No âmbito do processo judicial, o *caput* do art. 190 dispõe que o negócio jurídico processual pode ser firmado "antes ou durante o processo". Isso significa que o negócio processual poderá ser firmado antes de surgir concretamente um litígio ou no curso do processo.

No negócio anterior ao processo, nada impede que se firme um prazo para a vigência do negócio. Expirado o prazo, o negócio é extinto. Contudo, recomenda-se que o negócio seja celebrado por prazo indeterminado, de modo que ele possa ser validamente aplicado quando surgir o litígio.

Depois de proposta a demanda, o negócio pode ser firmado a qualquer tempo ou fase processual. Pode, inclusive, ser firmado durante a realização de um ato processual (p. ex., na audiência de conciliação ou de mediação; na audiência de saneamento e organização) ou celebrado extrajudicialmente e levado aos autos para cumprimento. A única peculiaridade será o natural estreitamento da autonomia das partes caso o negócio diga respeito ao procedimento previsto no tribunal. Mas isso não guarda relação com a natureza das atividades realizadas em primeiro ou segundo graus de jurisdição. A natureza das atividades será essencialmente a mesma. O estreitamento da autonomia dar-se-á em virtude do reduzido rol de atividades que são desempenhadas no âmbito do tribunal, em comparação com as atividades conduzidas pelo juiz singular.

O momento da celebração do negócio é relevante para se definir qual será a legislação aplicável à avença. A situação torna-se ainda mais delicada na hipótese de superveniência de lei que interfira diretamente no objeto da convenção processual. A solução para o impasse decorrerá da análise acerca da natureza das normas envolvidas no negócio. Tal análise pode se mostrar concretamente difícil, na medida em que o negócio jurídico processual será realizado no âmbito do direito material, mas com o objetivo específico de regular situações internas ao processo.

Assim, se as alterações legislativas relacionarem-se às normas de direito substancial, entende-se que permanecerão aplicáveis as regras do momento da estipulação do negócio. Contudo, caso a norma superveniente seja de natureza processual e cogente, ela terá aplicabilidade imediata, repercutirá concretamente sobre o negócio e deverá ser observada pelas partes.

A aplicação imediata da lei processual está em harmonia com a proteção constitucional ao ato jurídico perfeito e ao direito adquirido (CF/88, art. 5º, XXXVI). O art. 14 do CPC assegura que: "a norma processual não retroagirá e será aplicável imediatamente aos processos em curso, respeitados os atos processuais praticados e as situações jurídicas consolidadas sob a vigência da norma revogada".

3.3. Lugar do negócio processual

O lugar do negócio jurídico processual é o local em que ele foi celebrado. Tal como na arbitragem, isso pode ser relevante para fins de interpretação do negócio, em que se observará os "usos do lugar de sua celebração" (art. 113 do CC). De forma mais ampla, a definição do local em que o negócio foi celebrado também será concretamente relevante, pois para qualificar e reger as obrigações será aplicável a lei do país em que se constituírem (art. 9º do Decreto-lei n. 4.657/42).

3.4. Alegação de descumprimento do negócio processual

A verificação da inobservância do negócio processual depende de alegação pelo adversário[6]. Não pode ser conhecida de ofício pelo juiz. Disso decorre que se uma parte descumprir o que ficou acertado na convenção processual e o adversário não se opuser, haverá renúncia àquela estipulação. Tal interpretação é extraível por analogia da regra do art. 337, §§ 5º e 6º, do CPC, que impede o conhecimento de ofício da convenção arbitral e a sua não alegação pelo demandado implica aceitação da jurisdição estatal e renúncia à arbitragem.

Todavia, se houver alegação tempestiva do descumprimento será lícito ao interessado requerer ao juiz o cumprimento do pactuado no bojo do próprio processo. Não há necessidade de processo autônomo para se obter tal providência. Constatado o inadimplemento, o juiz determinará a observância imediata da regra negocial descumprida.

4. REQUISITOS DE VALIDADE DOS NEGÓCIOS PROCESSUAIS

A validade dos negócios jurídicos está condicionada ao preenchimento dos seguintes requisitos: agente capaz; objeto lícito, possível, determinado ou determinável; observância da forma prescrita ou não defesa em lei (art. 104 do CC). Tais requisitos serão examinados adiante, à luz das exigências específicas de validade contidas na Lei de Arbitragem e no art. 190 do CPC.

4.1. Capacidade

O requisito da capacidade destina-se a identificar os sujeitos que detém aptidão para celebrar validamente o negócio jurídico, adquirindo direitos ou contraindo obrigações. O art. 190 do CPC limita-se a exigir que as partes sejam plenamente capazes para que o negócio seja válido. O *caput* do art. 1º da LA contém regra equivalente ao determinar que poderão se valer da arbitragem as "pessoas capazes de contratar". Em ambos os casos, trata-se de requisito de ordem subjetiva para a validade da convenção.

A capacidade das pessoas está disciplinada no Código Civil, de modo que a compreensão da capacidade referida no art. 1º da LA e no art. 190 do CPC deve ser extraída daquele diploma legal. Disso decorre que poderão firmar convenções processuais: pessoas físicas,

---

6 DIDIER JR., op. cit., v. 1, 2015, p. 391.

pessoas jurídicas de direito privado e pessoas jurídicas de direito público interno (União, Estados, Distrito Federal, Territórios, Municípios, autarquias, associações públicas).

A capacidade do agente é aferida no momento da celebração do negócio. A capacidade superveniente à prática do ato não é suficiente para suprir a nulidade. Todavia, a incapacidade que sobrevém ao ato não o inquina de nulidade[7].

4.1.1. Capacidade negocial do poder público

O poder público possui capacidade para firmar negócios jurídicos processuais[8]. A exigência legal de que a parte seja plenamente capaz permite tal conclusão. Caso o direito envolvido no litígio admita autocomposição, nada impede que a pessoa jurídica de direito público celebre um negócio jurídico processual.

Esse é mais um ponto que admite um paralelismo com o que ocorre no processo arbitral. Admite-se que o poder público submeta-se validamente a uma arbitragem, desde que estejam preenchidos os seguintes requisitos: capacidade contratual (requisito subjetivo) e o litígio verse sobre direitos patrimoniais e disponíveis (requisitos objetivos). Não se questiona mais a capacidade de o Estado participar de arbitragem. Aferida a sua capacidade contratual, estará preenchido o requisito de ordem subjetiva. A discussão eventualmente existente põe-se em termos dos requisitos objetivos, especialmente o da disponibilidade do direito. No entanto, atualmente prevalece a posição de que, ao optar pela arbitragem, o Estado não estará dispondo do direito material ou de sua posição jurídica. Haverá apenas a adoção de um mecanismo, de natureza jurisdicional, que foi eleito consensualmente para solucionar o litígio[9].

Tal como ocorre na arbitragem, não há nenhuma regra que exclua as pessoas jurídicas de direito público de firmar negócios jurídicos processuais. Muito pelo contrário. De um lado, o art. 1º, § 1º, da LA admite expressamente o cabimento de arbitragem pela Administração Pública direta e indireta[10]. Por outro, o art. 190 do CPC abrange a Administração Pública na medida em que não há dúvida em relação à capacidade contratual de o Estado contratar e da possibilidade de se envolver em litígios que admitam autocomposição. Aliás, a capacidade contratual do poder público é inferida precisamente de sua personalidade jurídica de direito público.

4.1.2. A posição do juiz em relação ao negócio processual

O juiz não é parte no negócio jurídico processual, tampouco o conteúdo do negócio será submetido à sua homologação[11]. Trata-se de ato negocial realizado por partes capazes, que no âmbito da sua autonomia da vontade celebrarão negócio jurídico destinado a regu-

---

7 VENOSA, *Direito civil*: Parte Geral, 2007, p. 350.

8 YARSHELL, "Convenção das partes em matéria processual: rumo a uma nova era?", 2015, p. 70.

9 AMARAL, *Arbitragem e administração pública*: aspectos processuais, medidas de urgência e instrumentos de controle, 2012, p. 81-2.

10 O § 1º do art. 1º foi recentemente incluído na Lei de Arbitragem por meio da Lei n. 13.129/2015.

11 YARSHELL, op. cit., 2015, p. 67.

lar situações jurídicas processuais ou procedimento. Essa é a regra incidente nas convenções arbitrais, assim como no negócio processual de que trata o art. 190 do CPC/2015.

Ressalve-se que o art. 191 do CPC/2015 contém regra que autoriza a celebração de um negócio processual típico. Permite que o juiz e as partes fixem calendário para a prática de atos processuais, de que é exemplo a prévia definição de data para a realização de audiência. Contudo, não será possível a fixação de prazo para a prolação da sentença, sob pena de violação da regra que recomenda a observância da "ordem cronológica de conclusão para proferir sentença ou acórdão" (CPC/2015, art. 12)[12].

Essa espécie de negócio processual inclui o juiz como protagonista da avença. O juiz e as partes estão vinculados ao calendário que foi avençado. A alteração de tal ajuste será providência excepcional, que precisará ser devidamente justificada (art. 191, § 1º).

Como já haverá uma definição prévia e consensual acerca das datas para a realização dos atos objeto do ajuste, "dispensa-se a intimação das partes para a prática de ato processual ou a realização de audiência cujas datas tiverem sido designadas no calendário" (art. 191, § 2º). Afinal, não há razão para cientificar a parte acerca da futura realização de ato, cuja data ela própria definiu.

4.2. Licitude do objeto

O negócio jurídico processual deve ser lícito. Isso significa que o objeto da avença deverá ser compatível com a lei, com a moral e com os bons costumes[13]. Não é juridicamente admissível que se negociem comportamentos ilícitos[14]. Tal diretriz incide em qualquer convenção em matéria processual.

O negócio será cabível quando o processo versar sobre "direitos que admitam autocomposição" (art. 190). Trata-se de um requisito objetivo de admissibilidade do negócio processual previsto no CPC/2015. Mas isso não equivale a afirmar que o conteúdo do negócio poderá versar sobre o objeto litigioso. O objeto do negócio processual restringir-se-á a regular situações jurídicas processuais ou procedimento. Não incidirá sobre o direito material discutido no processo (que poderá, até mesmo, ser indisponível). A exigência de que a controvérsia admita autocomposição se justifica diante da potencialidade das convenções em matéria processual terem aptidão para influenciar na solução de mérito[15]. Disso decorre que caberá um negócio processual caso a solução do litígio possa ser obtida diretamente pelas partes, sem a obrigatoriedade da sua submissão a um método heterocompositivo (tais como o processo judicial e o arbitral).

Um exemplo é suficiente para ilustrar o objetivo da exigência. Imagine-se que as partes pactuem que não será admissível a produção de prova técnica no processo em que se discute um acidente de trânsito. No curso do processo, constata-se a existência de uma controvérsia técnica acerca da velocidade de um dos automóveis no momento da colisão. A ale-

12 Em sentido contrário, Marinoni, Arenhart e Mitidiero reputam ser possível a definição de calendário para a realização de todos os atos processuais, "inclusive a data para a prolação da sentença" (MARINONI; ARENHART; MITIDIERO, op. cit., 2015, p. 245).

13 RODRIGUES, *Direito civil*: parte geral, 2007, p. 173.

14 DIDIER JR., op. cit., v. 1, 2015, p. 387.

15 Ibidem.

gação de excesso de velocidade foi feita pelo réu. A elucidação mostrou-se concretamente relevante para se verificar o responsável pelo acidente e, consequentemente, quem vencerá a causa. Mas isso exigiria a realização de uma perícia. Contudo, a prova técnica não poderá ser produzida. Essa foi a vontade das partes contemplada no negócio processual. Agora devem suportar as consequências de sua escolha. Diante do estado de dúvida acerca da controvérsia técnica, a decisão será tomada com base nas regras sobre ônus da prova, em que o juiz aferirá a quem incumbia a prova daquele fato relevante, que ao final não ficou comprovado. Julgará então a favor da parte contrária.

Nesse exemplo fica evidente que a convenção das partes em matéria processual repercutiu diretamente no desfecho do processo. A não produção da prova – em virtude do negócio processual – implicou julgamento contrário a uma das partes, precisamente contra a parte que não pode produzir a prova necessária à comprovação das alegações. Tal solução poderia ter sido convencionada extrajudicialmente pelas partes, sem a intervenção do Judiciário. Eis a razão da exigência de que o direito admita autocomposição: a eventual repercussão que a convenção em matéria processual possa ter em relação à decisão de mérito.

O *caput* do art. 1º da LA, por sua vez, admite que as partes convencionem a arbitragem para dirimir litígios relativos a direitos "disponíveis". Tal exigência deve ser bem compreendida. A disponibilidade de que trata a Lei de Arbitragem não se relaciona com o direito material discutido no processo. Da mesma forma que o art. 190, o *caput* do art. 1º da LA admite o cabimento da convenção processual desde que o litígio não envolva um caso de necessariedade da jurisdição, isto é, que a controvérsia possa ser resolvida diretamente pelas partes de forma extrajudicial. Fala-se, então, em disponibilidade sobre o método de solução do litígio, e não do direito material discutido.

Portanto, o art. 190 não repetiu a mesma fórmula prevista na Lei de Arbitragem. E nisso andou bem. A menção à autocomposição no CPC/2015 torna mais simples a compreensão do cabimento do negócio jurídico processual, muito embora a disponibilidade da LA e a autocomposição do CPC/2015 permitam chegar ao mesmo resultado.

4.3. Forma do negócio processual

É requisito de validade do negócio jurídico observar a forma prescrita ou não defesa em lei (art. 104 do CC). Disso decorre que, como regra geral, a forma do negócio jurídico será livre, isto é, não dependerá de forma especial, salvo quando a lei expressamente exigir (art. 107 do CC).

Na arbitragem, exige-se expressamente que a convenção arbitral seja firmada por escrito (arts. 4º, § 1º, e 9º da LA). Logo, será inválida uma cláusula compromissória ou um compromisso arbitral que não observe essa forma.

O art. 190 não exige forma específica para a validade do negócio jurídico processual, tampouco veda que o negócio se aperfeiçoe por meio de determinada forma. Isso permite concluir que a forma do negócio jurídico processual é livre[16].

---

16 BARBOSA MOREIRA, "Convenções das partes sobre matéria processual", 1984, p. 94. Em sentido contrário, reputando que as convenções processuais "devem ser formuladas por escrito", confira-se: CABRAL, "Convenções em matéria processual", 2015, p. 489-516.

Contudo, considerando-se a relevância das estipulações que o negócio pode conter, recomenda-se que o negócio seja formalizado por escrito. Isso será fundamental para se aferir a real vontade das partes. O negócio poderá ser entabulado no âmbito de uma cláusula de um contrato ou sob a forma de uma contratação específica e apartada em relação a um contrato principal.

A forma livre do negócio processual não é infirmada pelo fato deste negócio se destinar a regular situações processuais ou procedimento. O negócio poderá ser firmado antes ou durante o processo.

Se a pactuação ocorrer extrajudicialmente – antes ou na pendência do processo –, o instrumento comprobatório do negócio deverá ser levado aos autos. Mas isso só será possível se ele tiver sido firmado por escrito. Se o negócio foi firmado verbalmente, caberá à parte que o invoca produzir prova (p. ex., testemunhal) da sua existência, do seu conteúdo, da sua validade e da sua eficácia no âmbito daquele processo.

No âmbito do processo, o negócio processual pode também ser firmado oralmente, durante a realização de uma audiência. Nesse caso, a avença será reduzida a termo ou gravada em suporte confiável. Isso será fundamental para que seja concretamente cumprido o objeto da convenção.

Não se admite negócio processual decorrente do silêncio de uma ou de mais partes. A manifestação de vontade acerca da avença processual deverá ser expressa e inequívoca.

Por fim, a validade do negócio jurídico processual não depende de homologação[17]. Produzirá efeitos imediatos em relação à constituição, à modificação ou à extinção de direitos processuais (CPC, art. 200). Assim, observados os requisitos de validade, o juiz deverá dar cumprimento ao que foi pactuado pelas partes. Todavia, nada impede que a parte interessada requeira a homologação judicial do negócio processual celebrado extrajudicialmente, tal como autoriza o art. 57 da Lei dos Juizados Especiais (Lei n. 9.099/95)[18]. Nesse caso, o negócio jurídico processual assumirá status de título executivo judicial, cujo descumprimento viabilizará regular execução civil, caso se repute necessário.

5. CONTROLE DA VALIDADE DO NEGÓCIO JURÍDICO PROCESSUAL

Como regra, o negócio jurídico processual deverá ser respeitado pelas partes e pelo julgador. Contudo, caso o negócio ostente algum defeito grave previsto em lei, impõe-se ao juiz da causa ou ao árbitro que deixe de aplicar a convenção. No caso do processo judicial, serão retomadas, novamente, as diretrizes gerais previstas no Código de Processo Civil e demais regras processuais esparsas aplicáveis ao litígio. Na arbitragem, será aplicado o regramento eleito pelas partes ou aquele que os árbitros reputarem mais adequado (desde que isso não desrespeite a vontade das partes validamente manifestada).

---

17 BARBOSA MOREIRA, op. cit., 1984, p. 98.

18 Dispõe o art. 57 da Lei n. 9.099/95: "O acordo extrajudicial, de qualquer natureza ou valor, poderá ser homologado, no juízo competente, independentemente de termo, valendo a sentença como título executivo judicial".

5.1. Hipóteses de recusa à aplicação do negócio processual

O juiz controlará concretamente a validade do negócio jurídico processual, recusando-lhe aplicação apenas nas hipóteses de: (i) nulidade do negócio, (ii) inserção abusiva em contrato de adesão ou (iii) constatação de que alguma parte se encontra em manifesta situação de vulnerabilidade (art. 190, parágrafo único). O controle poderá ser realizado de ofício ou a requerimento.

O mesmo passar-se-á com o árbitro, que tem a prerrogativa de decidir, primeiro, acerca da sua própria competência (princípio da *Kompetenz-Kompetenz*), o que abrange a análise acerca da validade, da eficácia e da extensão da convenção arbitral.

5.1.1. Nulidade: hipóteses gerais

A nulidade do negócio jurídico processual pode ser aferida a partir da disciplina constante do art. 166 do Código Civil, que define, em seus incisos, as hipóteses de nulidade dos negócios jurídicos.

Quanto aos aspectos formais, haverá nulidade do negócio quando: celebrado por pessoa absolutamente incapaz (inciso I); não se revestir da forma prescrita em lei (inciso IV); for preterida alguma solenidade que a lei considere essencial para a sua validade (inciso V). Quanto ao conteúdo, será considerado nulo o negócio que: for ilícito, impossível ou indeterminável o seu objeto (inciso II); o motivo determinante, comum a ambas as partes, for ilícito (inciso III); tiver por objetivo fraudar lei imperativa (inciso VI). Ainda, haverá nulidade do negócio jurídico na hipótese de a lei taxativamente o declarar nulo, ou proibir-lhe a prática, sem cominar sanção (inciso VII).

Da mesma forma, tais hipóteses caracterizarão invalidade da convenção arbitral.

Ocorrendo algum desses defeitos, o negócio jurídico processual será nulo e o juiz ou o árbitro recusará a sua aplicação. Nada impede, todavia, que o defeito incida apenas sobre parte da avença, hipótese em que o negócio será invalidado somente quanto àquela parcela.

5.1.2. Inserção abusiva em contrato de adesão

Em princípio, será válido o negócio processual inserido em contrato de adesão.

A validade da convenção arbitral nos contratos de adesão pressupõe o preenchimento de requisitos específicos expressamente previstos no art. 4º, § 2º, da LA. Em síntese, a cláusula compromissória só terá eficácia se o aderente tomar a iniciativa de instituir a arbitragem ou concordar expressamente com a sua instituição.

O parágrafo único do art. 190 permite que o juiz rejeite a aplicação do negócio jurídico processual caso seja inserido, de forma abusiva, em contrato de adesão. Não se trata de uma hipótese em que a lei determina a nulidade de pleno direito do negócio, pelo simples fato de ter sido pactuado no âmbito de um contrato de adesão. É necessário que tal estipulação tenha sido realizada de forma abusiva. A abusividade de que se cogita não decorre da possibilidade de uma parte conceber o negócio processual e inseri-lo unilateralmente no contrato de adesão; o abuso reprimido pela lei relaciona-se ao conteúdo da avença. Não será admissível uma estipulação unilateral que desequilibre a relação processual. Caso o objeto da avença não prejudique a posição do aderente no processo, nada impedirá o seu cumprimento.

Contudo, diante de cláusulas ambíguas ou contraditórias, impõe-se que o negócio processual seja interpretado de forma favorável ao aderente (CC, art. 423).

De todo modo, tal abusividade deverá ser provada. Caso contrário, persistirá a presunção de boa-fé das partes em relação ao pactuado, impondo-se a observância da convenção.

5.1.3. Manifesta situação de vulnerabilidade

A manifesta situação de vulnerabilidade relaciona-se com a capacidade negocial do agente, cuja caracterização implica a nulidade do pactuado (art. 190, parágrafo único). Nesse caso, haverá nulidade porque o sujeito era incapaz para celebrar o negócio processual.

Repare-se que a desigualdade substancial das partes não será suficiente para invalidar o negócio por incapacidade. Eventualmente, o negócio terá sido firmado, precisamente, com o objetivo de equilibrar a posição das partes no processo[19]. Também é possível que o negócio entre as partes desiguais confira alguma vantagem prática para a parte mais forte da relação, mas sem que isso represente necessariamente uma desvantagem para o vulnerável. Em tese, portanto, é plenamente admissível que uma parte vulnerável firme validamente um negócio jurídico processual.

A vulnerabilidade do sujeito em relação ao adversário deve ser aferida concretamente[20]. Serão considerados, então, os termos do negócio e as circunstâncias em que foi firmado. A boa-fé[21] e a vontade das partes[22] são componentes fundamentais para a análise acerca da "manifesta situação de vulnerabilidade". O exame a ser realizado deverá centrar-se na existência de um desequilíbrio decorrente das pactuações processuais. Afinal, não será juridicamente admissível que o negócio contenha apenas regras favoráveis a uma parte e desfavoráveis ao adversário. Nesse caso, o negócio será nulo por incapacidade negocial da parte manifestamente vulnerável.

De qualquer forma, na maior medida possível, deve-se prestigiar a liberdade negocial acerca do processo. A proteção ao vulnerável não se presta a restringir a autonomia da vontade das partes, tampouco a atribuir ao julgador o poder de homologação do avençado. Destina-se a coibir abusos na celebração de negócios processuais e, ao mesmo tempo, garantir que o objetivo pretendido pelas partes seja concretamente atingido.

5.2. Legitimados para suscitar defeito no negócio processual

O controle da validade do negócio jurídico processual pode ser realizado "de ofício ou a requerimento" (art. 190, parágrafo único). Isso significa que não é indispensável que o

19 YARSHELL, op. cit., 2015, p. 69.

20 DIDIER JR., op. cit., 2015, p. 386.

21 Dispõe o art. 422 do CC: "Os contratantes são obrigados a guardar, assim na conclusão do contrato, como em sua execução, os princípios de probidade e boa-fé". O art. 5º do CPC, por sua vez, consigna que: "Aquele que de qualquer forma participa do processo deve comportar-se de acordo com a boa-fé".

22 Dispõe o art. 112 do CC: "Nas declarações de vontade se atenderá mais à intenção nelas consubstanciada do que ao sentido literal da linguagem".

controle seja provocado pelas partes ou pelo Ministério Público. O defeito pode ser detectado diretamente pelo juiz. O mesmo se passa na arbitragem, em que qualquer um dos envolvidos poderá invocar o defeito. Mas isso não autoriza que o árbitro ou o juiz profira decisão desde logo a respeito do tema. Impõe-se o estabelecimento do prévio contraditório, de modo que as partes possam se manifestar previamente à tomada de decisão a respeito da validade do negócio (CPC/2015, arts. 9º e 10; LA, art. 21, § 2º).

6. CONCLUSÃO

A convenção arbitral consiste em negócio jurídico processual, que confere significativa autonomia às partes para disciplinar situações jurídicas processuais e procedimento. A cerca de duas décadas da existência da Lei n. 9.307/96 demonstraram que a margem de liberdade conferida às partes na arbitragem tem sido utilizada com responsabilidade, trazendo cada vez mais benefícios à adequada solução dos litígios submetidos aos árbitros. Com isso, não há dúvida de que andou bem o legislador em transportar para o processo judicial parte dessa experiência arbitral vitoriosa. Ao consagrar uma cláusula geral de negociação, o art. 190 do CPC/2015 altera o paradigma do processo judicial, passando a conferir significativa autonomia para as partes convencionarem acerca do processo. A experiência dirá se o comportamento das partes no processo judicial será compatível com a margem de liberdade que a lei lhes outorgou.

REFERÊNCIAS BIBLIOGRÁFICAS

AMARAL, Paulo Osternack. *Arbitragem e administração pública*: aspectos processuais, medidas de urgência e instrumentos de controle. Belo Horizonte, Fórum, 2012.

BARBOSA MOREIRA, José Carlos. "Convenções das partes sobre matéria processual". *Temas de direito processual*. 3ª série, São Paulo, Saraiva, 1984.

CABRAL, Trícia Navarro Xavier. "Convenções em matéria processual". *Revista de Processo*, São Paulo, n. 241, p. 489-516, mar. 2015.

DIDIER JR., Fredie. *Curso de direito processual civil*. 17. ed. Salvador, JusPodivm, 2015, v. 1.

KOMATSU, Roque. *Da invalidade no processo civil*. São Paulo, Revista dos Tribunais, 1991.

MACÊDO, Lucas Buril de; PEIXOTO, Ravi de Medeiros. "Negócio processual acerca da distribuição do ônus da prova". *Revista de Processo*, São Paulo, n. 241, p. 463-87, mar. 2015.

MARINONI, Luiz Guilherme; ARENHART, Sérgio Cruz; MITIDIERO, Daniel. *Código de Processo Civil comentado*. São Paulo, Revista dos Tribunais, 2015.

______. *Curso de processo civil*: teoria geral do processo. São Paulo, Revista dos Tribunais, 2015, v. 1.

MAZZEI, Rodrigo; CHAGAS, Bárbara Seccato Ruis. "Breve diálogo entre os negócios jurídicos processuais e a arbitragem". *Revista de Processo*, São Paulo, n. 237, p. 223-35, nov. 2014.

NERY JUNIOR, Nelson; NERY, Rosa Maria de Andrade. *Comentários ao Código de Processo Civil*. São Paulo, Revista dos Tribunais, 2015.

RODRIGUES, Silvio. *Direito civil*: Parte Geral. 34. ed. São Paulo, Saraiva, 2007.

SANTOS, Marina França. "Intervenção de terceiro negociada: possibilidade aberta pelo novo Código de Processo Civil". *Revista de Processo*, São Paulo, n. 241, p. 95-108, mar. 2015.

VENOSA, Sílvio de Salvo. *Direito civil*: Parte Geral. 7. ed. São Paulo, Atlas, 2007.

YARSHELL, Flávio. "Convenção das partes em matéria processual: rumo a uma nova era?". In: CABRAL, Antonio do Passo; DIDIER JR., Fredie. NOGUEIRA, Pedro Henrique (coords.). *Negócios processuais*. Salvador, JusPodivm, 2015.

15

Sobre os requisitos obrigatórios da cláusula compromissória cheia no Brasil

Ricardo Soares Stersi dos Santos
Jéssica Gonçalves

1. INTRODUÇÃO[1]

A arbitragem é um meio heterocompositivo de administração dos conflitos, no qual as partes designam um terceiro (árbitro) para decidir, de forma vinculativa e obrigatória, os conflitos previstos na convenção de arbitragem. No Brasil, a convenção de arbitragem subdivide-se em cláusula compromissória e compromisso arbitral. Em relação à cláusula compromissória, há uma diferença reconhecida na doutrina e nos julgados dos tribunais brasileiros entre a cláusula compromissória vazia (branca, incompleta) e a cheia (em negro, completa).

O objetivo central do texto é responder ao problema: quais são aos elementos da cláusula compromissória cheia na ordem jurídica brasileira?

O tema é relevante diante do quadro fático que se apresenta em relação ao uso da arbitragem no Brasil. Grande maioria dos conflitos submetidos à arbitragem no Brasil são com base em cláusulas compromissórias.

Para que seja possível a imediata ou a rápida instituição da arbitragem por meio da cláusula compromissória é necessário que esta se revista de certos elementos formais e de conteúdo que serão analisados na pesquisa.

Entretanto, a Lei Brasileira de Arbitragem (LBA) em vigor preocupou-se apenas em determinar os elementos formais da cláusula compromissória sem se ater ao conteúdo do referido instrumento. Com base nisso, é ainda relativamente comum a celebração das chamadas cláusulas compromissórias vazias, que cumprem a finalidade de fixar a jurisdição na arbitragem sem, contudo, possuir os elementos que permitam imediata (ou rápida) instauração do juízo arbitral.

A pesquisa será dividida em três tópicos específicos: no primeiro, far-se-á a abordagem da convenção de arbitragem e dos seus requisitos gerais, reconhecendo que a convenção de arbitragem é o gênero do qual a cláusula compromissória e o compromisso arbitral são espécies. Em um segundo momento, discorrer-se-á sobre os elementos formais da cláusula

---

1 O presente trabalho insere-se no Projeto de Pesquisa sobre a efetivação da jurisdição no Brasil apoiado pela Capes e pelo CNJ.

compromissória para que em um último tópico sejam apontados os elementos formais e de conteúdo das cláusulas compromissórias cheias.

2. CONVENÇÃO DE ARBITRAGEM

No Brasil, como em grande parte do mundo, só existe convenção de arbitragem se as partes, utilizando-se da autonomia privada, celebrarem o referido instrumento. Não existe, assim, previsão no ordenamento jurídico brasileiro da arbitragem compulsória (obrigatória).

Para Rocha[2], a definição de convenção de arbitragem implica um "[...] acordo escrito através do qual as partes se obrigam a submeter seus litígios civis, atuais ou futuros, ao juízo arbitral".

A definição da convenção de arbitragem tem como fundamentação o dispositivo do art. 7.1[3] da Lei Modelo da Uncitral[4]. Dessa forma, a convenção de arbitragem é um acordo de vontade escrito, celebrado por partes capazes, em que essas atribuem jurisdição ao árbitro (ou a um tribunal arbitral) para decidir sobre conflitos presentes ou futuros que sejam decorrentes de relações contratuais ou extracontratuais, desde que os referidos conflitos sejam suscetíveis de resolução por meio de arbitragem (arbitrabilidade objetiva e subjetiva).

Com base nesse conceito é possível identificar algumas das principais características da convenção de arbitragem: a) autonomia privada das partes; b) natureza contratual da convenção de arbitragem; c) capacidade das partes; d) forma escrita; e) atribuição de competência para a resolução de conflitos já existentes ou que ainda virão a surgir; f) limite para a arbitrabilidade dos conflitos.

A convenção de arbitragem, no Brasil, é o gênero que comporta duas espécies: a cláusula compromissória (também designada como cláusula arbitral) e o compromisso arbitral.

Ao fazer referência à convenção de arbitragem, Carmona[5] aponta que a LBA optou por adotar o modelo francês de legislação, reconhecendo a dualidade de instrumentos para a instituição da arbitragem: cláusula compromissória e compromisso arbitral.

Carmona[6] também indica o duplo caráter da convenção de arbitragem:

> [...] como acordo de vontades, vincula as partes no que se refere a litígios atuais ou futuros, obrigando-as reciprocamente à submissão ao juízo arbitral; como pacto processual, seus objetivos são os de derrogar a jurisdição estatal, submetendo as partes à jurisdição dos árbitros. Portanto, basta a convenção de arbitragem (cláusula ou compromisso) para afastar a competência do juiz togado, sendo irrelevante estar ou não instaurado o juízo arbitral (art. 19).

---

2 ROCHA, *A Lei de Arbitragem*, 1998, p. 43.

3 "Art. 7 [...] 1. Convenção de arbitragem é uma convenção pela qual as partes decidem submeter à arbitragem todos ou alguns dos litígios surgidos ou a surgir entre elas com respeito a uma determinada relação jurídica, contratual ou extracontratual. Uma convenção de arbitragem pode revestir a forma de uma cláusula compromissória num contrato ou a de uma convenção autônoma."

4 Comissão das Nações Unidas para o Direito Comercial Internacional.

5 CARMONA, 2009, p. 79.

6 Ibidem.

3. CLÁUSULA COMPROMISSÓRIA

A cláusula compromissória no Brasil é o instrumento pelo qual partes capazes atribuem jurisdição ao árbitro (ou a um tribunal arbitral) para decidirem sobre conflitos futuros decorrentes de direitos patrimoniais disponíveis. Os conflitos submetidos à arbitragem em decorrência de uma cláusula compromissória válida são usualmente oriundos de relações jurídicas contratuais.

Rocha[7] define a cláusula compromissória como sendo a cláusula em que as partes "[...] submetem ao julgamento do árbitro conflitos futuros, que podem nascer do cumprimento ou interpretação das relações jurídicas estabelecidas por contrato".

Pucci[8] destaca que a cláusula compromissória: "No momento de sua estipulação em um contrato ainda não surgiu qualquer conflito, as partes ainda não têm conhecimento de qual será a controvérsia, e mesmo se o conflito acontecerá, isto é, não têm sequer a certeza de que haverá qualquer disputa".

Tratando-se de relação contratual, a cláusula compromissória tanto pode estar inserida dentro do contrato como pode ser pactuada em instrumento anexo contendo referência ao contrato principal ao qual se encontra vinculada.

Apesar da sua vinculação ao contrato principal, a cláusula compromissória é autônoma. Assim, existe clara distinção entre o conteúdo e o objeto da cláusula compromissória e o conteúdo e objeto do contrato principal.

A autonomia da cláusula compromissória implica que a cláusula encontra-se vinculada a regras jurídicas próprias, no que diz respeito a sua validade, existência e eficácia, regras estas que, por vezes, podem ser distintas das normas aplicáveis ao contrato principal.

Como consequência da autonomia da cláusula compromissória, prevista no art. 8º da LBA[9], o reconhecimento de eventuais nulidades no contrato principal não geraria automaticamente no reconhecimento de nulidade da cláusula, fazendo com que o ato de atribuição de jurisdição ao árbitro continue produzindo o seu efeito.

Além da autonomia da cláusula compromissória é também relevante o princípio competência-competência, pelo qual ao árbitro se reconhece a jurisdição para analisar e decidir sobre as questões atinentes a validade, existência e nulidade da própria cláusula compromissória.

O princípio competência-competência é amplamente aceito no Brasil e assegura ao árbitro o poder de decidir a respeito da sua própria competência. Essa jurisdição reconhecida ao árbitro atinge, por exemplo: as questões atinentes à sua capacidade para julgar (capacidade para ser árbitro nos termos da LBA); a interpretação sobre a extensão dos poderes que lhe foram atribuídos pelas partes, na cláusula arbitral; a análise sobre a arbitrabilidade do conflito que lhe que está sendo submetido pelas partes; todos os incidentes suscitados pela partes atinentes a existência, validade e eficácia da cláusula compromissória.

---

7 ROCHA, *A Lei de Arbitragem*, 1998, p. 59-60.

8 PUCCI, *Arbitragem comercial nos países do Mercosul*, 1997, p. 65.

9 "Art. 8º A cláusula compromissória é autônoma ao contrato em que estiver inserta, de tal sorte que a nulidade deste não implica, necessariamente, a nulidade da cláusula compromissória."

É preciso reconhecer também que no Brasil ocorre certa relativização do princípio competência-competência, mormente nas hipóteses de matérias consideradas sensíveis para serem apreciadas por meio de arbitragem, tais como: contratos de adesão, relações de consumo, relações individuais de emprego etc.

Além dos princípios informadores próprios, a cláusula compromissória é relevante na arbitragem em razão da sua geral utilização como o instrumento principal de instituição do juízo arbitral.

Para Strenger[10] e David[11] a instituição da arbitragem encontra-se basicamente alicerçada na cláusula compromissória, em razão da maior facilidade para a obtenção de um consenso das partes quando da sua celebração.

A característica principal da cláusula compromissória é a de permitir determinar a jurisdição do árbitro quanto ao mérito do litígio, subtraindo-a dos órgãos do Poder Judiciário anteriormente à existência do próprio conflito. Assim, não importa quantos conflitos possam vir a surgir decorrentes da relação jurídica pactuada, pois a existência da cláusula arbitral válida remeterá à solução de todos os litígios ao árbitro.

É certo que, durante a celebração da relação jurídica em que se pactua a cláusula compromissória, as partes, de boa-fé, estão envoltas em um ambiente em que predomina a cooperação. Nesse momento, os contratantes da cláusula ainda não se tomam como potenciais adversários no futuro (até porque não esperam que da relação jurídica estabelecida surjam necessariamente conflitos) e, sim, como partícipes na construção de uma relação jurídica que interessa a ambos. Assim é nesse quadro de maior colaboração, compreensão e entendimento mútuo que, em regra, celebra-se a cláusula compromissória.

A possibilidade da obtenção de consenso entre as partes no momento de celebração de uma cláusula compromissória é maior que nas hipóteses de celebração de um compromisso arbitral em que as partes já estão diante de um litígio e se olham como adversários.

Para Rocha[12] a celebração da cláusula compromissória nem sempre é mais vantajosa, haja visto que: "A cláusula compromissória envolve riscos maiores do que o compromisso porque, quando as partes a estipulam, ignoram a natureza, dimensões e consequências do litígio ou litígios que podem surgir em decorrência do cumprimento e interpretação do contrato".

Entenda-se tal crítica com base na perspectiva de que as partes, após o surgimento do litígio, poderão vir a constatar que a arbitragem não se configura a melhor forma de composição das diferenças ou mesmo que as regras apontadas na cláusula compromissória não são as mais adequadas para se aplicar na resolução do litígio, fato esse que anularia algumas das vantagens preconizadas para o instituto.

Diante dessa situação e de outras questões, como a natureza jurídica da cláusula compromissória, certas legislações[13] não estabelecem a possibilidade de instauração do juízo ar-

---

10 STRENGER, *Comentários a lei brasileira de arbitragem*, 1998, p. 36.

11 DAVID, *L'arbitrage dans le commerce international*, 1981, p. 233.

12 ROCHA, *A lei de arbitragem*, 1998, p. 60.

13 Código Procesual Civil y Comercial de la Nación – Argentina – Ley n. 17.454, apesar da existência de entendimento diverso em razão da ratificação pela Argentina da Convenção de Nova Iorque de 1958. Também é a previsão do Código General del Proceso de la República do Uruguay – Ley n. 15.982.

bitral com base na cláusula e somente com base no compromisso arbitral, ou seja, após o surgimento do conflito.

Para parte minoritária da doutrina[14], no Brasil, a cláusula compromissória criaria para as partes a obrigação de declaração de vontade posterior (promessa de contratar), após o surgimento do conflito. Essa declaração de vontade posterior seria realizada por meio da celebração do compromisso arbitral (contrato).

Por essa interpretação, sendo acordada cláusula arbitral em uma relação jurídica qualquer e posteriormente vindo a surgir qualquer conflito oriundo dessa mesma relação jurídica, as partes teriam de realizar o procedimento estabelecido no ordenamento jurídico para buscar celebrar o compromisso arbitral e, somente a partir dele, instaurar a arbitragem. Caso qualquer das partes se opusesse à celebração do compromisso arbitral, facultar-se-ia à parte desejosa de promover a instauração da arbitragem utilizar os mecanismos legais próprios para a execução da cláusula compromissória, que estariam previstos nos arts. 6º e 7º da LBA[15].

Contrariamente a posição anterior pela qual a cláusula arbitral é mera promessa de contratar e necessita ser substituída pelo compromisso arbitral (contrato), uma parte significativa e majoritária da doutrina[16], no Brasil, reconhece a possibilidade de instauração imediata do juízo arbitral baseada na cláusula compromissória cheia (ou completa), independentemente da sua substituição pelo compromisso arbitral. Nessa hipótese, reconhece-se, conforme Lee[17], a autossuficiência da cláusula arbitral cheia.

Atualmente, a jurisprudência firmou posição no sentido de reconhecer que a cláusula compromissória é instrumento apto à instituição da arbitragem, não havendo a obrigação de ser substituída pelo compromisso arbitral. Os julgados reconhecem, entretanto, que somente a cláusula compromissória cheia (completa ou em negro) contém os requisitos necessários à imediata instauração da arbitragem. Nesse sentido, apenas a título de exemplo, indicam-se os seguintes julgados do Superior Tribunal de Justiça (STJ): Recurso Especial n. 1.389.763/PR, 3ª T., rel. Min. Nancy Andrighi, Recorrente: Inepar S.A. – Indústria e Construções, Recorrido: Itiquira Energética S.A., j. 12.11.2013, votação unânime[18]; Recurso Especial n. 1.327.619/MG, 4ª T., rel. Min. Maria Isabel Galotti, Recorrente: Samarco Mineração S.A., Recorrido: Ana Maria da Costa Pereira, j. 20.08.2013, votação unânime[19]; Recurso Especial

14 Por exemplo: FURTADO; BULOS, 1998, p. 45 e 48; ALVIM, 2002, p. 52-3; ROCHA, 1998, p. 62-4.

15 Pelo art. 6º da LBA, as partes devem buscar acordo extrajudicial constituindo o compromisso arbitral. Na impossibilidade de celebração extrajudicial do compromisso arbitral por recusa de uma das partes, ficaria autorizada, pelo art. 7º da LBA, a possibilidade de propositura de ação visando a instauração judicial do compromisso arbitral, seja por acordo judicial entre as partes, seja por substituição de vontade da parte recalcitrante pelo Poder Judiciário, por meio de sentença constitutiva com efeito de compromisso arbitral.

16 Entre os quais: CARMONA, 1998, p. 96 e 99; STRENGER, 1998, p. 45; LEE, 2002, p. 89; WALD, 2002, p. 147-56; FIGUEIRA JÚNIOR, 1999, p. 182-4; ROQUE, 1997, p. 53-4.

17 LEE, *Arbitragem internacional comercial nos países do Mercosul*, 2002, p. 83-4.

18 Disponível em: <https://ww2.stj.jus.br/processo/revista/documento/mediado/?componente=ATC&sequencial=32453692&num_registro=201301865788&data=20131120&tipo=51&formato=PDF>. Acesso em: 18 mar. 2016.

19 Disponível em: <https://ww2.stj.jus.br/processo/revista/documento/mediado/?componente=ATC&sequencial=30282557&num_registro=201201146709&data=20130828&tipo=5&formato=PDF>. Acesso em: 18 mar. 2016.

n. 1.278.852/MG, 4ª T., rel. Min. Luis Felipe Salomão, Recorrente: Samarco Mineração S.A., Recorrido: Jerson Valadares da Cruz, j. 21.05.2013, votação unânime[20].

Na hipótese de cláusula compromissória vazia (branca ou incompleta), as partes teriam de utilizar os procedimentos previstos nos arts. 6º e 7º da LBA para promover a instauração do juízo arbitral.

4. REQUISITOS OBRIGATÓRIOS DA CONVENÇÃO DE ARBITRAGEM

Para discorrer sobre os requisitos da cláusula compromissória cheia é preciso apresentar, primeiro, os pressupostos de validade genéricos da convenção de arbitragem para, adiante, analisar os requisitos obrigatórios e facultativos da cláusula compromissória cheia.

Os pressupostos de validade e de existência genéricos da convenção de arbitragem, aplicáveis à cláusula compromissória e ao compromisso arbitral, são: a) celebração por documento escrito; b) capacidade dos celebrantes; c) arbitrabilidade do conflito submetido ao árbitro (objeto lícito); d) manifestação de vontade válida dos celebrantes.

A obrigatoriedade da forma escrita decorre tanto do art. 4º, § 1º, aplicável à cláusula compromissória como ao art. 9º, §§ 1º e 2º, da LBA.

A exigência legal do documento escrito decorre da maior facilidade para a comprovação da existência e do conteúdo da convenção de arbitragem. A convenção de arbitragem poderá ser judicial (celebrada por acordo nos autos de um processo judicial) ou extrajudicial. Quando adotada a forma extrajudicial poderá ser celebrada tanto por escrito público como privado.

É possível questionar se a legislação não deveria estabelecer outros pressupostos formais para além da forma escrita, como a exigência da assinatura dos celebrantes, por exemplo. Para Rozas[21], "[...]a ausência de assinatura [...] responde às necessidades criadas pelas novas técnicas aplicadas a contratação, que exigem flexibilizar os requisitos formais dos pactos de longa distância".

Uma exigência legal da assinatura como requisito formal da convenção de arbitragem poderia tornar mais difícil a celebração da cláusula compromissória quando as partes não tivessem possibilidade de estarem reunidas em um mesmo local ao mesmo tempo.

Conforme Lee[22], "[...] os progressos realizados nos meios de comunicação suscitam uma interpretação liberal da exigência da peça escrita, então nesse momento se poderia atestar a sua existência ou tirar 'a prova por um texto'".

Outro dos pressupostos de validade da cláusula compromissória é a exigência de sua celebração entre partes capazes, mediante a manifestação livre do consentimento.

Para Redfern e Hunter[23], a parte que dispõe de capacidade para contratar, em geral, detém também a capacidade para celebrar convenção de arbitragem.

---

20 Disponível em: <https://ww2.stj.jus.br/processo/revista/documento/mediado/?componente=ATC&sequencial=29316321&num_registro=201101598210&data=20130619&tipo=5&formato=PDF>. Acesso em: 18 mar. 2016.

21 ROZAS, *Derecho del comercio internacional*, 1996, p. 484.

22 LEE, *Arbitragem internacional comercial nos países do Mercosul*, 2002, p. 70.

23 REDFERN; HUNTER, *Law and practice of international commercial arbitration*, 1999, p. 144.

A capacidade das partes para celebrar a convenção de arbitragem implica o reconhecimento jurídico de que essas possuem os requisitos legais necessários para vincularem-se a uma obrigação de natureza jurídica contratual-processual, pela qual se comprometem a resolver certos conflitos presentes (compromisso arbitral) ou futuros (cláusula arbitral) por meio da arbitragem.

Fiuza[24], interpretando os limites da capacidade das partes em celebrar a convenção de arbitragem, aponta que "as partes compromitentes devem ser capazes, tanto genérica, quanto negocialmente. Em outras palavras, devem ser maiores e possuir a livre disposição de seus bens".

Por fim, o último dos pressupostos genéricos de validade é a arbitrabilidade, que delimita as matérias (objeto) que podem ser dirimidas por meio da arbitragem.

Para Redfern e Hunter[25], "arbitrabilidade [...] envolve a determinação de quais tipos de disputa podem ser resolvidas por arbitragem e quais pertencem exclusivamente ao domínio dos tribunais"[26].

As matérias arbitráveis podem ser conectadas tanto com questões de direito público[27] como de direito privado. No âmbito do direito privado, cada Estado estabelece em sua legislação as matérias que podem ser objeto de arbitragem, levando em conta os princípios políticos, econômicos e sociais vigentes na sociedade.

Certos direitos, que são reputados num dado momento histórico como mais sensíveis para a sociedade e que demandam uma proteção diferenciada pelo próprio Estado, tendem a ser retirados da esfera arbitral e mantidos dentro do domínio exclusivo do Poder Judiciário. São as denominadas matérias não arbitráveis.

Conforme apontam Redfern e Hunter[28]: "Os legisladores e os tribunais de cada país devem balancear a importância interna da conservação de matérias de interesse público dos tribunais com o maior interesse público geral da promoção de negócios e comércio e das resoluções de disputas" [tradução livre][29].

Lee[30] entende que atualmente no mundo ocorre maior permissão em relação às questões arbitráveis, fazendo com que as matérias não sujeitas à arbitragem sejam exceção, apesar de acreditar que essa não seja a regra nas legislações de certos países latino-americanos, incluindo o Brasil, no qual existe limitação sobre as matérias arbitráveis.

No Brasil, as matérias já reconhecidas pelos tribunais como sensíveis são: conflitos decorrentes da relação individual de emprego, conflitos decorrentes de relação de consumo e conflitos decorrentes da falência de empresa comercial.

---

24 FIUZA, *Teoria geral da arbitragem*, 1995, p. 94.

25 REDFERN; HUNTER, *Law and practice of international commercial arbitration*, 1999, p. 148.

26 Tradução livre do autor para: "*arbitrability [...], involves determining which types of disputes may be resolved by arbitration and which belong exclusively to the domain of the courts*".

27 Para arbitragem de direito público, especialmente no direito internacional, recomenda-se, entre vários autores: CHAPAL, 1967, p. 34-50; PAZARTZIS, 1992, p. 54-64.

28 REDFERN; HUNTER, *Law and practice of international commercial arbitration*, 1999, p. 148.

29 "*The legislators and courts in each country must balance the domestic importance of reserving matters of public interest to the courts against the more general public interest in promoting trade and commerce and the settlement of disputes.*"

30 LEE, *Arbitragem internacional comercial nos países do Mercosul*, 2002, p. 65.

Para Rechsteiner[31]: "A questão de determinar quais são as lides suscetíveis à arbitragem internacional é de fundamental importância na prática, pois, se tal não for o caso, de acordo com a legislação na sede do tribunal arbitral, a convenção de arbitragem será nula".

Assim, a inserção de matéria não arbitrável (arbitrabilidade objetiva) na convenção de arbitragem autoriza a possibilidade do reconhecimento da invalidade da convenção.

No âmbito do direito comparado, os assuntos não sujeitos à arbitragem estão, em regra, associados aos direitos indisponíveis enquanto as matérias arbitráveis encontram-se associadas aos direitos disponíveis. Por vezes, tal classificação é insuficiente para delimitar a arbitrabilidade objetiva, diante de uma gama de matérias reputadas como "sensíveis", ainda que versem sobre direitos disponíveis[32].

No Brasil, a arbitrabilidade objetiva está prevista no art. 1º da LBA, que autoriza o uso da arbitragem na resolução de conflitos decorrentes da aplicação dos direitos patrimoniais disponíveis.

Os direitos disponíveis são aqueles que podem ser livremente dispostos pelos seus titulares. São direitos que podem ser alienados, transacionados ou renunciados pelas partes. A própria ideia de transação, ainda que seja uma das características da disponibilidade do Direito, é utilizada em certos países como o elemento delimitador da arbitrabilidade objetiva[33].

Os direitos patrimoniais estão associados ao conteúdo econômico de certas relações jurídicas em que figuram como sujeitos uma ou mais pessoas (física ou jurídica). A mera possibilidade de mensuração pecuniária da relação jurídica, entretanto, não é suficiente para tornar a matéria arbitrável. É preciso que o direito também seja disponível pelo seu titular.

A mera associação da arbitrabilidade com os direitos patrimoniais disponíveis não garante, contudo, que não venham a surgir dificuldades para categorizar se determinados direitos, ainda que patrimoniais, são ou não disponíveis e, portanto, arbitráveis.

A questão deverá ser suscitada inicialmente perante o árbitro, conforme a aplicação do princípio competência-competência, em que o árbitro decidirá, primeiro, sobre a arbitrabilidade do litígio. Reconhece-se, contudo, que no Brasil a competência final sobre a arbitrabilidade objetiva é dos órgãos do Poder Judiciário, que a exercem por meio da ação de nulidade da sentença arbitral, dos embargos à execução de sentença arbitral ou, ainda, por meio das ações de reconhecimento e execução de sentença arbitral estrangeira.

O último dos requisitos genéricos é a existência de manifestação de vontade válida para a utilização da arbitragem como meio de resolução do conflito. Não basta que a manifestação de vontade das partes seja livre, sem qualquer vício de consentimento. É preciso que a convenção de arbitragem seja clara, sem qualquer dúvida razoável, de forma que fique cristalina a escolha das partes em resolver o conflito por meio do árbitro, afastando a jurisdição dos órgãos do Poder Judiciário com relação ao mérito da disputa.

31 RECHSTEINER, *Arbitragem privada internacional no Brasil*, 2001, p. 54.

32 Sobre matérias reputadas sensíveis para a arbitragem ver em: FOUCHARD; GAILLARD; GOLDMAN, 1996,p. 357-73; REDFERN; HUNTER, 1998, p. 149-54. São exemplos adotados pelos autores: propriedade industrial; matéria anti-truste e direito de concorrência; contratos de seguro; direito do consumidor e certos aspectos dos direitos laborais.

33 Por exemplo: art. 737 da Lei n. 17.454 – Código de Processo Civil e Comercial da Argentina e o art. 476 da Lei n. 15.982 – Código Geral de Processo do Uruguai.

Para Abreu Filho[34], o consentimento "nada mais é que a harmonização de duas ou mais vontades sobre o objeto de uma determinada relação jurídica".

Na celebração da convenção de arbitragem, o consentimento das partes deve ser livre para que seja válido. Para que isso ocorra, deve ser realizado sem a existência de qualquer vício, até porque ninguém é obrigado a contratar algo que não deseje, mesmo que a convenção seja reputada vantajosa para a parte.

Para Noronha[35], os vícios de consentimento impactam não só a possibilidade de realização da justiça contratual, mas principalmente a autonomia privada e a boa-fé contratual.

Para Fouchard, Gaillard e Goldman[36], a redação duvidosa ou contraditória pode levar à celebração de uma convenção de arbitragem patológica ou de cláusulas combinadas que, conforme a interpretação, caracterizam a inconsistência, a incerteza ou a impossibilidade de se operar a cláusula arbitral. Podem ser tomados como cláusulas patológicas: as que designam uma instituição de arbitragem ou um árbitro inexistente; as que designem o árbitro ou a instituição de arbitragem de maneira errônea ou de forma insuficiente para a sua identificação; as que sejam redigidas como se a submissão à arbitragem fosse facultativa; as que indiquem um modelo de designação de árbitro inoperante; as que operem a redação conjunta, dentro da convenção de arbitragem, de uma cláusula de eleição de foro, deixando dúvida se as partes escolheram a jurisdição privada ou um determinado órgão do Poder Judiciário para dirimir o conflito.

Os requisitos indicados anteriormente são genéricos e aplicáveis a todas as convenções de arbitragem, quer adotem a forma de cláusulas compromissórias ou de compromissos arbitrais.

Entretanto, para que a cláusula compromissória possa ser reputada cheia é preciso mais do que a adoção da forma escrita, é preciso ter sido pactuada por partes capazes do conflito, ser arbitrável e da manifestação de vontade válida.

5. REQUISITOS OBRIGATÓRIOS DA CLÁUSULA COMPROMISSÓRIA CHEIA

Rechsteiner[37] sustenta que o requisito essencial da cláusula cheia é "[...] a designação da sede do tribunal arbitral bem como é recomendável ainda um acordo com relação a forma da escolha dos árbitros [...]".

No mesmo sentido, apresentam-se os posicionamentos de outros doutrinadores, no Brasil[38], ao tratar da cláusula compromissória cheia, quando alertam sobre a necessidade da prévia indicação do árbitro ou da forma de se realizar a sua escolha. Caso a cláusula não contenha a referida previsão, estar-se-á diante de uma cláusula compromissória vazia, ou seja, inapta à imediata instauração do juízo arbitral.

---

34 ABREU FILHO, *O negócio jurídico e sua teoria geral*, 1995, p.125-6.

35 NORONHA, *O direito dos contratos e seus princípios fundamentais*, 1994, p. 227-31.

36 FOUCHARD; GAILLARD; GOLDMAN, *Traité de l'arbitrage commercial international*, 1996, p. 283-90.

37 RECHSTEINER, *Arbitragem privada internacional no Brasil*, 2001, p. 60.

38 Por exemplo: CARMONA, 1998, p. 96 e 99; STRENGER, 1998, p. 45; LEE, 2002, p. 89; WALD, 2002, p. 147-56; FIGUEIRA JÚNIOR, 1999, p. 182-4; ROQUE, 1997, p. 53-4.

A cláusula compromissória vazia, também designada por Fouchard, Gaillard e Goldman[39] como cláusula branca, é toda cláusula que não indicar precisamente a forma de designação do árbitro e, consequentemente, da instauração do juízo arbitral.

Nas hipóteses em que as partes não apontem previamente o árbitro ou não indiquem um procedimento de escolha (como a adesão ao regulamento de uma instituição de arbitragem em que esteja previsto um procedimento de escolha do árbitro, por exemplo), não há como se promover a imediata instituição do juízo arbitral, já que não se definiu a qual árbitro se atribuiu a competência para julgar o litígio.

Para a doutrina no Brasil, a cláusula arbitral não será vazia (e, portanto, será reconhecida como cheia) quando houver a prévia indicação do árbitro ou do procedimento para a sua escolha. Dessa forma, a cláusula compromissória que cumpra o disposto no art. 5º da LBA[40] é reconhecida pela doutrina e por uma série de julgados como sendo uma cláusula cheia. A interpretação é no sentido de que a indicação de qualquer instituição de arbitragem na cláusula arbitral, com a adoção dos seus respectivos regulamentos de arbitragem, implica necessariamente a existência de mecanismos suficientes para o apontamento do árbitro, a quem será atribuída a competência para julgar o conflito.

Nessa linha, sem que haja previsão na cláusula arbitral sobre a escolha do árbitro ou sem que se estabeleça um procedimento para a sua escolha, não há como se instituir a arbitragem já que não há como saber a quem foi atribuído jurisdição para decidir o conflito.

O que se pode questionar é: apenas a indicação prévia do árbitro ou da sua forma de escolha é suficiente para conferir à cláusula compromissória o *status* de cheia?

Para a quase totalidade da doutrina a resposta é sim. Para quem diverge sobre a questão, como Santos[41], o entendimento é que os requisitos obrigatórios da cláusula compromissória cheia devem ser, por analogia, os mesmos requisitos obrigatórios do compromisso arbitral, previstos no art. 10 da LBA, que são: a) nome, profissão, estado civil e domicílio das partes (identificação das partes); b) nome, profissão e domicílio do árbitro ou dos árbitros, ou, se for o caso, a identificação da entidade à qual as partes delegaram a indicação de árbitros (a identificação do árbitro ou do procedimento para a realização da sua escolha); c) indicação da matéria objeto da arbitragem; d) o lugar em que será proferida a sentença arbitral.

Tal posicionamento é sustentado com base em uma interpretação sistêmica da LAB.

A primeira razão, para sustentar os referidos requisitos materiais para a cláusula compromissória cheia, é a de que o art. 3º da LBA reconhece a existência da convenção de arbitragem, que é subdivida em cláusula compromissória e em compromisso arbitral. O referido dispositivo tem um sentido próprio e importante na legislação porque reconhece tanto à cláusula quanto ao compromisso os efeitos positivo (atribuição de jurisdição ao árbitro) e negativo (retirada da jurisdição quanto ao mérito do conflito dos órgãos do Poder Judiciário) da convenção de arbitragem.

---

39 FOUCHARD; GAILLARD; GOLDMAN, *Traité de l'arbitrage commercial international*, 1996, p. 286-90.

40 "Art. 5º Reportando-se as partes, na cláusula compromissória, às regras de algum órgão arbitral institucional ou entidade especializada, a arbitragem será instituída e processada de acordo com tais regras, podendo, igualmente, as partes estabelecer na própria cláusula, ou em outro documento, a forma convencionada para a instituição da arbitragem."

41 SANTOS, "A cláusula compromissória cheia na arbitragem: pressupostos e requisitos", 2008, p. 273-304.

Conforme David[42], algumas legislações não estabeleceram pressupostos de validade e requisitos diferenciados para a cláusula compromissória e o compromisso arbitral, submetendo-os a um mesmo regime designado como convenção de arbitragem. É justamente este o tratamento dado pela LBA. Além de reconhecer que ambos os instrumentos estão aptos para atribuir jurisdição ao árbitro e afastar a jurisdição dos órgãos do Poder Judiciário sobre o mérito do conflito, a LBA estabeleceu para a cláusula arbitral e para o compromisso o mesmo requisito formal, ou seja, a celebração por documento escrito[43]. Também em nenhum dos dois casos se faz a exigência da assinatura das partes ou de qualquer outro pressuposto diferenciado.

Ocorre que a LBA não estabeleceu os requisitos materiais da cláusula compromissória cheia, até porque se trata de uma ideia introduzida pela doutrina e reconhecida nos tribunais brasileiros. Dessa forma, o único elemento que pode ser utilizado na LBA para se buscar extrair os requisitos materiais da cláusula cheia, por analogia, são os requisitos obrigatórios do compromisso arbitral (que nada mais é do que uma das espécies, para além da cláusula compromissória, da convenção de arbitragem) previstos no art. 10 da LBA.

Por outro lado, interpretando as finalidades da LBA, seria um contrassenso estabelecer variedade maior de requisitos obrigatórios para o compromisso arbitral do que aqueles que se exige para a cláusula compromissória cheia.

Como já se discorreu no presente texto, o número de arbitragens instituídas a partir da cláusula arbitral é infinitamente maior, no Brasil, do que nas arbitragens instituídas por meio do compromisso arbitral, sendo que um dos motivos principais diz respeito à situação fática que cerca a contratação dos referidos institutos que é, em regra, distinta como já se fez referência anteriormente.

Caso a interpretação da LBA apontasse, como indica a doutrina no Brasil, para a exigência de requisitos diversos na celebração da cláusula compromissória cheia (apenas indicação do árbitro ou da sua forma de escolha) em comparação ao compromisso arbitral (requisitos do art. 10 da LBA) estaria, em verdade, criando dificuldade extra para a instituição da arbitragem a partir deste último instrumento, para além das dificuldades já decorrentes do ambiente fático apontado.

Uma questão que se apresenta é: a proposta desenvolvida no presente trabalho, em utilizar os mesmos elementos materiais obrigatórios do compromisso arbitral como requisitos materiais obrigatórios da cláusula compromissória cheia, não teria o condão de dificultar a celebração da cláusula? Acredita-se que não, porque não impõe exigências muito superiores àquelas que já são admitidas pela doutrina dominante. Analisando uma a uma das exigências do art. 10, têm-se:

a. Primeiro, a exigência de nome, profissão, estado civil e domicílio das partes, ou seja, que a cláusula contenha a identificação das partes. É importante lembrar que, na maior par-

42 DAVID, *L'arbitrage dans le commerce international*, 1981, p.275.

43 Conforme os arts. 4º, § 1º, e 9º, § 2º, da LBA: "Art. 4º [...] § 1º A cláusula compromissória deve ser estipulada por escrito, podendo estar inserta no próprio contrato ou em documento apartado que a ele se refira. Art. 9º [...] § 2º O compromisso arbitral extrajudicial será celebrado por escrito particular, assinado por duas testemunhas, ou por instrumento público".

te das vezes, a cláusula arbitral estará vinculada a um contrato como uma das suas cláusulas ou, ainda, celebrada como um anexo que faz referência à relação contratual principal. Por ser uma cláusula de natureza jurídica processual, a cláusula compromissória é sempre acessória de uma relação jurídica principal, já que a sua finalidade é eleger a jurisdição privada como meios de administração dos conflitos advindos da relação jurídica principal. Assim sendo, a doutrina, no Brasil, que aponta os requisitos da cláusula compromissória cheia se esquece que não há como conceber a celebração dessa cláusula sem que se consiga promover a identificação de que se encontra vinculado a ela. A doutrina, provavelmente, omitiu-se a respeito de tal ponto já que, em regra, as partes celebrantes da cláusula compromissória cheia serão as mesmas que estarão vinculadas à relação jurídica principal. Havendo a identificação das partes na relação jurídica principal, não existiria a necessidade de repetição da informação na cláusula arbitral, ainda que esta tenha sido pactuada em anexo. Só haveria necessidade de indicação específica das partes na cláusula compromissória se esta não se aplicasse a todas as partes vinculadas à relação jurídica principal, hipótese esta em que a cláusula deveria indicar, expressamente, quem são as partes que se vincularam a ela.

b. Segundo, a exigência de nome, profissão e domicílio do árbitro ou dos árbitros, ou, se for o caso, a identificação da entidade à qual as partes delegaram a indicação de árbitros (a identificação do árbitro ou do procedimento para a realização da sua escolha). Como indicado previamente, esse conteúdo é considerado indispensável pela doutrina, no Brasil, para a caracterização da cláusula compromissória cheia. Também é um dos requisitos obrigatórios do compromisso. Não há como se promover a rápida instituição da arbitragem se na cláusula inexistir a prévia indicação de quem será o árbitro ou, na ausência de indicação prévia do nome do julgador e de seus eventuais substitutos, os procedimentos necessários para se promover a escolha do árbitro e de seus eventuais substitutos. Caso as partes tenham previamente identificado o árbitro, uma vez surgido o conflito bastaria que qualquer um dos litigantes procurasse o árbitro e solicitasse a instauração da arbitragem. Caso o árbitro aceitasse o encargo, estaria instituída a arbitragem, conforme prevê o art. 19 da LBA. O mesmo se aplica na hipótese em que as partes não tenham apontado, diretamente, o nome do árbitro, mas tenham estabelecido um procedimento para a realização dessa escolha[44]. Nessa situação, uma vez surgido o conflito, qualquer dos litigantes poderia iniciar o procedimento indicado na cláusula cheia para realizar a escolha do árbitro. Realizada a referida escolha do árbitro nos moldes preconizados, as partes poderiam buscar a instauração do juízo arbitral que se daria com a aceitação do encargo pelo árbitro.

c. Terceiro, a exigência da matéria objeto da arbitragem. Também é outro requisito esquecido (ou presumido) pela doutrina, no Brasil, que aponta os requisitos da cláusula arbitral cheia. Não existe cláusula compromissória válida se esta não fizer a indicação da relação jurídica principal no qual as partes pretendem submeter a arbitragem no caso de eventuais conflitos. A matéria objeto da arbitragem possui conotações distintas nas hipóteses de cláusula compromissória e de compromisso arbitral. Na primeira situação, os conflitos são

44 Esse procedimento, em regra, é a adesão ao regulamento de alguma instituição de arbitragem em que a escolha do árbitro será realizada da forma estabelecida pelo regulamento. Nada impede, entretanto, que as próprias partes criem um procedimento de escolha do árbitro (como a atribuição da tarefa de promover a indicação do árbitro a um terceiro).

hipotéticos e, caso venham a ocorrer, revelar-se-ão no futuro, enquanto, no segundo caso, os conflitos já existem e podem ser precisamente delimitados, ainda que o art. 10 da LBA não obrigue a sua minuciosa delimitação. Se a matéria objeto da arbitragem no compromisso arbitral pode ser descrita de forma minuciosa ou de forma genérica, na cláusula compromissória cheia ela será indicada sempre de maneira mais genérica, já que aquilo que é delimitado na cláusula são conflitos determináveis com base nas relações jurídicas que possam ser submetidas à arbitragem no futuro. Se no compromisso é possível indicar o conflito objeto da arbitragem, na cláusula compromissória cheia só é possível indicar a relação jurídica cujos conflitos futuros, se vierem a existir, serão suscetíveis de resolução pelo árbitro. Para Carmona[45], o compromisso vincula-se a um conflito determinado, enquanto a cláusula aponta conflitos determináveis.

d. Quarto e último, a exigência do lugar onde deverá ser proferida a sentença arbitral, reconhecido em certas legislações como sendo a sede da arbitragem. Tal requisito também não é apontado pela doutrina, no Brasil, como requisito obrigatório da cláusula compromissória cheia. Trata-se, entretanto, de um requisito importante, que deve ser exigido não só no compromisso arbitral, mas também na cláusula compromissória cheia. O motivo é que a LBA não faz distinção entre arbitragem doméstica (nacional ou interna) e arbitragem internacional, de forma que os dispositivos legais são aplicáveis a qualquer arbitragem regida pela LBA. A definição de arbitragem doméstica ou internacional não é fácil de ser realizada. Para Soares[46], arbitragem doméstica é aquela que ocorre dentro de determinado Estado; instaurada por partes nacionais ou domiciliadas; tendo por árbitro um nacional ou domiciliado; em que as regras de procedimento e de direito material são fixadas pela ordem jurídica interna e cuja sentença arbitral seja passível de execução nesse mesmo Estado. Na arbitragem doméstica, inexistirão elementos relevantes da arbitragem que estarão conectadas a outras ordens jurídicas que não a brasileira. Por outro lado, a arbitragem internacional poderia ser caracterizada justamente pela existência de elementos relevantes de extraterritorialidade aplicáveis a arbitragem. Guerreiro[47] aponta como parâmetros caracterizadores da arbitragem internacional: a nacionalidade distinta das partes; o fato do lugar da arbitragem, estabelecido pelas partes, na convenção de arbitragem, situar-se em país diverso daquele da nacionalidade das partes; a existência de lugar diverso da nacionalidade das partes para a execução de parte substancial das obrigações decorrentes da relação contratual celebrada; a existência de estreita conexão do objeto do litígio com lugar diverso da nacionalidade das partes; a existência de acordo entre as partes declarando que o objeto da convenção de arbitragem tem conexão com a ordem jurídica de mais de um país. O posicionamento do autor fundamenta-se nos parâmetros previstos na Lei Modelo sobre Arbitragem Comercial Internacional do Uncitral. É certo que a relevância da nacionalidade ou da internacionalidade da arbitragem é maior nas ordens jurídicas que estabelecem tratamento diferenciado para a arbitragem internacional. Ocorre que, se na LBA não há previsão de tratamento diferenciado para as arbitragens nacionais e internacionais, o mesmo não se aplica quando se trata do procedimento de execução da sentença arbitral. No Brasil, a importân-

45 CARMONA, *A arbitragem e processo*, 1998, p. 82.
46 SOARES, "Arbitragens comerciais internacionais no Brasil", 1989, p. 32.
47 GUERREIRO, *Fundamento da arbitragem do comércio internacional*, 1993, p. 120-2.

cia do lugar onde foi proferida a sentença arbitral diz respeito, em regra, aos procedimentos necessários para executá-la, caso não haja cumprimento voluntário pela parte derrotada. Nos termos do art. 31 da LBA, tratando-se de sentença arbitral condenatória, mandamental ou executiva, proferida dentro do território brasileiro, a parte vencedora estará autorizada a buscar a sua execução diretamente no órgão do Poder Judiciário estadual competente. Diferentemente é a situação das sentenças arbitrais que forem prolatadas fora do território brasileiro, as ditas estrangeiras. Nessa hipótese, caso a parte vencida não efetue o cumprimento integral e espontâneo do julgado, abre-se a possibilidade da parte vencedora buscar o seu reconhecimento e execução no termos dos arts. 34 a 40 da LBA. O procedimento de homologação tramitará perante o STJ. Somente após a homologação pelo STJ será possível iniciar a sua execução, que se dará na Justiça Federal[48]. Parece claro, portanto, que o procedimento de execução da sentença arbitral estrangeira será mais moroso e dispendioso que o procedimento de execução da sentença arbitral proferida dentro do território brasileiro. Dessa forma, a indicação pelas partes do local onde deverá ser proferida a sentença arbitral é de suma importância, visto que, nos termos da LBA, fixará a competência e o procedimento necessário para a sua execução.

Reconhece-se, assim, que os requisitos materiais obrigatórios da cláusula compromissória cheia são os mesmos requisitos obrigatórios exigidos para o compromisso arbitral e previstos no art. 10 da LBA. Caso a cláusula compromissória não contenha os referidos requisitos, deverá ser considerada vazia (incompleta), de forma que a instauração da arbitragem deverá seguir o procedimento previsto no art. 6º e eventualmente o do art. 7º da LBA.

Além dos requisitos obrigatórios, a cláusula compromissória cheia poderá ter outros requisitos que serão facultativos e escolhidos pelas partes.

Redfern e Hunter[49] apontam alguns dos principais requisitos facultativos da cláusula arbitral: o número de árbitros; a indicação prévia dos árbitros substitutos ou da sua forma de escolha; a designação de lugar ou lugares para a realização de outros atos processuais da arbitragem (diferentes do lugar onde deverá ser proferida); a opção pela arbitragem *ad hoc* ou institucional; o idioma da arbitragem; o direito aplicável ao procedimento e ao mérito (fundo) do litígio etc. Muitos do requisitos indicados estão previstos principalmente no art. 11 da LBA, indicados como elementos facultativos do compromisso arbitral.

A recente reforma da LBA, realizada pela Lei n. 13.129, de 26 de maio de 2015, poderia ter avançado mais em pelos menos dois assuntos vinculados à cláusula compromissória cheia. O primeiro, seria no sentido de manter apenas como instrumento de instituição da arbitragem a convenção de arbitragem, extinguindo os artigos referentes à cláusula compromissória e ao compromisso arbitral, bem como estabelecendo os requisitos formais e materiais da convenção de arbitragem, pouco importando se o conflito já existe ou se a previsão é para o futuro. A opção do legislador foi manter a divisão da convenção de arbitragem em cláusula arbitral e compromisso arbitral. As alterações relativas à cláusula compromissória, com a possibilidade da sua inserção nos contratos de adesão, nas relações de consu-

48 Conforme o art. 109, X, da Constituição da República Federativa do Brasil: "Art. 109. Aos juízes federais compete processar e julgar: [...] X – [...] sentença estrangeira, após a homologação [...]".

49 REDFERN; HUNTER, *Law and practice of international commercial arbitration*, 1999, p.163-9.

mo e nos contratos individuais de emprego, foram vetadas pelo Executivo de forma que foi mantida a redação original da LBA.

O outro aspecto, já que não foi considerada a hipótese acima, é que a reforma, então, poderia ter tratado de fixar, expressamente, os requisitos materiais da cláusula compromissória cheia, cessando qualquer discussão ou dúvida sobre a questão. Perdeu-se, entretanto, entre outros aspectos, a possibilidade de se promover ampla atualização da LBA.

6. CONCLUSÃO

A partir da presente pesquisa verifica-se que é possível a instituição da arbitragem por meio da cláusula compromissória cheia, tal como reconhecido pela doutrina e pelos julgados. Se para a doutrina dominante e para os julgados atuais a cláusula compromissória cheia deverá estar de acordo com o art. 5º da LBA, contendo pelo menos a indicação do árbitro ou da sua forma de escolha, o presente trabalho discorda de tal interpretação.

O que se defende neste capítulo é que a cláusula compromissória cheia tem os mesmos requisitos materiais obrigatórios do compromisso arbitral previstos no art. 10 da LBA. Caso não os preencha, a cláusula compromissória será vazia e dependerá de procedimento próprio previsto na LBA (arts. 6º e 7º) para se promover a instituição da arbitragem.

Além dos requisitos materiais obrigatórios, a cláusula compromissória cheia poderá, nos termos da vontade das partes, conter outros requisitos materiais, alguns dos quais podem ser extraídos do art. 11 da LBA.

REFERÊNCIAS BIBLIOGRÁFICAS

ABREU FILHO, José. *O negócio jurídico e sua teoria geral.* São Paulo, Saraiva, 1995.

ALVIM, José Eduardo Carreira. *Comentários à Lei de Arbitragem.* Rio de Janeiro, Lumen Júris, 2002.

ARGENTINA. Código Procesual Civil y Comercial – Ley n. 17.454. Disponível em: <http://www.infoleg.gov.ar/infolegInternet/anexos/15000-19999/16547/texact.htm>. Acesso em: 18 mar. 2016.

BRASIL. Lei n. 9.307, de 23 de setembro de 1996. Disponível em: <http://www.planalto.gov.br/ccivil_03/leis/L9307.htm>. Acesso em: 18 mar. 2016.

______. Lei n. 13.129, de 26 de maio de 2015. Disponível em: <https://www.planalto.gov.br/ccivil_03/_ato2015-2018/2015/lei/l13129.htm>. Acesso em: 18 mar. 2016.

CARMONA, Carlos Alberto. *A arbitragem e processo.* São Paulo, Malheiros, 1998.

DAVID, René. *L'arbitrage dans le commerce international.* Paris, Economica, 1981.

FIGUEIRA JUNIOR, Joel Dias. *Arbitragem, jurisdição e execução.* São Paulo, RT, 1999.

FIUZA, Cezar. *Teoria geral da arbitragem.* Belo Horizonte, Del Rey, 1995.

FOUCHARD, P.; GAILLARD, E.; GOLDMAN, B. *Traité de l'arbitrage commercial international.* Paris, Litec, 1996.

FURTADO, Paulo; BULOS, Uadi Lammêgo. *Lei da arbitragem comentada.* 2. ed. São Paulo, Saraiva, 1998.

GUERREIRO, José Alexandre Tavares. *Fundamento da arbitragem do comércio internacional.* São Paulo, Saraiva, 1993.

LEE, João Bosco. *Arbitragem internacional comercial nos países do Mercosul.* Curitiba, Juruá, 2002.

NORONHA, Fernando. *O direito dos contratos e seus princípios fundamentais.* São Paulo, Saraiva, 1994.

PUCCI, Adriana Noemi. *Arbitragem comercial nos países do Mercosul.* São Paulo, LTr, 1997.

RECHSTEINER, Beat Walter. *Arbitragem privada internacional no Brasil.* 2. ed. São Paulo, RT, 2001.

REDFERN, Alan; HUNTER, Martin. *Law and practice of international commercial arbitration.* 3. ed. Londres: Sweet & Maxweel, 1999.

ROCHA, José de Albuquerque. *A Lei de Arbitragem.* São Paulo, Malheiros, 1998.

ROQUE, Sebastião José. *Arbitragem a solução viável.* São Paulo, Ícone, 1997.

ROZAS, Jose Carlos Fernandez. *Derecho del comercio internacional.* Madri, Eurolex, 1996.

SANTOS, Ricardo Soares Stersi dos. "A cláusula compromissória cheia na arbitragem: pressupostos e requisitos". In: LEITE, Eduardo de Oliveira (coord.). *Mediação, arbitragem e conciliação.* Rio de Janeiro, Forense, 2008.

SOARES, Guido F. S. "Arbitragens comerciais internacionais no Brasil". *Revista dos Tribunais.* São Paulo, n. 641, mar. 1989.

STRENGER, Irineu. *Comentários a lei brasileira de arbitragem.* São Paulo, LTr, 1998.

SUPERIOR TRIBUNAL DE JUSTIÇA. Recurso Especial n. 1.389.763/PR, 3ª T., rel.Min. Nancy Andrighi, Recorrente: Inepar S.A. – Indústria e Construções, Recorrido: Itiquira Energética S.A., j. 12.11.2013, votação unânime. Disponível em: <https://ww2.stj.jus.br/processo/revista/documento/mediado/?componente=ATC&sequencial=32453692&num_registro=201301865788&data=20131120&tipo=51&formato=PDF>. Acesso em: 18 mar. 2016.

______. Recurso Especial n. 1.327.619/MG, 4ª T., rel. Min. Maria Isabel Galotti, Recorrente: Samarco Mineração S.A., Recorrido: Ana Maria da Costa Pereira, j. 20.08.2013, votação unânime. Disponível em: <https://ww2.stj.jus.br/processo/revista/documento/mediado/?componente=ATC&sequencial=30282557&num_registro=201201146709&data=20130828&tipo=5&formato=PDF>. Acesso em: 18 mar .2016.

______. Recurso Especial n. 1.278.852/MG, 4ª T., rel. Min. Luis Felipe Salomão, Recorrente: Samarco Mineração S.A., Recorrido: Jerson Valadares da Cruz, j. 21.05.2013, votação unânime. Disponível em: <https://ww2.stj.jus.br/processo/revista/documento/mediado/?componente=ATC&sequencial=29316321&num_registro=201101598210&data=20130619&tipo=5&formato=PDF>. Acesso em: 18 mar. 2016.

UNCITRAL. Lei modelo sobre arbitragem comercial internacional. Disponível em: <http://www.cbar.org.br/leis_intern_arquivos/Lei_Modelo_Uncitral_traduzida_e_revisada_versao_final.pdf>. Acesso em: 18 mar. 2016.

URUGUAI. Código General del Proceso – Ley n. 15.982. Disponível em: <http://www.parlamento.gub.uy/leyes/AccesoTextoLey.asp?Ley=15982&Anchor=>. Acesso em: 18 mar. 2016.

WALD, Arnoldo. "A recente evolução da arbitragem no direito brasileiro (1996-2001)". In: MARTINS, Pedro A. Batista; GARCEZ, José Maria Rossani (coords.). *Reflexões sobre arbitragem.* São Paulo, LTr, 2002.

16

Ensaio acerca dos deveres de imparcialidade e de independência do árbitro e a sua modificação pelas partes

Sérgio Campinho
Mariana Campinho

1. CONSIDERAÇÕES INICIAIS

A imparcialidade e a independência do árbitro devem seguir os mesmos parâmetros de imparcialidade e de independência do juiz, tais quais dispostos na lei processual civil? Ou esse modelo posto para o processo judicial não comunga, inteiramente, com o procedimento arbitral? Podem as partes relativizá-los ou, até mesmo, afastá-los?

No Direito brasileiro, verificam-se vários pontos de afinidade entre o processo judicial e o procedimento arbitral. E isso até justifica a escolha do legislador por uma regra tal qual a constante do *caput* do art. 14 da Lei n. 9.307/96, que determina aplicar o disposto no Código de Processo Civil sobre impedimento e suspeição de juízes para a hipótese de remoção de árbitro.

Contudo, cumpre indagar se essa orientação é a mais adequada, notadamente diante da experiência internacional, considerando que um dos alicerces de maior relevo na arbitragem é a autonomia privada da vontade, e que ela se dirige aos direitos patrimoniais disponíveis (*caput* do art. 1º da Lei n. 9.307/96). Em nosso país, cumpre rememorar que só se concebe a arbitragem voluntária, a teor do que dispõe o art. 5º, XXXV, da Constituição da República Federativa do Brasil, jamais se podendo instituir por imposição legal (arbitragem obrigatória). Esses pilares de sustentação da arbitragem como técnica de solução extrajudicial de conflitos, a partir da autodeterminação dos interesses privados, devem ser, com efeito, considerados para inspirar as discussões e a formatação de um modelo mais adequado, com o escopo de definir os critérios a orientar os deveres de imparcialidade e de independência do árbitro.

O que se pretende neste trabalho, longe de apresentar solução definitiva à questão, é contribuir na reflexão crítica, a partir de um livre exame especulativo do assunto, seja para cooperar nas escolhas de modelos e no aprimoramento da legislação nacional à luz das práticas internacionais, seja para encontrar uma exegese do texto legal vigente, no Brasil, mais consentânea com os fundamentos da arbitragem.

2. OS DEVERES DE IMPARCIALIDADE E DE INDEPENDÊNCIA DO ÁRBITRO

Um dos princípios basilares da arbitragem, tanto no plano doméstico como no plano internacional, é o dever fundamental de o árbitro manter-se imparcial e independente durante todo o procedimento arbitral[1]. Tal dever de conduta deriva da própria função jurisdicional[2] que é exercida pelo árbitro único ou pelo tribunal arbitral, uma vez que as decisões proferidas por eles afetam, de modo final e vinculativo, as esferas particulares e direitos individuais de terceiros[3]. Se não houvesse tal dever, a credibilidade da arbitragem restaria comprometida perante as comunidades nacional e internacional, uma vez que não atenderia à sua finalidade precípua de oferecimento de uma solução adequada à demanda formulada.

A reflexão acerca dos deveres de imparcialidade e de independência se mostra mais evidenciada no procedimento arbitral do que no processo judicial, notadamente porque, no primeiro, as partes são livres para escolherem os seus próprios julgadores, não havendo que se falar no princípio do juiz natural. Assim, caso a autonomia da vontade da parte na escolha do árbitro se desse de forma ampla e totalmente irrestrita, poder-se-ia desembocar em um indesejável julgamento tendencioso, portanto, injusto, e, em *ultima ratio*, inadequado. Nesse sentido, os princípios fundamentais da imparcialidade e da independência do árbitro apresentam-se como importante limitador dessa liberdade de escolha das partes, sob o corolário de que não é dado a ninguém julgar a si mesmo[4].

A fim de que seja possível verificar se os árbitros estão cumprindo esses deveres de imparcialidade e de independência na condução do procedimento arbitral, impõe-se-lhes a observância de outro dever: o de revelação de fatos relevantes (*disclosure*)[5]. Assim, o árbitro deve dar ciência às partes e ao restante do tribunal sobre a existência de eventuais circunstâncias que possam vir a comprometer a sua imparcialidade ou a sua independência. Tal dever de revelação perdura durante todo o procedimento arbitral, juntamente com os deveres de o árbitro se manter imparcial e independente[6].

---

1 LEW et al., *Comparative International Commercial Arbitration*, 2003, p. 256; BLACKABY et al., *Redfern and Hunter on International Arbitration*, 2009, § 4.72; VOSER; PETTI, *The Revised IBA Guidelines on Conflicts of Interest in International Arbitration*, 2015, p. 7; GAILLARD; SAVAGE, *Fouchard Gaillard Goldman on International Commercial Arbitration*, 1999, p. 572.

2 CARMONA, *Arbitragem e processo*: um comentário à Lei n. 9.307/96, 2009, p. 26; ALVES, "A imparcialidade do árbitro no direito brasileiro: autonomia privada ou devido processo legal?", 2014, p. 949-68.

3 BORN, *International Commercial Arbitration*, 2014, p. 1.762; LEW et al., op. cit., p. 255.

4 LUTTRELL, *Bias Challenges in International Commercial Arbitration*: the need for a "real danger" test, 2009, p. 2. Nesse sentido, ver: CANADÁ. *Cour d'Appel de Québec*. Caso n. 200-09-000700-879. *Desbois v. Industries A.C. Davie Inc.* Quebec, 26 de abril de 1990. Disponível em: http://www.canlii.org/fr/qc/qcca/doc/1990/1990canlii3619/1990canlii3619.html. Acesso em: 7 jan. 2016. No caso, o Tribunal concluiu que, por serem a imparcialidade e a independência do árbitro requisitos fundamentais da arbitragem, uma cláusula contratual prevendo que o ministro do governo de Quebec, parte signatária do contrato celebrado sob litígio, seria árbitro na hipótese de uma eventual arbitragem deveria ser reputada nula de pleno direito por violação à ordem pública – uma vez que tal cláusula seria, evidentemente, contrária aos princípios de imparcialidade e de independência.

5 LEW et al., op. cit., p. 256 e 265.

6 BLACKABY et al., op. cit., § 4.81; LEW, et al., op. cit., p. 265; LEMES, 1. Árbitro. Dever de Revelação. Inexistência de Conflito de Interesses. Princípios da Independência e da Imparcialidade do Árbitro. 2. Homologação de Sentença Arbitral Estrangeira no STJ. Inexistência de Violação à Ordem Pública (Processual). Art. 39, II, da Lei de Arbitragem e Art. V(II)(b), da Convenção de Nova Iorque, 2014, p. 17.

2.1. Conceitos de imparcialidade e de independência do árbitro

É imperioso destacar que imparcialidade e independência constituem conceitos distintos[7], apesar de complementares[8]. É justamente por isso que essas duas figuras, na maioria dos diplomas legais ou regulamentares, aparecem em conjunto[9,10], com algumas poucas exceções[11].

---

7 Imparcialidade e independência devem ser tidos como conceitos distintos e autônomos, pois pode existir árbitro independente, mas que seja parcial (como não possuir qualquer relação pessoal, profissional, acadêmica ou de dependência econômica com as partes, seus familiares e seus advogados ou escritório de advocacia, mas já dispor de um pré-julgamento com relação ao tema a ser enfrentado na arbitragem, pois já passou por idêntica ou análoga situação concreta) ou imparcial, mas que seja dependente (como possuir uma relação pessoal ou profissional com ambas as partes envolvidas na arbitragem, mas, justamente por isso, manter-se imparcial, ou seja, não estar inclinado a favorecer nenhuma delas). Nesse sentido, ver BLACKABY et al., op. cit., § 4.78; LEITE, "Independência, imparcialidade e suspeição de árbitro", 2010, p. 111. Diferentemente, há quem defenda que um árbitro dependente será, necessariamente, parcial, enquanto um árbitro parcial não será, necessariamente, dependente – *i. e.*, poderá ser independente e parcial, mas nunca dependente e imparcial (LUTTRELL, op. cit., p. 22).

8 São conceitos complementares e intrinsecamente interligados, pois, a princípio, é necessário que todo e qualquer árbitro forme e conduza o seu julgamento de forma imparcial e independente, sob pena de remoção deste ou de posterior anulação de sentença arbitral (ver BORN, op. cit., p. 1.777). Em sentido diverso, há quem sustente que um árbitro imparcial, mas que não seja absolutamente independente, está apto a julgar a questão posta, adequadamente, enquanto um árbitro que não é imparcial, mesmo sendo independente, não poderá julgar, devendo ser removido (DAELE, *Challenge and disqualification of arbitrators in international arbitration*, 2012, p. 367).

9 A título de exemplo, pode-se citar o art. 12 da Lei Modelo da Uncitral sobre Arbitragem Comercial Internacional; os arts. 11 e 12 do Regulamento de Arbitragem da Uncitral; o § 1.036(2) do Código de Processo Civil Alemão; os arts. 1.685(2) e 1.686 do Código Judiciário Belga; os arts. 1.456 e 1.506, 2°, do Código de Processo Civil Francês; os arts. 13, § 6°, e 14, § 1°, da Lei de Arbitragem Brasileira (Lei n. 9.307/96); o art. 1.033(1) do Código de Processo Civil holandês; os §§ 587(8) e 588 do Código de Processo Civil Austríaco; o art. 17 da Lei de Arbitragem Espanhola (2003); o art. 9(3) da Lei da Arbitragem Voluntária Portuguesa; o art. 12 do Código de Arbitragem Comercial Canadense (2013); o §12(1) e (3) da Lei de Arbitragem Internacional Australiana (2011); o art. 12(1) e (3)(a) da Lei de Arbitragem e Conciliação da Índia (1996); o art. 11 do Regulamento de Arbitragem da ICC (International Chamber of Commerce); o § 15 do Regulamento de Arbitragem da DIS (Deutsche Institution für Schiedsgerichtsbarkeit); os arts. 5.3, 5.4, 5.5, 10.1 e 11.1 do Regulamento de Arbitragem da LCIA (London Court of International Arbitration); as R-17 e R-18(a)(i) do Regulamento de Arbitragem da AAA (American Arbitration Association); os arts. 31(1) e 32(2) do Regulamento de Arbitragem da CIETAC (China International Economic and Trade Arbitration Commission); os arts. 5.1 e 5.4 do Regulamento de Arbitragem da CCBC (Câmara de Comércio Brasil-Canadá); os arts. 5.3, 5.4, 5.5 e 7.1 do Regulamento de Arbitragem do CBMA (Centro Brasileiro de Mediação e Arbitragem); e o art. 4.2 do Regulamento de Arbitragem da CAMARB (Câmara de Arbitragem Empresarial – Brasil).

10 Atenta-se ao fato de que o antigo Regulamento de Arbitragem da ICC, de 1998, em seu art. 7(1), previa apenas o dever do árbitro de se manter independente, sem mencionar a obrigação deste de se manter imparcial (*in verbis*, "*Every arbitrator must be and remain independent of the parties involved in the arbitration*"). Contudo, o novo Regulamento de Arbitragem da ICC, o qual entrou em vigor em 2012, na esteira do que preveem a Lei Modelo da Uncitral e a maior parte das legislações e regulamentos sobre arbitragem, dispõe, em seu art. 11(1), que todo árbitro deve se manter imparcial e independente com relação às partes envolvidas no procedimento arbitral (*in verbis*, "*Every arbitrator must be and remain impartial and independent of the parties involved in the arbitration*").

11 O art. 180(1)(c) da Lei Suíça sobre Direito Internacional Privado dispõe que um árbitro poderá ser recusado no caso de existirem circunstâncias que deem ensejo a dúvidas justificáveis quanto à sua independência (sem que seja feita qualquer menção ao dever de imparcialidade do árbitro). Em sentido diametralmente oposto, o § 24(1)(a) da Lei de Arbitragem Inglesa, de 1996, prevê que a parte pode requerer a remoção do árbitro no caso de existirem circunstâncias que deem ensejo a dúvidas justificáveis quanto à sua imparcialidade (sem que seja feita qualquer menção ao dever de independência do árbitro). A justificativa para tal ex-

É de grande valia a definição que nos é proposta pela *IBA Rules of Ethics for International Arbitrators*, de 1987, em seu art. 3.1:

> *The criteria for assessing questions relating to bias are impartiality and independence. Partiality arises when an arbitrator favours one of the parties, or where he is prejudiced in relation to the subject-matter of the dispute. Dependence arises from relationships between an arbitrator and one of the parties, or with someone closely connected with one of the parties.*

Nessa linha de orientação, o árbitro imparcial é aquele que é isento e apartidário, conceito que se forma, pois, tanto em relação às matérias quanto em relação às partes envolvidas na disputa arbitral[12]. Desse modo, imparcialidade significa ausência de predisposição em favorecer alguma das partes e abstenção de realizar pré-julgamento sobre determinada matéria, antes de as partes apresentarem os seus argumentos e provas; é mister que o árbitro esteja, verdadeiramente, receptivo aos argumentos de ambas as partes para a formação de seu convencimento[13], o qual deve se basear, quanto às questões de fato, exclusi-

---

clusão é a de que a falta de independência, a não ser nos casos que gerem dúvidas justificáveis ou fortes indícios de imparcialidade do árbitro, não tem relevância. Entende-se que há casos de dependência do árbitro que podem ou não gerar dúvidas justificáveis quanto à sua imparcialidade. No caso de gerar dúvidas, o árbitro poderia ser removido por não ser (ou não parecer ser) imparcial com relação às partes. Entretanto, em caso negativo, isto é, hipótese de haver certa relação de dependência mais branda, que não seja considerada um forte indício para a existência de parcialidade, não há motivos para se afastar o árbitro, pois é a inobservância do requisito de imparcialidade que tem o condão de fazê-lo. Portanto, entende-se não haver motivo aparente para se incluir o termo "independência" além de "imparcialidade", uma vez que a relação de dependência que não indique fortes indícios de uma relação de parcialidade é irrelevante (só deverá ser considerada aquela que gerar dúvidas justificáveis quanto à inexistência de imparcialidade). Nesse sentido, conferir o *Report on Arbitration Bill 1996*, publicado pelo U.K. Departmental Advisory Committee on Arbitration: "*It seems to us that lack of independence, unless it gives rise to justifiable doubts about the impartiality of the arbitrator, is of no significance. The latter is, of course, the first of our grounds for removal. If lack of independence were to be included, then this could only be justified if it covered cases where the lack on independence did not give rise to justifiable doubts about impartiality, for otherwise there would be no point including lack of independence as a separate ground. [...] We should emphasize that we intend to lose nothing of significance by omitting reference to independence. Lack of this quality may well give rise to justifiable doubts about impartiality, which is covered, but if it does not, then we cannot at present see anything of significance that we have omitted by not using this term*" (§§ 101 e 104. Disponível em: <http://uk.practicallaw.com/cs/Satellite?blobcol=urldata&blobheader=application%2Fpdf&blobkey=id&blobtable=MungoBlobs&blobwhere=1247974981140&ssbinary=true>. Acesso em: 14 jan. 2016).

12 BORN, op. cit., p. 1.776-7; BLACKABY et al., op. cit., § 4.77; LEW et al., op. cit., p. 258.

13 LUTTRELL, op. cit., p. 15. A título de exemplo, a Corte Distrital de Haia já decidiu no sentido de que existem dúvidas justificáveis quanto à imparcialidade do árbitro no caso de ele atuar como advogado em um outro procedimento arbitral cuja matéria a ser enfrentada é semelhante à da arbitragem, que ele funciona como árbitro. Isso porque ele, possivelmente, já teria um juízo de valor formado em relação à matéria que teria de defender enquanto advogado, configurando uma possível hipótese de pré-julgamento na arbitragem em que ele estaria investido na função de árbitro (HOLANDA. Corte Distrital de Haia. *Challenge* n. 13/2004, *Petition* n. HA/RK/2004.667. *Republic of Ghana v. Telekom Malaysia Berhad*. Haia, 18 de outubro de 2004). Nota-se que meras publicações prévias sobre o assunto que será objeto do procedimento arbitral, sem que seja feita expressa referência a ele, não caracterizam hipótese de parcialidade do árbitro. Nesse sentido, ver LEW et al., op. cit., p. 260: "*A clear predisposition in relation to a dispute exists where the arbitrator has already expressed an opinion on the concrete legal question or has even acted as counsel for a party in the matter. This must be distinguished from earlier publications dealing in an abstract way with the legal issue in question. Those publi-*

vamente nas provas apresentadas[14]. Esse é um conceito subjetivo[15] e de difícil aferição prévia, portanto[16].

O árbitro independente, por seu turno, é aquele que não mantém ou manteve, em um passado recente[17], relações pessoais, profissionais ou de dependência financeira com alguma

---

cations do not impair the arbitrator's impartiality. In particular, party appointed arbitrators are sometimes chosen according to their perception or their expected attitude or open-mindedness to a particular argument or legal or scientific viewpoint".

14 BLACKABY et al., op. cit., § 4.81.

15 LUTTRELL, op. cit., p. 23-4; GAILLARD; SAVAGE, op. cit., p. 564; LEMES, op. cit., p. 14.

16 É raro que a parte consiga provar a aparência justificável ou a existência de parcialidade do árbitro previamente ou no momento da formação do tribunal arbitral. É mais comum que a parcialidade seja evidenciada por alguma conduta ou atitude do árbitro no decorrer do procedimento, por exemplo, por meio de um forte discurso preconceituoso proferido por ele em detrimento da condição ou característica de uma das partes. Nesse sentido, ver CARMONA, op. cit., p. 242. Ver também *Catalina (Owners) v. Norma (Owners)*, 29 de julho de 1938 (no *leading case* sobre esse tema, considerou-se que o árbitro não adotou uma conduta imparcial no curso de todo o procedimento arbitral ao afirmar, genericamente, que o povo português é um povo mentiroso e que, por isso, não levaria em consideração o depoimento das testemunhas portuguesas, mas só os das norueguesas – considerando que uma das partes tinha nacionalidade portuguesa (cf. *in verbis*: *"'They' (he was then referring to the two Norwegians who had given evidence upon July 13) are not Italians. The Italians are all liars in these cases and will say anything to suit their book. The same thing applies to the Portuguese [directly then referring to the two Portuguese who had given evidence on July 13]. But the other side here are Norwegians, and in my experience the Norwegians generally are a truthful people. In this case I entirely accept the evidence of the master of the Norma". 61 Llyod's Law Reports 360 et seq.*, p. 364. Disponível em: http://www.trans-lex.org/311230. Acesso em: 15 jan. 2016). Para maiores referências, ver *LONDON COURT OF INTERNATIONAL ARBITRATION. LCIA Court Decision on Challenge to Arbitrator* n. 81.224. Londres, 15 de março de 2010 (não obstante o entendimento do Tribunal de que, naquele caso concreto, a parcialidade ou, pelo menos, a aparência de parcialidade do árbitro não foi suficientemente demonstrada para fins de seu afastamento, mencionou-se, nos fundamentos da decisão arbitral, que comentários ou piadas racistas ou fortemente ofensivas contra uma das partes ou de seus advogados podem dar – e já deram – ensejo a afastamento de árbitro, por restar ausente o requisito imprescindível da imparcialidade). Ressalta-se que afirmações isoladamente consideradas, sem que seja levado em conta o contexto da arbitragem como um todo, não são suficientes para caracterizar a parcialidade do árbitro para fins de seu afastamento. Ver *LONDON COURT OF INTERNATIONAL ARBITRATION. LCIA Court Decision on Challenge to Arbitrator* n. UN7949. Londres, 12 de dezembro de 2007).

17 Esse é um conceito aberto e que, portanto, deve ser avaliado segundo as especificidades que cercam o caso concreto. Como orientação, pode-se utilizar os parâmentros fixados pelas *IBA Guidelines on Conflicts of Interest in International Arbitration*, tais quais: item 3.1.1 da Lista Laranja: "*the arbitrator has,* within the past three years, *served as counsel for one of the parties, or an affiliate of one of the parties, or has previously advised or been consulted by the party, or an affiliate of the party, making the appointment in an unrelated matter, but the arbitrator and the party, or the affiliate of the party, have no ongoing relationship*"; item 3.1.2 da Lista Laranja: "*the arbitrator has,* within the past three years, *served as counsel against one of the parties, or an affiliate of one of the parties, in an unrelated matter*"; item 3.1.3 da Lista Laranja: "*the arbitrator has,* within the past three years, *been appointed as arbitrator on two or more occasions by one of the parties, or an affiliate of one of the parties*"; item 3.1.4 da Lista Laranja: "*the arbitrator's law firm has,* within the past three years, *acted for or against one of the parties, or an affiliate of one of the parties, in an unrelated matter without the involvement of the arbitrator*"; item 3.1.5 da Lista Laranja: "*the arbitrator* currently serves, or has served within the past three years, *as arbitrator in another arbitration on a related issue involving one of the parties, or an affiliate of one of the parties*"; item 3.3.3 da Lista Laranja: "*the arbitrator was,* within the past three years, *a partner of, or otherwise affiliated with, another arbitrator or any of the counsel in the arbitration*"; item 3.3.8 da Lista Laranja: "*the arbitrator has,* within the past three years, *been appointed on more than three occasions by the same counsel, or the same law firm*"; item 3.3.9 da Lista Laranja: "*the arbitrator and another arbitrator, or counsel for one of the parties in the arbitration,* currently act or have acted together within the past three years

das partes ou seus advogados, capazes de torná-lo tendencioso[18]. Destarte, este é um conceito de aferição objetiva[19]. Segundo prestigiosa posição doutrinária[20], enquanto a imparcialidade do árbitro é um requisito que deve ser observado para que a decisão seja, efetivamente, justa, o requisito da independência é imprescindível para que a decisão pareça ser justa aos olhos das partes e de terceiros.

3. IMPARCIALIDADE E INDEPENDÊNCIA DO ÁRBITRO NO PLANO INTERNACIONAL

3.1. Diferentes *standards* a serem aplicados

Certo de que a imparcialidade e a independência do árbitro são imprescindíveis para o sucesso da arbitragem internacional como um eficiente método de resolução de conflitos, um dos grandes problemas enfrentados é o da insegurança quanto à abrangência desses conceitos, isto é, quais seriam as hipóteses fáticas que configurariam, na prática, casos de dependência ou de parcialidade do árbitro.

Nesse contexto, surgem algumas tentativas de uniformização da matéria, por meio da formulação de *standards* internacionais (*e. g.*, Lei Modelo da Uncitral sobre Arbitragem Comercial Internacional e *IBA Guidelines on Conflicts of Interest in International Arbitration*).

Todavia, mesmo diante desse profícuo esforço, resta a constatação de que a interpretação das hipóteses de dependência e de parcialidade acaba por variar conforme a jurisdição e a cultura jurídica a qual dado procedimento arbitral está submetido[21].

---

as co-counsel"; e item 3.4.5 da Lista Laranja: "*if the arbitrator is a former judge, he or she has,* within the past three years, *heard a significant case involving one of the parties, or an affiliate of one of the parties*" [grifos nossos]. Nota-se que, no item 3.1.3 da Lista Laranja, há a seguinte observação: "*it may be the practice in certain types of arbitration, such as maritime, sports or commodities arbitration, to draw arbitrators from a smaller or specialised pool of individuals. If in such fields it is the custom and practice for parties to frequently appoint the same arbitrator in different cases, no disclosure of this fact is required, where all parties in the arbitration should be familiar with such custom and practice*".

18 LEW et al., op. cit., p. 261-2; BLACKABY et al., op. cit., § 4.77; BORN, op. cit., p. 1.775-6; GAILLARD; SAVAGE, op. cit., p. 565-6.

19 LUTTRELL, op. cit., p. 23; BLACKABY et al., op. cit., § 4.77; GAILLARD; SAVAGE, op. cit., p. 564; CARMONA, op. cit., p. 242; LEMES, op. cit., p. 14.

20 LEW et al., op. cit., p. 261.

21 BORN, op. cit., p. 1.762.

3.1.1. Lei Modelo da Uncitral sobre Arbitragem Comercial Internacional

A Lei Modelo da Uncitral sobre Arbitragem Comercial Internacional ("Lei Modelo da Uncitral")[22], em seu art. 12[23], visa a estabelecer um critério objetivo[24] e genérico[25] para a aferição da imparcialidade e da independência do árbitro, a partir da exigência de verificação de circunstâncias que ensejam dúvidas justificáveis de parcialidade ou de dependência, tanto para fins de imposição do dever de revelação do árbitro[26] como para a sua remoção[27]. Não reclama a comprovação de efetiva parcialidade ou de efetiva relação de dependência, mas somente a demonstração *prima facie* da existência de fortes indícios, ou seja, de circunstâncias que acarretem dúvidas sérias e objetivas quanto à ausência desses requisitos essenciais[28,29].

Contudo, deve-se ter cautela para não impor um *standard* excessivamente severo para a aferição da imparcialidade e da independência, evitando, com a providência, restringir em demasia o direito fundamental da parte de liberdade na escolha do árbitro e, de outro lado, contribuir para retardar o procedimento arbitral – a dúvida quanto à imparcialidade ou à independência deve ser realmente grave e concreta para que o árbitro seja afastado[30]. Destaca-se que a nacionalidade de um árbitro não pode ser considerada isoladamente um elemento caracterizador de parcialidade segundo disposto no art. 11(1) da Lei Modelo da Uncitral[31].

---

22 A Lei Modelo sobre Arbitragem Comercial Internacional foi adotada pela Comissão das Nações Unidas para o Direito Comercial Internacional (Uncitral) em 1985, para fins de uniformização e modernização da arbitragem comercial internacional. Não é uma convenção, portanto, mas uma lei modelo para que os países sigam como parâmetro na edição e promulgação de suas leis nacionais (ver *Uncitral 2012 Digest of Case Law on the Model Law on International Commercial Arbitration*. New York: United Nations Publication, 2012. p. 2). Até hoje, 72 países, de um total de 102 jurisdições, editaram suas leis sobre arbitragem com base na Lei Modelo da Uncitral. O Brasil, todavia, não está incluído nesse grupo de 72 países. Dado retirado de: http://www.uncitral.org/uncitral/uncitral_texts/arbitration/1985Model_arbitration_status.html. Acesso em: 3 fev. 2016.

23 Art. 12 da Lei Modelo da Uncitral: *"(1) When a person is approached in connection with his possible appointment as an arbitrator, he shall disclose any circumstances likely to give rise to justifiable doubts as to his impartiality or independence. An arbitrator, from the time of his appointment and throughout the arbitral proceedings, shall without delay disclose any such circumstances to the parties unless they have already been informed of them by him. (2) An arbitrator may be challenged only if circumstances exist that give rise to justifiable doubts as to his impartiality or independence, or if he does not possess qualifications agreed to by the parties. A party may challenge an arbitrator appointed by him, or in whose appointment he has participated, only for reasons of which he becomes aware after the appointment has been made".*

24 BORN, op. cit., p. 1.764.

25 HOLTZMANN; NEUHAUS, *A guide to the Uncitral Model Law on International Commercial Arbitration*: legislative history and commentary, 1989, p. 388.

26 Art. 12(1) da Lei Modelo da Uncitral.

27 Art. 12(2) da Lei Modelo da Uncitral.

28 BORN, op. cit., p. 1.778.

29 Não se considera dúvida justificável quanto à ausência de imparcialidade e de independência do árbitro o simples fato de este não ter revelado determinada circunstância ou relação existente. Para tal, é necessário verificar se o fato em si, que não foi revelado, realmente enseja dúvidas justificáveis quanto à inexistência de imparcialidade e/ou de independência do árbitro e se a não revelação foi proposital, com a finalidade de omitir tal fato, ou se foi de boa-fé, por entender o árbitro que o fato não enseja dúvidas justificáveis quanto à sua imparcialidade ou sua independência, ou, ainda, se a não revelação foi um mero descuido. Nesse sentido, ver DAELE, op. cit., p. 434-5.

30 BORN, op. cit., p. 1.779.

31 LEW et al., op. cit., p. 259.

Apesar de toda a energia que se possa despender para o atingimento do fim aqui colimado, o certo é que os parâmetros da Lei Modelo da Uncitral têm desafiado variadas interpretações[32].

---

32 A título de exemplo, citam-se algumas decisões a respeito da interpretação do art. 12 da Lei Modelo da Uncitral: 1) Decidiu-se que o fato de o árbitro ser padrinho de uma advogada integrante do escritório de advocacia representante de uma das partes, sem que ela tivesse qualquer envolvimento no caso, não pôde ser considerado como ensejador de dúvidas justificáveis quanto à sua independência para fins de seu afastamento (ALEMANHA. *Oberlandesgericht München*. 34 SchH 05/06. Munique, 5 de julho de 2006. Disponível em: <http://www.dis-arb.de/de/47/datenbanken/rspr/olg-münchen-az-34-schh-05-06-datum-2006-07-05-id557>. Acesso em: 27 jan. 2016). 2) Entendeu-se que o fato de o árbitro indicado ser sogro de um dos integrantes do escritório de advocacia representante de uma das partes envolvidas na arbitragem, possuir diversos amigos pessoais trabalhando nesse mesmo escritório, incluindo o sócio administrador, e ter dedicado uma publicação jurídica à pessoa cujo nome é atribuído ao escritório denotam aparente ausência de independência, fato que é capaz de afastá-lo (ESPANHA. *Audiencia Provincial de Madrid. CLOUT case* n. 1419. Madri, 30 de junho de 2011. Disponível em: <http://daccess-dds-ny.un.org/doc/UNDOC/GEN/V14/069/84/PDF/V1406984.pdf?OpenElement>. Acesso em: 29 jan. 2016). 3) Concluiu-se por não nomear o árbitro que divulgou ser sócio do escritório de advocacia que prestou serviços de consultoria em favor da parte que lhe indicou, justamente em relação aos contratos objeto da arbitragem em questão, apesar de o árbitro indicado não ter participado pessoalmente da consultoria prestada (*LONDON COURT OF INTERNATIONAL ARBITRATION. LCIA Court Decision on Challenge to Arbitrator* n. 9.147. Londres, 27 de janeiro de 2000). 4) Anulou-se sentença arbitral já proferida por ocasião da não divulgação, por parte de dois árbitros, de suas relações profissionais com os autores do parecer apresentado pelo requerente, os quais atuavam na mesma instituição educacional e científica, além do fato de um dos pareceristas ser superior hierárquico de um dos árbitros (RÚSSIA. *Judicial Division of the Supreme Commercial Court of the Russian Federation (VAS)*. Caso n. VAS-15.384/11 (*CLOUT case* n. 1.348). Moscou, 30 de janeiro de 2012. Disponível em: <http://daccess-dds-ny.un.org/doc/UNDOC/GEN/V14/016/59/PDF/V1401659.pdf?OpenElement>. Acesso em: 29 jan. 2016). 5) Entendeu-se que a prestação de serviços jurídicos pelo árbitro a uma das partes, desde que de forma isolada, sem guardar qualquer relação com a arbitragem em questão e já encerrada há alguns anos, não é motivo capaz de ensejar um afastamento do árbitro, uma vez que não caracteriza uma relação permanente e constante da parte com o árbitro (ALEMANHA. *Hanseatisches Oberlandesgericht Hamburg*.9 SchH 01/05. Hamburgo, 12 de julho de 2005. Disponível em: <http://www.dis-arb.de/en/47/datenbanken/rspr/hanseat-olg-hamburg-az-9-schh-01-05-datum-2005-07-12-id1170>. Acesso em: 7 jan. 2016). 6) Concluiu-se que o fato de um árbitro já ter atuado em outro procedimento arbitral como advogado da parte que o indicou (*i. e.*, da parte contrária àquela que o está impugnando no caso presente) e de ter sustentado, em defesa de seu constituinte, genericamente, o seu posicionamento sobre determinado tema (o qual não é favorável à parte que agora o impugna como árbitro) não são suficientes para denotar dúvidas justificáveis quanto à ausência de sua imparcialidade e/ou independência enquanto árbitro e, portanto, para afastá-lo (ALEMANHA. *Hanseatisches Oberlandesgericht Hamburg*. 6 SchH 03/02. Hamburgo, 11 de março de 2003. Disponível em: <http://www.dis-arb.de/de/47/datenbanken/rspr/hanseat-olg-hamburg-az-6-schh-03-02-datum-2003-03-11-id216>. Acesso em: 7 jan. 2016). 7) Em hipótese na qual o árbitro redigiu artigo publicado em revista especializada sobre o procedimento arbitral em curso, em detalhes, já deduzindo a sua opinião sobre a resolução do caso concreto e contendo expressões irônicas e depreciativas contra o requerente, não obstante a preservação da identidade das partes, considerou-se haver dúvidas justificáveis acerca da ausência de sua imparcialidade e de sua independência aptas a ensejar o seu afastamento (ALEMANHA. *Landgericht München II*. 2 OH 1728/01 (*CLOUT case* n. *902*). Munique, 27 de junho de 2002. Disponível em: <http://daccess-dds-ny.un.org/doc/UNDOC/GEN/V09/874/11/PDF/V0987411.pdf?OpenElement>. Acesso em: 29 jan. 2016). 8) Decidiu-se que o árbitro indicado por uma das partes deveria ser afastado, uma vez que, ele havia, antes do início do procedimento arbitral, elaborado um parecer específico para o caso concreto e com farta fundamentação jurídica em favor da parte que o indicou – tal parecer não refletia, portanto, mera análise genérica e acadêmica, o que não representaria óbices à sua atuação (ALEMANHA. *Hanseatisches Oberlandesgericht Hamburg*. 11 SchH 01/04. Hamburgo, 28 de junho de 2004. Disponível em: <http://www.dis-arb.de/en/47/datenbanken/rspr/hanseat-olg-hamburg-az-11-schh-01-04-datum-2004-06-28-id284>. Acesso em: 7 jan. 2016). 9) Concluiu-se que o simples fato de o árbitro já ter divulgado a sua opinião sobre certa questão jurídica por meio da publicação de um trabalho em revistas, jornais, obras coletivas etc., questão essa que veio a ser, posteriormente, objeto da arbitragem, não

3.1.2. *IBA Guidelines on Conflicts of Interest in International Arbitration*

As *IBA Guidelines on Conflicts of Interest in International Arbitration 2014* (*IBA Guidelines*) são diretrizes para auxiliar a interpretação dos conceitos de imparcialidade e de independência do árbitro[33]. Com base nas melhores práticas internacionais, buscou-se uniformizar os critérios a serem aplicados nas hipóteses do dever de revelação, da objeção e afastamento do árbitro e da anulação de sentença arbitral. Tais orientações são, portanto, de grande utilidade tanto para a interpretação das circunstâncias que devem ser reveladas pelo próprio árbitro como para caracterização de hipóteses de parcialidade e/ou dependência a serem suscitadas pela parte para fins de seu afastamento, além de serem de importante utilização por tribunais arbitrais e pelo Poder Judiciário como parâmetro para determinar o afastamento de árbitro e a anulação de decisão arbitral, respectivamente.

Justamente por traduzirem diretrizes, as *IBA Guidelines* não possuem efeito vinculante (a não ser que tenham sido expressamente incorporadas à convenção de arbitragem pelas partes ou tenham sido objeto de algum acordo em separado) e, muito menos, força de lei, não tendo, pois, o condão de afastar qualquer previsão legal que lhe seja contrária.

As *IBA Guidelines* são divididas em duas partes: a primeira apresenta os *General Standards*, isto é, os princípios gerais sobre os deveres de imparcialidade e de independência do árbitro, além do dever de revelação, enquanto a segunda contempla a aplicação prática desses *standards* por meio da formulação de diferentes listas de circunstâncias agrupadas conforme o grau de existência de conflito de interesses.

O *General Standard* 2(a) das *IBA Guidelines*, constante de sua primeira parte, prevê que um árbitro deve recursar sua nomeação se ele tiver dúvida quanto à sua própria imparcialidade e/ou independência[34]. Da mesma forma, um árbitro indicado por uma das partes não deve julgar o caso se houver dúvidas justificáveis, aferidas sob o parâmetro do homem médio (*reasonable third person*), quanto à sua imparcialidade e/ou independência – a menos que ambas as partes o tenham aceitado (*General Standard* 2(b) das *IBA Guidelines*)[35].

---

gera dúvidas justificáveis acerca da falta de sua imparcialidade ou de sua independência (DINAMARCA. *Danish High Court, 21st Chamber Eastern Division*. Caso n. B-1.752-08 27 (*CLOUT case* n. 1.178). Copenhague, 27 de novembro de 2008. Disponível em: <http://daccess-dds-ny.un.org/doc/UNDOC/GEN/V12/554/54/PDF/V1255454.pdf?OpenElement>. Acesso em: 29 jan. 2016). 10) Entendeu-se que o fato de o árbitro prestar serviços profissionais para uma sociedade que integra grupo econômico, o qual mantém, por meio de outras sociedades, relações negociais temporárias com uma das partes envolvidas na presente arbitragem não caracteriza uma circunstância que gere dúvidas justificáveis quanto à sua independência, tendo em vista que a relação existente entre a parte e o árbitro é distante e mediata (ESPANHA. *Audiencia Provincial deMadrid. CLOUT case* n. 1.420. Madri, 21 de junho de 2011. Disponível em: <http://daccess-dds-ny.un.org/doc/UNDOC/GEN/V14/069/84/PDF/V1406984.pdf?OpenElement>. Acesso em: 29 jan. 2016).

33 Sobre a ampla utilização dessas diretrizes pelas partes quando da impugnação do árbitro, ver LUTTRELL, op. cit., p. 196-7; Queen Mary University of London, "2015 International Arbitration Survey: improvements and innovations in international arbitration", 2015, p. 35-6. Disponível em: http://www.arbitration.qmul.ac.uk/docs/164761.pdf. Acesso em: 26 jan. 2016 (segundo o resultado da pesquisa, 71% dos entrevistados estão familiarizados com as *IBA Guidelines* e já observaram sua utilização na prática, enquanto outros 19% estão familiarizados com as diretrizes, mas não tiveram contato prático com elas. Ademais, 60% dos entrevistados avaliaram as *IBA Guidelines* como um instrumento de grande efetividade prática).

34 Esse é o chamado *subjective test* (VOSER; PETTI, op. cit., p. 11).

35 Esse é o chamado *objective test* (loc. cit.).

Diferentemente da Lei Modelo da Uncitral, as *IBA Guidelines* propõem definição do que se deve ter por "dúvidas justificáveis". Segundo o *General Standard* 2(c) das *IBA Guidelines*[36], há dúvidas justificáveis quando uma *reasonable third person*, devidamente informada sobre as relevantes circunstâncias do caso concreto, puder concluir que há probabilidade de o árbitro julgar a lide sob a influência de outros fatores que não somente os fatos relacionados ao caso concreto e as provas apresentadas pelas partes.

Há quem teça críticas a essa definição trazida pelas *IBA Guidelines*, uma vez que, caso considerada em sua literalidade, amplia, e em muito, o objetivo *standard* de dúvidas justificáveis[37,38] para fins de caracterização de parcialidade e dependência do árbitro[39]. Isso porque todos os árbitros podem acabar sendo influenciados por "outros fatores que não somente o mérito do caso apresentado pelas partes", tais como a sua formação jurídica, a sua especialização acadêmica, a sua nacionalidade e cultura, entre outros[40].

Como mencionado, a segunda parte das *IBA Guidelines* busca identificar as circunstâncias fáticas que podem, ou não, gerar, no caso concreto, dúvidas justificáveis quanto à imparcialidade e à independência do árbitro, elencando-as em listas de cores – Lista Vermelha de Eventos Não Renunciáveis; Lista Vermelha de Eventos Renunciáveis; Lista Laranja e Lista Verde. Essas listagens são exemplificativas, e não exaustivas, portanto[41].

Primeiro, a Lista Vermelha de Eventos Não Renunciáveis elenca situações específicas em que há fortíssimo conflito de interesses[42], pois decorrem do princípio fundamental de que a ninguém cabe julgar a si mesmo. Nessas hipóteses, há o dever de revelação pelo árbitro e a consequente impossibilidade absoluta de ele julgar o caso, mesmo com acordo expresso das partes em sentido oposto[43]. Já a Lista Vermelha de Eventos Renunciáveis identifica

---

36 General Standard 2(c) das *IBA Guidelines*: "*Doubts are justifiable if a reasonable third person, having knowledge of the relevant facts and circumstances, would reach the conclusion that there is a likelihood that the arbitrator may be influenced by factors other than the merits of the case as presented by the parties in reaching his or her decision*".

37 É um critério objetivo, pois tem como medida/parâmetro o entendimento de um terceiro razoável (homem médio) – *reasonable third person test* – e não o das partes específicas envolvidas no caso concreto ou o do próprio árbitro (seria um conceito subjetivo). Ver *Explanation to General Standard* 2(b) das *IBA Guidelines*.

38 Sobre a utilização desse critério objetivo de pessoa razoável, ver LONDON COURT OF INTERNATIONAL ARBITRATION. *LCIA Court Decision on Challenge to Arbitrator* n. UN7949. Londres, 12 de dezembro de 2007.

39 BORN, op. cit., p. 1.843-4.

40 Ibidem, p. 1.844.

41 *IBA Guidelines*, Parte II, p. 17-9.

42 "*1. Non-Waivable Red List. 1.1 There is an identity between a party and the arbitrator, or the arbitrator is a legal representative or employee of an entity that is a party in the arbitration. 1.2 The arbitrator is a manager, director or member of the supervisory board, or has a controlling influence on one of the parties or an entity that has a direct economic interest in the award to be rendered in the arbitration. 1.3 The arbitrator has a significant financial or personal interest in one of the parties, or the outcome of the case. 1.4 The arbitrator or his or her firm regularly advises the party, or an affiliate of the party, and the arbitrator or his or her firm derives significant financial income therefrom.*"

43 Há quem condene essa disposição, uma vez que é contrária à ideia fundamental de autonomia da vontade presente na arbitragem internacional – uma grande sociedade que lida com o comércio internacional, experiente e bem informada, por exemplo, deveria ter a sua renúncia reputada válida, sob o fundamento da primazia da autonomia da vontade. Ademais, tal regra é incompatível com a ideia primordial de que as *IBA Guidelines* não são vinculantes, atuando apenas como diretrizes. Assim, não há sentido em estabelecer tal regra imperativa de que nem mesmo a renúncia expressa das partes é capaz de afastar certas situações de conflito

situações de sério conflito de interesses[44,45], mas de menor gravidade em relação à primeira Lista. No caso de estar presente alguma das situações indicadas, há a obrigação de revelação por parte do árbitro, mas as partes podem renunciar expressamente a esse conflito de interesses, desde que devidamente informadas a seu respeito, com o escopo de manter o árbitro em sua função[46].

A Lista Laranja, lista mais extensa, elenca situações que podem suscitar dúvidas justificáveis, aos olhos das partes, quanto à imparcialidade e/ou independência do árbitro[47]. Por

---

de interesses, uma vez que tais diretivas não têm o condão de afastar um acordo entre as partes em sentido contrário (ver BORN, op. cit., p. 1.847).

44 "2. *Waivable Red List. 2.1 Relationship of the arbitrator to the dispute. 2.1.1 The arbitrator has given legal advice, or provided an expert opinion, on the dispute to a party or an affiliate of one of the parties. 2.1.2 The arbitrator had a prior involvement in the dispute. 2.2 Arbitrator's direct or indirect interest in the dispute. 2.2.1 The arbitrator holds shares, either directly or indirectly, in one of the parties, or an affiliate of one of the parties, this party or an affiliate being privately held. 2.2.2 A close family member of the arbitrator has a significant financial interest in the outcome of the dispute. 2.2.3 The arbitrator, or a close family member of the arbitrator, has a close relationship with a non-party who may be liable to recourse on the part of the unsuccessful party in the dispute. 2.3 Arbitrator's relationship with the parties or counsel. 2.3.1 The arbitrator currently represents or advises one of the parties, or an affiliate of one of the parties. 2.3.2 The arbitrator currently represents or advises the lawyer or law firm acting as counsel for one of the parties. 2.3.3 The arbitrator is a lawyer in the same law firm as the counsel to one of the parties. 2.3.4 The arbitrator is a manager, director or member of the supervisory board, or has a controlling influence in an affiliate of one of the parties, if the affiliate is directly involved in the matters in dispute in the arbitration. 2.3.5 The arbitrator's law firm had a previous but terminated involvement in the case without the arbitrator being involved himself or herself. 2.3.6 The arbitrator's law firm currently has a significant commercial relationship with one of the parties, or an affiliate of one of the parties. 2.3.7 The arbitrator regularly advises one of the parties, or an affiliate of one of the parties, but neither the arbitrator nor his or her firm derives a significant financial income therefrom. 2.3.8 The arbitrator has a close family relationship with one of the parties, or with a manager, director or member of the supervisory board, or any person having a controlling influence in one of the parties, or an affiliate of one of the parties, or with a counsel representing a party. 2.3.9 A close family member of the arbitrator has a significant financial or personal interest in one of the parties, or an affiliate of one of the parties.*"

45 *E. g.*, LONDON COURT OF INTERNATIONAL ARBITRATION LCIA. Court Decision on Challenge to Arbitrator n. 81.160. Londres, 28 de agosto de 2009: o Requerente utilizou como um de seus fundamentos para o pedido de afastamento do árbitro indicado pelo Requerido o disposto nas *IBA Guidelines*. Alegou-se que, em razão de o árbitro já ter atuado e ainda atuar como advogado do Requerido, em alguns outros casos, ele estaria enquadrado em uma das hipóteses da Lista Vermelha de Eventos Renunciáveis (item 2.3.7: "*The arbitrator regularly advises one of the parties, or an affiliate of one of the parties, but neither the arbitrator nor his or her firm derives a significant financial income therefrom*") e, portanto, deveria ser afastado. O tribunal arbitral, reconhecendo o significativo papel que as *IBA Guidelines* desempenham, apesar de não serem vinculantes, decidiu que, embora a indicação reiterada de um árbitro por um mesmo advogado (representante legal de diferentes partes) em sucessivas arbitragens não configure, necessariamente, hipótese de dúvidas justificáveis acerca de sua imparcialidade ou de sua independência, *in casu*, a relação que o advogado do Requerido possuía com o árbitro em conjunto com o fato de o árbitro já ter atuado e ainda atuar como advogado do Requerido configuram hipótese de aparente ausência de imparcialidade e/ou de independência. O árbitro, portanto, foi afastado.

46 Algumas críticas também são feitas contrariamente a essa previsão das *IBA Guidelines*, no sentido de que não deveria ser exigida renúncia expressa. Argumenta-se que a renúncia tácita, por meio do silêncio e da ausência de impugnação ao árbitro depois de reveladas as situações de conflito de interesses, deveria também ter o condão de manter o árbitro em sua posição de julgador, pois, caso contrário, estar-se-ia dando oportunidade para a parte "guardar" a sua impugnação ao árbitro até o final do procedimento arbitral para o caso de a decisão não lhe ser favorável – ideia que poderia ser equiparada à "nulidade de algibeira" existente em nosso processo civil. A esse respeito, ver BORN, op. cit., p. 1.848.

47 "3. *Orange List. 3.1 Previous services for one of the parties or other involvement in the case. 3.1.1 The arbitrator has, within the past three years, served as counsel for one of the parties, or an affiliate of one of the parties, or has pre-*

isso, o árbitro tem o dever de revelar tais circunstâncias para que a parte possa se manifestar[48]. No caso de a parte não oferecer nenhuma objeção quanto à situação revelada, dentro do prazo de trinta dias, ocorrerá o fenômeno da renúncia tácita, com a consequente aceitação implícita do árbitro, que não mais poderá ser afastado em virtude dessa circunstância específica[49].

---

viously advised or been consulted by the party, or an affiliate of the party, making the appointment in an unrelated matter, but the arbitrator and the party, or the affiliate of the party, have no ongoing relationship. 3.1.2 The arbitrator has, within the past three years, served as counsel against one of the parties, or an affiliate of one of the parties, in an unrelated matter. 3.1.3 The arbitrator has, within the past three years, been appointed as arbitrator on two or more occasions by one of the parties, or an affiliate of one of the parties. 3.1.4 The arbitrator's law firm has, within the past three years, acted for or against one of the parties, or an affiliate of one of the parties, in an unrelated matter without the involvement of the arbitrator. 3.1.5 The arbitrator currently serves, or has served within the past three years, as arbitrator in another arbitration on a related issue involving one of the parties, or an affiliate of one of the parties. 3.2 Current services for one of the parties. 3.2.1 The arbitrator's law firm is currently rendering services to one of the parties, or to an affiliate of one of the parties, without creating a significant commercial relationship for the law firm and without the involvement of the arbitrator. 3.2.2 A law firm or other legal organization that shares significant fees or other revenues with the arbitrator's law firm renders services to one of the parties, or an affiliate of one of the parties, before the Arbitral Tribunal. 3.2.3 The arbitrator or his or her firm represents a party, or an affiliate of one of the parties to the arbitration, on a regular basis, but such representation does not concern the current dispute. 3.3 Relationship between an arbitrator and another arbitrator or counsel. 3.3.1 The arbitrator and another arbitrator are lawyers in the same law firm. 3.3.2 The arbitrator and another arbitrator, or the counsel for one of the parties, are members of the same barristers' chambers. 3.3.3 The arbitrator was, within the past three years, a partner of, or otherwise affiliated with, another arbitrator or any of the counsel in the arbitration. 3.3.4 A lawyer in the arbitrator's law firm is an arbitrator in another dispute involving the same party or parties, or an affiliate of one of the parties. 3.3.5 A close family member of the arbitrator is a partner or employee of the law firm representing one of the parties, but is not assisting with the dispute. 3.3.6 A close personal friendship exists between an arbitrator and a counsel of a party. 3.3.7 Enmity exists between an arbitrator and counsel appearing in the arbitration. 3.3.8 The arbitrator has, within the past three years, been appointed on more than three occasions by the same counsel, or the same law firm. 3.3.9 The arbitrator and another arbitrator, or counsel for one of the parties in the arbitration, currently act or have acted together within the past three years as co-counsel. 3.4 Relationship between arbitrator and party and others involved in the arbitration. 3.4.1 The arbitrator's law firm is currently acting adversely to one of the parties, or an affiliate of one of the parties. 3.4.2 The arbitrator has been associated with a party, or an affiliate of one of the parties, in a professional capacity, such as a former employee or partner. 3.4.3 A close personal friendship exists between an arbitrator and a manager or director or a member of the supervisory board of: a party; an entity that has a direct economic interest in the award to be rendered in the arbitration; or any person having a controlling influence, such as a controlling shareholder interest, on one of the parties or an affiliate of one of the parties or a witness or expert. 3.4.4 Enmity exists between an arbitrator and a manager or director or a member of the supervisory board of: a party; an entity that has a direct economic interest in the award; or any person having a controlling influence in one of the parties or an affiliate of one of the parties or a witness or expert. 3.4.5 If the arbitrator is a former judge, he or she has, within the past three years, heard a significant case involving one of the parties, or an affiliate of one of the parties. 3.5 Other circumstances. 3.5.1 The arbitrator holds shares, either directly or indirectly, that by reason of number or denomination constitute a material holding in one of the parties, or an affiliate of one of the parties, this party or affiliate being publicly listed. 3.5.2 The arbitrator has publicly advocated a position on the case, whether in a published paper, or speech, or otherwise. 3.5.3 The arbitrator holds a position with the appointing authority with respect to the dispute. 3.5.4 The arbitrator is a manager, director or member of the supervisory board, or has a controlling influence on an affiliate of one of the parties, where the affiliate is not directly involved in the matters in dispute in the arbitration."

48 Ressalta-se, entretanto, que a não divulgação pelo árbitro de determinada situação enquadrada na Lista Laranja não configura hipótese de existência de dúvidas justificáveis automáticas capazes de afastá-lo por falta de imparcialidade e/ou de independência. Ver *IBA Guidelines*, Parte II, §§ 4 e 5.

49 *General Standard* 4(a) das *IBA Guidelines*.

Por fim, a Lista Verde elenca relações e situações que não caracterizam um conflito de interesses objetivo[50,51], não havendo que se falar no dever de divulgação do árbitro ou em seu afastamento.

3.1.3. Legislações nacionais e regulamentos de arbitragem

Inúmeras leis nacionais[52] e regulamentos de arbitragem[53] seguem o critério de "dúvidas justificáveis" estabelecido pela Lei Modelo da Uncitral. No entanto, algumas legislações e re-

---

50 "*4. Green List. 4.1 Previously expressed legal opinions. 4.1.1 The arbitrator has previously expressed a legal opinion (such as in a law review article or public lecture) concerning an issue that also arises in the arbitration (but this opinion is not focused on the case). 4.2 Current services for one of the parties. 4.2.1 A firm, in association or in alliance with the arbitrator's law firm, but that does not share significant fees or other revenues with the arbitrator's law firm, renders services to one of the parties, or an affiliate of one of the parties, in an unrelated matter. 4.3 Contacts with another arbitrator, or with counsel for one of the parties. 4.3.1 The arbitrator has a relationship with another arbitrator, or with the counsel for one of the parties, through membership in the same professional association, or social or charitable organization, or through a social media network. 4.3.2 The arbitrator and counsel for one of the parties have previously served together as arbitrators. 4.3.3 The arbitrator teaches in the same faculty or school as another arbitrator or counsel to one of the parties, or serves as an officer of a professional association or social or charitable organization with another arbitrator or counsel for one of the parties. 4.3.4 The arbitrator was a speaker, moderator or organizer in one or more conferences, or participated in seminars or working parties of a professional, social or charitable organization, with another arbitrator or counsel to the parties. 4.4 Contacts between the arbitrator and one of the parties. 4.4.1 The arbitrator has had an initial contact with a party, or an affiliate of a party (or their counsel) prior to appointment, if this contact is limited to the arbitrator's availability and qualifications to serve, or to the names of possible candidates for a chairperson, and did not address the merits or procedural aspects of the dispute, other than to provide the arbitrator with a basic understanding of the case. 4.4.2 The arbitrator holds an insignificant amount of shares in one of the parties, or an affiliate of one of the parties, which is publicly listed. 4.4.3 The arbitrator and a manager, director or member of the supervisory board, or any person having a controlling influence on one of the parties, or an affiliate of one of the parties, have worked together as joint experts, or in another professional capacity, including as arbitrators in the same case. 4.4.4 The arbitrator has a relationship with one of the parties or its affiliates through a social media network.*"

51 Já foi decidido, por exemplo, considerando-se as *IBA Guidelines*, que o fato de dois dos árbitros e o advogado de uma das partes serem filiados a uma mesma instituição profissional não caracteriza situação de existência de dúvidas justificáveis quanto à falta de imparcialidade ou de independência dos árbitros, quando considerado, exclusivamente, uma vez que tal situação estaria enquadrada no item 4.4.1 da Lista Verde (SUÍÇA. *Ière Cour de Droit.* Caso n. 4A_506/2007. Lausanne, 20 de março de 2008).

52 Algumas leis seguem esse critério objetivo estabelecido pela Lei Modelo da UNCITRAL (*justifiable doubts*) tanto para a hipótese do dever de revelação como para a hipótese de remoção do árbitro [*e. g.*, art. 1.686(1) e (2) do Código Judiciário Belga; art. 17 da Lei de Arbitragem Espanhola (2003); art. 13(1) e (3) da Lei da Arbitragem Voluntária Portuguesa; art. 12 do Código de Arbitragem Comercial Canadense (2013); § 12(1) e (3) da Lei de Arbitragem Internacional Australiana (2011); e art. 12(1) e (3)(a) da Lei de Arbitragem e Conciliação da Índia (1996)]. Outras leis seguem, expressamente, esse critério de "dúvidas justificáveis" somente para o caso de imposição do dever de revelação (*e. g.*, art. 14, § 1º, da Lei de Arbitragem Brasileira – Lei n. 9.307/96), enquanto outras se valem, expressamente, desse critério para a hipótese de remoção do árbitro (*e. g.*, § 1.036(2) do Código de Processo Civil Alemão; art. 1.033(1) do Código de Processo Civil Holandês; e § 588(2) do Código de Processo Civil Austríaco).

53 Da mesma forma, alguns regulamentos de arbitragem seguem esse critério da Lei Modelo da Uncitral para ambas as hipóteses de dever de revelação e de remoção de árbitro (*e. g.*, arts. 5.4, 5.5, 10.1 e 11.1 do Regulamento de Arbitragem da LCIA; e arts. 31(1) e 32(2) do Regulamento de Arbitragem da CIETAC), enquanto outros só o utilizam, expressamente, para o caso do dever de revelação (*e.g.* art. 5.4 do Regulamento de Arbitragem do CBMA; art. 4.2 do Regulamento de Arbitragem da CAMARB; art. 11(2) do Regulamento de Arbitragem da ICC (fala-se em "dúvidas razoáveis"); e R-17(a) do Regulamento de Arbitragem da AAA) ou de remoção de árbitro (*e. g.*, § 18.1 do Regulamento de Arbitragem da DIS).

gulamentos são mais específicos ao tratarem do tema, indicando, expressamente, no texto normativo as hipóteses concretas que caracterizam parcialidade e/ou dependência para fins de remoção de árbitro[54]. Outras legislações, por seu turno, são elaboradas a partir da utilização dos mesmos parâmetros apropriados para o processo judicial, optando por estabelecer que o árbitro poderá ser removido nas mesmas hipóteses de afastamento dos juízes[55].

3.2. Autonomia da vontade e a (im)possibilidade de as partes modificarem os deveres de imparcialidade e de independência do árbitro

É cediço que a autonomia da vontade é um dos pilares de sustentação da arbitragem. É justamente a liberdade que as partes desfrutam para fixar as regras procedimentais que irão reger a resolução de um eventual litígio e escolher o seu julgador um dos grandes, se não o maior, atrativos do procedimento arbitral – característica que o distingue, amplamente, do processo judicial[56]. Cabe ponderar, contudo, se essa autonomia da vontade é, ou não, capaz de afastar ou modificar o grau e a extensão dos deveres de imparcialidade e de independência do árbitro, também reveladores de princípios fundamentais da arbitragem, essenciais, como se disse alhures, para que esse procedimento não tenha a sua credibilidade comprometida.

3.2.1. Possibilidade de se elevar a gradação dos deveres de imparcialidade e de independência do árbitro

Em geral, a doutrina alienígena[57] admite que as partes elevem, de comum acordo, o nível de imparcialidade e de independência que o árbitro deverá manter durante o procedimento arbitral. Isso se justifica pelo fato de que as partes podem estipular, previamente, qualificações e características básicas que o árbitro deve nutrir. Podem elas exigir, por exemplo, a ausência de qualquer contato prévio, ainda que mínimo, do árbitro com qualquer das partes ou seus advogados, mesmo que isso, por si só, não gere dúvidas justificáveis sobre a imparcialidade e a independência.

---

54 *E. g.*, § 8 da Lei de Arbitragem Sueca; art. 34 da Lei de Arbitragem Chinesa; art. 4.3 do Regulamento de Arbitragem da CAMARB; e art. 5.2 do Regulamento de Arbitragem da CCBC.

55 *E.g.*, art. 12(1) da *European Convention providing a Uniform Law on Arbitration*; art. 942 do Código de Processo Civil de Quebec; e art. 14, *caput*, da Lei de Arbitragem Brasileira (Lei n. 9.307/96).

56 BORN, op. cit., p. 1.816-7; em uma pesquisa desenvolvida, em 2012, pela Queen Mary University of London, 76% dos entrevistados afirmaram preferir escolher os seus próprios árbitros a terem eles apontados por instituições arbitrais. As principais razões que ensejaram tal resposta foram: (i) o controle sobre a escolha do árbitro aumenta a confiança que se tem em relação ao tribunal arbitral, o que intensifica a legitimidade da decisão arbitral; (ii) as partes possuem melhor conhecimento acerca das qualificações e conhecimentos que o árbitro deve possuir para resolver a matéria objeto do litígio de forma mais adequada do que a instituição administradora do procedimento arbitral; e (iii) muitas instituições selecionam seus árbitros considerando um universo muito limitado de profissionais disponíveis, o que gera maior desconfiança quanto à adequação dessa escolha (Queen Mary University of London, *2012 International Arbitration Survey*: Current and Preferred Practices in Arbitral Process, 2012, p. 5. Disponível em: <http://www.arbitration.qmul.ac.uk/docs/164483.pdf>. Acesso em: 26 jan. 2016).

57 BORN, op. cit., p. 1.814.

3.2.2. Possibilidade de se excluir ou reduzir o grau dos deveres de imparcialidade e de independência do árbitro

Substancial parte da doutrina estrangeira é firme no entendimento de que os deveres de imparcialidade e de independência do árbitro constantes do art. 12 da Lei Modelo da Uncitral são imperativos, não podendo, portanto, ser, integralmente, afastados pelas partes[58]. Entretanto, diante do próprio silêncio da Lei Modelo da Uncitral quanto à possibilidade de as partes estabelecerem *standards* mais brandos para a exigência de imparcialidade e de independência do árbitro, há quem comungue da interpretação de admissão da faculdade de as partes, expressamente, acordarem que uma determinada circunstância não será considerada para fins de caracterização de parcialidade e/ou dependência do árbitro, ainda que ela gere dúvidas justificáveis quanto a isso, possibilitando, desse modo, a redução do grau desse dever[59].

No universo das legislações nacionais, a matéria não segue um tratamento uniforme. Algumas jurisdições vedam, peremptoriamente, os acordos entre as partes para fins de mitigação desses deveres de imparcialidade e de independência[60]; outras admitem, tranquilamente, tal possibilidade[61]; enquanto um grande número, na esteira da Lei Modelo da Uncitral, não adota regra expressa quanto a essa possibilidade de relativização dos deveres de imparcialidade e de independência do árbitro[62].

4. IMPARCIALIDADE E INDEPENDÊNCIA DO ÁRBITRO NA LEI BRASILEIRA

4.1. Exigências da Lei n. 9.307/96

A Lei de Arbitragem Brasileira (Lei n. 9.307/96) – que não é baseada na Lei Modelo da Uncitral – dispõe que o árbitro deverá proceder com imparcialidade e com independência

---

58 HOLTZMANN; NEUHAUS, op. cit. p. 409; BLACKABY et al., op. cit., § 4.76; LUTTRELL, op. cit., p. 9 e 13; *Uncitral 2012 Digest of Case Law on the Model Law on International Commercial Arbitration*. Op. cit., p. 65. Em sentido diverso, há autor que entende que a Lei Modelo da Uncitral não dispõe acerca da imperatividade de seu art. 12. Ver BORN, op. cit., p. 1.815.

59 BLACKABY et al., op. cit., § 4.76; BORN, op. cit., p. 1.816.

60 *E. g.*, §§ 4(1) e 33(1)(a) da Lei de Arbitragem Inglesa. No mesmo sentido, ver art. 34 da Lei de Arbitragem Chinesa (que estabelece que o árbitro é obrigado a se afastar da arbitragem nos casos elencados como de potencial ausência de imparcialidade e/ou de independência).

61 Nos Estados Unidos, por exemplo, admite-se a figura do árbitro "não neutro", ou seja, as partes podem arrefecer a exigência de um árbitro imparcial. Ver § 11, comentário 1 da Lei Uniforme de Arbitragem Norte-Americana (2000): "*Because Section 11 is a waivable provision under Section 4(a), parties may choose their own method of selecting an arbitrator under Section 11(a). Parties oftentimes choose an arbitrator because of that person's knowledge or experience or relationship to the parties. This is particularly the case with non-neutral arbitrators who are sometimes chosen because of their relationship to a party and may have a direct interest in the outcome. Section 11(b) does not apply to non-neutral arbitrators but only to neutral arbitrators. Moreover, because Section 11(b) is subject to the agreement of the parties, they may choose to have a person with the type of interest or relationship described in this subsection serve as a neutral arbitrator*". Ver também R-13(b) do Regulamento da AAA; e *Canon* X do Código de Ética da AAA.

62 *E. g.*, art. 1.456 do Código de Processo Civil Francês; § 1.036(2) do Código de Processo Civil Alemão; § 588 do Código de Processo Civil Austríaco; art. 25 da Portaria de Arbitragem de Hong Kong; e *Schedule* 1 da Lei de Arbitragem Internacional de Singapura.

no desempenho de sua função (§ 6º do art. 13[63]) e revelar, antes da aceitação de sua função, qualquer fato que denote dúvidas justificáveis quanto à sua imparcialidade e à sua independência (§ 1º do art. 14[64]).

Em relação às hipóteses de impedimento do árbitro, a lei brasileira preferiu adotar o mesmo critério específico utilizado para o afastamento de juízes, não seguindo o critério de existência de dúvidas justificáveis quanto à imparcialidade e à independência do árbitro. Nesse sentido, o *caput* do art. 14 da Lei n. 9.307/96[65] faz remissão expressa ao disposto no Código de Processo Civil, submetendo a possibilidade de afastamento dos árbitros àquelas situações que caracterizam impedimento ou suspeição de juízes.

Assim sendo, o árbitro poderá ser afastado nas hipóteses previstas nos arts. 144 e 145 do Código de Processo Civil de 2015[66], processando-se as devidas adaptações:

> Art. 144. Há impedimento do juiz, sendo-lhe vedado exercer suas funções no processo:
>
> I – em que interveio como mandatário da parte, oficiou como perito, funcionou como membro do Ministério Público[67] ou prestou depoimento como testemunha;
>
> II – de que conheceu em outro grau de jurisdição, tendo proferido decisão[68];
>
> III – quando nele estiver postulando, como defensor público, advogado ou membro do Ministério Público[69], seu cônjuge ou companheiro, ou qualquer parente, consanguíneo ou afim, em linha reta ou colateral, até o terceiro grau, inclusive;
>
> IV – quando for parte no processo ele próprio, seu cônjuge ou companheiro, ou parente, consanguíneo ou afim, em linha reta ou colateral, até o terceiro grau, inclusive;
>
> V – quando for sócio ou membro de direção ou de administração de pessoa jurídica parte no processo;
>
> VI – quando for herdeiro presuntivo, donatário ou empregador de qualquer das partes;
>
> VII – em que figure como parte instituição de ensino com a qual tenha relação de emprego ou decorrente de contrato de prestação de serviços;
>
> VIII – em que figure como parte cliente do escritório de advocacia de seu cônjuge, companheiro ou parente, consanguíneo ou afim, em linha reta ou colateral, até o terceiro grau, inclusive, mesmo que patrocinado por advogado de outro escritório;

---

63 Art. 13, § 6º, da Lei n. 9.307/96: "No desempenho de sua função, o árbitro deverá proceder com imparcialidade, independência, competência, diligência e discrição".

64 Art. 14, § 1º, da Lei n. 9.307/96: "As pessoas indicadas para funcionar como árbitro têm o dever de revelar, antes da aceitação da função, qualquer fato que denote dúvida justificada quanto à sua imparcialidade e independência".

65 Art. 14, *caput*, da Lei n. 9.307/96: "Estão impedidos de funcionar como árbitros as pessoas que tenham, com as partes ou com o litígio que lhes for submetido, algumas das relações que caracterizam os casos de impedimento ou suspeição de juízes, aplicando-se-lhes, no que couber, os mesmos deveres e responsabilidades, conforme previsto no Código de Processo Civil".

66 Os arts. 144 e 145 do Código de Processo Civil de 2015 têm como seus correspondentes, no Código de Processo Civil de 1973, os arts. 134 e 135, respectivamente.

67 Não se aplica, no caso do árbitro, a intervenção como membro do Ministério Público, uma vez que esta não é cabível em sede de procedimento arbitral.

68 Tal inciso não pode ser transportado para a seara do procedimento arbitral, visto que não há que se falar em graus de jurisdição em arbitragem.

69 No caso do procedimento arbitral, esse inciso só é aplicável para a hipótese do advogado, sendo, manifestamente, incompatível a sua aplicação em relação ao defensor público e ao membro do Ministério Público.

IX – quando promover ação contra a parte ou seu advogado.

Art. 145. Há suspeição do juiz:

I – amigo íntimo ou inimigo de qualquer das partes ou de seus advogados;

II – que receber presentes de pessoas que tiverem interesse na causa antes ou depois de iniciado o processo, que aconselhar alguma das partes acerca do objeto da causa ou que subministrar meios para atender às despesas do litígio;

III – quando qualquer das partes for sua credora ou devedora, de seu cônjuge ou companheiro ou de parentes destes, em linha reta até o terceiro grau, inclusive;

IV – interessado no julgamento do processo em favor de qualquer das partes.

Esse critério utilizado para a remoção de árbitro adotado pela legislação brasileira, contudo, não nos parece ser o melhor. Há fortes e fundadas dúvidas se a escolha legislativa brasileira de equiparar os árbitros aos juízes, no que diz respeito aos deveres de se manterem imparciais e independentes, na medida em que o próprio fundamento de imparcialidade e de independência é significativamente diferente entre o procedimento arbitral e o processo judicial[70].

Enquanto as partes, em um processo judicial, não gozam da liberdade de escolha sobre o julgador, uma vez que impera o princípio do juiz natural, as partes envolvidas na arbitragem têm a faculdade de escolher quem(quais) será(ão) o(s) árbitro(s). Ademais, a atividade funcional do juiz é, praticamente, única, enquanto o árbitro, comumente, exerce outras atividades profissionais, estando exposto a relações de possível conflito de interesses mais complexas[71]. Soma-se a isso o fato de que a sentença judicial sempre estará sujeita à revisão recursal, ao passo que a decisão arbitral, normalmente, é final e irrecorrível. Por derradeiro, não se pode olvidar que o juiz representa um órgão estatal, *i. e.*, o Poder Judiciário, e em razão desse vínculo institucional que se estabelece pelo envolvimento do Estado juiz, a relação jurídica é de direito público, enquanto, na arbitragem, a relação é de direito privado, estando o árbitro investido em suas funções por disposição das próprias partes.

Outra crítica que se pode tecer é a de que essa escolha legislativa brasileira restringe, demasiadamente, as hipóteses de afastamento do árbitro diante da explícita remissão feita ao taxativo rol das situações que ensejam impedimento e suspeição do juiz.

4.2. Autonomia da vontade e a (im)possibilidade de as partes modificarem os deveres de imparcialidade e de independência do árbitro no Direito brasileiro

4.2.1. Possibilidade de se elevar a gradação dos deveres de imparcialidade e de independência do árbitro

Não vislumbramos óbice, diante do que dispõe a lei brasileira, de as partes estipularem, de comum acordo, outras hipóteses de afastamento do árbitro além daquelas prescri-

70 Nesse sentido, ver MARQUES, "Breves apontamentos sobre a extensão do dever de revelação do árbitro", 2011, p. 63; LEW, op. cit., p. 258.

71 GREBLER, "A ética dos árbitros", 2013, p. 73; LEW, op. cit., p. 258; DAELE, op. cit., p. 367-8.

tas pelo Código de Processo Civil[72,73]. Assim, entendemos que as partes podem ampliar o grau do dever de o árbitro se manter imparcial e independente.

Na arbitragem, impera o princípio da autonomia privada da vontade das partes, às quais deve ser facultada, por conseguinte, a liberdade de majorar o grau de imparcialidade e de independência que o árbitro deverá nutrir durante todo o procedimento[74].

Em reforço, o disposto no *caput* do art. 14 da Lei n. 9.307/96 deve ser interpretado em consonância com o § 6º do art. 13 da Lei n. 9.307/96, que impõe ao árbitro uma atuação imparcial e independente no desempenho de sua função. Isso tende a permitir, à luz da autonomia privada da vontade, que as partes considerem que uma determinada hipótese – apesar de não estar prevista no já transcrito rol do Código de Processo Civil – fragiliza o desejável grau de imparcialidade ou de independência, ensejando o afastamento do árbitro também nesse caso.

Tanto assim o é que convivem, no país, instituições arbitrais cujos regulamentos de arbitragem preveem outras situações, além daquelas constantes dos arts. 144 e 145 do Código de Processo Civil, para afastamento do árbitro[75]. E não se nega às partes a possibilidade de pactuarem a escolha de uma dessas instituições arbitrais para administrar eventual procedimento, com a consequente incorporação do respectivo regulamento – mais uma manifestação da autonomia privada da vontade das partes.

4.2.2. Possibilidade de se excluir ou reduzir o grau dos deveres de imparcialidade e de independência do árbitro

Cumpre destacar que a Lei n. 9.307/96, no § 2º do art. 21, dispõe que "serão, sempre, respeitados no procedimento arbitral os princípios do contraditório, da igualdade das partes, da imparcialidade do árbitro e de seu livre convencimento", o que levaria a concluir, *pri-*

72 Nesse sentido, ver CARMONA, op. cit., p. 253.

73 Em sentido contrário, ver FERRAZ JUNIOR, "Suspeição e impedimento em arbitragem sobre o dever de revelar na Lei n. 9.307/1996", 2011, p. 65-82.

74 Não há qualquer lógica em se proibir que as partes pactuem, de comum acordo, que não poderá ser árbitro parente consanguíneo ou afim, em linha reta ou colateral até o quarto grau, inclusive, das partes (em referência ao disposto no inciso IV do art. 144 do CPC/2015, que prevê o impedimento do juiz para o caso de ser parte "parente, consanguíneo ou afim, em linha reta ou colateral, até o terceiro grau, inclusive").

75 *E. g.*, art. 4.3, *b)* e *g)* do Regulamento de Arbitragem da CAMARB, o qual prevê que "Qualquer das partes poderá impugnar o árbitro que: [...] *b)* tiver intervindo no litígio como mandatário, *consultor ou parecerista de qualquer das partes, mediador*, testemunha ou perito; [...] *g) não tenha independência, imparcialidade para conduzir a arbitragem ou julgar o litígio*" [grifos nossos], hipóteses que fogem à listagem do Código de Processo Civil; art. 5.2, *b), k)* e *l)* do Regulamento da CCBC, o qual prevê que "Não pode ser nomeado árbitro aquele que: [...] *b)* tenha participado na solução do litígio, como mandatário judicial de uma das partes, prestado depoimento como testemunha, funcionado como perito, ou *apresentado parecer*; [...] *k) ter atuado como mediador ou conciliador*, na controvérsia, antes da instituição da arbitragem, salvo expressa concordância das partes; *l) tenha interesse econômico relacionado com qualquer das partes ou seus advogados*, salvo por expressa concordância das mesmas" [grifos nossos], hipóteses que fogem à listagem do Código de Processo Civil; e art. 33, *b)* do Regulamento da Câmara FGV de Conciliação e Arbitragem, o qual prevê que "São impedidas de funcionar como árbitro: [...] *b) as pessoas que tenham funcionado como conciliador do litígio*, observado, quanto a estas, o disposto no artigo 25 deste Regulamento" [grifos nossos], hipótese que foge à listagem do Código de Processo Civil.

ma facie, não ser possível a modificação ou o afastamento desse dever do árbitro de se manter imparcial.

Não obstante a literalidade do dispositivo normativo, a doutrina pátria, acertadamente, tem sido tranquila em admitir a possibilidade de as partes, desde que de comum acordo e cientes das circunstâncias envolvidas no caso concreto, afastarem as hipóteses que caracterizam a falta de imparcialidade ou de independência do árbitro. Portanto, um árbitro impedido ou suspeito nos moldes da legislação processual civil poderá atuar no procedimento arbitral se essa for a vontade das partes[76]. A única exceção que se destaca é a de que as partes não poderão acordar no sentido de uma delas funcionar como árbitro[77].

Essa possibilidade ampara-se no fato de que a imparcialidade e a independência do árbitro estão incluídas no campo da autonomia privada da vontade e não no âmbito do devido processo legal[78]. Tais matérias, com efeito, não são de ordem pública, podendo, por isso, ser objeto de livre disposição pelas partes[79].

De todo modo, é sempre oportuno enfatizar que o fato de poder ser árbitro pessoa impedida ou suspeita, isto é, que não seja imparcial e/ou independente, não minimiza o comando de se observar o devido processo legal, o qual sempre será de cumprimento obrigatório[80]. Desse modo, os princípios do contraditório, da ampla defesa e da igualdade entre as partes deverão sempre ser seguidos, sob pena de nulidade da sentença arbitral (art. 32, VIII, da Lei n. 9.307/96).

5. CONSIDERAÇÕES FINAIS

Como se pretendeu expor neste trabalho, os critérios para se aferir a imparcialidade e a independência dos árbitros são variados: o das "dúvidas justificáveis", quanto à ausência de imparcialidade e de independência; o da indicação expressa em dispositivo normativo de situações específicas, que configuram parcialidade e dependência; e o que se vale dos mesmos parâmetros adotados para o processo judicial (remoção do árbitro nas mesmas hipóteses de afastamento do juiz).

O aprofundamento da dogmática que fornece suporte a esses modelos e à reflexão quanto à sua adequação às práticas e à cultura de cada país sempre se apresentam úteis ao desejo utópico de escolha do modelo jurídico ideal.

O critério de "dúvidas justificáveis" para a recusa de árbitro adotado pela Lei Modelo da Uncitral e por legislações nacionais de diversos países, por ser mais amplo e genéri-

76 CÂMARA, *Arbitragem*: Lei n. 9.307/96, 2009, p. 52-3; CARMONA, op. cit., p. 252-3; FERRAZ JUNIOR, op. cit., item 3; MARQUES, op. cit., p. 63; ALVES, op. cit., item 3.2. Ao contrário, há doutrina internacional no sentido de que o disposto no art. 14 da Lei n. 9.307/96 é imperativo, não podendo ser afastado pelas partes (BORN, op. cit., p. 1.816, nota de rodapé n. 984).

77 CÂMARA, op. cit., p. 52.

78 ALVES, op. cit., item 3.2.

79 Consoante se depreende do disposto no *caput* do art. 20 da Lei n. 9.307/96, há um prazo preclusivo para que as partes se manifestem acerca das questões relativas ao impedimento ou à suspeição do árbitro: a primeira oportunidade. Caso as partes, cientes, não se manifestarem, será presumido que estas concordaram com a nomeação do árbitro em questão. Isso ocorre, justamente, porque tal matéria é dispositiva. Nesse sentido, ver CARMONA, op. cit., p. 254 e 284; ALVES, op. cit., item 3.2.

80 ALVES, op. cit., item 3.2.

co, não obstante objetivo, parece ser o mais acertado. Permite que sejam levadas em conta as características específicas verificáveis em cada caso concreto para a aferição da ausência, ou não, de imparcialidade e de independência do árbitro.

A despeito de não se constituir um modelo perfeito, suscetível de pertinentes críticas, cremos que a farta jurisprudência e as diretrizes existentes no plano internacional, com vistas às melhores práticas, contribuem para conferir maior segurança jurídica a esse modelo. A busca pela uniformização de critérios, a partir das boas práticas internacionais colacionadas, apresenta-se, na economia globalizada, como um indicativo sério e eficiente para orientar a imparcialidade e a independência do árbitro.

Mas, independentemente do modelo que se venha a adotar, parece-nos ponto essencial garantir que as partes possam modificar os deveres de imparcialidade e de independência do árbitro, diante da primazia da autonomia privada da vontade.

Entretanto, no que se refere à redução ou à exclusão dos aludidos deveres, essa liberdade não pode ser absoluta e irrestrita, devendo ficar sujeita a certos critérios e limites. É necessário, pois, que as partes o façam de comum acordo, de forma expressa e transparente, e que estejam devidamente informadas acerca das circunstâncias que ensejam a diminuição do grau de imparcialidade e de independência que normalmente requer-se[81], sendo obstado, em qualquer hipótese, que a própria parte funcione como árbitro, uma vez que a arbitragem tem como um de seus fundamentos a sujeição do litígio a um terceiro capaz de pacificar a controvérsia[82].

Nota-se que o fato de se admitir que o árbitro não seja absolutamente imparcial e independente não significa que esteja ele liberado do cumprimento de outros deveres, como o de conduzir o procedimento com a estrita observância do devido processo legal e o de agir de boa-fé.

REFERÊNCIAS BIBLIOGRÁFICAS

ALVES, Rafael Francisco. "A imparcialidade do árbitro no direito brasileiro: autonomia privada ou devido processo legal?". In: WALD, Arnoldo (coord.). *Doutrinas essenciais: arbitragem e mediação*. São Paulo, Revista dos Tribunais, 2014, v. 2.

BLACKABY, Nigel et al. *Redfern and Hunter on international arbitration*. 5. ed. New York, Oxford University, 2009.

BORN, Gary B. *International commercial arbitration*. 2. ed. Kluwer Law International, 2014.

CÂMARA, Alexandre Freitas. *Arbitragem*: Lei n. 9.307/96. 5. ed. Rio de Janeiro, Lumen Juris, 2009.

CARMONA, Carlos Alberto. *Arbitragem e processo*: um comentário à Lei n. 9.307/96. 3. ed. São Paulo, Atlas, 2009.

DAELE, Karel. *Challenge and disqualification of arbitrators in international arbitration*. Kluwer Law International, 2012. p. 367.

81 BORN, op. cit., p. 1.819.

82 Ver LEMES, op. cit., p. 14.

FERRAZ JUNIOR, Tercio Sampaio. "Suspeição e impedimento em arbitragem sobre o dever de revelar na Lei n. 9.307/96". *Revista de Arbitragem e Mediação*. São Paulo, Revista dos Tribunais, v. 28, p. 65-82, jan./mar. 2011.

GAILLARD, Emmanuel; SAVAGE, John. *Fouchard Gaillard Goldman on international commercial arbitration*. Kluwer Law International, 1999.

GREBLER, Eduardo. "A ética dos árbitros". *Revista Brasileira de Arbitragem*. Comitê Brasileiro de Arbitragem (CBAr) & IOB e Kluwer Law International, v. X, n. 40, 2013, p. 73.

LEITE, António Pinto. "Independência, imparcialidade e suspeição de árbitro". *Revista Brasileira de Arbitragem*. Comitê Brasileiro de Arbitragem (CBAr) & IOB e Kluwer Law International, v. VII, n. 25, 2010, p. 111.

LEMES, Selma Maria Ferreira. 1. Árbitro. Dever de Revelação. Inexistência de Conflito de Interesses. Princípios da Independência e da Imparcialidade do Árbitro. 2. Homologação de Sentença Arbitral Estrangeira no STJ. Inexistência de Violação à Ordem Pública (Processual). Artigo 39, II, da Lei de Arbitragem e Artigo V(II)(b) da Convenção de Nova Iorque. *Revista Brasileira de Arbitragem*. Comitê Brasileiro de Arbitragem (CBAr) & IOB e Kluwer Law International, v. XI, n. 41, 2014, p. 17.

LEW, Julian D. M. et al. *Comparative international commercial arbitration*. Kluwer Law International, 2003. p. 256.

LUTTRELL, Sam. *Bias Challenges in international commercial arbitration:* the need for a "real danger" test. Kluwer Law International, 2009.

MARQUES, Ricardo Dalmaso. "Breves apontamentos sobre a extensão do dever de revelação do árbitro". *Revista Brasileira de Arbitragem*. Comitê Brasileiro de Arbitragem (CBAr) & IOB e Kluwer Law International, v. VIII, n. 31, 2011, p. 63.

VOSER, Nathalie; PETTI Angelina M. "The revised IBA Guidelines on conflicts of interest in international arbitration". *ASA Bulletin*, Kluwer Law International, v. 33, n. 1, 2015.

17

Interfaces do processo civil e da arbitragem: a cooperação como premissa para a construção de uma solução adequada aos conflitos de interesses

Thaís Amoroso Paschoal Lunardi

1. INTRODUÇÃO

A palavra interface pode ser compreendida como "elemento que proporciona uma ligação física ou lógica entre dois sistemas ou partes de um sistema que não poderiam ser conectados diretamente"[1], ou ainda, nesse mesmo sentido, "o conjunto de meios planejadamente dispostos, sejam eles físicos ou lógicos, com vista a fazer a adaptação entre dois sistemas"[2].

A adoção desse termo como título deste breve ensaio não foi aleatória. Em suma, pretende-se destacar um elemento de ligação, dentre os vários existentes, entre o processo civil e a arbitragem, ambos considerados meios de composição de conflitos a partir da solução posta por um terceiro imparcial. De fato, e embora, em um primeiro olhar, possuam naturezas distintas (o processo civil enquanto instrumento público do Estado a serviço da jurisdição, e a arbitragem caracterizada como meio privado de solução de conflitos, ainda que com características que muito a aproximam da função jurisdicional do Estado), tratam-se de dois sistemas que possuem a mesma finalidade, contribuindo para a prestação de uma tutela adequada aos conflitos de interesses. É, porém, a diferença em sua natureza que abre espaço para que, neste estudo, tenha-se a liberdade de classificá-los como dois sistemas (= métodos[3]) distintos.

Muitos são os elos entre esses dois sistemas. Nem poderia ser diferente, na medida em que, como já se destacou, ambos caracterizam, cada um à sua maneira, formas de solução de conflitos. O novo Código de Processo Civil (Lei n. 13.105/2015), em vigor desde 18 de março de 2016, valoriza a arbitragem como método de resolução de conflitos[4] e deixa esses pontos de ligação ainda mais evidentes. Com efeito, ao abrir destacado espaço para os negócios ju-

---

1 Disponível em: <https://www.google.com.br/search?q=interface&oq=interface&aqs=chrome.0.69i59j69i60j69i59l2j69i60l2.969j0j7&sourceid=chrome&ie=UTF-8>. Acesso em: 03 maio 2016.

2 FERREIRA, *Novo Dicionário Aurélio da Língua Portuguesa*, 2004.

3 Disponível em: <http://michaelis.uol.com.br/moderno/portugues/index.php?lingua=portugues-portugues&palavra=sistema>. Acesso em: 03 maio 2016.

4 "Art. 3º Não se excluirá da apreciação jurisdicional ameaça ou lesão a direito. § 1º É permitida a arbitragem, na forma da lei."

rídicos processuais[5], valorizando, assim, o autorregramento da vontade das partes no âmbito do processo civil, o legislador, a toda evidência, pretendeu dar ao processo e seu caráter público nítidos contornos privados.

Há, porém, outro elemento que merece destaque. Trata-se da cooperação entre os sujeitos processuais, em busca da solução mais adequada para seu conflito de interesses. O novo Código de Processo Civil valoriza esse dever de conduta, incluindo-o entre as normas fundamentais do processo civil (art. 6º).

O que se pretende, aqui, investigar é justamente o quanto há de inspiração da arbitragem na inclusão do princípio da cooperação no novo regramento processual. Em outras palavras, pretende-se perquirir se essa cooperação entre os sujeitos processuais, que o Código de Processo Civil de 2015 tanto valoriza, está presente no procedimento arbitral, e se há semelhanças no trato dessa questão em ambos os sistemas.

2. A ARBITRAGEM COMO TÉCNICA ADEQUADA DE SOLUÇÃO DE CONFLITOS: A NATUREZA PRIVADA DA ARBITRAGEM E SUA APROXIMAÇÃO COM A JURISDIÇÃO ESTATAL

É indiscutível a caracterização da arbitragem como técnica adequada de resolução de conflitos. A justificativa que sempre se apresentou para tanto – a incapacidade do Poder Judiciário para prestar tutela adequada a todos os conflitos de interesses que lhe são submetidos – há muito deixou lugar para aquele que, segundo Carlos Alberto Carmona, é o verdadeiro motivo pelo qual as partes buscam a arbitragem: "a ausência de formas solenes, a possibilidade de julgar por equidade ou de escolher livremente a lei a ser aplicada e ainda a neutralidade dos árbitros na solução de litígios envolvendo partes de nacionalidades diferentes, além da especialização técnica dos julgadores."

Trata-se, segundo o autor, das "reais vantagens do instituto", obscurecendo suas "vantagens clássicas", consistentes na celeridade, economia e no segredo[6].

Remo Caponi, em palestra proferida em evento promovido pelo Instituto dos Advogados do Paraná, discorrendo sobre a proporcionalidade panprocessual, afirmou:

> A concepção da justiça civil como serviço público considera que a composição das controvérsias por obra das instituições (ou a tentativa de sua composição), quando não se realiza exclusivamente no âmbito da autonomia privada dos sujeitos entre os quais ela surge (ou dos entes exponenciais relativos), pode ser atribuída não apenas aos órgãos da jurisdição estatal, mas também, diante do comum acordo das partes, a instituições diversas do Estado, desde que asseguradas as suas "tercialidade" e imparcialidade. Ainda mais evidente é a perspectiva – embora não se pretenda aqui emitir juízo de valor a respeito dessa opinião – de quem acredita que a di-

5 Tome-se como exemplo a possibilidade de as partes delimitarem, anteriormente ou durante o saneamento, as questões de fato e de direito que poderão ser objeto de análise judicial (art. 357, § 2º); a possibilidade de escolha do perito (art. 471); a autorização para que as partes escolham, de comum acordo, o conciliador, o mediador, ou a câmara privada de conciliação (art. 168); a possibilidade de as partes, de comum acordo, juntamente com o juiz, fixarem um calendário processual, definindo os prazos para a prática dos inúmeros atos processuais (art. 191).

6 CARMONA, *A arbitragem no processo civil brasileiro*, 1993, p. 71-5.

fusão dos métodos de *Alternative Dispute Resolution*, na multiplicidade das formas em que elas se manifestam, conduza a uma combinação entre processo jurisdicional e acordos tendentes à composição da lide, e sustenta que o processo se abra às convenções das partes, bem como à negociação dos interesses, e que as variantes da pronúncia judicial final se movam em um arco que vá da clássica decisão proferida em um processo contencioso a uma sentença com conteúdo acordado entre as partes[7].

Em trabalho mais recente, em que analisa a natureza da arbitragem, o mesmo professor afirma que, no ordenamento italiano, "existem ao menos duas noções de justo processo jurisdicional: o justo processo estatal, regulado pela lei *ex* art. 111 da Constituição, e o justo processo arbitral", este regulado não pela lei, mas "pela autonomia privada, que saiba dar desenvolvimento correto ao tema do contraditório entre as partes, em condições de paridade, perante um árbitro terceiro e imparcial, que resolva a controvérsia dentro do termo previsto"[8].

Não significa dizer, em nosso sentir, que a arbitragem se equipare, em pé de igualdade, à jurisdição. Não, ao menos, no que se refere a todos os seus elementos essenciais. Concordamos, a esse respeito, com a posição de Sérgio Cruz Arenhart, para quem, ao menos a partir de uma análise das teorias tradicionais acerca da jurisdição (Allorio, Carnelutti e Chiovenda), o procedimento arbitral não possui, em última análise, a mesma natureza do processo civil[9].

Isso não significa, porém, que a função desempenhada pela arbitragem nos ordenamentos jurídicos de modo geral, e em especial no ordenamento jurídico brasileiro, não possa ser aproximada, em significativos aspectos, à função jurisdicional. Embora não seja dotada de coercitividade – o que, por si só, inviabiliza sua consideração enquanto jurisdição, no sentido clássico apresentado pelos citados autores italianos –, o procedimento arbitral possui inúmeros elementos que se assemelham ao processo estatal. Segundo Sérgio Cruz Arenhart,

> Trata-se de instrumento de natureza privada – não no sentido de que o poder público não o possa prover, mas sim porque é instalada exclusivamente pela vontade das partes, que optam por esta via de solução de litígios – em que se busca em um terceiro (ou terceiros) imparcial a solução para certo conflito surgido em relações intersubjetivas. Constitui-se, também, em instrumento de ordem convencional, já que compete aos interessados decidirem sujeitar certa controvérsia à decisão de um árbitro – renunciando à tutela jurisdicional tradicional – decidindo, outrossim, a respeito da extensão dos poderes outorgados àquele para eliminar os conflitos[10].

No mesmo sentido é a posição de Eduardo Talamini, ao afirmar que "conquanto legítima e plenamente compatível com a garantia da inafastabilidade da tutela jurisdicional, a atividade arbitral é privada. O árbitro não exerce a jurisdição estatal". Com efeito, como destaca o referido autor,

7 CAPONI, "O princípio da proporcionalidade na Justiça Civil: primeiras notas sistemáticas", 2011, p. 384.
8 CAPONI, "'Natureza' da arbitragem e controvérsias arbitrais", 2014, p. 383.
9 ARENHART, "Breves observações sobre o procedimento arbitral". Disponível em: <https://www.academia.edu/214088/BREVES_OBSERVA%C3%87%C3%95ES_SOBRE_O_PROCEDIMENTO_ARBITRAL>. Acesso em: 03 maio 2016.
10 Ibidem.

> Sua origem está em um ato negocial das partes – regrado e até protegido e incentivado pelo Estado. Mas não há um ato de delegação estatal. Se for para utilizar o termo "jurisdição" no sentido clássico, de uma das modalidades de expressão do poder soberano do Estado, a arbitragem não é "jurisdicional" (ainda que o seja em outra acepção, a seguir destacada). O árbitro, sujeito privado, não fundamenta sua posição na soberania estatal, como o juiz, mas na convenção celebrada entre as partes. A base de legitimidade da arbitragem não é nenhuma chancela ou outorga do Estado, mas a liberdade das partes. A arbitragem tem início (formação) negocial e desenvolvimento que se poderia chamar de institucional e processualizado. Institucional porque, embora constituída e previamente organizada pelo acordo entre as partes, passa depois a desenvolver-se em uma estrutura dinâmica, complexa, relativamente objetivada. Processualizado porque atividade aí desenvolvida é procedimentalizada e sujeita ao contraditório, entre as partes e do árbitro com as partes. Pode-se aludir a um negócio jurídico processual, em lugar da vetusta noção francesa de contrato de direito privado[11].

O mesmo autor, juntamente com Luiz Rodrigues Wambier, conclui, desse modo, por enquadrar a arbitragem como "equivalente jurisdicional"[12], na medida em que "equipara-se à atuação jurisdicional cognitiva", não sendo, porém, idêntica a ela[13], mas, acima de tudo, adequada à "diretriz constitucional de busca de tutela efetiva e adequada"[14].

Assim, e porque "o árbitro tem a tarefa de verificar e atuar as normas concretamente incidentes – e o faz como um terceiro, imparcial (não parte), estranho, alheio às partes", a arbitragem, considerando-se o "conteúdo da atuação, da condição de 'não sujeito' (*assoggettività*) do árbitro e do resultado visado", equivale à jurisdição[15].

É a partir dessa perspectiva que se pretende desenvolver o tema proposto. Jurisdição, de um lado, e arbitragem, de outro, enquanto "equivalentes jurisdicionais", devem caracterizar sistemas adequados para prestação de uma tutela (no sentido de proteção) efetiva aos direitos. Para que se possa concluir nessa direção, é imprescindível investigar-se até que ponto a cooperação entre os sujeitos está presente na arbitragem e pode ser equiparada à cooperação que se busca alcançar no processo civil, em especial, após a edição do CPC/2015.

3. TRAÇOS DA COOPERAÇÃO NA ARBITRAGEM: A FLEXIBILIDADE, FUNDADA NA CONFIANÇA E NO CONSENSO, COMO PRINCIPAL JUSTIFICATIVA DA ESCOLHA DA SOLUÇÃO ARBITRAL DE CONFLITOS

Flexibilidade é, certamente, uma das palavras-chave da arbitragem. Afinal, desde a própria escolha do procedimento arbitral e da consequente renúncia à solução judicial até a escolha de detalhes do procedimento (o árbitro, o direito aplicável etc.), a arbitragem parte do pressuposto de que as partes, em um elevado grau de consenso, dispõem acerca dos atos que compõem o procedimento.

---

11 TALAMINI, "Arbitragem e a tutela provisória no Código de Processo Civil de 2015", 2015, p. 288.
12 TALAMINI; WAMBIER, *Curso avançado de processo civil*: teoria geral do processo, 2016, p. 108.
13 TALAMINI, op. cit., 2015, p. 288.
14 Ibidem.
15 Ibidem.

Discorrendo acerca da arbitragem como solução adequada para atender à evolução da sociedade e do Direito, Arnold Wald destaca que as exigências que se colocam nesse procedimento – resolução de conflitos passados e, ao mesmo tempo, garantia de continuidade da gestão do contrato – impõem a adoção de "medidas eficazes, equilibradas e éticas, que permitam, inclusive, a continuação de um diálogo harmônico entre os contratantes", obrigando o árbitro "a estabelecer novos procedimentos, totalmente diferentes daqueles previstos pela lei para garantir o bom funcionamento dos processos judiciais"[16].

A forma de solução dos conflitos apresentada pelo Estado – a jurisdição propriamente dita – está um pouco mais distante disso, notadamente em razão de fatores que inviabilizam a implementação de tão ampla liberdade, como a própria natureza da função jurisdicional do Estado, que, pública, não pode atribuir às partes o mesmo grau de liberdade atribuído pela arbitragem. O novo Código de Processo Civil, porém, estreita esses laços ao impor maior diálogo e colaboração entre os sujeitos processuais, como decorrência da cooperação prevista em seu art. 6º.

Eduardo Talamini e Luiz Rodrigues Wambier lembram que a afirmação de que a jurisdição é expressão da soberania estatal não pode afastar a possibilidade de o jurisdicionado "resolver por conta própria os seus conflitos, de um modo consensual, sem o uso da força", a partir da "escolha de um terceiro, alheio ao Estado, para decidi-lo"[17].

O consenso, como se vê, é a base do procedimento arbitral. Sem ele, a solução do conflito mediante a arbitragem sequer poderá ser instaurada. Hermes Marcelo Huck e Rodolfo da Costa Manso Real Amadeu, a esse respeito, destacam a autonomia da vontade como "a seiva vital da qual se nutre a arbitragem", na medida em que, ao optar pela arbitragem como forma de solução de seu conflito de interesses, as partes "estão inserindo um novo item no negócio que fazem". "A opção arbitral", assim, "ingressa na operação contratual, integrando-a tanto quanto seu objeto e preço. Jurisdição e contrato, a arbitragem não existe sem liberdade e autonomia das partes"[18].

Esse ponto fica muito claro da análise inicial dos primeiros dispositivos da Lei n. 9.307/96, que dispõe sobre a arbitragem, com as alterações introduzidas pela Lei n. 13.129/2015.

O art. 2º, por exemplo, determina que "a arbitragem poderá ser de direito ou de equidade, a critério das partes", que poderão também "escolher, livremente, as regras de direito" aplicáveis, desde que garantindo a observância aos bons costumes e à ordem pública (§ 1º). Poderão as partes também determinar que "a arbitragem se realize com base nos princípios gerais de Direito, nos usos e costumes e nas regras internacionais de comércio".

A liberdade é, portanto, a base da arbitragem. Não se pode imaginar um procedimento que parta desse pressuposto sem que haja um mínimo grau de confiança e colaboração entre as partes. Ao optarem pela arbitragem, abrindo mão da jurisdição estatal, as partes optam, de antemão, por tomarem algumas decisões em conjunto, inclusive, em muitos casos, previamente à instauração do procedimento arbitral.

Não se afirma, é importante que se diga desde já, que não haverá propriamente litígio na arbitragem. Algo, aliás, que igualmente jamais poderia ser aplicável ao processo civil. A base

16 WALD, "A evolução do Direito e a arbitragem", 2007, p. 457.

17 TALAMINI; WAMBIER, op. cit., 2016, p. 108.

18 AMADEU; HUCK, "Árbitro – juiz de fato e de direito", 2014, 2016, p. 182.

da cooperação é a confiança e intenção em, conjuntamente, colaborar para a construção de um procedimento adequado à prestação de uma tutela adequada, mas isso, de modo algum, conflitua com a natureza litigiosa desses procedimentos. Como afirma Eduardo Talamini,

> Trata-se de reconhecer que – em que pesem as posições antagônicas, contrapostas, das partes; em que pese a distinção entre a posição do juiz (autoridade estatal) e das partes (jurisdicionados, sujeitos àquela autoridade) – todos os sujeitos do processo estão inseridos dentro de uma mesma relação jurídica (ou de um complexo de relações) e devem colaborar entre si para que essa relação, que é dinâmica, desenvolva-se razoavelmente até a meta para a qual ela é preordenada (a resposta jurisdicional final)[19].

Isso, inclusive, reforça a possibilidade de se estender o dever de cooperação também à relação existente entre as partes. O tema é objeto de controvérsia na doutrina brasileira. Daniel Mitidiero, Sérgio Cruz Arenhart e Luiz Guilherme Marinoni entendem que as partes não têm o dever de cooperar entre si, na medida em que, no processo, possuem interesses divergentes. Ressalvam, contudo, que, evidentemente, as partes têm o dever de agir com boa-fé no processo, o que, porém, não se confunde com a colaboração[20]. Fredie Didier Jr., por outro lado, entende que o princípio da cooperação "é fonte direta de situações jurídicas ativas e passivas, típicas e atípicas, para todos os sujeitos processuais, inclusive para o órgão jurisdicional"[21], posição com a qual concordamos.

O presente trabalho parte desta premissa: entende-se que, enquanto sujeitos interessados na composição da controvérsia, devem as partes – seja no processo estatal, seja no procedimento arbitral –, cooperarem entre si na busca de uma solução mais adequada ao seu conflito de interesses.

A confiança que inspira a busca pela solução arbitral e que norteia a conduta das partes durante todo o procedimento deve ser a mesma que orienta a atuação dos sujeitos no processo, possibilitando, assim, em qualquer um desses sistemas, a prestação de uma tutela adequada e efetiva.

Mas não é apenas isso. A cooperação deve nortear, também, a relação do juiz e do árbitro com as partes, a partir de alguns deveres que, como sujeitos imparciais vocacionados à solução adequada do conflito de interesses, devem ser por ambos observados. Esses pontos – em especial os deveres correlatos à cooperação entre as partes e também à cooperação do juiz (e, consequentemente, do árbitro) para com as partes – serão mais bem abordados no próximo item.

Por ora, o que se pode concluir é que, enquanto equivalente jurisdicional, tendo como finalidade a composição adequada dos conflitos de interesses, a partir da flexibilidade do procedimento e da confiança entre os sujeitos que dela participam, a arbitragem fornece am-

---

19 TALAMINI, *Cooperação no novo CPC*: primeira parte: os deveres do juiz. Disponível em: <http://www.migalhas.com.br/dePeso/16,MI226236,41046-Cooperacao+no+novo+CPC+primeira+parte+os+deveres+do+juiz>. Acesso em: 04 maio 2016.

20 ARENHART; MARINONI; MITIDIERO, *Curso de processo civil*: tutela dos direitos mediante procedimento comum, 2015, p. 73.

21 DIDIER JR., *Fundamentos do princípio da cooperação no direito processual civil português*, 2010, p. 109.

plo espaço para a aplicação e desenvolvimento do princípio da cooperação, de forma muito semelhante àquela que se configura no processo civil, sendo assim importante fonte de inspiração para o desenvolvimento que se pretende dar a esse princípio a partir da edição do novo Código de Processo Civil brasileiro.

4. A COOPERAÇÃO ENTRE OS SUJEITOS PROCESSUAIS NO CÓDIGO DE PROCESSO CIVIL DE 2015

O novo Código de Processo Civil (Lei n. 13.105/2015) inclui o princípio da cooperação entre as normas fundamentais do processo, afirmando, no art. 6º, que "todos os sujeitos do processo devem cooperar entre si para que se obtenha, em tempo razoável, decisão de mérito justa e efetiva".

Embora com amplo destaque no novo Código, é importante ressaltar que a cooperação não revela, propriamente, uma novidade em nosso sistema. Trata-se de dever que, ao menos desde a Constituição Federal de 1988, pode ser extraído do devido processo legal e do princípio da solidariedade. É indubitável, porém, a intenção do legislador de enaltecer a aplicação desse princípio, caracterizando-o como uma das bases metodológicas interpretativas do novo regramento processual.

Trata-se de princípio que deve nortear toda a atividade processual e qualquer conduta dos sujeitos processuais. Como explica Fredie Didier Jr., "o princípio da boa-fé impõe deveres de cooperação entre os sujeitos do processo", norteando, também, a conduta das partes na negociação processual, seja ela relativa ao próprio objeto do processo, seja ela propulsora dos negócios jurídicos processuais[22]. "São ilícitas", afirma o autor, "as condutas contrárias à obtenção do 'estado de coisas' (comunidade processual de trabalho) que o princípio da cooperação busca promover"[23]. O mesmo autor, em trabalho específico acerca da cooperação no Direito português, destaca que dela "surgem deveres de conduta tanto para as partes como para o órgão jurisdicional"[24].

Divide-se, assim, o dever de cooperação relativamente às partes em três deveres correlatos: dever de esclarecimento, que impõe aos demandantes clareza e coerência na apresentação de sua demanda[25]; dever de lealdade, vedando-se a atuação de má-fé e impondo-se a observância da boa-fé processual; e, por fim, o dever de proteção, vedando-se à parte a prática de conduta que possa causar danos ao adversário[26].

Acrescente-se, ainda nessa linha, mais especificamente no que se refere ao dever de esclarecimento, o dever de sinteticidade, exigindo-se das partes a exposição sintética e objetiva de suas pretensões e fundamentos, a auxiliar, inclusive, na fundamentação adequada (e igualmente breve e objetiva) das decisões pelo juiz[27].

---

22 DIDIER JR., *Curso de processo civil*, 2015, p. 79.
23 Ibidem, p. 101.
24 DIDIER JR., op. cit., 2010, p. 48.
25 DIDIER JR., op. cit., 2015, p. 101.
26 Ibidem, p. 102.
27 Para maior aprofundamento acerca do princípio da sinteticidade e sua aplicabilidade, em especial no Direito italiano, ver artigo de Giuseppe Finocchiaro ("Il Principio di sinteticità nel processo civile", 2013, p. 853-69).

A cooperação, porém, não se exaure na relação entre as partes. É fundamental, para o adequado desenvolvimento dessa "comunidade de trabalho", que o juiz também seja um sujeito colaborativo, em especial no que se refere ao aspecto dialógico do dever de cooperação.

Em suma, pode-se afirmar que o princípio da cooperação, visto a partir da perspectiva colaborativa do juiz perante as partes, impõe a observância de quatro deveres correlatos.

Miguel Teixeira de Sousa, discorrendo sobre o princípio da cooperação no Direito português e analisando o papel do tribunal na observância desse princípio, destaca seu aspecto dialógico, possibilitando ao órgão julgador o diálogo com as partes, como também sua participação na "aquisição de matéria de facto e de direito para o proferimento da decisão"[28]. E nem poderia ser diferente. Afinal, enquanto instrumento do direito material e componente fundamental do Estado Constitucional, o processo "precisa refletir as bases do regime democrático" proclamadas na Constituição Federal[29], intensificando-se, a partir desse ponto de vista, o efetivo contraditório, enquanto garantia de participação[30].

Disso decorrem quatro deveres correlatos ao princípio da cooperação, e que, necessariamente, devem ser observados pelo juiz no processo[31].

Em primeiro lugar, o dever de prevenção ou advertência, que impõe a necessidade de se prevenir as partes quanto às irregularidades processuais, possibilitando-lhes a devida correção. O CPC/2015 incorpora essa ideia ao prever, em inúmeros dispositivos, a necessidade de o tribunal intimar a parte recorrente para regularização, em caso de vícios que prejudiquem o conhecimento dos recursos[32].

O dever de esclarecimento impõe ao órgão julgador a necessidade de se esclarecer junto às partes quanto às suas alegações no processo, possibilitando a adequada interpretação dos pedidos e fundamentos da demanda.

Decorrência direta do contraditório, o dever de consulta impõe o dever de o órgão judicial ouvir as partes antes da prolação de qualquer decisão. Esse dever aparece de forma especialmente incisiva no novo Código, ao prever, nos arts. 9º e 10, a impossibilidade de se proferir decisões surpresa, sendo imprescindível que o juiz ouça as partes antes de prolatar qualquer decisão, ainda que se trate de matérias que possam ser conhecidas de ofício.

Por fim, o dever de auxílio impõe o necessário apoio às partes na superação de obstáculos ao exercício de seus direitos ou cumprimento de ônus e deveres, o que, no novo CPC,

---

Nesse texto, o autor destaca a previsão do princípio no Direito italiano, ressaltando que sua aplicação não pode ensejar a desconsideração dos deveres de clareza e completude das decisões e dos atos processuais (p. 866).

28 SOUSA, "Omissão do dever de cooperação do tribunal: que consequências?". Disponível em: <https://www.academia.edu/10210886/M._TEIXEIRA_DE_SOUSA_Omiss%C3%A3o_do_dever_de_coopera%C3%A7%C3%A3o_do_tribunal_que_consequ%C3%AAncias_01.2015_>. Acesso em: 01 set. 2015, p. 1.

29 DINAMARCO, *A instrumentalidade do processo*, 1998, p. 25.

30 "Neste sentido é possível dizer que o processo requer um procedimento aberto à participação. Ou que o processo é o procedimento em contraditório que não dispensa a publicidade e a argumentação explicitada através da fundamentação. Apenas essa forma de participação é capaz de legitimar o processo" (MARINONI, *Teoria geral do processo*, 2006, p. 408).

31 SOUSA, op. cit., 2015, p. 2-3.

32 Art. 932, parágrafo único: "Antes de considerar inadmissível o recurso, o relator concederá o prazo de 5 (cinco) dias ao recorrente para que seja sanado vício ou complementada a documentação exigível". Art. 1.017, § 3º: "Na falta da cópia de qualquer peça ou no caso de algum outro vício que comprometa a admissibilidade do agravo de instrumento, deve o relator aplicar o disposto no art. 932, parágrafo único".

pode ser extraído do parágrafo único do art. 373 e da previsão quanto à possibilidade de modificação dinâmica do ônus da prova[33]. Para Lúcio Grassi de Gouveia,

> Consiste o dever de auxiliar as partes na remoção das dificuldades ao exercício dos seus direitos e faculdades e no cumprimento de ônus e deveres processuais. Dessa forma, sempre que uma das partes alegue justificadamente dificuldade série em obter documento ou informação que condicione o eficaz exercício de uma faculdade ou cumprimento de um ônus ou dever processual, o juiz deve, quando possível, providenciar a remoção do obstáculo[34].

Trata-se, como se vê, de deveres que consolidam o dever de diálogo que decorre do princípio da cooperação. Marco Gradi, em trabalho específico sobre o contraditório e aquilo que no Direito italiano se convencionou chamar de "*nullità della sentenza della terza via*", destaca o papel primordial dessa garantia no processo[35].

Essa necessária observância do dever de diálogo insere-se na perspectiva de um modelo de processo civil democrático, que valoriza o contraditório em seu sentido substancial, enquanto direito não só de as partes serem ouvidas, como também de terem suas manifestações consideradas pelo órgão julgador. E mais, exige do juiz um cuidado no sentido de observar o contraditório até mesmo em situações nas quais poderá decidir de ofício. "Contraditório em sua dimensão mais plena", como destaca Eduardo Talamini, não se justificando "que as partes sejam surpreendidas por decisões de ofício acerca de matéria sobre as quais, até então, não haviam desenvolvido alegações", o que deve ser observado em qualquer momento do processo[36].

O juiz, portanto, deve participar do contraditório, compreendido em sua perspectiva dialógica, ou seja, possibilitando o pleno diálogo entre os sujeitos processuais (partes e juiz) na busca da prestação da tutela jurisdicional adequada e efetiva. Afinal, "a lide terá a solução mais justa e o direito objetivo será tão mais resguardado quanto maior for a participação dos atores do processo"[37]. Como explica Daniel Mitidiero:

> Nessa perspectiva, assume o contraditório o papel de um verdadeiro "*cardine della ricerca dialettica*", pela justiça do caso concreto, funcionando como uma norma de absoluta imprescindibilidade para a formação da decisão judiciária. Não basta, todavia, outorgar direito a influir na construção da decisão se não se prevê um correlato dever de debate acometido ao órgão jurisdicional[38].

---

33 "Art. 373, § 1º: "Nos casos previstos em lei ou diante de peculiaridades da causa relacionadas à impossibilidade ou à excessiva dificuldade de cumprir o encargo nos termos do *caput* ou à maior facilidade de obtenção da prova do fato contrário, poderá o juiz atribuir o ônus da prova de modo diverso, desde que o faça por decisão fundamentada, caso em que deverá dar à parte a oportunidade de se desincumbir do ônus que lhe foi atribuído".

34 GOUVEIA, "A função legitimadora do princípio da cooperação intersubjetiva no processo civil brasileiro", 2009, p. 32.

35 GRADI, "Il principio del contradditorio e la nullità della sentenza della terza via", 2010, p. 827.

36 TALAMINI, *Saneamento do processo*, 1997, p. 76.

37 CABRAL,"O contraditório como dever e a boa-fé processual objetiva", 2005, p. 59.

38 MITIDIERO, *Colaboração no processo civil*: pressupostos sociais, lógicos e éticos, 2009, p. 135.

O contraditório, assim, deve ser visto em uma perspectiva muito mais ampla, impondo a participação judicial nos "atos de direção, de prova e de diálogo"[39], aí incluídos os poderes instrutórios amplos.

O novo Código de Processo Civil, como já se destacou, incorpora esse modelo, ao prever, no art. 9º, que "não se proferirá decisão contra uma das partes sem que ela seja previamente ouvida" e, em especial, no art. 10, que impede o juiz de decidir "com base em fundamento a respeito do qual não se tenha dado às partes oportunidade de se manifestar, ainda que se trate de matéria sobre a qual deva decidir de ofício". As exceções, extremamente restritas, limitam-se a algumas espécies de decisões em que a postergação do contraditório se faz necessária à sua efetivação, como é o caso de algumas espécies de tutelas provisórias[40].

É a vedação às decisões surpresa, impondo-se ao órgão julgador que sempre consulte as partes e se esclareça acerca de potenciais vícios no procedimento antes de declará-los e provocar a extinção do processo, "reforçando a confiança das partes no juiz, sobre estimular uma decisão mais atenta às diferentes feições que eventualmente possa assumir o problema debatido em juízo"[41].

Ao observar o dever de diálogo, estabelecendo amplo debate no processo antes de se pronunciar sobre qualquer questão – até mesmo para o exercício dos poderes instrutórios, antes de determinar a produção de provas não requeridas inicialmente pelas partes –, garante-se a legitimidade da decisão a partir da perspectiva da possibilidade de influência no convencimento judicial. Partindo da teoria do discurso, "*la toma de decisiones políticas debe ser precedida de un procedimiento comunicativo que permita, respetadas algunas reglas del debate, surgir un acuerdo racional sobre la acción colectiva*"[42].

Diálogo, confiança, construção da tutela efetiva e adequada do direito material e legitimidade das decisões judiciais por meio do efetivo debate são, portanto, objetivos que poderão ser implementados com a adoção de um modelo cooperativo de processo, concretizando-o como verdadeiro instrumento do direito material e ferramenta de adequação e conformação ao Estado constitucional.

5. CONCLUSÃO

A cooperação entre os sujeitos processuais, valorizada no Código de Processo Civil de 2015, que inclui o princípio entre as normas fundamentais do processo civil, deve nortear

---

39 Ibidem, p. 221. "Também pelo diálogo o juiz participa em contraditório. A moderna ciência do processo afastou o irracional dogma segundo o qual o juiz que expressa seus pensamentos e sentimentos sobre a causa, durante o processo, estaria prejulgando e, portanto, afastando-se do cumprimento do dever de imparcialidade. A experiência mostra que o juiz não perde a equidistância entre as partes quando tenta conciliá-las, avançando prudentemente em considerações sobre a pretensão mesma ou a prova, quando esclarece sobre a distribuição do ônus da prova ou quando as adverte da necessidade de provar melhor" (DINAMARCO, *Instituições de direito processual civil*, 2002, p. 224-5).

40 Os incisos do art. 9º apontam algumas dessas exceções, incluindo a tutela provisória de urgência (inciso I), as hipóteses de tutela da evidência previstas no art. 311 (inciso II) e a decisão prevista no art. 701 (inciso III) – a decisão inicial da ação monitória.

41 MITIDIERO, *Colaboração no processo civil*: pressupostos sociais, lógicos e éticos, 2015, p. 128.

42 CABRAL, "El principio del contradictorio como derecho de influencia y deber de debate", 2010, p. 267.

a conduta das partes e do juiz na obtenção da prestação de uma tutela adequada e efetiva. No que se refere à conduta das partes, trata-se de dever do qual decorrem três outros deveres a ele correlatos: o dever de esclarecimento, o dever de lealdade e o dever de proteção.

Já na perspectiva juiz–partes, impõe-se a observância de quatro deveres correlatos: deveres de prevenção ou advertência; esclarecimento; consulta e auxílio das partes.

Considerado um equivalente jurisdicional, e tendo como função primordial também a prestação de uma tutela adequada aos direitos, a arbitragem possui como norte a confiança e colaboração entre os sujeitos que dela participam, aí incluídas as partes e o árbitro. A cooperação, assim, está presente no procedimento arbitral, de forma muito semelhante àquela que se verifica no processo civil, servindo de importante fonte de inspiração para a adequada aplicação do princípio esculpido no art. 6º do novo Código de Processo Civil.

REFERÊNCIAS BIBLIOGRÁFICAS

AMADEU, Rodolfo da Costa Manso Real; HUCK, Hermes Marcelo. "Árbitro – juiz de fato e de direito". *Revista de Arbitragem e Mediação*. São Paulo, n. 40, 2014.

ARENHART, Sérgio Cruz. "Breves observações sobre o procedimento arbitral". Disponível em: <https://www.academia.edu/214088/BREVES_OBSERVA%C3%87%C3%95ES_SOBRE_O_PROCEDIMENTO_ARBITRAL>. Acesso em: 03 maio 2016.

ARENHART, Sérgio Cruz; MARINONI, Luiz Guilherme; MITIDIERO, Daniel. *Curso de processo civil*: tutela dos direitos mediante procedimento comum. v. 2. São Paulo, Revista dos Tribunais, 2015.

CABRAL, Antonio do Passo. "El principio del contradictorio como derecho de influencia y deber de debate". *Revista Peruana de Derecho Procesal*, v. 16, año XIV, 2010, p. 261-78.

______. "O contraditório como dever e a boa-fé processual objetiva". *Revista de Processo*, v. 126, ago. 2005.

CAPONI, Remo. "O princípio da proporcionalidade na Justiça civil: primeiras notas sistemáticas". *Revista de Processo*. São Paulo, n. 192, 2011.

______. "'Natureza' da arbitragem e controvérsias arbitrais". *Revista de Processo*. São Paulo, n. 231, 2014.

CARMONA, Carlos Alberto. *A arbitragem no processo civil brasileiro*. São Paulo, Malheiros, 1993.

DIDIER JR., Fredie. *Curso de processo civil*. v. 1. Salvador, JusPodivm, 2015.

______. *Fundamentos do princípio da cooperação no direito processual civil português*. Coimbra, Coimbra, 2010.

DINAMARCO, Cândido Rangel. *A instrumentalidade do processo*. São Paulo, Malheiros, 1998.

______. *Instituições de direito processual civil*. v. 1, 3.ed. São Paulo, Malheiros, 2002.

FERREIRA, Aurélio Buarque de Holanda. *Novo dicionário Aurélio da Língua Portuguesa*. Curitiba, Positivo. 2004.

FINOCCHIARO, Giuseppe. "Il principio di sinteticità nel processo civile". *Rivistadi Diritto Processuale*, n. 68, 2013.

GOUVEIA. Lúcio Grassi de. "A função legitimadora do princípio da cooperação intersubjetiva no processo civil brasileiro". *Revista de Processo*, v. 172, jun. 2009.

GRADI, Marco."Il principio del contradditorio e la nullità della sentenza della terza via". *Rivista di Diritto Processuale*, ano LXV, n. 4, luglio-agosto. 2010.

MARINONI, Luiz Guilherme. *Teoria geral do processo*. São Paulo, Revista dos Tribunais, 2006.

MITIDIERO, Daniel. *Colaboração no processo civil*: pressupostos sociais, lógicos e éticos. São Paulo, Revista dos Tribunais, 2009.

______. *Colaboração no processo civil*: pressupostos sociais, lógicos e éticos. 3.ed. São Paulo, Revista dos Tribunais, 2015.

SOUSA, Miguel Teixeira de. "Omissão do dever de cooperação do tribunal: que consequências?". Disponível em: https://www.academia.edu/10210886/M._TEIXEIRA_DE_SOUSA_Omiss%C3%A3o_do_dever_de_coopera%C3%A7%C3%A3o_do_tribunal_que_consequ%C3%AAncias_01.2015_. Acesso em: 01 set. 2015, p. 2-3.

TALAMINI, Eduardo. "Arbitragem e a tutela provisória no Código de Processo Civil de 2015". *Revista de Arbitragem e Mediação*, São Paulo, v. 46, 2015.

______. "Cooperação no novo CPC: primeira parte: os deveres do juiz". Disponível em: http://www.migalhas.com.br/dePeso/16,MI226236,41046-Cooperacao+no+novo+CPC+primeira+parte+os+deveres+do+juiz. Acesso em: 04 maio 2016.

______. "Saneamento do processo". *Revista de Processo*. São Paulo, v. 86, 1997.

TALAMINI, Eduardo; WAMBIER, Luiz Rodrigues. *Curso avançado de processo civil*: teoria geral do processo. v. 1. 16. ed. São Paulo, Revista dos Tribunais, 2016.

WALD, Arnold. "A evolução do Direito e a arbitragem". In: CARMONA, Carlos Alberto; LEMES, Selma Ferreira; MARTINS, Pedro Batista (coords.). *Arbitragem* – estudos em homenagem ao prof. Guido Fernando Silva Soares, *in memoriam*. São Paulo, Atlas, 2007.

PARTE IV – ARBITRAGEM SOCIETÁRIA

18 A reforma legislativa e a convenção de arbitragem nas sociedades anônimas: reflexos e expectativas

Giovani Ribeiro Rodrigues Alves[1]

1. INTRODUÇÃO

A temática do livro mostra-se especialmente apropriada em um período em que se discute a efetividade e o poder de melhoramento institucional por intermédio do novo Código de Processo Civil (Lei n. 13.105/2015). Discutir a arbitragem em evolução é sobremaneira relevante para contribuir para o aperfeiçoamento de uma instituição em constante desenvolvimento no Brasil e no mundo.

Ao mesmo tempo, o privilégio de fazer parte de uma obra coletiva que conta com algumas das maiores autoridades brasileiras sobre o tema é motivo de incentivo para o constante aperfeiçoamento acadêmico pessoal, para que um dia, talvez, este autor tenha condições de chegar perto dos mestres que escreveram para a obra.

O presente texto iniciará pelo delineamento acerca da vocação do direito empresarial e, mais especificamente, do direito societário à via arbitral. Serão invocados fundamentos ligados às características históricas da disciplina, ao dia a dia da relação entre os sócios e ao funcionamento da empresa, a fim de justificar a importância da adoção da cláusula compromissória nas relações societárias como mecanismo para maior eficiência na condução e resolução de litígios.

Em seguida, serão traçadas breves linhas acerca da discussão doutrinária no âmbito da arbitragem societária brasileira, a respeito da vinculação do sócio ausente, dissidente ou futuro da deliberação que aprovou a inserção da cláusula compromissória no estatuto da companhia.

Para isso, partir-se-á dos posicionamentos de Modesto Carvalhosa e Nelson Eizirik, contrastantes entre si e com o entendimento majoritário da doutrina sobre o tema. Objetiva-se extrair os principais fundamentos das posições doutrinárias sobre o assunto, a fim de melhor compreender o atual estado da arte.

---

1 Preliminarmente, é de se registrar o agradecimento aos organizadores da presente obra coletiva, professores Tarcisio Teixeira e Patricia Ligmanovski, pelo gentil convite para dela participar. Agradeço ao Doutor Max Iwamura pela cuidadosa correção do texto.

Posteriormente, será realizada análise a respeito da inclusão do art. 136-A na Lei n. 6.404/76 por meio da entrada em vigor da Lei n. 13.129/2015. Apresenta-se, como escopo da análise, encontrar a linha interpretativa que norteia a modificação legislativa e seu significado para o deslinde do debate traçado no item anterior.

Ao final, a título meramente provocativo, serão lançadas algumas inquietudes acerca da escolha legislativa, a fim de identificar se resultou em estímulo ou desestímulo à adoção da arbitragem, buscando identificar possíveis efeitos da opção legal.

Justifica-se a presente abordagem como singela contribuição para que os acionistas e/ou advogados encarregados da elaboração dos estatutos possam prever mecanismos para diminuir a insegurança da solução tradicional dos conflitos societários ou mesmo mitigar o risco acerca da validade e eficácia de cláusula compromissória que possa ser discutida futuramente.

A estabilidade e a previsibilidade de tratamento são buscadas pelos empresários desde o *ius mercatorum*, e compete à doutrina e aos operadores do Direito encontrarem mecanismos aptos a contribuir para a preservação da empresa e para todos os postulados dela decorrentes.

2. AS RELAÇÕES SOCIETÁRIAS E SUA VOCAÇÃO À ARBITRAGEM

Em uma obra voltada a analisar a evolução da arbitragem, pareceria desnecessário repisar fundamentos que justifiquem e estimulem a adoção da solução arbitral.

Ocorre que a prática advocatícia nos demonstra que ainda são poucos os contratos sociais e os estatutos que se aperfeiçoaram ou que previram originariamente a cláusula compromissória, encontrando-se mais frequentemente em sociedades de pessoas e não com tanta frequência nas sociedades de capitais[2], mesmo com o aparente paradoxo em razão da estrutura.

Por isso, necessário é o constante e combativo enaltecimento das vantagens da arbitragem, sob diferentes ângulos e para as mais diferentes concepções societárias, mormente quando se está diante de litígios que possam afetar a própria sobrevivência da empresa, seja ela pequena, média ou grande.

Com efeito, o direito empresarial é vocacionado à solução arbitral. A dinamicidade das relações empresariais, a especificidade da temática e o caráter patrimonial do cerne da atividade profissional desenvolvida pelos empresários e que também norteia as relações entabuladas entre os sócios[3] já seriam suficientes para sugerir a vocação.

Em acréscimo, a pequena quantidade de tópicos nos editais e, por via de consequência, de questões de direito empresarial nos concursos públicos para a magistratura e a falta de varas e câmaras especializadas na esmagadora maioria dos Tribunais de Justiça no Brasil fazem com que a vocação se torne uma escolha bastante recomendável.

Conforme pontua Eizirik, "o poder de decidir do árbitro é corolário da autonomia das partes [...]" e "usualmente apresenta algumas vantagens em relação à jurisdição estatal"[4]. Na união entre a possibilidade de se estabelecer a cláusula compromissória e as vantagens decorrentes da via arbitral, fundamenta-se o permanente dever de estimular a adoção da arbitragem.

---

2 EIZIRIK, *A Lei das S/A comentada*, 2011, p. 610.
3 ASCARELLI, *Lezioni di diritto commerciale*, 1955, p. 4
4 EIZIRIK, op. cit., 2011, p. 610.

Se nos contratos empresariais as particularidades que norteiam a atividade empresarial e a relação entre os contratantes – tão bem destacadas nas obras de Ribeiro e Galeski Junior[5] e de Forgioni[6] – fazem com que uma teoria geral dos contratos empresariais deva ser realçada pela doutrina, no âmbito das relações societárias as peculiaridades são tamanhas a ponto de ser difícil encontrar qualquer paralelo nos outros ramos do Direito. Afinal, nem mesmo as relações travadas dentro de associações ou fundações são correlatas ou próximas do cotidiano empresarial societário.

Tais especificidades conduzem à noção de especialidade no direito societário, tão marcante da arbitragem e radicalmente distinta da concepção clássica – e ainda enraizada – do juiz onipotente e conhecedor de todo o Direito, observada no Poder Judiciário.

Com a arbitragem, a escolha de árbitros especialistas, no tema específico em debate, torna muito mais provável a análise de acordo com o mercado e dentro do paradigma do direito empresarial, radicalmente distinto da lógica civilista e consumerista, mais próximas do dia a dia do juiz.

Como se não bastasse, o caráter eminentemente disponível das relações societárias possibilita a adoção da arbitragem[7], reduzindo, substancialmente, o risco de uma ultrapassada discussão sobre a possibilidade de afastamento da estrutura tradicional do Poder Judiciário para resolver as questões, à luz do preceito constitucional de inafastabilidade do Judiciário.

Ademais, a dinamicidade do exercício da atividade empresarial é, manifestamente, incompatível com a atual velocidade de oferecer respostas do Poder Judiciário. E aqui não se está a fazer uma crítica à atuação dos juízes, desembargadores ou ministros. Trata-se de uma questão estrutural, já que a quantidade de demandas, mesmo no Supremo Tribunal Federal – em que deveriam ser discutidos apenas os temas essenciais, mas que, apenas em 2015, recebeu 86.977 processos[8] – tornam impossível o oferecimento de respostas no tempo exigido em um litígio empresarial, mormente naqueles com potencial de paralisação da empresa, como os embates entre sócios que detêm 50% do capital social.

Finalmente, a informalidade, característica tão distintiva das relações empresariais e essencial na interpretação da atividade desenvolvida pelo empresário, e a confidencialidade – necessária, inclusive, para se preservar a própria higidez da marca, do nome empresarial ou do complexo societário como um todo – são marcantes peculiaridades do juízo arbitral, em flagrante distinção com o formalismo e com a norma geral da publicidade encontrados no Poder Judiciário.

A respeito da confidencialidade, conforme expressam Cassi e Gonçalves, "tal sigilo também é importante para criar entre as partes uma atmosfera favorável à conciliação, sem que se precise levar o conflito às últimas consequências"[9]. E, partindo do pressuposto de que a cooperação é outro elemento característico das relações empresariais, por serem eminen-

---

5 RIBEIRO; GALESKI, *Teoria geral dos contratos*: contratos empresariais e análise econômica, 2015.

6 FORGIONI, *Contratos empresariais*: teoria geral e aplicação, 2015.

7 EIZIRIK, op. cit., 2011, p. 610.

8 Informação extraída do sítio eletrônico do Supremo Tribunal Federal. Disponível em: <http://www.stf.jus.br/portal/cms/verNoticiaDetalhe.asp?idConteudo=306671>. Acesso em: 30 jan. 2016.

9 CASSI; GONÇALVES, "A adoção da cláusula compromissória arbitral como incentivo à diminuição dos custos de transação nos contratos", 2015.

temente duradouras[10] e pela constante troca de informações no mercado (o que estimula o comportamento cooperativo)[11], tem-se mais um incentivo para a adoção da arbitragem para solução de entraves empresariais societários.

Todos esses elementos conduzem à conclusão de que há total sintonia e compatibilidade entre a arbitragem e o direito empresarial, mormente com as relações de cunho societário. Mais do que isso: algumas características clássicas do direito empresarial, que remontam ao seu surgimento na Idade Média e permanecem hígidas na atualidade, são também marcantes atributos da arbitragem.

3. BREVES LINHAS SOBRE O DEBATE ACERCA DA VINCULAÇÃO DO SÓCIO AUSENTE, DISSIDENTE OU FUTURO DA DELIBERAÇÃO QUE APROVOU A CLÁUSULA COMPROMISSÓRIA

Conhecido é o debate na doutrina pátria acerca da vinculação do sócio ausente, dissidente ou futuro da deliberação que aprovou a inserção da cláusula compromissória no estatuto. Não se pretende, no presente artigo, fazer uma análise minuciosa sobre o debate. Tão simplesmente busca-se invocar alguns dos fundamentos utilizados na discussão para se interpretar a alteração legislativa na Lei n. 6.404/76 no que diz respeito à cláusula compromissória e sua abrangência sobre os acionistas.

A noção de arbitrabilidade foi construída pelos estudiosos no tema para descrever aquilo que, adequadamente, pode ser submetido a julgamento arbitral. Franzoni explica que se fala em "arbitrabilidade para se referir à aptidão genérica de uma determinada lide para que seja submetida a julgamento arbitral"[12].

Divide-se o termo arbitrabilidade em: arbitrabilidade objetiva, referente às matérias que podem ser tratadas na arbitragem, e arbitrabilidade subjetiva – que se refere à capacidade das partes para se submeterem à arbitragem.

Especialmente a segunda (subjetiva) ganhou relevo nas discussões doutrinárias no âmbito das sociedades anônimas, mormente por conta dos posicionamentos de Carvalhosa e Eizirik, em expressiva medida, limitadores do âmbito de abrangência da cláusula compromissória nas companhias. Ressalta-se que tais posicionamentos foram emitidos anteriormente à entrada em vigor do art. 136-A na Lei n. 6.404/76, mas os fundamentos utilizados são bastante úteis para entender o atual panorama legislativo.

Carvalhosa assevera, à luz do art. 109 da Lei das Sociedades Anônimas e do art. 4º, § 2º, da Lei de Arbitragem, que seria requisito de validade e eficácia da cláusula compromissória a expressa manifestação do acionista acerca do assunto. Consequentemente, para os acionistas ausentes, dissidentes ou futuros da deliberação que determinou a inclusão da cláusula compromissória no estatuto, essa não seria válida e eficaz[13].

---

10 AXELROD, *The evolution of cooperation*, 1984, p. 59.

11 ALVES, "Da necessária superação paradigmática na interpretação dos contratos empresariais e da importância do resgate dos princípios do direito empresarial", 2013, p. 173-212.

12 FRANZONI, *Arbitragem societária*, 2015, p. 73.

13 CARVALHOSA, *Comentários à Lei de Sociedades Anônimas*, 2014, p. 379-407.

Segundo referido autor, os acionistas têm um direito subjetivo e não um dever de aderir à cláusula compromissória, o que é ressaltado pelo fato de a previsão normativa relativa ao assunto se encontrar na parte que trata sobre os direitos essenciais dos acionistas, na Lei das S.A.

Dessa forma, a cláusula somente seria válida e eficaz para aqueles que expressamente consentiram com ela, seja na cláusula compromissória, seja no compromisso propriamente dito[14].

Eizirik[15], por sua vez, diverge em parte do pensamento de Carvalhosa. Para Eizirik, aqueles sócios que adquirem essa condição após já consagrada a cláusula compromissória no estatuto (sócios futuros) "ainda que não tenham consentido expressamente com a cláusula compromissória, ao subscrever, comprar ou receber as ações, sob qualquer modalidade, estão tais acionistas praticando ato de ratificação do estatuto social e concordando tacitamente com os seus termos".

Tal raciocínio é pautado na própria autonomia da vontade, vez que aquele que decidiu ser sócio aderiu ao que já estava estipulado no estatuto, inclusive à cláusula compromissória. Assim, a expressão da vontade ocorreu no ato de aderir ao contido no estatuto, opção que pode ser exercida pelo acionista.

Em relação ao sócio ausente da deliberação que instituiu a cláusula compromissória, Eizirik preconiza que esse se sujeita à cláusula, vez que não teria como se exigir a aprovação expressa para a validade e eficácia dela ou a necessidade de consentimento unânime sobre o assunto, em razão da inexistência de dispositivo expresso que assim determinasse[16].

Por outro lado, tal qual Carvalhosa, Eizirik entende que os acionistas que foram dissidentes na deliberação que optou pela inserção da cláusula compromissória no estatuto da companhia não poderiam estar sujeitos a essa disposição. Não haveria como se impor a solução arbitral àqueles sócios que não concordaram em abrir mão do direito de instigar o Poder Judiciário para discutir assuntos da sociedade[17]. Neste ponto, há o encontro das posições dos dois autores.

Dessa forma, cada um a seu modo, os citados autores limitavam a incidência da cláusula compromissória prevista no estatuto da sociedade anônima, em posicionamentos expressos, repita-se, antes da entrada em vigor do art. 136-A da Lei das Sociedades Anônimas.

Em contraposição ao posicionamento de Carvalhosa e ao de Eizirik no que se defere ao acionista dissidente, a maior parte da doutrina, entre os quais se destacam, apenas a título exemplificativo, Alves[18], Enei[19] e Munhoz[20], assevera que tanto o sócio dissidente como o sócio ausente e o sócio futuro (que não consentiram expressamente com a inclusão) submetiam-se à cláusula compromissória prevista no estatuto, elencando para tanto fundamentos igualmente convincentes aos de Carvalhosa e Eizirik.

---

14 Ibidem, p. 385.
15 EIZIRIK, op. cit., 2011, p. 616.
16 Ibidem, p. 617.
17 EIZIRIK, op. cit., 2011, p. 617.
18 ALVES, "A arbitragem no direito societário", 2006, p. 7-34.
19 ENEI, "A arbitragem nas sociedades anônimas", 2003, p. 136-73.
20 MUNHOZ, "A importância do sistema de solução de conflitos para o direito societário: limites do instituto da arbitragem", 2012, p. 77-99.

Franzoni fez a organização dos fundamentos a favor de que todos os sócios, independentemente de terem estado presentes na deliberação, de terem votado favoravelmente ou de terem ingressado posteriormente na sociedade, submetam-se à cláusula compromissória. O referido autor essencialmente enumera que[21]:

I. é um dever, e não uma faculdade do sócio de se sujeitar à cláusula compromissória societária, "afinal, se o acionista está sempre sujeito aos direitos e deveres previstos no feixe que compõe o *status socii*, não há como atribuir a ele direitos ou deveres distintos daqueles estabelecidos para todos os sócios da mesma classe"[22]. Trata-se da própria essência do princípio majoritário, elementar no direito societário;

II. a localização do dispositivo que trata da arbitragem societária no rol de direitos essenciais do acionista não representa que o acionista tem o direito de, se quiser, optar pelo Poder Judiciário, mas, sim, que a arbitragem é um dos meios possíveis para a resolução de litígios que envolvam os acionistas;

III. o poder de ação não é monopólio do Poder Judiciário, o que explica a razão de não haver choque com a previsão do art. 5º, XXXV, da Constituição da República. A cláusula compromissória não retira o poder de ação, apenas o direciona para a seara arbitral;

IV. são excepcionais as hipóteses de exigência de unanimidade de quórum nas sociedades anônimas, e a cláusula compromissória não se encontra dentro delas, o que justifica a inexigibilidade de aprovação expressa de todos os sócios para que se sujeitem à cláusula compromissória prevista no estatuto.

Inobstante a existência da supramencionada divergência doutrinária a respeito do tema, a Câmara de Arbitragem criada pela BM&F BOVESPA (CAM) filiou-se à corrente ampliativa referente à incidência da cláusula compromissória nas sociedades anônimas de capital aberto mesmo antes da entrada em vigor do art. 136-A na Lei n. 6.404/76, entendendo pela ampla vinculação dos acionistas (inclusive dissidentes, ausentes e futuros) aos efeitos da cláusula compromissória prevista no estatuto das companhias.

4. A INCLUSÃO DO ART. 136-A NA LEI N. 6.404/76

A Lei n. 13.129/2015 inseriu o art. 136-A na Lei n. 6.404/76 trazendo a seguinte redação:

> Art. 136-A. A aprovação da inserção de convenção de arbitragem no estatuto social, observado o *quorum* do art. 136, obriga a todos os acionistas, assegurado ao acionista dissidente o direito de retirar-se da companhia mediante o reembolso do valor de suas ações, nos termos do art. 45.

Referido artigo, à primeira vista, consagrou o entendimento doutrinário preponderante no sentido de que todos os acionistas estão vinculados à cláusula compromissória, inde-

---

21 FRANZONI, op. cit., 2015, p. 95-9.

22 Ibidem, p. 95.

pendentemente de terem votado favoravelmente à sua adoção. Isso fica claro ao se observar a expressão "obriga a todos os acionistas". Nessa linha seguiu o entendimento doutrinário majoritário supramencionado.

Todavia, também trouxe importantes ressalvas, vez que incluiu, pioneiramente, a exigência do quórum qualificado previsto no art. 136 da Lei n. 6.404/76[23] e a faculdade do exercício de retirada por parte do acionista que discordar da inserção da cláusula compromissória no estatuto.

Nesse sentido, o mencionado artigo criou, na parte final do *caput*, uma nova hipótese para o exercício do direito de retirada – tão restrito nas sociedades anônimas –, vez que prevê expressamente que o acionista que divergir pode exercer o potestativo[24] direito de se retirar da sociedade, mediante o reembolso de suas ações, na forma do art. 45 da Lei.

Nada obstante, cabe observar que o § 2º do referido art. 136-A previu limitações ao exercício do referido direito de retirada na hipótese de inserção de cláusula compromissória, fazendo consignar que:

I. não será possível o exercício do direito de retirada caso a convenção de arbitragem represente condição para que os valores mobiliários da companhia sejam colocados à negociação em segmento que exija dispersão acionária mínima de 25% das ações de cada espécie ou classe;

II. não será possível o exercício do direito de retirada caso a inclusão da convenção de arbitragem seja efetuada no estatuto social de companhia aberta, cujas ações sejam dotadas de liquidez, nos termos do disposto nas alíneas *a* e *b* do inciso II do art. 137 da Lei das S.A.

A partir da leitura da referida alteração legislativa, pode-se identificar que a despeito de ter optado pela concepção ampliativa de incidência da cláusula compromissória nas sociedades anônimas, o legislador preocupou-se com a figura do sócio dissidente, a tal ponto, de ter previsto uma hipótese específica de exercício do direito de retirada para aquele sócio que manifestar sua discordância na assembleia que decidir pela inserção da cláusula compromissória.

É expressiva tal válvula de escape, haja vista que toda a construção doutrinária e legislativa sempre foi bastante restritiva no que concerne à retirada de sócio nas sociedades anônimas, sobretudo por conta dos caráteres institucional e de capital, típicos das S.A.

Por outro lado, preocupando-se com os efeitos decorrentes de retiradas dos acionistas e de possíveis desincentivos à adoção da cláusula compromissória no estatuto das companhias, o próprio legislador trouxe ressalvas ao direito de retirada, mormente para não obstar a entrada em segmento do mercado da bolsa ou de balcão que exija dispersão acionária ou para que não haja abusividade no exercício do direito, visto que, quando existe liquidez das ações, o mecanismo mais adequado é a simples venda, evitando a indesejável descapitalização da sociedade anônima mediante o reembolso acionário.

---

23 "Art. 136. É necessária a aprovação de acionistas que representem metade, no mínimo, das ações com direito a voto, se maior *quorum* não for exigido pelo estatuto da companhia cujas ações não estejam admitidas à negociação em bolsa ou no mercado de balcão, para deliberação sobre [...]."

24 SZTAJN, "O direito de recesso nas sociedades comerciais", 1988, p. 52.

O § 1º do art. 136-A prevê que a inserção da cláusula compromissória somente terá eficácia trinta dias após a publicação da ata da assembleia geral que aprovou a deliberação. Com isso, estabelece-se um lapso temporal dentro do qual os sujeitos envolvidos podem trazer suas divergências, inclusive quanto à cláusula compromissória, ao Poder Judiciário.

Ao avaliar conjuntamente o art. 136-A e seus parágrafos, verifica-se que o legislador buscou equilibrar os interesses envolvidos. Por um lado, prestigiou o instituto da arbitragem ao disciplinar que todos os acionistas estão sujeitos à cláusula compromissória. Por outro lado, protegeu o acionista divergente ao trazer a possibilidade de se retirar da sociedade, mediante reembolso de suas ações e ao criar o período de trinta dias para eficácia da cláusula. Finalmente, protegeu a sociedade ao instituir limitações ao exercício do direito de retirada, buscando evitar a descapitalização ou a limitação ao ingresso das S.A. em determinados segmentos do mercado.

Diante dessas ponderações, a questão que remanesce é: a alteração legislativa estimula ou desestimula a adoção da cláusula compromissória nas sociedades anônimas? Procurar-se-á responder a essa e a outras questões correlatas no item seguinte.

5. PERSPECTIVAS

É sempre desafiador traçar perspectivas acerca de uma alteração legislativa que, recentemente, entrou em vigor. Apenas a título provocativo, serão lançados argumentos relativos aos efeitos a se esperar a partir da entrada em vigor do art. 136-A e seus parágrafos na Lei n. 6.404/76.

A primeira pergunta a se fazer é: por que "proteger" alguém da cláusula compromissória?

Parece inegável a previsão da hipótese de exercício do direito de retirada ao acionista que discordar da alteração estatutária que faça a inclusão de cláusula compromissória. Trata-se de um mecanismo de defesa colocado à disposição do acionista minoritário.

Afinal, a análise sistemática da Lei das Sociedades Anônimas demonstra que são raras as hipóteses que autorizam o direito de retirada e elas têm em comum a ideia de proteger os minoritários de mudanças estruturais e/ou arbitrárias em que tenham sido dissidentes.

Ainda que ciente da possibilidade de haver críticas em sentido contrário, a posição do artigo é de que não andou bem o legislador ao estipular a possibilidade de retirada do acionista que divergir da inserção da cláusula compromissória.

Em primeiro lugar, acredita-se que a previsão de cláusula compromissória não represente uma mudança substancial na estrutura da sociedade anônima, capaz de se compatibilizar com as demais previsões de exercício do direito de retirada da Lei n. 6.404/76.

Teme-se que o movimento legislativo de ampliação das hipóteses de direito de retirada possa conduzir a um fenômeno parecido com o havido em relação à dissolução parcial das companhias fechadas, cada vez mais aceita pela jurisprudência, inclusive com a mitigação de preceitos basilares das sociedades anônimas[25].

25 Acerca do tema, menciona-se: LEONARDO; ALVES, "Sociedade anônima – capital fechado – direito das minorias". *Precedentes jurisprudenciais*: direito societário, 2014, p. 471-514.

Em segundo lugar, acredita-se que se a preocupação reside em eventuais abusos dos majoritários, a proteção aos minoritários deveria vir de outras formas, não com o evitar da arbitragem, mormente em um contexto de estímulo à adoção da via arbitral no mercado de capitais[26].

Não é a via arbitral que prejudicará o minoritário na tentativa de se proteger de eventuais abusos do majoritário. Até mesmo pode-se invocar que, em razão da especialização típica da arbitragem, a tendência é que o julgador árbitro tenha muito mais conhecimento a respeito do tema específico objeto da lide do que o julgador convencional do Poder Judiciário. Ou seja, pode-se argumentar que a tutela que seria provinda do juízo arbitral poderia estar em maior consonância com a realidade empresarial e, portanto, em tese, mais justa.

Outro ponto a ser observado diz respeito às previsões que mitigaram o exercício do direito de retirada (§ 2º do art. 136-A). Acredita-se que tenha sido correta a opção do legislador em restringir o exercício da retirada do acionista nos casos em que a dispersão acionária seja requisito para o ingresso em determinado segmento do mercado de balcão ou da bolsa. Caso não houvesse a exceção, haveria claro desincentivo às companhias a adotar a cláusula compromissória, visto que, ao sopesar o risco de perder as condições de ingresso, fatalmente, abriria mão da arbitragem.

No mesmo sentido, a importante ressalva de que quando houver liquidez acionária não poderá ser exercido o direito de retirada é pertinente como medida de evitar a indesejável descapitalização societária, ruim para todos os consectários da atividade empresarial. A saída natural de um sócio ou de um acionista é a venda das ações, não a retirada de valores da própria sociedade.

Ao cotejar as previsões do art. 136-A e seus parágrafos, o presente texto conclui que não se pode comemorar a alteração legislativa.

Por mais que houvesse o posicionamento de importantes autores que destoavam do entendimento geral doutrinário acerca da incidência da cláusula compromissória sobre os acionistas ausentes, dissidentes ou futuros, o fato é que já havia uma posição doutrinária majoritária, inclusive adotada pela Câmara de Arbitragem da própria BM&F BOVESPA (CAM). Destarte, a alteração legislativa consagrou um entendimento que já estava assente na doutrina, algo que, no máximo, ajuda a pacificar (estabilizar) a interpretação.

Ocorre que o custo da alteração legislativa parece ter sido alto demais para a arbitragem e para a própria higidez da Lei n. 6.404/76, já que a previsão de retirada do sócio dissidente parece corromper a lógica da Lei das Sociedades Anônimas e desestimular a adoção da arbitragem nos estatutos das companhias.

Se já é difícil para os acionistas lidarem previamente (na formação do estatuto) com a possibilidade de entrar, futuramente, em litígio com os demais acionistas, mais complicado ainda será convencer os acionistas a alterar o estatuto se podem ocasionar uma indesejável retirada de minoritários da S.A.

26 MUNHOZ, op. cit., 2012, p. 91.

REFERÊNCIAS BIBLIOGRÁFICAS

ALVES, Alexandre Ferreira Assumpção. "A arbitragem no direito societário". *Revista da Faculdade de Direito de Campos*. ano VII, n. 9, p. 7-34, Campos dos Goitacases, Faculdade de Direito de Campos, dez. 2006.

ALVES, Giovani Ribeiro Rodrigues. "Da necessária superação paradigmática na interpretação dos contratos empresariais e da importância do resgate dos princípios do direito empresarial". *Revista do Curso de Direito da UNIFACS*. Porto Alegre, Síntese, 2013, p. 173-212.

ASCARELLI, Tullio. *Lezioni di diritto commerciale*. Milano, Dott. Antonino Giuffré, 1955.

AXELROD, Robert. *The evolution of cooperation*. New York, Basic Books, 1984.

CARVALHOSA, Modesto. *Comentários à Lei de Sociedades Anônimas*. 6. ed. v. 2. São Paulo, Saraiva, 2014.

CASSI, Guilherme Helfenberger Galino; GONÇALVES, Oksandro. "A adoção da cláusula compromissória arbitral como incentivo à diminuição dos custos de transação nos contratos". *Revista de Direito Empresarial*, ano 12, n. 3, p. 191, Belo Horizonte, Fórum, 2015.

EIZIRIK, Nelson. *A Lei das S/A comentada*. v. I – arts. 1º a 120. São Paulo, Quartier Latin, 2011.

ENEI, José Virgilho Lopes. "A arbitragem nas sociedades anônimas". *Revista de Direito Mercantil, Industrial, Econômico e Financeiro*. n. 129, p. 136-73, São Paulo, Revista dos Tribunais, 2003.

FORGIONI, Paula Andrea. *Contratos empresariais*: teoria geral e aplicação. São Paulo, Revista dos Tribunais, 2015.

FRANZONI, Diego. *Arbitragem societária*. São Paulo, Revista dos Tribunais, 2015.

LEONARDO, Rodrigo Xavier; ALVES, Giovani Ribeiro Rodrigues. "Sociedade anônima – capital fechado – direito das minorias". In: *Precedentes jurisprudenciais:* direito societário. São Paulo, Revista dos Tribunais, 2014, p. 471-514.

MUNHOZ, Eduardo Secchi. "A importância do sistema de solução de conflitos para o direito societário: limites do instituto da arbitragem". In: YARSHELL, Flávio Luiz; PEREIRA, Guilherme Setoguti (coords.). *Processo societário*. São Paulo, Quartier Latin, 2012.

RIBEIRO, Marcia Carla Pereira; GALESKI, Irineu. *Teoria geral dos contratos*: contratos empresariais e análise econômica. São Paulo, Revista dos Tribunais, 2015.

SZTAJN, Rachel. "O direito de recesso nas sociedades comerciais". *Revista de Direito Mercantil*. São Paulo, v. 71, jul./set. 1988.

19 Arbitragem societária – a inserção do art. 136-A na Lei n. 6.404/76 e algumas questões ainda pendentes de solução

Ivo Waisberg
Ana Cláudia de Oliveira Rennó

1. INTRODUÇÃO

Até a inserção, pela Lei n. 13.129/2015, do art. 136-A na Lei n. 6.404/76 (Lei das S.A. – LSA), havia dúvidas a respeito da extensão da convenção de arbitragem prevista em estatutos sociais, principalmente no que diz respeito à aplicação da cláusula arbitral a todos os acionistas, em especial aos minoritários e aos novos acionistas.

A Lei n. 10.303/2001 já havia acrescentado dispositivo na Lei n. 6.404/76 (§ 3º do art. 109) no sentido de que o estatuto poderia prever a arbitragem para a solução de disputas entre os acionistas e a companhia e entre os acionistas controladores e os minoritários, nos termos previstos no próprio estatuto.

No entanto, apesar dessa inclusão, ainda havia dúvidas sobre a sua extensão, em especial no tocante àqueles que estariam a ela vinculados.

Alguns autores, como Modesto Carvalhosa e Nelson Eizirik, manifestaram-se no sentido de que "a cláusula compromissória não vincula nem os acionistas atuais que não subscreveram o pacto nem os acionistas que posteriormente adentram a sociedade sem expressamente aderir a ele"[1]. O fundamento para tal opinião era de que, por ser um direito essencial do acionista apelar ao Poder Judiciário, a sua renúncia só poderia ocorrer de forma expressa[2]. Eles propunham, ainda, que os novos acionistas assinassem documento apartado a fim de se vincularem à cláusula compromissória[3].

No entanto, esse não era o entendimento majoritário. A maior parte da doutrina já entendia que a cláusula compromissória inserida em estatuto social vinculava, sim, todos os acionistas, independentemente de terem votado de forma contrária em assembleia, de terem adquirido ações posteriormente (até porque, quando uma pessoa decide adquirir ações

1 CARVALHOSA; EIZIRIK, *A nova Lei das Sociedades Anônimas*, 2002, p. 184.
2 Ibidem.
3 Ibidem, p. 185.

de determinada companhia, ela aceita voluntariamente os termos do seu estatuto) e de terem manifestado de forma expressa sua adesão a tal cláusula[4].

Justifica-se tal posição majoritária, com a qual concordamos, em razão do princípio da maioria, inerente às sociedades, segundo o qual todos os acionistas devem se submeter às decisões da assembleia geral, tomadas por maioria. E a maioria é computada conforme a porção do capital social detida pelos sócios, pois, segundo o art. 110 da LSA, "a cada ação ordinária corresponde 1 (um) voto nas deliberações da assembleia geral". E o art. 129 dispõe que "as deliberações da assembleia geral, ressalvadas as exceções previstas em lei, serão tomadas por maioria absoluta de votos".

Outro argumento, bastante relevante, utilizado por essa corrente doutrinária, é a vedação da própria Lei das S.A. de haver diferenciação de tratamento entre os acionistas de uma mesma classe[5], ou seja, não podem haver acionistas de uma classe vinculados à cláusula de arbitragem ao mesmo tempo em que outros da mesma classe não estejam vinculados. Por isso a sugestão de alguns autores[6] de que se assinasse um documento em separado concordando com a vinculação à convenção de arbitragem inserida no estatuto social afrontaria a própria sistemática da LSA, e, em especial, o § 1º do art. 109.

Ainda, a se entender que a cláusula vincularia apenas parte dos acionistas, veríamos situações no mínimo atípicas, com soluções muitas vezes incompatíveis com a realidade.

Assim, o art. 136-A da Lei n. 6.404/76, ao dispor que a convenção de arbitragem inserida em estatuto social obriga a todos os acionistas, trouxe luz sobre a discussão, indicando, justamente, que não poderá haver diferenciação entre os acionistas – uns vinculados e outros não.

Além da vinculação a todos os acionistas, o novo dispositivo indica o procedimento adequado para a inserção da cláusula, qual seja a aprovação, em assembleia geral, por quórum qualificado; bem como prevê o direito de retirada do acionista dissidente, com algumas exceções, propiciando uma válvula de escape aos dissidentes.

Mas, será que a inclusão do art. 136-A na Lei das S.A. esclareceu todas as dúvidas que havia em relação à adoção da arbitragem como meio de resolução de disputas entre a sociedade e seus acionistas e entre majoritários e minoritários? Vejamos.

O novo dispositivo, de fato, tentou acabar com a dúvida em relação a quem estaria vinculado à convenção de arbitragem, esclarecendo que ela "obriga a todos os acionistas". Com isso, evita-se que alguns acionistas estejam vinculados a uma decisão e outros não; bem como decisões judiciais e arbitrais divergentes sobre um mesmo assunto, uma vinculando algumas pessoas e outra as demais pessoas, mas, eventualmente, com a absurda vinculação da sociedade a ambas[7].

---

4 Autores que suportavam esse entendimento: WALD, "A arbitrabilidade dos conflitos societários: contexto e prática", 2011, p. 47-77; MARTINS, *Arbitragem no direito societário*, 2012, p. 104-12; FRANZONI, *Arbitragem societária*, 2015, p. 85-9; LOBO, "A cláusula compromissória estatutária (II) (anotações adicionais)", 2010, p. 46-55; ENEI, "A arbitragem nas sociedades anônimas", 2003, p. 136-73; VALÉRIO, "Arbitragem nas sociedades anônimas: aspectos polêmicos da vinculação dos acionistas novos, ausentes, dissidentes e administradores à cláusula compromissória estatutária, após a inclusão do § 3º ao art. 109 da Lei n. 6.404/1976 pela Lei n. 10.303/2001", 2005, p. 164-76.

5 LOBO, op. cit., 2010, p. 46-55.

6 CARVALHOSA; EIZIRIK, op. cit., 2002, p. 184.

7 Nesse sentido, ver ENEI, op. cit., 2003, p. 160.

Além disso, assegurou ao acionista que discorde da inserção da convenção no estatuto o direito de retirar-se da companhia, esclarecendo e regulando o procedimento para tanto. Assim, duas possibilidades foram colocadas: ou o acionista, em assembleia, concorda com cláusula, ou, se discordante, tem a faculdade de se retirar. A possibilidade de permanecer na sociedade sem se vincular à cláusula de arbitragem foi descartada pela referida Lei, resolvendo outra questão: a de haver tratamentos diferentes para acionistas de uma mesma classe. Ou seja, se a cláusula compromissória for aprovada em assembleia, todos os que permanecerem na sociedade estarão vinculados a ela.

O novo dispositivo segue, então, todo o raciocínio que existe por trás da lei, com a confirmação da aplicação do princípio da maioria também em relação à convenção de arbitragem.

Outro problema, o dos novos acionistas que vierem a aderir ao estatuto social, também foi solucionado com o novo dispositivo, que, novamente, seguiu a sistemática da norma em que está inserido. Isso porque, ao adquirir ações do capital social de uma sociedade, o novo acionista automaticamente vincula-se ao estatuto, o que significa que ele voluntariamente adere à cláusula compromissória já inserida no estatuto, não cabendo, novamente, diferenciação entre acionistas – ou seja, como trata a lei, "a inserção de convenção de arbitragem no estatuto social [...] obriga a todos os acionistas, [...]", sem distinção.

Se não obrigasse, teríamos uma complicação no mercado de ações do país. Isso porque haveria toda uma burocracia para a assinatura (ou a recusa) da convenção de arbitragem inserida no estatuto social de uma determinada companhia, o que tornaria inviáveis as negociações rápidas, que ocorrem todos os dias nas bolsas de valores e mercados de balcão.

Quanto ao direito de retirada, este sim, é limitado pela própria lei, não podendo ser exigido pelo acionista se a inclusão da convenção de arbitragem corresponder a requisito para que a companhia seja admitida em segmento de listagem da bolsa de valores ou de mercado de balcão organizado, que exija a dispersão mínima de 25% das ações de cada espécie e classe.

Isso porque tais segmentos de listagem foram constituídos, justamente, com o objetivo de valorizar o mercado de capitais brasileiro e estimular a dispersão das ações[8].

Se não houver obrigatoriedade de se ter cláusula compromissória no estatuto, pode ocorrer a retirada do acionista discordante no caso de inserção de convenção de arbitragem no estatuto, a não ser que se trate de companhia aberta, cujas ações sejam dotadas de liquidez e dispersão no mercado, conforme disposto no inciso II do art. 136-A.

A ideia é manter líquidas e dispersas as ações da companhia, sendo que, ao se permitir a retirada de acionistas em tais casos, poderia haver um desequilíbrio nesses fatores, de modo a prejudicar a companhia e os acionistas remanescentes.

Apesar dos bons esclarecimentos que o novo artigo da LSA trouxe quanto às questões centrais mencionadas aqui, restam, ainda, perguntas acerca da extensão da cláusula compromissória aos administradores da sociedade, bem como a respeito da necessidade de se atentar aos requisitos impostos pela lei para a propositura de ações.

8 Atualmente, os segmentos de listagem da BM&F Bovespa que exigem a adesão à Câmara de Arbitragem do Mercado são: Nível 2, Novo Mercado e Bovespa Mais Nível 2 e Bovespa Mais.

2. DA VINCULAÇÃO DOS ADMINISTRADORES À CLÁUSULA COMPROMISSÓRIA

O estatuto é o ordenamento jurídico da companhia[9], contrato plurilateral que vincula a todos os acionistas e os órgãos da administração, devendo ser observado por todos. Não existe a opção de não seguirem as regras ali inseridas, nem a possibilidade de se escolher o que querem obedecer. Acionistas e órgãos da administração vinculam-se, automaticamente, a todas essas regras.

Pela teoria organicista, adotada pela LSA, os administradores são considerados órgãos da companhia, aqueles que expressam sua vontade. Os atos que eles executam são, na verdade, atos da companhia, e suas atribuições decorrem da lei, não podendo ser alteradas, nem mesmo pela assembleia geral. Seus deveres, assim, decorrem da lei e, por isso, os administradores são responsáveis pela prática de seus atos ainda que praticados por determinação da assembleia geral[10].

Com base nessas premissas, parte da doutrina[11] posiciona-se no sentido de que a cláusula compromissória vincula também os administradores[12]. Estes, ao assumirem seus cargos, automaticamente, estariam vinculados a tal cláusula (até porque é por meio deles que a vontade da companhia se expressa[13] e, assim, eles deverão participar de eventuais disputas envolvendo as decisões por eles tomadas). Nesse sentido, Diego Franzoni afirma que "não há porque restringir a arbitragem à parte se o todo, que inclusive é pela parte presentado, pode se valer desse método de resolução de litígios"[14].

Para Pedro Batista Martins,

> os administradores se ligam, umbilicalmente, à sociedade de tal modo que não lhes podem escapar os vínculos e a subordinação da disciplina societária e das regras máximas que compõem o estatuto. [...] Passam a ser uma única pessoa para fins orgânicos, mas com deveres e responsabilidades que lhes são próprios.

---

9 LAMY FILHO; PEDREIRA, *Direito das companhias*, 2009, p. 161 e segs.

10 CHADE, "Alcance e limites dos acordos de acionistas: a teoria da vontade frente à indisponibilidade e cogência da legislação organicista brasileira em matéria de sociedades anônimas", 1998, p. 114.

11 Para Diego Franzoni (FRANZONI, op. cit., 2015, p. 159-63), há quatro posições em relação à vinculação dos administradores à cláusula compromissória inserida no estatuto social: a posição restritiva, segundo a qual os administradores, por não serem signatários da cláusula, não estão a ela vinculados (defendida por Modesto Carvalhosa: *Comentários à Lei de Sociedades Anônimas*, 2011, p. 367 e 369); a posição intermediária, segundo a qual os administradores se vinculam à cláusula compromissória por meio de assinatura de um termo de anuência (adotada pela BM&F Bovespa nos Regulamentos de Listagem e por Marcos Paulo de Almeida Salles: "Responsabilidade dos administradores: arbitragens societárias", 2015, p. 123-48); a posição ampliativa, que deriva da aplicação da teoria organicista, ou seja, por serem membros de um órgão da sociedade, os administradores, por lei, vinculam-se, automaticamente, ao seu estatuto; e, por último, a posição ampliativa mitigada, de acordo com a qual a cláusula compromissória deve mencionar expressamente a vinculação dos administradores (defendida por Marcelo Vilela: *Arbitragem no direito societário*, 2004, p. 215).

12 Defendem tal teoria: MARTINS, op. cit., 2012, p. 131-41; FRANZONI, op. cit., 2015, p. 164; e VALÉRIO, op. cit., 2005, p. 174.

13 MARTINS, op. cit., 2012, p. 132-3.

14 FRANZONI, op. cit., 2015, p. 164.

Assim, por serem responsáveis pelo cumprimento do estatuto e formarem os órgãos da sociedade, o autor entende que "seria uma incongruência que os administradores não fossem alcançados pelos efeitos da cláusula compromissória estatutária" que diga respeito a questões atinentes à sociedade que presentam[15].

Afirma-se, ainda, que a exclusão dos administradores poderia ocasionar uma situação em que houvesse duas ações para se discutir o mesmo fato, suas consequências e respectivas responsabilidades: uma ação em face da companhia perante o juízo arbitral e outra em face dos administradores perante o juízo estatal, com decisões conflitantes. Até mesmo a questão de ser o ato de gestão regular, ou não, poderia ser analisada de forma diferente por juízos distintos e ocasionar uma situação em que um reconhece a responsabilidade do administrador e outro não, mas a decisão que reconheceu não terá eficácia, pois há outra em sentido contrário emitida por outro tribunal.

Outra parte da doutrina, no entanto, entende que a cláusula compromissória é pacto individual e que somente pode ser utilizada quando a pessoa expressamente manifestar a sua intenção de se sujeitar a ela. Com os administradores das sociedades anônimas não seria diferente[16]. Em outras palavras, para abrir mão do juízo estatal, os administradores devem expressar de forma inequívoca a sua decisão.

Mesmo sendo componentes dos órgãos da companhia e investidos dos poderes inerentes ao cargo por atribuição legal, sua vinculação à convenção de arbitragem não poderia ser automática, eles precisariam manifestar sua concordância com a sujeição ao juízo arbitral dos conflitos que vierem a ter contra ou em conjunto com a sociedade.

Isso porque, apesar de comporem os órgãos de administração, os administradores não são nem têm como se tornar signatários do contrato plurilateral que é o estatuto social. Embora devam observar o estatuto e dele decorrerem suas responsabilidades (além da lei), e embora eles sejam os próprios órgãos da companhia, não se pode considerar que estejam automaticamente vinculados à convenção de arbitragem estatutária por não serem signatários do estatuto. Ou seja, pessoalmente, não podem ser vinculados a uma cláusula compromissória sem que haja sua expressa manifestação nesse sentido, com as exceções, como as de conexão e coligação de contratos, entre outras, já conhecidas da doutrina arbitralista. Apenas o caráter excepcional do caso concreto pode justificar a extensão da cláusula compromissória.

O fato de terem o dever de obedecer ao estatuto social da companhia não faz com que estejam vinculados a uma cláusula em que abrem mão do direito constitucional de ter suas pretensões sujeitas à análise do Poder Judiciário. Esse direito é renunciável, mas tal renúncia não pode ser entendida sem que haja manifestação expressa nesse sentido.

Como afirma Marcos Paulo de Almeida Salles, "a figura do administrador não é de sujeito do contrato plurilateral, como o são os acionistas e recebem da lei e do estatuto seus deveres e responsabilidade"[17]. Sua situação é distinta, portanto, da dos novos acionistas, que devem se sujeitar, em razão do princípio da maioria, às decisões tomadas pela assembleia.

---

15 MARTINS, op. cit., 2012, p. 136.

16 Defendem tal posição: CARVALHOSA, op. cit., 2011, p. 367 e 369; CARVALHOSA; EIZIRIK, op. cit., 2002, p. 202; SALLES, "Responsabilidade dos administradores: arbitragens societárias", 2015, p. 123-48; ENEI, op. cit., 2003, p. 167; VILELA, op. cit., 2004, p. 215.

17 SALLES, op. cit., 2015, p. 123-48. No mesmo sentido, ENEI, op. cit., 2003, p. 167.

Desse modo, para que se submetam a tal cláusula, é necessário que os administradores manifestem, direta ou indiretamente, a sua adesão, posição que entendemos ser a mais adequada.

Ausente a norma legal que atribua expressamente a sujeição dos administradores, parece-nos que estariam eles sujeitos, além de eventuais situações excepcionais, quando: (i) a adesão conste de seu termo de posse ou seja expressa em outro documento apartado; ou (ii) quando o estatuto social da companhia expressamente mencionar que aos seus administradores se aplicará a convenção arbitral.

O item (i) é de simples compreensão, basta a companhia condicionar a posse à adesão e problema resolvido. É uma opção da companhia e do administrador ao aceitar o cargo. Em relação ao item (ii), é obrigação básica do administrador conhecer o estatuto social da companhia. Se neste prevê-se que os litígios envolvendo a companhia, seus acionistas e os administradores serão resolvidos por arbitragem, a simples aceitação do cargo, ainda que sem a previsão expressa no termo de posse, configura a suficiente adesão voluntária.

Importante destacar que, ainda que os administradores manifestem sua vinculação à cláusula compromissória, somente os conflitos societários e disponíveis poderão ser decididos por meio da arbitragem, sendo que outras questões da relação administrador/companhia devem ser decididas pelo juízo estatal, salvo disposição diversa na própria cláusula compromissória ou em outro documento que vincule as partes. Evidentemente, se o direito em discussão for indisponível, não será sujeito à solução arbitral.

Quanto aos administradores que também são acionistas, há de se separar as coisas. Enquanto acionistas, eles estão vinculados à cláusula de arbitragem, mas enquanto administradores, não. Por serem situações distintas, ele só sujeitar-se-á à cláusula de arbitragem prevista no estatuto quando se tratar de questão relativa a disputas entre acionistas e entre acionista e companhia. Quanto à posição de administrador, deve haver outra vinculação, com cláusula específica ou nos termos supramencionados, a abranger as questões relacionadas aos deveres e responsabilidades inerentes ao cargo.

3. DAS AÇÕES SOCIETÁRIAS – NECESSÁRIO OBSERVAR OS REQUISITOS PREVISTOS NA LEI

Esclarecendo a lei a questão da vinculação da convenção de arbitragem a todos os acionistas, passamos a analisar questão que parece simples, mas que temos observado ser uma recorrência nos procedimentos arbitrais em que temos atuado: é necessário que tais procedimentos sigam os requisitos e trâmites previstos na LSA para que possam surtir o resultado esperado. Ou seja, o fato de a lide ser exposta à arbitragem não retira a necessidade de observar os passos societários que legitimam a ação.

Temos visto que muitos discutem a aprovação de contas da sociedade, a oportunidade e lisura de um negócio e a responsabilização dos administradores. No entanto, poucos observam que, na maioria das vezes, tais discussões só podem ser levadas a juízo após a aprovação por assembleia ou por determinado percentual de detentores do capital social após a reprovação da matéria pela assembleia, havendo, portanto, requisitos específicos para a propositura de tais ações.

Como exemplo, no caso de ação de responsabilidade contra controlador, nos termos do art. 117, deve ser observada a legitimidade ativa prevista no art. 246, podendo ser intentada por acionistas que representem 5% ou mais do capital social ou por qualquer acionista.

Quanto à responsabilidade do administrador, o requisito é que tenha havido deliberação sobre a questão em assembleia. Ou deliberou-se pela propositura de ação de responsabilidade pela sociedade, ou rejeitou-se tal proposta, e aí sim será possível verificar quem detém a legitimidade ativa para propor a ação. A deliberação em assembleia também é requisito para que haja interesse de agir, tanto pela sociedade como pelos acionistas[18]. Sem que seja realizada assembleia nesse sentido, também não há como se verificar o transcurso do prazo previsto no art. 159, § 3º.

Além disso, é relevante verificar se a questão de mérito que deu ensejo à controvérsia não envolve direito indisponível, bem como direitos de terceiros não vinculados à cláusula.

REFERÊNCIAS BIBLIOGRÁFICAS

BUSCHINELLI, Gabriel Saad Kik; BRESCIANI, Rafael Helou. "Aspectos processuais da ação de responsabilidade do controlador movida por acionista titular de menos de 5% do capital social (art. 246, § 1º, *b*, da Lei n. 6.404/76)". In: YARSHELL, Flávio Luiz; PEREIRA, Guilherme Setoguti J. (coord.). *Processo societário II:* adaptado ao Novo CPC – Lei n. 13.105/2015. São Paulo, Quartier Latin, 2015, p. 249-303.

CARVALHOSA, Modesto. *Comentários à Lei de Sociedades Anônimas.* 5. ed. v. 2. São Paulo, Saraiva, 2011, arts. 75 a 137.

CARVALHOSA, Modesto; EIZIRIK, Nelson. *A nova Lei das Sociedades Anônimas.* São Paulo, Saraiva, 2002, p. 184.

CHADE, Alexandre Saddy. "Alcance e limites dos acordos de acionistas: a teoria da vontade frente à indisponibilidade e cogência da legislação organicista brasileira em matéria de sociedades anônimas". *Revista de Direito Mercantil, Industrial, Econômico e Financeiro,* n. 109, jan./mar. de 1998, p. 108-136.

ENEI, José Virgílio Lopes. "A arbitragem nas sociedades anônimas". *Revista de Direito Mercantil, Industrial, Econômico e Financeiro,* v. 129, jan.-mar. 2003, p. 136-73.

FRANZONI, Diego. *Arbitragem societária.* São Paulo, Revista dos Tribunais, 2015.

LAMY FILHO, Alfredo; PEDREIRA, Jose Luiz Bulhões (coords.). *Direito das companhias.* v. 1. Rio de Janeiro, Forense, 2009.

LOBO, Carlos Augusto da Silveira. "A cláusula compromissória estatutária (II) (anotações adicionais)". *Revista de Arbitragem e Mediação,* v. 27, out.-dez. 2010, p. 46-55.

MARTINS, Pedro A. Batista. *Arbitragem no direito societário.* São Paulo, Quartier Latin, 2012.

SALLES, Marcos Paulo de Almeida. "Responsabilidade dos administradores: arbitragens societárias". *Revista de Arbitragem e Mediação,* v. 44, jan.-mar. 2015, p. 123-48.

VALÉRIO, Marco Aurélio Gumieri. "Arbitragem nas sociedades anônimas: aspectos polêmicos da vinculação dos acionistas novos, ausentes, dissidentes e administradores à cláusula compromissó-

18 Nesse sentido, BUSCHINELLI; BRESCIANI, "Aspectos processuais da ação de responsabilidade do controlador movida por acionista titular de menos de 5% do capital social (art. 246, § 1º, *b*, da Lei n. 6.404/76)", 2015, p. 261. Diferente a situação da ação com base no § 7º do art. 159, quando presentes seus requisitos próprios.

ria estatutária, após a inclusão do § 3º ao art. 109 da Lei n. 6.404/1976 pela Lei n. 10.303/2001". *Revista de Direito Mercantil, Industrial, Econômico e Financeiro,* v. 139, jul.-set. 2005, p. 164-76.

VILELA, Marcelo Dias Gonçalves. *Arbitragem no direito societário.* Belo Horizonte, Mandamentos, 2004.

WALD, Arnoldo. "A arbitrabilidade dos conflitos societários: contexto e prática". In: WALD, Arnoldo; GONÇALVES, Fernando; CASTRO, Moema Augusta Soares de (coords.). FREITAS, Bernardo Vianna; CARVALHO, Mário Tavernard Martins de (orgs.). *Sociedades anônimas e mercado de capitais:* homenagem ao Prof. Osmar Brina Corrêa-Lima. São Paulo, Quartier Latin, 2011, p. 47-77.

PARTE V – ARBITRAGEM E COMÉRCIO ELETRÔNICO

20 Perspectivas da arbitragem e a sociedade da informação tecnológica: solução de conflitos envolvendo nomes de domínios da Internet

Renato M. S. Opice Blum
Caio César Carvalho Lima

1. INTRODUÇÃO

Sem que se faça excessiva divagação acerca da origem das tecnologias de comunicação, mas traçando os pontos mais relevantes acerca do assunto, vez que extremamente importantes para atingir os objetivos desejados no presente trabalho, é pertinente considerar que a consolidação da Internet[1] se deu em 1992, quando surgiram os primeiros programas que facilitaram o acesso à rede, mesmo àqueles longe da academia militar ou das grandes universidades. Estavam começando a se popularizar os *browsers*, programas utilizados para consultar os mais diversos *sites* na Internet, de forma gráfica mais acessível à ampla população, por não se fazer necessário o uso de complexa linguagem de programação. Houve grande simplificação dos comandos que antes se faziam necessários para utilização da Internet, consolidando-se a utilização do *mouse*.

A Internet foi efetivamente idealizada para ser algo não limitado às fronteiras territoriais de dada nação. O primeiro grande exemplo disso foi quando um dos membros da ARPANET (*Advanced Research and Projects Agency* – Agência de Pesquisas em Projetos Avançados), considerada a primeira forma do que depois viria a constituir a Internet, esqueceu um aparelho de barbear na Inglaterra, dando-se conta disso apenas quando chegou à casa.

---

1 Apesar das distinções existentes entre os termos "internet" (quaisquer redes conectando máquinas) e "Internet" (a Rede Mundial de Computadores, englobando todas as redes existentes), no presente trabalho, ambos os verbetes serão utilizados como sinônimos em sentido genérico, tendo em vista que a diferenciação entre eles não trará profundas repercussões para a pesquisa. Da mesma forma, serão utilizadas outras expressões sinônimas, como "Rede Mundial de Computadores", entre outras. Sobre o assunto, veja-se a seguinte explicação: "Surgiu uma distinção entre 'internet' com um i minúsculo e 'Internet' com um I maiúsculo. Oficialmente, a distinção foi simples: 'internet' significa qualquer rede usando TCP/IP [Protocolo de comunicação, que adiante será explicado com um pouco mais de detalhes], enquanto 'Internet' significa a rede pública, subsidiada pelo governo federal que era composta de muitas redes ligadas, todas rodando os protocolos TCP/IP. Grosso modo, a 'internet' é privada e a 'Internet' é pública". Tradução livre do original em inglês: "*By now, a distinction had emerged between 'internet' with a small i, and 'Internet' with a capital I. Officially, the distinction was simple: 'internet' meant any network using TCP/IP while 'Internet' meant the public, federally subsidized network that was made up of many linked networks all running the TCP/IP protocols. Roughly speaking, an 'internet' is private and the 'Internet' is public*" (HAFNER; LYON, *Where wizards stay up late*: the origins of the Internet, 2006, p. 244).

Assim, resolveu tentar obter de volta o equipamento. Mediante simples comando de *whois* – "onde", em português, utilizado à época para buscar o local em que, fisicamente, estavam os usuários da Rede –, conseguiu chegar a um colega da ARPANET que ainda se encontrava na Inglaterra e a ele solicitou o aparelho, de forma eficiente e sem qualquer deslocamento físico.

Assim, ainda que a Rede fosse eminentemente de cunho científico quando foi idealizada, não havia nenhum impedimento para seu uso com fins pessoais. O exemplo citado não foi o primeiro nem o último a ter acontecido.

A Rede das Redes foi gestada para ser, efetivamente, um sistema sem regras formalmente estipuladas e firmadas, de ampla liberdade. E, dessa forma, apesar de ser destinada, a princípio, exclusivamente para a troca de informações oficiais dos Estados Unidos da América, há rumores de que seus próprios criadores a usaram, por exemplo, para tratativas ilícitas, antes da popularização[2].

Figura como uma das principais características dessa Rede, também, o fato de ela ter sido desenvolvida com base no princípio "*end-to-end*" ("fim-a-fim"), isto é, a Internet foi idealizada com o objetivo de propiciar a transmissão de dados entre os dispositivos a ela acoplados da forma mais eficiente possível. Não interessa o conteúdo transmitido: tudo, até o novo e nunca antes pensado, pode por ela passar[3].

E é fundamental que a essência da arquitetura da Rede não seja alterada pelas leis e pelos decretos que venham a ser sancionados, sob pena de se inviabilizar ou dificultar a continuidade do desenvolvimento que vem sendo constatado – e isso representa desafio adicional para a regulamentação das atividades na Internet. Contudo, justamente em razão dessa incrível liberdade para se falar o que quiser, sem necessidade de autenticação segura acerca da autoria, é necessário que a atuação dos usuários na Rede siga determinadas prescrições legais mínimas.

Quando as leis não são contempladas, no entanto, diversas situações conflituosas surgem, sem que exista resposta efetiva para várias delas, especialmente considerando que as leis foram elaboradas para sociedades fisicamente estabelecidas, ao passo que a Internet desafia todos esses limites territoriais mediante simples cliques. Não restam dúvidas, pois, de que a total ausência de fronteiras é característica presente desde a primeira apresentação pú-

2 "Não havia quaisquer regras formais que restringissem o uso da ARPANET para aqueles com acesso autorizado. O caso da recuperação do barbeador de Kleinrock [o caso do aparelho de higiene pessoal anteriormente comentado] não foi a primeira vez que alguém tinha ultrapassado os parâmetros oficiais de utilização da Rede. As pessoas estavam enviando mais e mais mensagens pessoais. Há rumores de que até mesmo um negócio de drogas ou dois tenham sido realizados sobre alguns dos Processadores de Mensagens no norte da Califórnia". Tradução livre do original em inglês: "*There weren't any formal rules restricting use of the ARPANET by those with authorized access. Kleinrock's razor retrieval wasn't the first time anyone had pushed past official parameters in using the network. People were sending more and more personal messages. Rumor had it that even a dope deal or two had been made over some of the IMPs [Interface Message Processors] in Northern California*" (ibidem, p. 188)

3 "A Internet foi desenvolvida com base no princípio *end-to-end* (*e2e*), ou fim-a-fim [...] a complexidade e a inteligência ficam nas extremidades na Rede, e ela se limita a transmitir dados. [...] Como os aplicativos são executados em computadores nas extremidades da Rede, novos aplicativos apenas precisam ser conectados à Rede para funcionar: nenhuma mudança é necessária nos computadores *dentro* da Rede. Em segundo lugar, tendo em vista que seu *design* não é otimizado para nenhuma aplicação em particular, a Rede está aberta para inovações e usos imprevistos" (LEONARDI, *Tutela e privacidade na Internet*, 2012, p. 152-3).

blica da Internet, em que o objetivo maior dos seus idealizadores foi justamente demonstrar o aspecto transfronteiriço, isto é, a ausência de fronteiras físicas bem delimitadas[4].

Nesse contexto, pois, de evolução da sociedade da informação tecnológica[5] (para Alvin Toffler a "terceira onda"[6]), em que as fronteiras físicas foram diluídas, surge como alternativa efetiva a utilização da arbitragem para solucionar conflitos relacionados à Internet, especialmente considerando o fato de que se tem mostrado ineficaz (apesar de possível[7]) a condução de litígios perante o Poder Judiciário quando estão envolvidas jurisdições diversas (especialmente, em vista da dificuldade de comunicação internacional), o que é comum nas situações envolvendo o uso de nomes de domínios da Internet[8], cuja solução, via de regra, compreende conhecimento estritamente especializado e demanda celeridade, conforme se passa a analisar de forma mais detida a seguir.

2. NOMES DE DOMÍNIOS DA INTERNET

A seguir, será realizado breve estudo sobre os nomes de domínios da Internet, analisando os principais aspectos a eles relativos, englobando estrutura básica, mecanismos de registro, princípios jurídicos correlacionados, entre outros. Antes, é relevante trazer con-

4 "Em 1972, a Primeira Conferência Internacional sobre Comunicação via Computadores foi realizada em Washington, DC, para discutir o progresso desses esforços iniciais. O presidente dessa conferência foi Vinton Cerf, que, junto com Robert Kahn, liberaria o padrão de Protocolo de Internet TCP/IP, apenas quatro anos mais tarde". Tradução livre do original em inglês: "*In 1972, the first International Conference on Computer Communication (ICCC) was held in Washington, DC, to discuss progress of these early efforts. The chairman of this conference was Vinton Cerf, who, along with Robert Kahn, would release the standard Internet Protocol TCP/IP just four years later*" (DECUSATIS; KAMINOW, *The optical communications reference*, 2009, p. 222).

5 O estudo completo sobre o tema pode ser feito em: CASTELLS, *A galáxia da Internet*: reflexões sobre a Internet, os negócios e a sociedade, 2003, *passim*.

6 "Esta nova civilização, ao desafiar a antiga, derrubará burocracias, reduzirá o papel do estado-nação e gerará economias semiautônomas em um mundo pós-imperialista. Isso exigirá governos que sejam mais simples, mais eficazes e, também, mais democráticos do que os que hoje são conhecidos. É uma civilização com sua própria e característica perspectiva mundial, suas próprias formas de entender o tempo, o espaço a lógica e a causalidade. Acima de tudo [...] a civilização da Terceira Onda começará a fechar a brecha histórica aberta entre produtor e consumidor, originando a economia do 'prossumidor' de amanhã. Por essa razão, entre muitas outras, poderia resultar – com um pouco de ajuda inteligente de nossa parte – a primeira civilização verdadeiramente humana, de toda a História". Tradução livre do original: "*Esta nueva civilización, al desafiar a la antigua, derribará burocracias, reducirá el papel de La nación-Estado y dará nacimiento a economías semiautónomas e nun mundo postimperialista. Exige Gobiernos que sean más sencillos, más eficaces y, sin embargo, más democráticos que ninguno de los que hoy conocemos. Es una civilización con su propia y característica perspectiva mundial, sus propias formas de entender el tiempo, el espacio, la lógica y la causalidad. Por encima de todo (...) la civilización de la tercera ola comienza a cerrar la brecha histórica abierta entre productor y consumidor, dando origen a lae conomía del 'prosumidor' del mañana. Por esta razón, entre muchas otras, podría resultar – con un poco de ayuda inteligente por nuestra parte – la primera civilización verdaderamente humana de toda la Historia conocida*" (TOFFLER, *La tercera ola*, 1981, p. 18-9).

7 Sobre o assunto, recomenda-se, por todos, a leitura do acórdão prolatado no REsp n. 1.168.547/RJ, rel. Min. Luis Felipe Salomão, j. 11.05.2010. Em síntese, decidiu-se que a Justiça brasileira é competente para processar e julgar causa envolvendo a disponibilização de fotos em *site* no exterior, considerando que o dano estava repercutindo no território nacional.

8 Em síntese, os nomes de domínio são uma combinação de letras e de números, com o objetivo de tornar mais fácil a localização de um *site* na Internet (recurso mnemônico), permitindo a comunicação e a troca de dados entre os computadores envolvidos nesse processo.

ceito preliminar acerca do instituto em estudo para que se possa melhor acompanhar a sequência de ideias que se passa a expor.

2.1. Estrutura básica dos nomes de domínios

Analisando a estrutura básica de um nome de domínio, convém diferenciar o *Top Level Domain* (TLD - Domínio de Primeiro Nível, DPN) do *Secondary Level Domain* (SLD - Domínio de Segundo Nível, DSN).

Os TLDs apresentam duas subdivisões principais: os *Generic Top Level Domains* (gTLD - Domínios Genéricos de Primeiro Nível) e os *Country Code Top Level Domains* (ccTLD - Domínios de Primeiro Nível com Código de País).

Os gTLDs representam, em tese, o nicho de atuação do usuário que utilizará o nome, não havendo, atualmente, criteriosa fiscalização acerca da efetiva vinculação entre o gTLD escolhido e o ramo de atividade. Dentro desse grupo existem os gTLDs que são abertos (de livre registro), os fechados (registráveis apenas por alguns entes que atendam a determinadas exigências) e os patrocinados (que são apoiados por entes privados, e, como tal, podem também ter restrições para registro)[9]. Já os ccTLDs representam códigos de duas letras, referindo-se à indicação geográfica do local de registro do nome de domínio[10].

Por sua vez, o SLD representa "o nome" da página acessada, ele corresponde aos caracteres localizados após o "http://www." e antes dos TLDs. Assim, por exemplo, em "http://www.exemplo.guru", o SLD é "exemplo", e ".guru", o TLD, mais especificamente, o gTLD. E é justamente no SLD que podem surgir as dissensões sobre os nomes de domínios. Isto é, podem haver colisões entre o que se registrou (ou se pretende registrar) com outras marcas ou outros signos distintivos.

Assim, por exemplo, se alguém registra o domínio "http://www.exemplo.com.br", ninguém mais poderá registrar exatamente esse nome, ainda que, por exemplo, seja detentor da marca "exemplo" devidamente registrada junto ao Instituto Nacional de Propriedade Industrial (Inpi), ou em qualquer outro escritório de registro de marcas. Isso porque, como se terá oportunidade de analisar mais à frente, o princípio que vigora em relação ao registro dos nomes de domínios é o *first come, first served*. Isto é, "o primeiro que chegar é o primeiro que se serve", sendo atribuído o registro do nome àquele que primeiro o requerer, independentemente de qualquer comprovação de interesse em relação àquele nome objeto de registro.

---

9 Como exemplo de gTLDs abertos, pode-se citar ".com", ".net", ".org", ".info", ".biz", ".guru", ".bike", entre outros. No que toca aos de uso restrito, eles são, entre outros, ".gov" (uso exclusivo do governo norte-americano), ".mil" (de uso restrito aos militares), o ".edu" (para instituições escolares dos Estados Unidos) etc. Por fim, os patrocinados mais conhecidos são ".mobi" (exclusivo para dispositivos móveis) e ".jobs" (páginas relativas a emprego).

10 Sobre o assunto, importante a leitura da RFC (*Request for Comments*– Requerimento para Comentários, correspondendo à documentação especificadora dos protocolos aplicados no âmbito da Internet) n. 1.591/94, na qual é possível se constatar, por exemplo, que o ccTLD para o Brasil é ".br", para a Inglaterra é ".uk", para o Canadá, ".ca", entre outros.

Importante apenas destacar que a limitação para registro se restringe à tentativa de cadastrar nomes de domínios[11] exatamente iguais[12], isto é, com os mesmos gTLD e ccTLD. Assim, por exemplo, não há óbice a que entidades diversas efetuem o registro dos domínios "http://www.exemplo.com", "http://www.exemplo.com.br", "http://www.exemplo.br", "http://www.exemplo.bike", entre outros.

Feita essa análise introdutória, importante verificar a função e traçar um panorama histórico dos nomes de domínios, identificando também a sua efetiva necessidade e relevância para os negócios.

2.2. Função e panorama histórico dos nomes de domínios

Com o objetivo de facilitar a memorização dos endereços dos portais eletrônicos, no início da década de 1980 foi idealizado, na Universidade de Wisconsin (Estados Unidos), o conceito do Sistema de Nome de Domínio (DNS, do inglês *Domain Name System*). Atualmente, o órgão que coordena, mundialmente, esses registros é a ICANN (*Internet Corporation for Assigned Names and Numbers*), por intermédio da IANA (*Internet Assigned Numbers Authority*), que é ligada ao Departamento de Comércio dos Estados Unidos e determina, entre outros, a criação de novos sufixos (.com, .net, .gov etc.).

No Brasil, o registro desses domínios, atualmente, fica a cargo do NIC.br (Núcleo de Informação e Coordenação do Ponto Br), mas nem sempre foi assim, sendo importante acompanhar a evolução. Em 1995, primeiramente, essa função foi atribuída ao CGI.br (Comitê Gestor da Internet no Brasil)[13], a qual, em maio de 1998, foi repassada à Fundação de Amparo à Pesquisa do Estado de São Paulo (Fapesp)[14]. Por fim, em 5 de dezembro de 2005,

---

11 Convém lembrar que, desde maio de 2005, os nomes de domínio registrados no Registro.br podem conter vogais acentuadas (à, á, â, ã, é, ê, í, ó, ô, õ, ú, ü) e cedilha (ç). Para mais informações, recomenda-se o *site* "Registro.br – FAQ – Domínios com Acentos e/ou Cedilha". Disponível em: <http://registro.br/ajuda.html?secao=novosDominios>. Acesso em: 10 fev. 2016. Tal modificação já consta no art. 3º, II, da Resolução CGI.br n. 8/2008: "[...] II. Ser uma combinação de letras e números [a-z; 0-9], hífen [-] e os seguintes caracteres acentuados [à, á, â, ã, é, ê, í, ó, ô, õ, ú, ü, ç]".

12 Frisa-se que variações de acento e utilização do cedilha, mesmo quando presentes, redirecionam para o *site* com o endereço em sua forma sem alterações. Ou seja, os *sites* "http://www.ã.com" ou "http://www.á.com" vão todos ser redirecionados ao original "http://www.a.com", sendo permitido apenas ao proprietário deste o registro das variações com acento e cedilha. Esse é o entendimento que se extrai do parágrafo único do art. 3º da Resolução n. 8/2008 do CGI.br: "Somente será permitido o registro de um novo domínio quando não houver equivalência a um domínio preexistente no mesmo DPN, ou quando, havendo equivalência no mesmo DPN, o requerente for a mesma entidade detentora do domínio equivalente. Estabelece-se um mecanismo de mapeamento para determinação de equivalência entre nomes de domínio, que será realizado convertendo-se os caracteres acentuados e o 'ç' cedilhado, respectivamente, para suas versões não acentuadas e o 'c', e descartando os hifens".

13 Portaria Interministerial n. 147, de 31 de maio de 1995: "O Ministro de Estado das Comunicações e o Ministro de Estado da Ciência e Tecnologia, [...] considerando a necessidade de coordenar e integrar todas as iniciativas de serviços de Internet no país, resolvem: Art. 1º Criar o Comitê Gestor da Internet no Brasil, que terá como atribuições: [...] V – coordenar a atribuição de endereços IP (*Internet Protocol*) e o registro de nomes de domínios".

14 Resolução CGI.br n. 2/98 (*revogada*): "O Comitê Gestor da Internet no Brasil – CGI.br, [...] considerando que a execução das atividades relativas ao registro de nomes de domínios e atribuição de endereços IPs vêm sendo realizadas pela Fundação de Amparo à Pesquisa do Estado de São Paulo – FAPESP, no âmbito do Projeto Rede Nacional de Pesquisas – RNP, que tem suportado os respectivos custos; considerando que o CGI.br

por meio da Resolução n. 1/2005, o Comitê Gestor, nos termos autorizados pelo Decreto n. 4.829, de 3 de setembro de 2003[15], resolveu atribuir ao NIC.br a execução do registro e do cancelamento de nomes de domínio, por meio do Registro.br.

Até os dias atuais, essa incumbência permanece com o NIC.br, estando os procedimentos para registro, cancelamento e concessão de domínios disciplinados por meio da Resolução n. 8, de 28 de novembro de 2008, de autoria do CGI.br[16], cujos pontos principais serão mais bem analisados nos tópicos adiante.

2.3. Princípio do *first come, first served*

Conforme disposto no *caput* do art. 1º da Resolução n. 8/2008, "um nome de domínio disponível será concedido ao primeiro requerente que satisfizer, quando do requerimento, as exigências para o registro do mesmo [...]". Está-se diante do que se convencionou chamar de *"first come, first served"* ou *"premier arrivé, seul servi"*; ou seja, aquele que primeiro registrar o domínio terá plenos direitos sobre ele até que haja questionamento dessa propriedade[17].

Em razão dessa ampla facilidade, tem se tornado comum encontrar diversas situações em que os nomes de domínios são registrados violando direitos de terceiros, no que têm sido necessárias respostas cada vez mais efetivas, especialmente por meio da arbitragem, uma vez que já não mais se considera a Internet essa "terra sem lei" – o avanço da doutrina e da jurisprudência[18] também não pode ser afastado na seara do direito digital e eletrônico, tendo colaborado, fortemente, para o estudo dos impactos jurídicos das repercussões das inovações tecnológicas.

Apesar de não existirem leis que endereçam especificamente a violação de direitos por meio de nomes de domínios da internet, não há óbice algum a que sejam aplicados os dispositivos legais hoje vigentes. Isso abrange desde a Constituição Federal, os Códigos Civil e Penal, a Lei de Propriedade Industrial, incluindo os diplomas processuais e a própria Lei de Arbitragem (Lei n. 9.307/96), enfim, todas as demais leis vigentes. Não se questiona, en-

---

aprovou, por unanimidade, que a FAPESP continue a realizar a execução destas atividades para todo o território nacional; [...] resolve: Art. 1º Delegar competência à FAPESP para realizar as atividades de registro de nomes de domínios, distribuição de endereços IPs e sua manutenção na rede eletrônica Internet".

15 Decreto n. 4.829, de 3 de setembro de 2003: "Dispõe sobre a criação do Comitê Gestor da Internet no Brasil – CGIbr, sobre o modelo de governança da Internet no Brasil, e dá outras providências". Disponível em: <http://www.planalto.gov.br/Ccivil_03/decreto/2003/D4829.htm>. Acesso em: 12 jan. 2016.

16 Disponível em: <http://www.cgi.br/regulamentacao/resolucao2008-008.htm>. Acesso em: 02 fev.2016.

17 Neste ponto, convém atentar para a semelhança existente entre essa metodologia e o que dispõe a "teoria da ocupação". Nesta, a propriedade de um bem fica à disposição daquele que primeiro dele se apossar, entendimento que se extrai do art. 1.263 do Código Civil: "Quem se assenhorear de coisa sem dono para logo lhe adquire a propriedade, não sendo essa ocupação defesa por lei".

18 Apenas à guisa de ilustração, observa-se o seguinte acórdão, proferido pelo Tribunal de Justiça de São Paulo: "Propriedade industrial. Ausência de cerceamento. Autora que pretende a exclusividade da utilização de marca registrada pela ré. Regularidade da concessão do registro pelo INPI em discussão na Justiça Federal. Notificações extrajudiciais e *e-mails* enviados pela ré que configuram mero exercício regular de direito. Ameaças e concorrência desleal não configuradas. Direito à permanência de uso de nome de domínio que coincide com a marca da ré não reconhecido. Sentença mantida. Agravo retido prejudicado e recurso de apelação desprovido" (TJSP, Ap. Cível n. 1003785-67.2014.8.26.0161, rel. Des. Claudio Luiz Bueno de Godoy, j. 25.03.2015).

tretanto, o fato de que ainda há inúmeras situações que, em vista da ausência de regramento específico, não conseguem ser sanadas da forma desejada.

Como se viu, os nomes de domínios sempre foram (e continuam sendo) distribuídos à vontade: o indivíduo que primeiro requisitar determinado nome, a ele o domínio será atribuído. Diante disso, com a crescente importância assumida pela Internet, tornando-se ferramenta fundamental para diversos setores, passou a haver verdadeiras disputas por alguns domínios, principalmente em razão da utilização de má-fé por parte de alguns registradores.

Os conflitos surgidos dessas transgressões vêm sendo solucionados, preferencialmente, por meio da utilização de mecanismos alternativos de solução de disputas, destacando-se a arbitragem, conforme será observado adiante.

3. O INSTITUTO DA ARBITRAGEM E O SACI

Conforme mencionado, a arbitragem tem sido utilizada para solucionar conflitos oriundos dos nomes de domínios da Internet. No Brasil, o Registro.br estipulou a solução dos conflitos em relação aos nomes de domínios registrados após outubro de 2010, por meio do SACI-Adm (Sistema Administrativo de Conflitos de Internet relativos a nomes de domínios sob ".br"), adiante analisado com mais detalhes.

3.1. O SACI-Adm e o instituto da arbitragem

Com o advento da Lei n. 9.307, a arbitragem ganhou força em razão do poder que a sentença proferida pelos árbitros adquiriu. Isto é, antes se fazia necessária homologação do "laudo arbitral" pelo Poder Judiciário, o que foi superado no atual ordenamento jurídico. Na verdade, a sentença arbitral é título executivo judicial, como se observa no art. 475-N, IV, do CPC – igual entendimento consta no novo Código de Processo Civil (Lei n. 13.105/2015), no art. 515, VII. Essa relativa independência, pois, correspondeu a mecanismo que dotou de mais eficiência o instituto em estudo.

Nesse sentido, foi criado, em 2009, o SACI, com o objetivo de solucionar as contendas surgidas em relação aos nomes de domínios ".br", conforme se observa no art. 1º do Regulamento[19]. Desde logo, importante pontuar a semelhança entre o ideal que guiou a elaboração do Regulamento e o que consta na UDRP (*Uniform Domain-Name Dispute Resolution Policy* – Política Uniforme Para Resolução de Disputas por Nomes de Domínio)[20], a qual deve, obrigatoriamente, ser seguido por todos os *registrars* de nomes de domínios.

São oito as principais situações que têm ensejado a resolução de disputas, conforme expressamente descrito no art. 3º da Resolução, quais sejam:

---

19 Regulamento disponível em: <https://registro.br/dominio/saci-adm-regulamento.html>. Acesso em: 15 jan. 2016.

20 Tradução em português disponível em: <https://www.icann.org/resources/pages/policy-2012-02-25-pt>. Acesso em: 13 fev. 2016.

I. o nome de domínio é igual ou pode criar confusão com marca de titularidade de terceiro, desde que o depósito do pedido de registro da marca junto ao INPI tenha ocorrido, antes do registro do nome (Regulamento, art. 3º, *a*);

II. o nome de domínio é igual ou pode criar confusão com marca de titularidade de terceiro, que ainda não tenha sido depositada em território nacional, mas que seja notoriamente conhecida no ramo de atividade[21] (Regulamento, art. 3º, *b*);

III. o nome de domínio é igual ou pode criar confusão com título de estabelecimento, nome empresarial, nome civil, nome de família (ou patronímico), pseudônimo, apelido notoriamente conhecido, nome artístico, entre outros (Regulamento, art. 3º, *c*);

IV. o nome de domínio é igual ou pode criar confusão com outro nome de domínio já registrado anteriormente (Regulamento, art. 3º, *c*).

As situações a seguir, entre outras, desde que devidamente comprovadas, são suficientes para caracterizar a má-fé no registro de determinado nome de domínio:

I. o registro do nome com o objetivo de vendê-lo, alugá-lo ou transferi-lo (Regulamento, art. 3º, parágrafo único, *a*);

II. o registro do nome de domínio tem a intenção de impedir o seu uso por quem tem efetivo interesse (Regulamento, art. 3º, parágrafo único, *b*);

III. o registro do nome de domínio tem a intenção de prejudicar a atividade de terceiros (Regulamento, art. 3º, parágrafo único, *c*);

IV. o registro do nome de domínio tem a intenção de atrair usuários para o seu portal, com o objetivo de lucro, criando potencial confusão com quaisquer sinais que o identificam (Regulamento, art. 3º, parágrafo único, *c*).

Estabelecidos esses critérios, a seguir passam a ser verificados os dois tipos principais de conflitos que têm sido identificados, em relação aos nomes de domínios da Internet, quais sejam, o *cybersquatting* e o *typosquatting*.

3.2. Conflitos de nomes de domínios da Internet – prática do *cybersquatting* e do *typosquatting*

Como já abordado em diversos outros artigos desta obra, o procedimento arbitral apresenta diversos diferenciais para a solução de litígios (entre esses aspectos, destacam-se a sua rapidez, economicidade, ausência de formalismos exacerbados, grande amplitude de poder e o sigilo), sendo destacada no presente trabalho a solução de conflitos relativos ao registro de nomes de domínios da Internet.

21 Conforme indicado no art. 126 da Lei n. 9.279/96 (Lei de Propriedade Industrial): "Art. 126. A marca notoriamente conhecida em seu ramo de atividade nos termos do art. 6º *bis* (I), da Convenção da União de Paris para Proteção da Propriedade Industrial, goza de proteção especial, independentemente de estar previamente depositada ou registrada no Brasil. § 1º A proteção de que trata este artigo aplica-se também às marcas de serviço. § 2º O INPI poderá indeferir de ofício pedido de registro de marca que reproduza ou imite, no todo ou em parte, marca notoriamente conhecida".

Concorre em favor da utilização da arbitragem o fato de que, nos termos do art. 1º da Lei n. 9.307/96, a arbitragem pode ser utilizada para "dirimir litígios relativos a direitos patrimoniais disponíveis". E os litígios relativos à Internet, em sua maioria, envolvem interesses patrimoniais, os quais são geralmente disponíveis.

Por causa dessa convergência de fatores, foi criado, em 1994, o Centro de Mediação e Arbitragem da Organização Mundial de Propriedade Intelectual (OMPI – do inglês WIPO – *World Intellectual Property Organization*), antes mesmo da entrada em vigor, no Brasil, da Lei de Arbitragem. Desde dezembro de 1999 (quando o primeiro caso foi resolvido por intermédio da arbitragem), até meados de fevereiro de 2016, a Organização Mundial da Propriedade Intelectual recebeu 33.421 pedidos de resolução de casos[22]. Já o SACI, considerando o prazo de abril de 2011 a junho de 2015, resolveu 121 casos envolvendo nomes ".br"[23].

Como se vê, milhares de casos vêm sendo resolvidos, ano após ano, em razão da utilização indevida dos nomes de domínios. Dito isso, passa-se ao estudo dos dois principais tipos de violação existentes e que são objeto das decisões por parte dos órgãos mencionados.

3.2.1. O *cybersquatting*

Antes de entrar especificamente no tema objeto deste tópico, é importante conceituar *cybersquatting*, que pode, basicamente, ser compreendido como utilizar nome de domínio com má-fé para lucrar com a boa-fé de determinado sinal distintivo (incluindo marca, nome empresarial, título de estabelecimento comercial, nome, pseudônimo, nome artístico, entre outros) pertencente a terceira pessoa.

Conceito interessante pode ser obtido por meio do Anti-Cybersquatting Consumer Protection Act (ACPA)[24], no qual *cyberquatting* é definido como "obter nomes de domínio 'com má-fé' que são idênticos ou confusamente similares a uma marca registrada ou a uma marca de serviço"[25].

Como o registro de domínios é bastante fácil, como já demonstrado, os "posseiros digitais" não encontram dificuldade em registrar os domínios que desejarem. Realizada essa etapa, podem esses endereços obtidos serem utilizados para: capturar internautas não conhecedores do real endereço eletrônico da instituição que pretendem entrar; ludibriar os usuários mais distraídos, aplicando-lhes golpes econômicos; referir-se, depreciativamente, a produtos e a empresas; tentar vender ou alugar o domínio, posteriormente, àquele que faz jus a ele, entre outros.

---

22 Informações disponíveis em: <http://www.wipo.int/amc/en/domains/statistics/>. Acesso em: 13 fev. 2016.

23 Informações disponíveis em: <https://registro.br/dominio/saci-adm.html/>. Acesso em: 13 fev. 2016.

24 O ACPA entrou em vigor, nos Estados Unidos, ao final do ano de 1999 (isto é, há mais de 17 anos), o que representa a dimensão do problema que os nomes de domínios já traziam à época. Essa norma traz a previsão de que o nome de domínio seja demandado diretamente, isto é, *in remaction*. Desse modo, ainda que o detentor do *site* tenha fornecido informações falsas quando do seu cadastro (o que acontece com certa frequência, quando o registro do nome é realizado com fins ilegais), isso não evitará o prosseguimento da ação. Tal procedimento, no entanto, só pode ser posto em prática após a demonstração inequívoca, por parte do autor da ação, de que ela não pode ter seu trâmite nos moldes convencionais. Desse modo, facilita-se a solução de problemas relativos aos conflitos de nomes de domínios.

25 Do original em inglês: "[...] *obtain domain names 'in bad faith' that are identical or confusingly similar to a trademark or service mark*".

Ilustrando o que se referiu, traz-se o caso OMPI DBR 2015-0006, decidido por meio do SACI-Adm, o qual tratou do registro do nome "consertoelectrolux.com.br", registrado no dia 23 de agosto de 1996, por cidadão brasileiro que não tinha relação direta com a fabricante de eletrodomésticos, a qual é detentora do domínio "electrolux.com.br", entre outros que contêm a palavra "electrolux", que é registrada como marca perante o INPI desde 1949. Os argumentos para devolver o domínio ao detentor da marca consideraram o fato de que a utilização da marca, mesmo precedida da palavra "conserto", não era suficiente para evitar confusões perante os consumidores[26].

Esse tipo de prática vem sendo, também, utilizada para a realização de golpes econômicos. Casos famosos são os *e-mails* contendo *links* para instituições financeiras, que não correspondem às sociedades pelas quais pretendem passar.

Exemplo de caso prático: indivíduos visando explorar a inexperiência de alguns usuários criaram o *e-mail* "antendimento@bancodobrasil.net" (vale lembrar que o domínio "bancodobrasil.net" está registrado, porém não redirecionado ao *site* do Banco do Brasil) e passaram a enviar mensagens *phishing*[27], informando que houve problemas com a conta bancária do destinatário, o qual deveria clicar no *link* constante da mensagem e inserir seus dados pessoais e solucionar os problemas, supostamente, existentes o mais breve possível. O usuário, quando inseria seu nome de usuário e sua senha no *site* indicado no *e-mail* ("bancodobrasil.net", e não "bancodobrasil.com.br"), tinha seus dados capturados por indivíduos mal-intencionados, que poderiam efetuar transferências bancárias, auferindo lucros exorbitantes com essa prática delituosa.

Com o objetivo de coibir registro no sentido das duas situações comentadas, constam disposições proibitivas, ou, pelo menos, que evidenciam o registro de má-fé tanto no Regulamento do SACI como na UDRP.

Diversas podem ser, pois, as consequências deletérias para os usuários mais desatentos, ou mesmo com menor experiência com tecnologia, fazendo-se necessário que, especialmente, as corporações estejam atentas ao assunto, com o objetivo de identificar nomes de domínios registrados que sejam semelhantes a seus sinais distintivos, sendo certo que já existem até mesmo serviços de monitoramento especializados para fazer esse acompanhamento.

Cumpre esclarecer, ainda, que o disposto no art. 189, I, da Lei n. 9.279/96 (Lei da Propriedade Industrial) pode ser aplicado àqueles que praticam o *cybersquatting*, cometendo "crime contra registro de marca quem reproduz, sem autorização do titular, no todo ou em parte, marca registrada, ou a imita de modo que possa induzir confusão". Mais uma vez, evidencia-se não ser a Internet uma "terra sem lei".

---

26 A íntegra da decisão está disponível em: <ftp://ftp.registro.br/pub/saci-adm/20150622-ompi-dbr2015-0006.pdf>. Acesso em: 13 fev. 2016.

27 *Phishing* é um tipo de fraude eletrônica realizada com o objetivo de obter informações, via de regra, consideradas sensíveis e que podem ser utilizadas para acessar, indevidamente, contas de terceiros junto a instituições financeiras. Normalmente, malfeitores utilizam-se de pretextos falsos para tentar enganar o destinatário da mensagem e induzi-lo a fornecer dados, tais como números de cartões de crédito, informações e senhas bancárias, por exemplo, ou a fazer o *download* e executar arquivos que permitam a futura obtenção das informações desejadas ou o acesso não autorizado aos equipamentos eletrônicos da vítima.

A seguir, passa-se ao estudo das principais questões que dizem respeito ao *typosquatting*, que, como restará evidenciado, pode ser visto como uma espécie dentro do que se poderia ter como gênero *cybersquatting*.

3.2.2. O *typosquatting*

Por *typosquatting* pode-se entender a forma de registro de nome de domínio que se baseia na probabilidade de que certo número de usuários da Internet digitará de forma incorreta determinada URL[28] ao navegar. Observa-se, pois, que se enquadram neste caso os *sites* registrados com pequenos erros de digitação em relação ao SLD original.

Como exemplo, cita-se o caso real arbitrado por meio do SACI-Adm, identificado como ABPI ND 20131, que envolveu pedido da Companhia Brasileira de Distribuição contra, entre outros, o registro dos seguintes nomes de domínios "extrra.com.br", "esxtra.com.br", "extre.com.br". O indivíduo que registrou esses nomes, claramente, teve o intuito de captar, de forma desonesta, os pequenos erros de grafia cometidos pelos usuários ao tentar ingressar no *site* oficial da companhia <www.extra.com.br>. Os árbitros decidiram que houve abuso nos registros dos *sites* e, no dia 11 de abril de 2013, os domínios foram transferidos à Companhia Brasileira de Distribuição[29].

Há inúmeros outros casos relatados de *typosquatting*, e, tal como o *cybersquatting*, esse tipo de prática também pode ser utilizado para provocar prejuízos financeiros aos usuários da Internet. Nesse sentido, basta que alguém mal-intencionado, almejando passar pelo Banco do Brasil, por exemplo, crie endereço de *e-mail* como "atendimento@bancobraisl.com.br" (há sutil troca da ordem das letras "s" e "i" na palavra Brasil) e passe, por meio dele, a divulgar *e-mails* oferecendo alguma vantagem a quem entrar na sua conta do banco, atraindo o cliente para página falsa. Caso o usuário não perceba que se trata de *site* falso, certamente digitará seus dados bancários, que, logo na sequência, serão utilizados pelos criminosos que criaram essa "armadilha".

A fim de evitar esses problemas, as companhias, logo que se estabelecerem na Internet, devem registrar o maior número de combinação de *sites* que possam ser, ocasionalmente, digitados erroneamente referindo-se a seu nome original, sendo importante, também, que possuam monitoramento ativo do registro desses nomes de domínios, com o objetivo de mitigar eventuais riscos à sua imagem que possam ocorrer pelo registro de nomes de domínios similares.

Nesse sentido, a rede social Facebook, por exemplo, pode ser acessada, entre outros, por meio dos endereços: "facebuk.com.br", "faceook.com.br", "fcebook.com.br" etc. Dessa maneira, tentou-se redirecionar ao domínio correto as principais falhas de digitação possíveis de ocorrer.

28 URL (*Universal Resource Locator*), em português, significa Localizador Universal de Recursos, é o endereço de qualquer recurso disponível em uma rede, quer seja a Internet, quer seja uma rede corporativa (uma intranet, por exemplo). Um URL tem a seguinte estrutura: protocolo://máquina/caminho/recurso. Assim, por exemplo, "http://www.exemplo.com" é um URL, isto é, o caminho que leva ao *site* que se quer acessar.

29 A íntegra da decisão pode ser encontrada em: <ftp://ftp.registro.br/pub/saci-adm/20130411-abpi-nd20131.pdf>. Acesso em: 20 dez. 2015.

Vê-se, assim, que graves são as consequências que podem surgir da atitude desonesta de alguns usuários, que podem conseguir desde dados bancários até mesmo informações sensíveis, mediante a utilização de expedientes ardis, sendo necessário que mais atenção se dê à matéria, recorrendo-se ao procedimento arbitral, tão logo seja identificada qualquer utilização indevida.

4. CONSIDERAÇÕES FINAIS

A atual conformação social, denominada Sociedade da Informação Tecnológica, consolidada com a Internet, está se modificando com velocidade nunca antes imaginada. Essas alterações processam-se de maneira tal que as leis não estão conseguindo acompanhar, de perto, as modificações tecnológicas, no que a doutrina e a jurisprudência têm assumido cada vez mais relevância no Brasil, especialmente na seara do direito digital. Daí, talvez, possa derivar a aparente sensação de que a Internet é uma "terra sem lei", território propício à "grilagem eletrônica", tal como o *cybersquatting* e o *typosquatting*.

Nesse contexto, tem-se firmado a utilização da arbitragem para solução dos litígios que se processam na Rede Mundial de Computadores, especialmente em relação a nomes de domínios da Internet, visto que a solução é célere e os árbitros possuem conhecimento especializado acerca do assunto em discussão.

Assim, o SACI-Adm, em consonância com as disposições internacionais emanadas da Organização Mundial da Propriedade Industrial, tem se pronunciado em diversos procedimentos arbitrais, servindo como forma de mitigar a utilização indevida dos nomes de domínios, em prejuízo de terceiros.

Fica evidente, portanto, que a Grande Rede ainda está passando por período de adaptação, não estando ainda muito bem esclarecidos temas relevantes, requerendo do legislador dedicação ao traçar parâmetros sobre a Internet, com o objetivo de deixar a Grande Rede cada vez mais harmoniosa, sem que isso influencie em sua arquitetura livre e aberta.

Em razão disso, é importante que sejam adotados mecanismos para acompanhar o registro de nomes de domínios, por meio de monitoramento ativo, com o objetivo de que se busque a via arbitral para solução do conflito tão logo este surja, mitigando os prejuízos à imagem daquele que tenha seus sinais distintivos, indevidamente, utilizados por terceiros.

REFERÊNCIAS BIBLIOGRÁFICAS

CASTELLS, Manuel. *A Galáxia da Internet:* reflexões sobre a Internet, os negócios e a sociedade. Trad. Maria Luiza X. de A. Borges. Rio de Janeiro, Jorge Zahar, 2003.

DECUSATIS, Casimer; KAMINOW, Ivan. *The optical communications reference.* Great Britain, Academic Press, 2009.

HAFNER, Katie; LYON, Matthew. *Where wizards stay up late*: the origins of the Internet. New York, Simon & Schuster Paperbacks, 2006.

LEONARDI, Marcel. *Tutela e privacidade na internet.* São Paulo, Saraiva, 2012.

TOFFLER, Alvin. *La tercera ola.* Bogotá, Ediciones Nacionales, 1981.

21

Litígios do comércio eletrônico e arbitragem eletrônica: aspectos da Lei da Arbitragem reformada

Tarcisio Teixeira
Haroldo Malheiros Duclerc Verçosa
Isabela Cristina Sabo

1. INTRODUÇÃO

O comércio eletrônico vem sendo cada vez mais utilizado pela sociedade, sobretudo em tempos de globalização, criando novos hábitos e ampliando o consumo, à medida que a internet faz com que o usuário seja atraído pela comodidade, facilidade de acesso e pagamento, agilidade, variedade de produtos e tantas outras vantagens que o meio virtual oferece. O Brasil é um dos países que vem crescendo nesse contexto e dispõe de algumas normas recentes sobre o tema em seu plano interno, como o Decreto n. 7.962/2013 (que regulamenta o *e-commerce*) e a Lei n. 12.965/2014 (Marco Civil da Internet), além do Código de Defesa do Consumidor. No plano externo, cabe observar a Convenção das Nações Unidas sobre Contratos de Compra e Venda Internacional de Mercadorias (CISG, na sigla em inglês), ratificada pelo Brasil por meio do Decreto Legislativo n. 538/2012.

A multiplicidade de negócios realizados no ambiente eletrônico acarreta, também, o aumento de litígios, momento no qual se cogita a utilização da arbitragem como meio alternativo ao Poder Judiciário e mais célere de solucionar conflitos envolvendo matéria de internet.

Aplicando-se a arbitragem aos contratos eletrônicos, poder-se-ia pressupor que o procedimento arbitral também seja realizado no ambiente eletrônico, isto é, em autos digitais (que se poderia denominar "arbitragem eletrônica"); mas não necessariamente, pois um litígio derivado do *e-commerce* poderá ser dirimido em processo arbitral cujos autos sejam de papel. Admitindo-se a possibilidade de autos digitais para o processo arbitral, será que o julgamento poderia ser feito por um *software*/aplicativo? Em que pese existir tecnologia para tanto, sua aplicação "ainda" não é possível, eis que o ordenamento jurídico vigente segue o princípio de que o julgador precisa ser uma pessoa natural. Todavia, não se pode afirmar, categoricamente, que nunca haverá alterações sociais a ponto de se admitir que um *software* possa dirimir controvérsias a partir de dados que lhe forem informados pelas partes, bem como os depoimentos de testemunhas e análises de documentos. Isso dependerá um dia do desenvolvimento eficaz da chamada "inteligência artificial"[1].

1 Inteligência artificial pode ser compreendida, em suma, como a ciência do conhecimento que busca a melhor forma de representá-lo, na medida em que estuda o raciocínio e os processos de aprendizagem em máqui-

Assim, será estudada aqui a viabilidade do uso da arbitragem para julgar litígios decorrentes de contratos celebrados eletronicamente. Para tanto, aborda-se a regulamentação da arbitragem a fim de situar o tema, destacando-se as alterações da Lei n. 9.307/96, promovidas pela Lei n. 13.129/2015, no sentido de atribuir mais credibilidade ao instituto em cotejo com as ferramentas tecnológicas, incentivando a sua utilização pela sociedade brasileira.

2. COMÉRCIO ELETRÔNICO: CONCEITO E LEGISLAÇÃO APLICÁVEL

Por "comércio" deve-se compreender o ramo da produção econômica que provoca o aumento dos valores dos produtos pela interposição entre produtores e consumidores, objetivando facilitar a circulação das mercadorias por meio do fenômeno da troca[2]. Também, o comércio pode ser visto como o conjunto de trocas e compras e vendas com o fim de obter ganhos e/ou satisfações. Para sua estabilidade e crescimento, os agentes operadores do comércio foram desenvolvendo regras ao longo do tempo, fundamentalmente, por meio dos usos e costumes, que acabaram colaborando para a construção do direito comercial como um ramo do Direito.

Por sua vez, "eletrônico" é uma terminologia derivada de "eletrônica", que é aquela parte da física que trata de circuitos elétricos, na qual a comunicação de dados via computador se faz por meio de impulsos elétricos, o que a caracteriza como comunicação eletrônica. Por essa razão, justifica-se o adjetivo eletrônico para o comércio firmado por comunicação gerada por impulsos elétricos[3].

Para Ricardo Luis Lorenzetti, a expressão "comércio eletrônico" significa "toda atividade que tenha por objeto a troca de bens físicos ou digitais por meios eletrônicos". No comércio eletrônico ou *e-commerce* existem contratos oriundos de relações de direito público, quando celebrados entre empresas ou cidadãos e o Estado; ou de direito privado, por meio de relações civis, empresariais e de consumo.

Quanto às hipóteses contratuais no comércio eletrônico, o autor elenca as seguintes: a) entre setor público e privado (G2B – *government to business*): o meio eletrônico é utilizado tanto nos contratos com o Estado como entre particulares; b) entre empresas e consumidores (B2C – *business to consumer*): o meio eletrônico não dispensa essa distinção, sobretudo quando se fala em proteção do consumidor; c) o modo de celebração consensual (B2B – *business to business* ou C2C – *consumer to consumer*): o contrato celebrado pelo consenso das partes persiste no meio eletrônico, seja entre empresas ou entre consumidores, vis-

---

nas. Um agente inteligente, assim entendido como uma entidade integrada que envolve um sistema de computador e seus usuários, dispõe de: a) autonomia, visto que o agente opera sem a intervenção direta do usuário ou de outros agentes; b) habilidade social, uma vez que o agente interage com outros agentes por meio de algum tipo de linguagem de comunicação; c) reatividade, dado que o agente percebe o ambiente ao seu redor e responde oportunamente às mudanças que acontecem; e d) proatividade, haja vista que o agente não só age em resposta ao ambiente, como também toma iniciativa a partir de um objetivo. Em outras palavras, a inteligência artificial busca, com o desenvolvimento computacional, uma inteligência de máquinas que seja similar à inteligência do homem (in: ROVER, *Informática no Direito*: inteligência artificial, 2001, p. 60-2).

2 ROCCO, *Princípios de direito comercial*, 2003, p. 51.

3 BARBAGALO, *Contratos eletrônicos*, p. 38.

to que dois contratantes podem vincular-se mediante um computador, bem como dialogar, trocar propostas e celebrar um contrato[4].

Pondera Cláudia Lima Marques que comércio eletrônico seria o comércio "clássico", hoje realizado por meio de contratação à distância. Alcança os contratos celebrados pela internet, por telefones fixos e celulares, pela televisão a cabo etc. De forma estrita, o comércio eletrônico é uma maneira de contratação não presencial ou à distância para a aquisição de produtos e serviços por meio eletrônico. Já de forma ampla, o comércio eletrônico envolve qualquer negociação ou troca de informações visando negócios, aí incluídos os dados transmitidos prévia e posteriormente à venda ou à contratação, bem como o envio de bens materiais e imateriais, os serviços de busca e *links*, a publicidade, os meios de pagamento, entre outros[5].

Na verdade, comércio eletrônico é uma extensão do comércio convencional, pois trata-se de um ambiente digital em que as operações de troca, compra e venda e prestação de serviços ocorrem com suporte de equipamentos e programas de informática, por meio dos quais se possibilita realizar a negociação, a conclusão e até a execução do contrato, quando for o caso de bens intangíveis. Apesar de o ambiente virtual propiciar os mais variados tipos de contratos, a grande massa de negócios eletrônicos consiste naqueles entre fornecedor e consumidor (B2C – *business to consumer*).

Quanto à legislação aplicável ao comércio eletrônico, se o contrato for celebrado eletronicamente entre partes sediadas em países diversos, é preciso ter em conta que se trata de um tema que envolve o direito internacional privado. Assim, é necessária a observação da Convenção de Viena sobre Contratos de Compra e Venda Internacional de Mercadorias (CISG, na sigla em inglês), ratificada pelo Brasil por meio do Decreto Legislativo n. 538/2012, integrando o ordenamento jurídico brasileiro com a promulgação do Decreto Presidencial n. 8.327/2014. O texto da CISG foi o resultado de um esforço coordenado de países de culturas jurídicas e graus de desenvolvimento econômico diferentes de diversas partes do mundo, sob a coordenação da Comissão das Nações Unidas para o Direito do Comércio Internacional (Uncitral – United Nations Commission on International Trade Law).

Entre os principais objetivos da CISG traçados pela doutrina estão: a) limitar a possibilidade de escolher o foro mais favorável a uma das partes, a exemplo, evitar quando o autor da ação, inexistindo regras específicas para determinar o juízo competente, tem a faculdade de propô-la no país em que as regras lhe são mais benéficas – no caso, as regras aplicadas serão as da Convenção; b) reduzir a necessidade de recorrer às regras de direito internacional privado, quando, por exemplo, as leis dos países envolvidos divergem umas das outras. É o caso do art. 9º da LINDB, que determina a aplicação da lei do país onde residir o ofertante; e c) oferecer regras modernas sobre a compra e venda, apropriadas às transações internacionais, no sentido de garantir às partes segurança, previsibilidade e agilidade no comércio internacional[6].

4 LORENZETTI, *Comércio eletrônico*, 2004, p. 219 e 289-90.

5 MARQUES, *Confiança no comércio eletrônico e a proteção do consumidor*: um estudo dos negócios jurídicos de consumo no comércio eletrônico, 2004, p. 35-9.

6 KUYVEN; PIGNATTA, *Comentários à Convenção de Viena*: compra e venda internacional de mercadorias, 2015, p. 43-6.

No âmbito nacional (ou seja, quando as partes estiverem sediadas no Brasil), os contratos celebrados pela internet estão sujeitos ao mesmo regime jurídico (princípios e regras aplicáveis) dos demais contratos firmados fisicamente no território brasileiro. Logo, sem prejuízo da aplicação de outras normas especiais, aplicam-se as regras do Código Civil e do Código de Defesa do Consumidor (nesse caso, quando configurada uma relação de consumo) aos negócios concretizados eletronicamente[7]. Dessa forma, são aplicáveis as regras legais sobre contrato de adesão, cláusulas abusivas, publicidade enganosa e abusiva, responsabilidade por inadimplemento contratual e por ato ilícito; os princípios do direito contratual, como o da boa-fé e o da função social do contrato[8], entre outros[9].

Interessante é o posicionamento de Patricia Peck Pinheiro, ao afirmar que não há necessidade de uma norma específica para o *e-commerce*, pois se tornaria obsoleta muito rapidamente diante da dinâmica da tecnologia da informação. Logo, qualquer lei que venha a tratar dos novos institutos jurídicos deve ser genérica o suficiente para sobreviver ao tempo e flexível para atender aos diversos formatos que podem surgir de um único assunto. Inclusive, a exigência de processos mais céleres sempre foi um anseio da sociedade. Um exemplo de caminho mais rápido para a solução de conflitos, segundo a autora, é a arbitragem, cuja aplicação no ambiente eletrônico será objeto de estudo adiante[10].

Deve-se questionar se, do ponto de vista jurídico, houve mudança substancial em razão da rede mundial de computadores. O que teria acontecido corresponderia a uma sofisticação técnica quanto aos mecanismos utilizados para a contratação em razão do advento da internet. É claro que há problemas sobre a formação e a caracterização do acordo, o momento da conclusão, do conteúdo e da prova das obrigações contratadas, sendo preciso verificar se as categorias jurídicas clássicas podem albergar esses negócios ou se será preciso construir novos institutos jurídicos para regrar a matéria[11].

O que se observa nas últimas décadas é que, na medida em que o tempo evolui, cada vez mais as mudanças são aceleradas, muitas vezes não possibilitando a sua maturação pelo *homem médio*. Por isso, compreende-se que o mais importante é que o ordenamento jurídico disponha de princípios (cláusulas gerais) que possam ser interpretados conforme o tempo e a circunstância. Entretanto, normas que tratam sobre o comércio eletrônico podem até advir, mas não devem se desprender totalmente da construção consolidada ao longo de séculos, dos institutos jurídicos clássicos, como o contrato e a responsabilidade civil; deverão elas estabelecer princípios gerais para o comércio eletrônico, dadas as suas peculiaridades e constantes alterações.

---

7 CARVALHO, *Contratos via internet segundo os ordenamentos jurídicos alemão e brasileiro*, 2001, p. 60.

8 Sobre a função social do contrato, veja: VERÇOSA, *Contratos mercantis e a teoria geral dos contratos*: o Código Civil de 2002 e a crise do contrato, 2010, p. 104-45; SZTAJN, "Função social: visões de direito e economia", 2015, p. 423-8. Da mesma autora: "Propriedade e contrato: função social", 2015. p. 453-60; e "Mercados e função social do contrato", 2015, p. 19-33.

9 Para um estudo aprofundado sobre as regras aplicáveis aos contratos eletrônicos, cf. TEIXEIRA, *Curso de direito e processo eletrônico*: doutrina, jurisprudência e prática, 2015, p. 189 e segs.

10 PINHEIRO, *Direito digital*, 2013, p. 77.

11 VERÇOSA, op. cit., 2010, p. 292-3. Ainda sobre a celebração de contratos no ambiente eletrônico, *vide*: VERÇOSA, *Curso de direito comercial*, 2011, v. 4, t. I, p. 338-9 e 464-8.

De todo modo, cada vez mais surgem normas sobre problemas jurídicos relacionados ao uso da tecnologia da informação, como o Marco Civil da Internet (MCI), Lei n. 12.965, de 23 de abril de 2014. Trata-se de uma lei principiológica, que estabelece parâmetros gerais acerca de princípios, garantias, direitos e deveres para o uso da internet no Brasil, além de determinar algumas diretrizes a serem seguidas pelo Poder Público sobre o assunto (MCI, art. 1º). Em seu texto, também há regras específicas a serem cumpridas por agentes que operam na internet, especialmente, as dirigidas aos provedores de acesso e de conteúdo.

Embora a referida norma não trate clara e expressamente sobre comércio eletrônico em sentido estrito (quanto à compra e venda de produtos e prestação de serviços), suas regras e princípios têm implicação em tudo o que ocorre na internet em âmbito brasileiro, inclusive o *e-commerce*, enquanto operações envolvendo a produção e a circulação de bens e de serviços. Inclusive, o art. 7º, XIII, da Lei n. 12.965/2014, reafirma a aplicação das normas de defesa do consumidor nas relações firmadas pela internet, desde que configurada uma relação de consumo[12].

No âmbito das relações de consumo, a norma que trata mais especificamente sobre comércio eletrônico é o Decreto n. 7.962, de 15 de março de 2013, que regulamenta o Código de Defesa do Consumidor (CDC) para dispor sobre a contratação no comércio eletrônico. Ele dispõe acerca da necessidade de informações claras sobre o produto, o serviço, o fornecedor, o atendimento facilitado ao consumidor e o respeito ao exercício do direito de arrependimento (art. 1º). Contudo, antes de examinar o teor dessa norma, é preciso tecer alguns comentários acerca do CDC, tendo em vista a grande maioria dos negócios eletrônicos tratar-se de contratos de consumo.

Contrato de consumo é a ligação entre o consumidor e um profissional, fornecedor de produto ou serviço, conforme as palavras de Jean Calais-Auloy[13].

Sendo as relações jurídicas estabelecidas na internet suscetíveis de aplicação da legislação nacional, é pertinente destacarmos o que o CDC reserva para a proteção dos consumidores, que na ampla maioria das vezes são direitos que não são encontrados em outras normas do ordenamento jurídico. Isso porque o CDC foi criado para estabelecer princípios e garantias ao consumidor destinatário final, cujo elo é o mais frágil nas relações instituídas no mercado produtivo e de consumo.

Frisa-se que o CDC é o regramento básico do mercado de consumo brasileiro, tendo por objeto assegurar direitos individuais e coletivos aos consumidores, sendo que seu art. 1º assevera que se trata de uma norma de ordem pública e interesse social. Logo, não pode ser afastada pelas partes, sendo suas regras imperativas, obrigatórias e inderrogáveis. Suas normas cogentes de proteção do consumidor têm a função de intervir e garantir o equilíbrio e a harmonia das relações jurídicas entre fornecedor e consumidor. A título de exemplo, o CDC prevê foro privilegiado para o consumidor ajuizar ação indenizatória (art. 101, I); a possibilidade de inversão do ônus da prova, em caso de hipossuficiência do consumidor ou verossimilhança da alegação (art. 6º, VIII); entre outras regras benéficas ao consumidor destinadas a equilibrar as forças entre as partes.

12 TEIXEIRA, *Comércio eletrônico*: conforme o Marco Civil da Internet e a regulamentação do *e-commerce* no Brasil, 2015, p. 91.

13 CALAIS-AULOY, *Droit de la consommation*, 1992, p. 1-2.

Além disso, os arts. 4º e 6º do CDC elencam uma série de princípios e direitos dos consumidores, por exemplo: 1) a proteção da vida, saúde e segurança contra os riscos provocados pelo fornecimento de produtos e serviços; 2) a liberdade de escolha; 3) a igualdade nas contratações; 4) a educação sobre o consumo adequado dos produtos ou serviços; 5) a informação adequada e clara sobre a distinção de produtos e serviços, com a devida especificação sobre quantidade, qualidade, composição, preço e os riscos inerentes; 6) a proteção contra práticas e cláusulas impostas na contratação; 7) a modificação de cláusulas que fixaram prestações desproporcionais; 8) a revisão de cláusulas que em razão de fatos supervenientes as tornaram excessivamente onerosas; 9) a reparação de danos patrimoniais e morais; 10) a proteção contra publicidade enganosa e abusiva; e 11) a reconhecida vulnerabilidade do consumidor.

A vulnerabilidade pode ser técnica, jurídico/científica, fática/socioeconômica ou informacional. Vulnerabilidade técnica está relacionada com o fato de o consumidor não possuir conhecimentos específicos sobre o produto ou serviço adquirido. Por sua vez, a vulnerabilidade jurídica ou científica relaciona-se com a ausência de conhecimentos jurídicos, contábeis ou econômicos. Já a vulnerabilidade fática ou socioeconômica se dá quando há uma inferioridade do comprador em face da posição privilegiada ou superior do vendedor, tendo em vista seu porte econômico ou em razão da essencialidade do produto, por exemplo, quando um médico compra um veículo pelo sistema de consórcio, cuja regulamentação dá-se pelo Estado. Por último, a vulnerabilidade informacional está relacionada com o *deficit* de informação do consumidor, inerente à relação de consumo, pois os fornecedores são os únicos detentores das informações. A autora reconhece que essa categoria estaria englobada na vulnerabilidade técnica[14,15].

No que tange à proteção contratual do consumidor e às práticas contratuais realizadas pelos fornecedores tidas por cláusulas abusivas, os arts. 51 a 53 preveem um rol delas. Cabe esclarecer que as cláusulas abusivas são as que diminuem os direitos do consumidor, sendo nulas de pleno direito (sem prejuízo de possível indenização por perdas e danos do consumidor contra o fornecedor). Um exemplo de cláusula abusiva é a que determina a utilização compulsória da arbitragem (art. 51, VII).

Como já apontado, em 2013, o CDC foi regulamentado para o efeito de sua aplicação ao comércio eletrônico, pelo Decreto n. 7.962/2013. Seu art. 2º prevê que os *sites* de comércio eletrônico ou outros meios eletrônicos devem manter em destaque e facilmente visualizável: o nome empresarial e o número do CNPJ; os endereços físico e eletrônico, bem como

14 MARQUES, "Campo de aplicação do CDC", 2012, p. 94-101.

15 Quanto à questão de os fornecedores serem os possuidores das informações em relação aos consumidores, isso se chama assimetria informacional. Conforme explica Robert Cooter, em sua análise econômica do Direito, quando os vendedores sabem mais a respeito de um produto do que os compradores, ou vice-versa, fala-se em assimetria informacional no mercado. Em alguns casos, essas assimetrias podem ser corrigidas pelo mecanismo da troca voluntária, por exemplo, quando o vendedor oferece uma garantia para assegurar a qualidade de um produto. Todavia, quando as assimetrias são graves, o mercado pode se desorganizar a tal ponto que um ótimo acordo social não pode ser alcançado pela troca voluntária. Faz-se necessária a intervenção do governo no mercado para corrigir essas assimetrias informacionais e induzir uma troca mais próxima da ótima. Nesse ponto é que o Direito pode auxiliar (no caso, o direito do consumidor), criando regras de formação e execução que orientem as partes sobre quais informações elas têm obrigação de divulgar e quais informações podem guardar para si mesmas (COOTER, *Direito & economia*, 2010, p. 64 e 213).

outros dados para sua localização e contato; as descrições essenciais do bem, incluindo os riscos à saúde e à segurança; a especificação no preço de quaisquer adicionais, como despesas com frete ou seguro; as condições integrais da oferta, albergando a disponibilidade, formas de pagamento, maneiras e prazo de entrega ou disponibilização do produto ou de execução do serviço; as informações claras e evidentes sobre restrições ao aproveitamento da oferta. Especificamente, sobre a qualificação e localização do titular do *site*; muitas empresas já vêm cumprindo a determinação da referida norma, como o mercadolivre.com.br[16].

Destaca-se que os arts. 4º e 6º do Decreto n. 7.962/2013, visando garantir atendimento facilitado ao consumidor no comércio eletrônico, preveem que o fornecedor deverá: confirmar imediatamente o recebimento da aceitação da oferta; manter serviço eficaz de atendimento em meio eletrônico a fim de possibilitar que o consumidor obtenha informações, esclareça dúvidas, apresente reclamação, suspensão ou cancelamento do negócio (devendo a resposta ser fornecida em até cinco dias); confirmar, instantaneamente, o recebimento da solicitação do consumidor pelo mesmo meio utilizado por ele; disponibilizar ferramentas eficazes ao consumidor para identificação e correção instantânea de erros ocorridos nas fases anteriores à conclusão do contrato; utilizar mecanismos de segurança eficazes para pagamento e tratamento de dados do consumidor; apresentar, antes da contratação, um resumo do teor do contrato, com informações imprescindíveis para a escolha do consumidor, destacando as cláusulas limitativas de direitos; fornecer o contrato ao consumidor de forma que possa ser conservado e reproduzido imediatamente após a contratação; as contratações deverão observar o cumprimento dos termos da oferta, sendo que a entrega dos produtos e a prestação dos serviços respeitarão prazos, qualidade, quantidade e adequação inerentes. Por sua vez, o seu art. 5º disciplina o direito de arrependimento do consumidor ao dispor que o fornecedor deve informar, de maneira ostensiva e clara, os meios pelos quais esse direito pode ser exercido[17].

Contudo, o Decreto n. 7.962/2013 tem por objeto conceder mais segurança aos internautas que compram pela internet, bem como estabelecer um comportamento mais adequado de vendedores, prestadores de serviços e intermediários, deixando, assim, as relações jurídicas mais seguras e transparentes e facilitando o acesso às informações sobre fornecedores, produtos e serviços.

3. LITÍGIOS DO COMÉRCIO ELETRÔNICO, ARBITRAGEM ELETRÔNICA E DOCUMENTO ELETRÔNICO

A arbitragem pode ser considerada um método alternativo (ao Poder Judiciário) de solução de conflitos, a qual tem sido utilizada como forma de resolver litígios entre pessoas. Isso porque é o Poder Judiciário quem tem, ordinariamente, competência para julgar os conflitos jurídicos em uma sociedade. No Brasil, a matéria é disciplinada pela Lei n. 9.307/96

16 TEIXEIRA, *Comércio eletrônico*: conforme o Marco Civil da Internet e a regulamentação do *e-commerce* no Brasil, op. cit., p. 81.

17 Para um detalhamento sobre contratos eletrônicos e aplicação do direito de arrependimento, cf. TEIXEIRA, "Aplicação do CDC aos contratos celebrados eletronicamente – uma visão da análise econômica do Direito", 2013, p. 186 e segs.

(Lei da Arbitragem), a qual foi reformada pela Lei n. 13.129/2015. Sem estabelecer um efetivo regime jurídico, o Código Civil, arts. 851 a 853, também prevê o instituto da arbitragem.

No campo dos contratos internacionais, a arbitragem tem uma jurisdição muito importante nas soluções de litígios, ficando reduzida a atuação estatal nas relações comerciais internacionais. O uso da arbitragem internacional ainda não é maior pela falta de uniformização mais abrangente das legislações dos países, somada ao fato do seu custo elevado. Ainda que a lentidão (e imprevisibilidade) do Poder Judiciário não atenda às necessidades das partes, ainda assim, a arbitragem internacional como forma de decisão de conflitos com maior amplitude precisará superar muitos obstáculos[18].

Irineu Strenger salienta que, nos últimos anos, cada vez mais países modificaram seus ordenamentos para ajustá-los às necessidades da arbitragem internacional. Vive-se em uma fase de superação de várias leis de comércio nacional, objetivando a construção futura de uma lei comum do comércio internacional, o que leva à consagração da *lex mercatoria*[19], ou seja, usos e costumes comerciais internacionais. A essa fenomenologia jurídica acopla-se a modalidade arbitral como procedimento de maior eficácia para resolver os litígios daí decorrentes[20].

Ricardo Luis Lorenzetti defende que a internet deve se autorregular com absoluta flexibilidade, de forma que o costume crie suas próprias regras. O comércio na internet deve ser imune às restrições legais nacionais, de forma que, assim como existe a *lex mercatoria*, deveria haver uma "*lex* informática", que se adaptasse às necessidades específicas do ambiente virtual, tendo em vista o seu acesso em escala transnacional[21].

A ideia de autorregulamentação também é sustentada por Patricia Peck Pinheiro, no sentido de que para a sociedade digital não basta haver um conjunto de leis. É preciso estabelecer uma interpretação dinâmica, interagir no ambiente em que se manifesta a vontade, como em um *videogame*, em que se deve entender a regra do próprio jogo. É esse pensamento que norteia o princípio, cada vez mais disseminado, do uso da arbitragem como solução de conflitos[22].

Cabe observar que a interpretação dinâmica não deve ser vista como a "Justiça do caso concreto" em detrimento da previsão legal, sob pena de insegurança jurídica para os agentes econômicos.

---

18 De maneira geral os mesmos problemas ocorrem em relação à arbitragem interna.

19 A *lex mercatoria* tem como sua principal fonte, no campo internacional, as decisões arbitrais, particularmente, aquelas proferidas em casos administrados por instituições internacionais de arbitragem, como é o caso da Câmara Internacional de Arbitragem – CCI (GARCEZ, *Arbitragem nacional e internacional*: progressos recentes, 2007, p. 146). Nesse sentido, convém destacar a atuação da Corte Internacional de Arbitragem da CCI, órgão independente de arbitragem que edita regulamentos anuais sobre o tema, além de examinar e aprovar sentenças proferidas pelos Tribunais Arbitrais. Disponível em: <http://www.iccwbo.org/Products-and-Services/Arbitration-and-ADR/Arbitration>. Acesso em: 19 mar. 2016. Também observa-se o papel da Uncitral (Comissão das Nações Unidas para o Direito Comercial Internacional), que dispõe a Lei Modelo sobre Arbitragem Comercial Internacional. Disponível em: <http://www.uncitral.org/uncitral/en/uncitral_texts/arbitration.html>. Acesso em: 19 mar. 2016.

20 STRENGER, *Arbitragem comercial internacional*, 1996, p. 23.

21 LORENZETTI, op. cit., 2004, p. 69-70.

22 PINHEIRO, op. cit., 2013, p. 42.

Na interpretação dinâmica, a missão do intérprete não é apenas reconstruir o sentido originário da norma, mas também conjugá-lo com as necessidades do presente, infundindo a vida atual ao sentido da lei[23]. Assim, à medida que surgem fenômenos imprevistos, novas ideias, e a técnica revela fatos cuja existência ninguém poderia presumir quando o texto foi elaborado, o legislador não deve se censurar nem reformar a sua obra. A letra da lei deve permanecer. Apenas o sentido se adapta às mudanças que a evolução opera na vida social[24]. Adequar a arbitragem às práticas do ciberespaço é possível, desde que as cláusulas compromissórias não contrariem normas de ordem pública (imperativas), caso contrário, será necessário valer-se do Poder Judiciário, afastando a finalidade do instituto.

No Brasil, o uso da arbitragem fica condicionado a litígios que envolvam pessoas capazes e direito patrimonial disponível (Lei n. 9.307/96, art. 1º). Direito patrimonial disponível diz respeito aos bens a que se pode renunciar, que não envolvam questões de família (como anulação de casamento, separação, divórcio) ou de Estado (por exemplo, concessão de aposentadoria). Patrimônio é o que tem valor econômico. Às vezes, pode ser direito patrimonial, mas não ser disponível, como no caso de alimentos. Contudo, o campo mais fértil para o uso da arbitragem é o dos contratos (em que o objeto é sempre patrimonial), sejam eles fechados (como as compras e vendas) ou associativos (contratos de sociedades).

Ainda é pertinente afirmar que a decisão arbitral pode ser exarada com base no ordenamento jurídico ou na equidade, a critério das partes. Em razão disso, as partes podem escolher as bases para a decisão arbitral, desde que determinadas regras jurídicas não contrariem os bons costumes e a ordem pública (art. 2º, § 1º); como também poderão convencionar que a arbitragem siga os princípios gerais do Direito (como a boa-fé, a função social etc.), os usos e costumes e regras internacionais do comércio (art. 2º, § 2º).

A arbitragem é adotada pelas partes por meio da convenção de arbitragem (art. 3º). A convenção de arbitragem, porém, é um gênero do qual são espécies a cláusula compromissória e o compromisso arbitral. A cláusula compromissória é a convenção estabelecida pelas partes em que ambas se comprometem a resolver eventuais e futuros conflitos por meio da arbitragem (art. 4º, *caput*).

Destaca-se que a cláusula compromissória deve ser escrita. Porém, pode estar inserida em um contrato ou documento separado (como um aditivo contratual) (art. 4º, § 1º). Se for caso de contrato de adesão, a cláusula compromissória apenas terá efeitos se for sugerida pelo aderente ou aceita por este de forma expressa (aceitação que deve ser feita em documento anexo ou com o destaque em negrito da cláusula que deve ser assinada ou vistada) (art. 4º, § 2º). Sem dúvida, isso deve ser ainda mais claro quando o contrato de adesão representar uma relação de consumo, em razão da vulnerabilidade do consumidor. Isso porque o CDC, art. 51, VII, afirma que é nula a cláusula que determina a utilização compulsória da arbitragem.

Vale salientar que a cláusula compromissória é autônoma em relação ao contrato em que estiver inserida, sendo que, mesmo ocorrendo a nulidade do contrato, isso não implicará a nulidade da cláusula compromissória (art. 8º). Já o compromisso arbitral é a conven-

---

23 DINIZ, *Compêndio de introdução à ciência do Direito*, 2009, p. 91.
24 MAXIMILIANO, *Hermenêutica e aplicação do Direito*, 1998, p. 10.

ção em que as partes, diante de um litígio já existente, comprometem-se a submetê-lo à decisão arbitral (art. 9º). O compromisso pode ser firmado: judicialmente, acordado nos autos, perante o juiz ou tribunal em que a demanda esteja em curso (art. 9º, § 1º) ou extrajudicialmente, celebrado por escrito particular, assinado por duas testemunhas, ou por instrumento público (art. 9º, § 2º). A principal diferença entre os institutos da cláusula compromissória e do compromisso arbitral está no fato de o primeiro ser destinado a litígios eventuais e futuros, o segundo, a litígios atuais e presentes.

Existem algumas questões práticas interessantes a serem ponderadas sobre o instituto da arbitragem. Tanto na cláusula compromissória como no compromisso arbitral tem-se demonstrado difícil o entendimento posterior das partes, por isso o ideal é a imediata fixação do órgão arbitral que decidirá o litígio (arbitragem institucional); ou do(s) árbitro(s) e outras questões (na chamada arbitragem *ad hoc*). É notório o fato de que o uso da arbitragem tem sido uma alternativa à morosidade e à imprevisibilidade do Judiciário. Mas é preciso refletir sobre a sua adoção, na prática. Essa reflexão é necessária também quanto ao uso da arbitragem para os negócios realizados no ambiente virtual[25], pelas razões a seguir destacadas.

Em grande medida, os negócios celebrados pela internet têm por objeto bens patrimoniais disponíveis, bem como são concluídos por pessoas capazes. Assim, as partes que contratam eletronicamente têm autonomia para pactuarem a convenção de arbitragem (cláusula compromissória ou compromisso arbitral) como forma alternativa de solução de conflitos, seja para contratos empresariais, de consumo etc.

Há uma distinção entre contrato eletrônico e contrato informático. Conforme Newton de Lucca, o contrato informático é o que tem por "objeto" o equipamento ou o serviço de informática, incluindo o desenvolvimento, a venda e a distribuição de *hardware* ou *software* e outros bens ou serviços relacionados. Por sua vez, o contrato eletrônico tem na sua "forma" a peculiaridade, isto é, a contratação é feita por meio da informática. O contrato que tem por objeto um bem informático (contrato informático) pode ser celebrado inclusive de forma verbal ou escrita (materializado em minuta contratual, em loja de equipamentos de informática, por exemplo). Já o contrato eletrônico é aquele que tem o computador como instrumento para sua celebração. Essa distinção não descarta a possibilidade de haver um contrato informático-eletrônico, em que o objeto é um equipamento de informática e a forma de celebração é por meio da internet[26].

Em seu estudo sobre os contratos com objeto informático, e tratando da expressão "contrato de informática", Giusella Finocchiaro, apoiada em Francesco Galgano e Guido Alpa, afirma que não se trata de uma nova categoria do ponto de vista científico, trata-se somente de um valor descritivo e prático[27]. Ou seja, em grande medida, estar-se-á diante de contratos já conhecidos, como de compra e venda, prestação de serviço, locação, doação etc.

Por seu turno, José de Oliveira Ascensão também tratando do contrato informático, calcado em Guido Alpa e André Lucas, afirma que não há, em sentido técnico, uma categoria de contratos informáticos, pois estes são regidos pelos princípios gerais dos contratos e pe-

25 Para detalhes sobre arbitragem e contratos, cf. TEIXEIRA, *Direito empresarial sistematizado*: doutrina, jurisprudência e prática, 2016, p. 545 e segs.
26 DE LUCCA, *Aspectos jurídicos da contratação informática e telemática*, 2003, p. 33-4.
27 FINOCCHIARO, *I contratti ad oggetto informatico*, 1993, p. 3.

las próprias disposições dos tipos em que se insiram[28]. Em outras palavras, serão aplicadas as normas do direito contratual, sejam as regras próprias de um contrato em espécie, como a compra e venda, bem como a principiologia dos contratos em geral.

Portanto, os contratos celebrados pela internet (contratos eletrônicos em razão da forma) e os contratos cujo objeto seja relacionado à tecnologia da informação em geral (informáticos pelo objeto) não são tipos contratuais novos, necessariamente; sendo categorias contratuais regidas conforme o seu objeto, isto é, compra e venda, prestação de serviços, locação etc. Especificamente sobre os contratos eletrônicos, o que há é uma nova maneira de se externar as vontades (que se dá pelo uso da informática) e de se formar o vínculo obrigacional (conclusão do contrato), sem prejuízo de sua execução, que pode se dar totalmente de forma eletrônica, como pelo *download* do bem e o pagamento via fornecimento do número do cartão de crédito.

Além disso, não havendo óbice jurídico, tecnicamente, a arbitragem pode ser utilizada em litígios derivados de contratos celebrados eletronicamente, desde que atendidos os requisitos da Lei da Arbitragem, sobretudo a contratação ser realizada por agente capaz e o objeto ser bem patrimonial. Renato Opice Blum compartilha dessa opinião acerca da admissão da arbitragem para os negócios eletrônicos, desde que os contratos celebrados pela internet atendam aos requisitos da Lei da Arbitragem, especificamente, a celebração por pessoas capazes e objeto de cunho patrimonial disponível[29].

Nesse aspecto da utilização da arbitragem em disputas decorrentes de negócios digitais, também alinha-se a essa ideia Patrícia Peck Pinheiro, afirmando que a área que mais necessita da arbitragem é a das operações comerciais, ou seja, os contratos de *e-commerce*. Como a arbitragem permite que as partes não só definam a jurisdição – tendo em vista que a arbitragem também é possível internacionalmente –, mas também a legislação aplicável ao caso, a inclusão de uma cláusula arbitral nos contratos eletrônicos seria a melhor forma de resolver litígios[30].

Além disso, entende-se pela possibilidade dos autos do processo arbitral tramitarem e serem julgados eletronicamente – arbitragem eletrônica – em vez do papel, aproveitando-se por analogia a disciplina da informatização do processo judicial (processo eletrônico), trazida pela Lei n. 11.419/2006. Ainda, a título analógico e ilustrativo, pode-se citar as inovações referentes ao uso da tecnologia da informação do Código de Processo Civil de 2015 (Lei n. 13.105/2015). Além disso, o art. 46 da Lei da Mediação (Lei n. 13.140/2015) prevê que, se acordado pelas partes, a mediação poderá ser feita pela internet ou por outro meio de comunicação que permita a transação a distância. O que se percebe é o ordenamento jurídico brasileiro "correndo atrás" dos hábitos sociais, que em boa medida têm deixado o meio físico para o digital. Isso não deixa de ser um argumento para a defesa de o processo arbitral poder tramitar eletronicamente.

Ressalta-se que a Lei da Arbitragem não proíbe que os autos do processo arbitral e os atos processuais inerentes tramitem em formato digital (em vez de em papel). A arbitragem no seu modelo convencional (físico), com autos materializados em papel, ainda que mais

28 ASCENSÃO, *Estudos sobre direito da internet e da sociedade da informação*, 2001, p. 38.
29 No mesmo sentido, BLUM, "Arbitragem no direito eletrônico", 2013, p. 126-31.
30 PINHEIRO, op. cit., 2013, p. 452.

rápida que o Poder Judiciário, talvez possa ser uma solução não muito rápida para o comércio eletrônico, haja vista a dinamicidade do comércio eletrônico e a ausência de deslocamento das partes para concretizarem negócios demandarem que a resolução de eventual litígio também seja pelo meio virtual[31]. Destaca-se que a arbitragem eletrônica pode se dar em litígios derivados de negócios celebrados pela internet ou não.

Apesar dos benefícios (como a celeridade e o sigilo do processo e da decisão), o custo de uma arbitragem para as partes costuma ser maior quando comparado ao do Poder Judiciário. Nesse caso, como ficaria a despesa para o consumidor economicamente hipossuficiente? E como grande parte dos negócios celebrados pela internet são contratos de consumo, cujo valor é relativamente pequeno, eventualmente, o uso da arbitragem nos contratos eletrônicos pode ser inviável.

Considerando que a maior parte das relações estabelecidas pela internet configura-se como relação de consumo, logo, suscetíveis de aplicação do CDC, é preciso atentar-se ao fato de que seu art. 51, VII, prevê que é abusiva a cláusula que determine a utilização compulsória de arbitragem no contrato de fornecimento de produtos ou serviços. Todavia, cabe ressaltar que o próprio CDC, em seu art. 4º, V, expressa como um princípio, para a Política Nacional das Relações de Consumo, o incentivo à criação de mecanismos alternativos de solução de conflitos consumeristas.

Assim, será que nos negócios eletrônicos a opção pelo uso da arbitragem poderá ser firmada pelo mero clique de aceitação do negócio anunciado pelo proponente? José Maria Rossani Garcez afirma que nada obsta o procedimento ser realizado eletronicamente e os documentos físicos serem enviados posteriormente, via correio[32], a fim de confirmar a escolha da arbitragem com segurança. Acontece que o comércio desenvolveu-se de forma astronômica em tão pouco tempo justamente pela sua dinâmica e celeridade (e, por que não dizer, certa "informalidade"?). Seguir tal recomendação pode ser uma burocracia custosa, desinteressante e desestimulante aos operadores do espaço virtual.

Quanto à assinatura, há o recurso da assinatura digital e da certificação eletrônica, que garantem a autenticidade da mensagem e a adequada identificação do usuário. Estão disciplinadas pela Medida Provisória n. 2.200-2/2001, que criou a Infraestrutura de Chaves Públicas Brasileira (ICP-BRASIL)[33], a fim de garantir autenticidade, integralidade e validade jurídica de documentos eletrônicos. Ela é composta por uma autoridade estatal, gestora da política e das normas técnicas de certificação (comitê gestor), e por uma rede de autoridades certificadoras (subordinadas àquela), que, entre outras atribuições, mantém os registros dos usuários e atestam a ligação entre as chaves privadas utilizadas nas assinaturas dos documentos e as pessoas que nelas apontam como emitentes das mensagens, garantindo a inalterabilidade dos seus conteúdos.

---

31 Já não é de hoje que existem instituições realizando arbitragens por meio eletrônico, como a Arbitranet. Disponível em: <http://www.arbitranet.com.br>. Acesso em: 21 mar. 2016.

32 GARCEZ, op. cit., 2007, p. 131.

33 Essa medida provisória, a qual está em sua segunda edição, encontra-se ainda em vigor, tendo em vista que foi publicada em 24.08.2001, portanto, anteriormente à Emenda Constitucional n. 32, de 11.09.2001, a qual alterou alguns dispositivos da Constituição Federal, especialmente o art. 62 quanto ao regime jurídico das medidas provisórias.

Embora seja um método que traz segurança às operações, com custo relativamente baixo, o uso da assinatura digital e da certificação eletrônica ainda é muito incipiente nas operações de compra e venda pela internet, especialmente, nas operações de varejo, que envolvem o consumidor enquanto destinatário final do produto ou serviço.

Já em relação ao fato de a cláusula de arbitragem precisar ser estipulada por escrito, cabe destacar a figura do documento eletrônico, conceituado por João Batista Lopes, como uma representação de um ato ou um fato, por meio de um suporte material eletrônico, ou seja, que tenha sido produzido eletronicamente[34].

A disciplina jurídica referente ao documento eletrônico é formada pelas disposições do Código de Processo Civil de 2015, o qual possui uma seção específica sobre o tema, arts. 439 a 441, sem prejuízo da aplicação dos arts. 434 a 438, referentes às provas documentais. Também, aplica-se a Lei n. 11.419/2006, a qual dispõe sobre a informatização do processo judicial (processo eletrônico), cujo art. 11 refere-se, diretamente, aos documentos eletrônicos propriamente ditos, sendo que os demais artigos tratam da transmissão eletrônica de dados e comunicação eletrônica dos atos processuais. Além disso, é cabível a Medida Provisória n. 2.200-2/2001, que dispõe sobre assinatura digital e certificação eletrônica[35].

O Código Civil francês de 1804, em uma de suas últimas reformas, datada de 2000, recebeu o seguinte dispositivo: art. 1.316-3: "*L'écrit sur support électronique a la même force probante que l'écrit sur support papier*" (tradução livre: "O escrito em suporte eletrônico tem a mesma força probante que o escrito em papel"). Do ponto de vista jurídico, no âmbito francês, esse dispositivo dá força probatória ao documento eletrônico como um documento escrito.

Adriana Valéria Pugliesi Gardino afirma que o Direito francês, ao estabelecer a paridade quanto à força probatória entre o documento eletrônico e o documento materializado em papel, acabou por acatar a moderna teoria dos documentos de Francesco Carnelutti[36], o qual afirma que o significado de documento está no fato de ser algo que se permite conhecer ou representar um fato (por exemplo, o metal, a pedra etc.). Francesco Carnelutti pondera que há muita confusão entre ato e documento, sendo o documento tão somente a representação do ato[37].

Stefano Nespor afirma que o documento pressupõe a escrita. É considerado escrito qualquer tipo de sinal (arábico, numérico, datilografado, cifrado etc.) expresso em qualquer linguagem, mesmo que por meios mecânicos, a fim de transmitir uma mensagem que deva ser conservada por certo tempo, sendo irrelevante o suporte físico sobre o qual é impressa a mensagem, podendo utilizar-se, também, do suporte eletrônico. Seria assim o documento eletrônico um documento cuja escrita foi gravada na memória de um disco rígido, por exemplo[38]. Ricardo Luis Lorenzetti explica que o documento eletrônico tem como característica o fato de que a declaração de vontade está assentada sobre *bytes* e não sobre átomos[39].

---

34 LOPES, *A prova no direito processual civil*, 2002, p. 185-6.

35 Nesse sentido, TEIXEIRA, *Curso de direito e processo eletrônico*: doutrina, jurisprudência e prática, op. cit., 2015, p. 151 e segs.

36 Novíssimo Digesto italiano, VI. Diretto da Antonio Azara e Ernesto Eula, p. 86.

37 GARDINO, "Títulos de crédito eletrônicos: noções gerais e aspectos processuais", 2004, p. 15-8.

38 NESPOR, *Internet e lalegge*, 1999, p. 56 apud GARDINO, op. cit., 2004, p. 18.

39 LORENZETTI, *Comercio electrónico*: documento, firma digital, contratos, daños, defensa del consumidor, 2001, p. 42.

O advento da informática e a possibilidade do suporte eletrônico para os atos jurídicos são avanços da civilização à qual o Direito precisa se adaptar, de forma que uma cláusula inserida eletronicamente em um documento pode ser considerada por escrito. Desse modo, contando com a certificação e assinatura digitais, e considerando a igualdade jurídica do documento eletrônico em relação ao físico, a arbitragem realizada digitalmente, ou não, faz-se um procedimento seguro e válido (tomadas as devidas cautelas), revelando-se um possível instrumento de praticidade e celeridade na solução de litígios, sobretudo quando decorrentes do comércio eletrônico, tanto em escala nacional como internacional.

4. ASPECTOS DA LEI DA ARBITRAGEM REFORMADA

Em 26 de maio de 2015, foi sancionada a Lei n. 13.129, resultante do Projeto de Lei n. 7.108/2014, conhecida como a reforma da Lei da Arbitragem (Lei n. 9.307/96). O projeto, elaborado por uma Comissão Especial composta por vários juristas estudiosos sobre o tema e presidida pelo Ministro Luis Felipe Salomão, do Superior Tribunal de Justiça, teve por finalidade geral ampliar e democratizar o acesso ao instituto da arbitragem para o direito consumerista, trabalhista, societário e administrativo, incluindo e revisando alguns dispositivos da Lei n. 9.307/96[40].

Entre as mudanças propostas está a inclusão do § 1º ao art. 1º da Lei n. 9.307/96, passando a dispor sobre a utilização da arbitragem pela Administração Pública direta e indireta para dirimir conflitos relativos a direitos patrimoniais disponíveis, desde que previsto no edital ou nos contratos da administração, nos termos do regulamento. Tratando-se de comércio eletrônico, entende-se que o instituto, em sua forma eletrônica e aplicada à Administração Pública, é um meio de fortalecer o programa federal denominado "Governo Eletrônico" (e-gov) em eventuais conflitos envolvendo as várias modalidades de contratações administrativas com empresas particulares (G2B – *government to business*).

O programa Governo Eletrônico pretende transformar as relações do governo com os cidadãos, empresas e também entre os órgãos públicos de forma a aprimorar a qualidade dos serviços prestados, promovendo a interação com empresas e indústrias, e fortalecer a participação cidadã por meio do acesso à informação e a uma administração mais eficiente[41]. Segundo Aires José Rover, o Governo Eletrônico permitirá que muitos atos e estruturas meramente burocráticas simplesmente desapareçam, e a execução de tarefas que exijam uma atividade humana mais complexa seja facilitada[42].

---

40 Projeto de Lei n. 7.108, de 11 de fevereiro de 2014. Altera a Lei n. 9.307, de 23 de setembro de 1996, e a Lei n. 6.404, de 15 de dezembro de 1976, para ampliar o âmbito de aplicação da arbitragem e dispor sobre a escolha dos árbitros quando as partes recorrem ao órgão arbitral, a interrupção da prescrição pela instituição da arbitragem, a concessão de tutelas cautelares e de urgência nos casos de arbitragem, a carta arbitral, a sentença arbitral e o incentivo ao estudo do instituto da arbitragem; e revoga dispositivos da Lei n. 9.307, de 23 de setembro de 1996. Disponível em: <http://www.camara.gov.br/proposicoesWeb/fichadetramitacao?idProposicao=606030>. Acesso em: 21 mar. 2016.

41 Programa de Governo Eletrônico Brasileiro. Disponível em: <http://www.governoeletronico.gov.br/o-gov.br>. Acesso em: 21 mar. 2015.

42 ROVER, "A democracia digital possível", 2006, p. 99.

Nesse ponto, a arbitragem poderá contribuir a partir do momento em que transfere a um árbitro, desprovido da função jurisdicional (um particular), a responsabilidade em solucionar determinado litígio. Se o instituto for manejado conjuntamente ao Governo Eletrônico, inclusive dispondo no portal (*site*) do programa um cadastro aberto de árbitros e uma consulta aberta aos procedimentos arbitrais, favorecerá a participação e fiscalização dos cidadãos nas controvérsias envolvendo práticas comerciais governamentais, além de reduzir a burocracia característica da esfera pública. Mesmo porque, o texto atual da Lei n. 9.307/96 obriga que arbitragem envolvendo a Administração Pública respeite o princípio da publicidade (art. 2º, § 3º).

Outro aspecto relevante da proposta de reforma era a previsão expressa da utilização da arbitragem nos contratos de adesão utilizados nas relações de consumo, desde que o aderente e consumidor tomassem a iniciativa ou concordassem expressamente com a sua instituição, ocasião em que a cláusula só teria eficácia se redigida em negrito ou em documento apartado. Isso derivaria das redações dos §§ 2º e 3º do art. 4º da Lei da Arbitragem pretendidas pelo Projeto de Lei n. 7.108/2014. Entretanto, essas disposições foram vetadas pela Presidência da República, após ouvido o Ministério da Justiça[43].

Porém, mesmo com o veto, a arbitragem pode ser utilizada nas relações de consumo, celebradas via internet ou não, desde que respeitado o que está assentado no CDC, art. 51, VII, ao expressar que é abusiva a cláusula que determina a utilização compulsória de arbitragem no contrato de fornecimento de produtos ou serviços. Além disso, o CDC, art. 4º, V, prevê a necessidade de incentivo à criação de mecanismos alternativos de solução de conflitos de consumo, de modo que seja um princípio para a Política Nacional das Relações de Consumo.

Como pontua José Roberto de Castro Neves, há certo conflito de "filosofia" entre a arbitragem e o direito do consumidor. Isso porque o direito do consumidor encontra-se inserido sob a égide de um Estado proativo e interventor. Muito diferentemente, a Lei da Arbitragem segue o caminho de um Estado menos intervencionista, que permite às partes, sem a sua participação, dirimir os conflitos, transferindo o poder jurisdicional à esfera privada. O conflito acirra-se tendo em vista que o art. 1º do CDC estabelece que as normas de proteção e defesa do consumidor têm natureza de ordem pública[44], enquanto o art. 1º da Lei da Arbitragem dispõe que só se podem dirimir, por meio de arbitragem, litígios relativos a direitos patrimoniais disponíveis. Logo, será necessário ao intérprete compreender a situação

43 Razões do veto: "Da forma prevista, os dispositivos alterariam as regras para arbitragem em contrato de adesão. Com isso, autorizariam, de forma ampla, a arbitragem nas relações de consumo, sem deixar claro que a manifestação de vontade do consumidor deva se dar também no momento posterior ao surgimento de eventual controvérsia e não apenas no momento inicial da assinatura do contrato. Em decorrência das garantias próprias do direito do consumidor, tal ampliação do espaço da arbitragem, sem os devidos recortes, poderia significar um retrocesso e ofensa ao princípio norteador de proteção do consumidor" (Mensagem n. 162, de 26 de maio de 2015. Disponível em: <http://www.planalto.gov.br/ccivil_03/_Ato2015-2018/2015/Msg/VEP-162.htm>. Acesso em: 1 mar. 2016).

44 Sobre a ordem pública interna e o uso da arbitragem, Irineu Strenger faz a interessante ponderação: "A ordem pública interna deve, entretanto, interferir quando se põe em foco o Direito escolhido pelas partes. Entretanto, impõe-se advertir aos negociadores que devem esforçar-se no sentido de evitar que um contrato perca sua força em razão da incidência de regras de ordem pública" (STRENGER, op. cit., 1996, p. 214).

de fato, existente na relação contratual consumerista, apreciando o grau de vulnerabilidade e hipossuficiência da parte, para, então, indicar pelo uso ou não da arbitragem[45].

Retomando a questão dos vetos, mesmo vetados os dispositivos acerca da arbitragem nas relações de consumo, tendo em vista o texto original e vigente da Lei da Arbitragem continuar prevendo a possibilidade de inserção da cláusula compromissória nos contratos de adesão, não seria lógico concluir que a arbitragem poderá ser afastada nos contratos envolvendo relação de consumo. Inclusive, acentua José Maria Rossani Garcez, tendo em vista a necessidade evidente de maior rapidez no atendimento às queixas dos consumidores, a arbitragem traduz, naturalmente, um método eficaz e desejável de solução de conflitos, guardados os devidos cuidados na formalização da cláusula compromissória[46].

O cenário atual do comércio eletrônico reflete bem essa situação, considerando a proliferação de compras realizadas na internet e o manuseio dessa ferramenta cada vez mais pela sociedade, o que, de certa forma, amplia o número de litígios. Pelas razões já abordadas, a arbitragem, também pela via eletrônica, constitui um instrumento ágil de solução de controvérsias à vista das demandas dos consumidores. Frisa-se, por oportuno, que os litígios decorrentes do comércio eletrônico caminham cada vez mais para o âmbito internacional com o acesso da população aos *sites* de empresas multinacionais, cabendo à lei brasileira adaptar-se à arbitragem como sinal de progresso e alinhamento ao contexto internacional do instituto.

Além disso, a defesa do consumidor não é um fim em si. Ela existe para evitar que a desigualdade entre as partes de uma relação seja fonte de injustiças. Logo, as ferramentas oferecidas pelo CDC devem ser utilizadas com esse propósito, na intensidade que essa defesa se fizer necessária, ou seja, havendo desigualdade entre as partes e disso tire proveito a parte mais preparada[47]. Assim, não havendo ausência de informação nos *sites* de *e-commerce* e meios de confirmar a ciência do consumidor, a arbitragem será eficiente para dirimir conflitos envolvendo compras pela internet, seja pelo meio físico, seja pelo meio digital.

Ainda, a partir da reforma da Lei da Arbitragem, as partes podem, de comum acordo, afastar a aplicação de dispositivo do regulamento do órgão arbitral institucional ou entidade especializada que limite a escolha do árbitro único, coárbitro ou presidente do tribunal à respectiva lista de árbitros (art. 13, § 4º). Essa previsão se coaduna com a ideia de que o procedimento não incidirá em qualquer abuso à parte mais fraca, além de propiciar aos litigantes uma confiança a mais quanto ao modo pelo qual será tratado o seu problema[48]. Do mesmo modo, com relação aos conflitos decorrentes de compras pela internet, em que não há a presença física dos contratantes, a nova disposição legal permitirá maior segurança na adoção do procedimento, de forma que os *sites* de *e-commerce* deverão disponibilizar informações sobre os árbitros e seus respectivos órgãos arbitrais, o que atende, também, ao regramento do Decreto n. 7.962/2013.

Outra inclusão pertinente é prevista no art. 19, § 2º, em que a instituição da arbitragem interromperá a prescrição, retroagindo à data do requerimento de sua instauração, ainda que extinta a arbitragem por ausência de jurisdição. Tratando-se de relação de consumo em

45 NEVES, "Arbitragem nas relações de consumo: uma nova esperança", 2015, p. 190-1.
46 GARCEZ, op. cit., 2007, p. 104.
47 NEVES, op. cit., 2015, p. 206.
48 CRUZ E TUCCI, "A liberdade das partes na escolha dos árbitros", 2015, p. 215.

e-commerce, a disposição permite que, reconhecendo-se, após eventual nulidade com base na ausência de informação clara e concordância expressa do consumidor no momento de aceitar a cláusula compromissória, o tempo despendido até então com o procedimento arbitral não o prejudicará quanto a posterior ação judicial.

A reforma do texto também admite a possibilidade de as partes recorrerem ao Poder Judiciário para a concessão de medida cautelar ou de urgência, antes de instituída a arbitragem (art. 22-A), cabendo aos árbitros, após, manter, modificar ou revogar a medida (art. 22-B). Frise-se que os efeitos da medida cautelar ou de urgência cessam caso a parte interessada não requeira a instituição da arbitragem no prazo de trinta dias (art. 22-A, parágrafo único). Isso representa um avanço fundamental à concretização da arbitragem como meio alternativo de solução, pois atribui ao Poder Judiciário um papel de apoio, garantindo o regular desenvolvimento do procedimento arbitral sem interferir indevidamente[49]. Considerando que o processo judicial informatizado já está implantado em dezessete Tribunais de Justiça e em três Tribunais Regionais Federais[50], nada mais útil que, após concedida a medida cautelar ou de urgência em processo eletrônico, os autos do procedimento arbitral tramitem, também, de forma digital (arbitragem eletrônica), incentivando essa via de realização.

A fim de efetivar a medida cautelar ou de urgência, possuem relevância as chamadas "cartas arbitrais", expedidas por árbitro ou tribunal arbitral a órgão jurisdicional nacional, para que pratique ou determine o cumprimento, na área de sua competência territorial, de ato solicitado pelo árbitro (art. 22-C). Tratando-se de uma possível arbitragem eletrônica, entende-se que as cartas arbitrais poderão ser enviadas digitalmente (inclusive, via *e-mail*) com vistas à celeridade do procedimento, obedecendo, no que couber, as normas e regulamentos da Lei n. 11.419/2006, quanto à comunicação e prática eletrônica dos atos processuais (arts. 4º e segs.), bem como as disposições do novo Código de Processo Civil (Lei n. 13.105/2015 – arts. 193 e segs.).

Sem pormenorizar as alterações propostas pela Lei n. 13.129/2015 (reforma da Lei da Arbitragem), há outras novas disposições importantes – como a competência da homologação da sentença arbitral passar a ser do STJ (art. 39) –, contudo, o objetivo deste tópico consiste apenas em relevar as mudanças que poderão significar para o comércio eletrônico e para a prática da arbitragem também pela via eletrônica.

5. CONCLUSÃO

Conforme salientado no decorrer da exposição, a arbitragem terá lugar quando o negócio for celebrado por pessoas capazes e o seu objeto tiver cunho patrimonial disponível. Isso é compatível com os litígios oriundos dos negócios realizados pela internet (*e-commerce*), ainda que haja relação de consumo, ocasião em que a cláusula compromissória só terá

49 ROCHA, "Medidas cautelares e urgentes na arbitragem: nova disciplina normativa", 2015, p. 55.

50 "Com a promulgação da Lei n. 11.419/2006, que dispõe sobre a informatização do processo judicial, cada tribunal passou a adotar – e a lei assim permitia – um modelo próprio de processamento judicial eletrônico. [...] Hoje, o PJe é uma realidade no Tribunal Superior Eleitoral (TSE), em todos os Tribunais Regionais do Trabalho, em três Tribunais Regionais Federais, em 17 Tribunais de Justiça, em dois Tribunais de Justiça Militar e está em andamento o processo de instalação do sistema no Superior Tribunal Militar (STM)". Disponível em: <http://www.cnj.jus.br/noticias/cnj/80976>. Acesso em: 22 mar. 2016.

eficácia se, no contrato de adesão, o aderente tomar a iniciativa de instituir a arbitragem ou concordar, expressamente, com a sua instituição, desde que por escrito em documento anexo ou em negrito, com a devida assinatura ou visto.

Em grande medida, os contratos realizados no ambiente virtual estão na esfera privada, cujas partes – consumidor e fornecedor – têm liberdade para firmar convenção de arbitragem, cláusula compromissória e o compromisso arbitral para dirimir os conflitos jurídicos. Frisa-se que o Decreto n. 7.962/2013, em seu art. 2º, prevê que os *sites* de comércio eletrônico ou outros meios eletrônicos devem manter em destaque e visíveis diversas informações a respeito da identidade e localização do fornecedor, bem como de todas as condições do negócio, incluindo aí a convenção de arbitragem.

Assim, compreende-se que a arbitragem é cabível nos litígios envolvendo *e-commerce* desde que o objeto seja de caráter patrimonial e disponível e pessoas capazes (embora o custo para a sua instituição possa ser um entrave quando diante de contratos de pequena monta). Também é possível que o processo arbitral possa ser realizado em autos digitais – arbitragem eletrônica –, utilizando-se dos fundamentos legais para os tidos documentos eletrônicos, bem como dos recursos da assinatura digital e certificação eletrônica. Ressalta-se que a arbitragem eletrônica pode se dar em litígios derivados de negócios celebrados pela internet ou não.

As experiências empresariais e internacionais demonstram que a arbitragem vem sendo a melhor opção para solucionar controvérsias em um contexto de diversas culturas e jurisdições atuantes. A internet não se diferencia desse cenário, ao tempo em que favorece o acesso aos mais variados *sites* de empresas estrangeiras e a interação negocial entre pessoas de diferentes nacionalidades.

Contudo, a reforma da Lei da Arbitragem contém incentivos à prática do instituto com vistas a reduzir a atuação estatal e que são aplicáveis aos litígios derivados de contratos eletrônicos e em arbitragens cujos autos sejam digitais. Em que pese a lei não dispor, especificamente, a respeito do uso da arbitragem nos litígios do comércio eletrônico e do trâmite arbitral pela via digital, isso é perfeitamente possível. A prática da arbitragem é um caminho para que a sociedade estabeleça novos comportamentos no sentido de resolver-se, de forma eficiente e ágil, inclusive no ambiente eletrônico.

REFERÊNCIAS BIBLIOGRÁFICAS

ARBITRANET. Disponível em: <http://www.arbitranet.com.br>. Acesso em: 21 mar. 2016.

ASCENSÃO, José de Oliveira. *Estudos sobre direito da internet e da sociedade da informação*. Coimbra, Almedina, 2001.

BARBAGALO, Erica Brandini. *Contratos eletrônicos*. São Paulo, Saraiva, 2001.

BLUM, Renato Opice. "Arbitragem no direito eletrônico". *Revista do Advogado*, n. 119, São Paulo, AASP, abr. 2013.

CALAIS-AULOY, Jean. *Droit de la consommation*. Paris, Dalloz, 1992.

CARVALHO, Ana Paula Gambogi. *Contratos via internet segundo os ordenamentos jurídicos alemão e brasileiro*. Belo Horizonte, Del Rey, 2001.

COELHO, Fábio Ulhoa. *Curso de direito comercial*: direito de empresa. 13. ed. São Paulo, Saraiva, 2012, v. 3.

CONSELHO NACIONAL DE JUSTIÇA. "Processo judicial eletrônico é política pública, afirma juiz auxiliar do CNJ". Disponível em: <http://www.cnj.jus.br/noticias/cnj/80976>. Acesso em: 22 mar. 2016.

COOTER, Robert. *Direito & economia*. Trad. Luis Marcos Sander e Francisco Araújo da Costa. 5. ed. Porto Alegre, Bookman, 2010.

CRUZ E TUCCI, José Rogério. "A liberdade das partes na escolha dos árbitros". In: ROCHA, Caio Cesar Vieira; SALOMÃO, Luis Felipe (coords.). *Arbitragem e mediação*: a reforma da legislação brasileira. São Paulo, Atlas, 2015.

DE LUCCA, Newton. *Aspectos jurídicos da contratação informática e telemática*. São Paulo, Saraiva, 2003.

______. *Direito do consumidor*: teoria geral da relação jurídica de consumo. 2. ed. São Paulo, Quartier Latin, 2008.

DINIZ, Maria Helena. *Compêndio de introdução à ciência do Direito*. 20. ed. rev. e atual. São Paulo, Saraiva, 2009.

FINOCCHIARO, Giusella. *I contratti ad oggetto informatico*. Padova, Cedam, 1993.

GARCEZ, José Maria Rossani. *Arbitragem nacional e internacional*: progressos recentes. Belo Horizonte, Del Rey, 2007.

GARDINO, Adriana Valéria Pugliesi. "Títulos de crédito eletrônicos: noções gerais e aspectos processuais". In: PENTEADO, Mauro Rodrigues (coord.). *Títulos de crédito*: teoria geral e títulos atípicos em face do novo Código Civil, títulos de crédito eletrônico. São Paulo, Walmar, 2004.

INTERNATIONAL CHAMBER OF COMMERCE. "Arbitration". Disponível em: <http://www.iccwbo.org/Products-and-Services/Arbitration-and-ADR/Arbitration>. Acesso em: 19 mar. 2016.

KUYVEN, Fernando; PIGNATTA, Francisco Augusto. *Comentários à Convenção de Viena*: compra e venda internacional de mercadorias. São Paulo, Saraiva, 2015.

LOPES, João Batista. *A prova no direito processual civil*. 2. ed. São Paulo, Revista dos Tribunais, 2002.

LORENZETTI, Ricardo Luis. *Comercio electrónico*: documento, firma digital, contratos, daños, defensa del consumidor. Buenos Aires, Abeledo-Perrot, 2001.

______. *Comércio eletrônico*. Trad. Fabiano Menke. São Paulo, Revista dos Tribunais, 2004.

MARQUES, Cláudia Lima. *Confiança no comércio eletrônico e a proteção do consumidor*: um estudo dos negócios jurídicos de consumo no comércio eletrônico. São Paulo, Revista dos Tribunais, 2004.

______. "Campo de aplicação do CDC". In: BENJAMIN, Antônio Herman V.; MARQUES, Cláudia Lima; BESSA, Leonardo Roscoe. *Manual de direito do consumidor*. 4. ed. rev., atual. e ampl. São Paulo, Revista dos Tribunais, 2012.

MAXIMILIANO, Carlos. *Hermenêutica e aplicação do direito*. 17. ed. Rio de Janeiro, Forense, 1998.

NEVES, José Roberto de Castro. "Arbitragem nas relações de consumo: uma nova esperança". In: ROCHA, Caio Cesar Vieira; SALOMÃO, Luis Felipe (coords.). *Arbitragem e mediação*: a reforma da legislação brasileira. São Paulo, Atlas, 2015.

PINHEIRO, Patricia Peck. *Direito digital*. 5. ed. rev. atual. e ampl. São Paulo, Saraiva, 2013.

PROJETO DE LEI N. 7.108, de 11 de fevereiro de 2014. Disponível em: <http://www.camara.gov.br/proposicoesWeb/fichadetramitacao?idProposicao=606030>. Acesso em: 29 abr. 2016.

PROGRAMA DE GOVERNO ELETRÔNICO BRASILEIRO. Disponível em: <http://www.governo-eletronico.gov.br/o-gov.br>. Acesso em: 19 mar. 2015.

ROCCO, Alfredo. *Princípios de direito comercial*. Campinas, LZN, 2003.

ROCHA, Caio Cesar Vieira. "Medidas cautelares e urgentes na arbitragem: nova disciplina normativa". In: ROCHA, Caio Cesar Vieira; SALOMÃO, Luis Felipe (coords.). *Arbitragem e mediação*: a reforma da legislação brasileira. São Paulo, Atlas, 2015.

ROVER, Aires José. "A democracia digital possível". *Revista Sequência*. Florianópolis. n. 52, p. 85-104, jul. 2006.

______. *Informática no Direito*: inteligência artificial. Curitiba, Juruá, 2001.

STRENGER, Irineu. *Arbitragem comercial internacional*. São Paulo, LTr, 1996.

SZTAJN, Rachel. "Função social: visões de Direito e Economia". *Revista de Direito Empresarial (ReDE)*, v. 7, 2015.

______. "Propriedade e contrato: função social". *Revista de Direito Empresarial (ReDE)*, v. 9, 2015.

______. "Mercados e função social do contrato". *Revista de Direito Empresarial (ReDE)*, v. 12, 2015.

TEIXEIRA, Tarcisio. *Comércio eletrônico*: conforme o Marco Civil da Internet e a regulamentação do *e-commerce* no Brasil. São Paulo, Saraiva, 2015.

______. *Curso de direito e processo eletrônico*: doutrina, jurisprudência e prática. 3. ed. atual. e ampl. São Paulo, Saraiva, 2015.

______. *Direito empresarial sistematizado*: doutrina, jurisprudência e prática. 5. ed. São Paulo, Saraiva, 2016.

______. *Compromisso e promessa de compra e venda*: distinções e novas aplicações dos contratos preliminares. 2. ed. São Paulo, Saraiva, 2015.

______. *Marco Civil da Internet comentado*. São Paulo, Almedina, 2016.

______; LOPES, Alan Moreira. *Direito das novas tecnologias*: legislação eletrônica comentada, *mobile law* e segurança digital. São Paulo, RT, 2015.

UNCITRAL – International Commercial Arbitration & Conciliation. Disponível em: <http://www.uncitral.org/uncitral/en/uncitral_texts/arbitration.html>. Acesso em: 19 mar. 2016.

VERÇOSA, Haroldo Malheiros Duclerc. *Contratos mercantis e a teoria geral dos contratos*: o Código Civil de 2002 e a crise do contrato. São Paulo, Quartier Latin, 2010.

______. *Curso de direito comercial*. São Paulo, Malheiros, 2011. v. 4, t. I.

______. *Os "segredos" da arbitragem:* para empresários que não sabem nada (e para advogados que sabem pouco). São Paulo, Saraiva, 2013.

PARTE VI – ARBITRAGEM E ECONOMIA

22 Análise econômica da arbitragem

Luciano Benetti Timm

1. INTRODUÇÃO

Desde sempre, o homem organiza seu tempo, sua rotina e sua vida em função de suas necessidades e das condicionantes climáticas, geográficas e temporais. A própria empresa, mecanismo gerador de eficiência na alocação de recursos escassos, é fruto da obra de adaptação humana. Fazer negócios na sociedade moderna capitalista, como bem destacou Max Weber (1987), em seu clássico estudo *A ética protestante e o espírito do capitalismo*, é assumir uma postura fundamental e crescentemente racional na busca da mais adequada relação entre os meios disponíveis em um contexto e momento dados e os objetivos visados. Muito além de uma atitude ocasional ou fortuita, esse autor descreve a postura do empreendedor capitalista como um espírito que influi de modo determinante em suas percepções e em seu modo de agir. É por meio da ponderação racional do conjunto de fatores que, em sua percepção, estão presentes e incidem sobre uma determinada situação que se forma uma conjuntura que pode ser favorável ou desfavorável para investir, que pode tornar as perspectivas de um negócio oportunas ou não. Mas o agir racional do agente econômico não acontece no vácuo social. Ao contrário, ele é influenciado e contingenciado pelo contexto institucional que o cerca.

Nesse diapasão, é fundamental, para o entendimento dos contratos empresariais, o reconhecimento de que antes de decidir pela estrutura jurídica de um negócio, o empresário utilizará sua racionalidade econômica. Isso significa que o ponto de partida de uma atividade econômica nunca é a forma jurídica, mas a visão do indivíduo sobre a melhor forma de explorar o negócio pretendido.

Significa, por exemplo, que é antes necessário decidir se a atividade será exercida por ele de maneira isolada ou com sócios; se ele contará com um fornecimento mais estável de insumos ou se preferirá a aquisição cotidiana no mercado; se utilizará empregados ou se contratará serviços de outras empresas; se investirá dinheiro próprio ou se contará com financiamento de terceiros, incluindo de instituições bancárias ou via mercado de capitais. Tomadas essas decisões, o empresário buscará no Direito os instrumentos capazes de permitir a execução de suas estratégias. Se a decisão, por exemplo, foi no sentido de contar com o recebimento estável de insumos, o empresário encontrará no contrato de fornecimento a estrutura jurídica adequada; se, por outro lado, há preferência pelas compras *spot* em mercado, os contratos de compra e venda servirão ao propósito.

Assim, a racionalidade econômica dialoga com a racionalidade jurídica, mas, no mundo empresarial, aquela vem antes desta. Nesse sentido, é essencial entender os contratos empresariais como ferramentas, que possuem funções distintas e podem ser, portanto, mais (ou menos) adequadas para as situações nas quais elas seriam aplicadas.

Em outras palavras, se a estrutura jurídica for dogmaticamente pensada, sem qualquer sensibilidade à realidade, os agentes econômicos não a utilizarão, surgindo ao menos duas consequências: abandono da atividade econômica por falta de uma estrutura jurídica adequada ou criação de uma estrutura jurídica muito mais complexa e, desse modo, custosa, para se chegar ao mesmo objetivo.

Nessa toada, de acordo com a literatura econômica, os agentes econômicos adaptam e moldam seus comportamentos de acordo com os incentivos institucionais, ou seja, de acordo com as regras formais e informais postas em uma determinada sociedade. E, como o mercado – como espaço público de interação social – não é absolutamente perfeito de trocas econômicas, existem as fricções nominadas de custos de transação, que envolvem custos de informação, monitoramento, registro e execução de contratos e negócios (como são os contratos e acordos empresariais).

Custos de transação elevados tendem a elevar o custo social de determinada atividade, criando óbices ao seu exercício. A empresa funciona justamente como feixe de contratos e como mecanismo redutor de custos de transação. Portanto, um sistema de direito contratual, de garantias e de títulos cambiais ineficientes (que, por exemplo, demore muito ou que crie instabilidade e insegurança) tenderia a aumentar os custos de transação em uma dada sociedade e, portanto, criar entraves ao desenvolvimento econômico, pois sem contratos não há empresa e sem empresa não há mercado (sofisticado).

A intenção neste capítulo é tratar das vantagens econômicas da arbitragem, o que se fará pelas lentes da análise econômica do Direito. Assim, a seguir serão examinados seus pressupostos teóricos para, então, adentrar em sua aplicação à arbitragem.

2. O QUE É A ANÁLISE ECONÔMICA DO DIREITO (AED)?

A análise econômica do Direito (AED) é um método de análise do Direito. Essa vale-se de ferramentas da Ciência Econômica – fundamentalmente da Microeconomia – para explicar o Direito e resolver problemas jurídicos. Como em qualquer paradigma científico – como a Sociologia do Direito –, existem várias escolas, várias vertentes. Não há um único método, nem a forma correta de se trabalhar com as lentes analíticas da Economia aplicada ao Direito. Entre as escolas ou vertentes, pode-se listar a Escola de Chicago, a Escola de Yale, a Escola Neoinstitucional, a Escola comportamental e, até mesmo, quem sabe, a Escola de escolha pública (*public choice*).

Nesse sentido, em comum, os pesquisadores que trabalham com a AED aceitam o individualismo metodológico e – como regra, pelo menos – o agente racional que faz escolhas e que percebe as normas jurídicas como grandes mecanismos de "preço" para suas condutas. Essa racionalidade o fará escalonar preferências, evitando as condutas de maior "custo". Mas, naturalmente, não necessariamente a eficiência será o único valor do Direito (nenhuma das Escolas mencionadas defende isso hoje em dia, diga-se de passagem).

A AED, em grosseira síntese, tem fundamentalmente dois diferentes métodos. O positivo – que trabalha com a realidade e a sua descrição conforme algum método científico – e o normativo – que vai além das descrições empíricas e passa a fazer julgamentos. A AED positiva, então, esforça-se em mostrar como as normas jurídicas evoluíram de modo a agregar eficiência à sociedade, diminuindo custo das transações e estimulando as relações econômicas. Nesse sentido, tratar-se-ia de estudar os mecanismos de mercado a fim de, compreendendo seu funcionamento, descrevê-lo corretamente (a partir das instituições vigentes). Já a AED normativa emite opiniões sobre a adequação ou não de determinadas regras jurídicas, beirando a prescrição (política normativa).

Exemplificativamente, para o que interessa nesta obra, é sabido que o direito contratual norte-americano é muito menos interventivo na seara da liberdade das partes; poucas normas são de cunho imperativo, e as que são imperativas não encontram par no Brasil (como o fato de ser proibida a cláusula penal nos Estados Unidos), o que pode induzir maior liberdade econômica e eventualmente maior desenvolvimento do mercado (em perspectiva de AED normativa). Percebemos distinções na concepção mesmo de contrato (enquanto fato social e, portanto, no âmbito da AED positiva). A percepção de contrato dos norte-americanos como uma troca econômica faz a existência de qualquer contrato depender de uma contraprestação, de um preço, de uma barganha entre as partes (*consideration*). Diz-se que o direito contratual de origem inglesa – que é o berço do *common law* – foi muito mais influenciado pelo comércio do que o codificado continental, que sofreu muita influência doutrinária, filosófica e canônica. Tais considerações já levaram inclusive alguns autores a concluir que sistemas jurídicos de *common law* seriam mais propícios à atividade econômica do que ordenamentos de *civil law*, entre eles o eminente jurista americano e um dos principais autores de AED, Richard Posner.

Justamente por conta desse poder descritivo da AED (positiva) que, no âmbito da responsabilidade civil, da propriedade e dos contratos, foi considerada por muitos autores norte-americanos, o paradigma dominante nas Escolas de Direito daquele país. Um dos comentaristas mais famosos dos EUA, Alan Farnsworth, fez o seguinte diagnóstico em seu manual de contratos: "[...] de longe a mais disseminada influência ao direito contratual vem do campo da economia [...]". É curioso até como o próprio crítico do modelo "dominante" de pensamento, Unger (1983), já na década de 1980, reconhecia a preponderância – hoje ainda mais visível – do *Law and Economics* sobre as escolas "rivais" nos Estados Unidos, pelo menos no âmbito do direito privado.

3. PREMISSAS CONCEITUAIS DA ANÁLISE ECONÔMICA DO DIREITO

Este tópico parte de algumas premissas teóricas desenvolvidas em outra oportunidade, quando fizemos um estudo para o Ministério da Justiça sobre o registro mercantil, isto é, de conceitos fundamentais como: (a) a Teoria dos Custos de Transação (TCT) e a Teoria do Custo Social (TCS), ambas introduzidas por Ronald H. Coase; (b) questões relativas à assimetria de informações (AI), desenvolvida por G. Akerlof e G. Stigler; (c) e a Teoria das Instituições (TI), de acordo com o elaborado por Douglass North. Parte-se do princípio de que as regras jurídicas estabelecem um sistema de incentivos para o comportamento dos agentes econômicos no mercado, tendo um papel relevante na definição de estratégias de ação.

3.1. Custos de transação

R. Coase, em seu artigo "The nature of the firm", de 1937, apresenta ao mundo um novo conceito de "firma". A partir da análise de sua estrutura e do contexto de mercado em que ela existe, buscou justificar sua implantação, explicar a dinâmica entre as "firmas" e, da mesma forma, das relações existentes entre os indivíduos dentro dessa nova estrutura.

Ressalta diversas possibilidades que explicariam a sua existência, mas indica, conforme demonstra o trecho a seguir, os custos das relações de mercado como uma das mais importantes razões para sua implantação: "A principal razão do porque é rentável estabelecer uma firma parece ser o fato de que existem custos inerentes à utilização do mecanismo de preços".

Ao contrário do que sugeriram os economistas neoclássicos, por meio do quadro ideal do mercado de concorrência perfeita e, por conseguinte, da sua autorregulação a partir da demanda e da oferta, Coase traz a noção da existência dos custos nas relações entre os agentes econômicos. Vai além, salientando a noção de que tais custos eram levados em conta quando das tomadas de decisões entre os agentes de mercado. Armando C. Pinheiro sustenta que o custo de transação é o principal elemento motivador da teoria neoinstitucionalista.

Coase discorre acerca do custo de acesso às informações, quando trata do custo para se saber o que os preços realmente representam. Sustenta que existem métodos para esses custos serem reduzidos, mas não eliminados, uma vez que devem surgir indivíduos que passarão a comercializar tais informações.

O desenvolvimento do conceito de "firma", com base na constatação dos custos de transação, levou Coase a apresentar quais motivos poderiam levar ao aumento ou à redução do tamanho da firma. Nesse sentido, trabalha o conceito de custo marginal e de ponto máximo de eficiência da firma, salientando que, em certas situações, é mais lucrativo que as transações sejam feitas no próprio sistema de preços de mercado do que dentro da firma. No entanto, segundo o mesmo autor, o surgimento de firmas ocorreria para reduzir custos de transação no mercado.

As "firmas", ou sociedades empresariais, como se diria no jargão jurídico-dogmático, são, portanto, essenciais à atividade econômica, porque reduzem fricções no mercado, gerando eficiência.

Conclui-se que existem custos de transação tanto no sistema de preços desenvolvido pelo mercado como também na estrutura das firmas, mas que os custos provenientes da organização das "firmas" devem ser menores do que os custos das mesmas transações no âmbito do sistema de preços; caso contrário, estar-se-ia diante de um resultado ineficiente e, portanto, dever-se-ia transacionar de outra forma, menos custosa.

Armando C. Pinheiro destaca que uma das principais contribuições da constatação dos custos de transação é a conclusão de que a presença dos custos pode refletir na alteração das decisões dos consumidores e empresas que antes eram consideradas ótimas.

O mesmo R. Coase, na obra *O problema do custo social*, publicada em 1960, em que disserta sobre os custos sociais provenientes da utilização de direitos pelos indivíduos, apresenta interessante passagem tratando dos custos de transação:

> De modo a realizar as transações, necessita-se descobrir quem é a outra parte com a qual se deseja negociar, informar as pessoas acerca da disposição de negociar e em que termos, conduzir as negociações em direção à barganha, formular o contrato, empreender meios de inspeção para se assegurar que os termos do contrato estão sendo cumpridos, e assim por diante. Tais operações são, geralmente, extremamente custosas, suficientemente custosas para evitar a ocorrência de transações que seriam levadas a cabo em um mundo em que o sistema de preços funcionasse sem custos.

No trecho transcrito, o autor revela a preocupação existente com relação aos custos de transação no mundo real e sistematiza sua TCT para englobar custos de negociação e custos de execução dos contratos. Afirma que esses custos podem se tornar excessivos e servir de desestímulo para que as transações ocorram de maneira saudável (ou seja, resistências ou fricções ao modelo de concorrência perfeita).

Nesse diapasão, adaptando essa teoria ao caso brasileiro, sustenta André Franco Montoro Filho que, no Brasil, esses custos são demasiadamente elevados, sendo os elementos formalidade e informalidade os responsáveis, em grande parte, por sua existência. O primeiro é caracterizado pela burocracia excessiva e, consequentemente, pela ineficiência, e o segundo é considerado responsável por criar ambientes de incerteza quanto às relações do mercado. Esse quadro reflete-se diretamente no desenvolvimento econômico do País.

A percepção de que as instituições importam e que a conformação das regras formais e informais de uma determinada sociedade pode influenciar a atividade econômica redirecionam o interesse da Ciência Econômica para o Direito — aqui entendido como o conjunto de princípios e regras estatais e sociais reconhecidas pelos órgãos de produção normativa (cortes de Justiça, agências reguladoras, instituições de assentamentos de práticas e usos mercantis). Nesse contexto, a ordem jurídica passa a ser percebida como tendo papel fundamental junto ao mercado e ao desenvolvimento econômico, servindo para reduzir ou minimizar os custos das transações.

Na segurança jurídica, está inserida a noção de que os custos e os riscos das transações podem ser calculados pelos agentes (ainda que dotados de racionalidade limitada), dando margem aos indivíduos envolvidos para avaliarem quais os reais efeitos dos atos tomados em suas transações. Ela possibilita que os agentes se organizem na busca pelo resultado mais eficiente. É o caso dos empréstimos, em que as taxas de juros dependem, dentre outras coisas, das garantias recebidas pelo credor; se as garantias forem boas, a taxa de juros será mais baixa, por outro lado, se as garantias forem ruins, a taxa de juros será mais alta.

Fica, então, patente, dentro desse quadro teórico, que um sistema eficiente e previsível de contratos de garantias e de títulos de crédito é fundamental para a atividade empresarial. Um sistema de contratos e de garantias lento, burocrático e ineficiente tende a aumentar os custos de transação das empresas, porque aumentam os custos de informação, de monitoramento e de barganha. Isso criaria incentivos para a atividade econômica informal, para o descumprimento dos contratos, para a retenção de financiamentos e do investimento, dificultando a organização das firmas (sociedades empresariais).

Nessa toada, Douglass North, por sua vez, sustenta que o custo total de produção consiste na soma daqueles custos que envolvem a formação do produto com aqueles que provêm, diretamente, das transações.

Afirma o mesmo autor que nem Coase nem os demais autores que trataram dos custos de transação chegaram a definir, de forma precisa, o que realmente representam esses custos dentro das transações. Traz a noção de que os produtos transacionados são o resultado de um conjunto de utilidades buscadas pelas partes contratantes e que, da mesma forma, são necessários diversos recursos para medir esses objetos de desejo das partes.

Os objetos das transações, portanto, têm inúmeros atributos, e sua utilidade deve variar entre os agentes. Cada indivíduo tem a sua percepção quanto aos valores disponibilizados pelos produtos transacionados.

Tendo isso por base, o autor sustenta: "Os custos de informação envolvidos na definição do nível individual de atributos dado a cada unidade transacionada representam o custo desse aspecto da transação"[1].

A partir dessa passagem transcrita, percebe-se que o custo para se ter acesso às informações que dizem respeito ao grau de utilidade dado por cada indivíduo aos elementos que formam o produto, objeto da transação, é um dos formadores dos custos de transação aqui trabalhados.

Douglass North ressalta que, mesmo que os indivíduos envolvidos tenham o mesmo objetivo com o produto, ainda devem existir custos envolvendo a busca por informações quanto às características das unidades transacionadas.

Dando seguimento à ideia de que a busca por informações se reflete diretamente na existência e, por vezes, no aumento ou na redução dos custos de transação, o mesmo autor agrega a ideia da existência de assimetrias informacionais entre os agentes relacionados com as transações.

Dessa noção, surgem as hipóteses em que os agentes podem fazer uso da retenção ou da divulgação das informações conforme lhe for mais conveniente, ou melhor, de acordo com o comportamento que possibilitar a maximização do seu bem-estar. O indivíduo pode utilizar-se da mentira, da trapaça e do roubo para atingir maiores níveis de ganhos do que aqueles que atingiria sem que essas atitudes fossem tomadas.

A partir do momento em que não estão claras as características e as preferências dos agentes participantes da negociação, busca-se, pelos diferentes meios disponíveis, conhecer mais esses indivíduos e, consequentemente, depositar mais forças para que o acordado durante a transação seja efetivamente cumprido. É nesse ponto que surgem os meios impositivos.

Em seu livro, Douglass North afirma que: "Imposição pode surgir com a retaliação da segunda parte envolvida na transação. Também pode ser resultado da imposição de códigos de conduta, ou de sanções sociais, ou, ainda, da coerção de terceiros (Estado)".

---

1 Na versão original: "*The information costs in ascertaining the level of individual attributes of each unit exchange underlie the costliness of this aspect of transaction*".

Nas situações em que não exista previsão de nenhum tipo de imposição entre as aqui indicadas, a incerteza deve prevalecer, e os custos de transação devem refleti-la de alguma forma. Os valores referentes à incerteza são inseridos nos custos de transação como sendo prêmio de risco, e o autor esclarece que o tamanho desse prêmio serve como desestímulo às transações mais complexas, limitando o crescimento da economia como um todo.

Percebe-se que o conceito de custo de transação é demasiadamente amplo e que ele está presente durante boa parte da interação dos agentes do mercado. Por vezes, faz-se necessário que essas relações de mercado recebam a participação de instituições ou, como bem esclarece Douglass North, de uma terceira parte, para que o equilíbrio seja estabelecido.

3.2. O papel das instituições

3.2.1. Instituições e os custos de transação

Douglass North chama a atenção para o fato de que, em qualquer estrutura em que existam direitos de propriedade, os custos de transação devem ser positivos. Nesse sentido, ressalta que esses custos têm-se alterado no decorrer da história e que variam de acordo com o papel desenvolvido pelas instituições na proteção desses direitos de propriedade.

As instituições necessárias para estimular as transações de mercado variam em complexidade, sendo diferentes para aquelas transações que envolvem pequenos problemas e para aquelas que exigem maior complexidade.

Vale destacar, antes de tudo, que as instituições são as regras do jogo. As instituições que definem as oportunidades dos indivíduos são um complexo de restrições formais e informais, que, por sua vez, devem refletir o custo de dimensão e imposição dos elementos envolvidos nas transações.

As instituições constituem elemento básico para a fabricação dos produtos a partir das matérias-primas e da mão de obra, assim como, também, são responsáveis por definir e proteger os direitos de propriedade. Ao deterem tamanha participação no desenvolvimento da atividade de produção, deve-se assumir que as instituições estão diretamente relacionadas aos custos de transação e, consequentemente, aos custos de produção.

North, em seu livro, a partir do exemplo da compra de um imóvel, ilustra perfeitamente o papel desenvolvido pelas instituições em meio às transações de mercado. Destaca que são as instituições que determinam quanto irá custar a transação do imóvel. O custo será o resultado da medida de quanto valem os atributos legais e físicos que estão sendo transacionados somados aos custos de acompanhamento e imposição de cumprimento do acordo e do valor da incerteza que existe por parte da assimetria de informações.

Para utilidade do vendedor, o que importa são o preço, os termos do contrato e o efetivo cumprimento do que foi estabelecido no contrato. Por outro lado, o comprador deve se importar com as questões legais de transferência do imóvel, se as dimensões do imóvel que está adquirindo estão corretas, a questão referente à manutenção da casa, as características dos vizinhos, as dívidas que, por ventura, possam existir com o imóvel, as possibilidades de perda do objeto adquirido e outras situações que devem variar de indivíduo para indivíduo, conforme o grau de importância dado por cada um.

Conforme deixa claro em passagem do seu livro, Douglass North afirma que os custos de transação são, em parte, custos de mercado, como taxas, seguros e crédito, e, em outra parte, são custos com o tempo que as partes devem gastar com a procura e a arrecadação de informações essenciais.

As instituições, segundo o mesmo autor, que atuam junto ao caso aqui retratado consistem, primeiro, nas regras legais do local onde foi efetuada a transação, que tratam sobre a definição dos direitos de propriedade, sobre a restrição dos direitos que podem ser transferidos e sobre todos aqueles que possam, de alguma forma, influenciar os custos de transação apresentados na situação. Igualmente importantes são as regras informais, que, por vezes, apresentam elementos que suplementam e reforçam as regras formais, é o caso das regras que impõem condutas à vizinhança, delineando, de certa forma, o convívio entre vizinhos.

Segundo o autor: "[...] o custo de transacionar reflete todo o complexo de instituições - formal e informal - que fazem a economia [...]".

Pode-se concluir que a estrutura institucional desenvolve papel de grande importância na *performance* da economia. É ela a responsável por delimitar os pontos pelos quais as interações econômicas devem se desenvolver, sendo, por vezes, capazes de reduzir ou aumentar os custos de transação do mercado.

No caso dos países em desenvolvimento, além da estrutura formal que faz parte desses países, existem, também, setores informais que acabam promovendo estruturas de mercado sem as salvaguardas existentes na estrutura formal do mercado. Nos quadros em que prevalece a estrutura informal, os custos de mercado acabam sendo muito elevados, muitas vezes tornando inviável a interação entre os agentes.

Ademais, Douglass North conclui, a partir da comparação entre Estados de indústria avançada com países ditos em desenvolvimento, que a estrutura institucional é um ponto chave para o relativo sucesso de suas economias.

3.2.2. Instituições e organizações

Conforme já comentado, as instituições formam a estrutura necessária para que ocorram as interações entre os seres humanos. É seu papel delimitar o que é proibido ser feito e, também, os limites a serem respeitados.

As organizações (entre elas, as empresas), assim como as instituições, são as estruturas em que as interações dos indivíduos tomam forma. Tem-se que elas surgem a partir das oportunidades existentes em meio às imposições feitas pelas instituições e pelo próprio mercado. North sustenta que as organizações podem tomar formas políticas, econômicas e escolares.

Ao tratar das organizações, North esclarece: "Elas são grupos de indivíduos unidos por um propósito comum, a fim de atingir determinados objetivos"[2].

Ademais, as organizações desenvolvem-se a partir da influência que sofrem da estrutura formada pelas instituições. Interessante é a analogia feita por North entre a estrutura de um time de esporte, uma organização, e o papel desenvolvido pelas instituições, regras de conduta dos times em geral. A partir daí, sustenta que as estratégias tomadas pelas equipes

---

2 Na versão original: "*They are groups of individuals bound by some common purpose to achieve objectives*".

vão depender da eficiência de monitoramento e do nível de punição ao qual são submetidas as equipes, de forma que poderão assumir atitudes mais violentas e intimidadoras ou não.

É necessário ter em mente que, por mais parecidas que possam ser, organizações e instituições possuem objetivos diferentes. As instituições devem definir as regras pelas quais os indivíduos relacionar-se-ão; por outro lado, as organizações objetivam atingir seu melhor desempenho a partir do conjunto de regras impostas pela estrutura.

Em passagem de seu livro, North destaca algumas das características comuns dos países considerados em desenvolvimento. Segundo demonstra, a estrutura estabelecida nesses lugares não promove a atividade produtiva e acaba por criar empecilhos ao seu desenvolvimento. Segue interessante trecho sobre o assunto:

> Nos países considerados de Terceiro Mundo, [...] a esmagadora maioria das oportunidades disponibilizadas pelas instituições aos empreendedores políticos e econômicos estimula o exercício da atividade redistributiva, em detrimento das atividades produtivas; como resultado, tem-se a criação de monopólios ao invés da implantação de condições competitivas, o que termina por restringir as oportunidades, quando se deveria expandi-las. [...] As organizações desenvolvidas a partir dessa estrutura institucional tornam-se eficientes em tornar a sociedade improdutiva e, por consequência, as instituições básicas ainda menos incentivadoras das atividades produtivas.

O autor esclarece a dinâmica entre as instituições e as organizações desses países e, dessa forma, retrata o reflexo causado pela primeira sobre a segunda. A estrutura institucional não proporciona e não estimula o desenvolvimento de organizações saudáveis, de maneira que o próprio desenvolvimento institucional acaba sendo prejudicado.

É válido ressaltar o fato de "[...] como as organizações evoluem, elas alteram as instituições"[3].

Desse modo, pode-se supor que as empresas, como qualquer organização, moldam-se e adaptam-se aos incentivos dados pelo sistema jurídico. Assim, um sistema ineficiente e inadequado de contratos e de garantias tende a desestimular o crédito, a confiança e a atividade econômica como um todo. Ao passo que um sistema ágil e eficiente como a arbitragem tende a facilitar os negócios.

3.3. Assimetria de informações

A assimetria de informações faz parte da complexidade que marca a estrutura de mercado até aqui trabalhada. Os agentes de mercado não atuam, no mais das vezes, em ambientes ideais de concorrência perfeita e, portanto, de irrestrito acesso à informação. Quando há falhas nas estruturas de mercado, existem "caixas-pretas", e não há perfeita circulação de informação. O próprio acesso à informação não é isento de custo (de obtenção) para as partes.

Informação é poder e, portanto, um recurso essencial aos agentes econômicos (e aos países). Mas o tema era negligenciado pela economia neoclássica. Eis a grande novidade do trabalho de Stigler, ou seja, a de trazer os problemas associados à informação para o campo

---

3 No original: "[...] *as the organizations evolve, they alter the institutions*".

da Teoria Econômica. A partir de Stigler, o custo da informação e do julgamento da qualidade das mercadorias e dos serviços negociados no mercado não poderia mais ser negligenciado.

É justamente por essa falha de mercado que Akerlof enxerga dificuldade para se desenvolver um mercado de automóveis usados ("seminovos") de alta qualidade – o que os norte-americanos denominam *peaches* –, ao contrário do de automóveis de má qualidade – *lemmons*. Não é por outro motivo que ele vê florescerem as franquias e as marcas (sobretudo à beira de estradas dos Estados Unidos) como mecanismos redutores de assimetria informacional sobre a qualidade de produtos. Nesse sentido, Yazbek esclarece que o acesso à informação é uma das mais importantes formas para que seja reduzida a insegurança dos agentes.

As informações não são disponibilizadas de forma igualitária entre todos os agentes de mercado, e a falta de informação cria impedimentos para que o equilíbrio de mercado possa ser atingido. Em outras palavras, o difícil acesso à informação sobre as condições em que os agentes atuam acarreta a formação de custos de transação.

Tendo em vista que o acesso às informações acontece de forma diferente pelos agentes, seja pela distinta fonte que concede as informações, seja também por sua qualidade e quantidade, torna-se inevitável o surgimento de assimetrias informacionais.

4. ANÁLISE ECONÔMICA DA ARBITRAGEM

A notória crise processual, somada à crise do próprio Poder Judiciário, o qual, para todos os efeitos, mostrou-se incapaz de lidar com a demanda da sociedade para resolução de seus conflitos em matéria empresarial, deu o impulso necessário para o desenvolvimento da arbitragem no Brasil nos últimos anos. Apesar de a morosidade e ineficiência certamente não serem exclusividade do Judiciário brasileiro, é sabido que aqui se tem um problema especialmente grave nesse tocante, pelo menos quando se tem em conta a dinâmica da atividade empresarial. É para preencher essa lacuna deixada pelo hiato entre a eficiência exigida no âmbito das relações de mercado e a relativa inadequação do Poder Judiciário que entram meios adequados de resolução de conflitos, como a arbitragem (antigamente soluções alternativas ou ADR)[4].

Entende-se que a arbitragem não substitui, integralmente, a atividade jurisdicional do Estado, mas que agrega a especialidade, o sigilo e a rapidez na solução dos litígios, diferentemente do que ocorre no Poder Judiciário. Entende-se que, sob uma análise econômica do Direito, a arbitragem possui o condão de substituir a atividade jurisdicional estatal, de modo a reduzir os custos de transação associados à solução de controvérsias, além de representar ganho em celeridade e eficiência para as partes (acarretando ganhos de escala e ganhos em custos de oportunidade).

Indo além, o instituto da arbitragem permite ser aplicada à lógica das leis do mercado no campo da pacificação de conflitos, aproximando, portanto, ao método de solução de controvérsias, a realidade empresarial da disputa de jogo. Pode-se argumentar que os árbitros e instituições arbitrais escolhidas pelas partes são, em certo sentido, prestadores de

---

4 Do acrônimo *ADR* em inglês (*alternative dispute resolution*), que alguns membros da comunidade arbitral internacional, provavelmente desgostosos com o rótulo "alternativo", agora gostariam de fazer significar *adequate dispute resolution*.

serviços para aqueles que neles depositaram sua confiança e que, por isso, esperam um retorno à altura do investimento feito (que, em muitos casos, como se sabe, não é nada desprezível). Nesse sentido, árbitros quando julgam não estão simplesmente se desincumbindo de uma função legalmente estabelecida e constitucionalmente garantida a todos os jurisdicionados, como faz um juiz togado, mas sim prestando um serviço, visando atender os interesses e expectativas daqueles que o consideraram apto para a tarefa, pelo menos no sentido de que se espera dele eficiência e qualidade. O mesmo raciocínio pode ser aplicado às instituições arbitrais.

Nessa toada, diversas vantagens da arbitragem devem ser levadas em consideração, entre elas: (i) o sigilo, que costuma cercar a arbitragem; (ii) a celeridade, que deve caracterizar o procedimento; (iii) a ausência de formas solenes; e (iv) a possibilidade de julgar por equidade ou escolher livremente a lei a ser aplicada, além de muitas outras. Tais características, claramente, contrastam com a solução de litígios pelos órgãos judiciários do Estado, que são caracterizados, entre outras coisas, pela ineficiência na condução das demandas em discussão.

Percebe-se, portanto, que a arbitragem desempenha um papel institucional, que conforma as regras do jogo empresarial e, nesse sentido, acaba influenciando o ambiente de negócios. Como tal, ela desempenha relevante papel no sentido de promover incentivos aos negócios, ao investimento. Veja-se as principais características institucionais da arbitragem e o ganho econômico que ela traz.

4.1. O sigilo como diminuidor dos custos de transação

Sabe-se que a privacidade e o sigilo estão na prática intimamente (mas não inerentemente) ligados à natureza do procedimento arbitral, representando um dos maiores atrativos deste para agentes econômicos. Nas palavras de Carlos Alberto Carmona, "quer-se do árbitro discrição, já que entre as vantagens da solução arbitral está o sigilo, que permite às partes a escolha de um foro reservado para tratar de suas disputas".

Embora inexista um mandamento legal específico nesse sentido, além daquele genérico direcionado ao árbitro no art. 13, § 6º, da Lei de Arbitragem, entende-se que, via de regra, o sigilo é "declarado" pelas partes nos contratos firmados ou em documentos apartados, além de previsto na maioria se não na totalidade de regulamentos de câmaras arbitrais[5], fazendo-se assim presente por todo o procedimento. Entende-se, ademais, que essa garantia é diminuidora potencial de custos de transação.

O segredo comercial que impera na arbitragem mantém fora do domínio público diversas informações que podem ser de grande sensitividade para a empresa ou indivíduo envolvidos no procedimento arbitral: técnicas e estratégias de captação de clientes, modelos de projeções de rendimentos ou de lucros, aspectos particulares de projetos de investigação e desenvolvimento, aspectos particulares de atividades desenvolvidas por uma empresa ativa no comércio, as fórmulas ou receitas para preparação de produtos, os avanços conseguidos por uma entidade em qualquer área mas que ainda não se encontrem compreendidos nos conhecimentos comuns entre os especialistas desse ramo, os desenhos de novos produtos

5 Destaque para o regulamento do Centro de Arbitragem da Câmara de Comércio Argentino-Brasileira de São Paulo, que dedica um total de quatro artigos (arts. 25 a 28) para a questão do sigilo do procedimento arbitral.

ou de protótipos, informações concernentes a *know-how* etc. Claramente, alguns fatos ou informações dessa ordem podem mostrar-se imensamente custosos se tornados públicos, especialmente, porque podem não estar protegidos pelo registro de propriedade industrial.

A garantia do sigilo no mecanismo de solução de controvérsias, potencialmente, reduz custos de busca, de monitoramento e de execução do contrato, ensejando que relações contratuais sejam mantidas com mais frequência, aumentando o nível de interação entre agentes de mercado e permitindo a geração de riquezas em uma determinada sociedade.

A confidencialidade associada à arbitragem é reconhecida pelo próprio legislador e pelo Judiciário e, atualmente, chega a extrapolar o procedimento arbitral em si. Com efeito, o Código de Processo Civil de 2015 alarga o tratamento de sigilo relacionado à arbitragem, prevendo, no art. 189, III, que todos os atos processuais que versem sobre arbitragem tramitem sob segredo de justiça, abrangendo, dessa forma, cartas arbitrais, medidas cautelares e virtualmente qualquer pedido que a câmara de arbitragem venha a fazer ao Poder Judiciário.

É pertinente ressalvar que as câmaras arbitrais geralmente preveem em seus regulamentos a possibilidade de as sentenças arbitrais proferidas serem reproduzidas em ementários das instituições, ou utilizadas por elas de alguma outra forma, o que, no entanto, é feito de maneira a assegurar a confidencialidade do procedimento. O art. 14.1.1. do Regulamento da Câmara de Comércio Brasil-Canadá (CAM/CCBC), por exemplo, dispõe que "para fins de pesquisa e levantamentos estatísticos, o CAM/CCBC se reserva o direito de publicar excertos da sentença, sem mencionar as partes ou permitir sua identificação".

A lógica econômica aqui é preservar dados confidenciais sobre o procedimento, por um lado, mas fornecer informações relevantes às práticas de mercado (regras, usos e costumes reconhecidos na sentença arbitral).

4.2. Especialização dos árbitros: menor assimetria informacional

Outro atrativo da arbitragem em comparação com a via judicial de resolução de conflitos, e um dos mais citados pela doutrina, é a experiência e *expertise* dos árbitros escolhidos pelas partes. De fato, como bem observa Leonardo de Faria Beraldo, a possibilidade de um verdadeiro *expert* no assunto (que não precisa, exclusivamente, ser um bacharel em Direito) poder julgar a contenda das partes é uma das principais vantagens da arbitragem em detrimento do Poder Judiciário.

Como se sabe, disputas comerciais podem mostrar-se altamente técnicas e complexas. Disputas envolvendo o mercado de capitais ou o setor de construção civil, por exemplo, podem depender largamente da correta compreensão do funcionamento e da dinâmica do mercado afetado, e mesmo do jargão empregado no meio, para uma resolução satisfatória da controvérsia. Não é por outra razão que a BM&F BOVESPA conta, desde 2001, com uma câmara de arbitragem para dirimir disputas entre acionistas de empresas listadas (ainda que essa câmara não seja isenta de críticas entre professores de Direito do mercado de capitais, depois da crise de várias companhias abertas a partir de 2015)[6], e que engenheiros sem qual-

6 Conforme informado no *site* da própria BM&F BOVESPA, a CAM "visa a oferecer um foro adequado para a solução de questões relativas ao mercado de capitais e, em especial, as de cunho societário", ao que se acrescenta que "os árbitros são profissionais especializados, que, conhecendo profundamente o mercado de capi-

quer formação jurídica são indicados como árbitros em arbitragens envolvendo questões de engenharia (especialmente quando detêm conhecimentos jurídicos).

A lógica econômica aqui é a de que o árbitro, por conhecer as práticas de mercado (seja por ser um advogado acostumado ao setor econômico em jogo, seja por ser um próprio *player* desse mercado), tem maior conhecimento sobre as regras do jogo relevantes para as empresas em disputa naquele mercado e, portanto, tem menor assimetria de informações e menor custo de aprendizado, se comparado a um juiz togado.

Por vezes, a falta de conhecimento ou de *expertise* do magistrado não é o problema central, e sim o tempo para sua "educação" que deve ser despendido para o detido enfrentamento de questões complexas – que muitas vezes sequer existe. Não só o magistrado não dispõe de tempo, como o próprio processo civil tradicional não dispõe da mesma flexibilidade procedimental da arbitragem, que permite montar as regras específicas para cada caso (e sabe-se pelo teorema de Coase que as partes são em princípio mais capazes de desenhar regras mais eficientes).

Dessa maneira, vê-se que existe maior assimetria informacional no processo judicial do que no procedimento arbitral, assimetria esta que pode ser tanto menor na arbitragem quanto acertada for a escolha dos árbitros pelas partes. Levando em consideração os supracitados ensinamentos de Yazbek de que a assimetria de informações é diretamente ligada à formação de custos de transação, resta claro como a opção por arbitrar disputas pode ser vantajosa também nesse sentido quando empregamos o método de análise econômica do Direito.

4.3. O tempo como redutor dos custos transacionais

O fator tempo também está no centro da composição de custos transacionais envolvidos na resolução de uma disputa. Nesse sentido, a opção pela via arbitral importa em uma economia direta de tempo, na medida em que procedimentos tendem a ser mais céleres do que na via judicial. Mais que isso, existe uma preocupação com a questão da celeridade que é inerente ao atual regramento e ao próprio conceito de arbitragem, talvez justamente por ser este um dos contrapontos mais claros à atividade jurisdicional do Estado. Assim, não só a própria Lei de Arbitragem prevê, em seu art. 23, que uma sentença deve ser prolatada em no máximo seis meses (na falta de estipulação das partes), como o regulamento de diversas câmaras arbitrais estabelece limites específicos para a apresentação da decisão final dos árbitros – o art. 10 do Regulamento da CAM/CCBC estipula um prazo máximo de noventa dias contados a partir do recebimento das alegações finais das partes, sendo sessenta dias de acordo com as regras da Câmara de Arbitragem Empresarial – Brasil ("CAMARB"), por exemplo.

Outra característica do procedimento arbitral responsável por uma considerável economia em questão de tempo – e, consequentemente, de custos – é a inexistência de um sistema recursal. Como sabemos, a verdadeira eternização dos processos judiciais dá-se, não

---

tais e matérias relacionadas, têm condições de avaliar integralmente a questão, eliminando, muitas vezes, a realização de perícias. Devido à sua vivência, os árbitros podem tomar decisões mais adequadas". Disponível em: <http://www.bmfbovespa.com.br/pt_br/servicos/camara-de-arbitragem-do-mercado-cam/perguntas-frequentes/>.

(somente) no trâmite do feito na primeira instância, mas no tortuoso percurso pela via recursal, na sucessiva apresentação de apelações e embargos, interposição de agravos e recursos às instâncias superiores. O fato de as sentenças arbitrais serem finais e irrecorríveis, a inexistência de um princípio de duplo grau de jurisdição a ser observado (que na prática do foro extrapola, em verdade, para um terceiro e quarto grau de jurisdição), representa grande economia e enorme vantagem para a arbitragem, além de também funcionar como um inibidor de comportamentos protelatórios típicos da prática advocatícia no processo judicial.

4.4. A flexibilidade do procedimento como redutor dos custos transacionais

Por fim, um último apontamento deve ser feito com relação à redução nos custos transacionais ocasionada pela flexibilidade característica dos procedimentos arbitrais. Como explicitado anteriormente, Coase entendia que, em um mundo real de custos de transação, as regras e os princípios jurídicos acabariam por afetar a alocação de recursos feita pelos agentes econômicos, na medida em que elas estabeleceriam as bases de negociação para as partes sobre os seus direitos, sendo que, em um mundo ideal, sem custos de transação, as partes poderiam barganhar em torno das regras jurídicas e chegar a uma solução socialmente ótima. Pois bem, pode-se argumentar, isso é justamente o que acontece no procedimento arbitral.

Como uma primeira consideração, verificamos que o custo de uma arbitragem depende largamente da entidade que se escolhe para solucioná-la. Se as partes optarem pela via *ad hoc*, certamente o custo dependerá das regras escolhidas para a sua tramitação. Há ainda a possibilidade de as partes optarem pela figura da arbitragem expedita, o que traz um impacto significativo nos custos de um procedimento.

Aqui valem as considerações feitas anteriormente sobre a relação entre instituições (em um sentido mais literal do termo) e custos de transação, restando claras as vantagens da arbitragem neste particular, quando levamos em conta que as partes têm liberdade para convencionar a ordem dos custos em que estão dispostas a incorrer, a depender da câmara arbitral escolhida e da espécie de procedimento que pretendem adotar.

Porém, mais do que isso, lembremos que para North as instituições significam "as regras do jogo". A autonomia das partes em escolher a lei aplicável, não somente ao contrato sobre o qual se funda a disputa, mas à condução do procedimento em si – dilação probatória, produção de documentos, definição de prazos processuais, poderes dos árbitros – significa que as partes têm amplo espaço para, realmente, customizar a solução da controvérsia aos seus interesses, isto é, elas têm a ingerência necessária para reduzir os custos transacionais associados à disputa de acordo com as suas necessidades.

5. CONCLUSÃO

Um dos pensamentos centrais da análise econômica do Direito é que regras e leis devem ser entendidas como estabelecendo incentivos para os agentes econômicos, que podem ser positivos ou negativos. Dito de outra forma, pode-se entender que o Direito baliza e conforma a atividade econômica, podendo colaborar para que essa atividade se aproxime de um ponto ótimo, ou podendo servir como um inibidor, dificultando ou mesmo inviabilizando determinada empreitada ou iniciativa.

Nesse contexto, a arbitragem se coloca como uma alternativa de resolução de conflitos extremamente interessante para agentes econômicos, na medida em que estabelece uma série de incentivos positivos ao reduzir custos de transação, e dá às partes a oportunidade de mitigar ou contornar os incentivos negativos estabelecidos por leis e regras postas, colaborando assim para uma alocação eficiente de recursos.

REFERÊNCIAS BIBLIOGRÁFICAS

AKERLOF, George. "The market for lemmons: qualitative uncertainty and the market mechanism". *Quarterly Journal of Economics*, v. 84, 1970.

BERALDO, Leonardo de Faria. *Curso de arbitragem nos termos da Lei n. 9.307/96*. São Paulo, Atlas, 2014.

CARMONA, Carlos Alberto. *Arbitragem e processo*. 3. ed. São Paulo, Atlas, 2009.

COASE, Ronald H. "The nature of the firm". *Economica*, v. 4, n. 16. Londres, New Series, 1937.

______. "The problem of social cost". *Journal of Law and Economics*, 1960.

COOTER, Robert; ULLEN, Thomas. *Law and economics*. 3. ed. Massachusetts, Addison Wesley Longman, 2000.

EASTERBROOK, Frank H.; FISCHEL, Daniel. *The economic structure of corporate law*. Cambridge, Harvard University, 1996.

FARNSWORTH, Edward Allan. *Contracts*. 4. ed. Nova York, Aspen, 2004.

FREITAS, Vladimir Passos de. *Segredo de justiça ainda desperta dúvidas na sua aplicação*. Disponível em: <http://www.conjur.com.br/2015-jul-26/segunda-leitura-aplicacao-segredo-justica-ainda-desperta-duvidas>. Acesso em: 09 abr. 2016.

LUPION, Ricardo. *Boa-fé objetiva nos contratos empresariais*: contornos dogmáticos dos deveres de conduta. Porto Alegre, Livraria do Advogado, 2011.

MARTINS-COSTA, Judith. *A boa-fé no direito privado*: sistema e tópico no processo obrigacional. São Paulo, Revista dos Tribunais, 1991.

MONTORO FILHO, André F. *Direito e economia*. São Paulo, Saraiva, 2008.

NORTH, Douglas. *Institutions, institutional change and economic performance*. Cambridge, Cambridge University, 1990.

PINHEIRO, Armando Castelar; SADDI, Jairo. *Direito, economia e mercados*. Rio de Janeiro, Elsevier, 2005.

POSNER, Richard A. "Let us never blame a contract breaker". *Michigan Law Review*, v. 107, jun./ 2009.

STIGLER, George. "The economics of information". *Journal of Political Economy*, v. 69, 1961.

SZTAJN, Rachel; ZYLBERSTAJN, Decio. *Direito e economia*: análise econômica do direito e das organizações. São Paulo, Elsevier, 2005.

TIMM, Luciano Benetti. "Função social do contrato". In: TIMM, Luciano (org.). *Direito e economia*. 2. ed. Porto Alegre, Livraria do Advogado, 2008.

______. *Common law e contract law*: introdução ao direito contratual norte-americano. v. 97. São Paulo, Revista dos Tribunais, 2008, p. 11-35.

YAZBEK, Otavio. *Regulação do mercado financeiro e de capitais*. Rio de Janeiro, Elsevier, 2007.

Arbitragem e custos de transação

23

Marcia Carla Pereira Ribeiro
Fernando Almeida Struecker

1. INTRODUÇÃO

O ordenamento jurídico, por meio de suas instituições, deve garantir segurança jurídica e previsibilidade em suas decisões, isto é, garantir "calculabilidade do resultado" de determinado conflito[1]. Emprestando-se a expressão de Hans Kelsen[2], esse seria o campo do "dever-ser". Ocorre que, no plano do "ser", a segurança jurídica vem sendo prejudicada justamente pela imprevisibilidade das decisões dos tribunais, situação essa agravada pela morosidade e, consequentemente, muitas vezes pela ineficiência na prestação jurisdicional brasileira.

Evidentemente, que as críticas a essa conjuntura são várias e redundam em descrédito por parte dos agentes econômicos (e da sociedade como um todo) em relação ao Poder Judiciário – um dos pilares do Estado Democrático de Direito. Para a economia e para a sociedade, tais desarranjos resultam, necessariamente, em uma série de custos.

Como reação, o meio empresarial busca soluções eficientes que aumentem a estabilidade nas relações negociais. É por isso que a resposta dos agentes econômicos evidencia-se na fuga do Poder Judiciário: seja buscando meios alternativos de resolução de conflitos (*v. g.*, mediação e arbitragem), seja simplesmente evitando a sua judicialização (*v. g.*, negociações, conciliações e acordos em geral).

Como será visto, é nesse contexto que a arbitragem ganha espaço. Prova-se não ser mais uma simples alternativa, mas, muitas vezes, a primeira opção para a solução de litígios, visto que as relações jurídico-econômicas passam a figurar dentro de uma lógica mais estável, rápida e previsível, o que favorece a redução dos chamados custos de transação.

É esse o panorama que o presente estudo procura analisar. Para tanto, algumas noções sobre análise econômica do Direito (AED) são necessárias para a compreensão adequada do que são os custos de transação. Além disso, as vantagens da utilização do instituto arbitral serão destacadas para que posteriormente se demonstre como tais características podem impactar positivamente nas relações empresariais e, consequentemente, no desenvolvimento econômico-social.

---

1 FORGIONI, "Interpretação dos negócios empresariais", 2012, p. 108.
2 KELSEN, *Teoria pura do Direito*, 2006.

2. BREVES NOÇÕES SOBRE A ANÁLISE ECONÔMICA DO DIREITO: OS CUSTOS DE TRANSAÇÃO

A análise econômica do Direito (AED) é um movimento que empresta o método e os critérios da ciência econômica para modificar, criar, interpretar e estudar o impacto das normas e das instituições jurídicas[3] na sociedade. Transportando conceitos naturais da Economia (eminentemente pautada pela objetividade empírica) para o Direito (marcadamente verbal e hermenêutico)[4], permite-se uma compreensão mais ampla do Direito no mundo e do mundo no Direito[5].

A análise é dita econômica por tratar das implicações das escolhas. Como bem esclarece Nusdeo, "a atividade econômica é [...] aquela aplicada na escolha de recursos para o atendimento das necessidades humanas. Em uma palavra: é a administração da escassez"[6]. Ou seja, análise econômica refere-se ao método econômico que irá analisar escolhas humanas diante de um cenário de escassez[7].

Da mesma forma, quando se fala em mercado não se está fazendo referência necessariamente ao conceito de capital, dinheiro, mas sim ao contexto social em que o agente tomador de decisão está inserido. Assim, é possível falar em um mercado de ideais, de políticos etc.[8].

É dentro desse cenário de necessidades humanas, escassez e, por consequência, de escolhas, que a AED se dedica a compreender as formas com que o Direito equilibra e disciplina a complexa realidade dos interesses conflituosos[9], bem como quais as consequências desses instrumentos de controle no seio econômico-social.

---

3 Cf. RIBEIRO; GALESKI JR., *Teoria geral dos contratos:* contratos empresariais e análise econômica, 2009, p. 53.

4 "Enquanto o Direito é exclusivamente verbal, a Economia é também matemática; enquanto o Direito é marcadamente hermenêutico, a Economia é marcadamente empírica; enquanto o Direito aspira ser justo, a Economia aspira ser científica; enquanto a crítica econômica se dá pelo custo, a crítica jurídica se dá pela legalidade. Isso torna o diálogo entre economistas e juristas inevitavelmente turbulento, e geralmente bastante destrutivo" (SALAMA, "O que é 'Direito e Economia'?". Disponível em: <http://www.revistas.unifacs.br/index.php/redu/article/viewFile/2793/2033>. Acesso em: 30 jun. 2015, p. 1.

5 Cf. GICO JR., "Introdução à análise econômica do direito", 2011, p. 20.

6 NUSDEO, *Curso de economia*: introdução ao direito econômico, 2010, p. 28.

7 "Assim, quando se fala em análise econômica não estamos nos referindo a um objeto de estudo específico (*e. g.*, mercado, dinheiro, lucro), mas ao método de investigação aplicado ao problema, o método econômico, cujo objeto pode ser qualquer questão que envolva escolhas humanas (*e.g.* litigar ou fazer acordo, celebrar ou não um contrato, poluir ou não poluir). Assim, a abordagem econômica serve para compreender toda e qualquer decisão individual ou coletiva que verse sobre recursos escassos, seja ela tomada no âmbito do mercado ou não [...]" (GICO JR., "Introdução à análise econômica do direito", op. cit., p. 19-20).

8 Gico Jr. esclarece bem a questão: "aos contextos sociais nos quais a interação entre os agentes é livre para realizar trocas por meio de barganhas chamamos de *mercado*. Mais uma vez, é importante esclarecer que dizer que uma determinada troca se dá no mercado ou que determinada alocação é o resultado da dinâmica de mercado não requer como condição necessária, nem suficiente, que estejamos tratando de valores pecuniários" (GICO JR., op. cit., p. 23).

9 Nusdeo clarifica essa concepção do conflito: "quanto mais escassos os bens e aguçados os interesses sobre eles, maior quantidade e diversidade de normas se fazem necessárias para o equilíbrio de tais interesses" (NUSDEO, op. cit., p. 28).

2.1. Surgimento

A AED tem como principais precursores professores e economistas norte-americanos[10]. Surge, inicialmente, como uma disciplina nos cursos de Economia e, somente depois, o Direito (notadamente nos países baseados no *common law*) percebe a sua importância e passa a estudá-la com maior profundidade[11]. Bruce Ackerman, professor da Yale Law School, chegou a afirmar que essa abordagem econômica do Direito seria "[...] o mais importante desenvolvimento do estudo jurídico do século XX"[12].

Nos Estados Unidos da América, o estudo entre as várias ciências teve a pretensão de aproximar o Direito do mundo social, afastando-o do formalismo estéril[13]. Resultado disso foi o nascimento de várias teorias interdisciplinares, com visões mais realistas e pragmáticas sobre o mundo, tal qual a AED[14].

No Brasil, até 1960, o estudo econômico do Direito ainda restringia-se a determinados campos específicos, como no Direito antitruste e na propriedade intelectual[15]. A verdadeira introdução desses estudos no Brasil surgiu de uma iniciativa das faculdades de Economia, Administração e Contabilidade (FEA) e de Direito do Largo São Francisco (Fadusp) da Universidade de São Paulo[16].

2.2. Premissas

A AED possui conceitos e premissas cuja importância pode ser evidenciada no estudo dos processos de escolha dos agentes econômicos, tal qual a escolha pela arbitragem. Em outras palavras, os instrumentais da AED permitem compreender condutas e ações que são tomadas em razão de determinado estímulo ou desestímulo (que pode decorrer de normas, decisões, interpretações etc.).

---

10 Alguns autores entendem que o seu surgimento se deu com os economistas clássicos: "O movimento de *Law & Economics* sempre foi considerado um movimento americano; isto não é exatamente correto. Suas origens são mais internacionais. Economistas clássicos como Adam Smith e Jeremy Bentham, e mais tarde, Pigou, Hayek, Leoni e Coase tiveram uma participação dominante, assim como teve [*sic*] também participação doutrinária outros, como, por exemplo, Max Weber (curiosamente também um advogado e economista!)". PINHEIRO; SADDI, *Curso de Law & Economics*, 2005, p. 15. Cf. também: MACKAAY, "History of Law and Economics", 2000, p. 65-117.

11 PINHEIRO; SADDI, *Curso de Law & Economics*, p. 13.

12 Apud, ibidem.

13 O autor refere-se à reação do realismo jurídico ao juspositivismo norte-americano (GICO JR., "Introdução ao Direito e Economia". In: TIMM, Lucianco Benetti. *Direito e economia no Brasil*, 2014, p. 7.

14 Ibidem.

15 FARACO; SANTOS, "Análise econômica do direito e possibilidades aplicativas no Brasil", 2005, p. 29.

16 Dessa integração surgiu a obra dos professores Décio Zylbersztajn e Raquel Sztajn, que compilou artigos com o enfoque da Nova Economia Institucional (NEI), protagonizada por Oliver Williamson. Armando Castelar Pinheiro (UFRJ) e o advogado Jairo Saddi também foram protagonistas, com sua obra intitulada *Curso de Law & Economics*, publicada em 2005, responsável por aproximar a AED a temas nacionais, bem como outras mais recentes, dos professores Paula Forgioni (USP), Luciano Benetti Timm (Unisinos) e Marcia Carla Pereira Ribeiro (UFPR) (cf. RIBEIRO; GALESKI JR., op. cit., p. 66).

Um desses instrumentos é a noção de eficiência[17]. Eficiência significa o atingimento do melhor resultado com o menor custo possível, ou seja, admite gradação (um é mais ou menos eficiente que outro)[18].

Há várias teorizações econômicas a respeito da eficiência. A eficiência de Pareto configura-se quando não existe outra alocação em que um sujeito consiga melhorar a situação sem piorar a de outrem, isto é, o equilíbrio é atingido quando todas as possibilidades de trocas benéficas se esgotam. Segundo Gico Jr., "[...] não existe nenhuma outra alocação de recursos tal que eu consiga melhorar a situação de alguém sem piorar a situação de outrem"[19]. Nessa esteira, um cenário de ineficiência (Pareto-ineficiente) ocorre quando se pode melhorar uma situação para si sem prejudicar a de outrem, mas mesmo assim não se faz[20]. Apesar de parecer evidente, essa preocupação pela eficiência não foi sempre recorrente[21].

Outra premissa muito importante e discutida na AED é a da teoria da escolha racional. Consiste em saber decidir entre duas ofertas concomitantes; ou em se escolher o bem que tenha a maior utilidade; ou, ainda, optar-se pela alternativa com mais benefícios do que custos (relação custo-benefício é determinante)[22]. Ou seja, parte-se da premissa de que o comportamento humano tem fins instrumentais e, existindo um conjunto de opções (oportunidade), cada indivíduo (agente representativo) escolhe aquela que lhe parecer mais adequada e apta a ajudá-lo a atingir os seus objetivos[23]. Com isso, os agentes maximizam as utilidades[24].

Para a obtenção de uma decisão eficiente, o agente racional observa as informações que lhes são disponibilizadas e, com isso, considera os custos de operação. No entanto, a racionalidade pode ser influenciada por diversos fatores, tais como prazer, objetivos indiretos, assimetrias informacionais entre os agentes etc.[25]. É daí que surge o conceito da racionalidade limitada (*bounded rationality*), atribuído a Herbert A. Simon a partir de sua obra intitulada *Administrative behavior*[26], de 1957. Para ele, a racionalidade limitada define-se como "um comportamento intencionalmente racional, mas limitado nesse intento"[27].

---

17 BITTENCOURT, op. cit., p. 30.

18 Ibidem.

19 GICO JR., op. cit., p. 25.

20 Ibidem.

21 Segundo Pinheiro e Saddi, "só com o trabalho pioneiro do Ronald Coase a ciência econômica passou a entender que transações humanas, comerciais e de trocas são reguladas não exclusivamente pelo sistema de preços, mas também pelos contratos, em especial quando Coase mostrou que a firma como nós a conhecemos hoje, nada mais é do que um conjunto (ou um 'feixe', como se prefere dizer) de contratos" (PINHEIRO; SADDI, op. cit., p. 12).

22 RIBEIRO; GALESKI JR., op. cit., p. 81.

23 SALAMA, "O que é direito e economia?", p. 6-7.

24 A maximização racional pode ser assim entendida: "Os indivíduos farão escolhas que atendam seus interesses pessoais, sejam esses interesses quais forem. Assim, na formulação de teorias, se partirá da premissa de que os indivíduos calculam para alcançarem os maiores benefícios aos menores custos" (ibidem, p. 6-7).

25 RIBEIRO; GALESKI JR., op. cit., p. 66.

26 SIMON, *Administrative behavior*, 1957.

27 Nesse mesmo sentido, explicam Mercuro e Medema: "Por meio da racionalidade limitada (*bounded rationality*), busca-se demonstrar que é impossível estabelecer *ex ante*, por ocasião da celebração do contrato, todos os desdobramentos possíveis durante a sua execução, eis que o risco e a incerteza sempre limitam essa prospecção [...]" (AGUSTINHO; CRUZ, "A opção pela arbitragem como medida de salvaguarda para redução dos custos de transação", p. 336).

O oportunismo também é um limitador para a compreensão completa dos fatos envolvidos no momento da contratação ou não. As partes podem se aproveitar de uma situação de vantagem ou de uma informação que possuam e, com isso, desequilibrar toda a relação contratual[28]. São fatores que escapam à razão e que tornam os contratos, por natureza, incompletos[29].

Já a assimetria de informações é, normalmente, estudada dentro do campo conhecido como falhas de mercado[30]. Pode ser conceituada como decorrente de fenômenos ainda não revelados, relativos a ações não observáveis[31]. Há assimetria quando um agente possui muito mais informação sobre o bem ou serviço transacionado do que o outro particular[32]. Um exemplo famoso é o de George A. Akerlof: quando um indivíduo adquire um automóvel, ele não consegue avaliar todas as condições do bem, nem dispõe de meios para calcular exatamente quanto ele realmente vale, informações essas detidas pelo proprietário e não compartilhadas[33].

O que se deve destacar dessas noções econômicas é que as decisões tomadas no âmbito jurídico têm também reflexo direto na melhor ou pior alocação dos recursos disponíveis. A AED auxilia na busca por resultados eficientes e mais justos. No entanto, para que tais objetivos sejam alcançados, custos e benefícios devem ser ponderados racionalmente. Entre tais custos, estão os chamados custos de transação, analisados a seguir.

2.3. Os custos de transação

Custos de transação são aqueles custos necessários para transacionar, ou seja, custos para estabelecer, manter e utilizar direitos de propriedade[34]. Exemplo dado por Coase é o do rebanho que invade a fazenda vizinha, gerando prejuízo à plantação. Independentemente da solução que o Direito dá ao caso, se as partes puderem negociar sem custos de transação, haverá a solução mais eficiente quanto à responsabilidade[35].

A premissa de custo de transação zero exige: (i) uma situação de informação perfeita e acessível sem custos para as partes; (ii) concorrência perfeita; (iii) direito de propriedade inapropriável por terceiro, bem definido; (iv) racionalidade perfeita[36].

O custo zero pressupõe, ainda, duas hipóteses, ambas criticadas: de eficiência (as partes sempre são capazes de acordar entre si) ou de invariância (a solução mais eficiente será

---

28 "O comportamento oportunista, por sua vez, liga-se à possibilidade de que as partes se aproveitem de situações de vantagem em decorrência de uma eventual condição monopolista ou de acesso a informações privilegiadas" (ibidem).

29 "[...] compreende-se desse modo, que os contratos são em regra, incompletos, e podem, por isso, demandar adaptações coordenadas entre as partes depois do momento de sua celebração (*ex post*). Ou seja, quanto mais longa uma relação contratual, maior a preocupação com meios de proteção contra os efeitos gerados pela incerteza" (ibidem).

30 Também se costuma elencar como falhas de mercado a "existência de poder econômico díspar entre os agentes, os bens públicos e as externalidades" (cf. RIBEIRO; GALESKI JR., op. cit., p. 93).

31 PINHEIRO; SADDI, op. cit., p. 122.

32 RIBEIRO; VIANNA, "Risco e assimetria informacional nas relações empresariais", 2008. Disponível em: <http://www.bidforum.com.br/bid/PDI0006.aspx?pdiCntd=55963>. Acesso em: 23 fev. 2015, p. 14.

33 AKERLOF, "The market for lemons: quality uncertainty and the market mechanism", 1970, p. 488-500, apud RIBEIRO; BORBA, "Risco e assimetria informacional nas relações empresariais", p. 15.

34 KLEIN, "Teorema de Coase". In: RIBEIRO; KLEIN, *O que é análise econômica do Direito*, p. 71-2.

35 Ibidem, p. 73.

36 Ibidem, p. 72.

sempre alcançada, não importando a lei)[37]. Todavia, as críticas ao Teorema de Coase acabam por ser tautológicas, já que sempre que se aponta uma falha no Teorema não se está atingindo a sua validade, mas comprovando a presença de um custo de transação[38].

Os custos de transação constituem objeto de estudo da Teoria Neoinstitucionalista, de Oliver Williamson e Douglass North, pautada em questionamentos em relação a algumas premissas neoclássicas.[39,40] Em contraponto à Escola de Chicago, a Teoria Neoinstitucionalista compreende os contratos como naturalmente incompletos e, portanto, com riscos imanentes[41].

Williamson[42] foi aluno de Coase e também ganhador do Prêmio Nobel de Economia (2009). Com um estudo multidisciplinar, montou uma explicação própria a respeito dos custos de transação e seus reflexos nas tomadas de decisão sobre como "organizar a produção entre firmas, mercados e outros arranjos institucionais (como contratos de longo prazo, *joint ventures*, representações, redes de empresas e outros)"[43].

O exemplo utilizado para ilustrar suas concepções é o da fábrica de alfinetes[44]. Williamson notou que a divisão interna do trabalho da empresa (o desenrolar do fio de aço, seu corte, apontamento etc.) poderia, também, ser pensada externamente. Ou seja, a divisão poderia ocorrer abrangendo outros produtores e empresas, que ficariam responsáveis por etapas do processo de fabricação.

No entanto, a decisão por realizar uma verticalização (integração vertical; divisão interna da produção) ou horizontalização (participar apenas em uma etapa ou algumas etapas da produção) depende de diversos fatores, entre eles, a análise dos custos de transação envolvidos na operação[45].

A integração vertical permite economia nos custos de transação e melhor controle de qualidade. No entanto, há uma preocupação antitruste nesse modelo organizacional, em razão do elevado poder de mercado que a empresa passa a possuir (poder de controle de insumos, possibilidade de prática de *dumping* e outras posturas que podem prejudicar o mercado e o consumidor final)[46,47].

---

37 Ibidem, p. 74.

38 Ibidem, p. 75.

39 RIBEIRO; GALESKI JR., op. cit., p. 105.

40 Agustinho e Cruz esclarecem tal questionamento: "Segundo a teoria neoinstitucionalista, a devida compreensão dos fenômenos econômico-sociais depende da observação dos custos de transação presentes nas instituições de uma determinada sociedade. Os custos de transação, representados pelo conjunto dos 'custos de pesquisa e informação, custos de negociação e decisão, custos de fiscalização e execução', são considerados como elementos determinantes no processo de orientação das decisões das partes nas suas relações sociais" (AGUSTINHO; CRUZ, "A opção pela arbitragem como medida de salvaguarda para a redução dos custos de transação", 2014. Disponível em: <www.gedai.com.br>. Acesso em: 28 abr. 2015, p. 333-4).

41 Ibidem, p. 333-4.

42 Entre suas obras, destacam-se: *Markets and Hierarchies*: analysis and antitruste implications, 1975; *The Economic Institutions of Capitalism*: firms, markets, relational contracting, 1985; WILLIAMSON; WINTER (eds.), *The nature of the firm*: origins, evolution and development, 1991, p. 48-60.

43 PESSALI, "Custos de transação". In: RIBEIRO; KLEIN, op. cit., p. 81.

44 Adam Smith já o havia utilizado para expressar os benefícios da divisão do trabalho sobre a produção de riquezas. Cf. PESSALI, op. cit., p. 81.

45 Ibidem, p. 84.

46 Ibidem, p. 81.

47 Há três variáveis, segundo o economista, em relação aos custos de transação sob análise: (i) a frequência com que os agentes realizam transações (quanto maior a interação, maior a propensão de trabalharem juntos sob

O importante dessa constatação é identificar que, a partir de uma ponderação entre custos e benefícios, estímulos e desestímulos, há uma tomada de decisão. Permite-se, com a noção dos custos de transação, realizar uma análise mais criteriosa e holística para se decidir qual conduta, opção ou ação é a mais eficiente e deve ser tomada em determinada situação. Assim também ocorre com a arbitragem, que, conforme será exposto a seguir, muitas vezes, mostra-se como a melhor opção, entre as disponíveis, para a redução de custos.

3. A ARBITRAGEM

A arbitragem não é um instituto novo e já era muito utilizada para dirimir discussões envolvendo delimitação territorial, tal como ocorreu em 1985, quando o Papa João Paulo II serviu como árbitro para decidir a delimitação territorial do Canal de Beagle, entre Argentina e Chile[48].

Segundo Carmona, a arbitragem é um:

> [...] meio alternativo de solução de controvérsias através da intervenção de uma ou mais pessoas que recebem seus poderes de uma convenção privada, decidindo com base nela, sem intervenção estatal, sendo a decisão arbitral destinada a assumir a mesma eficácia de sentença judicial [...] colocada à disposição de quem quer seja para solução de conflitos relativos a direitos patrimoniais acerca dos quais os litigantes possam dispor[49].

De forma sucinta, conforme leciona Alvim, na arbitragem, confia-se a um árbitro o julgamento de litígios provenientes de direitos transigíveis (patrimoniais disponíveis)[50].

Não se pode confundir arbitragem com transação (art. 840 do CCB). É pela presença necessária de um terceiro (o árbitro) que a arbitragem se diferencia daquela, sendo esta última caracterizada por existirem concessões mútuas e não haver a obrigatoriedade da presença de um terceiro. Além disso, o árbitro, apesar de não representar o Poder Judiciário estatal, decide também com força jurisdicional: ele é considerado, pela Lei n. 9.307/96, juiz de fato e de direito[51].

---

um arranjo integrado de produção); (ii) a incerteza (com relação à qualidade e à procedência do insumo, por exemplo); e (iii) a especificidade dos ativos (especificidade esta que é medida por meio de sua relação custo-oportunidade, pela possibilidade de serem utilizados em outra transação sem perder valor produtivo). Dessas variáveis, a mais significante é a especificidade de um ativo. Quanto maior for, maior será a necessidade de garantias de que as transações entre cada agente continuará (normalmente, por meio de contratos complexos, de longo prazo) (ibidem, p. 83-4).

48 Cf. TIMM, op. cit., p. 45.

49 CARMONA, *Arbitragem e processo*: um comentário à Lei n. 9.307/96, 2004, p. 51.

50 Cf. Lei n. 9.307/96, em seus arts. 18 e 34: "Art. 18. O árbitro é juiz de fato e de direito, e a sentença que proferir não fica sujeita a recurso ou a homologação pelo Poder Judiciário"; e "Art. 34. A sentença arbitral estrangeira será reconhecida ou executada no Brasil de conformidade com os tratados internacionais com eficácia no ordenamento interno e, na sua ausência, estritamente de acordo com os termos desta Lei. Parágrafo único. Considera-se sentença arbitral estrangeira a que tenha sido proferida fora do território nacional".

51 *In verbis*: "Instituição pela qual as pessoas capazes de contratar confiam a árbitros, por elas indicados ou não, o julgamento de seus litígios relativos a direitos transigíveis" (ALVIM, *Tratado geral da arbitragem*, 2000, p. 14).

Da mesma forma, não se pode confundir arbitragem com a mediação, que pressupõe "a possibilidade de se estabelecer um consenso das partes em desavença por meio da figura do mediador ou conciliador, que dispõe de treinamento específico para atingir um acordo"[52]. Na mediação não há vinculação das partes àquilo que o mediador opinou[53].

3.1. O desenvolvimento da arbitragem no Brasil

A arbitragem tem seu primeiro aparecimento no Brasil quando ainda era colônia de Portugal, no século XVII, com as Ordenações Filipinas de Portugal[54]. Posteriormente, com a Constituição do Império (1824), passou a ser matéria constitucional. O instituto era tido como a única forma de resolução de conflitos de alguns casos comerciais[55].

A repulsa ao instituto arbitral iniciou-se quando, em 1866, com a Lei n. 1.350/1866, a arbitragem perdeu seu caráter obrigatório nos casos comerciais, passando a se afirmar, a partir daí, a jurisdição exclusiva do Poder Judiciário[56].

A ratificação, pelo Brasil, do Protocolo de Genebra de 1923 contrariava essa tendência, mas foi revogada com o Código de Processo Civil de 1939. Com o Código de Processo Civil de 1973, houve a dedicação de um capítulo inteiro à arbitragem. O que dificultou o seu desenvolvimento e maturação foram as limitações e dificuldades em reconhecer sentenças estrangeiras e realizar sua execução[57].

Na década de 1990, houve um novo grande passo para a arbitragem no Brasil. A Lei de Arbitragem brasileira (Lei n. 9.307/96) foi delineada, tomando por base a Lei Modelo de Arbitragem Internacional da Comissão das Nações Unidas para o Direito do Comércio Internacional (*Uncitral Model Law*). Foi com essa lei que o ostracismo[58] legal brasileiro foi superado. A arbitragem passou a ter efetivas chances de se desenvolver como um verdadeiro meio alternativo de resolução de conflitos no Brasil.

Entre as principais novidades trazidas por essa lei está o reconhecimento da cláusula arbitral (sem necessidade de prestar-se compromisso[59]) e a desnecessidade de dupla homologação para execução de laudos arbitrais estrangeiros[60].

---

52 TIMM, op. cit., p. 45.

53 "Nesse sentido, as opiniões dos mediadores não vinculam as partes, como o faz uma sentença arbitral, tendo esta o mesmo valor legal de uma sentença judicial, de acordo com a nova legislação brasileira" (ibidem, p. 45).

54 Ibidem.

55 Arts. 248 e 294 do Código Comercial de 1850 e art. 411 do Regulamento n. 737/1850.

56 TIMM, op. cit., p. 45.

57 Ibidem.

58 LEMES, "Prefácio", 2012.

59 O art. 1.073 do CPC, revogado pela Lei de Arbitragem, acatava a necessidade de um instrumento (compromisso arbitral) em que as partes aceitassem a submissão do litígio ao procedimento arbitral. Cf. TIMM, op. cit., p. 47.

60 "A Súmula n. 485 finalmente colocou um ponto final na discussão sobre a suposta necessidade de compromisso arbitral para que as cláusulas compromissórias firmadas antes da entrada em vigor da Lei de Arbitragem pudessem ser exequíveis. Prevaleceu, portanto, o entendimento, que já defendíamos, de que não é necessária a celebração de compromisso arbitral em presença de cláusula compromissória 'cheia'" (WALD; BORJA, "Decisões dos tribunais revelam posição pró-arbitragem", 2012. Disponível em: <http://www.conjur.com.br/2012-dez-21/decisoes-tribunais-pais-revelam-posicao-favoravel-arbitragem>. Acesso em: 28 maio 2015).

Várias foram as discussões que assolaram (e algumas ainda persistem) esse diploma legal. A primeira delas foi quanto à sua constitucionalidade, questão que só se pacificou quando, em 2001, o Supremo Tribunal Federal pronunciou-se[61], reconhecendo a higidez e a constitucionalidade da Lei n. 9.307/96.

Outra questão muito debatida foi quanto às medidas cautelares na arbitragem. No caso Itarumã *v.* PCBIOS[62], o STJ reconheceu que os árbitros possuem competência para conceder medidas cautelares, mesmo sem possuírem poder coercitivo. Caso uma das partes venha a descumprir a ordem, pode-se requisitar assistência dos tribunais estatais.

Além disso, sérios foram os debates quanto à possibilidade de a Administração Pública participar em procedimentos arbitrais. Lúcia Valle Figueiredo, por exemplo, defende que as regras de competência processual em relação a questões da União são de ordem constitucional, não podendo a Lei de Arbitragem, que é lei infraconstitucional, derrogá-las. Nessa linha, haveria inconstitucionalidade na impossibilidade de haver, na arbitragem, recursos ao Poder Judiciário, pois essa vedação caracterizaria violação a direitos e garantias individuais (art. 5º, XXXV, LXIX, LXX e LXXIII, da CF)[63]. Celso Antônio Bandeira de Mello compartilha desse entendimento e reputa haver incompatibilidade constitucional da resolução de litígios do poder público por meio de arbitragem, pois haveria, nesses casos, o envolvimento de interesses indisponíveis[64].

No entanto, hoje, essas visões mostram-se dissonantes dos diplomas legais e das posições jurisprudenciais. Verifica-se uma mudança da cultura da sentença e mudança da cultura demandista[65], ganhando espaço a consciência de que, uma vez que o interesse é o de se pacificar (solucionar conflitos), nada mais coerente do que se admitir pacificação por outros meios, que não somente os estatais[66]. Não é sem motivo que a mediação vem, agora, ganhando mais espaço, bem como a conciliação é incentivada.

3.2. Enriquecimento normativo: a CISG e a nova Lei de Arbitragem

O fortalecimento do instituto arbitral continuou em 2002, quando entrou em vigor a Convenção de Nova Iorque de 1958[67]. Com ela, o Brasil alcançou o mesmo patamar do cenário arbitral internacional no que diz respeito ao reconhecimento e à execução de sentenças arbitrais estrangeiras. Com essa novidade, um novo marco para a arbitragem no Brasil foi estabelecido e, por consequência, para as operações mercantis nacionais e internacionais.

---

61 Cf. STF, SE n. 5.206-Ag. Reg., Tribunal Pleno, rel. Min. Sepúlveda Pertence, j. 12.12.2001, *DJ* 30.04.2004.

62 Cf. STJ, REsp n. 1.297.974/RJ, 3ª T., rel. Min. Nancy Andrighi, j. 12.06.2012.

63 FIGUEIREDO, *Curso de direito administrativo*, 2003, p. 106.

64 BANDEIRA DE MELLO, *Curso de direito administrativo*, 2010, p. 716 e 789.

65 AMARAL, *Arbitragem e administração pública*: aspectos processuais, medidas de urgência e instrumentos de controle, 2012, p. 17.

66 "Abrem-se os olhos agora, todavia, para todas essas modalidades de soluções de conflitos, tratadas como meios alternativos de pacificação social. Vai ganhando corpo a consciência de que, se o que importa é pacificar, torna-se irrelevante que a pacificação venha por obra do Estado ou por outros meios, desde que eficientes [...]" (CINTRA; GRINOVER; DINAMARCO, *Teoria geral do processo*, 2012, p. 33).

67 Cf. Decreto n. 4.311, de 22 de julho de 2002.

Isso se repetiu em 2013, com a adesão do Brasil à Convenção de Viena sobre Compra e Venda Internacional de Mercadorias (Convenção de Viena, ou, simplesmente, CISG)[68]. Até então, a CISG, com seus 101 artigos, mostrou-se a mais bem-sucedida tentativa internacional de uniformização de regras sobre a formação dos contratos e as obrigações e responsabilidade das partes. Ou seja, uma verdadeira "ponte entre os diversos sistemas jurídicos"[69].

Como as relações empresariais ocorrem de forma transcendente aos ordenamentos jurídicos[70], a CISG atende a uma necessidade dos agentes econômicos que já era de preocupação de muitos tratados: a internacionalidade de instrumentos jurídicos. A Uncitral (Comissão das Nações Unidas para o Direito do Comércio Internacional) foi criada com o propósito de eliminar barreiras para o desenvolvimento do comércio internacional[71].

Diante disso, é inegável que o Brasil passa por profundas alterações no setor econômico privado. Novos institutos são introduzidos com essa Convenção. O princípio da interpretação uniforme, por exemplo, contemplado no art. 7 (1) da CISG, possui como fim a harmonização das relações internacionais de compra e venda de mercadorias. Trata-se de um vetor harmonizador de todo o comércio internacional[72]. Assim, propugna o afastamento de influências indevidas dos ordenamentos internos e, ao asseverar essa não intromissão (em respeito à sua internacionalidade), é evidente o risco de antagonismo com o sistema jurídico pátrio[73]. Essa preocupação já é objeto de vários estudos[74].

Aliados à internacionalidade, há também a uniformidade e a boa-fé como critérios interpretativos estabelecidos pela CISG. Como critérios supletivos, para colmatação de lacunas, existem, ainda, os princípios gerais, nos quais a Convenção se embasa e, na falta deles, a conformidade com o direito internacional aplicável[75].

Essas novidades, naturalmente, reacenderam discussões sobre a arbitragem, o que veio a acontecer, também, com a Lei n. 13.129/2015, conhecida como nova Lei de Arbitragem, publicada no *Diário Oficial da União* em 27 de maio de 2015. A nova Lei de Arbitragem modificou a Lei n. 9.307/96, e, entre as novidades, está a expressa autorização à Administração Pública, direta e indireta, para estabelecer convenção de arbitragem para dirimir conflitos envolvendo direitos patrimoniais disponíveis (vedando-se a equidade).

O Projeto de Lei n. 406/2013,que originou a Lei n. 13.129/2015, de iniciativa de Renan Calheiros, presidente do Senado, teve por propósito modernizar e ampliar o campo de aplicação da arbitragem para a redução da alta carga de processos que chegam às portas do Ju-

68 Em vigor desde 01.04.2014. Cf. Decretos ns. 538/2012 e 8.327/2014.

69 PEREIRA, "Aplicação da CISG a compras governamentais", 2014, p. 476.

70 RIBEIRO; GALESKI JR., op. cit., p. 17.

71 BREDA PESSÔA, "O impacto do princípio da interpretação uniforme da CISG no direito brasileiro", op. cit., p. 34-5.

72 Ibidem, p. 33.

73 NALIN; STEINER (coords.). *Compra e venda internacional de mercadorias:* vigência, aplicação e operação da CISG no Brasil, 2014, p. 47.

74 Cf. PUGLIESE: "[...] em uma primeira análise o jurista brasileiro poderia se sentir tentado a interpretar a CISG à luz da Constituição da República e dos demais dispositivos previstos na legislação nacional. Ocorre, porém, que o art. 7, (1) e (2), da CISG, impede esta conclusão. A Convenção de Viena estabelece previamente quais são seus critérios interpretativos e, aqui, afasta-se da tradição chamada de *Civil Law*" (PUGLIESE, "A interpretação da CISG: em busca da uniformidade", p. 49-50).

75 Ibidem, p. 50.

diciário. Calheiros afirmou que o Judiciário possui "caminhos demais e saídas de menos"[76], tendo a nova lei, portanto, nascido com o espírito de combater os problemas da celeridade e da eficácia do Judiciário.

O ambiente jurídico está, mais uma vez, sofrendo alterações em prol da arbitragem, incentivando o seu uso como forma de se amenizar a sobrecarga do Judiciário e, com isso, alcançar-se uma prestação jurisdicional mais adequada. Como será visto a seguir, são essas vantagens que diminuem os custos de transação nas relações jurídicas e estimulam o desenvolvimento econômico-social.

4. A ARBITRAGEM E A REDUÇÃO DOS CUSTOS DE TRANSAÇÃO

Um estudo elaborado pela Faculdade de Direito da Fundação Getulio Vargas (FGV)[77] revelou que o tempo médio de tramitação dos Recursos Especiais, relacionados à matéria de direito societário, no Superior Tribunal de Justiça (STJ), é de 801 dias (mais de dois anos). Já o somatório da duração do trâmite em primeira e segunda instância, mais no STJ, totalizava um tempo médio de 2.730 dias (sete anos)[78].

Esses números são eloquentes: há uma carência de eficiência muito grave no Poder Judiciário. Não há uma resposta razoável, econômica e socialmente tolerável para as demandas que lhe são submetidas, especialmente as de maior complexidade (de direito societário, por exemplo)[79].

A par das metas estipuladas pelo CNJ, várias foram as tentativas para a solução desse impasse da Justiça brasileira, a exemplo da criação dos Juizados Especiais. Agora, o novo Código de Processo Civil (Lei n. 13.105/2015)[80] apresenta-se como a mais recente promessa para abrandar esse cenário desolador.

Apesar das recorrentes discussões e debates a seu respeito, o problema ainda persiste. Outras dificuldades, igualmente nocivas a uma boa prestação jurisdicional, são a falta de tempo dos juízes para analisar adequadamente os casos que lhes são submetidos, a falta de *expertise* em alguns assuntos de maior complexidade (como visto em matéria societária) e a ausência de uniformidade nas decisões.

Somado a essa insegurança e descrença no Poder Judiciário, deve-se considerar que as promessas são, segundo Williamson, previsivelmente quebradas em razão da incompletu-

---

76 TORRES, "Lei da Arbitragem é aprovada e segue para sanção". Senado Federal, Brasília, 05.05.2015. Disponível em: <http://www12.senado.leg.br/noticias/materias/2015/05/05/lei-da-arbitragem-e-aprovada-e-segue--para-sancao>. Acesso em: 12 maio 2015.

77 PRADO; BURANELLI, "Relatório da pesquisa de jurisprudência sobre direito societário e mercado de capitais no Tribunal de Justiça de São Paulo", 2006.

78 Para uma análise mais detalhada sobre este estudo, Cf. TIMM, *Arbitragem nos contratos empresariais*, p. 21-2.

79 Ibidem, p. 22.

80 BRASIL. Lei n. 13.105, de 16 de março de 2015. Dispõe sobre o Código de Processo Civil. *Diário Oficial da República Federativa do Brasil*. Brasília/DF, 17 março 2015. Disponível em: <http://www.planalto.gov.br/ccivil_03/_Ato2015-2018/2015/Lei/L13105.htm>. Acesso em 29.09.2015.

de do que foi contratado e do oportunismo das partes[81,82]. Assim, uma vez iniciada uma demanda judicial, o que se teme (e é muito recorrente), segundo Timm, é haver um dirigismo contratual prejudicial ao interesse das partes[83]. Muito comum nos tribunais brasileiros, essa postura adota um modelo solidarista (*welfarista*) de contrato, interferindo, excessiva e indevidamente, nas relações empresariais, de forma a prejudicar a vontade das partes consubstanciada contratualmente[84].

O problema está em se ignorar, nessa visão solidarista, o aspecto econômico envolvido nas relações jurídicas, que é cada vez mais significativo em razão do mundo globalizado[85]. Assim, a partir do intervencionismo, não são raros os casos em que mais prejuízos do que vantagens são causados, isto é, resultam mais efeitos antieconômicos e ineficazes à sociedade[86].

Resultado disso é uma elevada insegurança jurídica que impulsiona particulares a buscar maneiras de minimizar esses efeitos (em última análise, custos). E uma dessas formas é por meio da escolha do meio de resolução de litígios que as partes elegem para as relações que estabelecem entre si, seja em um contrato de distribuição, de representação, de *joint venture* ou até em seus contratos sociais.

Além disso, ao se levar em consideração a existência de custos para monitoramento da execução de um contrato, bem como a necessidade de verificação de quais os correspondentes remédios judiciais para os casos de inadimplemento, não é difícil se constatar que uma empresa, cuja atividade dependa de uma série de contratos (de prestação de serviços, de distribuição, de *joint ventures* etc.), possui um custo extremamente oneroso para fiscalizar todas essas situações.

Nesse cenário, é a arbitragem que se mostra a alternativa mais apta a satisfazer os interesses. É usualmente lembrada por ter a rapidez, o sigilo, a redução de custos e a especialização do árbitro como principais vantagens[87]. No entanto, a vantagem ou não de sua opção será verificada em cada caso, a depender dos interesses e demais elementos conjunturais envolvidos no momento da tomada da decisão.

---

81 "*Planning is necessarily incomplete (because of bounded rationality), promise predictably breaks down (because of opportunism), and the precise identity of the parties now matters (because of asset specificity). This is the world of governance. Since the efficacy of court ordering is problematic, contract execution falls heavily on the institutions of private ordering. This is the world with which transaction costs economics is concerned*". Em tradução livre: "Planejamento é necessariamente incompleto (por causa da racionalidade limitada), promessas são previsivelmente quebradas (por causa do oportunismo), a identidade das partes é agora relevante (por causa da especificidade dos ativos). Esse é o mundo da governança. Considerando que a eficácia das decisões judiciais é problemática, a execução de um contrato recai fortemente sobre os entes decisórios privados. Esse é o mundo com o qual a economia de custos de transação se preocupa" (WILLIAMSON, *The economic institutions of capitalism*, 1985, p. 32).

82 "Williamson destaca a racionalidade limitada e o potencial oportunismo das pessoas como fontes dos custos de transação" (PESSALI, "Custos de transação". In: RIBEIRO; KLEIN, op. cit., p. 82).

83 TIMM, *Direito contratual brasileiro*: críticas e alternativas ao solidarismo jurídico, 2015, p. 150-1.

84 Ibidem, p. 149-50.

85 Ibidem.

86 Ibidem.

87 Cf. TIMM, op. cit., 2009, p. 22-9, e PUGLIESE; SALAMA, "A economia da arbitragem: escolha racional e geração de valor", 2008, p. 15-28.

Em primeiro lugar, duas das maiores vantagens do instituto arbitral são a segurança e a tecnicidade nas decisões arbitrais[88]. Na Justiça comum, frequentemente a sociedade depara-se com casos semelhantes sendo julgados de formas totalmente conflitantes, gerando insegurança jurídica.

A *expertise* dos árbitros em determinados assuntos mais técnicos, bem como o tempo que despendem no estudo e na resolução do litígio são aspectos muito vantajosos e verdadeiros diferenciais em relação ao Judiciário[89]. Soma-se a isso o fato de os árbitros serem indicados pelas partes, havendo maior aproximação do julgador com o próprio litígio e com os envolvidos.

O quadro contribui para haver maior estabilidade nas relações jurídicas. É natural que na Justiça comum, na qual o número de processos é muito elevado (além de serem muito diversificados), a atenção a uma determinada matéria empresarial de alta complexidade não seja despendida de forma satisfatória. Com a arbitragem, o *player* pode mensurar riscos de forma mais detalhada e segura, com maiores subsídios para decidir os rumos que tomará o seu empreendimento.

Outro aspecto que merece especial destaque é o sigilo. O sigilo proporcionado pela arbitragem é muito vantajoso àquelas empresas que mais dependem da sua imagem em relação ao público e aos demais agentes do mercado (concorrência, parceiros, fornecedores etc.)[90]. Não por outra razão, o instituto arbitral mostra-se mais indicado por preservar a imagem do empresário no cenário político, econômico e social. Além disso, o sigilo também contribui para a preservação de conhecimentos técnicos (*know-how*) e segredos industriais, desestimulando práticas de espionagem industrial[91]. Ou seja, na Justiça comum o sigilo é exceção, sendo a regra no procedimento arbitral.

Há, também, grande valorização e respeito à autonomia das partes[92]. O contrato é respeitado pelos árbitros, havendo um esforço para se encontrar uma solução equilibrada. A par disso, as partes podem escolher não só a lei material aplicável à arbitragem, mas também a lei processual do procedimento a ser adotado[93].

Outra vantagem, mais sensível à análise econômica, é a redução de atitudes oportunistas. Em razão de os custos serem, frequentemente, altos, a parte que desejar iniciar um procedimento arbitral terá de avaliar detalhadamente as suas chances de vitória. Além disso, o custo alto serve "como uma mola de pressão para o conflito ser solucionado rapidamente"[94]. Para tanto, são comuns estudos prévios (perícias, por exemplo) à instauração da arbitragem, que elucidem quais são as verdadeiras chances de sucesso da parte que pretende instaurar o procedimento arbitral. Outra vantagem é a impossibilidade de haver recursos protelatórios, retardadores do trâmite do processo, o que diminui o trâmite da demanda e desestimula as partes da conduta de ganharem tempo com estratégias recursais.

---

88 AMARAL, op. cit., 2012, p. 38.
89 Ibidem.
90 VITA, "Arbitragem e sigilo: análise estrutural e consequências jurídicas de sua quebra", 2012, p. 51.
91 TIMM, op. cit., 2009, p. 25.
92 AMARAL, op. cit., 2012, p. 38.
93 Ibidem, p. 41.
94 VITA, op. cit., 2012, p. 51.

Como se nota, na arbitragem, considerações sobre redução dos custos de transação não são possíveis sem que se trate de contratos, pois são eles o objeto, por excelência, de análise nos procedimentos arbitrais. E isso não poderia ser diferente. Segundo Roppo, os contratos constituem instrumento essencial para o exercício da atividade econômica e são verdadeiros criadores de riqueza[95]. É por meio deles que a empresa se revela[96], consolida suas transações e estrutura o mercado[97]. Ou seja, há um dinamismo representado pela intensa relação da empresa com outros agentes, e essas transações consubstanciam-se nesses instrumentos.

Os contratos empresariais detêm especificidades e funções particulares que exigem uma operacionalização e interpretação próprias. Sua execução é continuada e seus contratantes são empresários no exercício de sua atividade profissional[98].A especificidade dá-se, portanto, na medida em que, nesses contratos, os sujeitos são específicos (empresários, presumidamente iguais), o risco é essencial[99]; e há uma vontade comum entre as partes (a busca pelo lucro[100]).

Existem outras características que também imprimem singularidade determinante aos contratos empresariais[101], mas o que interessa, por ora, é destacar que a função de cada contrato empresarial deve ser identificada para que sua interpretação seja individualizada, ou seja, que considere sua categorização específica. Ocorre que, no Poder Judiciário, tais premissas nem sempre são respeitadas, ocasionando externalidades negativas.

Com o destaque dessas qualidades da via arbitral, no entanto, não se está a falar que a arbitragem é a solução para todos os problemas. Segundo alerta Amaral, a crise do sistema judicial também é prejudicial à arbitragem, "na medida em que a ausência de poder de *imperium* pelo árbitro e o eventual ajuizamento de ação anulatória da sentença arbitral exigirão um Judiciário eficiente para resolver essas situações de forma adequada"[102].

É por isso que, para Wald, o desenvolvimento econômico do país está condicionado à adoção de determinadas medidas e melhorias[103]. Entre elas, está justamente a necessidade

---

95 "*L'evoluzione del sistema económico sposta il baricentro dal momento statico dell'immediata utilizzazione física dei fattori produttivi al momento dinámico dela loro organizzazione e del loro impiego in più complesse attività di produzione e scambio sul mercato. È la stessa linea di sviluppo che emancipa il contratto dall'ottocentesca subordinazione alla proprietà. E i due fenomeni sono interdipendenti: se il contratto non è piú ancillare alla proprietà e tende anzi a signoreggiarla, è anche perchè il contratto constituisce strumento essenziale per l'esercizio delle attività economiche organizzate*" (ROPPO, *Il contratto*, 2011, p. 56).

96 "A empresa não apenas 'é'; ela 'age', 'atua', e o faz principalmente por meio dos contratos. A empresa não vive ensimesmada, metida com seus ajustes internos; ela revela-se nas transações" (FORGIONI, op. cit., 2012, p. 23).

97 "O mercado identifica-se [...] com um emaranhado de relações contratuais, tecido pelos agentes econômicos" (ibidem, p. 25).

98 RIBEIRO; GALESKI JR., op. cit., 2009, p. 16-7.

99 "Em princípio, seus contratantes, por serem empresários, apresentam condições similares de acesso à informação e análise dos riscos que permeiam toda negociação empresarial. O risco é seu elemento essencial, ainda que eventualmente não seja simples distinguir a frustação que pode advir de uma situação de risco e a existência de fatores excepcionais capazes de afastar toda a força vinculante do contrato" (ibidem, p. 17).

100 "Nos contratos empresariais, ambos [ou todos] os polos são movidos pela busca do lucro, têm sua atividade – toda ela – voltada para a perseguição de vantagem econômica" (FORGIONI, op. cit., 2012, p. 56).

101 Tais como o seu nascimento a partir da prática dos comerciantes; a sua transcendência aos ordenamentos jurídicos (cosmopolitismo); a sua informalidade, para atender a velocidade dos negócios etc.

102 AMARAL, op. cit., 2012, p. 29.

103 Para Wald, o desenvolvimento econômico do país depende: (a) do desenvolvimento do crédito; (b) de maior eficiência na gestão dos contratos e solução dos conflitos deles decorrentes; (c) do aprimoramento do ambiente de negócios; e (d) da redução do custo do investimento. Cf. WALD, "O direito a serviço da economia: o novo direito bancário", 2005, p. 20-5.

do aprimoramento na gestão dos contratos e dos litígios deles originados. Enquanto tal desenvolvimento não ocorre, a arbitragem – em razão da celeridade, da segurança, do sigilo e da efetividade que proporciona – permanece sendo um verdadeiro remédio para as dificuldades experimentadas pelo Poder Judiciário e uma fonte para a redução de custos.

5. CONCLUSÃO

A arbitragem é um instituto que se consolidou nacionalmente e alcançou significativo prestígio no Brasil nos últimos anos. Isso chamou a atenção dos agentes econômicos privados, que, na busca por alternativas à insegurança jurídica (além dos demais problemas que assolam o Poder Judiciário brasileiro), passaram a prever esse meio alternativo de resolução de conflitos em seus contratos.

Verificou-se que as partes beneficiam-se pela redução dos custos de transação porque a arbitragem traz previsibilidade, segurança, tecnicidade, sigilo e celeridade às demandas. Em segundo lugar, há a redução do oportunismo processual, isto é, desestimula-se o ajuizamento de um procedimento arbitral sem uma mínima chance de sucesso, pois como o seu trâmite é célere (ausência de previsões recursais), as chances de uma condenação não são assumidas pela parte que não tiver um mínimo de segurança a respeito do seu direito.

Além desse aspecto, há uma potencialidade de desincentivo ao descumprimento injustificado do contrato, já que os custos do procedimento arbitral são usualmente caros[104] e há dificuldade em serem praticadas manobras processuais que tardem uma sentença condenatória pelo descumprimento contratual.

Como decorrência da redução de variáveis e fatores (riscos), investidores internacionais – carecedores de amplo conhecimento sobre a realidade jurídica de cada país em que investem – sentem-se, potencialmente, mais confortáveis em aplicar seu capital em empresas que estabelecem em seus contratos o método de resolução de litígios pela via arbitral[105], especialmente agora, com a vigência da CISG em solo brasileiro. Ou seja, os benefícios não se restringem somente aos agentes privados, mas em razão da atração de investimentos, da estabilidade e previsão das decisões, favorecem as relações empresariais e o desenvolvimento econômico-social brasileiro.

REFERÊNCIAS BIBLIOGRÁFICAS

AGUSTINHO, Eduardo Oliveira; CRUZ, Rafael A. Firakowski. "A opção pela arbitragem como medida de salvaguarda para a redução dos custos de transação". In: RIBEIRO, Marcia Carla P.; KLEIN,

---

104 Analisando os custos do Centro de Arbitragem e Mediação da Câmara de Comércio Brasil-Canadá (CAM/CCBC), verifica-se que, considerando um painel com três árbitros e um procedimento com duração de seis meses, o custo mínimo seria de R$ 147 mil às partes. Enquanto no Centro de Arbitragem da Câmara Americana de Comércio (Amcham), nas mesma condições, o valor seria de, no mínimo, R$ 18 mil. Cf. AMARAL, op. cit., 2012, p. 50-1.

105 SANABRIA, *Legal institutions of the market economy*: private commercial arbitration as transaction costs reducer in Colombia. Disponível em: <http://digitallibrary.usc.edu/cdm/ref/collection/p15799coll127/id/563305>. Acesso em: 02 fev. 2016.

Vinicius (orgs.). *Reflexões acerca do direito empresarial e a análise econômica do direito*. Curitiba, GEDAI-UFPR, 2014. Disponível em: www.gedai.com.br. Acesso em 28 abr. 2015, p. 333-4.

AKERLOF, George A. "The market for lemons: quality uncertainty and the market mechanism". *Quarterly Journal of Economics*, 84, 3, p. 488-500, 1970, apud RIBEIRO, Marcia Carla Pereira; VIANNA, Guilherme Borba. "Risco e assimetria informacional nas relações empresariais". In: *Revista de Direito Público da Economia* – RDPE. Belo Horizonte, Fórum, ano 6, n. 24, out./dez, 2008. Disponível em: <http://www.bidforum.com.br/bid/PDI0006.aspx?pdiCntd=55963>. Acesso em: 23 fev. 2015.

AMARAL, Paulo Osternack. *Arbitragem e administração pública:* aspectos processuais, medidas de urgência e instrumentos de controle. Belo Horizonte, Fórum, 2012.

BALBINOTTO NETO, Giácomo. *Direito e economia*: leis de responsabilidade civil. Disponível em: <http://www.ppge.ufrgs.br/giacomo/arquivos/quest-eco/lei-responsabilidade-civil.pdf>. Acesso em: 01 jul. 2015.

BANDEIRA DE MELLO, Celso Antônio. *Curso de direito administrativo*. 27. ed. São Paulo, Malheiros, 2010.

BERTOLDI, Marcelo M.; PEREIRA RIBEIRO, Marcia Carla. *Curso avançado de direito comercial*. 7. ed. São Paulo, Revista dos Tribunais, 2013.

BESSONE, Darcy. *Do contrato*. 4. ed. São Paulo, Saraiva, 1997.

BOISSÉSON, Matthieu de. *Le droit français de l'arbitrage interne et international*. Paris, Guide Loyrette Nouel Joly, 1990, apud KROETZ, Tarcísio Araújo. *Arbitragem:* conceito e pressupostos de validade. São Paulo, Revista dos Tribunais, 1997.

BRASIL. Conselho Nacional de Justiça. "Justiça em números 2015 (ano-base 2014)". Disponível em: <http://www.cnj.jus.br/programas-e-acoes/pj-justica-em-numeros>. Acesso em: 29 set. 2015.

CALABRESI, Guido. "Some thoughts on risk distributions and the law of torts". *The Yale Law Journal*, 1961. v. 70, n. 4, p. 498-553. Disponível em: <http://digitalcommons.law.yale.edu/fss_papers/1979>. Acesso em: 06 set. 2014.

______; MELAMED, Douglas. "Property rules, liability rules, and inalienability: one view of the cathedral". *Harvard Law Review*, v. 85, 1972, p. 1.089. Disponível em: <http://digitalcommons.law.yale.edu/cgi/viewcontent.cgi?article=3043&context=fss_papers>. Acesso em: 28 abr. 2015.

CANÁRIO, Pedro. "Planalto veta arbitragem em relações de trabalho e de consumo". São Paulo, *Revista Consultor Jurídico*, 26.05.2015. Disponível em: <http://www.conjur.com.br/2015-mai-26/michel-temer-sanciona-lei-arbitragem-tres-vetos>. Acesso em: 30 maio 2015.

CARMONA, Carlos Alberto. *Arbitragem e processo*: um comentário à Lei n. 9.307/96. São Paulo, Malheiros, 2004.

COASE, Ronald H. "The nature of the firm". *Economica*, New Series, v. 4, n. 16, 1937, p. 386-405. Disponível em: <http://links.jstor.org/sici?sici=0013-0427%28193711%292%3A4%3A16%3C386%3ATNOTF%3E2.0.CO%3B2-B>. Acesso em: 29 abr. 2015.

______. "The problem of social cost". *Journal of Law and Economics*, v. 3. Chicago, The University of Chicago, out./1960, p. 1-44. Disponível em: <http://www2.econ.iastate.edu/classes/tsc220/hallam/Coase.pdf>. Acesso em: 06 set. 2014.

COLEMAN, Jules. "The normative basis of economic analysis: a critical the normative basis of economic analysis: a critical review of Richard Posner's 'The Economics of Justice'". *Stanford Law Review*, v. 34, n. 5, 1982.

CRETELLA NETO, José. *Comentários à Lei de Arbitragem brasileira.* Rio de Janeiro, Forense, 2004.

DIDIER JR., Fredie. *Curso de direito processual civil.* v. 1. Salvador, Juspodivm, 2007.

FARACO, Alexandre Ditzel; SANTOS, Fernando Muniz. "Análise econômica do direito e possibilidades aplicativas no Brasil". *Revista de Direito Público da Economia.* Belo Horizonte, ano 3, n. 9, jan./mar. 2005.

FERNANDES, Wanderley (coord.). *Contratos empresariais:* fundamentos e princípios dos contratos empresariais. 2. ed. São Paulo, Saraiva, 2012.

FIGUEIREDO, Lúcia Valle. *Curso de direito administrativo.* 6. ed. São Paulo, Malheiros, 2003.

FORGIONI, Paula A. *Teoria dos contratos empresariais.* 2. ed. São Paulo, Revista dos Tribunais, 2010.

______. "Interpretação dos negócios empresariais". In: FERNANDES, Wanderley (coord.). *Contratos empresariais:* fundamentos e princípios dos contratos empresariais. 2.ed. São Paulo, Saraiva, 2012.

FRANCO, Vera Helena de Mello. *Contratos:* direito civil e empresarial. 4. ed. São Paulo, Revista dos Tribunais, 2013.

______. *Teoria geral do contrato:* confronto com o direito europeu futuro. São Paulo, Revista dos Tribunais, 2011.

GRAU, Eros Roberto; FORGIONI, Paula A. "Equilíbrio econômico-financeiro dos contratos celebrados com a Administração. Teoria da imprevisão e fato do príncipe". *O Estado, a empresa e o contrato.* São Paulo, Malheiros, 2005.

KELSEN, Hans. *Teoria pura do Direito.* 7. ed. Tradução por João Batista Machado. São Paulo, Martins Fontes, 2006.

KISHTAINY, Niall. *O livro da economia.* Trad. Carlos S. Mendes Rosa. São Paulo, Globo, 2013.

KLEIN, Vinícius. *Os contratos empresariais de longo prazo.* Rio de Janeiro, Lumen Juris, 2015.

KROETZ, Tarcísio Araújo. *Arbitragem*: conceito e pressupostos de validade. São Paulo, Revista dos Tribunais, 1997.

LEMES, Selma Ferreira. "Prefácio". In: PINTO, Ana Luiza; SKITNEVSKY, Karin (coords.). *Arbitragem nacional e internacional*: os novos debates e a visão dos jovens arbitralistas. Rio de Janeiro, Elsevier, 2012.

LOTUFO, Renan; NANNI, Giovanni Ettore (coords.). *Teoria geral dos contratos.* São Paulo, Atlas, 2011.

MACKAAY, Ejan. "History of law and economics". In: BOUCKAERT, Boudewijn; DE GEEST, Gerrit. *Encyclopedia of law and economics.* The History and Methodology of Law and Economics. Massachusetts: Edward Elgar, 2000, v. I.

MARQUES, Cláudia Lima; LAZZARINI, Marilena. "Não à arbitragem de consumo". Curitiba, *Jornal Gazeta do Povo,* 24.05.2015. Disponível em: <http://www.gazetadopovo.com.br/opiniao/artigos/nao-a-arbitragem-de-consumo-bu2nkwo9w5rp78jeih2kdboty>. Acesso em: 26 maio2015.

MARTINS, Fran. *Curso de direito comercial.* 28.ed. Rio de Janeiro, Forense, 2002.

MERCURO, Nicholas; MEDEMA, Steven G. *Economics and the law:* from Posner to post-modernism and beyond. 2. ed. New Jersey, Princeton University, 2006.

NALIN, Paulo; STEINER, Renata C.; XAVIER, Luciana P. (coords.). *Compra e venda internacional de mercadorias:* vigência, aplicação e operação da CISG no Brasil. Curitiba, Juruá, 2014.

NUSDEO, Fábio. *Curso de economia*: introdução ao direito econômico. 6. ed. São Paulo, Revista dos Tribunais, 2010.

PINHEIRO, Armando Castelar; SADDI, Jairo. *Direito, economia e mercados.* Rio de Janeiro, Elsevier, 2006.

PINTO, Ana Luiza; SKITNEVSKY, Karin (coords.). *Arbitragem nacional e internacional*: os novos debates e a visão dos jovens arbitralistas. Rio de Janeiro, Elsevier, 2012.

POSNER, Richard A. *Economic analysis of law.* 7. ed. Aspen, 2007.

______. "Guido Calabresi's 'The Costs of Accidents': a reassessment". *Chicago Unbound Journal Articles.* Chicago, Maryland Law Review, 2005.

______. *New institutional economics meets law and economics.* Chicago, Journal of Institutional and Theoretical Economics – JITE, 1993.

PRADO, Viviane Muller; BURANELLI, Vinícius Correa. "Relatório da pesquisa de jurisprudência sobre direito societário e mercado de capitais no Tribunal de Justiça de São Paulo". *Revista da Escola de Direito da Fundação Getulio Vargas,* v. 2, n. 1, jan./2006.

PUGLIESE, Antônio Celso Fonseca; SALAMA, Bruno Meyerhof. "A economia da arbitragem: escolha racional e geração de valor". *Revista de Direito GV,* n. 7, 2008.

RIBEIRO, Marcia Carla P.; KLEIN, Vinicius (orgs.). *Reflexões acerca do direito empresarial e a análise econômica do direito.* Curitiba, GEDAI-UFPR, 2014. Disponível em: <www.gedai.com.br>. Acesso em: 28 abr. 2015.

______; GALESKI JR., Irineu. *Teoria geral dos contratos:* contratos empresariais e análise econômica. Rio de Janeiro, Elsevier, 2009.

______; KLEIN, Vinicius (coords.). *O que é a análise econômica do direito:* uma introdução. Belo Horizonte, Fórum, 2011.

______; VIANNA, Guilherme Borba. "Risco e assimetria informacional nas relações empresariais". *Revista de Direito Público da Economia* – RDPE. Belo Horizonte, Fórum, ano 6, n. 24, out./dez., 2008. Disponível em: <http://www.bidforum.com.br/bid/PDI0006.aspx?pdiCntd=55963>. Acesso em: 23 fev. 2015.

ROPPO, Vincenzo. *Il contratto.* 2. ed. Milano, Giuffrè, 2011.

SALAMA, Bruno Meyerhof. "O que é 'Direito e Economia'?". Disponível em: <http://www.revistas.unifacs.br/index.php/redu/article/viewFile/2793/2033>. Acesso em: 30 jun. 2015.

SANABRIA, J. Mauricio. "Legal institutions of the market economy: private commercial arbitration as transaction costs reducer in Colombia". Disponível em: <http://digitallibrary.usc.edu/cdm/ref/collection/p15799coll127/id/563305>. Acesso em: 02 fev. 2016.

SIMON, Herbert A. *Administrative behavior.* 2. ed. New York, MacMillan, 1957, apud In: RIBEIRO, Marcia Carla Pereira; KLEIN, Vinicius (coords.). *O que é análise econômica do direito:* uma introdução. Belo Horizonte, Fórum, 2011.

SMITH, Adam. *Riqueza das nações.* 5. ed. Lisboa, Fundação Calouste Gulbenkian, 2006.

STAJN, Raquel; ZYLBERSTAJN, Décio (orgs.). *Direito e economia:* análise econômica do direito e das organizações. Rio de Janeiro, Elsevier, 2005.

STIGLER, G. J. "Law or economics". *Journal of Law & Economics,* v. XXXV, out./ 1992.

THEODORO JÚNIOR, Humberto. "Arbitragem e terceiros – litisconsórcio fora do pacto arbitral – outras intervenções de terceiros". In: GARCEZ, José Maria Rossani; MARTINS, Pedro A. Batista (coords.). *Reflexões sobre arbitragem: in memoriam* do Desembargador Cláudio Vianna de Lima.

TIMM, Luciano Benetti (org.). *Direito & economia no Brasil.* São Paulo, Atlas, 2012.

______. *Arbitragem nos contratos empresariais, internacionais e governamentais.* Porto Alegre, Livraria do Advogado, 2009.

______. *Direito contratual brasileiro:* críticas e alternativas ao solidarismo jurídico. 2. ed. São Paulo, Atlas, 2015.

______; JOBIM, Eduardo. "A arbitragem, os contratos empresariais e a interpretação econômica do direito". *Direito & Justiça,* v. 33. n. 1, p. 80-97, jun./ 2007. Disponível em: <http://revistaseletronicas.pucrs.br/ojs/index.php/fadir/article/view/2910>. Acesso em: 02 jun. 2015.

TORRES, Ribas Tércio. "Lei da Arbitragem é aprovada e segue para sanção". Senado Federal, Brasília, 05.05.2015. Disponível em: <http://www12.senado.leg.br/noticias/materias/2015/05/05/lei-da-arbitragem-e-aprovada-e-segue-para-sancao>. Acesso em: 12 maio2015.

VITA, Jonathan Barros. "Arbitragem e sigilo: análise estrutural e consequências jurídicas de sua quebra". In: PINTO, Ana Luiza; SKITNEVSKY, Karin (coords.). *Arbitragem nacional e internacional:* os novos debates e a visão dos jovens arbitralistas. Rio de Janeiro, Elsevier, 2012, p. 50-67.

WALD, Arnoldo. "O direito a serviço da economia: o novo direito bancário". *Revista de direito bancário e do mercado de capitais,* v. 8, n. 27, p. 20-5, jan./mar. 2005.

______; BORJA, Ana Gerdau de. "Decisões dos tribunais revelam posição pró-arbitragem". São Paulo, *Revista Consultor Jurídico,* 21 dez. 2012. Disponível em: <http://www.conjur.com.br/2012-dez-21/decisoes-tribunais-pais-revelam-posicao-favoravel-arbitragem>. Acesso em: 28 maio 2015.

WILLIAMSON, Oliver E. *Markets and hierarchies:* analysis and antitruste implications. New York, Free, 1975.

______. *The economic institutions of capitalism:* firms, markets, relational contracting. New York, Free, 1985.

______; WINTER, Sidney G. (eds.). *The nature of the firm:* origins, evolution and development. Oxford, Oxford University, 1991.

24 O financiamento da arbitragem: uma medida para viabilizar os custos

Tânia Lobo Muniz
Carlos Picchi Neto

1. INTRODUÇÃO

O acesso à justiça não pode estar adstrito aos limites fronteiriços das jurisdições estatais. Em razão do comércio internacional, são crescentes os litígios com implicações em mais de um ordenamento jurídico, de modo que a atividade empresarial necessita de um instrumento que lhe confira segurança e seja capaz de lidar com os conflitos decorrentes dos negócios transnacionais – daí falar-se em arbitragem.

Ao ser confrontada com a prestação jurisdicional estatal, a arbitragem demonstra ser uma via mais vantajosa às empresas, no entanto, isso não relativiza os elevados custos para a instauração do procedimento. Apesar das proficuidades da arbitragem, há de se reconhecer que a falta de condições financeiras é motivo para privar de efeitos a convenção de arbitragem e colocar em xeque o acesso a essa via.

Assim, o estudo busca afirmar a importância que a solução de controvérsias pela arbitragem possui, hoje, no mundo globalizado, em especial pela segurança jurídica que proporciona, buscando uma solução para a manutenção do procedimento arbitral quando o seu custo representa um óbice para as partes.

O desafio consiste no incremento da arbitragem, como via adequada à solução de conflitos em decorrência da intensificação dos negócios em nível global, com a superação dos entraves do acesso à justiça devido às despesas elevadas do procedimento.

2. A ARBITRAGEM NO COMÉRCIO INTERNACIONAL

Um dos fenômenos mais marcantes da vida econômica internacional contemporânea é o crescente movimento transfronteiriço de capital e de tecnologia, acontecimento denominado globalização.

A globalização, em si própria, não pode ser considerada um fenômeno do mundo jurídico, no entanto, isso não significa que não traga implicações que interessem ao ambiente jurídico[1]. O processo de globalização encontra seu alicerce em um terreno fértil, com a

1 CRETELLA NETO, "Globalização, empresas transnacionais e institutos", 2006, p. 88.

integração econômica e política das nações, com o surgimento e fortalecimento econômico das empresas transnacionais e com a diminuição das barreiras nacionais para os mercados. Em síntese, "[...] globalização é um termo que designa o fim das economias nacionais e a integração cada vez maior dos mercados"[2].

Não se pode perder de vista que o fenômeno, por excelência, corresponde à internacionalização dos negócios ao longo das últimas décadas, em uma clara intensificação das relações comerciais internacionais e ampliação da interdependência dos Estados, o que acarreta o aumento dos litígios transnacionais e a necessidade cada vez maior de meios que lhes confiram estabilidade.

A mobilidade da circulação do capital e a atuação de empresas no âmbito transnacional conferiram um poder de fato contraposto à soberania formal do Estado-nação[3]. Ocorre, então, o que José Eduardo Faria[4] aponta como desterritorialização das decisões políticas e relativização da soberania, enfraquecendo a capacidade do Estado de criar e coordenar ações.

Portanto, enquanto a globalização dos mercados exige a prática de atos jurídicos em territórios de diferentes jurisdições, a soberania dos Estados, cujo modelo pressupõe o exercício da jurisdição adstrita ao caráter territorial, não é mais suficiente para amparar os novos paradigmas da circulação de riquezas, tornando essencial a interação com outros ordenamentos jurídicos.

Por decorrência da internacionalização das atividades empresariais, José Eduardo Faria[5] conclui que a administração e as legislações nacionais não têm mais um impacto efetivo sobre os atores transnacionais, pois estes tomam suas decisões à luz da comparação das condições relevantes de produção em escala global.

Luigi Ferrajoli pensa, inclusive, que "[...] a mesma globalização da economia pode ser identificada no plano jurídico, com esse vazio de direito público internacional adequado para regular os grandes poderes econômicos transnacionais" (tradução livre)[6].

Assim, não é demais afirmar que a transnacionalidade do mercado e a interação entre os Estados trouxe consigo a necessidade de instrumentos jurídicos que disciplinem e regulamentem essas relações[7].

Em razão da pluralidade de Estados, também há diversos ordenamentos jurídicos, contudo, a jurisdição enquanto função estatal está adstrita ao espaço territorial do Estado e, em decorrência do comércio internacional, são crescentes os litígios com implicações em mais de um ordenamento jurídico. Tais conflitos tendem a ser mais comuns em virtude do processo de globalização, ensejando uma reflexão sobre a irrazoabilidade de, na ordem internacional contemporânea, restringir-se o acesso à justiça aos limites dos territórios nacionais.

2 FERREIRA NETTO, "O direito no mundo globalizado: reflexos na atividade empresarial", 2007.

3 FARIA, *O direito na economia globalizada*, 2004, p. 117.

4 FARIA, "Reforma constitucional em período de globalização econômica", 1995, p. 253-65.

5 Ibidem, p. 53.

6 No texto original: "[...] *la misma globalización de la economía puede identificarse, sobre el plano jurídico, com este vacío de um derecho público internacional capaz de disciplinar a los grandes poderes econômicos transnacionales*" (ATIENZA; FERRAJOLI, *Jurisdicción y argumentación en el estado constitucional de derecho*, 2005, p. 117).

7 ALBUQUERQUE, "Os desafios da globalização para os operadores do Direito", 2006, p. 313.

A intensificação das relações internacionais exige dos ordenamentos nacionais soluções para os conflitos transnacionais, e, da mesma maneira que aquelas se intensificam, também é crescente a relação entre os diversos ordenamentos nacionais. O que se busca demonstrar é que o acesso à justiça não pode ser limitado às fronteiras territoriais e que os ordenamentos nacionais devem estar de acordo com os princípios praticados no âmbito internacional[8], "[...] ou seja, as fronteiras territoriais deixam de ser limites da jurisdição"[9].

Diante da necessidade de proporcionar garantias jurisdicionais eficientes aos litígios transnacionais, a iniciativa para legislar as relações comerciais passa, então, a ser direcionada pela via privada[10], possibilitando que as empresas escolham onde resolver seus conflitos. "Tradicionalmente, no comércio internacional, uma grande parcela dos conflitos é resolvida por arbitragem, alheios à atuação do Estado"[11].

Também merece destaque o fato de os procedimentos de mediação e arbitragem mostrarem maior eficiência e celeridade diante da impossibilidade do Direito de fornecer respostas adequadas conforme a evolução econômica[12]. Para Tânia Lobo Muniz[13], a arbitragem é, tradicionalmente, o meio de maior eficácia e aceitação para resolução de litígios internacionais, destacando a autora que a solução de causas complexas é mais bem avaliada mediante um julgamento técnico.

A arbitragem, assim como a jurisdição estatal, é uma forma de solução de conflitos conhecida como heterocomposição, isso porque, a questão é confiada a um terceiro alheio ao conflito. Nessa, as pessoas capazes de contratar[14] encarregam aos árbitros o mando de decidirem os seus litígios relativos a direitos patrimoniais disponíveis[15].

Essa técnica pode ser, sinteticamente, definida como um meio que visa a solução de conflitos entre partes capazes

> [...] sobre as quais possam dispor livremente em termos de transação ou renúncia, por decisão de uma ou mais pessoas – o árbitro ou árbitros –, as quais têm poderes para assim decidir pelas partes por delegação expressa destes resultantes de convenção privada, sem estar investidos dessas funções pelo Estado[16].

Ricardo Soares Stersi dos Santos[17] destaca as principais particularidades que dão forma à arbitragem, quais sejam: a) o conflito é solucionado por um terceiro, que pode ser um árbitro ou um órgão colegiado de julgadores, normalmente composto por três árbitros; b)

---

8 MANGE, *O ordenamento jurídico brasileiro e a ordem internacional:* admissibilidade de medidas de urgência nos litígios comerciais internacionais, 2008, p. 18.

9 Ibidem, p. 20.

10 SHAPIRO, Martin. *The globalization of law*, 1993, p. 37-64. Disponível em: <http://scholarship.law.berkeley.edu/cgi/viewcontent.cgi?article=1398&context=facpubs>. Acesso em: 10 jan. 2016.

11 ALBUQUERQUE, op. cit., 2006, p. 312.

12 Ibidem, p. 291.

13 MUNIZ, *Arbitragem no Brasil e a Lei n. 9.307/96*, 2005, p. 14.

14 *Vide* art. 1º da Lei n. 9.307/96: "As pessoas capazes de contratar poderão valer-se da arbitragem para dirimir litígios relativos a direitos patrimoniais disponíveis".

15 GUILHERME, *Manual de arbitragem:* doutrina – legislação – jurisprudência, 2007, p. 32.

16 Ibidem, p. 33.

17 SANTOS, *Noções gerais da arbitragem*, 2004, p. 24.

o árbitro é indicado pelas partes; c) a escolha pela via arbitral importa na exclusão da análise de mérito pelo Poder Judiciário; d) a sentença arbitral vincula as partes e é suscetível de ser executada.

Daí ser possível concluir que o traço mais significativo que diferencia a arbitragem em relação à jurisdição do Estado "[...] é a faculdade concedida às partes de designarem a pessoa que deverá solucionar a questão entre elas surgida, ao invés de dirigir-se a uma jurisdição estatal preestabelecida"[18].

A par das características preponderantes, dão sustentáculo ao instituto alguns princípios norteadores, entre os quais destaca-se a autonomia da vontade. Nesse princípio, compreende-se tanto a livre opção pela via arbitral para solucionar a controvérsia[19] – liberdade de contratar – como a liberdade das partes de estipularem, como melhor lhes parecer, os termos e condições do procedimento. Em estudo sobre os efeitos da autonomia das partes na arbitragem internacional, Egdebi Tamara[20] conclui que, embora núcleo da arbitragem internacional, a vontade das partes não é ilimitada, e um dos limites é o respeito à ordem pública, pois, se violada, torna a sentença arbitral inexequível[21].

Dados os avanços da globalização e a necessidade das empresas transnacionais de terem segurança quanto à solução de conflitos que transcendam aos limites territoriais dos Estados, é perceptível que o direito comercial internacional, ao tratar de direitos patrimoniais disponíveis, é o maior favorecido – e por que não dizer também responsável? – pelos avanços do instituto da arbitragem[22].

As relações comerciais internacionais são dinâmicas e transpõem as fronteiras, portanto, a arbitragem demonstra ser o meio mais célere, dinâmico e confiável – ante a possibilidade de elegerem árbitros com conhecimento técnico específico, bem como a possibilidade de utilização dos usos e costumes comerciais –, o que propicia segurança às empresas, sobretudo em um país em que o Poder Judiciário é moroso[23].

Assim, o comércio internacional encontrou segurança para promover sua expansão, pois a arbitragem firmou-se como um mecanismo apto e competente para a estabilidade das atividades empresariais, e por isso "[...] é considerada como meio, por excelência, para o desenvolvimento das relações comerciais"[24].

No Brasil, em que pese a arbitragem como método alternativo para solução de litígios já ser contemplada há tempos[25], foi com a Lei n. 9.307/96, recentemente aperfeiçoada pela

---

18 MUNIZ, *Arbitragem no Brasil e a Lei n. 9.307/96*, 2005, p. 19.

19 É sempre voluntária, a Carta Magna garante o acesso ao Poder Judiciário, como se vê no art. 5º, XXXV, da CF: "a lei não excluirá da apreciação do Poder Judiciário lesão ou ameaça a direito".

20 EGDEBI, "Analysis of the effect of public policy on party autonomy in international arbitration". Disponível em: <www.dundee.ac.uk/cepmlp/gateway/?new s=29275>. Acesso em: 20 fev. 2016.

21 Sobre a autonomia das partes no procedimento arbitral: PRYLES, Michael. "Limits to party autonomy in arbitral procedure". Disponível em: <http://www.arbitration-icca.org/media/4/48108242525153/media012223895489410limits_to_party_autonomy_in_international_commercial_arbitration.pdf>. Acesso em: 14 fev. 2016.

22 GUILHERME, op. cit., 2007, p. 45.

23 Ibidem, p. 45; e MUNIZ, op. cit., 2005, p. 24.

24 MUNIZ, op. cit., 2005, p. 25-6.

25 Sobre o uso da arbitragem no território brasileiro, Emir Calluf Filho (2006, p. 21-43) destaca que antes mesmo de ser descoberto, em 1494, por meio do Tratado de Tordesilhas, as terras brasileiras foram objeto de dis-

Lei n. 13.129/2015, que se introduziram as diretrizes adotadas pelas economias desenvolvidas. Tais alterações tiveram o escopo de aprimorar os métodos alternativos para solução de litígios e facilitar o desenvolvimento das práticas comerciais internacionais[26].

Superada a compreensão conceitual e bem destacado o cenário global no qual a arbitragem ganha relevância para a promoção dos negócios internacionais, cabe enumerar as principais vantagens visadas quando se opta pelo juízo arbitral e, por outra via, as possíveis desvantagens, inclusive porque tais características reafirmam a importância do instituto e torna-se necessário compreendê-las para que seja possível adentrar o desfecho do presente estudo.

No que tange às vantagens, a doutrina não apresenta maiores divergências, pois parte destas derivam do princípio elementar da arbitragem – a autonomia da vontade das partes. Assim, a vantagem mestra a ser apresentada é o caráter voluntário do procedimento arbitral, a partir do qual o árbitro e a estrutura procedimental a ser seguida serão escolhidos livremente pelos envolvidos. Entre as demais vantagens, destacam-se: a especificidade técnica do árbitro; a celeridade para solução dos conflitos; a neutralidade e a confidencialidade do procedimento. Não significa que as vantagens se exaurem nas indicadas, mas que estas são reiteradas pela doutrina e guardam maior pertinência com o trabalho.

A primeira vantagem apontada traz a possibilidade de as partes escolherem e indicarem árbitros ou instituições com habilitação técnica adequada a dirimir o conflito, assim como selecionarem julgadores que entendam serem justos, éticos e experientes. Desse modo, podem ser árbitros quaisquer pessoas capazes, independentemente de sua formação acadêmica – a depender da lide, poderão ser árbitros engenheiros, arquitetos, médicos, químicos e, inclusive, advogados. A título exemplificativo, um engenheiro ambiental será o juiz ideal em questão que envolva noções sobre o meio ambiente[27].

A pertinência entre o conhecimento do árbitro e a lide posta confere "[...] melhor qualidade à resolução do conflito, uma vez que, sendo o árbitro especialista da matéria objeto da decisão, esta presume-se de melhor qualidade do que a proferida por um juiz togado [...]"[28].

O segundo ponto positivo é a agilidade na solução dos conflitos. A sentença arbitral não necessita de aprovação pelo Judiciário, ademais, em regra, dela não cabem os sucessivos recursos que prolongam as lides e tornam a Justiça estatal morosa, o que é justificável, inclusive, pela tecnicidade do árbitro. Isso importa em menor custo temporal, fator economicamente relevante a ser considerado pelas partes.

Por neutralidade, entende-se um juízo que garanta "[...] tratamento equânime entre as partes, principalmente, em relação à nacionalidade dos litigantes, afastando a incerteza quanto à isenção dos tribunais locais"[29], o que desperta para as partes um senso de justiça e segurança.

A última vantagem a ser destacada é a confidencialidade ou sigilo procedimental. Esse fator implica a restrição do conteúdo do processo às partes, pois, muitas vezes, é de interes-

puta entre Portugal e Espanha; na oportunidade, o árbitro foi o Papa Alexandre VI. As Ordenações Filipinas (1603) também contemplavam a possibilidade de se valer da arbitragem. O juízo arbitral, contudo, foi devidamente implementado no ordenamento jurídico brasileiro com a Constituição Imperial de 1824.

26 AMARAL, *Direito do comércio internacional:* aspectos fundamentais, 2006, p. 353.

27 MEDINA, *Meios alternativos de solução de conflitos*, 2004, p. 70-1.

28 Ibidem, p. 71.

29 MUNIZ, op. cit., 2005, p. 14.

se destas que seus conflitos não sejam tornados públicos, justamente por serem empresas de alcance global e não lhes interessar eventual repercussão do caso. Também há o entendimento de que o sigilo do procedimento, ao obstar intervenções externas, facilita a composição das partes ou, ainda que haja o conflito, a manutenção da relação jurídico-comercial[30].

No entanto, nem só de vantagens goza o procedimento arbitral. O principal óbice para a instauração do procedimento arbitral são os custos financeiros usualmente elevados, os quais podem ser um empecilho determinante para o acesso à via arbitral. Em razão da dimensão que a questão alcança no debate atualmente, a matéria merece um estudo mais detalhado.

3. OS CUSTOS DA ARBITRAGEM E SUAS PROFICUIDADES

Uma das preocupações que assolam as partes que optam por convencionar a via arbitral como meio de solução para suas controvérsias e que vem sendo espaço de debate no âmbito da arbitragem internacional (*v. g.*, Reunião Anual 32 do ICC) é o seu custeio. A busca de uma possível solução que venha a viabilizar o acesso à arbitragem passa, então, pela análise dos custos econômicos e suas consequências.

Todo processo, ainda que judicial, possui elevado custo, seja ele financeiro, seja de oportunidade. Quanto aos custos financeiros, embora exija o recolhimento de custas, a estrutura do Poder Judiciário conta com subsídios estatais. O princípio do acesso à justiça como direito constitucional também concebe formas de as partes terem a prestação da tutela jurisdicional ainda que não possuam condições financeiras para arcar com o seu custeio. Por outro lado, a via judicial nem sempre é muito eficiente; a morosidade e o formalismo importam em custos reflexos que devem ser sopesados.

A arbitragem, como forma de justiça privada, tem seu procedimento financiado, exclusivamente, pelas partes, não existe a possibilidade de subsídio estatal e não há assistência judiciária gratuita, afinal, os envolvidos – árbitros, peritos, câmaras de arbitragem e advogados – prestam serviço privado e devem ser remunerados pelos seus trabalhos. Daí decorre que uma parte incapaz de sustentar os custos do processo de arbitragem pode ser privada de dar cumprimento à convenção de arbitragem, o que restringe seu direito de acesso à justiça[31].

À guisa de exemplo, em consulta a algumas câmaras que possuem destaque no cenário internacional, vemos que uma arbitragem envolvendo uma disputa sobre USD$ 1.000.000,00 custará, na *Swiss Chambers*[32], o mínimo de USD$ 63.529,00 e o máximo de USD$ 212.059,00, o que dá uma média de USD$ 137.794,00 para um procedimento com três árbitros. Na mesma instituição, se o litígio for conduzido por apenas um árbitro, o valor médio reduz-se para USD$ 57.765,00. A mesma causa na *International Chamber of Commerce* (ICC)[33] terá um custo médio de USD$ 39.378,00, sendo o valor multiplicado por três caso seja optado o julgamento por três árbitros, hipótese em que o custo máximo pode atingir a cifra de USD$ 192.390,00.

---

30 SANTOS, op. cit., 2004, p. 31.

31 DERAINS, Prefácio do livro *ICC Dossier: third-party funding in international arbitration*, 2013, p. 5.

32 SWISS CHAMBERS. *Cost of arbitration*. Disponível em: <https://www.swissarbitration.org/Arbitration/Cost-of-Arbitration>. Acesso em: 14 fev. 2016.

33 INTERNATIONAL CHAMBER OF COMMERCE. "Cost calculator". Disponível em: <http://www.iccwbo.org/products-and-services/arbitration-and-adr/arbitration/cost-and-payment/cost-calculator/>. Acesso em: 14 fev. 2016.

No Centro de Arbitragem da Câmara de Comércio Brasil-Canadá (CAM/CCBC)[34], uma demanda de R$ 1.000.000,00 teria um custo de R$ 225.000,00 de honorários arbitrais somados a R$ 50.000,00 para a taxa administrativa da entidade, o que totaliza R$ 275.000,00. Para a Câmara de Conciliação, Mediação e Arbitragem Ciesp/Fiesp[35], os custos estariam próximos a R$ 230.000,00, e na Câmara de Arbitragem da Fundação Getulio Vargas (CAM/FGV)[36], R$ 145.000,00.

Diante desse quadro, em que os valores para instaurar o procedimento arbitral, além de nominalmente elevados, representam parcela significativa do litígio posto em debate, as empresas ficam receosas de instituir a cláusula de arbitragem em seus contratos. O dilema travado a ser enfrentado é se, em razão de os valores despendidos com a arbitragem serem, frequentemente, superiores àqueles praticados pela prestação jurisdicional, é viável para as empresas, inclusive sob a ótica financeira, optar por essa via.

Para tanto, cumpre notar que o norte da resposta para esse embate não está na análise comparativa de valores absolutos, a questão é mais profunda e deve levar em conta outros fatores, que implicam maximização dos ganhos comerciais.

Em primeiro lugar, o procedimento arbitral deve ser confrontado com o processo judicial, levando-se em consideração a agilidade e o tempo para a decisão definitiva, ou seja, a celeridade com que é dada a solução do litígio.

O resultado útil do processo não se restringe a conferir um posicionamento à causa, a decisão, para ser efetiva, deve ser pronunciada em um prazo razoável com o objeto posto. Um processo moroso representa custos que sequer são passíveis de serem medidos, não apenas financeiros, decorrentes do prolongamento da discussão, mas também os gravames da incerteza e insegurança[37].

O elevado tempo de espera por uma prestação jurisdicional gera custos decorrentes da privação dos bens e direitos postos em litígio "[...] durante todos os anos que precedem o efetivo cumprimento da decisão transitada em julgado. Nesse caso, as partes arcam com o custo de oportunidade decorrente da privação dos bens e direitos disputados em Juízo"[38].

A possibilidade de demora e incerteza na reparação da lesão gera insegurança jurídica em virtude da perpetuação do dano. A lentidão na pacificação dos conflitos comerciais internacionais acarreta impactos de cunho econômico, que prejudicam a inserção da empresa no mercado globalizado e a continuidade da relação jurídico-comercial com a parte adversa[39].

Nesse sentido, por não estar eivada do formalismo dos processos judiciais, não se submeter a reiterados recursos e possuir uma infraestrutura que permita um processamento

---

34 CENTRO DE ARBITRAGEM E MEDIAÇÃO. "Tabela de despesas e calculadora". Disponível em: <http://ccbc.org.br/Materia/1068/tabela-de-despeasas-e-calculadora>. Acesso em: 14 fev. 2016.

35 CIESP/FIESP. *Tabela de custas*. Disponível em: <http://www.camaradearbitragemsp.com.br/index.php/pt-BR/tabela-de-custas/4-principal/principal/129-tabela-de-custas-2013>. Acesso em: 14 fev. 2106.

36 FUNDAÇÃO GETULIO VARGAS. "Regulamento da câmara FGV de conciliação e arbitragem". Disponível em: <http://camara.fgv.br/conteudo/regulamento-da-camara-fgv-de-conciliacao-e-arbitragem>. Acesso em: 14 fev. 2016.

37 LEAL JÚNIOR; MUNIZ, "Análise crítica sobre a utilização da arbitragem na solução de conflitos do comércio internacional", 2013. Disponível em: <http://www.riedpa.com/COMU/documentos/RIEDPA21302.pdf>. Acesso em: 02 mar. 2016.

38 PUGLIESE; SALAMA, "A economia da arbitragem: escolha racional e geração de valor", 2008, p. 20.

39 LEAL JÚNIOR; MUNIZ, op. cit., 2013, p. 76-80.

sem entraves, defende-se a utilização da arbitragem como meio viável a reduzir os custos de transação por permitir uma resolução célere e eficaz dos conflitos decorrentes de relações comerciais internacionais[40].

Considera-se, também, que a confidencialidade, ou sigilo do procedimento, é mais vantajosa que a publicidade que rege os atos do Poder Judiciário. Há demandas em que não há interesse de que o público tome conhecimento, sobretudo quando as partes são empresas transnacionais, pois isso pode transmitir uma mensagem negativa que afete até a imagem da parte à comercialização de seus produtos.

Antonio Celso Fonseca Pugliese e Bruno Meyer Salama[41] destacam que "[...] a possibilidade de melhora na qualidade das decisões, decorrente da especialização dos árbitros, também pode representar economia para as partes". A oportunidade de as partes elegerem como árbitro pessoa ou entidade que tenha afinidade com a questão a ser resolvida permite melhora na qualidade da decisão, o que implica redução dos erros nas decisões e da falta de previsibilidade dos julgamentos judiciais, conferindo maior segurança aos contratos e viabilizando o comércio[42].

A diminuição do custo também pode ser reflexo da possibilidade de ser convencionado o idioma que será utilizado no procedimento. A título exemplificativo, no Brasil, os documentos encaminhados ao Judiciário que não estejam no idioma oficial – português – necessitam de tradução juramentada, procedimento que implica elevados gastos. Em uma lide internacional posta ao Judiciário, sendo provável a existência de outro idioma, um custo adicional haveria de ser suportado[43].

É perceptível que os custos não se limitam à análise financeira, o "preço" correspondente aos custos de transação incorridos para a solução da desavença deve levar em consideração os fatores financeiros e o custo de oportunidade[44] – procedimentos lentos e ineficazes importam em prejuízos para as partes –, o que torna o uso da arbitragem em negócios internacionais vantajoso.

Sendo necessário calcular uma gama de fatores, é de se reconhecer os inúmeros ganhos que se concretizam com a eleição do procedimento arbitral. Nesse sentido, Pugliese e Salama[45] comparam a prestação jurisdicional à arbitragem para concluir que esta última permite a redução dos custos de transação em razão da agilidade com que é dada a solução do conflito, da especialidade e da imparcialidade dos árbitros. Com efeito, a diminuição dos

---

40 PUGLIESE; SALAMA, op. cit., 2008, p. 19.

41 Ibidem, p. 20.

42 Os autores ainda exemplificam ser "[...] razoável supor, por exemplo, que o árbitro com anos de experiência na indústria petrolífera possa aferir com maior precisão os termos técnicos da contratação para exploração ou transporte de petróleo, além dos usos e costumes nos negócios da indústria petrolífera. A expectativa de que os contratos sejam interpretados por especialistas diminui os custos das partes relativos à negociação de contratos" (ibidem, p. 20)

43 LEAL JÚNIOR; MUNIZ, op. cit., 2013, p. 82.

44 Sobre custo de oportunidade e reflexos patrimoniais, Marcelo Levitinas (2013) exemplifica: "[...] manter-se a construção de uma planta industrial paralisada enquanto o Judiciário leva anos para definir se a empreiteira tem ou não que realizar determinado escopo da obra (ou a que preço), muitas vezes, justifica o investimento em honorários de árbitros especializados no assunto e, portanto, aptos a solucionar o conflito de forma, rápida, eficiente e tecnicamente adequada".

45 PUGLIESE; SALAMA, op. cit., 2008, p. 24.

custos reside, principalmente, no binômio tempo e qualidade, o que garante, em significativa parte das vezes, a opção pelo emprego da arbitragem.

Quanto aos custos ocasionados pelos procedimentos, ainda cumpre notar a lição de Carlos Alberto Carmona[46] de que, diferentemente do Poder Judiciário, em que vigora o princípio da sucumbência, segundo o qual a parte que perde a demanda deve arcar com as custas processuais e com o pagamento de honorários de advogado da parte adversa, na arbitragem, não vigora, obrigatoriamente, referido ônus. As partes possuem discricionariedade para convencionar acerca da responsabilidade pelas despesas, presumindo-se, na ausência de estipulação, que ambas se responsabilizam pelos pagamentos. O fato de não se submeter a um futuro pagamento à parte vencedora, bem como ter ciência dos valores a serem despendidos, também representa uma segurança econômica.

Retornando ao debate dos custos com o meio alternativo de solução de conflitos e tendo como base que uma arbitragem formada por três árbitros possui um custo deveras superior ao da praticada por árbitro único, Jan Paulsson[47], em pesquisa dedicada ao tema, sugere a utilização de árbitro individual. O autor afirma que nos casos de conflitos internacionais comerciais em que a questão foi confiada à tríplice arbitragem e que a decisão não foi unânime, o voto divergente adveio do árbitro indicado pela parte vencida, o que demonstra um aparente desvirtuamento da função de árbitro para advogado da parte que o nomeia.

No entanto, não se pode afirmar que o procedimento arbitral formado por árbitro único represente acessibilidade econômica, uma vez que, ainda assim, depende de vultosa quantia monetária para ser instaurado. Ademais, não se pode olvidar que causa desconforto às empresas terem seus destinos definidos por único julgador. Assim, deve ser perseguido um mecanismo que viabilize o ingresso na via arbitral.

Para destacar a pertinência do que é exposto, no relatório anual de estatísticas publicado pelo Centro Internacional para a Arbitragem de Disputa de Investimentos (ICSID) consta que, entre todos os casos administrados pela instituição, 8% deles foram arquivados por falta de pagamento das despesas; no ano de 2015, o percentual de inadimplência foi de 12%, o que significa que tais casos não obtiveram resolução em virtude de não cobrirem os custos do procedimento[48].

O que se verifica é que, embora mais vantajosa como um todo, os valores de uma arbitragem, muitas vezes, pode ser o empecilho para a sua instauração – prova disso são os dados apresentados. Postergar a demanda para um momento financeiramente oportuno pode ser uma opção melhor, sobretudo em épocas de baixa liquidez, em que as partes se encontram sem fundos disponíveis para honrar as despesas.

Dedicar recurso próprio na arbitragem, muitas vezes, não faz parte dos planos orçamentários das empresas. Mesmo aquelas saudáveis, do ponto de vista financeiro, por vezes teriam seu fluxo de caixa prejudicado ao desviar verbas da sua operação para cobrir referidos gas-

46 CARMONA, "A arbitragem no processo civil brasileiro".

47 PAULSSON, "Moral hazards in international arbitration", 2010. Disponível em: <http://www.arbitrationicca.org /media/0/12773749999020/paulsson_moral_hazard.pdf>. Acesso em: 20 fev. 2016.

48 INTERNATIONAL CENTER FOR SETTLEMENT OF INVEST DISPUTES. "The ICSID Caseload – Statistics". Disponível em: <https://icsid.worldbank.org/apps/ICSIDWEB/resources/Pages/ICSID-Caseload-Statistics.aspx>. Acesso em: 14 fev. 2016.

tos, a ponto de inviabilizar a continuidade da atividade das empresas. No entanto, a falta de recursos não pode ser elemento capaz de invalidar a livre escolha das partes pela arbitragem.

Para contornar esse obstáculo, entre as saídas possíveis, o financiamento da disputa arbitral por um terceiro merece maior destaque, por sua eficiência e por já estar presente em países mais avançados no âmbito da arbitragem.

4. O FINANCIAMENTO DE TERCEIROS

Ao longo do presente trabalho foram trilhados os caminhos para ser abordada a problemática dos desafios enfrentados pelo binômio: incremento da arbitragem como via adequada à solução de conflitos em decorrência da intensificação dos negócios em nível global e os óbices ao acesso à justiça devido às despesas elevadas do procedimento. A partir de então, deve ser averiguada essa prática recente, e ainda incipiente, que busca suprimir os entraves da insuficiência de recursos financeiros e viabilizar o acesso à via arbitral.

O financiamento por terceiros (*third-party funding*) aparentemente possui um conceito simples, trata-se de um terceiro que não faz parte da causa, mas que se dispõe a cobrir as despesas da disputa em troca de uma parcela do resultado econômico que dali possa advir.

O instrumento é mais bem definido como sendo um método de financiamento no qual uma entidade suporta as despesas do processo no lugar de uma das partes, de modo a arcar com os honorários dos advogados, dos julgadores e dos peritos com as custas administrativas da câmara e demais despesas necessárias à administração do procedimento. Em retorno, o financiador recebe uma porcentagem dos ganhos decorrentes da decisão final.

Em síntese, o financiamento da arbitragem por terceiros surge no sentido de viabilizar e fomentar o acesso à via arbitral por meio da assunção das despesas que as partes não fariam com recursos próprios. Sua principal motivação é facilitar o acesso ao procedimento arbitral, visto que as empresas poderiam manter seus recursos para a continuidade do negócio.

Para Yves Derains, o *thid-party funding* oferece uma solução para o problema discutido:

> É um esquema em que uma entidade não vinculada a uma reivindicação financia a totalidade ou parte dos custos de arbitragem de uma das partes, na maioria dos casos o requerente. O financiador é remunerado por uma percentagem acordada das receitas do prêmio, a taxa de sucesso. No caso de uma sentença desfavorável, o investimento do financiador é perdido. [tradução livre[49]]

Trata-se de contrato aleatório, pois o recebimento está condicionado ao resultado do processo, portanto, o terceiro pode não receber nada em caso de insucesso. Em que pese tenda a ocorrer na instauração do procedimento, momento em que se verifica parte significativa dos custos, nada impede que o investimento ocorra durante ou após a entrega da

49 "*It's a scheme where a party unconnected to a claim finances all or part of one parties' arbitration costs, in most cases the claimant. The funder is remunerated by an agreed percentage of the proceeds of the award, a success fee, a combination of the two or through more sophisticated devices. In the case of an unfavorable award, the funder's investment is lost*" (DERAINS, op. cit., 2013, p. 5).

sentença arbitral, quando será necessária a execução em um poder investido de jurisdição[50]. Sobre o pacto, "[...] a parcela dos direitos destinada a cada uma das partes (financiada e financiador) é determinada por meio de negociação"[51].

Esses organismos de financiamento – e por que não dizer indústria? – têm se multiplicado nos últimos anos. Como já adiantado, a prática é recente, embora conhecida no campo das demandas estatais. O financiamento é recente no âmbito da arbitragem, mas movimenta-se em espiral ascendente. Parte desse crescimento pode ser atribuído ao fato de ter se tornado mais conhecido, o que leva tempo, em razão de não existir ampla difusão, especialmente devido ao sigilo existente nos casos submetidos à arbitragem.

A atividade teve suas primeiras manifestações na década de 1990, na Austrália, após as empresas financeiras expandirem para mercados maiores, como os Estados Unidos da América e o Reino Unido, locais que apresentaram crescimento do número de casos, especialmente a partir de 2010, e desde esse ano, verificou-se uma expansão para todo o mundo[52].

No mesmo sentido, acrescenta Selvyn Seidel: "[...] os maiores mercados de financiamento de terceiros são os EUA e o Reino Unido, os dois principais centros de litígios no mundo. No entanto, o seu local mais ativo em uma base *per capita* é, talvez, a Austrália, onde a indústria nasceu há mais de uma geração" [tradução livre][53].

Nos países listados, o financiamento por terceiros de procedimentos arbitrais criou um mercado próprio, que movimenta milhões de dólares por ano, o que é transformado em pressão pela aceitação e legalidade desse negócio rentável.

Selvyn Seidel[54] afirma que a demanda é crescente para ambos os lados, surgindo, cada vez mais, partes interessadas em obter e em conceder esse tipo de financiamento. Para o cofundador do grupo Burford – um dos maiores financiadores em arbitragem do mundo –, a mudança nessa indústria ocorreu repentinamente e é vista sob perspectivas de crescimento exponencial, o que tende a ocorrer quando a prática for difundida e ganhar credibilidade. Ademais, destaca que a operação é muito semelhante a qualquer ativo, comparando-a a um título ou ações negociáveis.

A primeira empresa dedicada a realizar financiamentos desse porte, na França, a *Alter Litigation*, destaca, entre os seus propósitos, que promove acesso à justiça. A empresa indica que muitos indivíduos e empresas sentem-se retraídos para reclamar um crédito em face do custo e do risco. Para tanto, apresenta o financiamento da demanda como forma de

---

50 CASADO FILHO, "Arbitragem comercial internacional e acesso à justiça: o novo paradigma do *third party funding*", 2014, p. 91.

51 Ibidem, p. 89.

52 DERAINS, op. cit., 2013, p. 5.

53 "[...] *the biggest third-party funding markets are the US and UK, the two major litigation centers in the world. Nonetheless, its most active venue on a per capita basis, is perhaps Australia, where the industry was born more than a generation ago*" (SEIDEL, "Third-party investing in international arbitration claims: to invest or not to invest? A daunting question", 2013, p. 35).

54 INTERNATIONAL BAR ASSOCIATION. "Investment arbitration claims could be 'traded like derivatives'". Disponível em: <http://www.ibanet.org/Article/Detail.aspx?ArticleUid=02decc8d-bf67-4b86-a023-f2ef2aa4843b>. Acesso em: 08 mar. 2016.

transferir completamente os riscos ao agente financiador e assegurar que as reivindicações do financiado sejam perseguidas[55].

Napoleão Casado Filho[56] explica o crescimento dessa espécie de financiamento baseado em três motivos: o primeiro trata-se da possibilidade de facilitar o acesso à justiça para aqueles que não poderiam arcar com as despesas da arbitragem[57]; o segundo diz respeito à vontade das empresas de ingressarem com a ação sem que isso interfira no caixa necessário para conduzir sua atividade; e, por fim, acrescenta-se a vontade dos investidores de diversificarem seus investimentos e aplicarem o dinheiro em algo que seja rentável. A rapidez do procedimento, a previsibilidade e tecnicidade do resultado, a força da sentença e o alto valor das pretensões são atrativos para os fundos.

Nesse ambiente, "transferência dos riscos" é uma expressão que muito agrada as empresas, pois iniciar um procedimento arbitral não faz parte da atividade econômica das empresas, e isso denota que a parte já sofreu um prejuízo que deseja seja reparado. Assim, deve sopesar o bem lesado com os riscos a serem enfrentados no procedimento arbitral em caso de insucesso e, por serem avessas ao risco, as empresas creditam aos financiadores uma possibilidade de mitigá-los, pois estes são divididos com o terceiro, viabilizando às empresas optarem pela arbitragem[58,59].

Portanto, a figura do terceiro financiador surge da vontade dos fundos de investimento de diversificarem os investimentos, e consolida-se como uma maneira de as empresas mitigarem os riscos na empreitada arbitral, o que faz sentido econômico. O investimento em arbitragem é uma prática que tende a ser uma resposta positiva e eficaz para os que escolheram a arbitragem como meio de solução de conflitos.

O fenômeno é atual, crescente, promissor e pode ser utilizado para superar o conflito entre o acesso à justiça e a necessidade de fazer valer a cláusula pactuada, de modo a viabilizar e alavancar o uso da arbitragem. Contudo, não se pode deixar de advertir que os impactos jurídicos não são livres de dúvidas, tais como: conflitos com os ordenamentos jurídicos; questões éticas; conflitos entre o sigilo do procedimento e acompanhamento das informações pelo terceiro financiador; a ingerência que pode exercer na condução da causa, entre outros. Foge da presente proposta adentrar esse mérito, mas cabe noticiar ao leitor que os problemas e riscos passam a ser debatidos pela comunidade internacional[60].

---

55 ALTER LITIGATION. "About third party litigation funding". Disponível em: <http://www.alterlitigation.com>. Acesso em: 15 mar. 2016.

56 CASADO FILHO, op. cit., 2014, p. 92.

57 Sobre o moderno conceito de acesso à justiça, colaciona-se o entendimento de Rodolfo de Camargo Mancuso (2011, p. 23), para quem o sentido de acesso à justiça vem passando por uma renovação, eis que, inicialmente, relacionava-se à concepção de monopólio estatal, e, atualmente, cede espaço a novas ideias e propostas, aderentes à tendencial e crescente "desjudicialização" dos conflitos.

58 CASADO FILHO, op. cit., 2014, p. 100.

59 Sobre o crescimento dos financiamentos em razão da transferência dos riscos, Selvyn Seidel acrescenta: "*But it is also steadily growing to serve claimants that can afford the prosecution but prefer to offload the risk and cash drain, while at the same time enhancing the claim's chances of success. It is also beginning to serve defendants. Its purposes and uses are growing, and will continue to grow beyond the current boundaries*" (op. cit., 2013, p. 35).

60 Essa foi uma das questões discutidas pelos advogados, árbitros, peritos, estudiosos e representantes de empresas de financiamento de terceiros na Reunião Anual 32 do Instituto ICC de Direito Empresarial Mundial em 26 de novembro de 2012. Como expõe seu capítulo introdutório: "*We organized the 32nd Annual Meeting*

5. CONSIDERAÇÕES FINAIS

Em sede de considerações finais, diante da pesquisa realizada, é inegável a relevância que a temática em apreço detém no cenário dos negócios internacionais. A arbitragem apresenta-se como um importante instrumento de que as empresas dispõem para a solução de litígios em um ambiente globalizado, no qual a jurisdição adstrita ao ente estatal não é suficiente para garantir a segurança jurídica necessária.

Constata-se, em defesa da utilização do método arbitral, que as proficuidades do seu uso na seara do comércio internacional são variadas: é voluntária e possui base na autonomia da vontade das partes; proporciona celeridade para a solução do conflito; permite que seja empregada melhor técnica na decisão; assegura a neutralidade do julgador e garante a confidencialidade do procedimento.

Apesar de os gastos com o procedimento arbitral serem geralmente significativos, a sua efetiva quantificação não está restrita aos valores despendidos para instaurar o procedimento. Diversos ganhos que decorrem das vantagens do procedimento arbitral refletem fatores que implicam em maximização dos ganhos comerciais e redução dos aparentes custos.

A par da análise de custo de procedimentos lentos e ineficazes, as proficuidades da opção pela via arbitral importam em redução dos custos de transação, uma vez que, em razão da agilidade e especialidade da decisão que é dada à causa, há diminuição dos custos constantes no binômio tempo e qualidade.

Para viabilizar o acesso a essa via mais vantajosa, o financiamento por terceiros surge como um mecanismo que, ao assumir as despesas em favor da parte, facilita a utilização do instituto.

Portanto, o investimento em arbitragem por terceiros traz uma solução para superar o conflito entre o acesso à justiça por uma parte que está sem condições de arcar com o procedimento arbitral e a necessidade de fazer valer a cláusula pactuada. Essa prática tende a ser uma resposta eficaz para contornar a dificuldade financeira das partes e garantir maior credibilidade e disseminar a utilização da arbitragem.

REFERÊNCIAS BIBLIOGRÁFICAS

ALBUQUERQUE, Tércio Waldir de. "Os desafios da globalização para os operadores do Direito". In: GUERRA, Sidney (coord.). *Globalização:* desafios e implicações para o direito internacional contemporâneo. Rio Grande do Sul, Unijuí, 2006, p. 290.

---

of the Institute with a view, first of all, to achieving a better understanding of the reasons for the expansion of this funding industry by distantiating it from its origins, comparing it to other funding mechanisms and, in particular, examining its special features as an investment process. All these issues were covered during the morning sessions, where the focus was on the funding industry and its specificities and the underlying aim was to reconsider any legitimate doubts that we might have in this respect. Second, during the afternoon sessions, the aim was to explore the status of third-party funders and the possible complications that their presence may bring about in the arbitration process from the point of view of both counsel and the arbitral tribunal. Third-party funder's involvement in the post-arbitral phase was also discussed. In addition, special attention was given to investor-state arbitration, and several much discussed precedents were considered. The focus was the impact of third-party funding on arbitration, and the underlying concern was the preservation of the integrity of the arbitration process" (DIMOLITSA, *Dossier*: third-party funding in international arbitration, 2013, p. 7).

ALTER LITIGATION. "About third party litigation funding". Disponível em: <http://www.alterlitigation.com>. Acesso em: 15 mar. 2016.

AMARAL, Antonio Carlos Rodrigues do. *Direito do comércio internacional:* aspectos fundamentais. 2. ed. São Paulo, Lex, 2006.

ATIENZA, Miguel; FERRAJOLI, Luigi. *Jurisdicción y argumentación en el estado constitucional de derecho.* Mexico, Universidad Nacional Autónoma do Mexico, 2005.

CALUF FILHO, Emir. *Arbitragem internacional*: o local da arbitragem. Curitiba, Juruá, 2006.

CAPELLETTI, Mauro; GARTH, Bryant. *Acesso à justiça*. Trad. Ellen Gracie Northfleet. Porto Alegre, Fabris, 1988.

CARMONA, Carlos Alberto. *A arbitragem no processo civil brasileiro*. São Paulo, Malheiros, 1993.

CASADO FILHO, Napoleão. Arbitragem comercial internacional e acesso à justiça: o novo paradigma do *third party funding*. São Paulo, 2014. Tese (Doutorado em Direito pelas Relações Internacionais). Pontifícia Universidade Católica de São Paulo, PUC/SP.

CENTRO DE ARBITRAGEM E MEDIAÇÃO. "Tabela de despesas e calculadora". Disponível em: <http://ccbc.org.br/Materia/1068/tabela-de-despeasas-e-calculadora>. Acesso em: 14 fev. 2016.

CIESP/FIESP. "Tabela de custas". Disponível em: <http://www.camaradearbitragemsp.com.br/index.php/pt-BR/tabela-de-custas/4-principal/principal/129-tabela-de-custas-2013>. Acesso em: 14 fev. 2106.

CRETELLA NETO, José. "Globalização, empresas transnacionais e institutos". In: GUERRA, Sidney (coord.). *Globalização*: desafios e implicações para o direito internacional contemporâneo. Rio Grande do Sul, Unijuí, 2006.

DERAINS, Yves. "Prefácio". In: CREMADES, Bernardo; DIMOLITSA, Antonias. *ICC dossier:* third-party funding in international arbitration. Paris, 2013, p. 7-9.

EGDEBI, Tamara. "Analysis of the effect of public policy on party autonomy in international arbitration". Disponível em: <www.dundee.ac.uk/cepmlp/gateway/?new s=29275>. Acesso em: 20 fev. 2016.

FARIA, José Eduardo Campos de Oliveira. *O direito na economia globalizada*. São Paulo, Malheiros, 2004.

______. "Reforma constitucional em período de globalização econômica". *Revista da Faculdade de Direito da USP*, São Paulo, v. 90, p. 253-65, 1995.

FERREIRA NETTO, Adyr Garcia. O direito no mundo globalizado: reflexos na atividade empresarial. Londrina, 2007. Dissertação (Mestrado em Direito). Universidade Estadual de Londrina, UEL.

FUNDAÇÃO GETULIO VARGAS. "Regulamento da câmara FGV de conciliação e arbitragem". Disponível em: <http://camara.fgv.br/conteudo/regulamento-da-camara-fgv-de-conciliacao-e-arbitragem>. Acesso em: 14 fev. 2016.

GARCEZ, José Maria Rossani. *Arbitragem nacional e internacional*: progressos recentes. Belo Horizonte, Del Rey, 2007.

GUILHERME, Luiz Fernando do Vale de Almeida. *Manual de arbitragem:* doutrina – legislação – jurisprudência. 2. ed. São Paulo, Saraiva, 2007.

INTERNATIONAL BAR ASSOCIATION. "Investment arbitration claims could be 'traded like derivatives'". mar./2013. Disponível em:<http://www.ibanet.org/Article /Detail.aspx?ArticleUid=02decc8d-bf67-4b86-a023-f2ef2aa4843b>. Acesso em: 08 mar. 2016.

INTERNATIONAL CENTER FOR SETTLEMENT OF INVEST DISPUTES. "The ICSID Caseload – Statistics". Disponível em: <https://icsid.worldbank.org/apps/ICSIDWEB/ resources/Pages/ICSID-Caseload-Statistics.aspx>. Acesso: 14 fev. 2016.

INTERNATIONAL CHAMBER OF COMMERCE. "Cost calculator". Disponível em: <http://www.iccwbo.org/products-and-services/arbitration-and-adr/arbitration/cost-and-payment/cost-calculator/>. Acesso em: 14 fev. 2016.

LEAL JÚNIOR, João Carlos; MUNIZ, Tânia Lobo. "Análise crítica sobre a utilização da arbitragem na solução de conflitos do comércio internacional". *Revista Internacional de Estudios de Derecho Procesual y Arbitraje*, Madrid, 2013. Disponível em: <http://www.riedpa.com/COMU/documentos/RIEDPA21302.pdf>. Acesso em: 02 mar. 2016.

LEVITINAS, Marcelo. "Custo da arbitragem". *Migalhas*. São Paulo, ago. 2013. Disponível em: <http://www.migalhas.com.br/dePeso/16,MI184869,21048-Custo+da +arbitragem+o+mito+do+procedimento+caro+e+o+financiamento+por>. Acesso em: 08 mar. 2016.

LIMA, Leandro Rigueira Rennó. *Arbitragem*: uma análise da fase pré-arbitral. Belo Horizonte, Mandamentos, 2003.

MANCUSO, Rodolfo de Camargo. *Acesso à justiça*: condicionantes legítimas e ilegítimas. São Paulo, Revista dos Tribunais, 2011.

MANGE, Flavia Foz. O ordenamento jurídico brasileiro e a ordem internacional: admissibilidade de medidas de urgência nos litígios comerciais internacionais. São Paulo, 2008. Dissertação (Mestrado em Direito Internacional). Universidade de São Paulo, USP.

MEDINA, Eduardo Borges de Mattos. *Meios alternativos de solução de conflitos*. Porto Alegre, Sergio Antonio Fabris, 2004.

MUNIZ, Tânia Lobo. *Arbitragem no Brasil e a Lei n. 9.307/96*. Curitiba, Juruá, 2005.

PAULSSON, Jan. *Moral hazards in international arbitration*. University of Miami School Law, abr. 2010. Disponível em: <http://www.arbitrationicca.org /media/0/1277374999 9020/paulsson_moral_hazard.pdf>. Acesso em: 20 fev. 2016.

PRYLES, Michael. "Limits to party autonomy in arbitral procedure". Disponível em: <http://www.arbitration-icca.org/media/4/48108242525153/media012223895489410 limits_to_party_autonomy_in_international_commercial_arbitration.pdf>. Acesso em: 14 fev. 2016.

PUGLIESE, Antonio Celso Fonseca; SALAMA, Bruno Meyerhof. "A economia da arbitragem: escolha racional e geração de valor". *Revista GV*, São Paulo, v. 7, p. 15-28, jan./jun. 2008.

SANTOS, Ricardo Soares Stersi dos. *Noções gerais da arbitragem*. Florianópolis, Fundação Boiteux, 2004.

SEIDEL, Selvyn. "Third-party investing in international arbitration claims: to invest or not to invest? A daunting question". In: CREMADES, Bernardo; DIMOLITSA, Antonias. *Dossier:* third-party funding in International Arbitration. Paris, 2013. p. 16-31.

SHAPIRO, Martin. "The globalization of law". *Indiana Journal of Global Legal Studies*. v. 1, n. 1, Symposium: The Globalization of Law, Politics, and Markets: Implications for Domestic Law Reform. 1993, p. 37-64. Disponível em: <http://scholarship.law.berkeley.edu/cgi/viewcontent.cgi?article=1398&context=facpubs>. Acesso em: 10 jan. 2016.

SWISS CHAMBERS. "Cost of arbitration". Disponível em: <https://www.swissarbitration.org/Arbitration/Cost-of-Arbitration>. Acesso em: 14 fev. 2016.

Índice remissivo